犹太人四千年
A HISTORY OF THE JEWS

[英]保罗·约翰逊 著　　管燕红　邹云 译　　上

世界图书出版公司
北京·广州·上海·西安

图书在版编目（CIP）数据

犹太人四千年：全二册 /（英）保罗·约翰逊著；管燕红，邹云译. —北京：世界图书出版有限公司北京分公司，2021.6（2024.9重印）
书名原文：A History of the Jews
ISBN 978-7-5192-8460-2

Ⅰ.①犹⋯ Ⅱ.①保⋯ ②管⋯ ③邹⋯ Ⅲ.①犹太人 - 民族历史 Ⅳ.① K18

中国版本图书馆 CIP 数据核字（2021）第 053512 号

A HISTORY OF THE JEWS by Paul Johnson
Copyright © 1987 by Paul Johnson
First published by Weidenfeld & Nicolson, a division of the Orion Publishing Group, London

书　　名	犹太人四千年（全二册） YOUTAIREN SIQIAN NIAN
著　　者	［英］保罗·约翰逊
译　　者	管燕红　邹　云
责任编辑	李晓庆
特约编辑	李向东　张建恩
出版发行	世界图书出版有限公司北京分公司
地　　址	北京市东城区朝内大街 137 号
邮　　编	100010
电　　话	010-64038355（发行）　64037380（客服）　64033507（总编室）
网　　址	http：//www.wpcbj.com.cn
邮　　箱	wpcbjst@ vip.163.com
销　　售	各地新华书店
印　　刷	三河市国英印务有限公司
开　　本	880mm×1230mm　1/32
印　　张	32.25
字　　数	636 千字
版　　次	2021 年 6 月第 1 版
印　　次	2024 年 9 月第 3 次印刷
版权登记	01-2021-1649
国际书号	ISBN 978-7-5192-8460-2
定　　价	188.00 元（全二册）

如有质量或印装问题，请拨打售后服务电话 010-82838515

谨以本书纪念
真正的基督教绅士、犹太人终生不渝的朋友
休·弗雷泽（Hugh Fraser）

目录

推荐序 / 001

致　谢 / 005

前　言 / 007

第一章　以色列人 / 001

犹太人是历史上最顽强的民族。希伯伦（Hebron）的存在就是证明。这座城市坐落于耶路撒冷以南20英里的朱迪亚山脉海拔3 000英尺处。麦比拉洞（Cave of Machpelah）里有着犹太列祖的墓冢。

第二章　犹太教 / 119

在公元前597年被迫流亡到巴比伦的第一批犹太精英中，有一位年长而博学的祭司，叫以西结。以西结的妻子死于最后的围城之战，他孤身一人流落异邦，生活在巴比伦附近的迦巴鲁河边，最后孤独地客死异乡。

第三章　权威政体 / 255

1168年，一位观察力非凡的西班牙犹太旅行者——或许是一位珠宝商——造访宏伟的拜占庭都城君士坦丁堡。若不是他写了一本关于1159—1172年他在地中海北部和中东多地旅行的《游记》（*Book of Travels*），我们对这位图德拉的本杰明几乎一无所知。

第四章　犹太隔都 ／ 357

塞法迪犹太人大规模离散——1492年从西班牙被驱逐，1497年从葡萄牙被驱逐——让各地的犹太人开始流动起来，因为大批难民的到来通常会引发进一步的驱逐。许多几近赤贫的犹太人，因为不得进入原本就禁止犹太人入内的城市，无奈沦落为游走的小贩。

推荐序

提起犹太人,我们今天的中国人来说并不陌生:在电视新闻中,经常可以看到以色列和阿拉伯国家之间的纷争和冲突;在电影和纪录片中,许多人看到过第二次世界大战期间纳粹对犹太人的迫害和屠杀。虽然我们对犹太人在当代的历史有一定的了解,但对于他们从《圣经》时代一直到第二次世界大战之前的这段历史却并不那么熟悉。

犹太教和基督教之间究竟有着怎样的关系?犹太人在《圣经》时代的历史又是怎样的?反犹主义为何会屡屡发生?在经历了1 800余年的大流散之后,犹太人为何依然能够保持民族特性,没有被寄居国所同化?保罗·约翰逊的《犹太人四千年》能够为我们解答这些疑问,让我们全面了解犹太人从古至今的历史。

保罗·约翰逊(Paul Johnson),1928年出生于英格兰,先后在著名的耶稣会大学——斯托尼赫斯特学院(Stonyhurst College)和牛津大学莫德林学院(Magdalen College)接受过宗教教育和世俗教育。作为一名基督徒,保罗·约翰逊对于基督教与犹太教的关系格外关注，这也是他写作本书的原因之一。保罗·约翰逊认为，基督教以犹太教为根基，只不过基督教在继承犹太律法的道德和伦理价值的同时，剔除了一些过时的内容，如割礼、饮食和洁净规定等。除此之外，基督教继承了犹太教普适主义中潜在的思想和精神遗产。使徒保罗把上帝的福音带到流散的犹太人中，同时也带到了和他们比邻而居的非犹太社区中。如此一来，基督教传播的速度逐渐加快，把原本属于犹太教的一神论思想带到了更加广阔的世界。保罗·约翰逊身为一名基督徒能够以如此客观的眼光看待基督教与犹太教之间的关系，是本书的一大特色。

作为一名历史学家，保罗·约翰逊非常重视史料的作用，尤为重视《圣经》考古发掘的文字资料。对于犹太古代史的书写，要追溯到《圣经》时代。随着18世纪末《圣经》考古学的诞生，《圣经》所记录的古代城镇的发掘、与《圣经》有关的文字资料的译解为历史学家的研究提供了巨大帮助。20世纪二三十年代，《圣经》考古学取得了重大进展，在叙利亚和伊拉克考古发掘的埃勃拉、马里和努济泥板中包含了一些行政和法律文书，其中提到了《圣经》中的同名人物，如亚伯拉罕、雅各、利亚、拉班和以实玛利等。这些身份不明的诉讼当事人与《圣经》中的同名人物一样，恰好同样也面临由于无子女、离婚、继承和长子名分而造成的困境。例如，努济的一块泥板显示，哥哥因为把长子名分卖给弟弟而得到了3头羊，与《圣经》中以扫用他的长子名分向雅各换了一碗红豆汤的故事极为相似。保罗·约翰逊利用这批泥板资料，将亚伯拉罕及其后代放入真实的历史背景中，生动地诠释了犹太古代史。

对于反犹主义这一古老的话题，保罗·约翰逊有自己独到的见解。他认为，虽然"反犹主义"这一专业术语于1897年才被创造出来，但实际上在古代就有反犹主义。例如，犹太人因为坚持割礼的习俗，而被希腊罗马人视为异类。犹太律法书中关于饮食和洁净的规定妨碍了犹太人的社会交往，使他们被贴上了"古怪"的标签。"古怪"一词就是反犹主义的根源。到了中世纪，欧洲各国都出现了不同程度的反犹主义。一座座"隔都"的出现，彻底把犹太人隔绝在主流社会之外。反犹主义在中世纪晚期的德国尤为严重，这一时期的德国开始用一种母猪的图形代表犹太人。随着印刷术的发明，这种图形迅速扩散，不仅出现在书籍中，还出现在无数印刷品、蚀刻版画、油画和水彩画、拐杖的手柄、釉陶和瓷器上。它的无限复制使整个德国弥漫着一股反犹气息。德国在中世纪就有如此浓厚的反犹传统，因而不难理解为何纳粹德国时期会发生惨绝人寰的大屠杀。

随着公元135年巴尔·科赫巴反罗马起义的失败，犹太人彻底失去了在自己固有家园生活的权利。大批犹太人被迫逃离巴勒斯坦向世界各地迁移，犹太历史进入了长达1 800余年的大流散时期。犹太人为何在经历了千余年的大流散之后依然能够保持民族特性，没有被寄居国所同化？对于这一问题，保罗·约翰逊给出了明确的答案：坚守律法。律法，在希伯来语中称为"托拉"（Torah），原意为"引导"或"指路"，也就是上帝指引人们的处世之道。保罗·约翰逊认为，律法是犹太人的精神堡垒，它能保护犹太人以及他们的宗教和文化不受其他宗教和文化的影响。尽管犹太人在1 800余年里散居于世界各地，但是只要有律法这座精神堡垒，就能保护他们免受外部世界的侵扰，不被寄居国所同化。

保罗·约翰逊所撰写的这部《犹太人四千年》是从一个非常独特的角度来写的，即从一个受难者的视角来书写的历史。他的这一写作方法借鉴了西方马克思主义史学的方法。西方马克思主义史学是当代西方颇具影响力的史学流派，它是战后世界形势变化在学术领域的自然反映。在研究方法上，西方马克思主义史学选择"自下而上"的历史观，始终关注普通民众及其在历史上的作用，留意社会底层人们的生活状况。他们不仅关注工人阶级，而且将诸如流浪汉、乞丐、盗匪等社会底层群众也纳入历史研究领域。保罗·约翰逊认为，从那些受苦受难的犹太人的视角来看待世界历史上的重大事件，能够为历史增添新的内容，使犹太人作为受压迫者的历史真实地呈现在人们面前。

最后，希望保罗·约翰逊的《犹太人四千年》能够让中国读者全面、客观地了解犹太人的历史和现状、宗教和文化，为中华民族和犹太民族之间的沟通与合作搭建起一座桥梁。

吉 喆

河南师范大学历史文化学院副教授

致　谢

本书是我对犹太人历史的个人诠释。所表达的观点（及所有差错）均出自我本人。不过读者浏览参考文献便会发现，成书过程中少不了诸位学者的贡献。尤其要感谢《犹太百科全书》（*Encyclopaedia Judaica*）的编辑们，事实证明，它是不可或缺的指南。还要感谢 H. H. 本·萨松（H. H. Ben Sasson），他对《犹太人四千年》的编纂功不可没。S. W. 巴伦（S. W. Baron）、S. D. 戈伊坦（S. D. Goitein）和 G. G. 舒勒姆（G. G. Scholem）的研究意义深远，使我大受启发。另外，其他历史学家的作品也为我提供了极大的帮助，他们是塞西尔·罗斯（Cecil Roth）、亚历山大·马克思（Alexander Marx）、亚历山大·阿尔特曼（Alexander Altmann）、海厄姆·麦科比（Hyam Maccoby）、乔纳森·I. 伊斯雷尔（Jonathan I. Israel）、迈克尔·马鲁斯（Michael Marrus）、罗纳德·桑德斯（Ronald Sanders）、劳尔·希尔贝格（Raul Hilberg）、露西·达维多维奇（Lucy Davidowicz）、罗伯特·威斯特里奇（Robert Wistrich）和马丁·吉尔伯特（Martin Gilbert）。关于犹太人的信仰和观念，塞缪尔·贝尔金（Samuel Belkin），阿瑟·A. 科恩（Arthur A. Cohen）和迈尔·韦克斯曼（Meyer Waxman）的书籍令我受益匪浅。哈伊姆·拉斐尔（Chaim Raphael）和海厄姆·麦科比通读了全文并不吝赐教，提出了许多有益的建议和校正。非常感谢文字编辑彼得·詹姆士（Peter James），还有我的儿子丹尼尔·约翰逊（Daniel Johnson），感谢他们在文字方面的工作，特别是我的编辑，韦登菲尔德和尼科尔森（Weidenfeld & Nicolson）公司的琳达·奥斯班德（Linda Osband），他一如既往地为我的书籍提供无与伦比的服务。最后，必须感谢韦登菲尔德勋爵，正是他的鼓励使得我能够完成这一令人望而生畏的宏大课题。

前　言 1

我为何要写一本犹太人的历史？原因有四。

首先，纯粹是出于好奇心。在写作《基督教史》期间，我平生第一次意识到犹太教对基督教有巨大影响。与我一直以来学习和产生的认识不同，并不是《新约》代替了《旧约》，而是基督教对一种古老形式的一神论做出了全新的解释，并逐渐发展成为一种全然不同的宗教，但保留了其中不少道德和教条神学、礼拜仪式、制度，以及对于祖先的基本概念。于是，我决定，如果有机会，我要写写这个创造出我的信仰的民族，沿着他的历史长河探源溯流，寻找从古至今的发展脉络，并对于他的作用和意义提出自己的观点。在当今世界，犹太人倾向于被看作古代的一个独立种族，他们在《圣经》中留下了记录，接下来过着长达好几个世纪不见天日的生活，终于等到拨云见日，却又惨遭纳粹屠杀，最后终于在备受争议和八方树敌中建立了自己的国家。然而，这些只是一些突出的插曲，我希望能够将它们串联起来，发现并研究其中缺失的部分，将其整合，从而得到更深刻的理解。

原因之二在于犹太人漫长的历史跨度让我感到兴奋。从亚伯拉罕至今,将近4 000年的时光跨越了整个人类文明史的四分之三以上。作为历史学家,我相信连贯性,并从追溯连贯性中获得乐趣。与几乎所有现存的其他民族相比,犹太人更早地形成了具体且有区分性的身份认同。在骇人听闻的逆境中,他们将这种身份认同保持至今。这种非凡的忍耐力源自何处?让犹太人与众不同并保持为同一类人的那种强烈信念的特殊力量是什么?这个民族的延续能力是由于它的一成不变,还是它的适应能力,或者两种均有呢?这些是需要全心投入研究的重要主题。

原因之三则在于犹太人的历史不仅源远流长,而且涉及广阔的地域。犹太人已经融入许多社会当中并在其中留下了他们的印记。撰写一部犹太人历史几乎就是撰写一部世界历史,只不过是从非常独特的角度来写,从一个博学智慧的受难者的视角来看待世界历史罢了。因此,把握犹太人眼中的历史可以产生富有启发性的深刻见解。迪特里希·朋霍费尔(Dietrich Bonhoeffer)身处纳粹监狱的时候也同样注意到了这一点。1942年,他写道:"我们已经学会如何自下而上,如何从那些被排斥、被怀疑、被虐待、被压迫、被歧视却无能为力的人,简言之就是从那些受苦受难的人的视角看待世界历史上的那些重大事件。"他发现那是"一段无比宝贵的经历"。这位历史学家在讲述犹太人的故事时也发现了另一种价值:它为历史增添了新的内容,使受压迫者的史实得以呈现在人们面前。

最后,借助于对将近4 000年历史的研究,这本书让我有机会重

前言

新客观地思考所有人类问题中最难解的疑惑：我们究竟为何存在？历史仅仅是一连串加在一起毫无意义的事件吗？人类的历史与蚂蚁的历史在道德上是否没什么根本差别？或者，是否存在一个天定的计划，而我们人类是这个计划足够谦卑的代理人？没有哪个民族能够像犹太人那样始终坚定地秉持这样的信念：历史自有其目的，人类自有其命运。在犹太人群体形成的初期，他们就相信自己已经察觉了神对人类做出的安排，而他们就是这种安排的引领者。他们不厌其详地制定了自己的角色。面对非人的磨难时，他们凭借艰苦卓绝的毅力坚持这种信念。他们中的很多人依然相信这一点，另一些人则将其转变为普罗米修斯式的努力，用纯粹的人类手段改善我们的环境。犹太人的设想成为许多类似的人类伟大设计的样板，不管这些设计是来自神还是来自人。在给人类以有尊严、有意义的生活的长期努力中，犹太人是中流砥柱。他们的历史能否说明这样的努力是值得的？还是这只是一场完完全全的徒劳无功的努力？我希望，下面的讲述，即我自己的探究结果，可以帮助读者自己来回答这些问题。

第一章　以色列人

3　　犹太人是历史上最顽强的民族。希伯伦（Hebron）的存在就是证明。这座城市坐落于耶路撒冷以南20英里①的朱迪亚山脉（Judaean hills）海拔3 000英尺②处。麦比拉洞（Cave of Machpelah）里有着犹太列祖的墓冢。根据古老的传说，一间极为古老的墓室内保存着犹太教的创始人和犹太民族的祖先亚伯拉罕的尸骸，旁边是他的妻子撒拉的坟墓。该建筑内还有他的儿子以撒及其妻子利百加的坟墓。内庭的另一端是亚伯拉罕的孙子雅各及其妻子利亚的两座坟墓。建筑外是雅各与利亚的儿子——约瑟[1]的坟墓。目前人类已发现的4 000年犹太人史就是在这里起源的。

希伯伦的美雄浑庄严，它具有古老圣殿一般的宁静。然而，这座城市的石头无声无息地见证了无休无止的冲突和长达4 000

---

① 1英里=1 609.344米。——编者注
② 1英尺=0.304 8米。——编者注

年的宗教和政治纷争。它依次作为希伯来圣地、犹太会堂、拜占庭教堂、清真寺、十字军教堂,后来再次成为清真寺。大希律王(Herod the Great)围绕它筑起了雄伟的城墙。城墙由粗削的巨石砌成——有的巨石长达23英尺。这段围墙如今依然屹立,高度将近40英尺。萨拉丁(Saladin)用一座讲道台装饰了这处圣地。希伯伦折射出犹太人漫长而悲惨的历史,还有他们在不幸中谋求生存的非凡能力。大卫就是在那里受膏为王,先是成为犹大家的王(《撒母耳记下》2:1-4),而后成为以色列的王(《撒母耳记下》5:1-3)。耶路撒冷陷落之后,犹太人被驱逐,以东人在此安家落户。耶路撒冷先后被希腊和罗马征服,被迫改宗,遭奋锐党徒(Zealots)[①]掠夺,被罗马人付之一炬,又先后被阿拉伯人、法兰克人、马穆鲁克人占领。1266年以后,犹太人被禁止进入麦比拉洞祈祷。他们只被允许登上东墙旁边的7级台阶。他们在第4级台阶的石头上凿出了6英尺6英寸[②]深的洞口,塞进他们致上帝的请愿书,用棍子把纸张捅落洞中[2]。即便如此,请愿者们还是处境危险。1518年,奥斯曼帝国发生了一场针对希伯伦犹太人的可怕屠杀。不过,由虔诚的学者们重整旗鼓重建的社区历经不同时代,终于在风雨飘摇中得以延续。这个社区由正统的《塔木德》[③]

[①] 古犹太教教派,犹太教中的"狂热派",又称匕首党。——译者注
[②] 1英寸=2.54厘米。——编者注
[③] 《塔木德》被认为是继《圣经》正典之后犹太民族编撰的又一部极为重要的文化典籍,是大约700年内(从公元前200年至公元500年)在以色列地和巴比伦流传的犹太教口传律法及其解释的权威文献总汇。——译者注

研究者（Talmudists）、神秘喀巴拉（kabbalah）①体系的学生，甚至犹太苦行者组成。那些苦行者会毫不留情地鞭挞自己，直到他们的鲜血染红神圣的石头。犹太人在那儿先后迎来的有：17世纪60年代，假弥赛亚②沙巴泰·泽维（Shabbetai Zevi）；18世纪，第一批基督教现代朝圣者；19世纪，世俗的犹太居民，以及1918年的英国征服者。1929年，这个人丁始终不兴旺的犹太社区遭到来自阿拉伯人的袭击。1936年，阿拉伯人再次来袭，几乎将它夷为平地。1967年，"六日战争"（Six Day War）期间，以色列士兵进入希伯伦的时候，犹太人已经整整一代未踏足那里了。1970年，人们在希伯伦重建了一个规模不大的定居点。尽管面临着巨大的恐惧和未知，它还是发展繁荣起来。

因此，历史学家造访今天的希伯伦时，会问自己：曾经掌控此地的那些人，而今何在？迦南人何在？以东人何在？古希腊人和古罗马人、拜占庭人、法兰克人、马穆鲁克人、土耳其人何在？他们已经无可挽回地消失在时间的长河里。但是，犹太人还在希伯伦，依旧如故。

因此，希伯伦象征了犹太人4 000年以来不屈不挠的精神，还显示了犹太人对拥有和占据土地所怀有的不同寻常的矛盾心理。

---

① 喀巴拉（kabbalah），希伯来文音译，意为"接受传授之教义"，表示接受根据传说传递下来的重要知识。自13世纪以后，泛指一切犹太教神秘主义体系及其派别与传统。——译者注
② 《圣经》词语，与希腊语词汇"基督"是一个意思，在希伯来语中最初的意思是"受膏者"，指的是上帝选中的人，具有特殊的权力。——译者注

没有哪个民族能够在如此漫长的岁月里对大地上的某个特定角落在情感上保持如此强烈的依恋，也没有哪个民族能够表现出如此强烈而执着的迁徙本能以及将自己连根拔起并移栽的勇气和本领。事实上，难以理解的是，在作为民族存在的四分之三以上的时间内，大多数犹太人始终居住在他们声称属于他们的土地之外。今天，他们依然如此。

希伯伦是有记录以来他们首次获得的土地。《创世记》第23章讲述了亚伯拉罕在妻子撒拉去世后如何决意买下麦比拉洞和周边的土地，作为她和自己最终的安葬地点。该章节在整部《圣经》中至关重要，体现了犹太人所坚守的最古老的传统之一，毫无疑问，对他们而言珍贵无比、举足轻重。也许这是《圣经》首个通过长篇口述来见证和描写真实事件的章节，因而留下了可信的细节。关于买地的谈判和流程，这段文字描述得详尽细致。虽然亚伯拉罕在希伯伦居住了很久，但那时候他还是被看作外人。为了永久拥有那里的土地，他不仅需要有购买权，还需要得到当地社会的一致认可。这块土地属于赫人（Hittite）权贵以弗仑（Ephron），一个有赫人血统的西闪米特人（West Semite）和哈比鲁人（Habiru）[3]。亚伯拉罕首先得与"赫人"（the children of Heth）即"土地上的人民"达成正式的交易协议，接着还得与以弗仑商议价格——400舍客勒③（shakel）银子，然后将这些"买卖通用的

---

③ 古希伯来重量单位，1舍客勒约相当11.25克。——编者注

银子"上秤证明足量，当着族长的面交给以弗仑。

这个发生在小范围内的事件值得铭记，因为它不仅涉及所有权的转让，还代表地位的变化：按照仪式下拜、装腔作势和假客套、苛刻和讨价还价，均在《圣经》中被表达得活灵活现。然而，让读者印象最深、在脑海中挥之不去的却是亚伯拉罕在交易开始前那句令人心酸的话语："我在你们中是外人，是寄居的。"还有最后对那块地由当地人"定准归与亚伯拉罕"（《创世记》23:20）的反复强调。在犹太人历史上首次发生的这一真实事件中，这个民族的不安定和焦虑的心情被表现得淋漓尽致。

这位亚伯拉罕是谁？他来自哪里？《创世记》及《圣经》中的相关章节是他存在的唯一证明，而这些文字也许还是在他辞世（如果真有此人的话）1 000年后才出现的。《圣经》作为历史记录的价值，200多年来一直备受争议。直到1800年前后，学者和普通人的主流观点还是基要主义者（fundamentalist）的观点：也就是说，《圣经》的叙述是受神的启示而作，整体和细节都是真实的。不过，几个世纪以来，很多犹太教和基督教学者坚持认为早期书籍，尤其是《圣经》中的许多章节应该作为象征或隐喻而非字面事实来理解。19世纪初叶，出现了一种全新的、越来越专业的"批判性"解释路径，主要来自德国学者的工作，他们认为《旧约》并非历史记录，其中大部分应被划归为宗教神话。如今，《圣经》的前五卷，或者说《摩西五经》（pentateuch），已经被当作希伯来各部族流传下来的口头传说，大约在大流散（the Exile）

之后,即公元前的500年里才形成书面形式。这种观点认为,这些精心编选、整理和改编的传说故事,其目的是为结束流散之后的以色列社会的宗教信仰、活动和仪式提供历史依据和神的应许。早期书籍中描写的个体并非真实存在的人,而是神话英雄或代表整个部族的缀合的人物形象。[4]

因此,不只是亚伯拉罕和其他列祖,还有摩西和亚伦、约书亚和参孙,都将隐退至神话,成为和赫拉克勒斯和珀耳修斯、普里阿摩斯和阿伽门农、尤利西斯和埃涅阿斯①等同样不真实的人物。在黑格尔及其学术追随者的影响之下,《圣经》中所写的犹太教和基督教启示被重新解读为一种决定论的社会学发展——从原始部落的迷信发展至复杂的城市教会学。犹太人受神命定的独特角色退居幕后,摩西一神论的成就逐步被弱化,对《旧约》历史的改写充斥着不易察觉的反犹太教特点,甚至带有反犹主义的色彩。德国《圣经》学者们的著作成为学术正统,其中尤利乌斯·韦尔豪森(Julius Wellhausen,1844—1918)的学说在说服力和复杂性方面达到了很高的水平,他的作品《古以色列史绪论》(*Prolegomena to the History of Ancient Israel*)于1878年首次出版,反响巨大。[5] 韦尔豪森及其学派在《圣经》研究领域占据主流长达半个世纪之久,甚至在今天,历史学家在阅读《圣经》时还会受到他的诸多观念的影响。20世纪的一些优秀学者,如M.诺

---

① 以上均为罗马神话或希腊神话中的人物。——译者注

特（M. Noth）和 A. 阿尔特（A. Alt），依然保持基本怀疑的态度，将征服迦南前的传说视为不予考虑的神话，认为以色列人是在迦南成为一支民族的，时间不早于公元前12世纪；征服本身大致也是神话，主要过程其实是和平渗透。[6] 其他人则提出，以色列起源于迦南人中的一群宗教狂热者，他们认为迦南人已经堕落，于是他们退出了。[7] 这些及其他理论须得放弃《士师记》之前所有的《圣经》历史，将其全部或绝大部分看作虚构作品，而《士师记》本身也是真实与虚构的杂糅。有人认为，以色列人的历史直到扫罗和大卫年代才有了坚实的事实基础，那个时候《圣经》才开始反映真实的宫廷历史和记录。

遗憾的是，历史学家很少如他们所希望的那样能做到客观。《圣经》历史涉及基督徒、犹太人和无神论者的信仰或偏见，触及我们存在的根源，因此在这个领域即使能够做到客观也非常困难。此外，学术领域也存在专业角度上的曲解。19世纪以及20世纪的很长一段时间，《圣经》的历史都被经文学者掌控，他们的本能和受到的训练始终都是拆解《圣经》故事，找出汇编故事中那些人的来源和目的，在此基础上挑选少数可信的片段，然后从比较历史的视角重建事件。但是，随着现代科学考古学的发展，一种与之抗衡的力量开始出现，即利用古代文献的指导，求证于实物遗迹。在希腊和小亚细亚，对特洛伊、克诺索斯、克里特岛上的其他米诺斯遗址、伯罗奔尼撒的迈锡尼遗址的发现和发掘，连同对其中一些地方出土的古代宫廷记录的破解，让《荷马史诗》恢复了历史记录的地位，让学者们注意到传说的外表下面越来越多的真实成分。因此，在巴勒斯坦和叙利亚，对古代遗址的调查研究和大量经过复原以及转译的法律和行政记录已经强有力地倾向于恢复《圣经》前几卷的历史叙事价值。特别是 W. F. 奥尔布赖特（W. F. Albright）和凯瑟琳·凯尼恩（Kathleen Kenyon）的工作，让我们对《旧约》前几卷描述的地点和事件的真实存在重拾信心。[8] 同样重要的是公元前两三千年的档案被发现，给迄今为止晦涩难解的《圣经》章节带来了新的亮光。就在 50 年之前，《圣经》前面的章节还被视作神话或象征，而如今，举证责任已经转移：越来越多的学者倾向于认为这些经文至少蕴含了事实的萌芽，并以培育这株萌芽为自己的工作。但这并未让《圣经》的历史解读变得更容易。基要主义和"批判"的路径还是简明得令人快慰。现在，我们认为《圣经》文字作为寻找真相的指南太复杂与太模糊，但不管怎样，它还是提供了指南。

如此，犹太人就是当今世界上拥有记录自己起源历史的民族之一，而且记录他们起源的历史可追溯到远古年代。尽管这些记录中的很多地方非常晦涩难懂。将《圣经》塑造成如今这个模样的犹太人显然认为他们的种族尽管是由亚伯拉罕创建，但其祖先甚至可以追溯至更早，一直到人类的始祖亚当。按照目前的知识水平，我们必须假设《创世记》开头的章节具有提要和象征的意味，而非描述事实。第 1 章至第 5 章出现了诸如智慧、邪恶、羞耻、嫉妒和犯罪，与其说是真实的事件，不如说是解释说明，即使中间也夹杂着残存的回忆。比如,若说该隐和亚伯的故事完全是杜撰,很难令人相信;该隐的回答"我岂是看守我兄弟的吗?"听起来像确有其事,而且这个蒙受耻辱和惊恐不安的人身负有罪的记号,他的形象极具感染力,以至于很容易让人觉得这就是历史事实。令人印象深刻的是,与异教徒的宇宙起源论相比,犹太人对创世过程和早期人类活动的描写,显然对世界及其生物按照何种机制诞生缺乏兴趣,而埃及和美索不达米亚的讲述者却被这种兴趣引入了超自然的歧途。犹太人仅仅假设预先存在一位无所不能的上帝,他实施行动却从未被形容和描述,他拥有自然本身的力量和不可见性;值得注意的是,《创世记》的第1章,就不同于古代其他所有的宇宙起源论,从本质上来说,倒是与现代科学对宇宙起源的解释,尤其是大爆炸理论若合符节。

并不是说犹太人的上帝在任何意义上都等同于自然:恰恰相反。尽管始终不曾形象化,上帝被表现为一个人却是再明显不过的。比如,《申命记》竭尽全力地将崇拜自然和自然神灵并受到轻视的异教徒与崇拜上帝本人的犹太人加以区别,警告他们"又恐怕你向天举目观看,见耶和华你的神为天下万民所摆列的日、月、星,就是天上的万象,自己便被勾引敬拜侍奉它"。[9] 此外,这位人化的上帝从一开始就为他的生灵制定了无比清晰并必须遵循的道德准则,因此犹太人早期的人类道德范畴从一开始就存在且必不可少。这又让它与所有的其他宗教的论述迥然不同。因此,《圣经》的史前部分奠定了一种道德基础,整个事实结构全都以此为基础。即使最原始的犹太人也被描述成绝对能够明辨是非的人。

在物质宇宙上叠加道德宇宙的观念决定了《圣经》对第一个真正意义上的历史事件的处理手法，即《创世记》第6章对洪水的描写。而今毫无疑问的是，美索不达米亚曾经发生一次大洪水。1845—1851年，A. H. 莱亚德（A. H. Layard）在库云吉克（Kuyunjik）的西拿基立宫殿（Palace of Sennacherib）图书馆内发现了楔形文字泥板；1872年，大英博物馆的乔治·史密斯（George Smith）在上面找到了大洪水的说法，《圣经》的叙述第一次得到了证实，而在亚述巴尼拔宫殿（Palace of Ashurbanipal）里发现的泥板进一步证实了这一点。[10]这种说法其实存在于亚述帝国后期（late-Assyrian），而更早的史诗《吉尔伽美什》（*Gilgamesh*）①的末尾对此也有所补充。这首史诗的主人公是公元前第四个千年古代苏美尔的一位乌鲁克（Uruk）国王。巴比伦人和相距遥远的苏美尔人都在亚述人之前留下了大洪水的记忆。20世纪20年代，伦纳德·伍利爵士（Sir Leonard Woolley）找到并发掘了乌尔（Ur）——公元前4000年至前3000年的苏美尔重镇，《圣经》史前部分的结尾处曾提到这座城市。[11]在乌尔考察早期考古层面的同时，伍利花费了很长时间致力于找出大洪水的实物证据。他发现了一处可追溯至公元前4000年至前3500年的8英

---

① 目前世界上已知最古老的英雄史诗，早在四千多年前就已在苏美尔人中流传，经过千百年的加工提炼，终于在古巴比伦王国时期用文字形式流传下来。——译者注

尺冲积层。他还无意中在舒鲁帕克（Shuruppak）发现了另一处引人注意的冲积层，在基什（Kish）的类似地层中也发现了一处18英寸的冲积层。但这些冲积层的年代与乌尔的年代并不相符。[12] 马克斯·马洛温爵士（Sir Max Mallowan）在测量考察了20世纪60年代初以前勘探的各处遗址后得出结论，这里确确实实发生过一场大洪水。[13] 1965年，大英博物馆在其馆藏中进一步发现：巴比伦城市西巴尔（Sippar）的两块泥板提到了洪水，它们书写于公元前1646—前1626年的阿米萨杜卡国王（King Ammisaduqa）统治时期。

最后，这次发现的重要性在于，它让我们能够重点关注挪亚（诺亚，Noah）这个人物本身。因为它讲述了神在创造人类后如何后悔造人并决定用洪水淹没人类；但水神恩基（Enki）将这场灾难的计划透露给一位名叫朱苏德拉（Ziusudra）的祭司，祭司造了一艘船并因此幸免于难。[14] 朱苏德拉无疑是真实存在的人，是大约公元前2900年巴比伦南部城市舒鲁帕克（Shuruppak）的国王，苏美尔王表（the Sumerian king-list）①中最早的一根上记录了他的身份。舒鲁帕克遗址内也有大洪水出现过的证据，只是与伍利在乌尔发现的洪水年代不符。[15] 朱苏德拉的拯救者形象在《圣经》中以挪亚出现，由此为一位《圣经》人物的真实存在提供

---

① 古代文献，发现于美索不达米亚各地，使用苏美尔语书写。目前发现的总共有16份，互相之间基本相同，是现存最完整的王表。——译者注

了第一个客观证明。

但是,《圣经》对洪水的描述与巴比伦—苏美尔的史诗有根本性的区别。与朱苏德拉不同,挪亚是道德人物,深植于《创世记》刚开始就确立的价值体系。另外,《吉尔伽美什》史诗叙述的孤立事件缺少统一的道德和历史背景,而犹太人的版本则将每个事件都与道德问题扯上关系,再用所有事件共同印证一种天意设计。这是世俗文学和宗教文学的差别,是单纯的民间传说作品和有意识的决定论历史的差异。

而且,挪亚不只是犹太人历史上的第一个真实人物,他的故事预示了犹太人宗教的重要元素。这里出现了犹太人的神对方舟建造和装载细节的特别重视,还出现了义人(righteous man)的概念。更为重要的是,此处表现出犹太人对人的生命至高无上的强调。人与上帝之间具有一种极富想象力的关系,这种关系出现在《创世记》第9章关键性的第6节:"凡流人血的,他的血也必被人所流,因为神造人,是照自己的形象造的。"这一点或许可以被视为犹太人信仰的核心宗旨,值得注意的是,它与洪水——第一个从《圣经》之外获得证实的历史事件——是紧接着出现的。

涉及洪水的章节还首次提到了神约(covenant),而且最早提及了迦南的土地。[16] 不过,在我们顺着洪水之后的王表找寻列祖的过程中,这些主题将以更加显著的方式反复重现。现在,我们可以回到关于亚伯拉罕的身份和出身的问题。《圣经·创世记》第

11章至25章说道，亚伯拉罕原名亚伯兰（Abram），其祖先最后可追溯至挪亚，他从"迦勒底的吾珥（乌尔）"迁出，先到达哈兰，然后抵达迦南的多个地方，因为饥荒行至埃及，然后又回到迦南，最后在他第一次买下土地的希伯伦辞世。

《圣经》这段内容叙述的是历史。此处提到迦勒底年代有误，因为迦勒底人是在将近公元前第二个千年末叶时才进入美索不达米亚南部，而亚伯拉罕生活的年代要早得多，更接近初叶时期。这里写到迦勒底人是为了让公元前第一个千年的《圣经》读者辨认出乌尔。[17] 不过，对《圣经》所言的亚伯拉罕来自乌尔根本毋庸置疑，伍利及其继任者的工作成果，已经告诉我们许多与他有关的内容。首先，它将亚伯拉罕与一座重要城市而非沙漠联系在一起。黑格尔的信徒，如韦尔豪森及其学派，怀着从原始到复杂、从沙漠到城市的决定论发展理念，认为希伯来人最先是那种最简单的牧民。然而，伍利发掘的乌尔具有相对较高的文化水平。他在"美地的英雄麦斯卡拉姆杜格"（Meskalamdug，Hero of the Good Land）①的坟墓中发现了一顶纯金打造的精美头盔，头盔上有发髻形状的浮雕。墓中还有宗教游行队伍使用的旗帜，上面饰有贝壳和青金石。他还发现了一座巨大的金字形神塔（ziggurat），这座塔庙矗立在多层平台的上方，猜想它是受到巴别塔故事的启发也不为过。塔庙的修建者是第三王朝的乌尔纳姆（Ur Nammu

---

① 乌尔（《圣经》中的吾珥）的早期统治者。——译者注

of the Third Dynasty，前2060—前1950），一个伟大的立法者和建造者，他还把自己拿着锄头、铲子和丈量尺的工匠形象绘制于一块石碑上。现在还存有石碑的一块残片。

亚伯拉罕有可能是在这位国王的统治年代之后离开乌尔的，因此将通天的金字形神塔及更早以前的洪水的故事带到了迦南。他是什么时候踏上行程的呢？列祖的年代并非像从前想象的那样无法确定。当然，《创世记》中大洪水之前的年代确定只是一个大概，而非确切，但宗谱与其他古代早期的王表一样不容轻视。生活在大约公元前250年希腊时代（Hellenistic times）的埃及祭司曼涅托（Manetho）等人就提供了这样的法老世系表，这些资料让我们有足够的信心将埃及历史追溯至公元前3000年的第一王朝。与曼涅托身份大致相当的巴比伦祭司伯诺索斯（Berossus）为我们提供了一份类似的美索不达米亚王表，而且考古学家还发掘出了其他王表。如果仔细查看《创世记》中大洪水前后的名录，我们就会发现两组各有10个名字，虽然接近源头的希伯来马所拉经文（Hebrew Massoretic text）、希腊文译本（the Greek Septuagint）和撒马利亚五经（the Samaritan Pentateuch）中所涉及的年代有所不同。这些组合与《圣经》以外的书面记录大同小异，《圣经》中"久远"的年代与洪水以前舒鲁帕克的苏美尔国王生活的年代差不多。最早的王表上只有8位大洪水之前的国王，不过伯诺索斯记录了10位，与《创世记》正好相符。二者之间的联系或许就是亚伯拉罕，是他带来了这个传说。

虽然与埃及的王表一样，美索不达米亚的王表难以锁定确切的时间，但目前的普遍共识是认定萨尔贡和古阿卡德时期为公元前2360—前2180年，认定立法者乌尔纳姆和乌尔第三王朝为公元前第二个千年末叶或第一个千年初叶，并将真实性毋庸置疑的政治家和法典编纂者汉谟拉比在位的年代精确至公元前1728—前1686年。证据显示，《创世记》中的列祖故事应发生在乌尔纳姆和汉谟拉比之间的年代，大致是公元前2100—前1550年，即青铜时代中期。他们所处的年代显然不可能晚至青铜时代晚期，因为那样的话，就到了埃及的新王国时期，而列祖部分并未提及迦南地区有埃及帝国的存在。奥尔布赖特职业生涯的大部分时间在纠结亚伯拉罕所处的年代问题，始终在公元前20世纪和前17世纪之间摇摆，最终得出结论，亚伯拉罕不可能生活在公元前20世纪以前或前19世纪以后。他的年代推定看起来很合理。[18]

大致确定列祖的时间能够让我们将他们与现有的叙利亚和美索不达米亚青铜时代的考古记录和各种书面档案联系起来。以上这些至关重要，因为它们不仅能让我们确定还能让我们解释列祖故事中的事件。这些考古发现有凯瑟琳·凯尼恩对耶利哥（Jericho）城外路旁的坟地所做的调查研究，那些坟地类似于《创世记》第23章和35章第19—20节描述的墓穴，还有纳尔逊·格卢克（Nelson Glueck）对内盖夫（Negev）的考古调研，内盖夫出土了许多青铜时代中期列祖时代的定居地点。[19]格卢克注意到其中很多定居地点毁于公元前1900年之后的某段时间，这与我们在《创世记》第 14 章看到的劫掠破坏的线索不谋而合。

考古发现的文字资料数量非常巨大，而且提供了很多信息。1933 年，A. 帕罗（A. Parrot）对位于叙利亚—伊拉克边境以北 17 英里处的幼发拉底河沿岸的马里古镇（Mari，今泰勒哈拉里）进行考古发掘，发现了一份包括两万项条目的档案。[20] 一份类似档案的泥板抄本随后在基尔库克（Kirkuk）附近的努济（Nuzi）被发现。古代的努济是胡里特人——也就是《圣经》中的何利人的城市，胡里特人属于米坦尼王国。[21] 第三份档案包括 1.4 万块泥板，在叙利亚北部的埃勃拉（Ebla，今泰勒马尔迪赫丘）被发现。[22] 这些档案的时间跨度相当大，埃勃拉的档案比列祖时代稍早，努济档案的时间在公元前 16 世纪和前 15 世纪前后，较之略晚，而马里泥板大概在公元前 19 世纪末叶至前 18 世纪中叶，完全符合最有可能的那个年代。它们共同帮助我们绘制出一幅列祖时代的社会画卷，起到了解释《圣经》经文的作用。韦尔豪森及其他人认为，《圣经》头几卷是为了契合年代要晚得多的宗教信仰而汇集编选的。对这种观点反对最激烈的一种意见始终是：其中的很多事件并不是这样的。它们所体现的风俗对于公元前第一个千年的后来编者来说显然是陌生和无法解释的；那些编者对流传下来的经文和传说心怀敬意，完全照抄，并没有试图进行合理化的解释。有的章节对我们来说依然神秘难解，但借助于泥板，其他不少章节如今已得到解释。

埃勃拉和马里泥板都包括行政和法律文书，其中提到了列祖式的人物名称，如亚伯兰、雅各、利亚、拉班、以实玛利，还有很多有启发性的表达方式和来自希伯来语的外来词。[23] 而且，公元前第二个千年初叶的这些身份不明的诉讼当事人与《圣经》中的同名人物一样，恰好同样也面临由于无子女、离婚、继承和长子名分而造成的困境。因为没有子嗣，亚伯拉罕无望地打算让他的一名仆人当他的继承人，提议收养以利以谢作为假定继承人。这种做法与努济抄本里的说法差不多。亚伯拉罕与妻子撒拉的约定、因撒拉不生育而纳使女夏甲为妾的做法，甚至后来家中出现的不愉快，努济的泥板里都有相应的描述。努济的婚姻契约甚至对这些意外事件做了明确规定。努济的一块泥板还显示，确有哥哥将长子名分卖给弟弟得了 3 头羊这类事情发生，就像以扫用他的长子名分向雅各换了一碗汤。[24] 还有一块努济泥板提供的事例表明，以临终祝福的形式对财产进行的口头处理是具有约束力的——这就解释了《创世记》第 27 章那个著名场景：雅各和他的母亲利百加串通欺骗他的父亲以撒，得到了他临终指派的继承人名分。也许其中最为引人注意的是，努济档案对《圣经》中关于雅各和拉班之间令人费解的关系描述做出了解释，即我们现在所说的常见的收养问题。拉班没有继承人，于是收养雅各当他的儿子，还让他做了自己的女婿；后来，拉班有了自己的儿子。一块努济泥板上面这样写道：

> 阿尔申尼之子纳什维的收养碑牌。他收养普希申尼的

儿子乌鲁……纳什维死后，乌鲁将成为继承人。如果纳什维生下儿子，此子将与乌鲁平分继承权，但纳什维的神像由此子继承。但是纳什维若无儿子，那么就由乌鲁继承纳什维的神像。纳什维已将女儿努呼亚嫁与乌鲁为妻。如果乌鲁再娶妻，他必须放弃纳什维的土地和房屋。[25]

努济泥板显示，家中的神像类似所有权契据，具有象征性的法律价值。现在我们能理解拉结偷了拉班家中供奉的神像就是为了纠正她认为不公的法律条款。马里泥板也提供了一些以屠宰动物的方式确定契约的法律仪式的例子，类似于《创世记》第15章第9—10节中亚伯拉罕与上帝的立约。[26]

如此一来，我们便可以开始将亚伯拉罕及其后代放入真实的历史背景中。公元前第三个千年末叶，地中海文明世界的社会因为来自东方的入侵而受到干扰。这些入侵者给埃及制造了巨大的麻烦；而在稳定的亚洲，考古证据显示，诸如乌加里特、比布鲁斯、米吉多、耶利哥和古加沙这些城镇的延续性被打破，有遭到掠夺和弃城的迹象。[27] 从美索不达米亚迁往地中海的这些民族说的是西闪米特语，希伯来语就是其中的一种。美索不达米亚泥板和铭文的表意文字 SA.GAZ 提到了一个特定的人群，他们又被称为希伯鲁人（Hapiru）、哈比鲁人（Habiru）。青铜时代晚期的埃及资料也提到了阿比鲁人（Abiru）或哈比鲁人。根据这个称谓来看，它们指的不是贝都因人（Bedouin）或从那时延续到现在的沙漠居民，因为这一类人另有称谓。哈比鲁人似乎是一种贬称，指四处流浪、难以对付而又具有破坏力的非城市居民。他们不是寻常的部族，常常随着季节更替和牧群一同迁徙，今天在小亚细亚和伊朗的有些地方的人们依然过着这样的生活。而且，他们的文化要优于大多数沙漠部族。正是因为他们很难被分类，才让非常清楚如何与真正的游牧部落打交道的埃及当局感到困惑和恼火。他们有的当雇佣兵，有的成为政府雇员，有的为人奴仆，有的当修补匠和小贩，有的是赶着大篷车四处流动的商旅，还有的是普通的商人。有时候，他们会获得以羊群和家臣形式来体现的可观财富；然后他们可能会尽力定居下来，获得土地，建立小王国。

每群哈比鲁人都有一位酋长或酋帅，他们有时能够带领多达2 000名部众发动攻击。如果他们有机会得以定居并开始建设，首领就会自封为王，并且依附于该地区的大君主。除了埃及这个古老得甚至可追溯至公元前19世纪的中央集权的专制国家以外，没有哪个国王能单单依靠自己强大起来。巴比伦的汉谟拉比始终有10位或15位国王臣服于他。对于一个地区的君主来说，允许哈比鲁国王定居并成为（实际上的）封臣还是打退他们，是一个需要好好判断的问题。[28]

已经在当地有根基的小国王也面临着同样的困境，他们是先前移民浪潮的一部分。亚伯拉罕是一个哈比鲁移民群体的首领，一个名副其实的酋长，拥有"家里生养的精练壮丁三百一十八人"。在《创世记》第12章里，我们可以看到他与埃及的权贵打交道；在《创世记》第 14 章里，他和他的手下成为小势力所多玛王（King of Sodom）的雇佣兵。他与大大小小有根基的当权者之间的关系始终存在不安定的因素，带着欺骗，如他再三假称妻子撒拉是他的妹妹：现在，我们从泥板得知，妻子若是拥有姐妹的法律地位，可以比普通妻子获得更多的保护。[29] 牧场有限，淡水经常不足。如果一个哈比鲁群体在定居地繁荣兴旺，它的大量财富就会成为冲突的源头——这几乎离奇地预示了后世流散犹太人的问题。《创世记》第 13 章第 6—11 节表明，亚伯拉罕和他的侄子罗得不得不分开："那地容不下他们，因为他们的财物甚多，使他们不能同居。"《创世记》第 21 章第 22—31 节显示亚伯拉罕在别是巴（Beersheba）与当地国王亚比米勒（Abimelech）的仆人发生水权争执，后来用献祭动物的方式立下了解决争执的契约。亚伯拉罕与亚比米勒之间，尽管有时关系紧张，甚至出现法律纠纷，但他们的关系还是和平的。有时候，有根基的国王容忍哈比鲁人是出于利益考虑，因为可以将他们当作雇佣兵。然而，如果这些"外人和寄居的人"越来越多，越来越强大，当地国王就得让他们搬走，否则就有自己被打倒的危险。于是，我们发现亚比米勒告诉亚伯拉罕的儿子以撒："你离开我们吧，因为你比我们强盛得多。"[30]

《创世记》涉及移居、水井和契约，以及长子名分的内容多引人入胜，因为它将列祖扎实地放入他们的历史情境中，证实了《圣经》历史悠久、真实可信。但其中交织着其他两类内容：在道德背景下刻画这支民族的祖先个体，更重要的是，刻画他们与上帝集体关系的开端和发展，这是《圣经》故事的真正目的。在这些古老的故事里生动真实地刻画列祖及其家庭或许是这部作品最引人注意的方面，这在远古文学中绝无仅有。里面有人类的典型，如以实玛利——"他为人必像野驴。他的手要攻打人，人的手也要攻打他"[31]——但并不脸谱化，一个个人物无不跃然纸上，呼之欲出。

更精彩的是给予女性的笔墨，包括她们经常扮演的主要角色、她们的鲜活个性和情感力量。亚伯拉罕的妻子撒拉是历史记录中第一个发笑的人。她在年老时被告知会生出梦寐以求的儿子，她不相信，只是"心里暗笑，说：'我既已衰败，我主也老迈，岂能有这喜事呢？'"（《创世记》18:12）。她的笑苦乐参半，带着悲伤、讽刺，甚至愤世嫉俗的味道，预示着犹太人古往今来诸多这般的笑。然而，儿子以撒降生后，"撒拉说：神使我喜笑，凡听见的必与我一同喜笑"——她的欢喜、得意跨越4 000年的距离传达给我们。接下来的故事是深爱母亲撒拉的以撒，一个温和而又喜欢思考的男人，如何争取到一位妻子——腼腆、善良和富有爱心的利百加——以取代母亲地位的故事；这是《圣经》中第一个打动我们的故事。更震撼人心的是《路得记》，虽然严格说来那并非列祖的时代，描述了两个悲伤孤独的女人拿俄米和她的儿媳路得之间的亲情和奉献。这些情感传达得如此细腻真实，以至于人们本能地相信写下这些文字的是女性。构成《士师记》第5章的"底波拉的歌"（the Song of Deborah）包含众多女性形象，对女性的力量和勇气进行了成功的辩护，毫无疑问，一定是女性的抒情作品。不过从内部证据来看，它显然是《圣经》最早被写下的部分之一，看起来在不迟于公元前 1200 年，就差不多成为现在的样子了。[32]《圣经》开端的这些记录证实了女性在塑造希伯来社会时发挥的创造性作用，也证实了她们的智慧和情感力量，以及她们极为严谨的态度。

不过，《圣经》的开端首先是一份神学表述：讲述这个民族的领袖与上帝之间直接且亲密的关系。在这一点上，亚伯拉罕发挥的作用是决定性的。《圣经》将他写成希伯来人的直系祖先和该民族的创始人。他还是善良和正直的人的典范。他热爱和平（《创世记》13:8-9），但也愿意为原则而战，成功后不失宽容大度（14:22），对家庭一心一意，对陌生人热情好客（18:1），关心同胞的幸福（18:23），当然最重要的是敬畏上帝和服从神的命令（22:12；26:5）。但他并非十全十美。他是个有血有肉、非常现实的人，有时担心害怕，犹豫不定，甚至多疑，不过最后总会忠实履行上帝的指示。

如果亚伯拉罕是希伯来民族的创始人，那么他也是希伯来宗教的创始人吗？他在《创世记》中似乎开创了希伯来人与唯一全能的上帝之间的特殊关系。他是否可以被称为第一位一神论者，对此我们尚不清楚，但我们可以不再考虑韦尔豪森那种黑格尔式的观点，认为以亚伯拉罕为代表的犹太人是从原始沙漠环境中走出来的民族。亚伯拉罕熟悉城市、复杂的法律概念，以及相对于他们那个年代来说复杂精细的宗教意识。著名犹太历史学家萨洛·巴伦（Salo Baron）把他看作最初的一神论者，来自由盛行的月亮崇拜正转变为原始一神论的中心区域。他的家族的很多名字，如撒拉、米迦、他拉、拉班，都与月亮崇拜有关。[33]《约书亚记》里隐晦地提到了亚伯拉罕有盲目崇拜倾向的祖先："就是亚伯拉罕的父亲他拉……侍奉别神。"[34] 重现《圣经》中其他章节曾记录的古老传统的《以赛亚书》说道，上帝"救赎亚伯拉罕"。[35] 闪米特人沿着"新月沃土"①西行通常被描述为迫于经济压力而进行漂泊。不过理解亚伯拉罕被迫漂泊是出于宗教的原因至关重要：他响应了他认为来自伟大全能、无所不在的上帝的敦促。可以认为，虽然他脑子里的一神论观念尚未完全形成，但他正努力地追随它，而正是因为美索不达米亚社会在精神上陷入了死胡同，他才选择离开。[36]

形容亚伯拉罕为单一主神教者（henotheist）或许最为准确：信仰属于某特定民族的唯一上帝，但也承认其他民族对他们自己神灵的依赖。凭借这样的资质，他就是希伯来宗教文化的创始人，因为他开创了这种文化最重要的两个特征：与上帝的神约和受赠土地。神约的概念是一种非同寻常的想法，在古代的近东地区绝

---

① 指两河流域东西部的西亚、北非地区的一连串肥沃的土地，从地图上看其整体好似一弯新月，因此得名"新月沃土"。——译者注

无仅有。的确,亚伯拉罕与上帝的契约是个人行为,尚未达到摩西代表整个民族与上帝立约的复杂程度。但其基本要素已然具备:一份用顺从换取特别恩惠的约定,有史以来首次意味着有一位道德化上帝的存在,他充当了一位仁慈的立宪君主,受到他自己订立的公正协议的约束。[37]

《创世记》的描述中有亚伯拉罕和上帝之间断断续续的对话,显示亚伯拉罕对于契约的重大意义是逐渐领会和接受的,这个例子说明上帝的旨意有时是以循序渐进的方式展现出来的。正如《创世记》第22章所述,上帝命他献祭独生子以撒作为考验时,亚伯拉罕终于完全明白了这个道理。[38] 该章节是《圣经》的重要里程碑,也是整个宗教史上最具戏剧性和最令人费解的一段,因为它首次提出了神义论(theodicy),即上帝的正义感问题。很多犹太教徒和基督教徒认为这段内容不合情理,因为亚伯拉罕受命去做的事情不仅本身残忍,也有悖拒绝活人献祭的传统,这是希伯来伦理体系和后来的犹太—基督教各种敬拜方式的基石。伟大的犹太哲学家们奋力地让这个故事符合犹太人的伦理。斐洛(Philo)认为,它说明亚伯拉罕摆脱了习俗和其他所有的强烈情感,只保留了对上帝的热爱,他认可我们必须把自己最珍惜的献给上帝,深信上帝是正义的,我们并不会失去自己最珍惜的。迈蒙尼德(Maimonides)认同这是一次考验,是对上帝有权索取的极端的爱和敬畏的考验。纳奇曼奈(Nahmanides)把它看作神的预知和人类自由意志互容的第一个例子。[39]1843年,索伦·克尔凯郭尔（Sören Kierkegaard）发表了他对这一章节的哲学研究《恐惧与战栗》（*Fear and Trembling*），他在其中将亚伯拉罕描绘成一位"信仰的骑士"，为了上帝不仅可以放弃自己的儿子，还可以放弃他的伦理观念。[40] 大多数犹太教和基督教的道德神学家反对这种观点，因为它暗示上帝的旨意和伦理观念之间存在令人不能接受的矛盾，但其他人也同意该章节是一种提醒——宗教未必就反映了自然主义伦理学。[41]

从历史学家的观点来看，这个故事完全讲得通。因为亚伯拉罕，正如我们从同时代的档案中得知，所处的法律背景必须用动物献祭来订立合同或契约。与上帝的立约如此至高无上，以至于提出的要求更高：献祭真正的最爱，尽管因为献祭的对象是人，所以献祭被阻止了，但依旧有效，只是需要的是形式和仪式而非实际发生。以撒被选为祭品不只是因为他是亚伯拉罕最珍贵的财产，还因为按照契约，他是上帝的特别馈赠，依然属于上帝，就像上帝给人类的其他馈赠一样。这一点强调了献祭的全部意义，是一次象征性的提醒，即人所拥有的一切均来自上帝，也都可以被他收回。这就是亚伯拉罕为何向上帝做出完全顺服的举动，并将其进行未完成献祭的地方称为"耶和华的山"，那是对西奈（Sinai）及更大契约的预示。[42] 该事件的重要性在于，《圣经》故事首次将普适主义（universalism）的论调纳入上帝的承诺。他不仅承诺让亚伯拉罕后代人丁兴旺，而且当时补充道："并且地上万国都必因你的后裔得福。"[43]

第一章 以色列人

这几乎就是选民观了。下面这一点非常重要,即《旧约》主要不是讨论抽象概念的正义。它涉及的是上帝的正义,这种正义是上帝通过特别的行为来彰显的。《创世记》向我们提供了各种"义人"(just man)的例子,甚至只是在讲"义人":比如,在挪亚和大洪水的故事中,在毁灭所多玛的故事中。亚伯拉罕也是"义人",但没有迹象表明上帝选择他是因为他是唯一的"义人"或者不管从哪方面来说是因为他的优点。《圣经》不是理性的作品,它是历史的作品,其中涉及的事件对我们来说神秘莫测甚至无法解释。它与做出取悦于上帝的重大选择有关。[44] 对于被他创造出来的万物,上帝拥有不受限制的所有权,犹太人对此始终看得很重,理解这一点对理解犹太人的历史来说必不可少。很多犹太信仰的目的在于渲染这一核心事实。选民观成为上帝强调他拥有万物的意图的一部分。在这个示范过程中,亚伯拉罕是个关键人物。犹太先贤教导说:"应当称颂的圣者,有五种财富是他专门创造的。它们是:《托拉》(Torah)、天地、亚伯拉罕、以色列和圣所(Holy Sanctuary)。"[45] 先贤们相信上帝慷慨地献出他所创造的万物,但保留了(可以说是)一切的所有权和他与选民之间特殊的独占关系。于是,我们发现:

> 上帝创造日子,带给他自己安息日①;他创造月份,带

---

① 安息日是所有犹太节日中最为特殊也最为重要的节日,在希伯来(接下页)

给他自己节日；他创造年岁，为他自己选择安息年①；他创造安息年，为他自己选择禧年②；他创造民族，为他自己选择了以色列人……他创造土地，带给他自己以色列地，作为其他所有地的举祭，正如经上所写："地和其中所充满的，都属耶和华。"[46]

在《圣经》呈现的历史中，亚伯拉罕及其后代受上帝眷顾，与受赠土地密不可分。此外，两份馈赠都是租赁的性质，并非永久拥有：犹太人蒙拣选和获得土地是上帝的恩惠和眷顾，这些权利随时可以被收回。犹太人身上特有的脆弱和焦虑，亚伯拉罕既是真实的例子，又是永恒的象征。他是"外人和寄居的人"（stranger and sojourner），即使被上帝选中之后，即使他煞费苦心地购买了麦比拉洞之后，他依然是这样的人。他的所有后代子孙继承了这种所有权的不确定性，《圣经》反复向我们提醒这一点。

（接上页）语中的发音为"Shabbat"，意为"休息""停止工作"。根据犹太传统，安息日是一周的第七日（每逢星期五日落到星期六日落）。犹太人必须谨守安息日为圣日，不许工作。——译者注

① 安息年是犹太教每7年一次的"圣年"。据《利未记》和《申命记》记载，上帝在西奈山训示摩西：以色列人到迦南地后，应该6年耕种，第7年让土地休息，不可播种、耕作，因为这是上帝的安息年。田中自然生产的东西，应救济贫民，以色列人之间互相借贷的债务应予豁免。——译者注

② 禧年是犹太教每隔49年一次的"圣年"。在7个安息年后的第一年，即第50年，被认为是大喜之年，故名。据《利未记》记载，此乃上帝为以色列人所定。该年全国实行大赦，所有卖掉的田地应全部归还原主；释放所有希伯来籍奴隶，使之获得自由。如同安息年，亦为休息之年。——译者注

第一章 以色列人

因此,上帝告诉以色列人:"地不可永卖,因为地是我的,你们在我面前是客旅,是寄居的。"又或者,这个民族承认:"我们在你面前是客旅,是寄居的,与我们列祖一样。"还有,在《诗篇》中大卫王也说,"我在你面前是客旅,是寄居的,像我列祖一般。"[47]

无论如何,向亚伯拉罕应许土地是非常明确而具体的,它出现于《圣经》最古老的层面:"我已赐给你的后裔,从埃及河直到幼发拉底大河之地,就是基尼人、基尼洗人、甲摩尼人、赫人、比利洗人、利乏音人、亚摩利人、迦南人、革迦撒人、耶布斯人之地。"[48] 关于土地的边界有些混乱,因为在稍后的章节中,上帝只许诺了其中的一部分:"我要将你现在寄居的地,就是迦南全地,赐给你和你的后裔,永远为业。我也必做他们的神。"[49] 另外,后面的这份馈赠是"永远为业",此处及后面章节的言下之意是:拣选以色列人是永不会被撤销的,尽管有可能因为人类的忤逆而中止。由于上帝的承诺不可撤销,所以就算以色列会在一段时间内丢掉它,它终究还是会回到以色列人手里。[50] 应许之地(Promised Land)的概念是以色列人的宗教特有的,对于以色列人和后来的犹太人,它都是宗教中最重要的元素。值得注意的是,犹太人让《圣经》的前五卷,即《摩西五经》,成为他们的托拉或信仰的核心,因为这五卷涉及的是律法、有关土地的应许和应许的实现。后来的经书虽然内容精彩,易于理解,但绝无这样的中心意旨。与其说它们是启示,倒不如说是对启示的注释,其中心主题是应许的实现。[51] 土地才是最重要的。

如果说亚伯拉罕奠定了这些基础，那么创建了一支独特民族的是他的孙子雅各。这个民族就是以色列。以色列也是雅各的另一个名字。[52]如何称呼犹太人的先祖始终是个问题。"希伯来人"（Hebrews）不尽如人意，虽然经常有必要使用这个词，因为"哈比鲁人"（Habiru）这个称谓——"希伯来人"或许来源于此——更多的是描述一种生活方式，而非特定的族群。而且，"希伯来人"含有轻蔑的意味。"希伯来人"确实出自《摩西五经》，意为"以色列之子"，但只被埃及人使用，或是以色列人在埃及人面前的自称。大约公元前2世纪，便·西拉（Ben Sira）如此使用之后，"希伯来人"被运用到《圣经》的语言及后来所有使用这种语言的著作中。就这样，这个词渐渐地失去了贬义色彩，以至于犹太人自己和同情他们的非犹太人都觉得，作为种族的称谓，"希伯来人"比"犹太人"更可取。比如，在19世纪，它被广泛用于美国的改革运动，所以我们现在有了希伯来协和学院（Hebrew Union College）和美洲希伯来会众协进会（Union of American Hebrew Congregations）这样的机构。但是犹太人的先祖从未自愿选择自称为希伯来人。当他们对民族身份有所意识的时候，他们使用的称谓，即《圣经》中的规范用法，是"以色列人"或"以色列之子"，而此称谓恰恰赋予雅各以最重要的意义。

《圣经》第一次提到这个称谓的章节，应该是整部书最神秘晦涩的地方，雅各与天使的彻夜搏斗，雅各在那个时候被神改名为以色列——那个时刻可以说是这个民族的诞生之时。这一点很奇怪，而且始终有难解的困惑围绕在犹太人的身份和命名这个问题上。"以色列"这个称谓或许意为对抗众神的人，为上帝而战的人，上帝与之战斗的人，或者受上帝统治的人，上帝的正直子民。人们尚未达成一致的意见，还没有人能就这一事件的意义给出满意的解释。显然，《圣经》最初的编者和抄写者对此同样不理解。但他们认识到它是他们历史上的重要时刻，所以非但没有按着自己的宗教理解对其加以改编，反而将其逐字重现，因为它是托拉，是神圣的。雅各的生平在《创世记》中有详细的描写，确实非凡。他与祖父亚伯拉罕截然不同：一个伪善者、权谋家、战略家，而非战士、政治家、经营者，或者梦想家和有远见的人。雅各获得了巨大的成功，与亚伯拉罕和他的父亲以撒相比生活更加殷实。他最终要求把自己安葬在祖先陵墓的旁边，与此同时，他还在广阔的范围内设立柱子或建造神坛。与他的父亲一样，他依然被描述成迦南的"外人"。[53]确实，他的所有儿子，除了最小的便雅悯之外，似乎都出生于美索不达米亚或叙利亚。但是，在他生前的时候，他们与东方和北方的联系最终断绝，而且，他的族人开始认为他们以某种永恒的方式与迦南存在联系，于是即便他们是在遭遇饥荒时前往埃及，他们还是一定会回来，这是天命。

拥有为民族冠名的民族领袖的身份，雅各—以色列也是理论上组成这个民族的十二支派的祖先。根据《圣经》传说，这些支派——流便、西缅（利未）、犹大、以萨迦、西布伦、便雅悯、但、拿弗他利、迦得、亚设、以法莲和玛拿西——全是雅各和他儿子的后裔。[54]在我们曾提到的非常古老的"底波拉的歌"里只列出了十支派——以法莲、便雅悯、玛吉、西布伦、以萨迦、流便、基列、但、亚设和拿弗他利。当时正处于争战状态，底波拉没有列出西缅、利未、犹大和迦得，或许是因为他们并未参与战斗。数字十二或许是一种传统：以实玛利、拿鹤、约坦和以扫的儿子都达到了这个数目。[55]在青铜时代晚期的地中海东部和小亚细亚，十二支派（有时是六支派）的划分很常见。希腊人叫他们"近邻同盟"（amphictyons），源于一个意为"居住在附近"的词语。使他们联合的因素或许不是他们共同的祖先，而是对某个特定圣地的共同奉拜。19世纪和20世纪的许多经文学者放弃了这些支派同为雅各后裔的观点，宁愿将这些自发组织起来、相隔遥远而且出身不同的部落群体视作那个时候正在修建的以色列圣地周边的近邻同盟。[56]可是，迁入迦南的所有西闪米特群体异派同源，互相关联；他们拥有共同的记忆和传说，以及共同尊崇的祖先。即便有资料，但想要弄明白《圣经》中提到的所有群体的确切部族历史，其复杂程度之高也是难以想象的。[57]要点在于，雅各—以色列与以色列人刚开始意识到他们共同身份的年代有关，他们的共同身份嵌入部落制度的结构内，对他们而言已是既古老又珍贵。宗教的联系和家庭的联系同样强大，而且在现实中密不可分，在整个犹太人的历史中都是如此。在雅各的年代，虽然人们还会随身带着家里的神像，但作为一个民族的神开始出现在信仰中。亚伯拉罕尽管有他自己的宗教信仰，但作为"外人和寄居的人",他殷勤地向一般被称为"埃尔"(El)的当地神明进贡。于是,他在耶路撒冷向"至高神"(El Elyon)支付什一税,他在希伯伦承认"全能神"(El Shaddai),在别是巴承认"永恒神"(El Olan)。[58]雅各接受以色列的名字标志着此时亚伯拉罕的上帝已立足于迦南的土地,与雅各的后代以色列人产生了联系,并很快成为全能的耶和华(almighty Yahweh),一神论的神。

耶和华作为以色列宗教中凌驾一切的中心,现今所有犹太人、基督徒和穆斯林崇拜的唯一神的原型,他的统治地位是在该民族历史的下一个阶段——迁入埃及和戏剧性地逃离埃及人奴役——逐步奠定的。以约瑟去世作为《创世记》的结尾,然后再在《出埃及记》的开端,从由此引发的灾难性后果开始继续这个故事,《圣经》这部分故事似乎暗示整个民族都去了埃及,但这是带有误导性的。很显然,即使在雅各的年代,很多哈比鲁人或希伯来人——如今我们必须称之为以色列人——就开始在迦南长期定居了,甚至还凭借武力抢占领土。在《创世记》第34章,我们可以读到,雅各的儿子西缅和利未成功地对示剑的国王及城市进行了一次猛烈袭击,这暗示以色列人第一次占领了颇具规模的城镇,这座城镇本来很有可能成为这位民族神最早的宝座。[59]公元前19世纪,示剑已经是一座城市,因为塞索斯特里斯三世(Sesostris III,前1878—前1843)统治时期的一份埃及档案中提到过它,后来这里还修建了巨石城墙。它其实是《圣经》(《创世记》12:6-7)中提到的第一座迦南城市,也是亚伯拉罕得到神的应许的地方。示剑在现在的纳布卢斯（Nablus）附近，这个名字来自韦斯巴芗（Vespasian）在公元72年夺回巴勒斯坦后修建的新城市，即奈阿波利斯（Neapolis）。我们可以根据约瑟夫斯[①]（Josephus）和尤西比乌斯（Eusebius）在各自的著述中提到的事件确定这个地点，前者的写作时间是公元90年左右，后者的写作时间是公元340年之前。尤西比乌斯说古代的示剑在奈阿波利斯郊外，位于雅各井的附近。显然，示剑并不只是被夺取，而且一直在雅各家族的手中，因为他在临终时还把它传给了儿子约瑟："我从前用弓用刀从亚摩利人手下夺的那块地，我都赐给你，使你比众弟兄多得一份。"[60]

可以肯定，为数不少的以色列人留在了迦南，而且外部资料确认，他们活跃好战。被称为"阿马尔奈文书"（Amarna Letters）的埃及档案出自埃及新王国的法老时代——那时的法老虽然在巴勒斯坦已经失势，但名义上仍是那里的君主——可精确追溯至公元前1389—前1358年，该文书涉及当地的诸侯及他们在本地区的敌人。有的文书提到了一位被称为拉巴亚（Labaya）或"狮人"（Lion Man）的希伯来人；其他文书实际上是他所写。他给埃及当局及其盟友制造了大难题；从埃及方面的经验来说，他和其他哈比鲁人一样，是个很难控制的麻烦。他最终在法老奥克亨那坦（Akhenaten）在位期间死于非命。但他生前控制着示剑附近的一

[①] 约瑟夫斯（约37—100），犹太史学家和军人。——译者注

个小王国,死后他的儿子继承了地盘。

通常认为,在他们的同胞被埃及人奴役那段时间,以色列—希伯来人实际上一直控制着示剑。没有资料提及它在约书亚征服时期被攻占,可以色列人侵入耶路撒冷北部山区后,他们就立即在示剑举行,或者说再次举行立约仪式,那是亚伯拉罕第一次立约之处。[61] 此举想要表明的是,这块土地原本而且早就掌握在被他们视为信奉同一宗教而且还有种族血缘关系的族人手中。因此从某种意义上来说,示剑是最初的中心圣地和以色列人的迦南首府。这一点很重要,因为在从亚伯拉罕族人最早抵达这里至从埃及返回的这段时间,巴勒斯坦一直生活着相当数量的以色列人,就使得《圣经》中显然只描述了该民族一部分人的《出埃及记》和《约书亚记》讲述的征服更为可信。[62] 埃及的以色列人一直知道他们还有个可以返回的家园,那里有一部分人是他们的天然盟友;而反过来,那片土地上的这支内应也让一群漂泊之人夺取迦南的企图显得没那么绝望冒险。

因此,寄居和逃离埃及,以及随后的沙漠漂泊,只涉及以色列民族的一部分人。然而,这个阶段在他们的宗教和伦理文化的演变中至关重要。的确,它就是他们历史中的核心事件,而且犹太人也一向认为如此,因为这段历史第一次见证了他们崇拜的独一无二的上帝形象出现于超然显赫之中,见证了他的力量。正是这种力量把他们从世上最强大的帝国中拯救出来,又给了他们一块属于自己的丰饶土地;而且,这段历史还显示,作为回报,上帝对他们提出了诸多的严格要求。前往埃及之前，以色列人还是一个与其他民族差不多的小民族，虽然他们已经得到了必将伟大的珍贵承诺。返回之后，他们已经成为有目标和计划，并向世界传达一个重要信息的民族。

开始和终结这段时期的是犹太人历史上最有魅力的两个人物——约瑟和摩西，他们是凭借实力和成就一再照亮犹太人历史的典型人物。两人都是幼子，《圣经》似乎有颂扬这个群体的特殊用意——这个群体还包括亚伯、以撒、雅各、大卫和所罗门。《圣经》表明，大多数领袖出生时没有地位和权力，但能依靠他们自己的努力获得这些，他们本身就是由神的恩典而来。[63]《圣经》看到了无权无势中的特殊美德，正适合一个不常拥有权力并由于权力行使而遭遇太多痛苦的民族；但它也看到了成就中的美德，并将成就视为美德的标记，尤其是对于那些曾经无力和卑微的人而言。约瑟和摩西都没有出生的权利，勉强熬过了多灾多难的童年或青年时期；但他们都拥有上帝赋予的品质，让他们可以凭借自己的努力成就自己的伟大。

不过，他们两人的共同点也仅此而已。约瑟是服务于异国君主的卓越大臣和伟大的政治家，这是此后3 000年里许多犹太人的人生道路。他聪敏机智、富有洞察力和想象力，是个梦想家，但又不只是梦想家，还是个有创新能力的人，这种能力可以用来解释复杂的现象、预料和预知、计划和执行。沉静、勤勉，能够处理所有经济和财政事务，并且掌握多种神秘知识，他清楚地知

第一章 以色列人

道如何为权力服务，如何利用权力为自己的民族谋福祉。正如法老对他说的，"没有人像你这样有聪明有智慧"。[64]约瑟在《创世记》中占据了相当大的篇幅，他显然吸引了早期的经文抄写者。那些人先是整理出这么多故事，又使用极为强烈的艺术性和对称性将它们糅合。不过，关于他的历史真实性是毫无疑问的，甚至他生平中的一些比较浪漫的事件能在埃及文学中找到呼应。波提乏的妻子试图勾引他，遭到拒绝后勃然大怒，于是诋毁他，让他身陷囹圄；被称作《两兄弟的故事》的古埃及故事中就有这个情节，而这个故事的书面形式最早可追溯至公元前1225年的莎草纸手稿中。外来人经常能够在埃及朝廷上高步云衢。公元前14世纪，一个名叫严哈姆的闪米特人也达到了约瑟的事业高度，成为法老奥克亨那坦统治时期埃及帝国的宰相。后来的公元前13世纪，法老梅内普塔朝廷的元帅就是一位名叫本·厄曾的闪米特人。[65]在约瑟的故事中，大多数与埃及有关的细节看上去真实可信。

西闪米特人大量进入埃及是确凿无疑的。早在公元前第三个千年末叶，他们就开始向尼罗河三角洲渗透。这些移民通常以和平的方式前来；有时是自愿来寻找贸易和工作机会的；有时是迫于饥荒而来——因为尼罗河为粮食的盈余提供了最有规律性的保障——有时则是沦为奴隶。一张埃及莎草纸上有一段著名的章节，说的是埃及边境的士兵向阿纳斯塔西六世报告一支经过的部族正在寻找牧场和水。存于圣彼得堡、编号为1116a的莎草纸显示，一位仁厚的法老向被认定来自亚实基伦、夏琐和米吉多的酋长捐助小麦和啤酒作为口粮。公元前18世纪至前16世纪，埃及确实一度有一个名为希克索斯（Hyksos）的外来统治王朝，其中似乎有闪米特人的名字——如希安、亚库赫。1世纪，犹太历史学家约瑟夫斯试图证实《出埃及记》的故事，他援引曼涅托的记录想要将这个故事与希克索斯人在公元前16世纪中叶的最终被驱逐联系起来。但是，《圣经》中涉及埃及的细节与后面的时代更为契合。

的确，有相当有说服力的证据显示，受埃及迫害这段时间接近公元前第二个千年的最后250年，几乎可以肯定是在著名的拉美西斯二世（Rameses Ⅱ，前1304—前1237）统治时期。埃及的迫害最终迫使以色列人反抗和逃离。《出埃及记》开头说到埃及人："于是埃及人派督工辖制他们，加重担苦害他们。他们为法老建造两座积货城，就是比东和兰塞。"[66] 拉美西斯二世，新王国时期第十九王朝的统治者中最伟大的建造者——确实是古王国时期金字塔建造者之后最高产的建造者——在比东和以他自己名字命名的拉美西斯或皮拉美苏大兴土木，前者即今图米拉特干河的泰勒拉塔巴，后者即今尼罗河塔纳特狭湾的桑哈杰尔。[67] 第十九王朝的这些法老出身于三角洲的这一地区，他们将中央政府迁至此处，也就是《圣经》中的歌珊地（Goshen）附近。大量受压迫的劳工和奴隶被征发。一份拉美西斯二世统治时期的莎草纸——莱顿348——这样陈述："向运送石料至拉美西斯巨塔的士兵和哈比鲁人分发口粮。"[68] 然而,"出埃及"这件事不可能是在拉美西斯统治时期发生的。以色列人在拉美西斯的继任者麦伦普塔时期逃走似乎更有可能。这位法老的一块胜利石碑幸存于世,这块石碑可以追溯至公元前 1220 年。石碑上面讲述他在西奈那边的迦南打赢了一场仗,把落败的一方称为"以色列"。他或许根本没打胜仗,因为法老们经常把失败或僵局粉饰成胜利,但很显然,他在自己的领土之外与以色列人交了手,所以他们应该是已经离开了。这是除了《圣经》以外第一次提到以色列。结合其他证据考虑,如《列王纪上》第 6 章第 1 节和《士师记》第 11 章第 26 节,[69] 我们有理由确定"出埃及"发生于公元前 13 世纪,完成于大约公元前 1225 年。

埃及瘟疫的故事和其他在以色列人逃离之前发生的奇迹和神迹,成为我们阅读《出埃及记》时关注的重点,结果有时反而忽略了这个古代唯一有记载的被奴役民族成功反抗和逃离的单纯事实。对于参与这一事件的以色列人来说,它是压倒一切的记忆。对于那些听说和后来阅读它的人来说,"出埃及"逐渐代替了"创世故事"的地位,成为犹太历史上具有决定性的主要事件。埃及边境发生的事情使目睹的人相信,上帝已经直接果断地干预了他们的命运。对这件事的叙述和记录方式让后代确信,上帝为他们特别显示了自己的大能(mightiness),这是以色列整个民族历史上最了不起的事件。

尽管多年来进行了大量的研究,事实上我们还是不知道耶和华的手是在哪里将以色列人从法老军队的手中解救出来的。[70] 关键词是"在芦苇海"或"在海上"。这里的意思可以是某个咸水湖，或者苏伊士湾北端，甚或亚喀巴湾顶端；还有一种可能是西奈北部的塞波尼斯大沼泽（西尔博尼斯湖），实际上是地中海的一处环礁湖。[71] 据我们所知，边界处处防守严密，到处都有监管。把以色列人从法老的怒火中拯救出来，这个事件被他们视作神圣的救赎，它是如此了不起，以至于成为他们及其后裔整个精神存在的动力。摩西对他们说，自从神造人那天起，你们扪心自问，"这样的大事何曾有，何曾听见呢"？神之前何曾"从别的国中将一国的人民领出来，用试验、神迹、奇事、争战、大能的手，和伸出来的膀臂，并大可畏的事，像耶和华你们的神在埃及、在你们眼前为你们所行的一切事呢"？在《出埃及记》中，摩西请求上帝本人施行惊人的神迹，并说明这些神迹与他为他们这个民族安排的计划之间的关系："我向埃及人所行的事，你们都看见了；且看见我如鹰将你们背在翅膀上，带来归我。如今你们若实在听从我的话，遵守我的约，就要在万民中做属我的子民；因为全地都是我的。你们要归我做祭司的国度，为圣洁的国民。"[72]

与这件惊天动地的大事相匹配的是靠自己成为以色列反抗运动领袖的非凡人物。摩西是犹太人历史上的支柱人物，是其历史发展的中枢。如果说亚伯拉罕是该民族的祖先，那么摩西实质上就是创造的力量，是这个民族的缔造者；在他的带领下，通过他，他们成为一支独具特色的民族，拥有了成为一个国家的未来。和

第一章 以色列人

约瑟一样，他是犹太人的典型，不过与约瑟全然不同，他更令人敬畏。他是先知和领袖，行为果断、威势赫赫，他会勃然大怒，也能无情决断；但他也是一个颇具灵性的人，喜欢在偏远的乡村独自与上帝交流，目睹异象、主的显现和天启；然而他并非隐士，而是拥有积极入世的精神力量，痛恨不公，热忱地寻求建立一个乌托邦，他不止扮演了上帝和人的中间人角色，还具有将最强烈的理想主义转化为现实的政治家风范，能将崇高的观念转化成日常生活的细节。最重要的是，他是立法者和法官，一种强大框架的工程师，这种框架要将公众和个人行为的方方面面纳入正直的体系——他是精神上的极权主义者。

《圣经》中叙述摩西事迹的各卷经书，尤其是《出埃及记》、《申命记》和《民数记》，都将他表现为一条巨大的通道，神的光辉和思想就是由这条通道灌输进入该民族的心灵和头脑的。可我们还必须将摩西看作一个具有极强独创性的人，通过骇人听闻和思想升华的经历，逐渐成为一种强烈的创造力量，他要颠覆这个世界，要把世世代代的人不假思索就接受的日常概念改造成为全新的东西，要让这个世界完全变样，要让人们再也无法回头用旧的方式来看待事物。他阐明了这样一个事实，这也是伟大的历史学家一直认可的观念，即人类向来都不是以难以察觉的步伐前进的，而是时而需要一次巨大的飞跃，这种飞跃经常要由一个卓尔不群的人积极推动。这就是为什么对韦尔豪森及其学派的观点持怀疑态度，这种观点认为摩西是后世的虚构，认为摩西律法是公元前第一个千年后半叶流放后时期的祭司伪造的——如今的一些历史学家依然秉持这种观点,这种怀疑主义已经到了狂热和对人类记录肆意践踏的地步。摩西这个人物不可能是人类凭空的想象,他的能力在《圣经》中跃然纸上,正如其曾经对一支执拗和分裂的民族施加自己的影响力一样,而这个民族几乎就是一群惶惶不安的乌合之众。

摩西虽然是个不寻常的人物,但绝非超人,注意到这一点非常重要。古代有一种神化创始人物的强烈倾向,对其表示反对的犹太作家和先贤经常煞费苦心地强调摩西身上的人类弱点和缺点。不过这没什么必要,一切都有记录。《圣经》陈述中最令人信服的地方或许是它对摩西的描写,摩西被表现为迟疑不决近乎达到怯懦的地步,他误解、执迷不悟、愚蠢、急躁,更值得注意的是他深刻地意识到了自己的不足之处。伟大人物很少会这样坦承:"我本是笨嘴拙舌的。"[73]缺乏表达能力大概是立法者和政治家最不愿承认的缺陷吧。更引人注目的是摩西的形象,一个孤僻、相当绝望和效率低下的人,痛苦地担当着自己的角色,勉强接受下来却又坚决地想要推托。《出埃及记》第18章说,他认真地坐着审判,从早到晚,倾听百姓向他提出的案件。他的岳父叶忒罗造访时气愤地问:"你向百姓做的是什么事呢?你为什么独自坐着,众百姓从早到晚都站在你的左右呢?"摩西疲惫地回答:"这是因百姓到我这里来求问神。他们有事的时候就到我这里来,我便在两造之间施行审判,我又叫他们知道神的律例和法度。"对此,叶忒罗答道:"你这做得不好。你和这些百姓必都疲惫,因为这事太重,你独自一人办理不了。"于是,他建议建立一个受过训练的固定的司法制度;摩西在很多方面是个谦逊的人,胸怀宽广,愿意征求和接纳好的建议,所以他便照着这位老人的建议行事。[74]

《圣经》向我们展示的摩西是个极富魅力的结合体,既是英雄又是凡人。他行事自信果断,掩盖了他内心的各种疑惑和时而产生的极度迷茫。由于他的地位,他不得不保持一副无所不知的勇敢外表;因为他不得不把有分裂倾向的一群人团结起来,所以即便没有自信,他也必须自信地厉声怒喝,在民众面前表现出他自己心里都不曾感受到的义无反顾。所以他的形象是严厉的,他的口号是"让律法压弯山吧"。毫无疑问,在早期哈加达传说中,是亚伦比他这个更加伟大的兄弟更受欢迎:亚伦死时,所有人都哭泣,但摩西死时,只有男人表示哀悼。[75] 有了《圣经》的记录,今天的读者或许能比实际上追随他的那些男男女女更加清楚地了解摩西的完整性格。

摩西不仅是基督以前所有古代犹太人中最有影响力的人,还是唯一对古代世界产生巨大影响的人。希腊人把他与他们自己的神和英雄混为一谈,尤其是其中的赫耳墨斯和牟西阿斯;甚至将被视作腓尼基字母和希腊字母前奏的希伯来文字的发明也归功于他。欧波来姆斯(Eupolemus)说他是人类历史上第一位哲人。阿塔帕诺斯(Artapanos)认为是他组织了埃及的政府体系,发明了各种军事和工业器械。阿里斯托布卢斯（Aristobulus）认为荷马和赫西俄德（Hesiod）①从他的著作中汲取了灵感，而且许多古代作家有一种共识，认为作为整体的人类，尤其是希腊文明，从他的思想中受益匪浅。[76]因此古代犹太作家支持将摩西看作古代文化主要缔造者的这种传统也就不足为奇了。约瑟夫斯说他发明了那时在希腊还不为人知的词语"律法"，是世界历史上第一个立法者。[77]斐洛指责哲学家和立法者剽窃或抄袭他的思想，赫拉克利特和柏拉图就是罪魁祸首。[78]更引人注意的是，异教徒作家、阿帕梅亚的努梅尼乌斯（Numenius，公元前2世纪）断言柏拉图就是说希腊语的摩西。[79]古代作家们不仅对摩西的存在确定无疑，还把他看成影响世界历史的人物之一。

但是，从公元前第一个千年的后半叶开始，异教徒作家中也出现一种倾向，认为摩西是个邪恶人物，创造了一种陌生、狭隘、排外和反社会的宗教。摩西与有计划反犹主义的最初萌芽密切相关。阿布德拉的赫卡塔埃乌斯（Hecataeus，公元前4世纪），这位写过一本埃及历史（已轶）的古希腊历史学家，就指责摩西让自己的追随者与其他人隔绝，鼓励仇外。曼涅托（约公元前250年）首次宣扬了一个流传时间极为长久的传说，即摩西根本不是犹太人，而是埃及人，是赫利奥波利斯的一个叛变祭司，他指挥犹太人杀掉埃及所有的神圣动物，确立了异族统治。[80]变节的埃

---

① 赫西俄德（公元前8世纪，享年不明），古希腊诗人。——译者注

及祭司带着包括麻风病人和黑人在内的流浪汉造反,这种想法成为反犹主义——乌尔的毁谤——的基本起源,并持续不断地被渲染和重复了几个世纪之久。[81]奇怪的是,绝对不是反犹分子的西格蒙德·弗洛伊德也将他最后一部作品《摩西与一神论》(*Moses and Monotheism*)的基础建立在曼涅托那个摩西是埃及祭司的故事上,又增加了他自己的许多摩西的宗教思想来源于奥克亨那坦一神论太阳崇拜的粗俗推测,以及他自己的许多伪装成事实的胡言乱语。[82]

无论摩西是从其他哪个地方获得的想法,无论是宗教的还是法律的(当然,二者在他的思想中是不可分割的),那一定不是在埃及。摩西的工作甚至可以被看作对古埃及所代表的一切的全盘否定。正如亚伯拉罕从乌尔和哈兰迁入迦南一样,我们不能假设以色列人离开埃及纯粹是受到经济因素的驱使,这不只是逃离困苦。《圣经》里甚至暗示这种困苦是可以忍受的;摩西那群人经常向往"埃及的肉锅"。公元前第二个千年期间,埃及的生活(一般说来)要比古代近东其他地方都舒适。"出埃及"的动机无疑是政治。以色列人是埃及一支人数众多、地位尴尬的少数民族,而且人口还在增长。《出埃及记》一开始就有法老对"他的百姓"说以色列人正变得"比我们还多,又比我们强盛。来吧!我们不如用巧计待他们,以免他们多起来"。[83]埃及人害怕以色列人的数量才是他们压迫以色列人的主要动机,压迫以色列人就是为了压制他们的地位。法老残酷的奴役,跨越遥远的时空,隐约预示了希特勒的苦役计划乃至他的大屠杀：它们之间有令人不安的相似之处。

所以，逃离埃及是一种政治上的分裂和反抗行为；但最重要的，它还是一种宗教行为。以色列人的与众不同，以及让埃及人认为他们与众不同并感到害怕的，正是因为他们拒不接受埃及那些古怪的、多如牛毛的众神，以及整个埃及的宗教精神，这种精神与以色列刚刚出现的宗教一样，以自己独有的方式具有强烈的表现性，而且渗透力极强。就像亚伯拉罕觉得乌尔的宗教已经走进了死路一样，比其他人看得更清楚的以色列人和他们的领袖摩西也发现埃及的宗教信仰和宗教活动令人窒息、不可忍受、面目可憎而且邪恶。离开埃及，他们摆脱的不只是身体的奴役，还有密不通风的精神牢笼：埃及以色列人的肺部渴望真理的凛冽氧气以及更纯净、更自由和更负责的生活方式。埃及文明非常古老，也非常幼稚，以色列人逃离它是为了追求成熟。

在逐渐成熟的过程中，以色列人自然要付诸行动，从长远看来，不只是为了他们自己，还是为了将来的整个人类。一神论的创造，不只是一神论，还有唯一的无所不能的上帝的创造，是历史上的重大转折点之一，或许是最重大的转折点；而且受到伦理原则驱使的上帝一直有条有理地力图将这些原则施加于人类。考虑到被以色列人拒绝的那种埃及世界观，就可以看出这个转折点有多么伟大。虽然埃及人心灵手巧，审美品位无可挑剔，但他们的知识观念非常陈旧。他们难以掌握，甚至无法掌握普通的概念。

对于时间，他们的意识不是积累，而是重复，所以无法真正掌握历史。线性发展的观念对他们而言是不可思议的。他们对生与死，人类、动物和植物世界的概念区分脆弱而不稳定。他们信仰轮回，更像东方和非洲的泛灵论宗教（animistic religions），而非我们西方习惯所称的宗教。天和地的不同不在于性质，而在于等级，天由一位化身造物主的王统治，法老则是他的世俗化身。天地的社会稳定静止，而且必须如此，任何形式的改变都是反常和邪恶的。这个静态社会的一大特点是，它没有客观律法的意识，因此也就没有法典，更不用说成文的律法了。法老就是律法之源，律法之主，他的法官们坐在那儿（当然法庭是有的）充当代表，发布他的任意裁判结果。

公元前第三和第二个千年，美索不达米亚文化的世界观是截然不同的。它动态得多，但也混乱得多。他们拒绝唯一的神是力量本源的观念。与一遇到神学问题就不断地往万神殿里增加新神的埃及人不同，他们相信所有的主神已经被创造出来了。神灵集体行使最终权力，他们会选出万神之首（如马杜克），在需要时让普通人获得永生。因此与人类社会一样，天堂也始终处于躁动不安中。一个其实是另一个的复制品，金字形神塔就是它们之间的联系。但是人类君主并不神圣——在这个阶段的美索不达米亚社会，相信神王（god-kings）的还不多见——他们也不拥有绝对的权力；他们只是向神负责而已。[84]君主不能任意制定和颁布律法。实际上，个体受不可更改的宇宙法则所保护。[85]美索不达米亚古代社会通行的观念呈现出动态,提供了一种发展观,比埃及的一潭死水要好上许多。它们提供希望,完全不同于亚非道德准则中的顺从和认命,而埃及就是顺从和认命的突出典型。金字塔是死去神王的陵墓,而金字塔庙就是天地之间的活纽带。另外,这些观念没有为生活提出伦理道德的基础,就神代表什么或想要什么而论,它们造成了一种极大的不确定性。他们喜怒无常,无法解释。人类只能通过不断和盲目的献祭来安抚他们。

逐渐扩散至西方的这些美索不达米亚社会在一个重要方面变得越发复杂起来。他们正在发展出一种比埃及象形文字及其派生文字更有效率的字母体系,而且他们理所当然地认为这种创造是力量的源泉。所以他们相信,写下律法就会加强律法的力量,使它神圣庄严。从公元前第三个千年末叶开始,法律体系日益精细和复杂,不止体现在大量单独的法律文献中,还体现在成文律法中。阿卡德字母(Akkadian script)和语言的传播促使相隔甚远社会的统治者都开始编纂律法,如埃兰和安纳托利亚、胡利安人和赫梯人、乌加里特和地中海沿岸。

据我们推测,摩西律法(Mosaic code)的最初版本发布于公元前 1250 年前后,从而成为本就古老的传说的一部分。第一部法典,发现于伊斯坦布尔古代东方博物馆的文稿中,可追溯至大约公元前 2050 年,是乌尔第三王朝"苏美尔和阿卡德之王"乌尔纳姆的著作。除了其他方面外,这部著作陈述,神祇南纳

（Nanna）①选择乌尔纳姆进行统治，他罢免了不诚实的官员，确定了准确的度量衡标准。亚伯拉罕一定熟悉这部法典的条款。另一部法典——亚伯拉罕或许也知道——可追溯至大约公元前1920年：现存于伊拉克博物馆的两块泥板——来自古代王国埃什嫩那，用阿卡德语书写——列出了由提萨帕克神定下并经由当地国王转达的大约60条财产权规定。大部分存于宾夕法尼亚大学的公元前19世纪初叶的泥板更加全面，它是伊迪国王李普特-伊什拉尔颁布的法典，用苏美尔语书写（与乌尔纳姆一样）；最伟大的是《汉谟拉比法典》，1901年发现于巴比伦以东的苏萨，用阿卡德语写在6英尺高的闪长岩石板上，可追溯至公元前1728—前1686年，现存于卢浮宫。[86]另外，后来的法典还有亚述中期的一套泥板，在第一次世界大战前几年由德国考古学家在卡拉特—舍加特（古阿舒尔）发掘出土，或许可以追溯至公元前15世纪，年代也许与最早的摩西律法最为接近。[87]

因此，在收集和编纂以色列人律法方面，摩西拥有充足的先例。他成长于宫廷，他有文化。将律法付诸文字，将其刻在石头上，是从没有成文法律的埃及逃到那时已有成文法传统的亚洲解放行动的一部分。虽然这个意义上的摩西律法是近东传统的一部分，但它依然与其他古代律法存在很多根本性的差异，是一种全新的律法。首先，其他律法虽说是神授，但都是由国王各自颁布，

---

① 苏美尔神话中的月亮神。——译者注

33　拟成文字，如汉谟拉比和伊什塔尔，因而可以废除，可以修改，本质上是世俗的法典。而在《圣经》中，律法是上帝单独撰写的——贯穿《摩西五经》的法律全归他所有——没有一位以色列国王可以制定，甚至试图制定一部律法。摩西（以及很久以后的以西结，律法改革的传达者）是一位先知，不是国王，是神圣的中间人，不是拥有最高权力的立法者。因此，在他的律法中，没有宗教和世俗的区别——全都是一体——也没有民法、刑法和道德法的区别。[88]

　　这种不可分割性具有重要的现实意义。按照摩西的法理，触犯律法均是冒犯上帝。所有的犯罪都是罪恶，正如所有的罪恶都是犯罪一样。违背律法是绝对的恶行，是人类无法独立宽恕或洗刷的。向受到侵犯的人做出赔偿是不够的；上帝还要求他们赎罪，可能是严厉的惩罚。古代近东的大多数律法都以财产为中心，人本身也是可以估价的一种财产，摩西律法则以上帝为中心。比如，在其他律法中，丈夫可以原谅通奸的妻子及其情人，而摩西律法坚决主张两人必须被处死。[89] 又如，在其他律法中，即使是死刑案件，国王也拥有赦免权，而《圣经》中却没有这样的挽救措施，它其实在死刑案件中否定了"有钱人的法律"，杀人者无论多么富有也不能以钱抵命，即使被害者只是仆人或奴隶，而且还有其他罪行，只有经济赔偿无法平息上帝的盛怒。但是，如果不是有意伤害或致人死亡，或有意严重犯罪，而是不当行为无意中造成的伤害，那么对上帝的冒犯就没那么严重，可以适用赔偿的法规，违法者应当"照审判官所断的受罚"。按照摩西律法规定，这一条用于男子殴打女子致其流产的案件，或意外事故致人死亡的案件，对于较轻情节案件的处置则是"以眼还眼，以牙还牙，以手还手，以脚还脚"[90]，这是一段备受误解的经文，其实它的意思只是造成伤害必须严格做出赔偿。但是意外伤害如果情节严重，构成了犯罪，则必须处以死刑。如此，牛把人顶死只会被没收，其主人不会被罚；但如果主人明知其有危险却不采取适当措施，而导致有人丧生，那么主人必须被处以死罪。[91]

上面这一条款被称为"触牛律法"（The Law of the Goring Ox），证明摩西律法对人的生命极为重视。所有死刑从伦理来说都存在悖论，这里也一样。按照摩西的神学，人是按照上帝的形象被创造的，所以他的生命不仅宝贵而且神圣。杀人就是严重冒犯上帝，所以一定要对杀人者给予最高处罚，即剥夺他的生命；赔偿金钱远远不够。死刑的可怕强调了生命的神圣不可侵犯。如果按照周边社会的世俗律法，许多犯罪者只需要对其受害者或受害者家庭做出补偿即可，但是按照摩西律法，他们就要被处死。

但是作为同一种公理的结果，相反的说法也成立。其他律法会对侵犯财产处以死刑，如趁火打劫、闯入他人住宅、夜间擅闯私宅且情节严重、强占他人妻子等，但摩西律法对于财产侵犯没有死刑。如果只有财产权受到侵害，那么人的生命更加神圣。它还规定不可代受惩罚：父母犯罪不能由子女代受惩罚，或者丈夫的罪行不能由出卖妻子来抵偿。[92]而且，人不仅生命神圣，身体

（如同上帝的形象）也是宝贵的。比如，亚述中期的律法列出了一系列对身体的重罚，包括残毁面容、阉割、穿刺和鞭笞致死，而摩西律法尊重人的身体。身体伤害被降至最低程度。即使鞭笞，也只限40次，而且必须在审判官的"当面"执行下，"不可过数；若过数，便是轻贱你的弟兄了"。[93]实际上，摩西律法比其他律法都更加人道，因为以上帝为中心的律法自然也是以人为中心的。

摩西律法的核心是十诫（Decalogue），是摩西转述的上帝的话语（《申命记》5:6—18），被称为"十条诫"（the ten words or utterances，《申命记》4:13）。据说这些指示最原始的版本出现于《出埃及记》第20章第2—14节，经文中有很多未解答的问题和晦涩难懂之处。很有可能这些诫命的原始版本非常简单，甚至只有寥寥数语，到了后来才变得详尽起来。摩西直接颁发的最早的十诫已经做了如下的重新整理，自然而然分成3组，第1条至第4条涉及上帝与人的关系，第6条至第10条处理人与人之间的关系，第5条则是这两组之间的桥梁，处理父母与子女的关系。于是，我们现在看到的十诫是："我是耶和华你的神；除了我以外，你不可有别的神；不可为自己雕刻偶像；不可妄称耶和华你神的名；当纪念安息日；当孝敬父母；不可杀人；不可奸淫；不可偷盗；不可作假见证陷害人；不可贪恋。"[94]在这些伦理法规中，有些也普遍存在于古代其他近东文明：比如，在一份被称为"无罪声明"的埃及档案中，一个死人的灵魂在最终审判时列举了一连串他没有犯过的罪行。[95]但是,十诫全面总结对待上帝和人的正确行为,并将其提供给整个民族并被他们接受和铭记在心,在遥远的古代,再没有什么能与其相提并论了。

摩西十诫是以色列人与上帝立约的基础,先是由亚伯拉罕和上帝立约,后来由雅各接续,如今摩西和整个民族再次严肃公开地与上帝续约。现代研究显示,摩西之约在《出埃及记》第19—24章简单提出,在《申命记》中进行了完善,它参照了古代近东契约的形式,如赫梯人草拟的那些契约。它的开头有一段说明历史背景的序言,表明立约的意图,接着说明立约的本质,神的见证、利益和诅咒,正文和书写泥板的存放。[96]但是,摩西之约是独一无二的,因为它不是国家之间的约定,而是上帝和民族的盟约。神约实质上是古代以色列社会为了换取保护和繁荣,将自己的利益与上帝的利益相结合,并认可上帝为极权统治者,让上帝的旨意指导他们生活的方方面面。因此,摩西十诫只是《出埃及记》《申命记》和《民数记》中设立的神圣律法的周密体系的核心。古代晚期,犹太学者将律法整理出613条诫命,包括248条必须服从的诫命和365条禁令。[97]

这份摩西律法的内容包罗万象。并非所有内容都来自摩西时代,更不用说流传到我们现在的形式。比如,其中有些涉及定居农业,一定是从征服迦南之后的年代才有的,据推测,这部分内容是借鉴了迦南律法,归根结底来源于苏美尔、巴比伦和赫梯的律法。[98]只不过以色列人的法律意识已经很强,他们极具创造性,或者说很擅长把身边发现的概念加以转换；这种转换之彻底甚至可以构成新鲜的事物。原有的认为摩西律法的内容大部分传承自流放后时期的这种理论如今可以被摒弃了。《利未记》是专业性的经卷，极具仪式性，为以色列人有序的宗教生活和平民生活提供了法律基础，非常契合我们所了解的以色列人在公元前13世纪和前12世纪的政治历史。《申命记》——《利未记》中祭司文章的大众版，是为普通读者而写的——也一样，除了律法，还涉及饮食、医学、基础科学和专业实践等事项。大部分内容极具独创性，不过全都与其他涉及同类话题的非《圣经》资料的内容相一致，那些资料或创作于青铜时代晚期的近东，或已经流传了几个世纪。

不过，虽然摩西时代的以色列人在某些方面就是那个时代的典型，但也开始表现出某些明显的特征。摩西律法在两性问题上就有非常严厉的规定。比如，在拉斯珊拉泥板上显示的乌加里特律法在特定情况下允许婚前性行为、通奸、兽奸和乱伦。[99] 赫梯人允许一些形式的兽奸（尽管禁止乱伦）。埃及人认为血亲关系相对而言不太重要。但是以色列人却禁止一切非常规的性行为，有些婚姻关系是被禁止的，包括姻亲之间和血亲之间的婚姻。[100]

以色列人的饮食律法似乎是沿袭埃及人，但也有诸多不同。与埃及人一样，以色列人禁止食用无鳍或无鳞的海洋生物。敬神的埃及人据说根本不吃鱼，但他们可以而且也确实食用多种水禽，而以色列人是禁止的。但与埃及人一样，他们可以吃鸽子、鹅及其他家禽、山鹑和鹌鹑。多数摩西法规似乎有某种原始的科学依据，而不是单纯的迷信。猛兽和食肉动物被视为危险的，所以要禁止食用；总的来说，"干净的"动物大体上是食草性动物、偶蹄动物和反刍动物——摩弗仑羊、羚羊、雄獐、野山羊、扁角鹿和瞪羚。禁食猪肉是因为猪身上有寄生虫，猪肉若未完全煮熟食用是有危险的。以色列人也不会吃猛禽或秃鹫。骆驼是珍贵动物，因而也被归为不洁动物而禁食。禁食野兔和穴兔则比较难以理解。

以色列人关于卫生方面的法规一般是遵循埃及的习俗。在摩西律法的内容里，医学知识的篇幅甚巨，其中大多来自埃及，埃及的医学传统至少可追溯至公元前2650年前后的印何阗（Imhotep）。4份埃及最重要的莎草纸医学文献，甚至包括已有的副本，都早于或者与摩西同时代。公元前第二个千年的古代律法书中——如比摩西时代还早上约五百年的《汉谟拉比法典》——经常会记录医学上的经验。但《圣经》中涉及麻风病的著名章节为专门一类祭司设定了诊断和治疗的职责，这是绝无仅有的。

同样绝无仅有的，而且在摩西时代就由来已久的是以色列人对割礼①的重视。迦南人或非利士人、亚述人和巴比伦人都没有割礼这种习俗，但以东人、摩押人和亚扪人有这种习俗，埃及人也有。但是，这些群体没有赋予这种习俗以超乎寻常的重要性，一般认为这种习俗在公元前第二个千年已经基本消失。

---

① 犹太教规定，每个犹太男婴出生后的第八天，家人要为之行割礼，即用刀割损婴儿的阴茎包皮，作为立约的标志，表明他继承了亚伯拉罕与上帝所订立的契约，成为"上帝拣选的特殊子民"，标志着他将作为犹太人生活。——译者注

这本身就证明了以色列人这种习俗的古老，首次提到割礼的是亚伯拉罕第一次与神立约时将其作为仪式的一部分。法国著名学者佩尔·德·沃（Père de Vaux）相信，以色列人最初是将其作为婚前的成人礼。[101] 对于实施割礼的古代社会来说，这就是它的作用，行割礼是在 13 岁左右。然而，摩西的儿子刚出生就被他的母亲西坡拉割去包皮（《出埃及记》4:24—26），于是出生 8 日割除包皮的仪式被庄严地载入摩西律法（《利未记》12:3）。这样一来，以色列人解除了这种仪式与男性青春期的联系，依照他们先前那种将习俗载入史册的趋势，使其成为一份历史契约中无法抹除的标记和天选民族的身份象征。[102] 他们还保留了行割礼必须使用古老的燧石刀的传统，这个传统可追溯至亚伯拉罕时代。[103] 其他早期社会早已经抛弃割礼的律法，但是以色列人将其视为他们的民族和信仰相结合的永恒标记保留了下来。它不仅仅是为了像塔西佗（Tacitus）嘲笑的那样让犹太人显得与众不同。不过它也的确起到了这个作用，让正处于发展中的反犹主义模式又多了一种要素。[104]

安息日是另一项重要的古老习俗，它不仅让以色列人有别于其他民族，也为他们播下了日后不受欢迎的种子。安息日观念似乎来源于巴比伦的天文学，但是《出埃及记》和《申命记》中有多种不同的解释：纪念上帝造物之后的休息，纪念以色列摆脱埃及的奴役，以及将博爱仁慈之心给予劳工，尤其是让奴隶和驮兽有歇息的机会。休息日是犹太人对人类的舒适和愉快做出的重大贡献之一。不过，安息日不但是休息日，还是圣日，该民族在内心将其与上帝拣选民族的信仰越发紧密地结合起来，以至于到了最后，以西结让上帝提出它，旨在区别犹太人与其他民族："又将我的安息日赐给他们，好在我与他们中间为证据，使他们知道我耶和华是叫他们成为圣的。"[105] 于是这就更让其他民族认为犹太人与其他人格格不入。

以色列人已经走上了越发与众不同的道路，在某些重要方面，他们在精神上领先于时代。不过，在公元前1250年，按照先进社会的标准看，他们仍然是一支原始民族。他们在精神上甚至还留存了不少落后的元素，而且一直延续了几个世纪。既注重历史又尊重律法，他们确实有意于坚守古老的迷信并使之形式化。比如，他们有很多与性、血液和战斗有关的禁忌。[106] 对法术的信奉随处可见，并成为惯例。摩西不只是与上帝面对面交谈，而且主持了惊人的神迹的发生，他还表演了法术。杖变成蛇，古代近东魔术这种粗俗的老生常谈，也进入以色列的宗教，从摩西和亚伦那个时代开始就被神圣化了。早期的先知起码被认为是会表演法术的，而且还经常穿着术士的行头。我们读到过以利亚穿着后来被以利沙继承的、有神赐能力的披风或斗篷。西底家给自己造了一对神奇的铁角。[107] 参孙的故事说明人们相信头发是力量的汇集地，这在具有仪式性的削发中得以体现。[108] 先知们表演灵魂出窍状态，可能还要使用焚香和麻醉药来制造令人印象深刻的效果。[109] 单单《圣经》的其中一卷记录的法术表演就有：关于磁铁的法术、关于水的法术、让人发病、给人治病、解毒药、起死回生、招来雷击、扩充油瓶和为众人提供食物。[110]

尽管如此,以色列人仍然是第一个凭借理性系统化地解决宗教问题的民族。从摩西时代开始,贯穿他们的历史,理性主义一直是犹太人信仰的一个核心要素,从某种意义上说是唯一的核心要素,因为一神论本身就是一种合理化过程。如果超自然、不属于世间的力量存在,那怎么可以说它是从树木和泉水、河流和岩石中显现出来的呢?如果日月星辰的运动可以预测判断,而且符合一般规律,那么它们既然也是自然的普通一部分,怎么会成为超自然权威的来源呢?那么,力量来自何处?就像人们学会凌驾于自然、动物和物体之上,神圣的力量,更有理由,难道就不能是有生命的或与人有关的?如果上帝存在,那么他的权力怎么能随意和不公地被众神瓜分呢?能力有限的神,这一观念就是一个矛盾。只要推理应用于神学,那么理所当然的结果就是出现唯一的、无所不能的和与人有关的上帝的观念,上帝的能力及美德无限地高于人类,他的行为始终遵照系统化的伦理原则。站在20世纪的角度回顾,我们把犹太教视为最保守的宗教。但在它的起源上,它是最具有革命性的。伦理一神论一出现,就打破了古老的世界观。

承认唯一无所不能的上帝的概念之后,以色列人肯定地推断他不可能像异教徒的神那样,是世界的一部分甚或全部;他不是维持宇宙的力量之一甚或全部。他的维度无限巨大:整个宇宙只是他的创造物。于是，与其他古代宗教相比，以色列人归于上帝的力量要巨大得多。上帝是万事万物的根源，从地震到政治和军事灾祸。没有其他力量之源，恶魔的生命也是上帝赋予的；神性不可分割、无与伦比、独一无二。而且，因为上帝不仅比这个世界大，而且还无限地大于这个世界，所以想要代表他的念头是荒谬可笑的。[111] 那么，制造他的偶像自然也是对他的亵渎。以色列人禁止偶像的做法虽非他们宗教中最古老的内容，但也是非常古老的传统，从一神论崇拜确立不久就产生了。它成为该宗教清教徒式基要主义者的显著标志，成为他们最难向整个民族推行的方面，成为以色列宗教和其他宗教之间最显著可见的区别，成为让世界上其他人最憎恶的教义，因为它意味着保守的以色列人和后来的犹太人不可能尊敬其他人的神。它不仅与以色列人的排他性紧密相连，还与攻击性有关，因为他们被告知不仅要抛弃偶像，还要摧毁它们：

> 拆毁他们的祭坛，打碎他们的柱像，砍下他们的木偶。不可敬拜别神，因为耶和华是忌邪的神，名为忌邪者。只怕你与那地的居民立约，百姓随从他们的神，就行邪淫，祭祀他们的神，有人叫你，你便吃他的祭物。又为你的儿子娶他们的女儿为妻，他们的女儿随从她们的神，就行邪淫，使你的儿子也随从她们的神行邪淫。

出自《出埃及记》的这段话反映出一种极度的敬畏和狂热。[112]

此外，以色列人错误地认为——如果他们真的这么认为——使用偶像是宗教幼稚症的一种形式。大多数古代近东宗教并未将木头、石头或青铜偶像当作神祇本身，而是将神像看作平凡普通的崇拜者借以将神形象化、与神实现精神交流的一种实用方式。这一直是罗马天主教关于圣像使用的依据，不仅是上帝的圣像，还有圣徒的。在摆脱异教信仰的过程中，以色列人坚持要更大程度地赋予神理智并使其趋向于抽象概念，这显然是正确的，这是他们宗教变革的一部分。但是，理智化的过程很困难，以色列人自己也不能轻视直观辅助的作用，虽说只是存在于语言意象层面的偶像，《圣经》对神的拟人化处理比比皆是。

这是一个更深入的矛盾。如果上帝的形象无法想象并因此被禁止，那么人又是如何按照上帝的形象被创造的呢？但是人是按照神的形象创造的，这个观念在该宗教中的地位与禁止偶像一样重要。可以这么说，它是其道德观的基础，是一条极为广泛认知的原则。[113] 由于人是按照上帝的形象创造的，人属于上帝；这个概念有助于人理解，既然对自己都没有真正和永久的所有权，更不必说上帝所赐的其他的了。他的身体是租来的；他对身体做什么和用身体做什么都要向上帝负责。但是，这条原则也意味着身体，也就是说人，必须得到尊重甚至体面地对待。人有不可剥夺的权利。确实，摩西律法不仅是义务和禁令的律法，也是人类权利律法的萌芽形式。

第一章 以色列人

它还不止于此：它是一份原始的平等宣言。不只是作为类别的人类是按照上帝的形象创造的；所有个体也都是按照上帝的形象创造的。从这个意义上说，他们都是平等的。这种平等不是概念上的平等；在某种极为重要的意义上说，它是真实的平等。所有的以色列人在上帝面前都是平等的，因此在他的律法面前也是平等的。正义属于所有人，无论是否可能存在其他的不平等。摩西律法直接或间接地提到了各种各样的特权，但在本质上，它并没有对各种信徒区别对待。而且，所有人都要共同接受契约；这是一个大众化甚至算得上民主的决定。

因此以色列人正在创建的是一个新型的社会。约瑟夫斯后来用了一个词语"神权政体"（theocracy）。他将此定义为"将所有主权归于上帝"。[114] 先贤称之为"套上天国之轭"。[115] 虽然以色列人已经有了这样那样的裁判官，但他们的统治只是代理，因为律法是上帝制定的，而且他还不断干预以确保律法得到遵守。上帝统治这一事实意味着实际上是他的律法在统治。而且因为所有人同样受律法管制，该制度首次体现出法治和法律面前人人平等的双重优点。斐洛称其为"民主"，他将其描述为"最守法和最好的政体"。但他所说的民主不是所有人一起统治的意思；他对民主的定义是"尊重平等，让律法和公正做其统治者"的政府。[116] 他可能会将犹太人的制度更精确地叫作"民主神权政体"（democratic theocracy），因为它本质上确实如此。[117]

在摩西时代，那时的以色列人就在强化和巩固我们已经注意到的一种颠覆现有秩序的趋势。他们是受奴役的民族，起来反抗他们的埃及统治者，世界上最古老和最专制的王权。他们逃进沙漠，不是在某座存在已久的城市，而是在光秃秃的山坡上，在民众大规模集会时从一位甚至没有自称为王的狂妄领袖那里获得律法。我们不知道摩西的西奈山在哪儿，它可能是一座仍然活跃的火山。如今西奈的修道院一直是基督教遗址，无疑可以追溯至公元4世纪，或许还要早上大约200年。可即便如此，距离摩西下山也有1 450年了。以色列人定居迦南之后，摩西所到的西奈很可能一直是代代相传的朝圣地点。但是，这项传统最终消亡，这个地点被人遗忘，而且早期基督徒是最不可能前往那个地方的。不管怎样，这个悲壮凄美、充满戏剧性的地方，现在充满了诗意。正是在这种环境中，一支革命性的民族开始成型，他们没有认可那个年代的城市、权力和财富，他们能够察觉到一种高于世界秩序的道德秩序。后来，《旧约·以赛亚书》①在一段具有戏剧性的段落中表述犹太人以"主的受苦仆人"的身份从软弱中被抬举，他们最终会胜利；再后来，犹太宗派主义者圣保罗更是问道："神岂不是叫这世上的智慧变成愚拙吗？"并引用《圣经》："我要灭绝智慧人的智慧，废弃聪明人的聪明。"[118]然而这项传统的根源则是开启于西奈。[119]

以色列人拥有长期作为外人和寄居者的经历，所以对于他们

---

① 《旧约·以赛亚书》的第二部分。——译者注

来说，逃离埃及，在西奈的旷野漂泊流浪并非什么新鲜事。但是这段或许持续了半个世纪之久的经历奠定了他们的独特性、唯信仰论（antinomianism）和孤立感。很奇怪，就像犹太历史学家萨洛·巴伦指出的那样，他们崇拜的上帝虽然在西奈山显现，但就像在亚伯拉罕的时代一样，却一直是随他们同行的：他居住于约柜（Ark）①，或者待在帐篷的帐幕里，或者通过抽签、乌陵（Urim）和土明（Tummin）②发挥影响力。[120]在圣殿时期，上帝居无定所的说法就一直存在，在圣殿陷落后，这一说法很容易就再次出现，并从此被犹太教奉为真理。它与犹太人那种上帝普遍存在、无处不在却看不见的概念契合得更为自然。它也反映出这个民族超凡的适应能力，还有他们落地生根、连根拔起又另起炉灶的巨大本事，以及无论何种环境下都能坚守目标的令人钦佩的顽强意志。正如巴伦所言："犹太人信仰和实践的基石是坚持不懈的宗教和伦理力量，而非扩张和征服的政治力量。"[121]

尽管如此，我们还是必须再次强调，以色列人虽然常常处于不安定的状态，但从起源和性格倾向来看，他们并非沙漠游牧民族。他们即使在西奈漂泊，也并非真正的游牧。《出埃及记》的大部分叙述，时间跨度大约37年，主要讲述如何征服加低斯或

---

① 据《圣经》记载，约柜是一只装饰华丽的镀金木柜，内存刻有上帝与摩西在西奈山所定之约的两块法板，也被称为"上帝的约柜"。它是以色列人与上帝特殊关系的象征。——译者注
② 原意分别为"光"和"完全"，引申为"启示和真理"，是古代希伯来人在遇到问题或难处时，用以显明上帝旨意的一种预言媒介。——译者注

卡叠什。那个地方很富裕，水源充足，属于定居的亚玛力人。《出埃及记》里面提到的其他几个地方已经得到暂时确认。但在地图上标出漂泊的线路得到的不过是推测，虽然经常有人尝试而且确实很有趣。[122] 一个有趣的理论是，摩西本人所属的而且不久就被宣布为专门执掌祭司权力的利未支派最先定居在加低斯并在那里发展了这种新宗教。其他支派原本就在迦南。最后闯入应许之地的是来自埃及的约瑟支派和已经被摩西改造成热切崇拜耶和华的工具的加低斯的利未支派。在其充满活力的推动下，以宗教为催化剂，新的以色列社会形成了。[123] 这个理论貌似有理，但无法证明。

然而，随着《圣经》记录得到越来越多考古证据的证实和解释，进入和征服迦南这个历史事件的脉络开始清晰起来。用以色列第一位伟大的军事指挥官命名的《约书亚记》现在基本上可以被确认为历史记录，虽然要加上重要的限定条件。以法莲支派嫩的儿子约书亚作为摩西的侍卫首领，在西奈担任摩西的贴身侍卫，负责帐篷的守卫。他是在集体漂泊的过程中，在利非订遭遇亚玛力族长统率的一队人马而陷入绝境时，确立起自己的军事威望的。摩西命令约书亚"出去和亚玛力人争战"，而他本人则"手里要拿着神的杖，站在山顶上"。亚伦与户珥扶着这位年老先知的手，鼓舞战士的士气，"他的手就稳住，直到日落的时候。约书亚用刀杀了亚玛力王和他的百姓"。[124] 摩西去世前将领导地位传给了约书亚，在庄严公开的仪式上"立他治理会众"。因此他不仅是将军，而且还是一位先知:"嫩的儿子约书亚,是心中有圣灵的;所以摩西将他领来按手在他头上。"[125]

就这样,约书亚开始征服迦南,而且在很大程度上完成了对迦南的征服。他可能尚未统率所有的以色列人,至少是在刚开始的时候。他也没有实施全面入侵,定居过程大多采取渗透或者为附属部族提供增援的形式。这些部族,我们从前面看到,已经占领了示剑之类的城镇。但还是有不少小规模的战斗和几场壮阔的围城战。迦南人的物质文明高于以色列人,除了用石头修筑的坚固城市,肯定还有精良得多的武器。以色列人的征服过程弥漫着绝望的情绪,这就解释了他们在占领城池后为何如此残酷。

渡过约旦河之后,他们攻陷的第一个地方是耶利哥,全世界最古老的城市之一。凯瑟琳·凯尼恩的发掘和碳年代测定表明,它可以追溯至公元前第七个千年。这座城市在青铜时代早期和中期拥有高大的城墙,对其防御强度的描述成为《圣经》中最生动的一段文字。先知—将军约书亚命令祭司抬着约柜,拿着羊角绕城连续6日;第7日,"祭司吹角的时候",他命令所有人:"呼喊吧,因为耶和华已经把城交给你们了!"于是,"百姓便大声呼喊,城墙塌陷,百姓便上去进城"。[126]由于城市受到了侵蚀,凯尼恩的研究没能搞清楚城墙遭遇了何种破坏;她认为可能是一场被以色列人归功于神圣干预的地震。《圣经》的叙述是:"他们又将城中所有的,不论男女老少、牛羊和驴,都用刀杀尽。"凯尼恩女士确定这座城市是在这段时期被烧毁的,而且,此后很长一段时间内无人定居，这符合约书亚不许任何人重建它的决定，还有他的威胁："有兴起重修这耶利哥城的人，当在耶和华面前受诅咒。"[127]

约书亚尽量避免攻城，他更愿意通过谈判劝降，最好能结盟，以和平解决。比如，在基遍（Gibeon）就是这样。但他发现，那里的居民在契约的条件上蒙骗他，所以虽然约书亚使他们免于受到以色列人的报复，还是让"他们为全会众做了劈柴挑水的人"。[128]《圣经》称基遍是一座"大城""如都城一般"。第二次世界大战之后，美国考古学家詹姆斯·普里查德（James Pritchard）最终确定了它的确切位置。《圣经》至少有45次提到基遍，普里查德能够对其中很多处加以确认。它位于一处优质的葡萄酒产区中心，地下酒窖里有用9加仑①木桶储存的葡萄酒。在其中至少25个酒桶的桶柄上，普里查德发现了字母"gb'n"——基遍。[129]这座城市的陷落引起了多方关注，以至于5位亚摩利城主想要夺回它。约书亚从吉甲（Gilgal）赶来解围，"和他一切兵丁，并大能的勇士"——他如今拥有一小支正规军——他们冒着冰雹，经过一场激战，击败了亚摩利人："他们被冰雹打死的，比以色列人用刀杀死的还多。"根据《圣经》的记载，随后发生了一个戏剧性的场景。约书亚需要日光才能彻底摧毁亚摩利军队，

---

① 英制1加仑=4.546 09升（用于液体和干散颗粒），美制1加仑=3.785 411 784升（只用于液体）。——编者注

所以他向耶和华祷告天气晴朗:"日头啊,你要停在基遍;月亮啊,你要止在亚雅仑谷。日头停留,月亮止住,直等国民向敌人报仇。"[130]

约书亚接下来取得了一场更重要的胜利——打败了想要在迦南北部结盟抵御以色列入侵的夏琐王耶宾(Jabin, King of Hazor)。耶宾纠集了一支庞大的军队,"人数多如海边的沙",但是耶和华"用火焚烧他们的车辆"。于是约书亚"转回夺了夏琐,用刀击杀夏琐王……用刀击杀城中的人口,将他们尽行杀灭,凡有气息的没有留下一个;他又用火焚烧夏琐"。[131]1955年9月,以色列首席考古学家伊加尔·亚丁(Yigael Yadin)对夏琐进行了全面发掘。他发现了一座庞大宏伟的城池,低处面积为200英亩①,堡垒面积24英亩,大概可容纳超过5万人。城门坚固,城墙高大。这里也有在公元前13世纪被焚烧和破坏的迹象,正是在以色列征服的时期,完全符合《圣经》记载。亚丁在残骸中发现了一块遭到故意损毁的殿碑,上面是月亮神巴尔·哈曼(Baal Hamman),举起的双手象征他的妻子塔尼特(Tanit);很明显,约书亚的部属执行了"拆毁他们的祭坛"的命令。[132]

约书亚虽然取得了辉煌的胜利,但在他去世之前,征服迦南的过程还远未完成。整合以色列人定居地点,缩减剩下的城镇,以及最终占领海岸,用了两个多世纪之久,即公元前1200—前

---

① 1英亩=4 046.86平方米。——编者注

1000年,直到统一的以色列王国在那个千年的末叶出现后才算完成。以色列不同支派彼此独立行动,有时还会发生争战。他们四面受敌:被包围的迦南人、入侵的贝都因部族、来自海岸的新威胁——非利士人(Philistines)。他们还得接替被他们打败的迦南人,重建城市,耕种土地。在《约书亚记》中,上帝对他们说:"我赐给你们土地,非你们所修治的;我赐给你们城邑,非你们所建造的;你们就住在其中,又得吃非你们所栽种的葡萄园、橄榄园的果子。"[133] 这一点得到了考古发掘的充分证实,这些发掘显示,以色列人在民用技术方面,与迦南原住民相比,就显得相形见绌,尤其是建筑和制陶。[134] 以色列之子还有很多尚需学习。

此外,巴勒斯坦虽然面积不大,但是地区差异很大,有40个不同的地理和气候单元。[135] 这种多样性赋予了这片土地非凡的魅力和美丽,但也让各部族始终处于分裂状态,妨碍了统一的步伐。以色列人已经根深蒂固的平等、共同协商和激烈争论的传统让他们对中央集权的国家概念充满敌意,因为那就要为一支常备正规军支付重税。他们更喜欢无须交税的部族征兵服役的形式。时间跨越定居之后最初两百年的《士师记》给人的印象是,以色列的领导者超过了他们实际上准备忍受的数量。相继掌权的"士师"(judges)并非国家的统治者。一般来说,他们每人只管理一个支派,有的可能还是同时代的人。所以每一次军事结盟都需要临时商议,用拿弗他利的基低斯的首领巴拉向女战士兼先知底波拉说的话作总结:"你若同我去,我就去;你若不同我去,我就不去。"[136]《士师记》虽是史实无疑,皆是青铜时代晚期关于迦南的引人入胜的信息,但又添加了神话内容和幻想,呈现出一种混乱的风格,因此这段时期的连贯历史很难厘清。

这或许没什么要紧的,因为《士师记》传达的信息更为重要。它首先阐释了以色列社会民主和精英化的本质。这是一卷关于具有超凡魅力的英雄的经书,这些英雄大多数出身低贱,通过自己的努力和蒙神惠赐的能力取得进步。所以,当"占据棕树城"的绿洲族长、摩押王伊矶伦压迫便雅悯人,"耶和华就为他们兴起一位拯救者",即"左手便利的"以笏(Ehud);在那个年代,左撇子可是一种严重缺陷,尤其是对于穷人来说。以笏地位低下,没有武器。所以他"打了一把两刃的剑,长一肘",把它藏在"右腿上衣服里面",带着当地以色列人去送礼物,借此获允去见那位族长。伊矶伦"极其肥胖","独自一人坐在凉楼上"。以笏拿出自制的武器,刺入这位族长的肚子,"剑被肥肉夹住,他没有从王的肚腹拔出来,且穿通了后身"。实施这次政治暗杀需要莫大的勇气和本领,暗杀成功让以笏随即成为当地的首领,继续征服摩押:"国中太平八十年。"[137]

不只是左手便利的贫穷男人,甚至连女人也展现出英雄气概,成为统帅。另一位绿洲国家的人物底波拉是狂热的宗教神秘主义者,会预言和歌唱。她"住在棕树下",当地民众"都上她那里去听判断"。这位非凡的女性嫁给了一位名叫拉比多的人(不过我们对他一无所知),组织了一支联军对抗迦南诸王之一的耶宾,并摧毁了他的军队。似乎这还不够，被击败的迦南将军西西拉躲避到更加凶狠的以色列女人、"基尼人希百之妻"雅亿（杀人者）的帐篷中。雅亿给他提供了床铺睡觉，然后拔出帐篷的橛子，"手里拿着锤子，轻悄悄地到他旁边，将橛子从他鬓边钉进去，钉入地里"。[138]于是，底波拉用先知特有的标志性的抑扬音调唱起一首胜利的赞歌、一首残暴美丽的诗歌，来评论这件骇人听闻、杀机重重的暴力事件。

然后是所有人中地位最低下的耶弗他，他是妓女的儿子，很小的时候就因为母亲的身份被哥哥们赶出了父亲的房子。耶弗他别无他法，只能住在不毛之地并聚集了一帮人："有些匪徒到他那里聚集，与他一同出入。"[139]亚扪人攻来的时候，当地以色列社会的长老找上了这位强盗头子，请求他做他们的元帅，这逆转了以色列人的典型历史。耶弗他答应了，条件是在不打仗的时候也要继续做他们的领袖。经过一番出人意料的和平协议谈判——《士师记》的故事每次必有不同寻常的转折，而这一段则蕴含了对当代外交—宗教程序的初窥门径，极为引人入胜——耶弗他为寻求上帝的帮助而发下重誓。得到帮助后，他在战斗中打败敌人，攻取了20座城池，"大大杀败他们，于是亚扪人就被以色列人制伏了"。但他发的誓是，等他回到家时，第一个从家里出来迎他的，不管是谁，都将被献祭给上帝。结果出来迎接他的正是他的独生女儿，她"拿着鼓跳舞出来迎接他"。就这样，在这个奇特可怕的故事里，耶弗他觉得必须履行誓言，牺牲他的女儿，而他的女儿则顺从地接受了自己的命运，只是要求延期两个月，好让她"与同伴在山上，好哀哭我终为处女"。[140] 我们甚至不知道这个无辜、不幸的少女叫什么名字。

最奇怪的是《士师记》中讲述参孙的人生起伏和殉道而死的这三章。参孙也是一个出身低微的社会成员，他是拿细耳人，头发又长又乱，以某种我们如今难以理解的方式奉献给了神。尽管这段历史故事中的神话元素使他成为以色列的大力神，但他毫无疑问是个真实的人，一个不良少年和英雄、壮士和智力不全者的奇妙组合，有点儿偏执性的暴力倾向，热衷于搞破坏和纵火，喜欢低俗、放荡和恶毒的女人。《士师记》再三表明了一点，即上帝和社会经常需要身负罪过的人、罪犯和与别人格格不入的人来服务，他们凭借自己的功绩成为民间英雄，然后适时地成为宗教英雄，而参孙就是一个突出的例子。虽然以色列依靠其宗教性质成为清教徒式的社会，但值得注意的是，上帝是如何经常将目光投向罪人或者在他们求助于他时仁慈地回应。因此参孙在蒙受耻辱、双目失明和铜链加身的时候大叫："主耶和华啊，求你眷念我。神啊，求你赐我这一次的力量，使我在非利士人身上报那剜我双眼的仇。"[141] 虽然《圣经》没有明说，但上帝显然做出了回应。参孙的一些功绩在《士师记》的记录中看起来是最不可信的，但他的故事背景是真实的。来自海岸的非利士人的威胁就是在那时刚刚开始显现，但他们与以色列人之间没有发生战争，参孙也不用带领军队。相反，他们之间经常进行交流和贸易，甚至通婚，这已经得到了考古学证据的支持，如在以色列城镇贝特谢梅什发现的非利士器物。[142]《士师记》的奇事始终是建立在真实的基础之上。

这就提出了关于这段时期的第二个要点。以色列人正在拓展我们已经注意到的想象力才能，从这一角度来看，《士师记》是整个世界文学中最伟大的短篇故事集之一。这些故事有潜在的统一主题，但又题材丰富、行文简洁，人物描写形象生动，短短的一两句描述便使之跃然纸上；精心选取的细节让故事背景栩栩如生；叙事流畅，笔法娴熟。

这里还有一个我们在此首次注意到的《圣经》特色：繁冗却又令人难以忘怀的细节。因此，在第12章中我们看到，逃跑的以法莲人在约旦河渡口被捉住时被迫要说"示播列"（Shibboleth）这个词，因为基列人知道他们无法发出齿擦音"示"（sh）；所以若他们说"西播列"就会暴露身份而被杀掉。[143]无论如何，这个细节对于故事都不怎么重要，但它强有力地触动了叙述者——正如它触动我们一样——因此他不忍放弃它。我们在《撒母耳记上》少年大卫的故事中再次发现了这种冲动，他在迦特王亚吉面前装疯，于是他"在城门的门扇上胡写乱画，使唾沫流在胡子上"，惹得亚吉怒不可遏地批评："我岂缺少疯子，你们带这人来在我面前疯癫吗？"[144]再有，撰写《撒母耳记下》的这位优秀作者认为他一定要给我们讲些引人入胜的细节，关于耶何耶大的儿子、所罗门的官员比拿雅，"行过大能的事。他杀了摩押人的两个儿子；又在下雪的时候下坑里去，杀了一个狮子。又杀了一个强壮的埃及人。埃及人手里拿着枪，比拿雅只拿着棍子下去，从埃及人手里夺过枪来，用那枪将他杀死"。[145]

这种冲动并非仅仅或者主要地表现在文学方面：它还表现在历史方面。以色列人如此深爱往昔，以至于他们的叙述充满绘声绘色的信息，甚至是在说教目的不明确或不存在的时候。《士师记》和《撒母耳记》中的故事不只是短篇小说，它们是历史。的确，在《撒母耳记》中，这些故事正在成为宏大的历史。以色列—犹太这段时期的文学作品中完全没有异教神话和历史中的盲目性，写作的目标非常明确，那就是要讲述一个民族与上帝关系的故事，或鼓舞人心或威胁恫吓，而且因为目标严肃，所以故事必须准确无误——换言之，作者内心必然相信故事的真实性。所以它是历史，而且由于其涉及体制演变，以及战争和征服，所以对于我们来说，它是特别具有启发性的历史。

《士师记》在某些方面固然天真，但在另外的方面确实是关于政体发展的政论文章，因为它展现了以色列人如何为严苛的现实所迫，不得不修改他们的民主神权政体，一直到建立有限的王权。这一卷的前面部分，第6—8章讲述了基甸的故事，又是一个贫穷低下的人，他"在酒醡那里打麦子"，被上帝提升成为"大能的勇士"。基甸最初是手下只有300人的小首领，但最终获得了巨大的成功，成为以色列历史上首位获赠世袭王权的人："以色列人对基甸说：你既救我们脱离米甸人的手，愿你和你的儿孙管理我们。"基甸回答："我不管理你们，我的儿子也不管理你们，唯有耶和华管理你们。"这个善良谦逊的人拒绝王冠是要强调以色列仍然是神权政体。

即便如此，一些历史学家相信，如果不是基甸的儿子亚比米勒后来丧失人性，犯下在整部《圣经》中最令人发指的罪行，屠杀了他父亲的 70 个儿子，那么基甸家族还是会成为以色列的王族。[146] 那件事让不幸的基甸家族失去了资格，但《士师记》其余大部分在暗示支派分裂的体系难以令人满意，并为此反复说教："那时以色列中没有王，各人任意而行。"耶弗他的故事末尾插入了一段简短激烈的以色列内战。该卷的最后三章叙述某个利未人的小妾在基比亚的便雅悯城镇被残忍地强奸致死，导致便雅悯人和其他支派之间爆发了一场残酷无情的纷争，类似小规模的特洛伊战争。与此同时，由于以色列各支派之间的争斗，非利士人的威胁在不断增加。事实呈现的方式或许是保皇主义者的事后宣传，就像一些学者主张的那样，但事实本身足够简单。外部敌人让各支派走到一起，为了应付外敌，以色列人采取了集中体制，因为他们别无选择。

与被以色列人逐渐赶走或奴役的迦南本地人相比，非利士人是可怕得多的对手。《圣经》其实多次暗示以色列人对抢占迦南人的土地心怀愧疚，[147] 奇特地预示了以色列对 20 世纪末叶无家可归的巴勒斯坦阿拉伯人怀有强烈的不安。但以色列人将所有的懊悔隐藏于一种信仰，即征服是虔诚行为的信仰中，也就是"其实耶和华将他们从你面前赶出去，是因他们的恶"。[148] 相形之下，非利士人本身就是侵略者,没有任何怀疑的余地。他们属于青铜时代晚期最具掠夺性的种族,属于所谓的"海上族群",他们破坏了克里特岛留存的米诺斯文化,差点儿打下了埃及。埃及第十九王朝的著名法老拉美西斯三世(Rameses Ⅲ)凭借卡纳克神庙描绘的那些壮观战斗将他们赶出了尼罗河区域,于是这些"普勒斯人"(Pulesti)转向东北,在如今依然保留他们名字的海岸巴勒斯坦立足。他们在那儿修建的5座大城——亚实基伦、亚实突、以革伦、迦特和迦萨——尚未经过系统化的发掘,关于他们的文化尚有不少需要了解。但他们的好战是毋庸置疑的。他们已经拥有铁制武器,受封建军事贵族管理,纪律严格。公元前1050年前后,他们消灭了沿海的迦南人,开始向那时主要由以色列人占领的内陆山区大规模迁移。他们似乎已经攻克了南方犹大支派的大部分,但还没到约旦河以东或加利利北部。便雅悯支派遭受他们的侵害最深,于是带头抵抗。[149]

从与非利士人进行民族战争开始,文献资料极其丰富,到那时,以色列已经发展出著史的喜好。这些材料大多已不复存在,《士师记》提到的这些失传的年代记录令人心痒难耐。我们还听说过《以色列诸王记》《犹大列王记》《所罗门功行记》等其他著作,但是现存的著作,尤其是两卷《撒母耳记》和两卷《列王纪》,在古代所有伟大的著作中,可谓壮阔的宏观历史。它们在某些地方收录了来自王室档案的资料,如政府官员及省长的名单,甚至王室厨房的菜单。[150]从那时起,《圣经》提供的国王名录和《圣经》

以外的资料，如埃及法老法典和亚述名年官表（Assyrian limmu or eponym lists），可以建立起对照性历史年谱。这些能让我们精确地确定年代。君主政治时代初期的误差范围大概是10年，但在这之后，我们可以得到差不多准确的时间。因此我们十分肯定，扫罗是在约公元前1005年被杀，大卫的统治时期一直持续到公元前966年左右，所罗门卒于公元前926年或前925年。

此外，《圣经》记录为我们惟妙惟肖地刻画了这场民族大戏中的主要演员，这些刻画较之500多年后最出色的希腊历史学家的描述也有过之而无不及。这些人物被牢牢地固定在一以贯之的伦理背景下。但这些历史性的道德观念不只是好和坏而已；这里还有行为的每种色调，特别是哀婉之情、悲痛之意、人与人之间的爱，尽显其错综复杂——人类在此之前从未付诸笔端的情感。其中还有对抽象制度的敬奉、民族抉择意识和体制问题的关注。

根据记载可知，虽然以色列人为了应对被非利士吞灭的威胁而勉为其难地求助于王权，但他们还是要拿早期的先知制度（prophetship）作为媒介。亚伯拉罕是先知；摩西是最伟大的先知。这是以色列人最古老的权威地位，在他们眼中是必不可少的，因为在他们这种神权政体下，上帝要通过先知发布命令，所以先知被提升至社会的中心位置。"nabhi"（先知）一词起源不详，意思可能是"被召唤的人"或"滔滔不绝的人"。《撒母耳记》的一段重要经文说，"现在称为先知的，从前称为先见（roeh）"。判定先知肯定是因为他们的预言能力。这样的人在古代近东比比皆是。从公元前第三个千年初叶开始，古埃及历史最重要的一项条目就是神使和先知的角色。从埃及传播到腓尼基人，然后传到希腊人那里。根据柏拉图的《斐德罗篇》（Phaedrus），预言不需要人类的推理，因为被神附身的人只是代理人：他的状态被称为"狂热"或神圣迷狂。以色列先知同样扮演了中间人的角色。在被神灵附身或迷乱的时候，他们会抑扬顿挫地唱出他们神圣的幻象，有时是尖叫。这些状态可以由音乐催发。撒母耳本人描述过这种过程："必遇见一班先知从邱坛下来，前面有鼓瑟的、击鼓的、吹笛的、弹琴的，他们都受感说话。"[151] 以利沙也提过音乐的要求："现在你们给我找一个弹琴的来。弹琴的时候，耶和华的手就降在以利沙身上。"[152] 然而，先知们也使用，有时是滥用熏香、麻醉药和酒精，正如以赛亚指出的："祭司和先知因浓酒摇摇晃晃，被酒所困，因浓酒东倒西歪。他们错解默示，谬行审判。"[153]

但是在以色列历史上，先知远不只是进入迷狂状态并试图预言未来的人而已。他们履行了各种各样的精神职能。他们是宗教士师，就像摩西和底波拉。他们组成了隶属于圣殿的团体，类似示罗的那座圣殿，撒母耳小的时候就被他的母亲哈拿寄托在那儿。在那儿，他"还是孩子，穿着细麻布的以弗得，侍立在耶和华面前"——实际上就像祭司。他的母亲每年给他送来一件新的祭司小袍子，"同着丈夫上来献年祭的时候带来给他"。[154] 所以，祭司和先知公会在许多圣殿并肩工作，他们之间没有必要出现冲突。

可是几乎从一开始，先知们就更重视宗教内容而非形式，于是他们开启了犹太人历史，其实是世界历史的一项重大主题。正如撒母耳自己所言："听命胜于献祭；顺从胜于公羊的脂油。"[155]他们代表的是宗教的清教徒式和基要主义元素，而非祭司们空洞的仪式和没完没了的献祭。但就在祭司们倾向于堕入僵化的宗教时，先知们则可能会不知不觉地陷入宗派主义（sectarianism）。撒母耳其实跟参孙一样，都属于拿细耳教派（Nazarites），一群不剃头发、衣不蔽体、外表放荡不羁的人。这些教派可能会分化成为异端，甚至成为一种全新的宗教。拿细耳人与极端严厉可怕的利甲族人（Rechabites）有不少共同点，那些人只要一有机会就会屠杀"退后的人"。这种教派是最极端的一神论者和反对崇拜偶像者。他们常常在沙漠边缘过着半游牧的生活，因为一成不变的地方才适合严格的一神论。

当时，先知层出不穷，其中很多是被《圣经》不断强调的那种假先知。若想保持影响力，一位先知必须避免宗派主义的极端方式，与以色列人的主流生活保持联系。他最重大的职责就是扮演上帝和人之间的中间人，而要做到这一点，他就必须与群众打成一片。撒母耳长大后，他游历全国，担任审判官。[156]非利士的强大军队攻进以色列人居住地区的腹地，使他们遭受了奇耻大辱的失败，甚至约柜也被俘获，示罗的圣殿（似乎）也被破坏，人们自然要向撒母耳求助，而他应该发挥重要的作用，决定绝望的以色列人是否应该接受以及如何接受王权。

《撒母耳记上》让我们得以兴奋地一窥由这个问题引发的令人不安的体制争论。显而易见的候选人、便雅悯支派游击队的首领扫罗是典型的以色列领袖，他们魅力非凡，凭借自己的能力和神的恩惠从一无所有中发迹。可是扫罗是南方人，缺乏安抚北方人的外交手腕，而他也从未获得北方人全身心的支持。《圣经》精彩地描述了他忧郁阴沉的个性：一个无法捉摸、东方式的强盗头子，时而宽宏大量，时而怒不可遏，或许是躁郁症的表现，勇往直前，天资卓越，但经常处于癫狂的边缘，时不时还会滑过那个边缘。对这个人施以膏油之前，撒母耳犹豫不决也是对的。他还提醒人们，他们从未有过国王——先知的职责之一就是讲授通俗历史——而且，以色列这样的神权政体选择国王统治就是拒绝上帝的管理，那是有罪的。[157] 他概括了这个民族的体制历史，"又记在书上，放在耶和华面前"——换言之，将其存放于圣殿。[158] 他愿意为作为有感召力的领袖或为首的（nagid）扫罗涂膏油，将膏油倒在他的头上，但对让他成为王（melek）或世袭的王犹豫不决，那个地位意味着拥有向各支派征募的权力。[159] 他告诫人们君主政体的所有缺陷——正规军、苛捐杂税、劳役。关于扫罗应该拥有的具体权力，他似乎还多次改变主意。但到了最后，扫罗前期的胜利和俊秀的外表——他特别高大英俊——让民众难以抗拒，撒母耳只能勉为其难地遵从，祈求神的指引："耶和华对撒母耳说：'你只管依从他们的话，为他们立王。'"[160]

以色列人对于王权的早期体制尝试在灾难中结束。扫罗加冕后一年，非利士大军穿过埃斯德赖隆平原，在基利波山击溃了新组建的王室军队，扫罗和他的儿子约拿单被杀。扫罗显然缺乏将自己的国家团结起来的意识，但他失败的真正原因是缺乏必不可少的军事背景。他不过是个小规模抵抗运动的领袖，虽然作为国王，他开始招募一支雇佣军，但统率大型正规军显然超出了他的能力。甚至在最终的灾难到来之前，扫罗就已经失去了神职人员的支持和撒母耳的信任。《撒母耳记上》第15章有一个令人心碎的生动场景，老先知因为这位国王处理战利品时违背宗教的做法而斥责他；国王羞愧，承认他的罪过，但祈求撒母耳在百姓面前支持他。撒母耳照做了，他却把愤怒、懊恼的矛头指向了不幸被俘的亚玛力王亚甲（Agag King of the Amalekites），亚甲"就欢欢喜喜地来到他面前，心里说，死亡的苦难必定过去了"。但撒母耳在圣坛上"将亚甲杀死"。撒母耳一直有一种狂热的倾向，尤其在针对他要求消灭的亚玛力人方面。[161]他拒绝再见扫罗王。虽然如此，记录补充道，撒母耳在扫罗被杀时还是为他哀悼："是因耶和华后悔立他为以色列的王。"

大卫是扫罗招募的一名雇佣兵，这是他的策略："扫罗遇见有能力的人或勇士，都招募了来跟随他。"[162]不过按照实际情况来说，《圣经》经文混淆了大卫军事生涯的两个不同阶段。他一开始是牧羊人，是谦卑、迷人的摩押女人路得的后裔。刚开始被选去当兵的时候，他对武器一窍不通。他挎上刀，穿上盔甲，"试试能走不能走，因为素来没有穿惯"。[163]他用了一把比较简单的武器——弹弓，赢得了他的首次重大战绩，杀死了非利士壮士歌利亚。另一种说法是，大卫得到扫罗的关注是因为他"善于弹琴，是大有勇敢的战士，说话合宜，容貌俊美"。[164] 实际情况似乎是大卫是在不同时期为扫罗效力的，但他是在给非利士人当雇佣兵的时候得到了正规的军事训练。他学会了他们的作战方式，包括使用他们的铁制新武器，他成长到了连迦特王亚吉都要奖赏给他一块采邑的地步。他或许已经完全认同自己是非利士人了，但最终还是选择了犹大的王座。一边是非利士首领，另一边是浮躁的扫罗的对头，他创建了一支发誓效忠于他的正规部队，里面有骑士，也有步兵，这支部队依附于他个人，并期望能够受封土地。这让他能够在扫罗死后成为犹大王。接着，他等待北方王国以色列爆发纷争，扫罗的继任者伊施波设在那儿被杀。到了这个地步，以色列的长老便根据章程盟约将北方的王位交给了他。大卫的王国不是一个和谐的国家，至少一开始不是，只是两个独立的国家与他个人单独订了约，了解这一点至关重要。[165]

大卫成了以色列前所未有的最成功、最受欢迎的国王，是国王和统治者的榜样，以至于在他死后 2 000 多年，犹太人还是把他的统治时期当作黄金时代。然而在当时，他的统治始终岌岌可危。他最可靠的军队根本不是以色列人，而是他个人的外国雇佣兵护卫——基利提人和比利提人。他的权力依托于正规军，必须用能够成为他们采邑的土地作为奖励供养手下。可要拿出土地，他必须先占领土地，而这可不能总是靠征服。因此就有了一系列反抗他统治的叛乱和阴谋，最严重的一起就是他自己的儿子押沙龙（Absalom）发动的。各支派依旧凭借本能各行其是。他们抱怨大卫的战争开销，或许还抱怨他加速推动的中央集权的趋势，抱怨他引入的东方王权机制——宰相书记处、后宫、徭役，一个复杂精致的宫廷。这些乡下人觉得他们没有在新王国分到一杯羹，于是就应和便雅悯人示巴的痛苦叫喊，他"吹角说：'我们与大卫无份，与耶西的儿子无涉。以色列人哪，你们各回各家去吧！'"[166] 得益于大卫的军事机器，所有这些叛乱都被镇压；但他在位40年也并非风平浪静，后宫针对继承权的阴谋——与君主的一夫多妻制密不可分——一直持续到最后。[167]

大卫依然是一位伟大的国王，原因有三。

第一，他在某种程度上合并了帝王和祭司的角色，这对于扫罗来说绝无可能。撒母耳没有直接继承人，他的精神权威多半移交给了大卫。大卫虽然偶有恶行，但显然是个宗教情感深厚的人。与他的儿子和继承者所罗门一样，他也有不少天赋，包括丰富的艺术想象力。关于他是音乐家、诗人和赞美诗作者的传说极具说服力，难以否定。《圣经》记载他亲自参加仪式舞蹈。他似乎还把由野蛮的军事需要创建的王权改造成为结合宗教法令、东方式的奢华和新型文化的辉煌制度。保守的乡村首领或许不喜欢它，但普罗大众觉得它令人兴奋和满足。

第二，大卫作为国王兼祭司的地位似乎已经得到神的祝福，因为单是他的军事成就就无可匹敌。他决定性地击败了非利士人，把他们永久地压制在沿海的狭窄地带。扫罗对减少迦南人在以色列居住区域内尚存的独立地盘颇有建树,但完成这个过程的是大卫。接着他向东、向南和向北扩张,在亚扪、摩押、以东、亚兰—琐巴,甚至遥远东北方的亚兰—大马士革,树立了他的权威。外交结盟和王朝婚姻让他的军事成就更显圆满。这个以色列小帝国的新兴在某种意义上取决于一个历史意外。南方的帝国埃及已经收缩,东方的帝国亚述和巴比伦尚未崛起,在这段真空期,大卫的王国繁荣了起来。但让这种扩张成为可能的是他个人的能力和经验、开阔的见识、他的游历,以及他对经济要素的掌控。他看到了在重要的地区贸易路线上树立权威的重要意义,开启了与富裕的城邦推罗(Tyre)的经济和文化交流。以色列的早期领袖全都是目光狭窄的地方主义者,而他是个国际主义者。

第三,大卫建立了国家和宗教的首都,这也是他个人的征服。两百多年里,以色列人未能占领耶路撒冷,尽管它是内陆战略意义最重要的城市,"至于住在耶路撒冷的耶布斯人,犹太人不能把他们赶出去,耶布斯人却在耶路撒冷与犹太人同住,直到今日"。耶路撒冷控制着内陆南北要道,此外,它还是南北之间的天然连接点。未能占据耶路撒冷的重要原因之一是出现两个独立的以色列人群体——北方的是后来被称为以色列王国,南方的是犹大王国。大卫相信,通过占领耶路撒冷,他可以将这两个部分融为一体,所以围城显然是经过深思熟虑的政治和军事行为。只有"王和他的臣仆"——正规的王室禁卫军,而非各支派的征兵——参加，从而保证了大卫可以宣布这座城市是他的个人战利品。实际上，这座城市被永久命名为"大卫城"。他借助一次大胆的行动，一举攻下这个地方，这次攻城的英雄是他的将军约押。我们如今所知的耶路撒冷老城建在三座山谷中，欣嫩谷（西边）、汲沦谷（东边）和提若坡阳谷（中间），在南边汇流为汲沦溪。规模小得多的耶布斯城只占据东翼，唯有此处可以从基训泉得到可靠的水源。得益于凯瑟琳·凯尼恩的发掘和《撒母耳记下》，我们可以准确地知道大卫围城的过程。耶布斯人，与那个时代的其他巴勒斯坦城市——如基色、基遍和米吉多——的居民一样，已经修建了一条连接城内和泉水的秘密隧道，所以他们即使遭遇围城也能确保供水。他们把这种设计当作自己的优势，对抵抗大卫信心十足，所以派出了由盲人、瘸子和其他残疾人组成的不可思议的仪仗队伍去激怒以色列人。但这反而证明了他们的软弱，因为这位国王知道隧道的存在，于是召集自告奋勇的人："当日大卫说：'谁攻打耶布斯人，当上水沟攻打我心里所恨恶的瘸子、瞎子。'"[168] 约押和他的手下实施了这次壮举，攀上水渠，翻入城墙，出其不意地占领了这座城市。[169]

大卫在耶路撒冷后来的表现证明了这个观点，即这座城对他具有无与伦比的政治重要性。他没有屠杀居民，也没有驱逐他们。相反，他好像一直渴望把他们变成自己的忠实追随者。他修补了城墙和阶地或者说米罗（Millo），占据了要塞或者说当时所称的锡安，为他的"勇士"修建了营房，为自己修建了宫殿，为整个以色列民族从这座城市的前任统治者那里购买了可以建造中央圣殿的土地。然后他运来约柜（以色列人拥有的最珍贵的宗教圣物和他们团结的象征），放置在城中，由他的王座和私人军队保护。这一切举措是为了巩固他的个人地位，将他自己和他的家族与国家宗教、整个民族和王权等同起来。

然而，他没做的与他做了的同样重要。与扫罗或他自己的其他继任者相比，大卫似乎更加意识到了以色列宗教和社会的本质。同基甸一样，他深知以色列其实是神权政体而非正常的国家，因此国王永远不可能成为常见的东方形式的绝对统治者。甚至这个国家，无论怎样管理，都永远不可能实现专制。这是以色列律法与生俱来的，即便是在现阶段，虽然每个人对社会整体负有责任和义务，社会——或其代表、国王或国家——却无论如何都不能拥有凌驾于个人之上的无限权力。能做到这一点的只有上帝。犹太人与希腊人和后来的罗马人不同，他们没有意识到城市、国家和社会这样的概念是具有法律人格和权力及特权的抽象概念。你会对人犯下罪过，当然，也会对上帝犯下罪过；而且这些罪过是犯罪；但对于国家却没有类似犯罪或罪过这回事。[170]

这造就出以色列和后来的犹太宗教及其与世俗权力关系的根本困境。这种困境简单地说就是：在不严重削弱另一个的情况下，两种制度可以共存吗？如果强行实施宗教的要求，那么国家的运行权力就微乎其微了。反之，如果允许国家正常发展，按照其性质，它就会把宗教的部分实体纳入自身，使其不起作用。每一个都有寄生在另一个身上的内在趋势。如果以色列人试图完全作为宗教社会存在而不需要国家的形式，那么他们迟早会受到攻击、溃散并被当地的异教同化。那样的话，对耶和华的崇拜就会因为外部的攻击而消亡。当然，在非利士人入侵的时候，这种情况险些发生，而且如果以色列人不求助于世俗王权和统一的国家，那还会发生。另外，如果王权和国家成为常态，它们不可避免的特质和需要将逐步蚕食宗教，对耶和华的崇拜就会因为内部的腐坏而消亡。第一圣殿时期和第二圣殿时期自始至终都没有解决这一困境；在今天的以色列，这一困境依然没能得到解决。

一种解决方式是，以色列人只在面临巨大危险的时候，如非利士人入侵，才接受王权和国家。有证据表明大卫本想采取这种方式，但意识到这不切实际。为了保护他的人民和他们的信仰，为了在面对外敌时保证二者的安全无虞，他不仅要开创王国—国家（kingdom-state），还要约束住周边的民族。这意味着他不得不建立和巩固大卫王朝，以耶路撒冷为都城和中心圣殿。但他不能简单地把他的王权当作正常的王权。他了解耶和华的宗教；他自视为虔诚的宗教信徒；他有时还要扮演先知—祭司的角色，经常以先知—祭司的身份表演他的音乐、诗文篇章和舞蹈。意义深远的是，他建立了世袭王权却没有认可长子继承制。3个本有可能继承王位的年长儿子，押沙龙、暗嫩和亚多尼雅，全都与他决裂并死于非命。大卫年老时指定了继承人。从摩西的传统看，他选择的儿子所罗门不是能干的将军，而是学者—士师（scholarjudge），但却是他的儿子中唯一能够履行王权的宗教职责的,大卫显然认为那对维持以色列的体制平衡必不可少。

具有重大意义的是,尽管大卫将约柜迁至耶路撒冷以赋予他的首都受宗教认可的地位,但他并没有修建一座与他的王权和王室家族有关的宏伟圣殿来放置约柜。约柜是一件简陋的宗教设备,最初用于放置神约。对于以色列人来说,它无比珍贵,提醒他们自己出身卑微,象征纯洁的正教和他们的神权教义的纯净。对于大卫没能为它修建圣殿,《圣经》的记录后来如此解释:上帝不准许他做,因为他首先是个战士,是"流人血的人";还有一种说法是他忙于作战,无暇顾及。[171] 第一个理由肯定是错误的,因为战争和以色列宗教密不可分。祭司们的号角有独特的战争动员作用;约柜可以,而且有时候已经,被带上战场,作为战争的徽章;大卫的战争由神认可,受到其最高程度的祝福。[172] 第二个理由貌似更讲得通,但大卫统治耶路撒冷 33 年,其间很长时间是和平时期,他在耶路撒冷大兴土木,如果他想要修建圣殿,完全可以把它放在最优先的地位。理由可能是他并不想改变以色列宗教内部的性质和平衡,而他觉得修建一座王室中央圣殿恰恰就会导致这种结果。

从前,约柜一直是以色列人崇拜的有形中心。它是神权民主的象征。他们刚刚定居迦南,以色列人就在"邱坛"(high places)感恩和献祭,在丘陵和高山上开设祭坛;或者在更精致的历史圣地,在那里修建带屋顶的建筑或圣殿。我们知道的大概有 12 个地方:示罗、但、伯特利、吉甲、米斯巴、伯利恒、希伯伦，以及5个规模较小的地点。它们的位置从北往南沿着这个国家的脊柱中心分布。它们保证了以色列人崇拜活动的非中央化和对历史的延续——因为这些圣殿—圣地（temple-shrines）会让崇拜者产生重要的联想。可能大卫虽然过去急于保证社会的充分集权化以提供有效防御，但并不想进一步阉割它的民主根基。因此他不情愿效仿他那个年代的其他君主政体的专制者，将以色列变成一个王室圣殿国家。人们怀疑，也正因如此，他才在临终时向他指定的继承人下令，让博学的所罗门完全遵守摩西律法："遵守耶和华你神所吩咐的，照着摩西律法上所写的行主的道，谨守他的律例、诫命、典章、法度。"他补充说，那是王座得存的唯一方式——以确保律法的充分和严格，来平衡新国家的需求。[173] 后代们领会了大卫深沉的宗教冲动，那让他的政治才能熠熠生辉。这也许就是他们崇敬追念他并希望回到他的统治时期的最终原因；所以他在《旧约》中占据了比其他君主更大的篇幅并非偶然。

但大卫的继任者所罗门是截然不同的类型。大卫热情、急躁、固执，犯有罪过又悔过自新，意识到了罪恶，最终实现内心纯净并敬畏上帝。所罗门则是个世俗的人：内心深处，他是那个世界和那个年代的人。《圣经》中被认为是大卫所作的诗篇，其风格和内容本质上是精神性的；它们贴近耶和华宗教的核心。另外，与所罗门有关的《圣经》文学作品，包括《箴言》和撩人的诗歌《雅歌》，尽管在同类作品中堪称杰作，但更接近那个时期古代近东的其他作品；它们缺少以色列人—犹太人的超验主义思想

（transcendentalism）和上帝意识（God-awareness）。

所罗门成为才干出众的近东君主。但他的智慧声望是建立在冷酷无情的意志之上。虽然他在他的父亲生前就被指定为国王，但大卫的辞世让他成为唯一的统治者之后，他便清除了父亲从前的所有大臣，有的还是通过谋杀，这标志着政体和方向的转变。他还对军事政策做了决定性的变动。《撒母耳记下》在讲述押沙龙反叛大卫的时候，将从支持儿子的古老的支派所征集的士兵，即"以色列人"（the men of Israel），与理所当然捍卫国王的雇佣兵，即"大卫的臣仆"，作了区分。[174] 同样是这些"臣仆"确保了所罗门的唯一继承权，让他得以在统治初期排除异己。大卫虽然创建了一支雇佣军，但依然会起用"犹大人"（the men of Judah），即南方的支派征兵，作为他的主力军队核心。然而，北方的支派征兵或"以色列人"对王权依然保持中立或敌意，所以所罗门决定将他们全部革除。

取而代之的是，他引入了徭役或强制劳役，施行于迦南地区和王国北部——犹大支派自己得以免除。作为一种国民服役，徭役没有征兵服役那么光荣却更加艰苦；因此招致了更大的怨恨。为了他的建设项目，所罗门在广大区域内施行这一政策。《列王纪上》引用政府记录，称采石场有8万人，由3 300名官员领导和监督，7万人将石头拉到工地，还有3万人分批轮流被派到黎巴嫩伐木做梁，每批1万人。[175] 建设工程包括对大卫那份基础的方案进行扩充和改善，以便将耶路撒冷变成民族—宗教的王室中心。不过其中也包括在全国的不同地方新建三座王室城堡："所罗门王挑取服苦的人,是为建造耶和华的殿、自己的宫、米罗、耶路撒冷的城墙、夏琐、米吉多,并基色。"[176]

这三座具有战略地位的城市实际上是所罗门从无到有重建的,沉重的劳动由以色列人承担,但技术性工作由从国外招募的石匠完成。发掘表明其技艺完全超出以色列人已经体现出来的水平;这也揭示了这些城市的主要用途是军事——为所罗门新的战车部队提供基地。[177] 大卫从未拥有过战车部队,那是那个年代的大国象征。所罗门在多个养马场拥有大约1 500辆战车和4 000匹马。[178] 其中战略地位最重要的米吉多在后来所称的哈米吉多顿平原上居高临下,他在那儿修建了一座高大的王室防御驻地,有着无比坚固的门楼,还有可容纳150辆战车和400匹马的建筑。夏琐,一座被废弃的城市,同样修建了王室驻地、门楼、城墙和巨大的养马场。基色,他从嫁妆中得到的城市,控制着通向埃及的路线,他将其改造成为又一座王室战车—城池。[179] 这些守卫森严的王室驻地凌驾于城市的普通房屋之上,它们的存在是对以色列人神权民主的冒犯。所罗门需要他精心打造的战车部队保护他的贸易线路,防御针对他的领土的外部攻击。不过,它们的用途显然还包括维持内部秩序,而且在这方面它们功效巨大,因为各支派都没有战车。

为了实现他的雄心壮志,所罗门需要的不只是劳动力,还有金钱。于是,他又向各支派征税。大卫实施了一次人口普查,已经为此做好了准备。但他一直因为此举违背以色列宗教而受到激烈的抨击，而且他已经认识到自己的罪过。这段插曲是他以信仰为代价建设国家的犹豫和矛盾心理的典型代表。所罗门没有这样的顾虑。根据普查统计表，他将整个国家分成12个纳税区，进一步实施征税，为他的战车—城池和其他王室兵站提供物资。[180]可是，王国的资源不足。所以所罗门对其父的征服进行了合理化处置，撤出防御成本高昂的大马士革，又在西北给推罗王希兰让出领土，使他成为自己的坚定盟友，以换取熟练的工匠和物资。不过他也扩大商贸，让"王的商人"代表自己从事大规模贸易，并鼓励国内外商人使用他的线路，如此便可以对他们征税。

近东的经济那时已完全进入铁器时代——我们发现的第一件用于犁地的铁铲大概就是这个时期的——世界正变得越来越富裕。所罗门用他的行动确保了他的王室从这种新兴繁荣中获得了巨大利益。他通过与邻国王公诸侯的女儿结亲来扩大贸易，他的口号是"贸易跟着新娘"。他"与埃及王法老结亲"，娶了法老的女儿——他因此得到了基色。《圣经》向我们讲述了其他联姻结盟，说他"在法老的女儿之外，又宠爱许多外邦女子，就是摩押女子、亚扪女子、以东女子、西顿女子、赫人女子"。[181]他的外交和贸易交织在一起。南阿拉伯的示巴女王来访也与贸易有关，因为所罗门控制了阿拉伯贸易，主要是没药、乳香和香料。约瑟夫斯告诉我们，所罗门与推罗王希兰——另一位伟大的贸易君主——举办了猜谜比赛。在铁器时代初期，这并非不同寻常的外交交流，涉及的赌注金额巨大——有时是城池——是易货贸易的一部分。所罗门和希兰共同经营一支船队,从南方的以旬迦别一直开到俄斐,俄斐是他们对东非的称呼。两位国王经营珍稀的飞禽走兽、檀香木和象牙。另外,所罗门还从事武器的买卖。他从基利家购买马匹,然后卖给埃及,换回战车,再把战车卖给北边的王国。所罗门实际上是近东大部分地区的武器供应商。美国考古学家纳尔逊·格卢克在所罗门的以旬迦别港口附近发现了他兴建的炼铜厂,位于赫贝特尔卡拉菲岛,那里的常年强风可以让简陋原始的高炉的烟道得以运转。这里不仅炼铜,还炼铁,而且制造成品。[182]

所罗门将从贸易和税收中获得的大部分财富投入那座王室都城。他修建了一座豪华的王宫,宫内的多柱式大厅仿照孟菲斯、卢克索及其他地方的法老宫殿,香柏木屋顶由45根巨大的木柱撑起,《圣经》称之为"黎巴嫩林宫"。他为自己的埃及王后修建了独立的宫殿,因为她要保持自己的异教信仰:"耶和华约柜所到之处都为圣地,所以我的妻不可住在以色列王大卫的宫里。"[183]宫殿和王室驻地、营房和内部防御工事靠近新的圣地或圣殿,将大卫城向东延伸250码(228.6米)才将其整个容纳。

所罗门的耶路撒冷如今已不可见了,因为它要么被埋在大希律王后来修建的巨大圣殿建筑之下,要么被罗马人挖空。[184]我们对所罗门圣殿的描述完全仰仗于《列王纪上》第6—7章的书面资料。但其中提供的细节显示,它类似于青铜时代晚期拉吉和伯善的迦南圣殿以及在叙利亚泰勒泰恩特(Tel Tainet)发掘的一座年代稍晚的公元前 9 世纪的圣殿。就像这些宫殿一样，所罗门的圣殿有三座宫室，每间宽 33 英尺，位于一条轴线上：乌兰（Ulam）即门廊，长 16 英尺，海卡尔（Hekal）即圣所，长 66 英尺，还有至圣所（Holy of Holies），33 英尺见方，里面始终要保持一片漆黑，就像埃及神庙的内室。

这座建筑的建造和配备对于以色列人来说在某种程度上相当陌生。腓尼基泥瓦匠装饰了石柱。推罗王希兰还派来一位青铜方面的行家，与自己同名的人，为圣殿铸造礼器。它们包括"有轮的盆"，安设在盆座上的铜盆，与在米吉多和塞浦路斯发现的异教器具类似，还有巨大的"铜海"，可容纳 2 000 个浴盆的水，用于祭司在献祭前净身，矗立在 12 只铜牛上。两根铜柱波阿斯（Boaz）和雅斤（Jachin），每根高近 40 英尺，或许是对应矗立在迦南邱坛的独石，保护着有 10 根金烛台的金坛。至圣所的屏风也悬挂金链。地板和墙壁以香柏木为衬。至圣所由镀金木制的基路伯（Cherubim）①守卫，用于摆放古老的耶和华宗教的尊贵祭仪圣物，首要的是，约柜，还有（根据《塔木德》传说）摩西的杖、亚伦的杖、吗哪②罐、雅各梦见梯子时枕的枕头。[185]然而，公元前 587 年耶路撒冷陷落时，这些东西早就无影无踪了，人们不得

---

① 基路伯又称为智天使，它在《旧约》中被描述为有翅膀、服从上帝的天物。——译者注
② 《圣经》故事中的一种天降食物。吗哪是古代以色列人"出埃及"时，在 40 年的旷野生活中，上帝赐给他们的神奇食物。——译者注

不怀疑它们起初是否在那里出现过。

显而易见，所罗门圣殿的宏大和壮观，还有它地处王室上城或卫城的防御城墙内的位置，都与摩西从旷野中带出来的耶和华的纯洁宗教没什么关系。虽然犹太人后来开始将所罗门圣殿视作早期信仰的基本部分，但那时王室圈子以外的虔诚人士似乎未必如此。诸如徭役、税区、战车，都是新事物，很多方面简直就是在模仿地中海沿岸或尼罗河谷更为先进的异教文化。所罗门难道不是接受了异教信仰？还有他的外国妻子，他的中央集权君主专制和他对古老支派的冷酷方式。他的圣殿难道不是崇拜物品的拜偶像的地方？约柜本身看起来肯定与富丽堂皇的环境格格不入。它只是个木箱子，长 4 英尺，深 2 英尺 6 英寸，有杠穿过每侧的圆环，里面存放着律法石版。在严格的以色列信仰中，约柜只是存放上帝诫命的容器。它不应是接受崇拜的祭仪物品。但他们在这一点上困惑不已，就像他们信仰上帝虽然不可描绘却用他的形象创造了人一样困惑。位于但（Dan）的一座古老原始的圣殿内其实就有一尊上帝的塑像。[186]尽管约柜是被造来存放律法石版的，但以色列人似乎认为上帝的话语有神圣的力量，所以他们在某种意义上相信神住在约柜里。他们也是这样描述旷野中的一段段岁月的："约柜往前行的时候，摩西就说：'耶和华啊，求你兴起！愿你的仇敌四散，愿恨你的人从你面前逃跑。'约柜停住的时候，他就说：'耶和华啊，求你回到以色列的千万人中！'"[187]

所罗门就利用这种困惑，推动他的宗教改革朝着王室专制主义的方向发展,即由国王控制唯一的上帝可以得到有效崇拜的神殿。在《列王纪上》第8章,所罗门强调上帝就在圣殿中:"我已经建造殿宇作你的居所,为你永远的住处。"可所罗门也不是纯粹的异教徒,因为如果他是的话,就意味着他不会费心地把他的异教徒妻子排斥在圣地之外。他了解自己宗教的神学,因而问道:"神果真住在地上吗?看哪,天和天上的天,尚且不足你居住的,何况我所建的这殿呢?"通过假设全能神的象征性存在而非有形存在的形式,他在国家需要和他对以色列一神论的理解之间实现了妥协:"愿你昼夜看顾这殿,就是你应许立为你名的居所;求你垂听仆人向此处祷告的话。"这也是后代将圣殿与信仰融为一体的方式,单单上帝之名在至圣所的存在就能发出强大的神圣之光,被称为"舍金纳"(shekhinah),即神的显现,它会摧毁所有未经许可想要靠近的人。

然而,当时的许多以色列纯粹主义者对中央王室圣殿的观念表示反对。他们组成了第一个分离主义宗派——利甲族(Rechabites),耶和华宗教后来还衍生出许多这样的宗派。[188] 许多北方人同样厌恶耶路撒冷的宗教集中化及其王室圣殿,因为主事的祭司很快就提出了专制的要求,称只有他们的仪式才正当合法,而从族长统治时期就受到崇敬的古老圣地和圣殿、邱坛,以及祭坛都是异端和邪恶的巢穴。这些主张最终取得了胜利,成为《圣经》正统。但是那时却在北方遭遇了阻力。

对所罗门的宗教改革的敌意,与其专制方式和苛捐杂税加在一起，让其父创立的统一王国难以长久维系。所罗门的手腕和成功将其黏合在一起，可在他生前的最后几年甚至就出现了崩裂的征兆。在以色列人的心中，往昔岁月历历在目，对他们来说，强制劳役制度尤其可憎，因为它让他们想起埃及人的奴役。在他们的心中，他们的自由和他们的宗教密不可分。将祭仪集中至耶路撒冷，所罗门降低了类似与亚伯拉罕有关的示剑，与雅各有关的伯特利等北方圣地的地位。于是，对于北方人来说，所罗门和他的家族越来越被视作精神破坏者和世俗压迫者。

因此，在所罗门于公元前 925 年或公元前 926 年去世后，北方人拒绝承认他的继承人罗波安在耶路撒冷的统一加冕，坚持要求他北上示剑加冕为他们的王。在所罗门统治时期逃走的人，如耶罗波安，也返回国内并要求实现合乎章程的统治，尤其是要解除徭役征发和高税赋："你父亲使我们负重轭，做苦工，现在求你使我们做的苦工、负的重轭轻松些，我们就侍奉你。"[189] 发生在示剑的似乎是一场全面的政治协商，在那里，罗波安征询了前朝谋臣的建议，之后却拒绝了他们的和解建议，倚仗自己的精锐骑兵，摆出了一副强硬的姿态，告诉北方人："我父亲使你们负重轭，我必使你们负更重的轭；我父亲用鞭子责打你们，我要用蝎子鞭责打你们。"[190]

这次严重的误判摧毁了这个统一的王国。罗波安并没有凭借武力维持统一的军事手段和能力，北方人脱离王国并迎奉了他们自己的王室，就在这个帝国崛起的时代——先是巴比伦，后是亚述——这两个小王国,南方的犹大和北方的以色列,各自踏上了它们的穷途末路。

不过衰落的过程延续了几个世纪,在此过程中,以色列的宗教文化出现了重大变迁。首先是北方王国的兴盛。北方比南方人口稠密,拥有更肥沃的土地,更靠近那个年代的贸易中心。摆脱了南方的桎梏,它越发富裕,却自相矛盾地沿袭了所罗门认为必要的体制和宗教发展模式,而这些制度在南方人实施的时候还被北方抵制过。与大卫王朝一样,北方的暗利王朝(House of Omri)成为中央集权主义者,在政治和祭仪形式上模仿那些成功的邻国。暗利本人就是一位令人畏惧的国王,1866年被发现并被命名为"摩押石碑"的一块为摩押的神基抹(Chemosh)所立,碑文悲痛地叙述了他的功绩:"以色列的暗利王……压迫摩押很多日子,因为基抹对他的土地生了气。他的儿子继承了他,还说我将继续压迫摩押。"

暗利,与所罗门一样,通过精明的异国联姻巩固自己的权力。他让自己的儿子亚哈迎娶西顿王的女儿耶洗别,将他的内陆王国连接至海边及其贸易线路。同所罗门一样,他是一位伟大的建设者。他在撒马利亚可以望见20英里以外大海的一座山上兴建了一座新城:我们甚至可以将其建成的时间溯至大约公元前875年。与所罗门的王城一样,城内也有设有防御工事的王室卫城。亚哈也是个伟大的建设者。他在撒马利亚修建了《圣经》所说的"象牙宫",宫殿的正殿衬以浅浮雕象牙——在那个年代只有最富有的国王才能拥有的奢华物品。1931—1935年,在撒马利亚被发掘时,这些象牙装饰在碎石中一片片被发现。亚哈就像他的父亲暗利一样,是一位非常成功的征战国王,在位25年,两次击败大马士革的王。按照《圣经》所言,直到在一次战车战斗中"有一人随便开弓,恰巧射入以色列王的甲缝里",那人的箭插入亚哈的盔甲缝隙,让他受了致命的伤。[191]

暗利王朝的世俗和成功不逊于所罗门,但同样激起了来自社会和道德方面的强烈怨愤。王朝积聚了大量的财富和地产,贫富差异扩大,农民负债累累,无法偿还的时候就会被没收财产。这有悖于摩西律法的精神,尽管没有完全违背其字面意思,因为律法坚持的是你不可挪移你邻舍的地界。[192]国王们反对精英阶层对穷人的压迫,因为他们需要穷人参军和做劳工;但他们实施的措施成效甚微。示剑、伯特利及其他圣地的祭司可以领取薪俸,与王室关系密切,他们沉浸于仪式和献祭,对穷人的疾苦不感兴趣——批评他们的人如此声称。在这样的情况下,先知们再次出现,发出社会良知的声音。与撒母耳一样,他们因君主政体而感到不安,认为它本身就无法见容于民主神权政体。在暗利王朝统治时期,不可思议的人物以利亚(Elijah)在北方迅速地振兴了先知传统。他来自一个被称为提斯比的不明地点,位于约旦河以东的基列,就在沙漠边缘。他是利甲族人,是那个极端清苦禁欲、外形不羁的基要主义宗派成员,"他身穿毛衣,腰束皮带"。如同几乎所有犹太英雄一样,他出身贫寒,代表穷人说话。传说称他住在约旦河附近，靠乌鸦供养。[193] 毫无疑问，他看起来跟一千年后的施洗者约翰（John the Baptist）没什么不同。他为穷人行神迹，在百姓受苦的干旱和饥荒年头影响最大。

但是，以利亚与其他严格的耶和华信徒一样，对暗利王朝的不满不仅是出于社会原因，更重要的还是出于宗教原因。因为亚哈忽视耶和华崇拜，渐渐随自己的妻子信崇巴力①："从来没有像亚哈的，因他自卖，行耶和华眼中看为恶的事，受了王后耶洗别的耸动，行了最可憎恶的事，信从偶像。"[194] 同样正是耶洗别撺掇亚哈仗着专横的权势霸占了拿伯的葡萄园，拿伯被害死，这是一桩违反以色列神权政体精神特质的罪行。

很明显，以利亚能够吸引来大批追随者，尤其是在干旱无雨的苦难年头。他成为令人敬畏的公开宣道者。《列王纪上》第18章描述了一个富有戏剧性的场景，他在迦密山召集大批以色列人，挑战巴力的祭司和"耶洗别所供养侍奉的先知"比赛降雨。他的目的是一劳永逸地确立民族宗教，他对众人说："你们心持两意要到几时呢？若耶和华是神，就当顺从耶和华；若巴力是神，就当顺从巴力。"巴力的祭司举行了全套仪式，"用刀枪自割、自刺，直到身体流血"，可什么也没发生。然后，以利亚筑起祭坛，向耶和华献祭，即刻"耶和华降下火来，烧尽燔祭"。于是所有人"就

---

① 巴力是迦南宗教里东地中海沿岸黎凡特地区西北闪族城市男保护神的头衔。——译者注

俯伏在地，说：'耶和华是神！耶和华是神！'"以利亚和他的民众抓住了异教祭司，带到基顺河，"在那里杀了他们"，在迦密山山顶进一步祈祷后，以利亚召唤"一小片云从海里上来，不过如人手那样大"；很快，"天因风云黑暗，降下大雨"。

虽然成功地证明了自己的正确，但以利亚自己还是无法根除异教或者推翻暗利王朝，不过他预言了它的垮台。他是个单枪匹马的人物，拥有超凡魅力并能够左右大批民众的人，但不是一个能够自立门户建立门派或宫廷派系的人。以利亚代表个人的良知，也许是犹太人历史上第一个这么做的人；上帝对他说话不是摩西时代的声若惊雷，而是用"微小的声音"。在他因为拿伯被害而诅咒亚哈家族的时候，他支持国王的行为不应有别于平民的原则：行为应该以道德原则为指导。政治与权力相关，而非强权。虽然是反对派的首位先知领袖，但以利亚不是政治家。他一生中大部分时间是被追杀的逃亡者，他的临终几日是在荒野中度过的。《列王纪下》第 2 章讲述了他为自己的继任者以利沙涂膏油，然后就被旋风卷起，乘着火的战车升天去了，给他的继任者留下他的神圣斗篷用以穿戴。

但以利沙是截然不同的类型。《圣经》故事中有他不同寻常的事迹：在伯特利附近被"童子"（或者可能是十几岁的无赖）嘲笑时，他从森林里召唤出两头母熊，将至少 42 名不良少年撕裂。[195] 不过以利沙可不是单枪匹马。他组建了有组织的追随者队伍——一个先知团体，他还与世俗机构的成员合作，以实现以利亚所寻求的宗教改革。亚哈已经维修扩建了所罗门在北方的战车城池。他和他的继任者们拥有一支庞大的正规军，那是强大和衰落的根源之一。宁示的儿子耶户①就是一位战功显赫的战车将军，"车赶得甚猛"。以利沙与耶户进行了一场宗教—军事共谋，膏他做未来的王，就这样发动了历史上最血腥的一次政变。[196]耶户让耶洗别的宦官把她从宫殿的窗户扔了出来，"她的血溅在墙上和马上，于是把她践踏了"。亚哈的70个儿子被斩首，而且"首级在城门口堆成两堆"。耶户血洗了整个亚哈王族，"他的大臣、密友、祭司，耶户尽都杀了，没有留下一个"。接着，他集合并屠杀了所有的巴力祭司，"毁坏了巴力柱像，拆毁了巴力庙作为厕所，直到今日"。[197]

这种残酷的宗教整肃或许一度重新确立了耶和华崇拜的正式和唯一的地位，但无法解决保持宗教正统以维护民族团结与符合世界潮流以维系国家生存之间的长期矛盾。耶户，一如可预见得到的，行事很快就与暗利王朝同样专制；甚至，实际上所有的以色列国王迟早都会与宗教纯粹主义者分道扬镳。为了保住权力，一位国王不得不做些让耶和华真正的追随者无法认同的事情，至少看似如此。拿伯的葡萄园事件就是恰当的例子，是精神—世俗冲突的象征。有一个著名的片段，上帝授意以利沙对亚哈说："耶和华如此说：你杀了人，又得他的产业吗？"而亚哈回答，"我仇敌啊，你找到我吗？"[198]仅让耶户及其儿子们取代亚哈及其儿子

---

① 耶户应为宁示的孙子、约沙法的儿子，疑作者笔误。——译者注

们并不能解决这个问题。8世纪的《阿摩司书》(*Book of Amos*)用迥然不同的方式重申了这个问题。这卷书与后荷马时代希腊的赫西俄德的《工作与时日》(*Works and Days*)同属一个时代,对抽象的正义表达了同样的担忧,不过阿摩司的例子直接与耶和华崇拜有关联。他是出身犹大的南方人,是个修剪桑树的,北上以色列宣扬社会正义。他不厌其烦地声明自己不是天生的先知,不属于任何团体,只是一个看到了真理的劳作之人。他抗议祭司们在北方圣地伯特利举行的繁复仪式,说在穷人遭受践踏和挨饿的时候它们只是笑柄罢了。他借上帝之口说:"我厌恶你们的节期……要使你们歌唱的声音远离我,因为我不听你们弹琴的响声。唯愿公平如大水滚滚,使公义如江河滔滔!"[199]伯特利的祭司首领亚玛谢竭力反对阿摩司的行为。他辩称,圣地是国王的礼拜堂,是国王朝廷的一部分;祭司的职责是用适当的礼仪支撑国家宗教,玩弄政治和干涉经济并非他们的职责。他对阿摩司说:"你这先见哪,要逃往犹大地去,在那里糊口,在那里说预言。"在国王那边,他抱怨阿摩司实际上是在王国内部筹谋对抗他,又意味深长地加了一句——"他所说的一切话,这国担当不起"。[200]

这种争论确实很重要。后来的犹太预言者,以及大多数基督教道德神学家,支持阿摩司的观点。《塔木德》主张:"正义的戒律比所有戒律加在一起都要重。"[201]但《塔木德》信徒没有维护国家统一的责任;那都是过去的事了,现在他们倒是能够负担得起道德绝对主义（moral absolutism）这种奢侈了。但是在亚玛谢①的年代，既然想维持国家的存在，世俗权力和精神权力的妥协就必不可少。如果允许南方的先知以上帝的名义四处挑唆阶层冲突，社会将不可避免地被削弱，然后只能任凭想要完全彻底摧毁耶和华崇拜的外敌摆布。那就是他说这国担当不起阿摩司这样怨言的意思。

在整个公元前9世纪，亚述的势力一直在发展。撒缦以色的黑色方尖碑显示，即使在耶户时代，以色列就一直被迫纳贡。以色列一度出钱安抚住了亚述人，或者通过与其他小国结盟遏制住了他们前进的势头。可到了公元前745年，残暴的提格拉·帕拉萨三世（Tiglath-pileser Ⅲ）登上亚述王位，将他的好战国家转变为帝国。他在被征服的领土上实施驱逐民众的政策。公元前740年，他的年鉴记载："米拿现（以色列王）惊慌失措……他逃走并向我奉上……银、彩色毛织服饰、亚麻服饰……我接受了他的进贡。"公元前734年，他突破至海岸，然后沿海岸向"埃及河"进发。所有的精英、富人、商人、工匠、士兵被送至亚述，在那里重新定居；在他们的地方已经有来自巴比伦的迦勒底和阿拉姆的部落成员前来定居。接着提格拉向内陆推进。由于内部深受宗教和社会分歧的困扰，北方的以色列王国无力抵抗。公元前734—前733年，提格拉·帕拉萨征服加利利和约旦河外，仅撒马利亚得存。公元前727年，提格拉去世，但他的继任者撒缦以色五世在

---

① 犹大国第九代国君。——译者注

公元前 722—前 721 年冬季占领撒马利亚，次年，他的继任者萨尔贡二世荡平了北方王国，驱逐了整个精英阶层，派遣殖民者进入，萨尔贡在廓萨巴德年鉴中记录道："我围攻并占领撒马利亚，掳走居住其中的民众 27 290 人。"《列王纪下》悲鸣："这样，以色列人从本地被掳到亚述，直到今日。亚述王从巴比伦、古他、亚瓦、哈马和西法瓦音迁移人来，安置在撒马利亚的城邑，代替以色列人，他们就得了撒马利亚，住在其中。"[202] 这次灾难在考古记录中得到了充分的证实。撒马利亚王室驻地被彻底摧毁。米吉多被夷平重建，亚述风格的建筑在碎石上拔地而起。夏琐的城墙被推倒。示剑荡然无存，得撒亦是如此。

这样便发生了犹太人历史上第一次大规模的惨剧，它还是一场连最后的复兴都无法挽回的惨剧。以色列北方民众的结局是遭遇杀戮，流离失所。他们被迫踏上前往亚述的末路，北方的 10 个支派在这段时期消失在历史的烟尘中，成为神话。它们存在于后世犹太的传说中，但现实中却完全被周边的阿拉姆人同化，失去了他们的信仰和他们的语言；阿拉姆语作为亚述帝国的通用语言向西传播，掩盖了他们消失的痕迹。以色列的农民和工匠还留在撒马利亚，并与新的居民通婚。《列王纪下》第 17 章记载了这些悲惨的事件，称流亡亚述的精英依然崇拜耶和华，他们派回一名祭司住在伯特利，教导群龙无首的民众，但在其中补充道："然而，各族之人在所住的城里，各自为自己制造神像，安置在撒马利亚人所造有邱坛的殿中。"它随后描述了一幅可怕的场景，北方王国崩溃，沦为异教混杂的境地。北方崇拜耶和华的方式在犹大王国一直备受怀疑。对北方正统地位的怀疑折射出以色列人在进入埃及时就出现的分歧，这种分歧在离开埃及和征服迦南之后其实从未弥合。在耶路撒冷及其祭司眼中，北方人一直与异教徒缠夹不清。北方王国的沦陷和流散，以及剩下的人与异族通婚，被他们用来否认撒马利亚人最初拥有的以色列传统。从此以后，他们自称上帝选民的一部分以及想要居住在应许之地的理直气壮的要求再也没能得到犹太人的认可。

不过北方也为南方留下了遗产，为耶和华宗教的新阶段孕育了萌芽，并在古代耶路撒冷的最后时日在南方开出花朵。撒马利亚陷落时，一些逃难的学者免于被掳，到了南方，被收留并在耶路撒冷重新定居。其中一位随身携带了一部名不见经传的先知何西阿（Hosea）的作品，这部作品后来在一位南方人手中完善成形。[203] 在北方王国被摧毁的前夕，何西阿一直在预言和写作。他认为上帝选民遭遇的军事和政治失败是由于他们的异教信仰和道德堕落受到了上帝无可避免的惩罚，他是第一个明确这种观点的以色列人。他用才华横溢和富有诗意的文字预言了撒马利亚的陷落。上帝会把他们的偶像砸成碎片："他们所种的是风，所收的是暴风。"他警告所有有罪过的耶和华崇拜者："你们耕种的是奸恶，收割的是罪孽。"[204]

何西阿是个神秘人物，从某些方面看，他的作品是整部《圣经》中最令人费解的。他的语气经常阴郁悲观。他可以传达出苦难中仍要保留一丝不曾熄灭的希望火花的感觉，这种能力将会成为众多犹太作家的特色。他或许是改过自新的酒色之徒。他悔恨哀叹："奸淫和酒，并新酒，夺去人的心。"[205]性欲尤其会引起他的强烈嫌恶。他说上帝吩咐他迎娶淫妇歌篾，与她生孩子——歌篾代表的是异教神庙仪式中的妓女和以色列自己，她背弃了耶和华，转而侍奉巴力。他谴责北方的所有制度，他甚至认为北方根本不应存在，因为以色列和犹大本就是一体。政治上的解决措施毫无用处；耶户的整肃是邪恶的。结成组织的祭司令人难以忍受："强盗成群，怎样埋伏杀人；祭司结党，也照样在示剑的路上杀戮，行了邪恶。"王室圣地和其他地方的先知团体也好不到哪儿去："先知也必夜间与你一同跌倒……作先知的是愚昧，受灵感的是狂妄。"[206]

所以，以色列及其存在的制度难逃厄运，将会被掳至异国。不过从长远来看，这没什么关系。因为上帝爱他的子民。他惩罚，但也宽恕："他打伤我们，也必缠裹。"接着，他用一句醒目的预言补充道："第三天他必使我们兴起，我们就在他面前得以存活。"[207]重要的并非物质的准备，而是人心的改变。保证以色列获得救赎，并且能让洗净罪恶的"余剩的民"（remnant）保留信仰直到未来的，只有热爱上帝并回应上帝对我们的爱。

惊恐于北方邻国的崩溃，惧怕于面临相似的命运，犹大接受了这个非同一般的启示，而以色列思想家在此似乎第一次脱离了特定的国家和有组织的社会，开始正视心灵的宗教。与北方相比，犹大更贫穷,更农业化,军权—政治不占优势,而且更靠近耶和华崇拜的根基,虽然《圣经》的叙事和1961—1967年对耶路撒冷的发掘也提供了异教信仰故态复萌的证据。那里本地的普通民众具有重要的地位。公元前840年,他们首次在历史上亮相,推翻了篡夺王位并将巴力崇拜迎进圣殿的暴虐太后亚他利雅。《列王纪下》清楚地表明,在后来恢复纲纪的过程中,神权民主的概念复兴。因为领导民众起义的正是宗教人物耶何耶大,他坚决认为应该把民众当作一股政治和体制力量:"耶何耶大使王和民与耶和华立约,做耶和华的民;又使王与民立约。"[208]在那个时代的近东甚至在很久以后的希腊,没有一个国家能起草出这样新颖的协议。随着帝国阴影的迫近,危机同样笼罩在犹大的头上,而此时,当地人确实被赋予了在王位继承存疑的情况下选举国王的特殊权利。

以色列沦陷时,犹大希西家王的正规军兵微将寡,较之北方古老的战车军队尚且望尘莫及,他在当地人的支持下加固耶路撒冷,在西翼修建了一道新的城墙,他"就修筑所有拆毁的城墙,高与城楼相齐,在城外又筑一城"。他还掘通了西罗亚隧道,以应对亚述的围城;这条沟渠可以将基训泉水引入岩石凿成的水池,再让水流注入汲沦溪。这座城市可以使用这座巨大的水池,而围城军队对此将毫无察觉。这在《圣经》中也有描写,[209]而且在1867—1870年隧道被勘察时也得到了明确的证实。同时代的铭文,即城墙上发现的希伯来文字,记录了这项工程的完成:

> 73　　隧道凿穿贯通的经过记在下面：（挖掘隧道的人举着）锄头，朝着同伴的方向挖去，当（还有）3 腕尺①就要凿穿时，（他们听到）一个人呼唤同伴的声音，因为右边的岩石有裂缝，（左边的）也有。贯通的日子，挖掘隧道的人各自向同伴的方向敲击，相对而挖。水开始从源头流入水池，全程共 1 200 腕尺。[210]

实际上耶路撒冷确实熬过了公元前 701 年亚述王西拿基立的猛烈围攻。拯救他们的工具与其说是新城墙和水池，倒不如说是黑死病的大暴发，老鼠携带的病菌袭击了亚述营地，希腊历史学家希罗多德（Herodotus）后来也提及了此事。《列王纪下》将其看作神迹："当夜耶和华的使者出去，在亚述营中杀了 18.5 万人。清早有人起来一看，都是死尸了。"[211] 犹大的统治者为了寻求安全还多方结盟，结盟周边小国，甚至与虚弱的大国埃及，"压伤的苇杖"，就像亚述人对它的嘲讽，"人若靠这杖，就必刺透他的手"。[212]

然而，犹大的统治者和百姓越来越将他们最终的政治和军事命运与他们当前的神学和道德行为联系在一起。这个民族似乎只能靠信仰和劳作得救的观念大行其道。但是用宗教解决国家生存问题的理念本身——与非利士人入侵时期促使以色列成为王国的

---

① 古代长度单位，指手肘到中指顶端的距离，约为 45～55 厘米。——编者注

想法截然相反——将犹大推向了两个不同的方向。如何有效地平息耶和华的愤怒？耶路撒冷圣殿的祭司们主张只能通过一劳永逸地摧毁古老邱坛和地方圣殿可疑的祭仪活动，独将崇拜集中到耶路撒冷，在此保持最纯粹的正统。公元前622年，在修复圣殿的同时，这个进程开始加快，大祭司希勒家找到了一卷古书，也许是《摩西五经》的原本，也许只是《申命记》，上面有上帝和以色列的神约，而最后第28章是令人惊骇的诅咒。这次发现制造了恐慌，因为它似乎证实了何西阿预言的警示，暗示北方的命运将会降临南方。国王约西亚"便撕裂衣服"，下令对祭仪进行全面改革。所有的偶像被摧毁，邱坛被关闭，异教、异端和非正统的祭司被屠杀。这次基要主义改革形成了隆重的逾越节①全国庆典，这是在耶路撒冷从未举办过的。[213]因此，由所罗门采用类似异教的创新所创建的耶路撒冷圣殿，以一种古怪的自相矛盾的方式，成为这次国家宗教历史寻根运动的主要受益者。祭司们的权力与日俱增，成为国家——或者至少是官方层面上的——一切宗教真理的裁决者。

但在这段大难临头的日子里，一支非主流、非官方的思想流派开始发出自己的声音。它提出的拯救方向截然不同，并且最终被证明是正确的方向。何西阿已经写下了爱的力量并呼吁人心的

---

① 逾越节是犹太节日中最古老和最著名的节日，自犹太教历1月"尼散月"（公历3—4月）14日晚起至21日晚止，庆祝8天，是为了纪念以色列人在埃及受的苦难以及在上帝的指引下摆脱奴役、走向自由的历史事件。——译者注

改变，同时代比他年轻的一个南方人进一步发展了这些想法。以赛亚生活在北方王国被宣判死刑的年代。不同于《圣经》中大多数的英雄人物，他的出身并不贫寒：根据《巴比伦塔木德》①，他是犹大王亚玛谢的侄子。[214]可他的思想却是平民主义或民主主义。他对军队和城墙、国王和宏伟的圣殿没有信心。他的作品标志着以色列宗教开始了自身的精神化，从时空的特定位置转移到普救论（universalist）的层次。它被分成两部分：第1章至第39章是他在公元前740—前700年的生平和预言；第44章至第66章或者说《以赛亚书》则需追溯至很久之后，二者之间的历史联系并不清晰，不过这些思想的发展非常合乎逻辑。

以赛亚不只是最卓越的先知，他还是最杰出的《旧约》作家。他显然是一位庄严的传道者，但或许也把自己的话语付诸笔端。他的语言肯定很早就形成了书面形式，一直是所有神圣作品中最受欢迎的。第二次世界大战之后在库姆兰发现的文稿是一份羊皮卷，长23英尺，用50竖行的希伯来文全面介绍了以赛亚，是我们现有的保存最完好和最长的古代《圣经》手稿。[215]早期犹太人喜欢他才华横溢的散文和绝妙的配图，其中很多已经传播进入文明国家的文学中。然而比语言更重要的是思想，以赛亚正将人性推向新的道德探索。

---

① 现在流传的全本《塔木德》主要是印刷本，共有两种：《巴比伦塔木德》和《耶路撒冷塔木德》。《巴比伦塔木德》发行于1520—1523年，《耶路撒冷塔木德》发行于1523—1524年。——译者注

以赛亚的所有主题相互关联。同何西阿一样,他关注于灾难的警示。"守望的啊,夜里如何?"他问,"守望的啊,夜里如何?"愚蠢的人置若罔闻:他们说,"我们吃喝吧!因为明天要死了"。或者他们相信防御工事和同盟。而他们应该服从上帝的命令:"你当留遗命与你的家。"这意味着一种心灵的道德转变,个人和社会的内在变革。目标必须是社会正义。人们必须停止以追逐财富为人生的主要目标:"祸哉!那些以房接房、以地连地,以致不留余地的,只顾自己独居境内。"上帝不会容忍对弱者的压迫。他质问:"主万军之耶和华说:'你们为何压制我的百姓,搓磨贫穷人的脸呢?'"[216] 以赛亚的第二个主题是忏悔。倘若内心转变,上帝总会宽恕。"耶和华说:'你们来,我们彼此辩论。你们的罪虽像朱红,必变成雪白。'"上帝想让人做的是承认和回应他的神圣——"圣哉!圣哉!圣哉!万军之耶和华,他的荣光充满全地!"——而且以赛亚想象天使用火炭触碰人的嘴唇烧尽罪恶。当罪人内心转变,追求的不再是财富和权力而是神圣时,以赛亚引入了他的第三个主题:和平时代的观念,那时人们"要将刀打成犁头,把枪打成镰刀;这国不举刀攻击那国,他们也不再学习战事"。在那个和平时代,"沙漠也必快乐,又像玫瑰开花"。[217]

但以赛亚并非仅仅宣扬一种新的伦理体系而已。出身于一支具有历史视野的民族,他看到了上帝的意志、原因和结果、罪恶和悔改,都是按照明确的线性方向发生。他提出了一种对未来的愿景,卓越人物齐集的一幅愿景。此时,他引入了自己的第四个主题：这个观念不仅是关于集体放弃罪恶，而且涉及一位特定的救赎者，"必有童女怀孕生子，给他起名叫以马内利"。这个特殊的婴儿将成为和平年代的代理人："豺狼必与绵羊羔同居，豹子与山羊羔同卧，少壮狮子与牛犊并肥畜同群；小孩子要牵引它们。"而他也会成为一位伟大的统治者："因有一婴孩为我们而生，有一子赐给我们，政权必担在他的肩头上。他名称为奇妙、策士、全能的神、永在的父、和平的君。"[218]

以赛亚不仅写作，还在圣殿讲道。但他不谈论官方崇拜的宗教、无休止的献祭和祭司仪式，他谈论的是关于心灵的伦理宗教：他越过祭司直面民众。一个令人信服的《塔木德》传说称他在崇拜偶像的玛拿西王（King Manasseh）统治期间被谋杀；不过正统的祭司和圣殿机构也不欢迎他。在以色列作品中，殉道的主题开始越来越多地持续出现。《以赛亚书》的第二部分出现了一个新的人物，他似乎与第一部分的救赎者有关：受苦的仆人，他身负整个社会的罪恶，通过牺牲自己，洗涤罪恶，形成人格化的力量，将国家的使命引向胜利的结局。[219]这位受苦的仆人是以赛亚自己的声音和命运的回响，这卷作品的两部分协调一致，即使成文间隔长达两个世纪之久。总的说来，《以赛亚书》明显标志着耶和华宗教的成熟。此时它涉及正义和审判：审判国家和审判个人灵魂。在支派、民族和国家的主张以外，《以赛亚书》尤其强调个人是信仰的承载者。不仅以利亚，我们每个人、所有人都能听到良心"微小的声音"。所有这些是个人探索的一部分，在人类自我认识方面迈出了巨大的一步。希腊人很快也走上了同样的方向，但以色列人或者我们不久后对他们的称呼——犹太人，才是先驱。

此外，与希腊人不同，受以赛亚启发的以色列人正在走向纯粹的一神论。《圣经》较为靠前的部分有许多段落，与其说里面的耶和华被视作唯一的神，还不如说是最强大的神，可以在其他神的地盘上显示威力。[220]但《以赛亚书》不仅否认了其他神灵在实践中的存在，还否认了他们在思想理论中的存在："我是首先的，我是末后的，除我以外再没有真神。"[221]另外，如今已经清楚地表明，上帝普遍存在、无所不在、无所不能。上帝是贯穿历史的推动力量，也是唯一的推动力量。他创造了宇宙；他操纵它；他还会终结它。以色列是他的规划的一部分，但接下来其他的每个人都是。所以如果亚述人进攻，他们也是按照他的指令行事；如果巴比伦人掳走整个国家，那也是上帝的意志。摩西的旷野宗教开始成熟，成为一种复杂的世界信仰，成为全人类都可以求助于它寻求答案的信仰。[222]

我们不能怀疑，以赛亚的启示在耶路撒冷陷落之前就渗透进了这个民族的意识。不过在灾难降临前的数十年，他的有力声音里就掺入了当时其他人的声音，虽然没那么富有诗意但同样有穿透力。相比于流放前时期的其他作家，我们对耶利米（Jeremiah）的了解更多，因为他的学生巴录（Baruch）抄写记录下了他口述的宣道和自传。[223]他的一生与自己国家的不幸历史紧密交织。他是便雅悯人，出身祭司家庭，来自耶路撒冷东北的一座小村庄。

· 113 ·

公元前627年,他开始因袭何西阿讲道,并在一定程度上因袭以赛亚的方式。他认为这个国家不幸犯了罪过,还在加速走向毁灭:"但这百姓有背叛忤逆的。"与何西阿一样,他轻视宗教机构,不管是祭司、文士、"智慧人",还是圣殿先知:"就是先知说假预言,祭司借他们把持权柄,我的百姓也喜爱这些事。到了结局你们怎样行呢?"[224] 他认为约西亚统治时期支持圣殿的大规模宗教改革一败涂地,公元前609年,这位约西亚国王死后不久,他前往圣殿慷慨讲道的时候也是这么说的。结果他险些被杀并被禁止靠近圣殿区域。他所在的村庄,甚至他的家人,都反对他。他无法或不愿结婚。在众叛亲离的孤寂中,他的作品表现出偏执狂的迹象,如果按照我们对这种情况的叫法。他写道:"愿我生的那日受诅咒!"另外还有:"我的痛苦为何长久不止呢?我的伤痕为何无法医治,不能痊愈呢?"他觉得周围都是自己的敌人,他们"设计谋害我",而"我却像柔顺的羊羔被牵到宰杀之地"。[225] 耶利米不仅被禁止讲道,连他的作品都被焚烧了,如此看来倒有几分道理。

这种不受欢迎是可以理解的。因为当时"北方的敌人",正如他所说,尼布甲尼撒及其军队,越来越具有威胁性,王国内的所有人都在竭力寻找化解劫难的办法,耶利米倒好像在宣扬失败主义。他说,民众及其统治者因为他们的邪恶,本身就是其危难的始作俑者。敌人只是上帝怒火的工具,因而一定会获胜。这像悲观的宿命论,于是出现了《耶利米哀歌》。但是与他同时代的人忽视了他的启示的其他部分,继续怀有希望的理由。因为耶利米说王国的毁灭无所谓。以色列依然是被上帝选中的。它在流亡离散中和在自己的小国家里都可以执行上帝赋予的使命。即使经历失败,以色列与上帝的联系也会继续存在,因为它是无形的,所以不会被破坏。耶利米宣扬的不是绝望;相反,他是让以色列同胞准备面对绝望并克服它。他正试图教导他们如何成为犹太人:屈服于征服的力量并让自己适应,利用逆境,心中始终坚信上帝的正义。

这样的教训很有必要,因为第一圣殿时期(First Commonwealth)[①]已经日薄西山。耶利米在圣殿宣道的三年前,亚述帝国突然崩溃,巴比伦新势力填补了它留下的真空。公元前605年,巴比伦在决定性的迦基米施战役中获胜,击溃了埃及军队,也就是那根"压伤的苇杖"。公元前597年,耶路撒冷陷落,如今存于大英博物馆的巴比伦历代志记载:"七年,基斯流月[②],(尼布甲尼撒)调集大军,行至哈提地,包围犹大的城池,亚达月[③]二日破城,俘获国王。他按照自己的选择为那里任命一个国王,收取大量贡品,并(将它们)送至巴比伦。"这为我们提供了准确的日期,3月16日。《列王纪下》补充道,犹大王约雅敬

---

① 从公元前956年前后所罗门王在耶路撒冷兴建圣殿,到公元前586年新巴比伦王尼布甲尼撒二世毁圣殿,这一时期在犹太历史上被称为"第一圣殿时期"。——译者注
② 又作基色娄月,犹太教历9月、犹太国历3月,大约是公历11月到12月。——译者注
③ 犹太教历12月,犹太国历6月,通常是在公历的2月至3月。——译者注

（Jehoiakim）[①] 带着"耶路撒冷的众民和众首领，并所有大能的勇士共1万人，连一切木匠、铁匠"被掳至巴比伦，除了"国中极贫穷的人"以外，没有人留下。圣殿的金器同样被"切成碎片"并带走。[226]

犹大的悲哀还没有结束。西底家（Zedekiah）是巴比伦人任命的以色列管理者，已经向他们发誓效忠，而在他统治期间，这座城市发生反叛，于是再次被围。1935年，考古学家J. L. 斯塔基（J. L. Starkey）发掘了拉吉的门楼，在那儿发现了如今被称作"拉吉书信"（Lachish Letters）的刻字陶片。它们可以被追溯至公元前589年秋季，是从前哨发送给一位拉吉参谋的，上面提到了耶路撒冷享有自由的最后阶段。其中一块提到"一位先知"，或许就是耶利米。另一块陈述耶路撒冷、拉吉和亚西加是以色列仅剩的地盘。公元前587年或586年，耶路撒冷的城墙被打破，这座忍饥受饿的城市投降。一个令人震惊的场景是，西底家的子孙们在他面前被杀，在他亲眼目睹这个可怕的场面后，他的双眼被挖出，那是对背弃誓言的封臣通常的惩罚。圣殿被拆除，城墙被拆毁，宏伟的城市房屋被破坏，可以追溯至大卫征服前的米罗城的旧城陷入沟壑。[227]

不过，巴比伦征服犹大和亚述突然袭击北方之间存在本质上

[①] 《圣经》记载：约雅敬去世，他的儿子约雅斤（Jehoinchin）继位，在位3个月被掳至巴比伦。疑作者笔误。——译者注

的区别。巴比伦人没那么残忍，他们没有开拓殖民地。没有异地的部落从东方迁入，用异教圣地占据这块应许之地。本地的穷人虽然群龙无首，但还勉强能够坚持他们的宗教。此外，似乎已经在公元前588年归顺的便雅悯人没有被放逐，他们的城市基遍、米斯巴和伯特利得以完整保留下来。但这个国家还是东零西散。这是一次离散，也是一次流亡，因为许多人逃到了北方的撒马利亚，或者逃到以东和摩押。一些人逃至埃及，其中就有耶利米本人。在耶路撒冷最后的日子里，他的表现极为固执和大胆，坚持认为抵抗无用，尼布甲尼撒是上帝的代理人，被派来惩罚有罪的犹大。所以他们逮捕了耶利米。城市沦陷后，他本想留下与穷人一同生活，但一群市民拉着他一起离开，越过埃及边境定居下来，晚年的他在那儿继续谴责招致上帝惩罚的罪恶，寄希望于见证他的话语被历史证明的"余剩的民"和"极少的人"。第一位犹太人的声音就在那儿渐渐减弱，直至消失。[228]

第二章 犹太教

在公元前597年被迫流亡到巴比伦的第一批犹太精英中，有一位年长而博学的祭司，叫以西结（Ezekiel）。以西结的妻子死于最后的围城之战，他孤身一人流落异邦，生活在巴比伦附近的迦巴鲁河边，[1]最后孤独地客死异乡。以西结坐在河岸上，在愁苦和绝望中，他见到了神的异象："狂风从北方刮来、随着有一朵包括闪烁火的大云、周围有光辉、从其中的火内发出好像光耀的精金。"[2]这是《圣经》上首次出现的带有强烈视觉效果的景象描述，其独特之处在于具有强烈的色彩和炫目的光耀，以西结穷尽词语对其进行了描绘：有黄宝石、蓝宝石和红宝石的色彩，明光闪耀、光芒四射、火花四处迸溅，炫目而灼热。以西结的这部长书，通篇都是梦幻似的场景和恐怖的意象，充满威胁、诅咒和暴力，内容含混，令人费解。以西结是《圣经》最伟大的作者之一，是他那个时代最受欢迎的作者之一，之后也是。但是他让自己置身于各种神秘的事件中，几乎又是违背自己的意愿。他总是自问，

"为何我总是用谜语说话呢?"

然而,这个古怪而充满激情的男人,实质上是要传递一个强有力的神谕:达到宗教的纯净是唯一的拯救方法。国家、帝国和宝座,从长久来看都无关紧要,它们最终都要在上帝的力量中消亡,重要的是上帝照着自己的形象所造的人。以西结写到上帝如何将他带往遍布骸骨的谷地,并问他:"人子啊,这些骸骨能复活吗?"接着他惊恐地看到,这些骸骨发出声响,震动着互相联络:上帝使骸骨长出筋络和肌肤,最后吹入气息,"于是骸骨便活了,并且站起来,成为极大的军队"。[3] 后来基督徒将这可怕的景象解读为死者复活,但是对以西结和他的追随者而言,这是以色列的复兴,而这个以色列将会比以往更加亲近和依赖上帝,上帝所造的每一个男女,每一个个体都对他负责,从出生起,终生遵守他的律法。如果说耶利米是第一位犹太教徒,那么以西结和他所见的异象便是犹太教创立的一记有力的推动。

流亡异邦势必造成一个民族与过去的历史割裂。的确,犹太人中的 10 个支派已经消亡。与何西阿、以赛亚和耶利米一样,以西结也坚信,降临在犹太人身上的灾难,是他们违背律法的罪恶直接造成的,是不可避免的后果。虽然早期的史书和预言总是强调集体负罪感,认为是王和首领的恶行使得上帝降怒于所有人,但是此时这些流亡的犹太人除了自己别无他人可以指责。以西结写道,上帝不再因首领的罪恶而责罚所有人,也不再因祖先的过失而责罚现世的人。"我指着我的永生起誓,"上帝的声音振聋发聩，以色列的这句俗语"父亲吃了酸葡萄，儿子的牙齿酸倒了"，已不再是真理。这句话已经过时，应该抛弃了。"看哪，世人都是属我的，"上帝对以西结说，每个人都要单独对他负责："犯罪的，他必死亡。"[4] 当然，摩西的宗教已存在个体的概念，它已包含在每个男女都是照着上帝形象创造的信念之中。以赛亚的教导使个体概念得到了有力的强化，到了以西结时代，这个概念的重要性更是超越了其他一切，从此个体当责之说（individual accountability）成了犹太人信仰的基本核心。

这种个体至上的信念导致了许多事件的发生。从公元前734年到公元前581年，就有6次明确的以色列人被驱逐事件，还有更多的人逃往埃及和近东。从这时起，大部分犹太人常年散居在应许之地之外。犹太人就这样四处飘零，没有政府可为他们提供援助，他们只好寻求其他出路来保持自己的独特身份。于是，他们转向他们的文字——他们的律法以及历史的记录。往后我们将更多地提到抄经士。迄今为止，他们只有像巴录一样记录伟人言语的文书，现在这些文书成了一个重要的阶层，他们着手书写口头的传说，誊抄从圣殿废墟抢救出来的宝贵经卷，整理、校订和阐释卷宗。他们的重要性一度超越祭司，因为如今已没有圣殿可以突出祭司的荣耀。流亡异乡反而有利于经卷的整理工作。犹太人在巴比伦受到了善待。在古城伊西塔门附近发现的石板上刻有发放给俘囚的配粮，其中就有"耶胡德王雅钦"（Yauchin, king of the land of Yahud）的名字——雅钦即约雅敬。有些犹太人成了商

第二章　犹太教

人，开始陆续出现犹太移民成功的故事。商人用取得的财富资助经卷整理和保护犹太人的信仰。如果要求个体遵行律法，那么他首先必须通晓律法。因此，仅仅整理和誊抄律法是不够的，还要讲授律法。

故此，正是在流亡期间，普通犹太百姓才首次受到约束要进行定期的宗教礼拜。他们被要求严格施行割礼，用这个永不磨灭的印记来使自己有别于周围的异教徒。割礼成为一种仪式，成为生命和礼拜仪式的一部分。他们从巴比伦天文历法中所学的知识大大强化了"安息日"的概念，这一天也成为犹太人一星期中最重要的日子，沙贝塔伊是他们在流亡时期所起的最流行的新名字（来自"安息日"这个词）。现在犹太民族的一年首次定期穿插着各种节日：逾越节庆祝犹太民族建立，五旬节[①]纪念律法颁布，即纪念犹太教的创立，住棚节[②]纪念犹太人在旷野流浪（他们的民族和宗教结合是在旷野里完成的）。同时，随着个人当责意识逐渐深入人心，犹太人也开始庆祝新年，纪念上帝造天地万物，庆祝赎

---

① 据《利未记》记载，从逾越节算起，7个星期之后，到第50天，犹太人要把新收获的谷物献给上帝，故称之为"五旬节"。五旬节原是个农业性节日，到拉比时代，人们把该节日与摩西在西奈山向以色列人传授《十诫》联系起来，成为人们纪念上帝在西奈山上显现，与以色列人集体立约，从而创立了犹太教的日子。——译者注
② 住棚节自犹太教历7月提市黎月15日开始，庆祝7天或9天。在此期间，除老弱病残外，人人都要住在临时搭起的棚舍中。该节日最初也是农业性节日，后来同逾越节和五旬节一样也渐渐与犹太人的宗教和历史联系在一起，以此纪念以色列人在摩西带领下逃出埃及，进入迦南前的40年里在西奈旷野漂泊所经历的帐篷生活和上帝对以色列人的庇护。——译者注

罪日①，期待最后的审判。而且，巴比伦的科学和历法计算技术也有助于使年度宗教活动框架得以常规化和制度化。正是在流亡期间，他们的这些信仰规条才显得尤为重要：关于纯净性、洁净以及饮食的规定。现在，有人开始研习律法，诵读律法，背诵律法。或许《申命记》中的律例是从这时候开始出现的："我今日所吩咐你的话都要记在心上，也要殷勤教训你的儿女，无论你坐在家里，行在路上，躺下，起来，都要谈论；也要系在手上为记号，戴在额上为经文；又要写在你房屋的门框上与你的城门上。"[5] 亡国的犹太人在流亡地形成了一个法治社会——他们自觉服从靠大家共同遵守的律法的统治。这在历史上是前所未有的。

从犹大王国的最后沦陷到流亡结束，仅持续了半个世纪，然而这一时期却显示了犹太人巨大的创造力。我们现已来到犹太历史上的一个重要时期。我们在前文已经看到，在以色列，宗教和国家之间存在着固有的内在矛盾。从宗教层面来说，犹太历史经历了四个伟大的形成阶段：亚伯拉罕时代、摩西时代、流亡和后流亡时代，以及第二圣殿被毁后的阶段。前两个历史时期是耶和华信仰的产生阶段，后两个时期是耶和华信仰的发展成熟阶段，最后形成了犹太教。但是在这些历史时期中，犹太人都没有拥有过独立的国家，虽然在摩西时代也不曾有异族统治过他们。

---

① 赎罪日是所有犹太节日中最神圣和最重要的节日，在犹太教历7月提市黎月9日晚至10日晚庆祝。对于虔诚的犹太教徒而言，赎罪日还是个"禁食日"，在这一天完全不吃、不喝、不工作，并到犹太会堂祈祷，赎回他们在过去一年中所犯的或可能犯下的罪过。——译者注

第二章 犹太教

同样值得注意的是，以色列人，以及后来的犹太人在实现了繁荣稳定的自治以后，反而难以保持宗教上的纯洁和廉正。约书亚征服迦南后不久，堕落和腐败接踵而至；所罗门时代，以及南北分治时期，尤其在富有而强大的国王统治时期和盛世年代，他们又重蹈覆辙；后来在哈斯蒙尼王朝①和大希律②之类的君主统治时期，历史再次重演。在自治和兴盛时期，犹太人似乎总是要被附近的其他宗教吸引过去，不是迦南人的宗教，就是非利士人和腓尼基人的宗教，要不就是希腊人的宗教。唯有在逆境中，他们才能坚守自己的原则，才能发挥异常的宗教想象力和独创性，才能保持他们的纯粹和热情。或许，他们没有自己的国家反而更好，因为只有在异族要来统治他们时，他们才会想到遵守律法，敬畏上帝。第一个发现亡国和美善可能存在某种联系、异族统治或胜过自治的是耶利米，他甚至认为，国家本身就带有与生俱来的恶。

这些观念深植于以色列的历史，可以追溯到拿细耳人和利甲族人。这是耶和华信仰本身所固有的，因为统治者是上帝，而不是人。《圣经》有时似乎也暗示，正义的总体目标是推翻人所制定的现行法令："一切山洼都要填满，大小山冈都要削平。"[6] 在《撒

---

① 公元前198年，叙利亚的塞琉古王朝打败了托勒密王朝，统治了巴勒斯坦。安条克四世时期，强行推行希腊化政策，残酷镇压犹太人，激起了哈斯蒙尼家族领导的犹太人起义。哈斯蒙尼家族最终取得了胜利，在巴勒斯坦建立起犹太教神权政体的哈斯蒙尼王朝（公元前142—公元63年）。——译者注
② 公元前40年，罗马皇帝马库斯·安东尼废黜了哈斯蒙尼王朝的统治者，任命伊都美人大希律为国王。此时，犹大王国名义上是个国家，但实际上已沦为一个罗马行省。——译者注

母耳记上》第 2 章中，他的母亲哈拿欢唱赞美诗，颂扬以上帝之名进行的颠覆，颂扬神的革命："他从灰尘里抬举贫寒人，从粪堆中提拔穷乏人，使他们与王子同坐。"[7] 童女马利亚（the Virgin Mary）后来在《尊主颂》（Magnificat）里也呼应了这一主题。犹太人是分解现行秩序的酵母，是促成社会变革的催化剂——所以他们自身怎么可能是秩序和社会呢？[8]

因此我们注意到，从那时起，犹太人身上总有一种流散情节。巴比伦帝国不久就被居鲁士大帝（Cyrus the Great）所缔造的波斯和玛代联盟取而代之，居鲁士无意继续囚留犹太人。但是仍有许多犹太人，宁愿继续留在巴比伦，因此巴比伦成为一个很大的犹太文化中心，长达 1 500 年之久。其他犹太社会则迁居到埃及，他们没有像耶利米那样只是跨过边境，而是沿尼罗河而下，一直来到第一瀑布附近的象岛。在那里留存的众多文献中，有一封是写在莎草纸上的信函，信中讲述犹太社会请求重建圣殿。[9] 即使在那些已经回到犹大的人中，仍有一部分人怀有流亡思想，他们相信耶利米的观点，认为流亡中有美德，直到完美纯洁的那天到来。他们生活在旷野的边缘，在他们称为"大马士革地"的地方，认为这是保持了内心的流亡，"大马士革地"象征着被驱逐，那里有耶和华的圣所。他们在那里等待上帝的安排，到时候将有一颗星星指引，有一位圣洁的领袖带领他们重返耶路撒冷。这些流亡者是利甲族人的后代，库姆兰（Qumran）教派的先驱。[10]

鼓动犹太人回归的很有可能是波斯国王居鲁士大帝。波斯帝国统治阶级的信仰，是合乎伦理道德的普适主义的信仰，他们不像早期的那些帝国强权。居鲁士本人就是袄教教徒（Zoroastrian），信仰永生、仁慈、独一的神，"借由圣灵创造万物的造物主"。[11] 在居鲁士统治时期，波斯人制定了全然不同于亚述人和巴比伦人的帝国宗教政策，他们很乐意尊重被征服民族的宗教信仰，只要这些信仰不妨碍这些民族归顺自己。居鲁士致力于纠正前任统治者驱逐犹太人和摧毁圣殿的恶行。在19世纪发现于巴比伦宫殿废墟、现藏于大英博物馆的居鲁士圆柱上，他表明了自己的宗教策略："我是居鲁士，世界的王……伟大之神马杜克（Marduk），喜悦我虔诚的作为……我召集他们所有的子民，将他们领回原来居所……众神……我奉伟大之神马杜克之命，将他们供奉在至圣所得享欢乐……愿所有被我送回至各城的神（每日祝福我）在世久长。"[12] 而根据约在同一时期编撰的《以赛亚书》第二部分记载，居鲁士拯救以色列人是耶和华上帝的命令，居鲁士在这卷书中被称为"耶和华所膏的居鲁士"。[13] 在记述以色列人回归的《以斯拉记》中，居鲁士诏告巴比伦的犹太人："耶和华天上的神，已将天下万国赐给我，又嘱咐我在犹大的耶路撒冷为他建造殿宇。在你们中间凡作他子民的，可以上犹大的耶路撒冷，在耶路撒冷重建耶和华——以色列神的殿。愿上帝与这人同在。"[14]

尽管有居鲁士的支持，公元前538年，末代国王约雅敬之子设巴萨（Shenazar）带领的第一次回归却没有成功，他们受到了当地人的抵制。第二次回归是在公元前520年，当时得到了居鲁士的儿子大流士（Darius）的全力支持，有一个名正言顺的首领——所罗巴伯（Zeurubbabel），这名大卫的后裔在被任命为波斯的犹大总督后威信大增。《圣经》上记载跟随他回归的有42 360名流亡者，其中有大量的祭司和文士。由此，一个全新的犹太正统教登上了耶路撒冷的历史舞台，它以独一的中央圣殿作为合法的敬拜场所。圣殿建设立即动工。《哈该书》第2章第2节中说，新殿比所罗门的圣殿建得简陋，虽然香柏木也是从黎巴嫩运来的。撒马利亚人和被视为异教徒的其他犹太人未被允许参与这项工作："你们和我们无干。"他们对这些人说。[15]或许是因为这些返乡人士的排外行为，他们的聚居区没有兴旺起来。公元前458年，第三波回归运动使定居点得到了巩固。这一次返乡由以斯拉带领。以斯拉是一位有学问和威信的祭司兼文士，他试图解决由异端、通婚和土地争端引起的法律问题，然而收效甚微。终于，公元前445年，以斯拉得到了一支实力强大的军队的协助。领导这支军队的是著名犹太领袖人物、波斯帝国的杰出官员尼希米（Nehemiah），他奉命担任犹大省的省长，治理犹大，并将其建成帝国版图内的一个独立政治实体。[16]

第四批回归终于让定居点稳固了下来，这主要归功于尼希米，这位有强大行动力的外交家兼政治家以惊人的速度重建了耶路撒冷的城墙，从而占领一个安全据点，指挥回乡民众的安置工作。他在回忆录中详细记述了这一过程。那是一部经典的犹太史书，里面写到了夜间对被毁城墙的首次秘密视察，显示建设者及其成就的功勋榜,阿拉伯人、亚扪人等对工程的竭力阻挠,工程如何在武装卫兵保护下继续进行——"修造的人都腰间佩刀修造"[17]——还有建设者每天夜晚归城的情景("我们都不脱衣服,除了脱下来换洗"),以及最后的胜利竣工。尼希米说工程耗时52天。重建的耶路撒冷比所罗门时期的规模小,生活贫穷,而且更主要的是人口稀少。"城是广大,"尼希米写道,"其中的民却稀少,房屋还没有建造。"但是他们通过抽签决定,让犹大各地的住户迁居至耶路撒冷。尼希米的才干和智谋,在20世纪犹太活动家重新定居巴勒斯坦时,还会成为一种激励。但是随着工程的结束,突然,一切归于平静,耶路撒冷完全沉寂了。

公元前400—前200年的这段时期,是犹太历史中失落的两个世纪,他们没有记录下什么大事件和大灾难,或许这段时间他们生活得很幸福。在所有的统治者中,犹太人无疑对波斯人最有好感,他们从来没有反抗过波斯人,犹太雇佣军反而还帮助过波斯人镇压埃及人的叛乱。在犹大,或波斯帝国的任何一地,犹太人都可以在家中自由信奉宗教,不久,犹太定居点广布各地:《多俾亚传》记述的就是这种散居生活,其背景是公元前5世纪前后的玛代。其他记录包括650封用楔形文字写的商业文件,这些文件作于公元前455年至前403年的尼普尔城,靠近以西结生活的地方:文中的人名有8%是犹太人的名字。[18]象岛聚居区流传下来两份犹太家庭档案也反映了当地的生活和宗教。[19]我们所知离散中的大多数犹太人,似乎都生活美好,信仰虔诚。而更重要的是，他们信仰的是新的正统宗教：犹太教。

这失落的200年虽然是一段沉默的历史，但也并非无所作为。我们现在的《旧约》在这个时期基本上已经出现。尼希米和以斯拉在重建后的耶路撒冷将以色列人的信仰确立为新的犹太教，使《旧约》的出现成为必然。《尼希米记》第8章记述全体市民聚集在水门旁边，倾听文士以斯拉站在"为这事特备的木台上"诵读"摩西律法书"。受到经文的启示，民众大为感动，所有的人都认为自己是正统的犹太人，男的女的，以及他们的儿子和女儿，"凡有知识能明白的"，都发咒起誓，立下严肃的新的誓约。[20]

简言之，这份可以说是正式创立犹太教并赋予它合法地位的新誓约，不是基于神启或布道，而是基于一份书面的文本——一份经认可和审核、内容准确无误的官方版本，而这又意味着要将犹太人自古以来所积累的大量历史、政治和宗教文献进行整理、筛选和校订。他们在很早阶段就已识字。《士师记》中记录，基甸在疏割捉住一个年轻人向他询问这个地方，年轻人就将此地所有首领长老的名字写下来给他，一共"七十七个人"。[21] 很有可能当时的大部分农人略微识字。[22] 城市里的识字程度高，许多人都能写点东西，他们将自己听到的或亲身经历的，写成宗教或者世俗性质的故事，无数先知也记录自己的言语，形成数量巨大的史书、年表。以色列人虽不是杰出的工匠、画师或建筑师，但写作却是他们的民族习惯，而且近乎一种迷恋。他们创作的古代文献，卷帙浩繁，或许是品质最优秀的，而《旧约》只是冰山一角。

然而，犹太人认为文学是服务于全体的教化行为，而不是个人的癖好。虽然《圣经》大部分书卷有单独的作者，但是对于他们认可的书，犹太人自己就会授予其集体认可和权威。其文学的核心一向是属于公众、受制于社会的。约瑟夫斯在他为犹太人信仰辩解的《驳阿皮翁》(Contra Apionem)一书中对此有描述：

> 我们这里并非人人都可以修史……唯先知有此特权，他们通过神启得到远古时代的历史知识，并清楚地记录自己所在年代的事件……我们很少有内容混乱的史书，数量不多，内容统一，得到公认的有22部，包含了所有时期的历史记录。[23]

约瑟夫斯所谓的"公认"，就是"正典的"（canoncial）的意思。"canon"是一个非常古老的词，在苏美尔语中是"芦苇"的意思，"正典"一词取其"笔直，正直"之意；于希腊人而言，它的意思是规范、界限或标准。犹太人首次将该词用于宗教文本，对他们来说，它代表神谕，具有毋庸置疑的权威，或者是神启的先知书。故而，凡要收入正典的书，都必须有一个得到承认的真正的先知为其作者。[24]《摩西五经》成书后，正典开始出现。《摩西五经》即后来犹太教徒所称的《托拉》，其最原始的版本可能成于撒母耳时代，但是我们现有的版本却是5个或可能更多底本的汇编：南方底本，称上帝为"耶和华"，最早为摩西时代所作；北方底本，称上帝为"以罗欣"（Elohim），也是非常古老的作品；《申命记》或其部分内容是约书亚改革时代在圣殿里发现的"失落的"经卷；另外两部单独的法典，学者称《祭祀法典》（Priestly Code）或《圣洁法典》（Holiness Code），都来自宗教崇拜正规化和祭祀阶层受到严格约束的时代。

《摩西五经》不是一部前后统一的著作，但也非德国批判传统的有些学者所称是后流散时代的祭司对历史的有意歪曲。我们切不可让黑格尔思想、反教权主义、反犹主义以及19世纪的学界思潮所滋生的学术偏见，影响我们对这些文本的正确理解。所有的证据都表明，潜心汇编这些著述的那些人，以及返乡后汇编正典时誊抄这些著述的文士，绝对相信这些古代文本来自神启，他们在誊抄时心怀敬畏，并力求准确，虽然其中还包含他们也显然无法理解的内容。五经的确两度用上帝的话语发出不可篡改律法的严厉告诫："所吩咐你们的话，你们不可加添，也不可删减。"[25]

所有的证据都表明，当时的抄经士或文士——希伯来语中称"sofer"——是非常专业的人士，他们对自己所负的使命极其严肃认真。"文士"一词首次使用是在《底波拉之歌》中，不久我们就听到了世袭的文士组织，即《历代志上》中所称的"众文士家"（families of scribes）。[26] 文士们最光荣的任务就是保护正典神圣的完整性。他们从摩西的文本入手，为方便起见，分别将其誊抄在五个经卷上，故名"五经"（Pentateuch，该词本身为希腊语，各卷经书也以希腊名命名）。在《摩西五经》之后，又加入了

《圣经》第二部分，即先知书，在希伯来语中称 Nevi'im。先知书又分为前先知书和后先知书，前者是以记叙为主的历史著作，包括《约书亚记》《士师记》《撒母耳记》《列王纪》；后者是先知演说家的著述，分成两个部分：3 部大先知书，即《以赛亚书》《耶利米书》《以西结书》——所谓"大"是就其篇幅而言，而非其重要性——以及 12 部小先知书，即《何西阿书》《约珥书》《阿摩司书》《俄巴底亚书》《约拿书》《弥迦书》《那鸿书》《哈巴谷书》《西番雅书》《哈该书》《撒迦利亚书》《玛拉基书》。第三部分为诗歌智慧书（Ketuwim）或"文集"，常被称为"圣录"，包括《诗篇》《箴言》《约伯记》《雅歌》《路得记》《耶利米哀歌》《传道书》《以斯帖记》《但以理书》《以斯拉记》《尼希米记》以及两本《历代志》。

　　这种三分法并非有意的归类，而是展现了历史发展的进程。随着宣读经文成为犹太教礼拜仪式不可分割的一部分，又不断有更多的文本添加进去，由文士进行妥善誊抄。《摩西五经》或《托拉》早在公元前 622 年已被立为正典，后又逐渐加入其他经卷，整个过程大约在公元前 300 年完成。除了《托拉》，其他书卷按何种标准被编为正典，我们不得而知，但是大众的品位，以及祭司和学者的评判，似乎起了一定的作用。被称为"节日五书卷"（megillot）或"所罗门之歌"（Canticles）的五卷书，在重大的节日里向公众诵读，如逾越节读《雅歌》（所罗门之歌），五旬节读《路德记》，住棚节读《传道书》，普珥节读《以斯帖记》，纪念耶路撒冷被毁的节日读《耶利米哀歌》。最后这些经书广为传诵，所以被收进了正典。《雅歌》除了与所罗门王有关，显然就是一部情歌集，把它收入正典并无正当理由。拉比①学派称，在早期基督教时代正典最终得到确定的时候，阿基瓦拉比（Rabbi Akiva）曾在雅麦尼亚会议（或称贾布奈会议，Council of Jamnia or Jabneh）②上说："世界上没有任何一天的重要程度可以与以色列拥有《雅歌》的那天相提并论，所有的经书都是圣书，但《雅歌》却是圣书中的圣书。"但是他又补充警告说："凡是将《雅歌》作为淫歌歌唱娱乐的，来世必没有他的位置。"[27]

将文学作品收入正典，是确保它流传下来的唯一可靠的办法，因为在古代，除非不断重抄，否则不出一代人的时间手稿就有可能会消失得无影无踪。"众文士家"的《圣经》维护工作持续了至少一千年，后来马所拉学士（masoretes）继承了他们的工作，专门从事《圣经》的书写、拼写和正音工作，官方的犹太教正典正是出自他们之手，被称为"马所拉本"。

然而正典并非只有一部，因而古本也较多。撒马利亚人在公元前500年左右脱离犹大，因而他们只保留了《摩西五经》，这是因为他们没有被准予参加后来那些经书的立典工作，所以他们也不承认这些经书。七十士译本（Septuagint），即《旧约》的希腊

---

① 犹太知识分子。——译者注
② 面对犹太人的大流散，拉比中的代表人物最初在一个被称为贾布奈的犹太学院聚集，带领犹太民族从文化层面入手，把犹太人重新塑造成一个既不再是主要以种族为取向，也不再是以地域或政治体制为根基，而是以文化生活方式为自我认同标准的民族。——译者注

文译本，是希腊时代由亚力山大城的流散犹太人所编，其中包括希伯来《圣经》的全部经书，只是归类有所不同，此外还包括次经和伪经，如《以斯得拉一书》，所谓的《所罗门智慧书》《便西拉智慧书》（也就是《德训篇》）《犹底特书》《多俾亚传》《巴路克书》和《马加比书》，然而这些经书在耶路撒冷的犹太教徒看来是不洁或危险的。此外，我们现在还有库姆兰教派保护下来并进行誊抄的古经卷，这些经卷是在死海附近的山洞中被发现的。

死海古卷大致印证不同年代所抄的《圣经》都是准确的，尽管也存在许多错误和差异。撒马利亚人称他们的卷本为亚伦的曾孙亚比书所作，显然非常古老，而且基本无讹误，尽管有些地方反映的是撒马利亚人而非犹太人的传统。它与马所拉本的五经存在约 6 000 处不同，其中约 1 900 处却与七十士译本一致。马所拉抄本也存在不同版本。现存最早抄本中一本，是藏于开罗犹太会堂的一部装订成册的先知书，由本·亚设（Ben Asher）誊抄于公元 895 年，亚设是著名的马所拉学士家族一个支族的族长。通过该家族五代人的努力而完成的亚设本，由一位名叫塞缪尔·本·雅各布（Samuel ben Jacob）的马所拉学士抄成于 1010 年前后，现存于圣彼得堡。另一份著名的马所拉本由本·拿弗他利（Ben Naphtali）家族整理，在 1105 年的罗伊希林抄本中留存了下来，现藏于卡尔斯鲁厄①。现存最早的基督教版本是公元前 4 世纪的梵

---

① 德国西南部城市。——译者注

蒂冈抄本（藏于梵蒂冈），4世纪的西奈山抄本（不完整）和5世纪的亚历山大版本，后两者藏于大英博物馆。还有一份叙利亚抄本，其手稿可追溯到公元464年。然而最古老的《圣经》手稿存在于1947—1948年发现的死海古卷中，其中包括正典中全部24部希伯来文经书（除《以斯帖记》以外）的残卷、《以赛亚书》全卷，以及七十士译本的部分残卷。[28]在犹地亚沙漠和埃及很有可能还会发现更早的抄本，完整抄本的搜寻工作毫无疑问将会继续下去。

世人对《圣经》给予的关注，包括对真本、解经本、注经本和评经本的寻找，远远超过了他们对其他文学作品的兴趣。但这并不算过分，毕竟《圣经》是影响力最大的一部书。犹太人作为古老的著述者，具有两个与众不同的特点。首先，他们首创了推论性的、内容翔实的评注性历史。有观点说，犹太人是从另一个很有历史意识的民族——赫人那里学会了编写历史，但是显然他们很早就对自己的过去表现出极大的兴趣。他们自知是特别的民族，不仅是从一个未曾记录的遥远过去发展而来，而且是由于神的一系列作为而存在的，并负有某种特定的使命，他们将查明神的这些作为并进行记录、评述和思考视为他们集体的责任。没有其他任何民族，尤其在那个远古时代，显示出如此强烈地想要探索自己来源的迫切愿望。《圣经》中不断出现显示他们具有历史探索精神的例子，如艾城的城门口为何有一大堆石头？吉甲的12块石头是什么意思？[29]这种寻根问底的热情渐渐扩展开来，有更多的人养成了从历史的角度来思索现在和未来的习惯。犹太人希望了解自己，了解自己的命运，他们希望认识上帝，认识上帝的旨意。既然上帝在他们的神学中是万事的唯一发端——阿摩司如是说："灾祸若降临到一城，岂非耶和华所降的吗？"①——因而他就是历史的创作者，既然他们是上帝为他这部大戏选派的演员，那么记录历史和研究历史也就成为了解上帝和人的主要途径。

因此说，犹太人首先是历史学家，而《圣经》从本质上说从头至尾就是一部史书。犹太人比希腊人早 500 年掌握了用简明的语言和戏剧性的手法叙述历史的能力，而且因为他们总是不断地补充历史，所以又培养出了古希腊人难以企及的历史观。人物刻画尤其如此，《圣经》史学家的那种洞察力和人物描写能力，即使是古希腊和古罗马最优秀的历史学家也难以达到这样的水平。关于大卫王的娴熟描写，显然出自宫廷的一位亲历者之手，即使是修昔底德也难与之媲美。《圣经》中有大量细致入微的人物刻画，常常寥寥数语就能把一个小人物写得栩栩如生。然而对演员浓墨重彩的描写绝没有让这部伟大的神人剧的稳步推进有丝毫的失色。犹太人和所有优秀的历史学家一样，在写传记和讲故事之间，总能拿捏得恰到好处。《圣经》的大部分经卷有一个历史框架，而一切又都关联着另一个更大的框架，我们或可将其称为"神与人的关系史"。但即便是那些没有明确历史意图的作品，即便是诗歌，

---

① 引自《阿摩斯书》3∶6。——译者注

如《诗篇》,也频频出现历史典故。所以说,命运的脚步,从天地初始不可阻挡地迈向所谓的"末日",一直在这样的背景中回荡。

古代犹太民族的历史,既有强烈的神灵色彩,又有鲜明的人文色彩。历史是神造就的,他或独立成就大业,或借由人来实现。犹太人不关心也不相信自然的力量,他们对万物形成的物理法则,并不像古代任何一个有文字的民族那么好奇。除非为了表现《圣经》这部神人剧,他们无意关心自然,他们无视自然的表现力。地理或经济的巨大力量决定历史进程的概念,对他们来说是完全陌生的。《圣经》中不乏对自然界的描写,其中有的具有震慑人心之美,但那不过是这部历史剧的舞台布景,不过是人物的背景衬托。《圣经》充满了生命的活力,那是因为这完全是一部关于鲜活生命的书,而上帝,虽然也是活的,但是人无法描述甚至无法想象他的样子,所以全书关注的重点一直是人。

因此,古代犹太文学的第二个独特之处,就是用语言来表现人性的丰富和复杂。犹太民族最早用文字来表达人类最深层次的情感,尤其是肉体和心灵的痛苦、焦虑、精神上的绝望和孤寂,也最早用文字来表达人类用智慧发明的用以解决这些不幸问题的办法——希望、毅力、相信神的帮助、对纯洁和公义的认识、悔过、悲痛和谦恭。正典《诗篇》中收录的150首短诗中,约有44首属于这一类别。[30] 其中不乏在任何年代、任何地方都能唤起心灵共鸣的经典之作:《诗篇》第22篇是呼求帮助,《诗篇》第23篇是完全的信托,第39篇表达内心的不安,第51篇恳求怜恤,

第 91 篇是让人得安慰的好诗，第 90、103 篇和 104 篇歌颂造物者的大能和威名，以及神与人之间的亲密关系，第 130、137 篇和 139 篇直探人类最深的苦痛，同时带来希望的福音。

犹太民族对人类心灵的洞察不仅反映在这些热情洋溢的诗歌中，还体现在丰富的通俗哲学中，其中有些还进入了正典。犹太人在这方面并非独树一帜，因为格言和警句早在公元前两千多年起在古代的近东地区，尤其是美索不达米亚和埃及，就有记录，这些智慧文学有些还享誉国际。犹太人无疑对埃及的著名经典——《阿孟尼莫训诲》(*The Wisdom of Amenope*) 并不陌生，因为其部分内容直接借自《箴言书》。[31] 然而犹太民族的智慧书从整体来讲比早前的智慧书具有更高的水平，对人性的洞察更加敏锐，伦理道德也更加统一。由传道者所作的《传道书》是古代无与伦比的一部光辉杰作，书中冷静的、持疑的，时而几近愤世嫉俗的口吻，与《诗篇》中诚挚的热情形成鲜明的对比，展现了犹太文学精彩纷呈的多样性，在这方面唯有希腊人可以与之比肩。

然而，即便是希腊人也不曾写出像《约伯记》那样神秘而又凄楚的文字（很难将其归类）。这部关于神义论（theodicy）以及罪恶问题的伟大著作，吸引并困惑学者和普通人长达两千多年之久。卡莱尔（Carlyle）[①] 称之为"最伟大的杰作之一"，在《圣经》的所有经卷中，《约伯记》对其他作者的影响最大，然而，这是一

---

① 苏格兰作家、评论家（1795—1881）。——译者注

部什么书，它来自哪里、作于何时，却无人知晓。书中有100多个单词不曾出现在书中其他任何地方，无疑给古代的译者和抄经士带来了极大的困难。有些学者认为《约伯记》来自以东——但我们对以东语所知甚少，有些则认为它可能来自大马士革附近的哈兰。巴比伦文学中有略微相似的作品。早在4世纪时，基督教学者来自摩普绥提亚的狄奥多尔（Theodore）就认为此书来源于古希腊戏剧。还有人说此书译自阿拉伯语。来源说法之多和影响的范围之广，反而印证了这部书的普适性，毕竟《约伯记》追问的是一个困惑全人类，尤其困惑那些笃信者的最根本问题：上帝为什么要让这些苦难发生在我们身上？《约伯记》是为古代写的，也是为现代写的，尤其是为那个被拣选了、饱受苦难的犹太民族写的，更是为20世纪的大屠杀写的。[32]

《约伯记》是希伯来文学中的一部辉煌巨著，如此一贯到底的雄辩滔滔，《圣经》中唯有《以赛亚书》可以与之媲美，这是和它的主题——上帝的公义相称的。作为道德神学作品，这是一部失败的书，因为作者本人也和其他任何人一样，深受神义论问题的困扰。但正因如此，作者才能将问题放大，提出一些涉及宇宙万物、涉及人类应如何看待宇宙万物的问题。《约伯记》一书充满了用诗歌形式进行的自然历史描写，展现了众多有关生命、宇宙和气象的奇妙现象。比如，第28章对古代采矿业做了精彩的描述。这卷书通过展现这个画面，提出了人类拥有几乎无限的科学和技术潜能的观点，然后让它与人类无比软弱的道德力量形成反差。

《约伯记》的作者想要表达的是，世界有两套秩序——物质的和道德的。只理解、只掌握物质世界的秩序是不够的：人类还必须接受和遵守道德的秩序，因此他必须掌握智慧的秘诀，这个秘诀全然不同于，比方说，采矿技术。智慧的得来，如约伯隐约所知的，不是靠深究上帝给人类带来苦难的原因和动机，而是靠顺服上帝。顺服上帝是道德秩序真正的根基："他对人说，'敬畏主就是智慧，远离恶便是聪明'。"

这个观点，便西拉在他的智慧书《德训篇》的第24篇中也提出了。他说，人类堕落后，上帝有了一个新的计划，将他的这个秘诀在以色列找了个居所。[33] 犹太人的使命就是要通过顺服上帝来获得智慧并教导其他人也这么做，要推翻现行的、物质的和世俗的秩序，代之以道德秩序。同样，这个观点也得到了犹太异端圣保罗看似矛盾的有力响应。保罗在他所作的《哥林多前书》戏剧性的开场白里，引用上帝的话说："我要灭绝智慧人的智慧，废弃聪明人的聪明"，又说："神的愚拙总比人智慧，神的软弱总比人强壮……（所以）神拣选了世上愚拙的，叫有智慧的羞愧，又拣选了世上软弱的，叫那强壮的羞愧。"[34] 这还是和《约伯记》一样的隐晦含糊和令人困惑，因此我们又听到了犹太人担当神圣角色的声明——推翻现行秩序，改变世俗的世界观。

《约伯记》在当时属于主流的犹太哲学：这个主流如今已成为一股强大的洪流。犹太教变身为首个"圣书宗教"（religion of the Book）的过程经历了两百年。公元前400年前的历史，没有一处提到正典，到了公元前200年，它已赫然存在。当然此时的正典尚不完善，也未最终确定，但是已经开始快速成型。它的影响是多方面的。首先是正典中不鼓励添加新的书卷了。先知和预言已经失去了人们的信任，《马加比一书》①提到"不再有先知的那天"。[35]那些试图说预言的人被认为是假先知。当西蒙·马加比被推为首领时，他的任期是无限期的，直到"有真正的先知出现"。《撒迦利亚书》中有长文指责先知说："若再有人说预言，生他的父母必对他说：'你不得存活，因为你托耶和华的名说假预言。'"先知"从幼年做人的奴仆②"。[36]稍晚于公元前200年进行写作的犹太哲学家便西拉吹嘘说，"我将再次颁布信条，如同预言，施与后代的子孙"。[37]但是犹太人没有将他的书加入正典，稍晚时候作书（约公元前168—前165年）的但以理也被排除在外。立典工作同样也不鼓励写史，但是犹太人的热情并未因此完全消失殆尽，未来还将有无数作品问世——如《马加比书》，如约瑟夫斯的著作。但是这股巨大的动力逐渐消减，当正典在基督教时代初期最终得到官方认可时，作为古代荣耀之一的犹太史书，从此将止步不前，黯淡1 500年之久。

但是如果说立典造成的一个影响是扼制了犹太人圣书文学的创造力，那么另一个影响便是极大地提高了犹太人口的知识水平

---

① 描述犹太人在公元前2世纪努力复国故事的书籍。——译者注
② 原文为"schooled in lust"，但此处照《圣经》中文版。——译者注

和正典文本对他们的影响。这些得到官方认可、大量复制和广为传播的经书,如今开始进行系统的教学了。犹太民族从此开始接受教育,这的确也是他们担任祭司圣职的必要条件。于是宗教史上出现了一种新型的革命性机构:系统地研读和讲授《圣经》的犹太会堂(synagogue)——教堂(church)、小教堂(chapel)和清真寺(mosque)的原型。此类场所很有可能在大流散之前就已问世,是约西亚时代的改革成果,但无疑是大流散期间成熟起来的,当时的犹太精英没有圣殿。回归后,所有的宗教活动严格集中在耶路撒冷的圣殿里进行,外省的圣殿和高坛最终消失,犹太会堂接过使命,传讲正典《圣经》里包含的圣殿正统教理。[38]

这就又产生了另一个重要影响。随着圣书文学被纳为正典,正典又集中在一个地方进行系统讲授,犹太教就越来越趋于统一,这种统一带有明显的清教徒式的严厉和基要主义的味道。在犹太历史上,总是严格主义者获胜。摩西,这位严厉的唯律法独尊者强制其他部族接受他的耶和华信仰;在约西亚改革时期又是严格主义者获得了胜利;在帝国入侵时期得以生存下来的也是强硬的犹大,而非善于妥协的以色列;在结束大流散返乡后,把自己的意志强加给所有犹太人的也是苛严的巴比伦犹太社会,他们一边将许多人拒之门外,一边又迫使许多人归顺自己。正典和会堂成了推行严厉政策的工具,并且取得了更多的胜利。这个在犹太历史上不断重复的过程,可以一分为二地来看待:一方面,净化犹太教,使它犹如浊世中的一朵青莲,出淤泥而不染;另一方面,也是极端主义行为,推行排外政策,向他人推销狂热主义信仰。

但是不管从哪个方面来看,犹太教的这种严厉做法,不仅给犹太民族自己,也给他们的邻族,造成了越来越大的问题。波斯帝国施行仁政,因此在犹太文献中备受赞美,在他们统治期间,犹太民族开始恢复元气并繁荣兴盛起来。《以斯拉记》中说,流亡归来的会众共有 42 360 名,还有男女仆人共 7 337 名,"歌唱的男女"200 名。重建的犹大省人口应不足 7 万人。然而到了公元前 3 世纪,单是耶路撒冷的人口就有 12 万人。[39] 因为有着强烈的宗教意识,还有对律法的尊重,使得犹太人既自律又勤奋,他们的人口扩散到犹大省的接邻地区,尤其是加利利、外约旦以及海滨地区。散居地逐渐扩大,犹太教徒殷勤地说服人们改宗,开始形成一股劝诱改宗的势力。尽管如此,他们仍是帝国时代的一个小族群,是这个艰难的大世界中一个坚强不屈的宗教文化群体。

这些问题从公元前 332 年就已开始显现,当年马其顿国王亚历山大大帝不费吹灰之力消灭波斯帝国,这是欧洲人第一次真正地入侵亚洲。在公元前 3000 年到前 2000 年,以及随后 1 000 年的大部分时间里,欧亚两洲并不存在明显的分化:海洋作为巨大的黏合力,使双方很大程度上拥有了共享的国际文化。随后是公元前 12 世纪至前 11 世纪的无政府主义和漫长的黑暗时代。随着人类进入铁器文明时代,东西方文化开始出现分化,西方出现了一股空前强大的文化势力——古希腊城邦(Polis)文明。

希腊人口不断过剩,他们遍布各地开展海洋贸易,在地中海沿岸开拓殖民地,到了亚历山大时代又继续向亚洲和非洲推进。然而亚历山大死后,他的帝国被后继者瓜分:托勒密夺得埃及,塞琉古分得叙利亚和美索不达米亚,后来阿塔罗斯控制了安纳托利亚。从公元前332年到公元前200年,统治犹太人的是托勒密王朝,随后是塞琉古王朝。新的统治者在犹太人心中激起了敬畏与恐惧,希腊人拥有令人闻风丧胆、在当时战无不胜的武器——希腊方阵(phalanx)。他们不断建造强大的战争机器——高耸的攻城器械、庞大的战舰和巨大的堡垒。《但以理书》从犹太人的角度如此描写古希腊人的军事威力:"第四兽甚是可怕,极其强壮,大有力量,有大铁牙,吞吃嚼碎,所剩下的用脚践踏。"[40] 犹太人深知希腊人的厉害,因为他们不仅当过波斯人的雇佣军,还当过希腊人的雇佣军。希腊人的军事训练从运动场上开始,运动场是希腊城邦最基础的教育设施,但教育并非其唯一的功能,它的主要作用是为了促进希腊文化的发展,就和每个城邦都有的其他设施一样:体育场、露天圆形剧场、表演场、学园和集市。古希腊人是杰出的建筑设计师,又是雕塑家、诗人、音乐家、剧作家、哲学家和辩论家。他们举办精彩绝伦的表演,又擅长经商,所到之处,经济腾飞,生活水平迅速提高。《传道书》反思希腊人统治时期人们对财富的疯狂追求,作者问道,积聚巨大的财富有什么益处呢?[41] 然而,大多数人却又认为,财富若是自己的,自然大有好处。就像19世纪时亚洲和非洲发现西方文明进程难以抗拒一样,希腊经济和希腊文化也对相对简单的近东社会有着强烈的吸引力。

因此，希腊殖民者纷纷涌入西亚，在各地建立城邦，并得到了愿意分享财富、学习希腊人生活方式的当地人的响应。叙利亚和巴勒斯坦就是具有强烈希腊殖民色彩的地区，当地居民迅速希腊化，而海滨地区则很快就完全希腊化了。希腊统治者给予这些希腊式城市，如推罗、西顿、加沙、斯特拉顿塔、比布鲁斯、的黎波里等城市极大的自由和特权，而这些城市又在内地建立卫星城市：示剑有一个，南部的马里萨也有一个，还有几个在非拉铁非（Philadelphia，今安曼）和约旦河对面的杰马勒。不久，犹太人控制的撒马利亚和犹大的周围，形成了这些住满希腊人和混血希腊人的城市，而撒马利亚和犹大，则被他们认为是落后的农村山区。希腊殖民轨道上大量存在这些奇怪的"圣殿国家"，这些古老的民族，不合时代的人，很快就被希腊人的思想和制度这股抵挡不住的现代潮流席卷而去。

那么，对于这既是机会，又是诱惑和威胁的文化入侵，犹太人将会如何做出反应呢？答案是，他们的反应各不相同。虽然以前获胜的都是严格主义者的做法，在大流亡期间如此，回归后亦是如此，并且通过正典的讲授保持了下来，但是我们前面所讲的个人良知越来越受重视的趋势，形成了一股抵消力量。精神个人主义酝酿分歧，使得犹太教中一直暗流涌动的宗派主义变得越发强烈。极端情况下，希腊人的到来将更多的基要主义者逼进沙漠，加入信奉神权绝对论的团体，后者奉行利甲族人和拿细耳人的传统，认为耶路撒冷的堕落已经无法挽救。库姆兰社区发现的

第二章 犹太教

最早文本可追溯至公元前 250 年前后在犹大周围的希腊城市开始收紧管制的时候。这些人所持的思想是先退居到旷野，重新找回摩西时代朴素的热情，然后重返城市。有些人，如艾赛尼派（the Essenes）①，认为可以通过和平的方式用语言的教化来达到目的，他们在沙漠边缘的村子里传道；施洗者约翰后来就属于这一派。另一些人，如库姆兰社会，则相信武力：他们用象征 12 个支派的结构，组织起来准备作战，打算一俟结束旷野生活的神示出现，就像约书亚那样向城市发动袭击，颇似今天的游击队运动。[42]

而在另一个极端，不少犹太教徒，其中有的非常虔诚，痛恨孤立主义思想及其培养的狂热分子。他们甚至借由《约拿书》的形式为正典做出贡献，《约拿书》尽管内容荒谬，充满矛盾，实则是恳求对外来者实行宽容、施与友善的呼吁。在该书的末尾，上帝反问约拿：宽恕尼尼微（Nineveh）和它满城的人，"那些不能分辨左手右手"、唯一的罪孽是无知的人，难道不合乎理吗？[43] 这预示了基督的话："父啊，原谅他们，因为他们所做的他们不知道。"同时也是呼召将《托拉》传给外邦人，规劝他们改宗。这显然是散居地那些恪守教规的许多犹太人，或者说是大多数犹太人的观点。这些犹太侨民为了生意平时学习希腊语，并在适当的时候将《圣经》译成希腊语——七十士译本——这是人们改宗，或

---

① 其成员主要来自以农牧民为主的社会下层人民。他们经济地位低下，但信仰虔诚，多避居偏僻山区和死海沿岸。——译者注

者说"犹太化"的主要方式。比如，在亚历山大的希腊体育场最早是为了防止希腊殖民者出现文化退化，吸纳当地语言和习俗而建立的，但是它也向非希腊居民开放（埃及人除外），犹太人便迫不及待地利用这个优势，以致后来犹太哲学家斐洛理所当然地认为犹太富贾子弟都要在那里接受教育。[44] 犹太人或取希腊化名字，或两者并用：外出和经商用希腊名字，在宗教仪式上和家里用希伯来名字。

巴勒斯坦的犹太人世界中也存在同样的趋势。一些铭文和涂鸦上显示有用希腊语拼写的希伯来阿拉姆语犹太人名。许多受过良好教育的犹太人发现他们被希腊文化深深地吸引。《传道书》显示了作者面对异邦思想和他所继承的虔诚信仰，面对批判精神和保守思想时内心的矛盾。希腊化对于受过教育的犹太人的影响，在许多方面类似于启蒙运动对18世纪犹太隔都（ghetto）的影响，它唤醒了这个沉睡中的圣殿国家。它不仅是精神上的干扰，更重要的是，它是一股世俗化和物质化的力量。[45]

巴勒斯坦和被希腊人征服的其他地区一样，也是上层阶级、富人和大祭司最有兴趣效仿他们新的统治者。这是各殖民地普遍存在的现象。掌握希腊文化是成为头等公民的通行证，就如后来的受洗。犹太人中出现了一些值得称道的成功故事，就像当初约瑟成为法老的宰相，如今精明进取的犹太人也在帝国的官僚机构中升官发达。约瑟夫斯的《犹太古史》（*Antiquities of the Jews*）中包含一个公元前2世纪的文本，其中讲到来自上层阶级的多比雅家族（Tobias family）的约瑟（其母亲是大祭司的姐姐）如何前往亚历山大参加托勒密家族举办的征税权竞拍会："正巧当时所有显贵和统治者从叙利亚和腓尼基的城市赶来投标承包税收，因为每年国王都会将收税权出售给各个城市最有权势的人。"约瑟凭借指控对手形成联盟压价，从而赢得了竞标；他持有合同达22年之久，"使犹太人脱离贫困，过上了更好的生活"。这位约瑟所取得的成就，甚至超过了法老时代的那位同名者，他创造的是另一种成功模式，成了第一位犹太金融家。[46] 因此，约瑟代表的是公元前2世纪时的犹大存在的希腊化思想。

处于孤立派和希腊化派这两个极端之间的，是遵守约西亚、以西结和以斯拉传统的广大虔诚的犹太群体。他们当中的许多人原则上并不反对希腊人的统治，这和之前他们也不反对波斯人的统治一样，因为他们倾向于接受耶利米的观点，认为异教徒的腐败统治反而可以使他们的宗教更加兴旺，信仰更加敬虔。他们也不反对向征服者缴纳赋税，只要能让他们在自己家中太平无事地从事敬拜活动。从这一思想传统中兴起的法利赛派（the Pharisees）①后来就明确提倡这种做法。敬虔派犹太教徒在一定程度上也乐意向希腊人学习，并吸收了大量的希腊文化思想，尽管他们自己不愿意承认。在摩西的律法和神学中一直存在着一种

---

① 主要由当时以解经为生的文士阶层组成，可以说是犹太民族中的知识分子阶层。——译者注

理性元素，这种元素在希腊理性主义思想的影响下，在不知不觉中得到了强化。法利赛人就是这样创立了本质上为理性主义的口传律法，将古老的摩西律法应用于当下的现实世界。值得注意的是，法利赛派的死敌，恪守律法、不容诡辩的撒都该人（the Sadducees）①却说法利赛人的逻辑必将导致人们尊崇"荷马的书"（他们指的是希腊文学）甚于"神圣经书"。[47]

然而，一个希望加快希腊化步伐的犹太改革派的兴起，使希腊人与犹太人相安无事、比邻而居的可能性彻底破灭了。我们对这一改革运动所知甚少，因为书写这段历史的是他们的对头、最后获胜的基要派。改革劲头最大的是犹大的统治阶层，这些已经半希腊化的犹太人渴望将这个圣殿小国拖进现代化时代，他们的动机主要出于世俗和经济上的考虑。但是改革派中还有一些宗教学者怀有更加崇高的理想——这些人从某些方面类似于1世纪的基督教徒。他们想要提升犹太教，推动它在已经开始的逻辑化道路上走得更远。一神论中隐含着普适主义，《以赛亚书》第二部分则将其说得非常明确。在普适一神论中，犹太人向世界贡献了一个伟大的新思想，如今希腊人也要贡献一个：普适主义文化。亚历山大缔造的帝国就是一种理想：他要融合各个民族，"命所有的人把世界当作自己的故乡……将好人当成自己的亲人，把坏人

---

① 由犹太民族中祭司、贵族和富商组成的一个阶层。——译者注

当成外邦人"。伊索克拉底①提出,"'希腊人'这一名称已不再指出身,而是指一种观念";他认为通过教育而成为希腊人的人比"以出身来分的希腊人"更具有公民资格。[48]希腊人大一统世界（unified oikumene）的概念难道就不能与犹太人的上帝是普适之神的观念相融合吗?

而这正是改革派学者的意图。他们重新审读史书,试图摒除其狭隘的地域思想。难道亚伯拉罕和摩西,所谓的"外人和寄居的人",不是这世上的伟大公民吗?他们首次对《圣经》提出了质疑:如今的这些书面律法并不是十分古老,显然也不是来自摩西。他们认为,原初的律法远比如今的律法更具有普适主义思想。如此一来,改革运动的范围扩大了,不可避免地变成了对律法的攻击。改革派发现《托拉》中充斥着各种各样的寓言故事和做不到的清规戒律,但是他们遭到了正统派的反对和诅咒。斐洛对那些"对祖宗所立法典表示不满,不断指责律法的"人进行了谴责;预言家们更是说:"喂养猪的人,愿他受诅咒,用希腊人的智慧教导自己儿子的,愿他们受诅咒。"[49]改革派并非想完全废除律法,而是要去芜存菁,剔除阻碍他们融入希腊文化的元素——如禁止裸露身体这一项使得敬虔派犹太教徒无法进入运动场和体育馆——只保留其中的伦理核心,从而实现普适化的目标。为了推进让犹太教成为世界宗教的这一终极目标,他们希望犹太人的那

---

① 公元前436—前338,希腊古典时代后期著名的教育家。——译者注

位道德之神立即进驻希腊城邦。

然而遗憾的是，这种说法是自相矛盾的。希腊人信仰多神教而非一神教，他们在埃及学会了宗教融合，也就是说，他们将许多职能重叠的神明进行合理化组合，创造出一系列的复合神，如将阿波罗、赫利俄斯和赫尔墨斯合而为一成为太阳神，将他们的酒神祭祀仪式和埃及的伊西斯神秘教结合；他们的医神阿斯克勒庇俄斯有埃及的伊姆霍特普的影子；将最高级别的神宙斯等同于埃及的阿蒙神、波斯的阿胡拉·马兹达，还不管三七二十一将他等同于犹太人的耶和华。但是事实是，虔诚的犹太人可不这么看。他们当然认为希腊人的神明观太低级了，根本无法和犹太人的神权无限观念相提并论。犹太人在神和人之间的区分是绝对的，而希腊人却总是不断地将人提升到神的高度——他们是普罗米修斯般的人物——而降低神的位置。对他们而言，神不过是受人敬仰和功成名就的祖先，大多数人是神明的子孙。因此，神化君主对于他们而言并非很大的跨越，他们一旦开始拥抱东方便着手这一工作。为什么凡人不能神化？亚历山大的老师亚里士多德在他的《政治学》中提出："如果一国中出现一位具有超凡美德之人，没有其他任何公民的美德和政治才能可与之媲美……这样的人应被列为人间之神。"毋庸说，此种观念在任何犹太教徒看来都是断然不可接受的。的确，犹太教和这样的希腊宗教毫无融合的可能，所以改革派们想做的只是通过让犹太教渗入希腊文化的办法来实现它的普适化，而这么做就意味着要拥抱希腊的城邦社会。

第二章 犹太教

公元前 175 年，犹太教改革运动找到了一个热心而又危险的同盟者——新的塞琉古国王神显者安条克（Antiochus Epiphanes）。安条克急于在他所统治的领地加快希腊化进程，既因为这是一项总方针，也因为他认为这么做可以增加税收——他长期缺乏战争资金。因此他给予改革派全力的支持，撤换正统派大祭司奥尼阿斯三世，让耶孙接替，耶孙是约书亚的希腊名，单是名字就足以表明他的立场。耶孙着手将耶路撒冷改造成希腊式的城邦，将其改名为安条克，并在圣殿山的山麓建立运动场。《马加比二书》中气愤地记录了圣殿祭司的行为，说他们"对祭献的礼仪已不感兴趣，甚至轻慢圣殿，忽略祭献，一听到掷铁饼的信号，就急忙跑去参加运动场上的违法运动"。[50] 下一个举措就是将原本用于耗资巨大、永无止境的献祭活动的圣殿资金划拨给城邦的各项活动，如国际竞技和戏剧表演比赛。公众纳税经由大祭司上缴给包税者（这些人是异族通婚），因此大祭司掌控着公共基金，圣殿金库就相当于国家为国民开设的储蓄银行。安条克关心的是要让他那些控制圣殿的亲希腊盟友贡献越来越多的资金供他打造三桨座战船（triremes）和战争机械，因此他做出了让步。这样一来，改革派不仅支持占领国，而且认同苛刻的赋税。公元前 171 年，安条克发现必须废黜耶孙的大祭司之职，以更加亲希腊的迈内劳斯（Menelaus）取而代之，并建立卫城控制圣殿，以此加强希腊人在耶路撒冷的权力。[51]

公元 167 年，一项法令的出台使得犹太人和希腊人的冲突达到了顶点。这项法令基本上废除了原有的摩西律法，以世俗的法律取而代之，并将圣殿降级为众教合用的普通崇拜地点。也就是说，他们在圣殿里设立了一位跨派系之神的雕像，他的希腊名字是奥林匹亚宙斯，严格主义者犹太教徒将其称为"孤寂的可憎者"。出台这条法令的不太可能是安条克本人，一来他对犹太教没有兴趣，二来希腊政府也极少会打压某一种宗教信仰。有证据表明，发起这个行动的是以迈内劳斯为首的极端犹太改革派。迈内劳斯以为，这样的严厉举措，是一次性消除死守律法和圣殿崇拜这种蒙昧荒唐行为的唯一途径。这不像异教信仰亵渎圣殿的激进理性主义行为，倒更像法国大革命时期共和派自然神论者的反基督教行为。拉比学者中流传着一个关于米利暗的故事。米利暗和迈内劳斯来自同一祭司家族，她的丈夫是塞琉古王国的一名官员。米利暗闯入圣殿，"用她的鞋子敲击圣坛一角，对它说：'狼啊狼，你挥霍了以色列的财富。'"[52]

然而，希腊人和迈内劳斯本人都高估了他的支持者。他在圣殿的所作所为引发了一场骚乱，祭司中也出现了分歧。文士和大多数敬虔派犹太教徒，即哈西德派教徒（hasidim），支持迈内劳斯的正统派反对者。站在改革派一边的，也有很大一群人，他们就是所谓的"当地人"，即生活在这片土地上的贫苦大众。在犹太精英结束流亡回归之后，以斯拉以波斯帝国为强大后盾推行严厉的宗教政策，当时这些当地人是主要的牺牲品。以斯拉倨傲地将正义、敬畏上帝的"被掳归回的人"（bnei hagolah）和"当地人"加以分别,后者几乎都是非犹太教徒,因为许多人在他看来是无效婚姻家庭的子女,他毫不留情地对他们进行了严厉的惩罚。[53]从那以后,这些大多没有文化、不通律法的人,不是被当成二等公民对待,就是被排挤出去。如果严格主义者失利,律法合理化,首先受益的将是这些当地人。然而,这些以富裕阶层和官吏为主的改革派,如何越过严格主义者来吸引普通民众呢?尤其是,当他们支持让穷人受苦最深的高赋税时,又怎能希望达到这些目的呢?这些是无解的问题,因此,在群众基础上实现普适主义也就失去了机会。

于是,迈内劳斯寻求通过政治力量来实行从上至下的改革。为了推行法令,单是禁止原来的圣殿献祭是不够的——许多人是欢迎这么做的,还要让敬虔派犹太教徒用新的方式,在他们眼中的异教祭坛上进行象征性的献祭。改革派认为,这些仪式象征着那位独一的真神是无所不在的,人类不能将他困囿于某个人为建造的处所,然而哈西德派却对这种思想表示不屑;对于敬虔派而言,这种新的普适思想无异于过去圣书中一再谴责的巴力崇拜①。因此,他们拒绝低头,并且以死相抗。改革派只得牺牲一些人,如90岁的以利亚撒,这位被称为"主要文士之一"的老者被人殴打致死,还有《马加比二书》中记载的遭血腥屠杀的七兄弟。事实上,殉教的概念就是从这时候开始出现的,最早的殉道故事出现在《马加比书》中,这些虔信者的遭遇成了宗教纯洁性和犹太

---

① 指敬拜耶和华以外的神。——译者注

民族主义的宣传资本。

因此，能够利用深植于民心已然成为本能的《圣经》教导来推翻现行秩序，将宗教纷争转变为对侵略者的反抗运动的，不是改革派，而是严格主义者。和大多数反殖民斗争一样，这次反抗运动不是从攻击卫戍部队开始，而是先杀害该政权在本地的支持者。在犹地亚山地中位于吕大以东 6 英里的摩丁城，一名犹太改革派在监督按新规矩举行的献祭礼仪时被玛塔提雅·哈斯蒙所杀，玛塔提雅是从圣殿的"守殿人耶何雅立"一族来的一个古老祭司家族的首领。随后，这位老人的 5 个儿子在犹大·马加比，即"铁锤"犹大的带领下，向塞琉古帝国的军队及其犹太支持者发动了游击战。公元前 166 年至前 164 年，他们将耶路撒冷周遭地区的希腊人全部驱逐出去，而在耶路撒冷城内，他们将改革派和塞琉古人一同围困在阿克拉城堡，清除圣殿里一切渎神的行为，并于公元前 164 年 12 月举行庄严仪式，使圣殿恢复耶和华敬拜。犹太人至今仍用光明节（或称净殿节）① 来庆祝这一事件。

此时，祸患不断（其中包括罗马的崛起）的塞琉古人做出的反应就像 20 世纪中期的现代殖民国家一样，在残酷镇压和逐渐放权之间摇摆，而起来造反的民族主义者又得寸进尺，要求越来越多的自治权。公元前 162 年，"神显者"的儿子和继承人安条克五世向"所有邪恶的根源"迈内劳斯发难并将他处死，用约瑟夫斯

---

① 又称为哈努卡节，从犹太历 9 月 25 日开始，延续 8 天。——译者注

的话说，迈内劳斯曾"说服他父亲强迫犹太人放弃他们自古以来对上帝的敬拜"。[54]公元前161年，哈斯蒙尼家族（Hasmonean family）做出反应，与罗马缔结盟约，根据盟约，罗马承认哈斯蒙尼家族为独立王国的统治家族。公元前152年，塞琉古人放弃用武力对犹大进行希腊化的努力，承认此时为哈斯蒙尼家族首领的约拿单为大祭司，此后哈斯蒙尼家族将占据这个职位长达115年之久。公元前142年，塞琉古人以免除犹地亚税赋的方式，基本上承认犹地亚的独立地位，西门·马加比在其兄弟之后继任大祭司，成为犹地亚的统治者："民众于是在文书及契约上，开始写：'犹太人的大祭司、大元帅、领袖西门元年'"。[55]这样，以色列在长达440年之后终于恢复独立，尽管在阿克拉城堡中已到穷途末路的改革派直到第二年断粮投降后才被驱逐出去。随后哈斯蒙尼家族进入城堡，他们"拿着棕榈枝，弹着琴瑟，敲着铙钹，拉着提琴，唱着诗歌……因为大仇敌已从以色列肃清"。[56]

在这个民族主义情绪高涨的情势下，宗教问题已被推至次要位置，但是摆脱希腊普适主义影响的长期斗争，在犹太人的性格中留下了抹不去的烙印，从攻击律法开始到改革派最后被逐出阿克拉城堡，这中间是34年的深仇大恨和腥风血雨。一些人对律法的狂热攻击激起了另一些人对律法的狂热信仰，缩窄了犹太领袖人物的视野，将他们更深地推入以《托拉》为中心的宗教崇拜中。[57]改革派遭遇失败后，民众不再相信改革，甚至不相信任何有关犹太宗教性质和方向的讨论。从此，此类讨论在所有的官方文本中均被斥为是叛教变节，勾结外国侵略者，其结果是，那些温和人士，以及那些具有国际意识、能够越过正统犹太教的藩篱看得更远的传道者，也得不到被倾听的机会。哈斯蒙尼王朝为犹太教内部的极端保守精神代言，他们从固守远祖遗风和迷信中获得力量，这力量来自充满禁忌和神明野蛮干预的以色列远古时代。从此，任何对圣殿及其圣所的外部干预，都会立即在耶路撒冷激起一群穷凶极恶的宗教极端分子，并不断有群情激昂的乌合之众加入进来扩充他们的队伍。此刻这些暴民成了耶路撒冷的一道重要风景，使得这个城市乃至犹地亚全地，不管由谁来治理——希腊人或亲希腊派也好，罗马人或其分封王（tetrarchs）也好，都难以驾驭，更不用说犹太人自己。

在这种宗教暴民实行"知识恐怖"迫害的背景之下，希腊运动场和希腊学府里风行的世俗精神和知识自由精神，被犹太教徒的学习中心拒之门外。为了对抗希腊式教育，敬虔派犹太教徒从公元前2世纪末开始着手制定一个民族教育体系，除了原有的书吏学堂，逐步兴办地方学堂，起码从理论上来说，所有犹太男孩要进地方学堂学习《托拉》。[58] 这一进步举措对于犹太会堂的扩张和巩固，对于以普及教育为根基的法利赛运动（Pharisaism）的出现，对于最后拉比学派（rabbinate）的兴起，都具有重大意义。这些学堂推行的是纯宗教性质的教育，排斥律法以外的任何知识。不过，至少这些学堂的律法讲授具有一定的人文精神。他们信从这个古老的说法——因为《申命记》中有一处含义隐晦的经文，

"传给他们"[59]——除了书面律法，上帝还向摩西启示了口传律法，博学的长老可以遵照这些口传律法对神的指令作出解释和补充。口传律法的应用使得摩西法典顺应时势做出修改，并在实际中得到合理的执行，成为可能。

但是，以撒都该人（大卫时代最高大祭司撒督人的后裔）为主的圣殿祭司却坚持，所有的律法必须是书面的，自古以来不变的。他们有自己的补充文本——《法令集》(the Book of Decrees)，其中规定了各种惩罚措施：什么人要用石头打死，什么人要被烧死，什么人要被砍头，什么人要被绞死。但这些也是书面的而且是神圣的：他们不承认口头教义可以对律法进行创造性的发挥。因为他们对摩西遗训的顽固坚守，也因为他们认为圣殿是犹太人唯一统治中心的思想观念，以及他们在圣殿作用中的世袭位置，撒都该人就成了新的哈斯蒙尼家族大祭司们的天然盟友，尽管从出身来说后者也并非名正言顺。撒都该人很快便认同哈斯蒙尼王朝对圣殿实行严格的管理制度，按照这个制度，世袭的大祭司实际上是世俗的统治者，由长老组成的犹太公会则担当了他的宗教法律职责。为了显出圣殿至高无上的地位，西门·马加比不仅捣毁阿克拉城堡的围墙，还（据约瑟夫斯说）"将城堡所在之山夷为平地，让圣殿站得比它更高"。

西门是马加比兄弟中的最后一位。马加比家族的人勇敢、狂热而不顾一切，而且思想顽固、行为暴烈，他们认为自己的所作所为是重历《约书亚记》的故事，有耶和华作后盾，从异教徒手中夺回"应许之地"。他们与刀剑共生死,冷酷无情,却又不乏虔诚。这些人的家族中多数人死于非命,西门也不例外,他被托勒密家族的人背信弃义地杀害,一起被杀的还有他的两个儿子。西门虽然嗜杀成性,但他行事体面,也不谋求个人私利。尽管他已荣登大祭司和行政统治者的宝座,却依然保持着游击队宗教领袖的风骨;他的魅力在于他充满英雄主义的敬虔。

继位的三儿子约翰·西卡努斯（John Hyrcanus,公元前134年至前104年在位）却全然不同于西门:他是一名天生的统治者。他发行了自己的钱币,上面印有"大祭司约翰和犹太社区"字样,其子亚历山大·詹尼亚斯（Alexander Jannaeus,公元前103—前76年在位）甚至在他发行的钱币上自称"约拿单王"。虽然政府和王国的重建最初表面上是立足于纯粹的宗教基要主义——捍卫信仰,但过去君主国的那些固有问题没多久便又卷土重来,尤其是国家的目标和统治手段与犹太宗教本质之间有不可调和的冲突。这个冲突就体现在哈斯蒙尼家族内部的历史中,这个家族的兴衰故事是研究狂妄自大的品性不可多得的好材料。他们起初是为了给殉道者复仇,最后自己反倒成了宗教迫害者;他们率领一支狂热的游击队上台掌权,最终却在雇佣军的包围中结束统治;他们的王国,建立在信仰的基础上,最终却消亡在对上帝的不敬中。

约翰·西卡努斯满腹基要主义的思想,相信他复兴大卫王国乃是上帝的旨意。他是第一位将《约书亚记》和《撒母耳记》缩叠起来,从《圣经》的古老历史文本中寻求军事灵感和地缘政治指导的犹太人。他完全相信巴勒斯坦全地是犹太民族得自上帝的产业,征服巴勒斯坦不仅是他的权利更是他的职责所在。为了完成这一使命,他建立了一支由雇佣军组成的现代化军队,不仅如此,征服行动还必须像约书亚时期那样肃清异邦宗教信仰和异端教派,必要时还要屠杀那些固守那些信仰的人。约翰的军队踏平撒马利亚,拆除了撒马利亚人建在基利山上的圣殿。经过一年的包围,约翰攻下了撒马利亚,"他彻底摧毁了这座城市,并引水将它淹没,因为他挖了沟渠将它变成一片汪洋和湿草地,掠走了凡是能显示这个城市曾经存在的一切标记"。[60] 他还同样洗劫并烧毁了希腊式城市西多波利。约翰的火与剑之战,其特点就是屠杀城市居民,他们唯一的罪行就是会说希腊语。以土买地区也被攻克,其两个主要城市阿多拉和马里萨的居民不是被迫改信犹太教,就是因为拒不服从而被杀害。

约翰的儿子亚历山大·詹尼亚斯更是变本加厉地推行这个奉行扩张和强行改宗的政策。他入侵低加坡里,那是约旦一带 10 个说希腊语的城邦联盟;横扫纳巴泰,攻取佩特拉——"一座玫瑰红的城市,几乎和时间一样古老"①;进军高拉尼提斯省。哈斯蒙尼王朝向北推进至加利利和叙利亚,向西抵达地中海沿岸,往南、往东进入沙漠。他们在边境以内地区,通过改宗、屠杀或驱逐的方式清除了大量的非犹太教徒,这样一来,犹太民族的领土和人

---

① 出自 19 世纪的英国诗人 J. W. 柏根。——译者注

口迅速扩张,但是也因此吸收了大量名义上虽为犹太人,实际上已经半希腊化的人口,有许多还是异教徒甚至是未开化之人。

不仅如此,哈斯蒙尼王朝在统治和征服天下的同时,还遭遇了权力的腐蚀。约翰·西卡努斯在犹太历史传说中似乎享有相对较高的名望。约瑟夫斯说上帝认为他"配得拥有这三大特权:治理这个国家的权力、担任大祭司一职的荣耀和说预言的本事"。[61] 但是亚历山大·詹尼亚斯,根据我们所拥有的证据来看,变成了暴君和恶魔,被他杀害的人中,甚至有他的家族中曾经借势而起的敬虔的犹太教徒。他和当时近东的所有统治者一样,也受到了强大的希腊文化的影响,鄙视耶和华信仰中被希腊人视如野蛮的奇怪做法。在耶路撒冷庆祝住棚节时,身为大祭司的亚历山大却拒绝遵照礼俗主持奠酒仪式,敬虔派犹太教徒纷纷用柠檬砸他。"对此,"约瑟夫斯写道,"他大为愤怒,杀了他们约六千人。"事实上,亚历山大发现自己和他所痛恨的两位前任耶孙和迈内劳斯一样,也面临严格主义者发动的内乱。约瑟夫斯说这场内战持续了6年之久,夺去了5万犹太人的性命。

就是从这个时候起,我们首次听到了"法利赛派"(Perushim or Pharisees)这个名词,它的意思是"将自己区别开来的人"。这个教派拒绝与王族的宗教势力及其大祭司、撒都该派的贵族和犹太公会往来,将宗教戒律摆在犹太民族主义前面。拉比学派的资料中记录了君主和这一教派之间的斗争,他们之间的冲突不仅是宗教矛盾,也是社会和经济矛盾。[62] 如约瑟夫斯所言:"撒都该

第二章　犹太教

人只从富人中吸纳信徒，得不到普通民众的支持，而法利赛人却有广泛的同盟。"他讲到内战结束时，亚历山大带着被他俘获的众多犹太敌人胜利返回耶路撒冷，然后他"干了一件丧尽天良的事……他一面当着全城人的面同嫔妃们宴饮，一面下令将八百人钉在十字架上，并在他们断气之前，命人当着他们的面将他们的妻儿割喉"。[63] 库姆兰经卷中有一卷提到了这一暴行："狂暴的狮子……他将人活活吊死。"

因此，在他（根据约瑟夫斯的说法）"因酗酒而精神失常"后于公元前76年病逝时，整个犹太世界处于分崩离析中，虽然扩大了许多，但是其中有许多半犹太人，他们对《托拉》的热心是有所保留，值得怀疑的。哈斯蒙尼王国就像它所效仿的大卫王国一样，是在帝国更迭的间歇中发展起来的。在塞琉古王朝一蹶不振，罗马帝国尚未有足够实力取代希腊人之时，哈斯蒙尼王国得到了发展的机会。然而到亚历山大病逝之时，罗马帝国的推进已逼近他们的边境线。犹太人在反抗原来的希腊帝国时，罗马曾是他们的盟友，罗马是能够容忍弱小王国存在的，甚至给予它们相对的独立地位。但是奉行扩张政策和民族统一主义思想的犹太王国，却强迫它的邻居改信自己苛刻严格、不容异己的宗教信仰，这是罗马元老院无法接受的。和当初的塞琉古帝国一样，罗马也在等待时机，准备在犹太王国因内部分裂而不堪一击时再出手。亚历山大死后他的遗孀撒罗米（Salome）统治了一段时间。撒罗米识破了罗马人的动机，于是请法利赛人进入犹太公会，允许将他们的口传律法纳入王族的司法体系，试图以此来恢复民族团结。但是公元前67年，撒罗米去世，她的儿子们为了争抢继承权开始发生内斗。

其中的一个自称有王位继承权的叫西卡努斯（Hyrcanus），他有一个势力强大的总督安提帕特（Antipater）。安提帕特是以土买人，他的家族在哈斯蒙尼王朝统治期间被强行改宗。他是个半犹太、半希腊化的人。这样的人自然与罗马新贵达成妥协，后者既拥有战无不胜的军事技术，又接受了希腊人的文化。安提帕特发现和罗马达成协议，总比发生内战好，而且这样一来，他的家族，还有其他权贵的家族，也可以在罗马人的保护之下兴旺起来。因此，公元前63年，安提帕特与罗马将军庞培达成妥协，犹地亚成为罗马的附庸国。安提帕特的儿子大希律（Herod the Great）称王后，将犹太人牢牢地纳入罗马帝国的统治范围内。

希律是犹地亚和其他多地的实际统治者，在位时间是从公元前37年到公元前4年。他的统治是犹太历史上对犹太史学家和基督教史学家来说都难以认同的一段时期。希律既是犹太人，又是反犹分子，既是希腊罗马文明的拥护者和赞助人，又是残忍无比的东方暴君。他是才能出众，在某些方面英明而富有远见的政治家，为人慷慨豪爽，富有建设性，办事雷厉风行，但同时又天真迷信，极度放纵，常常处于精神失常的边缘——有时就是精神失常。他身上集有扫罗①的悲剧和所罗门的物质主义——显然他以所

---

① 以色列联合王国的第一位君主，公元前1020—前1000年在位。——译者注

罗门为偶像。无比遗憾的是，他的身边缺少一位具有《列王纪上》的作者这般才华的人来记录他的个性和事业。[64]

希律在他父亲时代担任加利利总督期间开始扬名。在加利利，他以真正的罗马统治精神，消灭了由希西家带领的一支半宗教性质的游击队，未经任何形式的犹太宗教审判，独断专行，下令处死了游击队的首领。这在犹太律法中是死罪，希律被犹太公会传讯，但是他的卫队一出现就震慑住了庭上的人，判决无法进行下去。时隔四年，公元前43年，希律故伎重施，又处死了一名激进的犹太教徒马里卡，此人毒死了他的父亲。希律家族无疑是支持哈斯蒙尼家族以西卡努斯二世为首的这一派别，他自己也与这一家族联姻，娶米利暗为妻。但是公元前40年，以其侄子安提柯为首的另一派别，在帕提亚人的帮助下攻占了耶路撒冷。希律的兄弟、耶路撒冷总督法赛尔被捕后在狱中自尽，西卡努斯则因身体残废无法担任大祭司，是安提柯亲自咬下了其伯父的双耳。

希律差点儿就没命了，但他逃到了罗马，向元老院陈述了自己的情况，元老们让他当上了傀儡国王，正式头衔是"盟邦的国王和罗马人民的朋友"（rex socius et amicus populi Romani）。然后他带着一支罗马军队——步兵3万名、骑兵6 000名——回到东方，夺回耶路撒冷，在那里建立了一个全新的政权。他推行的政策涉及三个方面。首先，他凭借自己卓越的政治和外交才干左右逢源，不管谁当政他都能得到罗马的支持。马克·安东尼（Mark Antony）发达时，他们既是朋友又是同盟；安东尼一倒台，他又即刻与屋大维交好。在奥古斯都称帝的时代，希律是罗马东方卫星国中最忠诚可靠的国王，清海盗、除恶匪，干脆利落、毫不留情，罗马的所有战事纷争都能得到他的支持。他也是得到回报最多的一位国王，在罗马的支持下，王国疆域扩大到甚至超越了哈斯蒙尼王朝时期的版图，他的统治也更加稳固了。

希律的第二个政策是全力以赴消灭哈斯蒙尼家族。他将安提柯交给罗马人处死；据约瑟夫斯说，希律深爱妻子米利暗，即亚历山大·詹尼亚斯的曾孙女，但是充满了嫉妒。最终他与妻子及其娘家人反目，命人在耶利哥将妻弟阿里斯托布鲁斯按在游泳池里，将其淹死。他还指控米利暗试图下毒谋害他，在他的家族法庭上给她判罪，并将其处死。接着他又指控米利暗的母亲亚历山德拉（Alexandra）谋反篡权，也将她处死。最后，他指控他和米利暗所生的两个儿子谋害他，他们也同样受到了审判，并被处以绞刑。约瑟夫斯这样写道："如果真有一个满怀亲情的男人，那人必是希律无疑。"他对待自己一方的家族确实如此，因为他所建的城市均以自己的父亲、母亲和兄弟命名，但是对哈斯蒙尼家族，或任何以先祖之名提出王位诉求的人——如大卫家族的人——不仅猜忌多疑而且心狠手辣。屠杀婴孩[①]的故事虽不免有些夸张，但却有基于其本人的所作所为的历史依据。

---

① 《圣经》中指耶稣出生时希律下令将伯利恒及其周围境内两岁及以下的所有婴儿杀死。——译者注

希律的第三个政策是实行政教分离,让散居地的犹太人发挥作用,以此来削弱严格主义者犹太教的破坏势力。公元前37年,他在耶路撒冷掌权后采取的第一个行动,便是处死犹太公会的46名主要成员,这些人在审判他和其他人的时候试图维护摩西律法在世俗事务的作用,如此犹太公会便成了纯粹的宗教法庭。希律甚至没有去争取大祭司职位,而是将它从王权中分离出来,设为一个官职,他可以行使君权对其进行任免,并主要是从埃及和巴比伦的侨民中选任。

希律和大多数犹太人一样,具有历史头脑,显然他要效法所罗门,要让自己名垂千古。为此,他大兴土木,慷慨捐赠、广行善举,并大力投入公共服务建设。如此,他又成了另一类犹太人的原型——追逐利益的慈善家。希律的一生都在大肆盘剥、大肆挥霍。他和所罗门一样,利用他在贸易路线上所处的地理位置征收商税,自己又从事商业生产。他向奥古斯都大帝租下塞浦路斯的铜矿,其中一半的产出归自己。他包下广大地区的征税权,和罗马分享获利。约瑟夫斯说希律总是入不敷出,因此对待臣民非常苛刻。无疑,他积累了巨大的个人财富,这主要是通过没收被他宣布为国家公敌的那些人的财产——当然最主要的是哈斯蒙尼家族的财产。但是在他统治期间,得益于外和内安的社会环境,以及贸易的发展,巴勒斯坦总体更加繁荣了。各地犹太人的人口数量,包括出生的和改宗的人口,都大量增加。根据一个中世纪的传说,在克劳狄乌斯时期,公元48年有过一次人口统计,当时在罗马帝国版图内,约有 694.4 万犹太人。除此之外,在巴比伦等地还有约瑟夫斯所称的"不计其数"的犹太人。有一个统计称,在希律时代,世界各地共有大约 800 万犹太人,其中居住在巴勒斯坦的有 235 万到 250 万。这样的话,犹太人占整个罗马帝国人口的 10% 左右。[65] 这个在不断扩张的民族以及遍布各地的流散犹太人,正是希律获得财富和影响力的源泉。

确实,希律之所以推行他的政策,也是因为他意识到了犹太人和犹太教正在蓬勃兴起,他在民族和宗教上拥有一种自豪感,他的政策就源于这种自豪感。和之前的希腊化犹太人一样,希律也认为自己是一个勇敢的改革者,设法将一个顽固保守的近东民族拖进已经启蒙的现代文明中(以当时视角)。罗马在其首位皇帝统治下国力昌盛、民族团结,使一个世界和平、国际通商的新时代的到来成为可能,而这正是经济发展迈入黄金时代所需的基础,希律也希望他的臣民一同参与这个时代。为了让犹太民族在一个更加美好的世界里获得应有的地位,他必须摧毁阻碍前进的历史包袱,尤其要打破犹太社会和犹太宗教中自私的家族寡头统治,他们从社会和宗教中都捞到了好处。他孤身作战,固然思想偏执、手段残酷,却不乏强烈的理想主义色彩。

同时,希律也想向世界表明,犹太人中也有不少有才干的文明人,他们有能力为地中海文明中新的扩张主义精神做出重要贡献。为此,他将目光投放到比耶路撒冷更远的地方,转向散居地的犹太侨民,因为耶路撒冷只有暴民和狂热分子。希律是奥古斯都手下大将阿格里帕（Agrippa）的密友，他们之间的友谊使分布在罗马控制范围内庞大的犹太社区都得到了特别保护，这些社区分散在各处，时不时遭受着各样的威胁。流散犹太人将希律视为最要好的朋友，他还是最慷慨的保护人，提供资金兴办犹太会堂、图书馆、浴场和慈善机构，并且鼓励别人也这么做，因此在希律时代，犹太人首次因为在亚历山大、罗马、安条克、巴比伦等地的犹太社区中建立微型的福利制度而闻名于世，他们接济贫病者、孤儿和寡妇，探望犯人、埋葬死者。

但是希律也不至于愚蠢到只对流散犹太人慷慨解囊。他还在帝国东部的许多多民族城市广施善举，支持并资助各类希腊式文化机构，尤其是体育馆，希律本人就是个热心的体育运动爱好者——他是大胆的猎手和骑师，热爱标枪和射箭，同时还是个热心的观众。他凭借自己的财富、组织能力和旺盛精力，一手挽救了奥林匹克运动会，使它免于衰败，并确保它定期隆重、体面地举行——此举为他在许多希腊小岛和城市赢得了尊贵的名望，也为他赢得了奥林匹克运动会"终身主席"的称号。在民生和文化方面，他捐出巨资赞助雅典、吕西亚、帕加马和斯巴达，重建罗德岛的阿波罗神庙，重修比布鲁斯的城墙，分别在推罗和贝鲁特建立广场，在老底嘉修建沟渠，在西顿和大马士革建造剧院，在托珞麦斯和的黎波里修造运动场，在阿斯卡隆修建喷泉和浴场。在当时近东的最大城市安条克，铺设了2.3英里长的主要街道，并全程修建柱廊为市民遮挡风雨，这项宏大的工程最后用抛光的大理石加以修饰。这些地方几乎都有犹太人居住，有了这位既敬奉耶和华又慷慨豪放的同胞，他们全都跟着沾光。

希律试图在巴勒斯坦也推行这种慷慨豪放和普适主义的政策，将受到排斥和非正统的人群也纳入他的泛犹太主义概念中。撒马利亚这个被约翰·西卡努斯夷平并用水淹没的城市，也在希律的帮助之下进行了重建，用他的保护人奥古斯都的希腊名将其重新命名为塞巴斯蒂（Sebaste）。他修了圣殿、城墙和塔楼，以及一条柱廊街。他还从埃及运来花岗岩，在地中海沿岸的巴尼亚斯建了一所圣殿。在地中海沿岸，在斯特拉顿塔的遗址上，兴建了一座巨大的新城——凯撒里亚（Caesarea）。根据约瑟夫斯的记载，建设这项工程需要设计一个规模比希腊的"比雷埃夫斯还大"的人工港。希律的建筑工程师们"在 20 英寻[①]深的水里放置巨石，这些巨石多数长近 50 英尺、宽 10 英尺、高 9 英尺，有的甚至更大"，这是一座 200 英尺宽的巨大防波堤的坝基。城市占地 200 英亩，拥有一个剧院、一个市场和一座市政楼，全用石灰岩建造，还有一座豪华的圆形竞技场，每四年举办一场隆重的运动会。希律还在安条克立了一尊巨大的恺撒像，据约瑟夫斯说，这尊像并不比奥林匹亚宙斯巨像小，后者是古代世界七大奇迹之一。希律死后，他的帝国分裂，安条克自然就成了罗马人控制的犹地亚行省的首府。巴勒斯坦各地建有希律的城堡和宫殿，包括耶路撒冷

---

① 1 英寻 =1.829 米。——编者注

的安东尼亚城堡，这座城堡矗立在哈斯蒙尼家族的巴里斯要塞之上，后者由约拿单·马加比所建；但是新的城堡更大、更坚固、更奢华，有着名副其实的希律风格。除此之外还有希律堡、耶利哥附近以他母亲命名的塞浦斯城堡、死海东面的马卡鲁斯城堡，以及梅察达的岩石上开凿修建的庄园城堡，后者立于旷野之上，蔚为壮观。

对于希律而言，在耶路撒冷建造安东尼亚城堡（Antonia）部分是出于政治，或者几乎可以说是出于地缘政治的需要。公元前37年他借助罗马军团的力量刚攻取耶路撒冷之时，费了好大的劲才说服他的罗马盟友不要全部驱逐城内居民、摧毁这座城市，罗马人早已预料到这是一个难以驾驭的地方。希律打算将耶路撒冷改造成一座国际化的城市，迁入新的犹太群体，以解决原有群体存在的一些问题，让耶路撒冷成为不仅是犹地亚，而且是整个犹太民族的首府。在他眼里，流散犹太人比巴勒斯坦人更加开化，更愿意接受希腊和罗马人的思想，更有可能在耶路撒冷倡导与当时世界相匹配的宗教崇拜形式。他任命犹太侨民在这座首府担任公职，鼓励其他的犹太侨民经常光顾耶路撒冷，以此来提高前者的威信。从理论上说，律法要求犹太人一年三次来圣殿朝圣——逾越节、五旬节和住棚节。[66]希律决定鼓励朝圣行为，尤其在流散犹太人中，为耶路撒冷配备罗马—希腊化城市中应有的一切设施，更重要的是重建圣殿，将其建成了一座值得观赏的宏伟建筑。希律不仅是著名的慈善家，更是一位卓越的宣传家和极爱出风头的人。

他有条不紊、富有远见卓识地在耶路撒冷这个世界上最多疑、最躁动不安的城市开展重建计划。安东尼亚城堡的建成给他带来了有形可见的优势,他又修建了三座坚固的塔楼来加强他的控制:法赛尔塔(后称大卫塔)、希皮库斯塔和米利暗塔(在他杀害妻子之前完工)。这些塔楼建成之后,他总算感到安全,可以修建剧院和竞技场了,尽管这些建筑明智地建在圣殿区以外的地方。然后,在公元前22年,他召集了一次国民议会,宣布他的毕生事业:重建圣殿,而且要大规模地重建,甚至要超越所罗门王的荣耀。他用接下来的两年召集和培训了1万名建筑工人、1 000名监管的祭司,这些祭司同时还是某些禁区的工匠。这些精心准备是必需的,那是为了叫耶路撒冷的犹太人放心,旧殿拆除工程只是一个序幕,未来他们还将建成一个更好的新殿。[67]希律小心翼翼地尽量不去触犯严格主义者的宗教禁忌,如祭坛及其甬道使用未经打凿的石头,避免和铁器接触。圣殿用于献祭的主体部分只用了18个月就建成,其间圣所用精美的帷幔隔离以防亵渎的目光偷窥。但是整个巨大的建筑需要46年来完成,在公元70年它被罗马人摧毁不久前,工匠们还在做最后的装饰工作。

约瑟夫斯的《犹太古史》和《犹太战记》(*Jewish Wars*)[68],以及《塔木德》中的"尺寸书"(Middot)、"连续献祭书"(Tamid)和"赎罪日书"(Yoma)都对希律的圣殿作了描述,最近的考古发现又让我们有了更多了解。为了达到理想中的宏伟效果,他修筑巨大的护墙，用碎石填充空隙，由此将圣殿山的区域扩大了一倍，这样就有了一个宽阔的前院，他又在前院的周围建起柱廊，柱廊各处有桥直通上城。平台的一端是圣所，其宽度和高度都远远超过所罗门修建的圣殿（前者为 100 肘①，而后者为 60 肘）。但希律不是出身于祭司家庭，因而甚至不能进入内院。所以他在圣殿内部花费不多，至圣所虽然用黄金镶边，却是光秃秃的。而圣殿外部的装修和殿门，他则不惜斥巨资将它们镶满金片和银片。约瑟夫斯说所用的石头是"极白的"，石头闪闪发光，金子熠熠生辉——在骄阳下光芒四射——游人极目远望就叹为观止。

巨大的平台占地 35 英亩，外墙长达 1 英里，当初的高度是如今从谷底看过去的两倍，因为现在底部用巨石铺就的通道堆积着几百年的垃圾。约瑟夫斯说有些巨石"长 45 肘，高 10 肘，宽 6 肘"，均由异国的工匠打造，工艺极其考究。顶部的平台高 40 英尺，它的下面是拱廊，上面即平台主体，是回廊，矗立着数百根从哥林多运来的石柱，这些石柱高 27 英尺，用约瑟夫斯的话说，3 个男人都合抱不过来。约瑟夫斯说圣殿非常高大，从回廊往下看你都会感到头晕目眩。

每逢重大节日，成千上万的朝圣者从巴勒斯坦全境和散居地赶来，汇聚在耶路撒冷，他们经过巨大的阶梯和主桥登上平台。

---

① 也称腕尺，古代长度单位，指手肘到中指顶端的距离，约为 45~55 厘米。——编者注

116　围墙内的外院向所有人开放，门口和回廊上有兑换银钱的人将世界各地的钱币换成用于缴纳入殿费的"圣币"——正是这些人引起了耶稣的愤怒——还有用于献祭的鸽子出售。在外院里面，用墙和栅门围起的是女院，墙上和栅门的石头刻着希腊语和拉丁语的告示，禁止非犹太人继续入内，违者以死论处。女院内有专门给拿细耳人和麻风病人停留的区域，再往里是"以色列庭院"，犹太男子可以入内。每个内院都高高在上，可由台阶上去，还有一段更高的阶梯通往献祭的区域，即祭司庭，圣所就位于祭司庭。

　　成千上万的祭司、利未人、文士和虔诚的犹太教徒，在圣殿里面和圣殿区各司其职。祭司负责祭祀活动，主持各种仪式。利未人既是歌手和乐师，又是清洁工和工程人员，他们分成24班轮岗，遇重大节日活动繁忙时，还会有祭司家人或利未人的男人从巴勒斯坦各地和散居地赶来施以援手。祭司的首要职守是看护圣所。犹太人向埃及人学习，也有保持祭坛圣火长明不灭的传统，这就意味着要让圣所里诸多的灯台一直亮着，并经常给它们添油。还有一个习俗也来自埃及，就是在最暗和最隐秘处经常燃香。圣殿一年消耗600磅[①]名贵的香，这些香由一个叫阿提那（Avtina）的祭司家族用秘方调制而成，为了避免有贪污的嫌疑，该家族的女眷是禁止使用香水的。这些香由贝壳粉、采自所多玛的盐、一种特殊的仙客来、没药、乳香、肉桂、山扁豆、甘松香、番红花

---

① 　1磅=453.59克。——编者注

和香树脂多种材料共同制成，还有一种神秘的材料叫"马拉赫阿尚"（maalah ashan），它可以使香烟升起时产生美妙的形状。

圣殿平时还举行普通的日常献祭，每天清晨和日暮各祭两头羔羊，分别需要13名祭司参与。普通犹太男子当然是不能进入圣所的，但是献祭时中殿门敞开，他们可以在门外观看，每次献祭结束有奠酒仪式，还要诵读经文，唱赞美诗和诗篇。给唱诗歌手伴奏的乐队，有双排管、12弦竖琴、10弦里拉琴和铜钹，还要吹银号和羊角号宣告祭祀仪式进入不同的阶段。祭祀仪式在外来游人看来是奇异甚至原始的，因为大多数异地的人是在节日期间赶来，那时候献祭的物品琳琅满目，非常丰富。每逢这个时节，内殿就是个十分恐怖的地方——献祭牲口的惊叫、献祭的号令，以及号角的巨响，各种声音交织混杂，鲜血四处流溢。《阿里斯狄亚书简》的作者是一位来自亚历山大的犹太人，他在朝圣时看到共有700名祭司执行献祭，他们默默地工作着，专业而熟练地处理着这些沉重的动物尸体，并丝毫不差地将它们放置到祭坛的准确位置上。

因为动物数量巨大，屠宰、放血和切割这些过程必须快速完成。为了处理大量的污血，平台是空心的，就如一个巨大的清洁设备，共有34个蓄水池，最大的一个叫"大海"（Great Sea），可以储存200万加仑的水。冬天这些蓄水池储存雨水，夏天多余的水顺着引水渠从西罗亚池排至南面。有无数的管道将水输送到平台表面，洪流般的污血经由无数的水渠排放走。阿里斯狄亚写道：

"祭坛底部有许许多多唯有执行献祭的祭司才看得到的缝隙，大量的污血归集到一处瞬间就排走了。"

每逢节期，圣殿周围人群熙攘、川流不息，圣殿各处的大门不得不在半夜里就打开。至圣所只有大祭司在一年一次的赎罪日这天才可进入。但是节日期间，至圣所的帷幔就会卷起，前来朝圣的犹太男子可以从圣所的门外看到里面，各样的圣器也摆放出来以供瞻仰。每一位朝圣者都至少献上一件个人祭品——因此献祭的动物不计其数——非犹太教徒也能享受这一特权。照约瑟夫斯的话来说，希律的圣殿举世闻名，备受尊崇。非犹太权贵贡献祭品，不仅表示自己的虔诚，也是为了向犹太教的思想观念妥协。譬如说，在公元前15年，希律的好友马库斯·阿格里帕（Marcus Agrippa）就高调地举行了百牲祭（用一百头牲口来祭祀）。[69]

圣殿财富惊人，至少在没遭洗劫的时候就是如此。外邦的君王和政治家从亚达薛西（Artaxerxes）到奥古斯都大帝都向它献上大量的黄金器皿，存放在圣殿最隐秘处专门的保险库里。来自四面八方的犹太侨民向圣殿捐赠大量的金钱和金银餐盘，一如现今他们向以色列慷慨解囊，约瑟夫斯说，圣殿成了"犹太人存放全部财富的共同宝库"，如西卡努斯，就"将整个家族的财富都存放在那里"，他是多比雅家族的首领，该家族从事税赋征收工作，富甲一方。[70] 但是圣殿主要的固定收入来源，是每个年满20岁的犹太男子缴纳的半舍客勒银子的丁税。

希律对圣殿出手特别大方，整个重建工程都是他自掏腰包。

圣殿大祭司是受人憎恨的撒都该人，希律降低了他的地位，这样就自然提升了副祭司监督的地位。这名祭司监督是法利赛人，他控制着圣殿所有的常规运作，确保即使是撒都该人大祭司也照着法利赛人的方式主持礼拜仪式。希律和法利赛人的关系还算不错，所以一般来说他尽量避免圣殿和他的政府发生冲突，但是在他逝世前的最后几个月，这个联盟宣告破裂。根据他的装饰设计，他在圣殿主门的正上方摆放了一只金鹰，犹太侨民们对此非常满意，但是耶路撒冷的敬虔派犹太教徒，包括法利赛人在内，却表示强烈反对，一群学习《托拉》的学生爬上去砸碎了金鹰。病中的希律当时在他的耶利哥王宫修养，但是他的反应还是一贯的强悍和心狠手辣。大祭司被废除，学生经人指认遭到了逮捕，他们戴着镣铐被押至耶利哥，在罗马剧院里接受审判后被活活烧死，为他受伤的善心和仍在膨胀的自尊心做了活人献祭。活祭的烟火尚在空中弥漫，希律就被抬至卡里尔霍的温泉治病，公元前 4 年春，他在那里病逝。

希律为保持王国延续做出了巨大的努力，重要的原因在于他的继承人，即他和第一位纳巴泰妻子豆瑞丝所生的儿子都是无用之才。他把犹地亚留给了亚基老（Archelaus），但是公元 6 年，罗马人不得不废黜亚基老，随后犹地亚相继由几位地方行政长官从凯撒里亚直接管辖，而地方行政长官则向安条克的副总督汇报。老国王的孙子希律·亚基帕（Herod Agrippa）是位能人，公元 37 年罗马人将犹地亚交与他治理，但是公元 44 年他的过世，使罗马人不得不再次恢复直接统治。因此，大希律王的死，实际上终结了犹太人对巴勒斯坦最后一个阶段的稳定统治，直到20世纪中期。

接下来的一段时间，犹太人和罗马人的关系非常紧张，而且有逐步升级的势态。这在罗马人的治下是极不正常的。罗马帝国实行的是开明统治，只要不和他们的基本利益冲突，他们都会尊重当地的宗教习俗、社会制度甚至政治体制。尽管难得的几次反抗都遭到了严厉的大力镇压，但是大多数地中海和近东的民族在罗马的统治下得到了繁荣发展，他们也认为罗马人的统治更适合自己。这也是600多万散居地犹太人的想法，他们从来不给当局添乱，只有在亚历山大城的那次除外，当时他们是受了巴勒斯坦一系列事件的影响。很有可能，即使是在犹太故土，许多犹太人，或许是大多数犹太人，并不认为罗马人是压迫者或是宗教仇敌。但巴勒斯坦仍有少数人与"基提人"（Kittim，即罗马人）水火难容，尽管暴力反抗的必然后果是严厉的惩罚，他们还是时不时地以身试法。公元6年，加玛拉的犹大起兵造反，抗议大希律死后罗马人实行直接统治。还有一次也是出于同样的原因——公元44年希律·亚基帕死后罗马恢复了直接统治，当时为首的是一个名叫丢大（Theudas）的人，他带领一群暴民开赴约旦河谷。第三次是腓力斯（Felix）任地方行政长官期间（公元52—60年），当时橄榄山上聚集了4 000民众，他们担心耶路撒冷的城墙也会像耶利哥的城墙一样倒塌。最后是公元66年和135年的两次大起义。

这两次起义都声势浩大，震动了整个东方帝国，是罗马帝国所有属地中最大规模的反抗行动。

犹太人为何如此不安分？这并非因为犹太人是个不易对付、好战而又充满部族意识的落后社会，会像帕提亚人那样经常在东部边缘区域生事滋扰罗马人，就如帕坦人和阿富汗人在印度的西北边境骚扰英国人一样。相反，犹太人真正的问题是，他们是太先进的民族，有太强的文化意识，以致难以接受异族的统治。希腊人和罗马之间也存在同样的问题，他们的解决办法是地理上臣服罗马，却在文化上征服罗马。从文化的角度来说，罗马帝国是希腊的，东部区域尤其如此。受过教育的人说希腊语，用希腊语思考；在艺术、建筑、戏剧、音乐和文学等方面，希腊人的模式就是标准。因此希腊人从未觉得他们在文化上归顺罗马。

而这正是犹太人的麻烦。他们拥有比希腊人更加古老的文化，虽然在艺术等方面难以与希腊人比肩，但是他们的文学从各个方面来说都超越了希腊人。在罗马帝国中，犹太人的数量与希腊人相当，而且犹太人识字的比例更高，然而罗马帝国的文化政策却掌握在希腊人手里，后者根本不认同希伯来民族的语言和文化。希腊人纵然热心于探索自然，善于学习国外的技术和艺术手法，对别国的语言却几乎毫无兴趣，这是不争的事实。他们在埃及一千年，也只学了点儿用于经商的通俗文字；毕达哥拉斯似乎是唯一懂点象形文字的希腊学者。希腊人对希伯来语，对希伯来文学，对犹太人的宗教哲学，也是同样视若无睹。他们忽视它的存在，只从不确切的传闻中了解一二。希腊方面的这种文化歧视，以及一些受过教育的犹太人对希腊文化又恨又爱的情结，正是犹太人和罗马人关系持续紧张的原因所在。

从某种程度上说，古代希腊人和犹太人之间的关系有点类似于19世纪与20世纪初期犹太人和德国人之间的关系，尽管这不能作太深入的比较。希腊人和犹太人具有很多的共通之处——如他们的普适主义思想、他们的理性主义与经验主义、他们的宇宙神圣秩序观念、他们的伦理情感，以及他们对人类自身的浓厚兴趣——但是最终这一切还是敌不过他们之间因误解而加大的分歧。[71]犹太人和希腊人都声称并认为自己信奉自由，但是对于希腊人而言，自由本身是一种目的，拥有自由意志的自治群体能够自己选择律法、自己选择神明就是实现了自由；而于犹太人而言，自由不过是一种途径，它要确保神命定、人不可改的宗教义务不会受到干扰。倘若犹太人有可能与希腊文化达成妥协，那么唯一的情形就是如果他们能征服希腊文化——他们最后做到了：用基督教来征服。

因此理解这一点非常重要：犹太人表面上的反罗马行动，本质上是犹太文化和希腊文化之间的冲突。而且，这个冲突来自书籍。当时伟大的文学只有两种：希腊文学和犹太文学，以希腊文学为模板的拉丁文学尚属新起之秀。识字的人越来越多，尤其是希腊人和犹太人，他们已经拥有提供基础教育的学堂。当时作家辈出，名家无数，我们所知的希腊作家多达上千，犹太作家也开始声名鹊起。此时已经有了大规模的图书馆，既有国立的也有私人的——亚历山大图书馆藏书达 70 多万卷。希腊人的文学是文明社会的国际性文学，而犹太人做得更多的则是一丝不苟地抄写、传播和研读圣书。

确实，希伯来文学在许多方面远比希腊文学更具有活力。希腊文学自荷马起，都是品德的指导、行为的准则和思想的规范，而希伯来文学则有一个明显的特点，那就是它可以变成实际的行动。不仅如此，这个充满活力的元素正在起着越来越重要的作用，它带有宣传的意图、论战的语气，而且彻底仇外，尤其是对希腊人怀有深深的敌意。受马加比斗争的影响，希伯来文学强调殉道保节是显而易见的。典型的一部就是现在留存下来的《马加比二书》这部经典，这部作品最初共五卷，由昔兰尼人耶孙所作。尽管全书用尽希腊散文中的各种修辞手法，但却是一部反希腊人的讽刺作品，一部充满煽动性的殉道史。

比这些殉道故事更为重要的是出现一种新的文学形式——启示文学（martyr stories），它填补了从马加比时代起因预言衰落而出现的犹太意识真空。所谓启示就是"神的揭示"（revelation），启示文学作品试图传达常人知识经验范围之外的神秘信息，经常借用已故先知之名来增加其真实性。自公元前 2 世纪起，同样也是因为马加比危机的压力，这些作品几乎无一例外地关注末世论主题：它将犹太人对历史的执着带到了未来，并预言"末日"的情形，那时上帝将终结这个历史时期，人类要进入清算的时代。

到那一刻，天地剧烈震动，末日之战来临，如库姆兰经卷中一处所写："上天之主发出巨大的声音，大地的根基将会震动，天上至高者的战争将遍布世界各地。"[72] 这些事件都带着这些特点：极端暴力，善（虔诚的犹太人）与恶（希腊人，后指罗马人）势不两立，迫在眉睫的暗示。

在这些著作中，影响力最大的是《但以理书》。这部成于哈斯蒙尼时代初期的著作之所以具有很大的影响力，一是因为它被收入了正典，二是因为它是许多其他著作的范本。书中引用了许多包括亚述帝国、巴比伦帝国和波斯帝国时代的历史事件，激起民众对所有异教的帝国主义，尤其是对希腊人统治的仇恨。它预测帝国将会消亡，上帝的国度将要兴起，而带领人们建立上帝国度的，可能是一位具有英雄主义色彩的解放者——人子（Son of Man）。全书回荡着仇视外族的呼声和殉道的召唤。

这些启示文学作品，可以从不同的现实层面来解读，而且犹太人也是这么做的。自耶利米和以西结时代以来，思想温和、信仰敬虔的犹太教徒，即大多数犹太人，已倾向于接受这样的观点，即他们可以在，或可能最好是在相对宽容的外族统治下，信奉自己的宗教。因此，对于他们来说，但以理许诺的不是复兴历史上那个实际的王国，如大卫王国，而是一个全然不同的末日大事：死者复活，个人得永生。让法利赛人尤为震惊的是《但以理书》结尾的论断：在末日那天，"本国的民必得拯救……睡在尘埃中的，必有多人复醒。其中有得永生的，有受羞辱、永远被憎恶的"。[73] 但以理的这个想法在所谓的埃塞俄比亚本《以诺书》①中说得更加明确。该书作于公元 1 世纪,书中说到"末日"和"审判日",那些"被拣选的"将会优先进入他们的王国。

死后接受审判、善者得永生的说法,在 1 000 多年前的埃及就早已有之,它不是犹太教里的概念,因为它不在《托拉》里,而严格遵照经文的撒都该人,又似乎完全不认同来生的概念。但是《以赛亚书》中一旦萌发了这个思想,法利赛人便迫不及待地抓住这一启示的观点为己所用,因为这正好契合他们那种强烈的伦理正义观。《约伯记》中已经表明,俗世是无法解决神义论问题的;但是倘若公义不在这个世界,那必定是在下一个世界,届时上帝施行审判,义人得赏赐,恶人受刑罚。末日审判的观点,与犹太人律法统治的整体概念非常合拍。正是因为法利赛派宣扬这样的信条,还有遵守律法可以使人得救的理性主义态度,使他们在虔诚的穷苦大众中吸引了广大的信徒,这些人有过惨痛的教训,深知今生获得幸福的希望是渺茫的。[74]

但是如果说法利赛人是将天上的国度和地上的国度区分开来(如圣奥古斯丁后来所做的那样),那么其他人对启示文学的解读则更多的是字面上的。他们相信,正义的国度是有形的、现实的、近在眼前的,他们的责任就是加速它的到来。其中最暴力的团体就是罗马占领军所称的"匕首党"(Sicarii),他们身藏匕

---

① 即《以诺一书》,其最完整的抄本用埃塞俄比亚文写成,故名。——译者注

首,尤其在节日里人多拥挤的时候,暗杀勾结罗马的犹太人。然而,这仅仅是一个极端恐怖分子的边缘组织,它隶属于一个自称"奋锐党"的运动组织。奋锐党之名来自《民数记》中非尼哈(Phinehas)的故事。非尼哈用标枪刺杀了一个邪恶之人和他的妻子,以此止息瘟疫,拯救了以色列,从而被说成是"为神有忌邪的心"。[75] 根据约瑟夫斯的记载,该组织成立于公元6年,发起人是加利利的犹大,那时他策划了一场反抗罗马人直接统治和征税的起义。犹大可能属于早期拉比,他宣扬犹太社会是神权政体这一古老信条,只承认上帝的统治。

约瑟夫斯认为"奋锐党"有别于其他三个主要教派。前者主张并实行暴力,而另外3个教派,即他所称的法利赛派、撒都该派和艾赛尼派,似乎大体已接受外邦统治。[76] 但是犹大的副手撒督又是一位法利赛人,又说明这个界限很难分得清楚。1世纪之后,越来越多的敬虔派犹太教徒,如法利赛人,似乎也认为有些时候暴力是不可避免的。然而,这个问题似乎很难说得清楚,因为我们这位主要的权威约瑟夫斯,也是参与者之一。他认为"奋锐党"是一个光荣的头衔,若是他认为他们的活动带有恐怖主义或反社会性质时便避开这个叫法。当时对于其他抗议形式失效时恐怖主义是否合法的讨论,和现在一样激烈。1世纪时积极参与每一场暴力起义的奋锐党和匕首党,究竟起了什么作用,成了学者争相猜测的话题。[77]

而围绕着生活在沙漠边缘的各种千禧年派的争议则更多,约瑟夫斯（还有斐洛和普林尼）将其统称为艾赛尼派。但事实上千禧年派包含了许多派别，其中最著名的是库姆兰修士（Qumran monks），因为 G. L. 哈丁（G. L. Harding）和佩尔·德·沃于 1951—1956 年挖掘出了他们的死海修道院，他们有无数的作品正在被全面地研究分析和出版。库姆兰僧侣夏住帐篷，冬居山洞。他们的中央建筑里有精心布置的管道用于祭礼净化。我们还发现有厨房、烘焙房、餐室、陶器作坊和会议室。从这个教派我们看到了这些极端组织对文献的重视，因为那里有精美的写字间，有大量的藏书，在公元 66 年的起义中该社区受到罗马人威胁时，为了安全起见，这些藏书被装入高大的缸里，藏至附近的山洞。但同时它也反映文学可以助长暴力，因为除了含启示意味的正典文本（如《以赛亚书》），修士们还自己创作了带有革命性，实际上是军事性的末世论著作。他们的文献被称为"光明之子与黑暗之子之战"，里面不仅有隐约的启示意味，而且还包含了完备的战斗训练指导，他们相信战争已迫在眉睫。他们的营地布局具有很好的防御效果，还设置了瞭望塔，在公元 66—70 年那个"末日"来临之时，这个营地似乎确实遭到了罗马人的袭击，并被摧毁。[78]

然而，这些激进的库姆兰修士仅仅是众多艾赛尼社区中的一个。所有艾赛尼派的人都受到启示文学的影响，但并非人人崇尚暴力，其中有一些完全是倡议和平的。有些是穴居山洞的隐士，如特拉普提派（Therapeutae），他们来自埃及，那里的沙漠社区至少存在了 2 000 年之久。叙利亚的马格里派（Margherian）也是穴居山洞的修士。其他的山洞修士还有生活在约旦河附近的几个施洗派,其中最出名的是施洗者约翰和他的门徒。

施洗者约翰生活和活动的中心是在加利利和比利亚一带,此时居住在这里的绝大部分是犹太人,但它是在马加比时代被犹地亚用武力——还有强行改宗的方法吞并的。这里既是一个正统信仰狂热同时又异说林立的地方,也是一个宗教热情和政治热情燃烧的地方,其大部分已在希律死后接踵而至的反叛和6世纪的起义中惨遭摧毁;这位伟人的儿子,被罗马人任命为总督的希律·安提帕斯(Herod Antipas),试图重建这一地区,按照希腊人的模式建立新城。公元17年至22年,他在加利利湖畔的太巴列建成一个新的行政中心,为了解决人口问题,他强迫周围乡间的犹太人放弃农田迁居到这里,征调过来的还有穷人和曾经的奴隶,如此一来就出现了一个有趣的怪象:唯一一个犹太人占多数的希腊式城市。安提帕斯招致批评还有别的原因。首先他母亲是撒马利亚人,因此他的犹太教信仰的正统性受到了怀疑。其次他娶了兄弟之妻,因而违反了摩西律法。施洗者约翰正是谴责他的这个罪行才招致了牢狱之灾和杀身之祸。[79] 不过,根据约瑟夫斯的说法,安提帕斯杀害约翰是因为他才感到约翰的门徒发展得太强大了,恐会引起叛乱。

施洗者约翰信奉犹太人所称的弥赛亚,他的传道使命主要围绕两本书——《以赛亚书》和《以诺书》。他不是隐士,也不是分裂分子,更不是排外分子,相反,他向所有犹太人宣讲审判的日子即将到来,所有的人必须认罪悔改,用水受洗赎罪,从而准备好接受最后的审判。他的到来是要响应以赛亚的号令,"在旷野预备耶和华的路",[80] 宣告末日的到来和弥赛亚的降临。那位弥赛亚就是被以诺称为"人子"的人。根据《新约》记载,施洗者是拿撒勒人耶稣的亲戚,他为耶稣施洗,并指明他就是人子。耶稣开始自己的使命是在约翰被处决不久之后。那么这是个什么样的使命?耶稣又把自己看作谁呢?

犹太人的弥赛亚信条起源于这个信念,即大卫王是耶和华膏立的王,所以他和他的子孙必将统治以色列全地直到永远,也必将统治外邦的民。[81] 王国衰落后,他们的信念成了先知的盼望:大卫家族的统治必将奇迹般地复兴。[82] 在此之上还加入了《以赛亚书》中对于这位未来君王的描述——他是施公义的人,而这或许是这个信念中最重要的元素,因为《以赛亚书》是所有《圣经》卷册中被读得最多、最受喜爱的一卷,当然这也是因为它是写得最好的一卷。公元前1世纪和2世纪期间,出自大卫家族的统治者再次降生施行公义的说法,与《但以理书》《以诺书》等启示文学中关于末日和最后四件事情——死亡、最后的审判、地狱和天国——的说法非常一致。正是在这个相对较晚的时期,这位神所拣选的、富有号召力的人物首次被人称为弥赛亚(Messiah)或"受膏者"。"Messiah"一词最早来自希伯来语(当时的阿拉姆语),直接音译成希腊语就是"messias",但是"受膏者"在希腊语中是"christos",即基督。值得注意的是,耶稣的头衔是希腊语而非希伯来语。

弥赛亚的信条,其来源既复杂又互相矛盾,在犹太人心中产生了极大的困惑,但大多数人还是相信,弥赛亚是一位政治军事领袖,他的出现将会迎来一个地理上的俗世国度。《使徒行传》中有一节重要的经文就是描写希勒尔之孙,曾任公会领袖的长老迦玛列(Gamaliel)如何劝说当局不要惩罚早期的基督徒,他认为,要验明弥赛亚的真假可以看这些人的行动是否成功。他说,以前有过丢大的例子,"自夸为大",但他被杀后"附从他的全都散了,归于无有",此后,"报上名册的时候",又有加利利的犹大,"他也灭亡,附从他的人也都四散了"。因此迦玛列说,不要去管这些基督徒,就任凭他们,他们所行的若不是有神的应许,"必要败坏"。[83]

其他的犹太长老被迦玛列的观点说服了,因为他们心里也在盘算发动叛乱,意图推翻政府。大希律听到有弥赛亚或基督降生时,就像王位受到了威胁,反应非常激烈。任何一位犹太人听到有人自称是弥赛亚,都会想当然地认为此人必定怀有某种政治和军事图谋。罗马政府、犹太公会、撒都该人,甚至法利赛人,也都以为弥赛亚会改变他们所属的现有秩序。犹地亚和加利利的穷苦百姓也相信,宣传彻底变革的弥赛亚不会,或者不会只是空谈精神和形而上的东西,而是会触及权力的现实——政府、税收和正义。

但是从我们掌握的证据来看,拿撒勒人耶稣不符合以上任何

第二章 犹太教

一种救世主模式。他不是一个犹太民主主义者,相反,他是犹太普适主义者。和施洗者约翰一样,他也受到了艾赛尼派温和势力的影响,但是他也和施洗者一样,相信悔改和重生的信息应该传给广大民众,就如《以赛亚书》第53章所预言的那样。他认为,公义的导师不应藏身于沙漠或山洞,也不应像公会那样端坐于权力的宝座之上。他的使命就是在上帝面前怀着谦卑的心,教诲所有的人,而这位上帝,很可能会要求他承受非人的痛苦。《以赛亚书》中所写的那一位,必须是一株"嫩芽",很可能会要求他承受非人的痛苦,"被藐视,被人厌弃","多受痛苦","为我们的过犯受害,为我们的罪孽压伤","被欺压,在受苦的时候却不开口"。这位上帝"受苦的仆人"将会"受欺压和审判","像羊羔被牵到宰杀之地",与恶者同埋葬,"被列在罪犯之中"。这位弥赛亚不是暴民的领袖,不是民主人士,也不是游击队的首领,更不是未来的地上君王和世界统治者,他是神学家,他是献祭品,他是用他的言语和榜样、用他的生和死来进行说教的宗教导师。[84]

倘若耶稣是神学家,那么他的神学理论是什么,他的理论又是从何而来?耶稣来自一个非正统的犹太教家庭,他生活所在的加利利也日渐希腊化。父亲是木匠,公元28年或29年在耶稣受洗之前就已过世。在希腊文《新约》中,约瑟是个希伯来名字,但是耶稣的母亲叫马利亚,是"米利暗"的希腊译名。耶稣有两个弟弟取了希伯来名字,他们是犹大和西门,但是另外两个弟弟却没有,一个是詹姆士(James),即希伯来名字雅各(Jacob),

另一个是约西（Joses），即希伯来名字约瑟（Joseph）。耶稣（Jesus）这个名字也是希腊名，在希伯来语中叫约书亚（Joshua）。这个家族自称是大卫的后裔，很可能大都是恪守教规的人，因为《新约》隐约提到耶稣的教义引起家庭关系的紧张。然而在他死后，家人继承了他的使命，弟弟雅各成了耶路撒冷教派的领袖，雅各受撒都该人迫害殉道后，耶稣的表亲西门继承了他的事业。弟弟犹大的几个孙子，是图拉真（Trajan）在位时加利利基督教社会的领袖。

我们现有的证据表明，虽然耶稣受艾赛尼派教义的影响，而且还可能和他们共同生活过一段时间，虽然他个人与施洗派有着密切的联系，但他实质上属于智慧派（hakamim）——在世界各地游走的敬虔派犹太教徒。在所有教派中，他最接近法利赛派，这个说法容易令人迷惑，因为耶稣曾公开指责法利赛人，尤其说他们"假冒为善"。但是仔细分析，就会发现耶稣对法利赛人的谴责，根本没有福音书里说得那么严厉，也并非针对所有人；实质上它相当于艾赛尼派和后期拉比圣哲对法利赛人的批评。在那些圣哲眼里，智慧派全然不同于"假法利赛人"，他们视前者为自己的先驱，而后者在他们看来是犹太教真正的敌人。[85]

真实情况似乎是这样的：虔诚的犹太社区（其中包括各种倾向的法利赛人）中各派之争日益激烈，耶稣也参与其中。智慧派运动的目的是提高神圣性并将它推而广之。那么如何来达到这个目的呢？辩论围绕两个问题展开：圣殿的中央性和不可或缺性以及律法的遵守。在第一点上,耶稣明确支持认为圣殿阻碍神圣性广泛传播的那些人,因为在有形建筑物集中崇拜,以及它所附带的等级、特权(大多为世袭)和财富,形成了一道与民众割裂的屏障,一道将民众拒之门外的高墙。耶稣在圣殿讲道,但是反对圣殿却也在圣殿讲道的也不乏其人,著名的有以赛亚和耶利米。犹太人可以不需要圣殿的说法并不新鲜,而是古已有之,可以这么说,早在有圣殿之前,真正的犹太宗教并不局限于固定的场所。耶稣和其他许多虔诚的犹太教徒一样,认为神圣性可以通过基础学堂和犹太会堂传给整个民族,但是他比大多数人走得更远,将圣殿视为罪恶的源头,预言它的毁灭,虽然没有明说,但是心里鄙视圣殿权贵,鄙视犹太教的整个行政和律法的集中体制。[86]

第二点,即律法须遵守到何种程度问题上,撒都该派和法利赛派最初的分歧是,前者只承认已经成书的五经,而后者却传授口传律法。到了耶稣时代,又增加了智慧派和法利赛派之争。由煞买长老(Shammai the Elder,约公元前50—约公元30)领导的一个学派持非常苛严的态度,尤其关于洁净与否的问题更是一个雷区,因为它对普通贫苦人群是否有能力达到洁净提出了强烈的质疑。煞买学派的苛严做法,最后的确导致他的后裔和信徒彻底退出了拉比犹太教的历史舞台,像撒都该派一样消失得无影无踪。另一派是希勒尔长老的学派。希勒尔和煞买生活在同一时代,是散居地的犹太侨民,后人称其为"巴比伦的希勒尔"。[87] 他对《托拉》的解读带有更多的人性关怀。在煞买看来,《托拉》的精髓在于它的细节，除非精确解读细节，否则这一套体系便毫无意义，难以成立。而在希勒尔看来，《托拉》的精髓在于它的精神，如果精神领会正确，就不必拘泥于细节。传统研究总是将煞买的愤怒和迂腐同希勒尔的谦恭和人性关怀进行对比，但是其中最为世人所铭记的重要一点，就是希勒尔迫切地要让遵守法律变得人人可行，不管是犹太教徒还是改宗者。曾有异教徒说，如果他可以单脚站着学习律法，他就愿意改宗成为犹太教徒，对此，希勒尔据说是这样回答的："己所不欲，勿施于人：这是《托拉》的全部，其他的一切都是解释——去学吧。"[88]

128　　耶稣属于希勒尔学派，有可能还听过他讲学，因为希勒尔有过许多听课弟子。耶稣多次重复希勒尔的这句著名言论，可能还有别的警句——希勒尔是著名的格言家。当然如果从字面直接理解，希勒尔有关《托拉》的这个说法是错误的。"你希望别人怎样对你，你也要怎样对人"，这不是《托拉》的全部。《托拉》作为伦理法典只是它的一个方面，从其实质来说，它还是一系列绝对主义的神命，涉及各种活动，其中许多无关人际关系。"所有其他的都是解释"这一说法也不正确。若其他的都是解释，那么其他民族，尤其是希腊人，接受它就不会如此困难了。"其他的一切"，从割礼到饮食规定，再到接触和洁净的规定，都远非只是"解释"，而是自古以来就已存在的禁令，它们是横亘在敬虔派犹太教徒和世人之间的巨大鸿沟，不仅对犹太教的传播，更是对实现犹太教徒人人都可实施宗教仪式的目标，构成了巨大障碍。

第二章 犹太教

耶稣在他的讲道生涯中还将希勒尔的格言警句转化成了一套道德神学，并在此过程中将律法精减到只保留了它的道德伦理元素。耶稣这么做并非不严格，恰恰相反，他在某些方面比许多圣哲更加严格。比如说，他禁止离婚，这条教义在后来变得非常重要，甚至今天依然如此。但是，如同圣殿在上帝和人类追求圣洁的行为之间成为阻碍时，耶稣就藐视圣殿一样，当律法对人类接近上帝起到的不是帮助而是阻碍作用时，他也藐视律法。

耶稣对希勒尔的教义进行这样严格主义的逻辑推导，他就再也不是正统的圣哲了，确切地说，他不再是犹太教徒了。他创立了自成一家的宗教，这门宗教被准确地称为"基督教"。他在他的伦理犹太教中融入了一些非凡的思想，这些思想既有他从《以赛亚书》《但以理书》《以诺书》中汲取的末世论，又有他从艾赛尼派和施洗派中获得的他认为有用的思想材料，从而能够清楚明晰地提出关于死亡、审判和来生的观点。他把这个新的神学送给在他使命范围内的每一个人：敬虔派犹太教徒、当地人、撒马利亚人、不洁净的人，甚至异教徒。但是，和许多宗教改革者一样，耶稣也有两套信条——面向大众的公开信条和只对身边门徒宣讲的秘密信条。后者围绕的主题是他作为一个人在世时和死后的遭遇，就是在这个秘密信条里他自称是弥赛亚——他不只是"受苦的仆人"，还有更重要的使命。

耶稣的教导和活动，我们研究得越多，就越明显地感到，它在许多方面给了犹太教致命的打击，因此他遭到犹太当局的逮捕

129

和审判是必然的。他对圣殿的敌意，即使是开明的法利赛人也是无法接受的，对于后者来说圣殿崇拜可谓犹太教的中心活动。耶稣拒绝律法，这是根本性的改变。《马可福音》中写道，他"叫众人来"，郑重地对他们说："从外面进去的，不能污秽人，唯有从里面出来的，乃能污秽人。"[89]这等于是在否定律法和得救称义的关系，以及它所起的作用。他断言，人可以和上帝建立直接的关系，哪怕他是穷人、无知的人或有罪的人。而反过来，上帝做出回应也不是因为人类对《托拉》的顺服，而是因为上帝赐予人类，至少是信他之人的恩典，这个恩典使得人可以遵守他的诫命。

大多数有学识的犹太教徒认为这是错误的信条，因为耶稣否定《托拉》的作用，并坚持认为，对于即将到来的最后审判而言，得救靠的不是遵守律法而是信心。假如耶稣的行动只限于外省，他或可安然无恙，但是他带着门徒到耶路撒冷公开讲道，这势必会遭到当局的逮捕和审判，尤其是他对圣殿的态度——他的仇敌向他发难也是集中在这一点上。[90]传假道者通常会被驱逐到遥远地区，但是耶稣因着他在审判时的表现，却让自己遭受了更重的惩罚。《申命记》第17章，尤其是第8节到12节，似乎讲到，遇到法律和宗教上有争议的地方，应进行全面调查，达成多数人的裁决，如果当事者不服从判决就可以被处死。在这个生活在律法统治下、善辩而又顽固的民族中，这条"长老叛教罪"（rebellious elder）被认为是维护社会团结的基础。耶稣是博学之人，所以就在他被捕之前犹大称其为"拉比"。因此,当他被带到公会前——或不管是什么法庭——接受审判时,他的确表现得像个叛教的长老;他拒绝申辩,不仅使自己背上了藐视法庭的罪名,更因为沉默而获得了有罪判决。无疑,受到耶稣信条威胁最大、想要按照经文所载除掉他的,就是这些圣殿祭司、煞买派法利赛人,还有那些撒都该派。但是耶稣并未犯罪,至少没有后来迈蒙尼德在他的犹太法典里所描述的那些罪行。犹太人或许无权作出死刑判决,为了解决这些疑虑,耶稣以叛国的罪名被带到罗马执政官彼拉多(Pilate)那里受审,然而并无证据可以证明他的罪名成立,当时唯有一个假设,说自称弥赛亚的人迟早都会起来造反——这些人如果生事到一定程度一般会被解送到罗马当局那里接受处理。彼拉多虽然心有不愿,但是出于政治上的考量,他还是给耶稣定罪了。因此,耶稣没有按照犹太律法被石头击打致死,而是被罗马人钉上了十字架。[91]当时审判耶稣的场景,即《新约》福音书里所描述的情形,似乎不太寻常,[92]不过我们对当时的其他审判也所知甚少,一切似乎都不太寻常。

然而这一事件中重要的不是耶稣受难的前因后果,而是竟有如此之多的人顽固地相信他从死里复活,而且相信的人越来越多。这不仅对他的道德和伦理教义,而且对他自称"受苦的仆人"的说法以及他特别的末世论,都赋予了极其重要的意义。耶稣身边的门徒意识到他的死和复活所带来的重要意义,将之视为"新约",或者说是对上帝安排的见证,以此为基础,每个个体都可以与上帝建立新约。不过,门徒们为传播这个福音所做的,也只是重复耶稣的话语,讲述他一生的故事。真正从事福音传播工作的,是来自大数(Tarsus)的保罗。保罗是来自基利家的犹太侨民,祖籍加利利,回到巴勒斯坦后师从迦玛列长老。他接受的是法利赛派教育,能够理解耶稣的神学,于是他立即开始对其加以阐明——他相信耶稣复活是事实,相信耶稣自称基督是正确的。常常有观点认为是保罗将基督的伦理教义融入一种新的神学里,从而"发明"了基督教,而那种新的神学利用了希腊化流散犹太人的知识理念。保罗对"肉体"与"心灵"的区别被比作斐洛的身体和灵魂的二元论。[93] 还有人认为,保罗思想中的"基督"大约相当于斐洛的"逻各斯"(logos)①。但是斐洛所说的是抽象的东西,对保罗而言,基督却是真实存在的。[94] 斐洛所谓的身体和灵魂是指人性中的内心挣扎,而保罗所谓的肉体和心灵指的是外部世界——人是肉体,心灵则是上帝——或者说是基督。[95]

但真实情况似乎是,耶稣和保罗都以巴勒斯坦的犹太教为根基,他们都没有借鉴希腊化流散犹太人的思想观念。两人都在宣讲新的神学,从本质上来说是同一种神学。耶稣预言他要通过"为许多人"流血与上帝立约,预言他死后将复活。[96] 保罗则宣讲基督的预言已经完成,基督已化身耶稣,因此新约已经立成,对它有信心的人都可以得到。

---

① 指神和人之间的中介。——译者注

第二章 犹太教

耶稣和保罗都不否认律法的道德或伦理价值，他们只是剔除了历史背景中两人都认为已经过时的基本内容。说保罗宣讲的观点是得救要靠恩典而不是善工（守律法），这是过于简单化了。其实保罗的意思是，善工是承当新约的条件，但光有善工是不够的，得救还要靠上帝的恩典。耶稣和保罗将宗教看成连续的历史事件，从这一点来说他们是真正的犹太教徒。但是再增加一个事件时，他们就不再是犹太教徒了。如保罗所言，当基督化身为耶稣，《托拉》的根基就被废除了。犹太教徒最早与上帝所立的圣约原是他们获得上帝恩典的途径，可是保罗说如今这个约定已不再适用。上帝的计划已经改变，如今得救的方法是《新约》，是对基督的信心。《旧约》中上帝与亚伯拉罕立约应许的不再对他现在的后裔有用，而是对基督徒有用："你们既属于基督，就是亚伯拉罕的后裔，是照着应许承受产业的了。"[97] 耶稣所挑战的，也是保罗特别反对的，是犹太教中最基本的得救过程：拣选，立约和遵守律法。如今历史已经翻篇，这些都不起作用，被取而代之了。这个复杂的神学形成过程，可以简单归纳为：耶稣创立基督教，保罗传扬基督教。

如此，基督和基督徒就传承了犹太教的思想和精神遗产。耶稣基督本人也在谋求履行预言的神圣使命："地上的万族都要因你得福。"保罗则将这个福音深深地带入流散犹太人中，也带到了和他们比邻而居的非犹太社区中。他不仅认同耶稣在巴勒斯坦实现普适主义的逻辑，并将其转变成全人类的普适主义，而且还否认旧范畴的存在。"旧人和旧人的行为"、神的拣选以及律法已经"脱去";"穿上了"《新约》和它新的选民,是照着也只照着上帝形象造的"新人"。人类唯有通过自身的条件才可获得信心和恩典,"在此并不分希腊人、犹太人,受割礼的、未受割礼的,化外人、西古提人,为奴的,自主的;唯有基督是包括一切,又住在个人之内"。[98]

因此,从某种意义上说,这有点像塞琉古时期希腊化改革家所推行的普适主义改革计划。但是,迈内劳斯和他的知识分子盟友寻求的是自上而下的普适化,他们联合的是权贵、富人、军队和税吏——因此不可避免地将广大民众,尤其是穷人,推向了恪守《托拉》的严格主义者的怀抱。而耶稣和保罗的普适化是自下而上的。耶稣自己是饱学之士,却又说学识并非必需,他认为律法的精髓在于精神,而非字面的意义,因此他接纳没学问的人、无知的人、受鄙视的人,还有"当地人",让他们切实地成为他的特别支持者。保罗则索性将这个信息传给了律法之外的人。确实,不同于那些希腊化改革家,他能唤起并利用深埋在犹太教、古老的耶和华信仰中的一种情感,一种几乎可说是圣约信仰之本的力量——这个信仰就是,上帝必将推翻世界的既有秩序,使贫穷的变得富有,软弱的变得刚强,他偏爱无知的甚于智慧的,提升低微和谦卑的。在这个主题上,任何犹太教徒,甚至耶稣本人,都不及保罗的口才。所以说保罗所宣讲的宗教,不仅是普适性的,更是革命性的——只是这场革命,是精神的革命,是非暴力的革命。

对这个福音翘首以待的大有人在。流散犹太人数量庞大，保罗等人游历各地，热心传播福音。罗马地理学家斯特拉波（Strabo）说，犹太人到哪里都会成为强大的民族。他们单是在埃及就有100万人口，在亚历山大这个或许仅次于罗马的世界第二大城市，犹太人是多数族群，占据了五分之二的人口；在昔兰尼和贝勒奈西，在帕加马、米利都、撒狄，在弗里吉亚人的阿帕梅亚、塞浦路斯、安条克、大马士革和以弗所，还有在黑海两岸，都居住着不计其数的犹太人。他们在罗马居住了200年之久，如今已形成一个巨大的聚居地；他们又从罗马扩散到意大利的所有城市地区，来到高卢和西班牙，然后又跨过海洋进入非洲西北部。这些犹太侨民中有许多是过于虔诚的教徒，会坚定地严格遵守《托拉》，但另一些人却在观望中，他们等待有人来说服自己，即使放弃割礼，放弃古老的摩西律法中使他们难以融入现代生活的大部分教规，他们信仰中最本质的东西也能够保持不变，或者甚至可以得到加强。比他们更加愿意皈依基督教的还有一大批虔诚的非犹太教徒，他们和散居地的犹太社会比邻而居，却因无法接受其教规迄今仍和他们毫无往来，可如今基督徒却说这些教规无须遵守了。如此一来，原本慢慢扩散的这门新宗教如今加快了速度。伦理一神论的时代已然到来，这个原本属于犹太教的思想，基督教徒们把它拿过来带到了更加广阔的世界，也抢走了其与生俱来的权利。

基督教和犹太教的分离是一个逐渐发生的过程，从某种程度上说，是犹太教徒自身的行为导致的。改革计划被马加比家族镇压后，犹太教进行了整肃运动——加强摩西律法的执行力度。这次整肃运动对犹太基督教的诞生和崛起来说是不可或缺的时代背景。同样地，犹太教的严格主义逐渐走向暴力的势态，以及后来在公元66年至70年和希腊罗马世界产生的不可避免的正面冲突，最终导致基督教脱离了犹太教的主干。耶稣基督在耶路撒冷最早的一批门徒无疑认为自己还是犹太教徒。甚至他们中最极端的司提反（Stephen），也不过只是想复兴旧有改革计划中的一些理智原则。他在公会面前发表的长篇申辩中，呼应改革派的观点说不可将上帝限制在圣殿里："至高者并不住人手所造的，就如先知所言：主说：天是我的座位；地是我的脚凳。你们要为我造何等的殿宇？哪里是我安息的地方呢？"但是他接下来立即又称那些指控他的人是"心与耳未受割礼的人"——也就是行为不端的犹太教徒——他所受的攻击，以及被石头砸死的处决，都没有越过犹太教这个框架。[99]《使徒行传》第15章明确指出，保罗初期传教时，耶路撒冷的基督徒中有许多法利赛人，他们坚决认为即使外邦人改宗也应行割礼，保罗好不容易为他的信徒争取到可以免行割礼。[100]在犹地亚，基督的犹太门徒——他们无疑是这么自称的——继续行割礼，遵守摩西律法的许多方面，直到公元66—70年的灾难来临。

犹太人两次反罗马统治的大暴动，都不应简单地认为只是殖民地人民受宗教民族主义情绪激发而起来的反抗，而是犹太人与希腊人之间的宗族和文化冲突。公元前 2 世纪以来的犹太文学中明显的仇外情绪和反希腊文化倾向在这两次起义中得到了充分的回应。说古代有反犹主义虽然有失妥当,因为这个说法于 1897 年才创造出来的,但实际上反犹主义的存在毋庸置疑,而且越来越受世人瞩目。从远古时代起,"亚伯拉罕的子孙",就是"外乡人和寄居的",而且他们也自认如此。像这样的群体有很多——哈比鲁人(这族人包括以色列人)只是其中的一个——他们都是不受欢迎的人。但是特别针对犹太人的敌意,则是在公元前的最后 500 年里出现的,是犹太一神论的作用及其社会后果。犹太教徒不能承认也确实不承认有其他神明的存在,更不愿意尊敬他们。即使是在公元前 500 年,犹太教也是非常古老的信仰,依然保留着其他各地早已淘汰的古老习俗和禁忌,但是犹太教徒,在越来越苛严的领导阶层的驱策下,依然忠实地遵守着这些习俗和禁忌。割礼使他们成为异类,被希腊罗马人视为野蛮落后和令人反感的行为。不过割礼还不至于妨碍他们的社会交往,但是古老的饮食规定和洁净规定却会妨碍他们的社会交往,这比其他任何因素更能招致人们对犹太人的敌意。总之,"古怪"一词自古以来就是反犹主义的根源:犹太人不仅是外来移民,还将自己隔离于其他人之外。[101]

因此,阿布德拉的赫克特斯(Hecataeus)①虽然在许多方面认

---

① 约公元前 550 年至前 476 年,希腊旅行家。——译者注

同犹太人和犹太教，但是却对他们那种非同常人的生活方式提出了批评，并称之为"不友好、反人性的生活方式"，[102] 他写作的时候是在公元前 4 世纪末之前，犹太人和塞琉古人的冲突还要晚 150 年后才发生。随着希腊人的人类一体性思想的传播，犹太人视非犹太人为仪式不洁、禁止与外族通婚的做法，遭到了人们的厌恶，被认为是反人道的；"厌恶人类"（misanthropic）一词经常被用来形容他们。值得注意的是，在尚未有希腊思想渗入的巴比伦，其中的大型犹太社会的与世隔绝并未招致人们的厌恨——约瑟夫斯说那里不存在反犹情绪。[103] 希腊人认为他们的大一统世界，即希腊思想大行其道的文明世界（相对于外面的混乱世界），是多种族、多民族融合的社会，凡拒绝接受的，都是人类的敌人。神显者安条克冒犹太教之大不韪，发誓要废除"无益于人类的"犹太律法，并在犹太圣书上面献祭猪。[104] 公元前 133 年，塞琉古统治者锡德的安条克就有谋士建议他摧毁耶路撒冷并消灭犹太人，原因是犹太民族是世界上唯一拒绝和其他族群交往的民族。

反犹情绪被写进文献，大都是因为犹太人所写的宗教历史让人觉得充满了挑衅的意味。公元前 3 世纪，说希腊语的埃及祭司曼涅托写过一部埃及历史，其中一些文字在约瑟夫斯的《犹太古史》中保存了下来，他就指责犹太人对"出埃及"这段历史的描写不公正。显然，曼涅托和其他埃及知识分子对这种写法非常反感，他们以牙还牙，进行了回击。曼涅托所写的"出埃及"历史就没那么富有神奇色彩了，他的笔下是一群麻风病人和其他受感染的人群被逐出了埃及。曼涅托也表现出了希腊人那种认为犹太人厌恶人类的思想,他指责摩西(他书中称奥萨西夫,是一名变节的埃及祭司)下令,犹太人"除了自己团体,不可与其他任何人联系",埃及的反犹主义显然在希腊人征服埃及之前就有了。从曼涅托那个时代我们就看到反犹造谣和诽谤行为已经初露端倪。希腊作家纷纷应和,并且添油加醋地说犹太教徒有摩西律法特别授命不得对人,尤其不可对希腊人表示善意。哈斯蒙尼王朝的建立及其对希腊异教城市的宗教迫害,使得犹太人所受的攻击更是倍增。埃及人的诽谤四处流传,甚至有观点说,犹太人对巴勒斯坦没有真正的主权——他们历来都是居无定所的流浪者,在犹地亚的寄居也只是一个短暂的历史片段。犹太人则做出回应,反驳说以色列地(Eretz Israel)是上帝赐予犹太人的:次经中的《所罗门智慧书》(写于公元前 1 世纪)第 12 章斥责原初的居民,说他们屠杀婴儿,吞食人的血肉,杀人,进行无法形容的邪恶祭祀,是"从起初就是被诅咒的后裔"。[105]

就和现在的时代一样,过去也有各种关于犹太人的传说莫名其妙地被生造出来,然后被人不断地重复着。关于犹太人崇拜驴、圣殿里供着驴头的说法,至少早在公元前 2 世纪就已冒头。阿波罗尼乌斯·莫洛是第一位撰文专门批判犹太人的人,他也引用了这个说法,后来这个说法又出现在波希多尼、德谟克利特、阿皮翁、普卢塔克和塔西佗的著述中。塔西佗明知犹太人从来不拜任何偶像,可他还是照引不误。[106]另一个传说是讲犹太人在圣殿里秘密进行活人献祭：禁止任何人进入圣殿就是因为这个原因。还有的说他们禁食猪肉是因为他们得麻风病的概率更高——正是应和了曼涅托的污蔑。

除此之外，也是和现在的时代一样，不仅有恶俗的谣言，而且还有知识分子的蓄意宣传，为反犹主义火上浇油。可以肯定的是，1世纪日益高涨的反犹情绪，在很大程度上是一些作家，多为希腊作家的作为。罗马人一度是犹太人的盟友，起初他们赋予大城市的犹太社区某些特权——如安息日可以不做工。[107]但是随着帝国的奠定和皇帝崇拜活动的开始，他们之间的关系便加速恶化。犹太人拒绝行国家祭祀礼仪，这不仅被认为是犹太人排外和无礼的民族特性——希腊人总是这样指控他们——更被认为是对帝国的极为不忠。罗马官员对犹太人的敌意在希腊知识分子的热烈鼓动下越发加深。有着规模宏大的犹太社区，而希腊人和犹太人之间关系紧张的亚历山大城，成了反犹宣传的中心。亚历山大图书馆馆长利西马科斯就是著名的麻烦制造者。在那里发生了一场骚乱之后，罗马皇帝克劳狄（Claudius）尽管承认犹太人的权利，但同时还公开警告犹太人要更加公平合理地对待其他民族的宗教。[108]他给亚历山大城下的一道写在莎草纸上的谕令保留了下来，谕令警告当地的犹太社会，如果他们有敌视异教的行为发生，他将视他们为"向全世界传播瘟疫"的人群——这再次应和了曼涅托的说法。[109]希腊的反犹知识分子不仅像阿皮翁那样散布这些指控，更是有计划地荼毒统治者的思想。例如，尼禄皇帝

（Emperor Nero）个人对犹太人并无恶感，《塔木德》中甚至有一篇传说故事写他皈依了犹太教，但他的希腊老师卡埃莱蒙却是著名的反犹分子。

尼禄皇帝死后，犹太人和罗马的关系逐渐恶化，到了他的孙子统治犹地亚时恶化的势头才稍有停歇。事实上，若不是大搞皇帝崇拜的卡里古拉（Caligula，公元37—41年在位）幸好被人刺死，很有可能在他在位期间就爆发起义了。犹太末世民族主义论调的兴起无疑也是其中一个因素，如塔西佗明确宣称："大多数犹太人确信，古代的祭司书上写着，到那个时候，东方将兴起，世界将属于来自犹地亚的人。"[110]但是希腊和犹太人之间与日俱增的仇恨心理也是同样重要的因素。希腊化的异教徒是巴勒斯坦的精英，富人和商人辈出的是他们，而不是犹太教徒。他们成为当地的公务人员和税吏，罗马卫队的大部分士兵来自凯撒里亚、撒马利亚人的塞巴斯蒂等这些希腊化的城市。和亚历山大的希腊人一样，巴勒斯坦希腊人也因为他们的反犹主义而臭名昭著：卡里古拉采取反犹举措就是被贾布奈和亚实基伦说希腊语的那些人鼓动起来的。[111]罗马人愚蠢地坚持要从说希腊语的异教徒地区选任犹地亚执政官——最后一位也是最麻木不仁的格西乌斯·弗洛鲁斯（Gessius Florus），他来自希腊人治下的小亚细亚。公元1世纪，罗马人在巴勒斯坦的统治混乱无序，非常失败。不仅如此，罗马人还长期入不敷出，还以犹太人没有纳税为借口袭击圣殿金库，这是激起民愤的主要原因。社会上无数盗匪逍遥法外，破产者、政治上的不满者不停地加入扩充着这些人的队伍，许多农户债台高筑，希腊人和犹太人混居的城市经常气氛紧张。

事实上，公元66年起义的始发地并不是耶路撒冷，而是凯撒里亚，起因是希腊人和犹太人之间的一场诉讼。希腊人在诉讼中获胜，他们的庆贺方式是在犹太人区进行了一场种族屠杀，但是说希腊语的罗马卫队对此却听任不管。消息传到了耶路撒冷，耶路撒冷整个城都骚动了，而弗洛鲁斯偏偏又在这个时候抢夺了圣殿金库里的钱，反抗情绪更加激昂。战争爆发了，罗马军队洗劫了上城，圣殿祭司暂停正在为人民和罗马皇帝举行的献祭，求和派和主战派之间爆发了激烈的争论。耶路撒冷挤满了来自其他城市准备复仇的愤怒的犹太难民，他们的社区已被人多势众的希腊人侵占，家园已被烧毁。现在局势变得对极端派有利了，他们开始攻击并杀戮罗马卫队士兵。所以说，这场大起义是发生在希腊人和犹太人之间的国内战争和种族战争，但它同时也是犹太人内部的战争，因为——和马加比时代一样——以希腊化犹太人为主的犹太上层阶级支持希腊人的恶行。激进的民族主义者一旦控制了耶路撒冷，便把矛头指向了富人。他们最先采取的行动之一，便是焚烧圣殿卷宗，让所有的债务记录毁灭殆尽。

公元66年的大起义和耶路撒冷围城是犹太历史上最为重大、最为恐怖的事件，但遗憾的是，关于这段历史的记录严重缺失。塔西佗对这场战争有过长篇叙述，但是现在留存的只有一些残片。拉比的陈述由奇闻轶事构成，历史背景语焉不详，或者完全属于虚构。碑文或考古证据也为数不多。[112] 关于这场战争，我们唯一的权威几乎就是约瑟夫斯一人，而他的记录也充满了偏见和矛盾，完全不可信。只能说事件的经过大致是这样的，耶路撒冷的卫队士兵遭到屠杀后，罗马的叙利亚总督卡斯提乌斯·加卢斯（Cestius Gallus）在亚加召集一支大军奔赴耶路撒冷。大军到达城郊的时候，遭遇了犹太人的强烈抵抗，受挫后他下令撤退，最后全军覆灭。接着罗马方面接管战事，进行了大举反攻，至少有4个军团——第五、第十、第十二和第十五军团集中兵力围攻犹地亚，罗马还派了久经沙场的老将提图斯·弗拉维乌斯·韦斯巴芗（Titus Flavius Vespasian）指挥作战。韦斯巴芗并不着急，一开始几乎将耶路撒冷置之一边，直到他扫清了沿海的抵抗军，建立联络，攻克了犹太人控制的大部分要塞，并在乡村地区驻扎了下来。公元69年，韦斯巴芗被拥立为皇帝，同年年末他返回罗马，留下29岁的长子提图斯指挥最后阶段的战斗——包围并攻克耶路撒冷，围攻从公元70年的4月开始一直持续到9月。

约瑟夫斯也在这场战事中起了非常重要的作用，还留下两个不同的记录。《犹太战记》从马加比时代以来巴勒斯坦的犹太人历史写起，对公元66—70年发生的事件有非常详细的描写，这部书大部分完成于韦斯巴芗的继任者提图斯在世的时候。接着大约20年后，约瑟夫斯又完成了《犹太古史》，记述了从创世以来直至公元66年的全部历史（主要根据《圣经》），但是书后附了一个《自传》。《犹太战记》和这个《自传》存在多处不相符的地方。[113]

大多数古代史学家修史带着有个人倾向的动机，而约瑟夫斯的问题是，他在写这两部书的中间，动机发生了转变。比如，他的《自传》是回应犹太作家、太巴列人犹都士（Justus）对他进行的人格攻击。[114] 然而他改变立场的主要原因，是千百年来犹太人中司空见惯的一个现象，即青年时期精明能干，接受现代思想和世道的复杂，到了中年后期复又回归犹太人的根。约瑟夫斯的写作生涯，从罗马辩护者的身份开始，以犹太民族主义者的身份结束。

因此，近代有人分析约瑟夫斯说，否定他写的历史的真实性不难，但是要以真实可信的资料取而代之却又谈何容易。[115] 那么从约瑟夫斯的记述中，我们对犹太人这一段悲剧性的历史可以了解到什么呢？一个最主要的印象就是，犹太人历来派系林立，难以调和。当初屠杀罗马卫队士兵只是一小部分人的作为，只有当西斯丢·加卢斯溃退并全军覆灭之后，犹太权贵才决定召集军队对抗罗马人，而即使是这个时候他们也是怀着复杂的心情。他们的目标似乎是要继续执政掌权，伺机而动。因此，他们铸造了铜币——一舍客勒的，半舍客勒的，还有面值小的零钱。权贵以利亚撒·本·亚拿尼亚家族门下的高级祭司约瑟夫斯，被派往加利利征兵备战，同去的还有另外两名祭司。约瑟夫斯到了那里以后发现，大部分人反对战争，农人痛恨盗匪（包括犹太极端民族主义分子），也同样痛恨城市，他们不喜欢罗马人，但是也不想和他们作战。而城市中，色何利城亲罗马，提比里亚意见分裂不统一，加伯勒支持起义军首领吉斯卡拉的约翰。约瑟夫斯说他试图联合城市、农民和盗匪，但是他失败了；农民不愿参军作战，一入伍就当了逃兵。约瑟夫斯无奈退至希律古老的约塔帕塔要塞，象征性地抵抗了一番后，便向韦斯巴芗投降，从此效力于罗马，起初在耶路撒冷围城时充当翻译官，后来从事宣传工作。他和耶路撒冷第一次陷落时的耶利米想的一样：一切都是上帝的旨意，罗马人只是上帝成就大事的工具；因此反抗罗马人不仅愚蠢，更是有罪的。[116]

约瑟夫斯将这次历时长久、损失惨重的野蛮战争归结为双方一小部分人的恶意所为也许是正确的，后来他也开始意识到犹太人对宗教和政治权利的要求是何等强烈，他们要马加比王朝得到尊重，他们以拥有上帝的特别恩待而感到自豪和喜乐。然而他当初认为耶路撒冷进行抵抗有违常理的观点，却是正确的。提图斯拥有 6 万大军和最新的攻城设备，可以利用断粮的方式，利用犹太人的分裂，实现自己的目标。而守军仅有 2.5 万人，还派系林立：以利亚撒·本·西门领导的奋锐党人控制着安东尼亚城堡和圣殿，极端分子西门·本·乔拉和他的匕首党控制着上城，还有吉斯卡拉的约翰领导的以土买人和其他死硬派。大部分民众和难民无可奈何地成了这些激进分子的囚徒。约瑟夫斯详尽地描述了围城最后阶段的恐怖细节。罗马人一路作战，捣毁了安东尼亚城堡，拿下圣殿并将它付之一炬，一个月后又攻占了希律城堡。人民或被出售为奴，或惨遭杀害，即使当时保住了性命后来也死于凯撒里亚、安条克和罗马的竞技场内。西门·本·乔拉被活捉后带到罗马,在提图斯的凯旋队列中被游街示众,然后在广场上被处死。提图斯凯旋门至今仍屹立在罗马,大理石浮雕上刻着他从圣殿掳来的烛台。他还在他的宫殿里保存着至圣所的帷幔和一本《圣经》——《圣经》竟以这样的方式保存了下来!

耶路撒冷陷落后,犹太人只剩 3 个抵抗据点:希律堡,不久之后也被攻克;马卡鲁斯城堡,于公元 72 年被攻克;梅察达,这座雄踞犹地亚沙漠边缘 1 300 英尺高的巍峨巨岩,在公元前 37—前 31 年被希律王改建成一座巨大的要塞,用约瑟夫斯的话说,只有通过"一条羊肠小道"才可抵达。公元 66 年,犹太人用"计谋"占领了它,这段历史的英雄是米拿现,他的父亲是奋锐党创始人、后遭处决的革命者加利利的犹大。[117] 但是米拿现深陷于耶路撒冷的权力之争,最终被人杀害,梅察达的指挥权落在了他的侄子以利亚撒身上。公元 72 年罗马将军弗拉维乌斯·席尔瓦(Flavius Silva)最终攻下梅察达时,里面有起义军和难民,男女老少共 960 人。1963—1965 年,伊加尔·亚丁带领一支庞大的考古队伍和数千名来自世界各地的志愿者助手,对这一遗址进行了彻底的考古发掘,生动地还原了围城时的细节。席尔瓦指挥整个第十军团,外加辅助部队和充当劳工的无数犹太战俘。攻打这样的要塞是罗马人最拿手的,梅察达的失守不可避免。以利亚撒知道大势已去,便软硬兼施,要求剩余的守军集体自杀,约瑟夫斯记下了据说是他最后一次的讲话。两名女子和她们的 5 个孩子躲进一个山洞得以幸存。碎布、鞋子、骨头、整副的遗骸、篮子、个人物品的残片——储物室原封不动,向罗马人表明他们集体自杀并非迫于饥饿——民族主义者的钱币、盔甲鳞片和箭矢,这一切无声地见证了围城的经过,证明了守军孤注一掷的英雄气魄,其说服力远远超过了约瑟夫斯的文字描述。出土的陶片中似乎有最后 10 人抽签决定谁先杀死其他 9 人然后自杀所用的签;要塞会堂里大量的礼拜证据、14 卷《圣经》经书、宗派书籍和次经的部分残存,表明这是一支敬畏上帝、激进好战的守卫部队,受到了犹太文学中那股可怕力量深深的影响。[118]

围城之后,耶路撒冷沦为废墟,圣殿被摧毁,城墙成了碎石瓦砾,但是这七年的血腥灾难所带来的痛苦经历,并没有结束希腊人和犹太人之间的冲突,也未能阻止宗教情绪继续发挥作用,这种情绪激励着虔诚的犹太人,无论老幼,无论多么绝望,都要誓死捍卫他们的信仰。反犹情绪继续扩散,耶路撒冷的陷落被说成是上帝仇恨犹太人的证明。菲洛斯特拉托斯(Philostratus)在他的《诡辩家传》(*Vita Apollonii*)中称,提图斯攻下耶路撒冷后,犹地亚的海伦向他献上胜利花环,但是他拒绝接受,理由是消灭一个被自己的神所遗弃的民族算不上功劳。此言不太可能出自一个和顽强的敌人进行了一场艰苦奋战的职业军事指挥官之口,但这是典型的反犹宣传,那时到处都有类似的言论。贺拉斯和马提雅尔的批评尚算克制,但塔西佗却极尽希腊人诽谤之能事。从大约公元 100 年起,对犹太人的指责更是甚嚣尘上,说他们搅动了下层社会的秩序，说他们带来了毁灭性的新观念——古往今来都回荡着这样的指控。[119] 因此，犹太侨民城市总是事端频发，尤其在公元 115—117 年。

最后一拨犹太人起义是哈德良①皇帝（Emperor Hadrian）在位期间，因政府对犹太人的敌意引发的。这位皇帝在公元 128—132 年居留在东方，起初同情犹太教，但后来可能是受了塔西佗等人的影响，态度大变，开始仇视起犹太人来。他开始讨厌所有的东方宗教，尤其厌恶割礼，并视之无异于阉割——一种违者以死论处的自残行为。哈德良在东方各地推行泛希腊主义的政策，其中一个方案便是在耶路撒冷的废墟上建立一个新的异教城市，并在圣殿山上建立朱庇特神庙。

罗马历史学家狄奥·卡西乌斯（Dio Cassius）是这段时期史料的主要来源，他说哈德良驻守东方期间，犹太人不敢起来反抗，但是他们秘密武装自己，建立隐秘的防御工事。当时罗马有两个军团驻守在那里。哈德良一走，犹地亚的犹太人就开始行动了，狄奥说："整个世界的犹太人都起来加入他们的行动，公开或非公开地为罗马人制造了许多麻烦，甚至非犹太教徒也来助一臂之力。"[120] 起义历时四年，狄奥说罗马人损失惨重，他们不得不从帝国的各地，包括不列颠和多瑙河，调集军团到巴勒斯坦，最终，犹太人面对的是至少 12 个罗马军团。罗马人采用的战术还是那

---

① 罗马帝国皇帝。——译者注

样有条不紊、稳扎稳打，他们分割和孤立叛军，用断粮的方法迫使边缘地区的分队投降，然后逐渐逼近其余的抵抗中心。犹太人一度占领耶路撒冷，但是没有城墙的耶路撒冷易攻难守。他们占据了许多要塞，如在希律堡发掘出来的地道。叛军的总部似乎在当时的贝塔尔城，位于耶路撒冷西南面的犹地亚山区，这个最后的据点于公元135年被罗马人攻陷。

反抗行动能够达到这样的影响力，初期能够取得这样的成功，是因为这一次犹太人，或者说起码他们当中主战的各方是团结合作的，而且是在一个强人领袖的统一领导下。"星辰之子"西门·巴尔·科赫巴（Simon bar Kokhba）或称科西瓦（Kosiva）是犹太人史上最神秘莫测的人物之一，单是他的名字就在学者中间引发了激烈的争论，然而终无定论。更大胆的犹太起义者，如加利利的犹大，自称他们是弥赛亚，以吸引更多人的支持——这是罗马人同意用十字架处死耶稣的主要原因。根据优西比乌主教（一位怀有敌意的基督徒作者）的说法，西门确实自称弥赛亚，其名字中的科赫巴（星辰）就是指《民数记》中的预言："有星要出于雅各，有杖要兴于以色列，必打破摩押的四角，毁坏扰乱之子。"[121] 一位拉比学者称，当时最伟大的学者阿基瓦·本·约瑟夫拉比（Akiva ben Joseph，约公元50—135）承认西门为弥赛亚。[122] 阿基瓦的出现是个有趣的社会现象，他出身卑贱，是贫穷的"当地人"，家里没有读书的传统，在很长一段时间里（如他所说）厌恶学习，以牧羊为生。后来他成了饱学之士，但是依然热心地关切穷人，这或许是他参加起义的原因（如果他真的参加了：这一传统说法存疑）。但是其他拉比却无法苟同。根据《耶路撒冷塔木德》，当阿基瓦说到西门时，"这是国王弥赛亚"，另一位拉比约哈南·本·托塔回应说："阿基瓦，就算你的口中会长出草来，大卫之子也不可能出现。"[123]

西门并不自称"星辰"，而是自称"科塞瓦"，他发行的钱币上也没有提及弥赛亚的说法，只是称他为"以色列拿西（王子）西门"。他主要的精神导师不是阿基瓦，而是他的叔叔莫丁的以利亚撒，后者的名字也曾出现在西门发行的一些钱币上；但是到起义的最后阶段，叔侄二人反目成仇，以利亚撒最后被侄子所杀。[124]从我们现有的零星证据来看，西门在有学识的犹太人中支持者甚寡，最后他失去了一切。1952—1961年，考古学家在犹地亚沙漠地区从事发掘工作，在多处遗址，尤其是被称为"书信洞穴"的地方，发现了一些与这场起义有关的物件。这些希伯来文、阿拉姆文或希腊文的信件，都是以西门的名义代写和代签的。从这些考古发现可以看出，起义军是正统的犹太教徒，尽管身处绝境，他们依然不遗余力地坚守摩西律法——如守安息日，庆贺节日，履行祭祀仪式等，但是并没有证据表明西门自封弥赛亚、受膏者或是什么精神领袖。这些信件表明他的辖地很广，关心的事务涉及农田租契、农资补给、调动农村地区的人员和储备粮食备战。他完全是一个世俗的统治者，如他信中自称的"拿西"，严厉、务实、决不妥协、心狠手辣，"我叫上天来见证……我会给你戴上脚镣","你若不去行必将受到惩罚","你生活优裕,吃着喝着以色列家的产业,却不顾弟兄们的死活"。[125] 后来拉比中流传的关于"星辰之子"的传说似乎没有事实依据。西门更像现代犹太复国主义斗士的原型:没有传奇色彩的职业军人,一个纯粹的游击队员和民族主义者。

西门最后在贝塔尔战死。阿基瓦被俘,囚禁在监狱里最后被折磨致死,血肉被人用"铁梳"从身体上撕扯下来。狄奥说起义军中"很少有人活下来"。罗马人的报复令人闻风丧胆,50个前哨据点以及985个城镇、乡村和农业定居点被夷为平地。狄奥写道,58万犹太人战死,无数人"死于饥饿、大火和刀剑,犹地亚几乎全地荒废为墟"。[126] 4世纪末,在伯利恒的圣杰罗姆(St Jerome)①记录说,当时有传言称,起义失败后,大量犹太人被当作奴隶进行买卖,价格跌到比马还低。

哈德良不顾一切地推行要将已成废墟的耶路撒冷改造成一座希腊化城邦的计划。他用碎石瓦砾填埋旧城的低洼处,把它变成平地;在旧城以外的地方,移走碎石垃圾,开采下面巨大的石料,用于在填平的场址上建造公共建筑。这个新城大致就是现今耶路撒冷古城最早的布局,北面的主路穿过今天的大马士革门,东面的正门就是后来所称的圣司提反门,上方还有一座残留的凯

---

① 圣杰罗姆(约340—420),牧师、神学家和历史学家,以将《圣经》翻译为拉丁文而闻名。——译者注

旋门。哈德良将他所建的城市称为埃利亚 – 卡皮托利纳（Aelia Capitolina），希腊人迁居进来，而犹太人却被禁止入内，违者以死论处。但是这条规定可能未被严格执行，到了4世纪中期就被叛教者朱利安皇帝（Emperor Julian）取消了。不管怎样，犹太人还是想方设法在每年旧城被毁的日子重访遗址的一隅，就是现在称为"哭墙"（the Wailing Wall）的地方。杰罗姆在他的《西番雅书注解》（Commentary on Zephaniah）中，描写了一幅动人的残酷画面：

> 每逢耶路撒冷毁灭的日子，可以看到面容悲戚的人们纷纷前来纪念。老弱瘦小的妇人和老翁，衣衫褴褛，背负着岁月的沧桑，无论身体衣着无不昭示主的愤怒。一群可怜之人聚集在这里，当主的绞刑架散发炫目的光耀，主的复活彰显他的荣耀的时候，带有十字架的鲜艳旗帜在橄榄山上飘扬，他们对着圣殿的废墟哭泣。然而这些人并不值得同情。[127]

公元70年和135年的这两场浩劫，令这个犹太古国的古代史实际上到此就结束了，并直接导致了两个具有重大历史意义的后果。首先是犹太教和基督教的最后分离。保罗的写作时间是公元50年前后的10年里，他实际上是否定摩西律法的称义和得救作用，此举（我们前面已经看到）和耶稣的教义是一致的。在和犹太—基督教领袖在耶路撒冷召开的一次会议上,他为他的非犹太信徒争取到权利,可以免受犹太教规的约束。但是这些并不一定就意味着犹太教徒和基督教徒开始认为他们的信仰互相排斥,各自的信徒互相为敌。《路加福音》,或作于公元六十几年,从某些方面来看很像散居地希腊化犹太人的著述,其对象是有可能皈依犹太教的人。路加的目的似乎是要归纳和简化律法,他认为律法书是犹太习俗的智慧集成——一支特定民族的伦理观。保持敬虔之心在犹太教徒和非犹太教徒中都是一样的:都是灵魂准备接受福音的途径。非犹太教徒也有他们自己的优良习俗,上帝不会歧视那些没有律法如犹太习俗的人。上帝也不会歧视犹太人。犹太教徒和非犹太教徒,都能通过信心和恩典得救。[128]

非犹太教徒和犹太教徒都可以将基督教作为一种超级宗教来接纳的思想,没有在公元66—70年的这些事件中幸存下来,耶路撒冷原有的基督—犹太教会实际上在灾难中覆灭了。[129]大多数信徒已经死亡,幸存下来的也分散各处,他们的信仰无论从哪个方面来说都已不再是主流的基督教,而是成了一个不起眼的教派——伊便尼派(the Ebionites),并最终被宣布为异端。在因此而形成的真空中,希腊教会迅速发展壮大,成了基督教的全部,其影响就是使基督教信仰更加专注地集中于保罗的讲论,即基督的死和复活乃是得救的途径——这在耶稣的教义中是有明显预示的——更加集中于这位受膏的救世主的本质。基督自称什么呢?他本人用得最多的是"人子",其他人亦是如此称呼他。"人子"

这一叫法或许有多重含义,或许毫无意义——耶稣不过是说自己是普通人,或担负他这个特别使命的人而已。[130] 可以说,耶稣认为自己不过是富有感召力的哈西德派教徒。[131] 但是耶稣的复活和他对这一神迹的预言,以及后来向门徒显现等事件中所隐含的耶稣是神的观念,是使徒基督教会成立之初就有的。除此之外,和这个思想同时这么早就出现的还有这样一个观点,即耶稣创立了圣餐礼,预料到他将为世人赎罪而死,并且死而复生。在圣餐礼中,耶稣的肉和血(祭品)用饼和酒来代替。基督徒用圣餐礼来取代犹太教中所有的献祭方式,这一"神圣而完美的献祭"的出现,确立了耶稣神格化的信条。对于耶稣是神还是人的问题,基督徒是这样来回答的:都是。公元70年以后,他们的回答是一致的,而且越来越肯定。如此一来,和犹太教完全脱离已经不可避免。犹太教徒能够接受圣殿的去中央化——其实许多人早已接受,而且不多久全部接受了,能够接受对律法的不同解读,但他们不能接受他们一向所信的神与人之间的绝对区别也被废除,因为那是犹太教神学的精髓,是最能体现他们有别于异教徒的信念。不承认这个区别特征,基督徒就等于是让自己彻底脱离犹太教信仰,再也无法回头了。

更重要的是,基督徒在脱离犹太教信仰的过程中让这两个一神教之间出现了不可避免,也无法调和的激烈对抗。犹太教徒不可能否定自己的中心教义来承认耶稣的神性,承认耶稣是上帝之子,基督徒也不可能否定自己这场运动的本质和目的来承认耶稣不是神。如果基督不是神，基督教便什么也不是；如果基督是神，那么犹太教便是错误的。在这一点上，两者绝无妥协的可能，因此互相都是一个威胁。

除了这本质上的区别以外，这两种信仰在其他方面几乎完全相同，这使得他们之间的矛盾变得越发激烈。基督教从犹太教那里带走了五经（包括它的道德伦理体系）、先知书和智慧书，还有更多犹太教徒没有准备纳入正典的次经，带走了礼拜仪式，甚至圣餐礼也是来源于犹太教。他们带走的还有安息日和各种宗教节日，香和长明灯，诗篇、赞美诗和合唱音乐，圣服和祷告，神职人员和殉道士，圣书诵读和会堂（改为教堂）。他们甚至还带走了教权概念——但不久之后犹太教就修改了——将大祭司改为主教和教皇。早期教会中的一切，无不是在犹太教的轮廓里面，唯有基督论（Christology）除外。

还有一点很重要的是，基督徒是从犹太教的文学传统中起家的，因此他们所继承的东西中还有犹太教的圣学辩论。我们前面已经看到，圣学辩论是马加比时代殉道行为遗留下来的历史产物，在1世纪时期的犹太著述中是一个非常重要的元素。初期的基督教著述都有各犹太教派之间那种针锋相对的语气。基督教和犹太教之间一旦出现难以弥合的裂痕，他们之间唯一的交流方式便是辩论。不久之后成为基督教的《托拉》的四福音书，就体现了犹太教教派辩论的传统。从这点上说，它们的语言和死海经卷的有些卷册非常相似，同样可以被视为犹太教徒之间的争论。"犹太人"一词,在《马太福音》和《路加福音》中分别出现了5次,在《马可福音》和《约翰福音》中分别出现了6次和71次。这并不一定是因为约翰是在更晚时期作书因而对犹太教怀有更深的敌意。事实上《约翰福音》的原始版本还可能是最早的福音书。《约翰福音》中的"犹太人"似乎有多重含义——撒都该人,法利赛人,或兼指两者,圣殿差役,犹太当权派,犹太公会,犹太统治阶层——还指犹太民众,但是最常见的含义是"耶稣教义的反对者"。[132]《约翰福音》只是与异端的辩论。库姆兰修士笔下的"魔鬼之子"指的是犹太教内部的反对者,和《约翰福音》中所说的如出一辙:"你们是出于你们的父魔鬼。"同样地,库姆兰经卷的大马士革版本所用的"犹太人""犹太地""犹大家"的说法,和《约翰福音》一样,也是指当前掌握着话语权的犹太反对派。[133]尽管《马太福音》有时被说成《新约》中最"维护犹太人"的一卷,福音书中最伤害犹太人的文字,事实上就出现在《马太福音》中。那是在彼拉多洗手后,"众人"呼喊着说,"他的血归到我们和我们的子孙身上",[134] 这里毫不掩饰地表明犹太人同意耶稣的死由他们的子孙来担责。次经《彼得福音》里写耶稣受难的那一段,对这件事进行了更加着重的描写。[135]

遗憾的是,这些专业的宗教辩论,这些反映神学家之间的互相憎厌的文学作品(odium theologicum),被断章取义,成了基督徒全面攻击犹太人的依据。伊拉斯谟后来说,应该避免这种争论,"因为长期的舌战和笔战最后会变成用拳头说话"。《马太福音》提出的集体犯罪指控,《约翰福音》中关于"魔鬼之子"的指控,两者合而为一,成为反犹主义中一条基督徒支流的核心,经过移花接木,与古老的异教反犹传统相结合,后来形成了一股强大的仇恨力量。

公元 70 年以后犹太基督教会的解体和希腊教会的胜利,使犹太教徒也开始谴责基督徒。犹太教徒每日针对异端信徒和反教者的祈祷始于公元前 2 世纪推行希腊化改革计划的时候——严格主义者教徒便西拉所作的智慧辩论集《德训篇》如此祈求上帝(匕首党将之刻在梅察达要塞上):"求你大发雷霆,发泄义怒,铲除敌对,消灭仇人。"[136]这个原本为"祝福你,使傲慢人降卑的主啊"的针对异端信徒的祷词,成了犹太教徒每日立祷(阿米达,Amidah)的第 12 条祷文。这条祷文一度只针对撒都该人。拉班迦玛列二世(Raban Gamaliel Ⅱ,约公元 80—约 115)统治时期,第 12 条祷文,或称"异端祝祷",针对基督徒被做了修正,基督那些劫后余生的犹太门徒似乎也是在那个时候被逐出会堂的。到公元 132 年起义爆发之际,基督徒和犹太教徒已被认为是公开对峙的两派,甚至成了仇敌。巴勒斯坦的基督教社区的确请求罗马当局给予他们有别于犹太教徒的独立宗教地位,基督徒作者、居住在奈阿波利斯(纳布勒斯)的殉道者游斯丁(Justin Martyr,约公元 100—约 165)称,西门·巴尔·科赫巴的追随者不仅屠杀希腊人群体,还屠杀基督徒,也就是从这时候起,犹太评经书中开始出现反基督徒的论辩。

犹太教作为国教最终式微，造成的第二个后果是，犹太教活动的本质和范围发生了深刻变化。从公元 70 年开始，犹太教不再是一种看得见、摸得着的民族宗教了，犹太教徒失去了庇护。公元 135 年以后更是如此。相反，犹太民族和犹太教变成了和研习、遵守《托拉》同等的概念。犹太人的历史很难归入哪个民族和宗教发展进程的一般分类，因为它是一个独特的现象。确实，犹太史学家经常会遇到在其他任何地方都不会有的历史进程划分问题。犹太教和犹太民族对《托拉》的专注是从大卫王国的末期开始逐步加深的。约西亚改革、大流散、流散回归、以斯拉的成就、马加比家族的胜利、法利赛人的兴起、犹太会堂和学堂的建立、拉比的兴起——这些历史进程依次推进，首先确立了《托拉》在犹太人的宗教和社会生活中的绝对主导地位，然后逐步加以巩固，这样就削弱了犹太教和犹太民族其他制制度的力量。公元 135 年以后，《托拉》的统治地位完全确立，因为那时候其他的一切都已不复存在。严格主义者将其他的一切都消灭了，一半是他们的计划，一半是他们挑起的灾难所导致的结果。

这一切是否出于天意呢？从 2 世纪较短时段的视角来看，犹太人这个强大的民族和宗教团体似乎自作自受，自己招致了毁灭。在 1 世纪的大部分时间里，犹太人不仅占整个罗马帝国十分之一的人口，有些大城市比例更大，而且人口还在不断地增加。他们拥有超越时代的新观念：伦理一神教；他们几乎人人识字；他们是当时唯一一个拥有福利制度的民族；来自各个社会群体、包括最高阶层的人改宗皈依犹太教；弗拉维王朝起码有一个皇帝很可能改信了犹太教，就如 250 年以后的君士坦丁改信基督教。约瑟夫斯的夸耀不无道理："无一城市，无论希腊的还是未开化的，无一民族，不守安息日、不禁食、不点烛……上帝无所不在，律法也同样在每个人的心里。"一个世纪后，一切都颠倒了过来，耶路撒冷已完全不再是一个犹太人的城市了。在曾经犹太人占全部人口 40% 的亚历山大城，犹太人完全失去了话语权。约瑟夫斯、塔西佗、狄奥等作者引用的关于两次起义的巨大伤亡数据或有夸张之嫌（塔西佗称单是在公元 66—77 年的斗争中，就有 119.7 万名犹太人被杀或被卖为奴），但当时巴勒斯坦犹太教徒人口迅速下降是显然的。在散居地，不断壮大的基督徒群体，不仅窃取了最好的犹太神学和社会观念而成为"外邦人的光"，而且还越来越多地渗入犹太教徒内部，散居地的犹太侨民是基督教主要的信徒来源。[137]

不仅故土和散居地的犹太人口数量急剧下降，而且犹太人的视野也明显变窄了。在大希律王时代，犹太人就已开始在新帝国的文化和经济生活中扮演重要角色。像斐洛·尤迪厄斯（Philo Judaeus，约公元前 30—公元 45）这样的人，出身于亚历山大城最富裕、最有国际情怀的犹太侨民家庭，读着七十士译本长大，能说一口漂亮的希腊语，能用希腊语写一手好文章，在家读的都是希腊文学，既是历史学家又是外交家，独树一帜的世俗哲学家，同时又是虔诚的犹太教徒和多产的解经家，涉及的经卷不仅有《摩西五经》，还有全部的犹太律法书。[138] 斐洛代表的是犹太理性主义最杰出的传统，后来的基督教学者对于《旧约》的理解，尤其是对其寓意的理解，都极大地受惠于他。斐洛对于犹太教精神的阐述是深刻独到而富有见地的。而他似乎并不懂希伯来语的事实，也正说明了到基督教时代来临之际，有知识的犹太人在不牺牲自己基本信仰的前提下，已经在为世界文明和世俗文化做出巨大的贡献。然而到2世纪中期，像斐洛这样视野宽广的人才，可能已难以在犹太社会中找到容身之处。犹太人已不再书写历史，已不再从事任何形式的思辨哲学研究。其所有的传统文学形式——智慧书、诗歌、诗篇、寓言、历史小说、启示文学——都被他们抛弃了。他们怀着极大的热情和真诚，将全部的精力倾注到一种文学形式上：宗教律法书的评注。他们就这样坚持不懈地持续了几百年，忘记了自己曾经有更加丰满的过去，也觉察不到外面知识界的风起云涌。

然而犹太教的自我封闭，和700多年越来越紧的苛严制度所得到的必然结果，或许正是犹太教能够生存下来，犹太民族作为一个独特群体能够生存下来的条件。犹太教徒没有像近古时期许多其他民族那样，在人口变迁的剧烈震荡中消失在历史的长河里，也没有淹没在中世纪的新兴群体中从而失去了自己的独特身份——像罗马人和希腊人那样，像高卢人和凯尔特人那样，或者甚至像散居地皈依基督教的无数犹太人那样。犹太教和犹太教的遗存在《托拉》这块千年琥珀中保存了下来。这并不是一个奇怪的、难以理解的历史现象。犹太民族之所以能够生存下来，是因为经过这段时期的深刻内省，他们的知识界领袖才得以将《托拉》扩大成一套条理十分清楚、具有逻辑一致性和社会效力的道德神学体系和共同体法。犹太人失去以色列国后，就将《托拉》当成了他们的思想和精神堡垒，在这个堡垒里，他们是安全的，甚至是满足的。

这项社会性的形而上学的伟大事业始于微末，是在公元70年耶路撒冷陷落的劫后余波中开始的。世袭的祭司家族，以及整个传统的犹太上层阶级，全都消逝在城市的废墟之中，从此以后犹太人就自觉形成权威政体（cathedocracy）：接受学术权威的统治。犹太教一向有此传统——上帝不就是通过先知来教导他的子民吗？只不过现在更加直截了当了。传说法利赛拉比、公会副首领约哈南·本·撒该（Johanan ben Zakkai）在围城之时被装进棺材偷偷运出耶路撒冷。他曾经反对起义，代表犹太教中的传统势力，他们相信没有国家的拖累和腐败，人们可以更加虔诚地侍奉上帝，保持信仰。约哈南从罗马当局获许在耶路撒冷以西的海岸城市贾布奈建立犹太宗教事务管理中心。在贾布奈，犹太公会、国家被埋葬在历史烟尘之中，取而代之的是拉比集会，集会或在鸽舍附近葡萄园，或在某个人家的上室里举行。拉比和会堂成了犹太教的规范机构，犹太教从此从本质上来说也成了一种会众信仰（congregationalist faith）。贾布奈的学院制定犹太教年历，继续《圣经》的立典工作，还规定：虽然圣殿被毁，逾越节晚餐等仪式仍须定期举行。学院还确立公祷形式，制定禁食和朝圣礼规。新的犹太教精神显然是对狂热分子和民族主义暴力行为的回应。"不要急着拆毁外邦人的祭坛，"据说拉比约哈南曾这么说，"免得你要被迫亲手重建它们。"他又说："如果你在种树，而有人告诉你说弥赛亚来了，先种好树苗，再去迎接弥赛亚。"[139]在贾布奈，刀剑已被遗忘，笔的统治已经建立。这个制度是一个自我延续的寡头统治，学院根据学识和品德选任或"任命"新拉比。但是权力往往落入学问博大精深的家族手中，没多久拉比约哈南的后裔就被拉比迦玛列二世赶下台，后者的父亲曾是圣保罗的老师，罗马人承认他是拿西（nasi），或者说是族长。

这些学者拒绝加入巴尔·科赫巴的起义，但是，他们当然也受到了影响，学者们经常不得不秘密集会。贾布奈也成了不安全的地方，起义失败后，拉比机构就转移到了加利利西部的乌沙城。大多数拉比生活贫穷，他们要做工，而且通常是体力劳动。我们现在很难构建那个时候犹太人的历史，因为那时他们自己已不再修史，偶有传记等资料，但也无法在《哈拉哈》（律例规条，*halakhah*）①的章节，或《哈加达》（*Haggadah*）②的故事传说中找到相应的根据。犹太学术团体有时人员冗杂，缺乏自我约束力。贾

---

① 意为"规则"，是犹太教口传法规。——译者注
② 意为"宣讲"，由犹太教拉比讲解《塔纳赫》（包括《托拉》《先知书》和《圣录》共计24卷）中的各种传奇、逸事、历史、民族风情、礼仪传统、神学争论及其奥秘的含义和众多拉比内心的悟解、叙述性的布道两部分组成。——译者注

布奈的大学者之一，以利沙·本·阿布亚（Elisha ben Avuyah）就成了异端信徒，而其弟子、2世纪最杰出的学者拉比迈尔（Meir），则可能是改宗者。女性也在其中扮演角色，迈尔的妻子布鲁瑞就是《哈拉哈》的主要权威。犹太教徒时而受罗马当局骚扰甚至迫害，时而无人问津，时而又与罗马愉快合作。他们的领袖接受帝国的土地赏封，享有很大的司法统辖权。基督教学者奥力振（Origen，185—254）称拿西甚至可以判罚死刑，无疑他还有权征税。生活在2世纪后半叶和3世纪初的拉比犹大·哈拿西（Judah Ha-Nasi），或称犹大亲王，是有卫兵护卫的巨富，几乎就是加利利和南部地区犹太社区的世俗君主。虽然并不完全如此，但他几乎就是这样的人：慷慨解囊资助学者，将能人志士奉为座上宾；免除学者的赋税，转由劳动者负担；如遇饥馑，则向学者开仓放粮，无文化之人除外。即使他的女仆据说也懂希伯来语，能解释生僻词含义。犹大是最坚定的知识精英主义者，他曾经无情地说："给世界带来患难的是那些没有文化的人。"[140]

即使是第二圣殿时期也存在权威政体王朝，他们被称为"组格特"（zugot），也就是"双领袖"（pairs）的意思。一共有五对主要的学者组合，最后一对是基督的老师、大名鼎鼎的希勒尔和他的对手煞买。他们的后裔和追随者，以及在精英之列的其他学者，被称为坦拿（tannaim）①。希勒尔的孙子迦玛列长老，是六代

---

① "坦拿"一词来源于阿拉米语，含义为"教师"。犹太教认为，坦（接下页）

学者中的第一位,犹大·哈拿西是最后一位。紧接着的一代,大约公元 220 年开始,第一位是拉比贺雅·拉巴（Hiya Rabbah）,开启了阿摩拉①时代（age of the amoraim）。这个时代在犹地亚持续了 5 个世代,直至 4 世纪结束,在巴比伦持续了 8 个世代,直到 5 世纪结束。巴比伦及其周围地区当然自大流散时期就已形成庞大的犹太社区。自巴比伦犹太人认同耶路撒冷当局及后来贾布奈的历法计算后,两地之间就接触不断,只要有可能,巴比伦的犹太人还会到耶路撒冷朝圣。法利赛教派或拉比犹太教传到巴比伦是巴尔·科赫巴起义直接导致的结果,当时有一批学者从犹地亚逃难到当时的帕提亚人属地,并建立了学院。这些学堂集中在苏拉（今巴格达南部）及其西面的蓬贝迪塔两地,一直活跃到 11 世纪。巴勒斯坦的西部学院分布在各地,在犹大·哈拿西时代,他将所有的学术研究集中在贝特·舍阿里姆（Bet Shearim）,但是在他过世后,凯撒里亚、提比里亚和吕大都出现了重要的学院。

这一段时期的犹太历史没有留下特别的物理痕迹,犹太考古学家当然也无法考察位于伊拉克的遗址。位于苏拉的犹太定居点早

（接上页）拿是著名犹太哲人希勒尔和山迈的直接继承人,是最早将犹太口传律法记录下来并对其内容进行深入细致研究的人,其活动年代为公元 20 年至拉比犹太亲王年代（公元 200 年前后）。在拉比犹太亲王的领导下,以犹太人口传律法为主要内容的《密西拿》编撰完成,同时也标志着坦拿时代的结束。——译者注

① "阿摩拉"一词来源于希伯来语,意为"代言人"。阿摩拉的主要任务是研究《密西拿》,对《密西拿》的遗漏部分进行补充,完成了法律释义汇编《革马拉》。《密西拿》和《革马拉》共同组成《塔木德》。——译者注

第二章 犹太教

在 12 世纪 70 年代犹太旅行家图德拉的本杰明（Benjamin）[①]造访时就已完全消失，本杰明在书中写道，城市已成一片废墟。他倒是在贝特·舍阿里姆发现了一个相当规模的社区，但这是我们所能得到的最后信息。另外，1932 年的考古挖掘，在幼发拉底河岸边的罗马商队城市杜拉·欧罗普斯（Dura Europus）发现了公元 245 年的一处犹太会堂遗址，还有阿拉姆语、希腊语和巴列维—帕提亚语的碑刻。那里的犹太聚居地似乎建立于北方王国覆灭后百姓开始流亡时期，但是公元 66—70 年和公元 132—135 年起义后又有更多正统的犹太教徒来到这里。但即便如此，这里仍是一个非正统信仰的社区，可能当时很多都是这样。那里的建筑是希腊式的，这没什么大不了，但令人惊讶的是竟有约三十来块的画板（现藏于大马士革国家博物馆），都反映了弥赛亚主题，包括回归、复国和得救，画面内容有族长，有摩西出埃及，有约柜的失而复得，还有大卫和以斯帖。学者们认为这些画属于据信是二三世纪时期的插图《圣经》，这表明基督教艺术也发端于犹太教。显然当时的图像教规并未得到严格遵守，起码并未在所有犹太群体中得到严格遵守。[141]

巴勒斯坦现在还留存着圣哲时代的一些犹太会堂和墓冢。在加利利湖畔的提比里亚有座 4 世纪建造的会堂，它的马赛克地面

---

① 中世纪伟大的犹太旅行家。1159 年，本杰明从家乡图德拉出发（西班牙北部的小城），开始了他为期 14 年的世界旅行。——译者注

上也拼有人和动物的形象,还有十二星座的符号。提比里亚城不远处的山上,是殉道者阿基瓦拉比和约哈南·本·撒该的墓冢,沿湖行2英里,便是拉比迈尔的墓。在迦百农,有仆人得到耶稣医治的那位百夫长曾建有一座犹太会堂,1905—1926年,这座二三世纪进行过重建的会堂被考古学家挖掘出来,一起出土的还有羊角号和枝形烛台、煮吗哪的锅、棕榈树和大卫王之盾。叙利亚和以色列北部也发掘出三个会堂,拿撒勒至海法的公路不远处就是犹大·哈拿西的贝特舍阿里姆学院中心,附近有附属会堂、地下墓穴和公墓——公墓里具象艺术作品云集,犹大本人的墓穴也隐藏在这里的某处。[142]

但是,这一时代不管是集体还是个人,他们在学术方面的主要成就还是犹太圣学著述。犹太圣学研究应该分为几个层面,每个层面依次相承。首先是《摩西五经》本身,五经的编撰在大流散之前就已基本完成,尽管一些校订工作显然在回归后还在继续。五经是犹太教书面律法的主体,其他的以此为基础。然后是先知书、诗篇和智慧文学,我们从前面可知,这部分立典工作是在约哈南·本·撒该的主持下于公元70—132年完成的。此外还有研究犹太宗教和历史必不可少的各种非正典著述:《圣经》希腊文译本,或称七十士译本;约瑟夫斯的著述;次经经卷和各种莎草纸文献。

第二层面或第二阶段是整理积累了数百年的口传律法并汇编成书。这一步被称为"密西拿"(Mishnah),意思是"重述和学习",因为口传律法最初是通过背诵和概括掌握的。《密西拿》由三个部分组成:《米德拉西》(midrash)是讲解五经以明确律法要点的方法;《哈拉哈》是具体观点上达成一致的法律裁定;《哈加达》,或称《讲道集》,包括人物轶事和传奇故事,用以向普通民众传授如何理解律法。经过一代又一代人的努力,这些经释、裁决和解说逐渐以书面形式沉淀了下来。巴尔·科赫巴起义之后,拉比犹大·哈拿西和他的学派将这些材料进行整理,最终在2世纪末将其汇编成书,称为《密西拿》,即"重述"的范本。全书共计六卷,每卷包含数量不等的若干篇。第一卷是"种子卷"(Zera'im),共11篇,涉及祝祷、什一奉献和名号。"节期卷"(Mo'ed)共12篇,涉及安息日和犹太节期。"妇女卷"(Nashim)共7篇,涉及结婚与离婚。"民事卷"(Nezikin)共10篇,处理民事不法行为和侵权行为,以及法官、惩罚和证据的问题。"神职卷"(Kodashim)共11篇,是关于献祭和渎圣的规定,与第一卷略有重叠。最后是"洁净卷"(Tohorot)共12篇,涉及不净和仪式的规定。[143] 除了《密西拿》,还有坦拿编撰的格言和判令集《托塞夫塔》(Tosefta),其篇幅是前者的四倍。《托塞夫塔》的准确来源、成书时间和汇编过程——以及它和《密西拿》的确切关系——在长达1 000多年里一直是学者们争论不休的话题,目前尚无定论。[144]

当然,《密西拿》一旦成书,后世的学者们就开始对其进行评注。这些学者以真实案例为依据建立律法理论,当为世人铭记。

此时，拉比学派的注经方法已传至巴比伦，因此当时有两个注经中心，一个在以色列地，一个在巴比伦的学院。两地都出版《塔木德》，"塔木德"有"研读"或"学习"之意，由一代代阿摩拉（amoraim）完成汇编。《耶路撒冷塔木德》，更正确的叫法是《西塔木德》，完成于4世纪末，《巴比伦塔木德》则比它晚一个世纪，两者分别都有对《密西拿》各篇进行多页的评注。这是圣学研究的第三个层面。

后来又进行了第四层面的工作：对两部《塔木德》的评注（Perushim），其中最优秀的是11世纪拉希对《巴比伦塔木德》所做的评注；新律（Hiddushim）则是通过对不同来源的材料进行比较和整合，写成新的律法条文，也就是《哈拉哈》。经典的新律是12世纪至13世纪根据《巴比伦塔木德》编写的。它还有一个层面，是律法解答，是主要学者对提问所做的书面解答。最后一个层面则是将这些浩瀚的材料简化后编成法典，担当此任的是11世纪至16世纪的一些杰出学者，包括以撒·阿尔法西（Isaac Alfasi）、迈蒙尼德、雅各布·本·亚设（Jacob ben Asher）和约瑟夫·卡洛（Joseph Caro）。5世纪至11世纪被称为加昂（gaon）[①]时代，那时候，学者们致力于推出具有学院权威的集体裁定书和文献汇编。后来的拉比时代，法律裁决去中央化，主导律法演变

---

① 加昂是对耶希瓦（犹太经学院）院长的一种尊称，尤其是对苏拉和蓬贝迪塔耶希瓦院长的尊称，后泛指巴比伦和巴勒斯坦耶希瓦里才华出众的学者、有广泛影响的犹太教神学家。——译者注

转移到个体学者身上。之后,从 16 世纪至 18 世纪末是后学者时代。

与此同时,犹太社会在整个近东和地中海地区拓展,最终广布中欧和东欧的大部分地区。他们通过自己的宗教法庭解决大部分法律问题,因此这些多层次的著述,不仅是他们长期潜心钻研、探索《圣经》真谛的结晶,更是一部活生生的、涉及真人实例的通用法典。从西方人角度来看,这就是一部自然法,是《圣经》律法、查士丁尼法典、教会法规、英国的普通法、欧洲的民事法、议会的法令章程、美国宪法和拿破仑法典的集合。直到 19 世纪许多犹太人获得从传统律法中的解放、犹太社会不再拥有司法自治时,对犹太《哈拉哈》的研究才开始成为学术——而即便在那时,它仍然对发达社会的犹太人婚姻法,以及落后地区的其他许多生活方面具有支配作用。

此外,世界历史上尚无一个国家体制能探索如此之久,寻求将道德伦理的教义结合到民事、刑事法学的具体实践中。这些道德教义一向存在诸多不足,这也是犹太基督徒唯有在从中脱离出来之后才实现了普适主义的原因所在。最终到了启蒙时代,人们才开始觉得它无可救药地落后过时,非犹太社会,以及许多受过教育的犹太教徒甚至觉得它可恶至极。当然,它也不乏众多非凡之处,毕竟它带给犹太人的道德观和社会观是文明而实用的,而且事实证明,还特别地绵延长久。

人是上帝照着自己形象所造,因而生命是神圣的概念,是犹太伦理体系的基本准则。前面已经讲到，它从最初开始就影响着犹太刑事法典的各项条规律例，圣哲及其后来人又对其中的含义进行了细致入微的解读。万事万物都从上帝而来，人类对于这些恩赐只有暂时的使用权，因此，比如说，人类必须辛勤耕种，但还须考虑到子孙后代还能延用土地。上帝的恩赐还包括人类自己的身体，希勒尔长老因此还教导说，人类有义务保持身体健康强壮。斐洛和许多受到希腊思想影响的学者一样，在道德方面对身体和灵魂做出区分，甚至称身体是和理性的灵魂作对的"阴谋家"，是情绪化、非理性的。但是作为主流的拉比犹太教并不认同这种身体和灵魂二元论，就像他们否定诺斯替派所谓的善恶两种势力对立的说法一样。拉比犹太教教导说，身体和灵魂是一体的，二者一起犯罪，也要一起受罚，这一点是基督教和犹太教的重要区别特征。基督教思想认为通过禁欲和禁食削弱身体的力量可以增强灵魂的意志，而这对于犹太教徒而言无异于诅咒。1世纪他们尚有苦行派，但是一旦拉比犹太教确立了主导地位，犹太教徒就彻底摒弃了修道、隐居和苦行。公开禁食代表公开赎罪，虽然是必须的，但个人禁食却是有罪而遭禁止的。戒酒，如拿细耳人所行的那样，也是有罪的，因为这是拒绝上帝赐给我们的生活必需品。素食主义几乎是不被主张的，禁欲也是——这是和基督教的又一重要区别。拉比学派的态度是："《托拉》戒规岂不足多，汝等欲增之乎？"总而言之，照着上帝形象而造的身体，行事要有度，待之也要有度。在一切的人类行为上，犹太教的主张是节制有度，而不是戒而绝之。[145]

　　既然人属于上帝，那么自杀就是渎圣行为，无谓地拿自己的生命冒险亦有罪。对于一个没有国家给予自己保护、经常面临迫害的民族而言，这里还有一个重要问题，这个问题在两千年后的大屠杀期间成了首要问题。圣哲裁定说，人无权为拯救自己的生命而致他人死亡，但也无须为拯救他人而牺牲自己的生命。在哈德良时期的迫害运动中，吕大（Lydda）的圣哲作出裁定，犹太教徒为拯救自己的生命，除三条戒律之外，其他皆可违犯。这三条戒律是：不可拜偶像，不可奸淫和乱伦，不可杀人。当涉及人的性命时，数量的因素不是重要因素。个体若是无辜，别人就不可为了多数人的生命而牺牲他。《密西拿》中有一条重要原则：每个人都是全人类的代表，杀害一人从某种意义上说便是践踏这条生命原则，同样，拯救一人便是在拯救人类。[146]阿基瓦拉比似乎还认为，杀人便是"脱离同类"，即离开人类。斐洛称杀人是最大的渎圣罪，亦是最严重的刑事罪。"赎罪绝不可行，"迈蒙尼德写道，"即便杀人者愿倾尽世上所有钱财，即便原告同意释放杀人者还他自由，因为被杀之人的生命……属于圣者。"[147]

　　因为人无一不归上帝所有，所以凡针对同类的犯罪，上帝都是受害者。侵犯上帝罪孽固然深重，但是侵犯同类更是罪加一等，因为侵犯同类的同时也侵犯了上帝。上帝是"看不见的第三者"，因此，不信守诺言，否认上帝是唯一证人的口头协议，比违反书面协议更加恶劣；公开抢夺轻于暗中行窃，因为暗中行窃者更加敬畏的是俗世的力量,而不是上帝的神圣报复。[148]

156　　因为每个人都是照着上帝的形象平等地创造出来的,所以人人平等是最基本的概念。第二圣殿时期犹太人中奴隶的消失正是在法利赛人兴起的时候,这并不是巧合,因为法利赛人坚持认为,上帝是法庭的真正法官,所以法庭之上,无论国王、大祭司、自由民和奴隶,人人平等。这是法利赛人和撒都该人的主要分歧之一。法利赛人反对主人要为奴隶和牲口的行为同样负责的观点,因为奴隶和所有人一样有自己的思想,这就赋予了奴隶在法庭上的地位,一旦奴隶拥有了法律地位,奴隶制就难以维系。法利赛人在掌握了公会之后还坚持国王犯法与庶民同罪,他们要向公会解释自己的行为并接受它的审判——这是公会和哈斯蒙尼王朝、希律王朝的重大分歧之一。国王们虽然借助暴力慑服了法庭,但是法利赛人的理论却留存了下来,并且全面获胜——犹太《哈拉哈》的律法惯例正在被纳入《密西拿》,让法律面前人人平等的观念成了犹太教中一条不容辩驳的真理。这里虽然和犹太国王是"耶和华所膏立"的说法——后来基督教理论家提出君权神授的信条就是以此为依据——有冲突,但是犹太教徒却从未承认受膏具有法律上的意义。凡是大卫王独断专行的所作所为,《圣经》都加以严厉谴责,亚哈强占拿伯的葡萄园也被描写成弥天大罪。这就是为什么君权不能干涉犹太教事务的原因:犹太人心目中的国王,要担当王的全部职责,却不能有王的任何权力。的确,许多人内心从来都不相信国王是耶和华的受膏者,但是他们确实相信国王是上帝拣选的，似乎后者的说法出现得更早。斐洛也相信国王、士师等当权者是上帝拣选的，他引用《申命记》里的话说："你总要立耶和华你神所拣选的人为王，必从你弟兄中立一人，不可立你弟兄以外的人为王。"[149] 约瑟夫斯则接受基甸的观点：除了上帝别无其他统治者，倘若必须有一位国王，此人必须出于犹太民族并服从律法。

事实上，犹太社会真正具有统治地位的是法庭，这在受神圣律法统治的社会里是理所当然的。这里强调的是法庭而不是法官，因为人不能单独作为审案的法官是最重要的原则之一："不要独自审判，因为除了那唯一者以外无人能独自审判。"[150] 裁决只有在多数人同意下才有效，死刑案件则必须达成至少两个人赞成的多数。这个多数人原则也适用于《托拉》的解读。犹太教之所以历经千百年依然能够完整地保留下来，也是因为它不仅坚决遵守多数人决定的原则，而且还坚持一旦做出合理的裁决，拒绝服从者必将受到非常严厉的惩罚。与此同时，服从但持有异议者有权要求将自己的意见记录下来提出申诉，这是《密西拿》确立的一项重要规条。在法庭上和学者团体中实行的是指派而不是选举，因为学识是必要条件，唯有有学问者才可审判——犹太人是第一个按受教育程度建设参政权的社会——但在实际操作中，"我们任命社区的长官必先和社区人们商议"。[151] 不仅仅是法庭，律法也有最基本的民主基础。还有一个专门的团体查明某一社会通行的惯例是什么，以供法官判决时参考，这个团体和后来盎格鲁－撒克逊的陪审团不无相同。律法必须得到社会认同的原则,隐含在犹太法学当中,有时则是直接显明的:"法庭颁发的法令,若是得不到社会多数人的认同,就是无效的法令。"[152]

人作为个体是权利的主体,作为社会成员又是义务的主体。历史上没有其他的司法体系如此一以贯之地协调个体和社会角色,并在总体上取得了出色的成就——这也是犹太人面对其他人或许无法忍受的压力时能够保持团结的又一原因。社会要求法律面前人人平等——这是对个体最有可能起作用的保障——然而社会,尤其是一个不断受到迫害的社会,在这个大的平等框架之内,有它自己的优先考虑。下面是圣哲们的一些著名判决:

> 拯救男人的性命先于拯救女人的性命……遮盖女人的裸体先于遮盖男人的身体。支付女人的赎金先于支付男人的赎金。有被性侵危险的男人,先于有被性侵危险的女人。祭司先于利未人,利未人先于以色列人,以色列人先于异族通婚者的孩子,通婚者的孩子先于尼提宁人(natin[①]),尼提宁人先于改宗者,改宗者先于奴隶……但通婚者的孩子若是通晓律法而大祭司不通律法,则通婚者的孩子先于大祭司。[153]

---

① 从 nathin 一词而来,指基遍人后裔。——原注

学者比愚昧无知的人，如"当地人"，更有社会价值，因而学者出庭可以就座。但倘若诉讼的另一方是"当地人"，那么按照人人平等的原则，他也必须就座。圣哲是最早赋予每个人捍卫尊严的权利的法学家，他们这样裁定："一人若是伤害其同类，那么他就要补偿对方以下5个方面的损失：所受的伤害、所受的疼痛、治疗费、损失的时间以及丧失的尊严。"然而，丧失尊严的程度，却是按社会地位来评定等级的。[154]

不仅在律法面前人人平等，而且每个人的身体也是自由的。圣哲和拉比们极不情愿以囚禁（不同于审判前的限制人身自由）作为处罚的手段，人人拥有行动自由之基本权利的观念是深植于犹太教教理之中的，这也是犹太人成为最早废除奴隶制的古代社会的原因所在。但是如果要说一个人从身体角度来说是自由的，那么从道德角度来说他绝对不是自由的。相反，他必须对社会尽各种各样的义务，尤其是他必须服从合法的当权机构。犹太律法绝不姑息反叛者，反叛者可以被判处死刑。在近古时代，各犹太社会实际上由会众集体管理，一个由7人组成的理事会制定薪资、物价、度量衡和计量标准以及细则条文，并有权处罚违反者。缴纳共同税赋不仅是宗教义务，也是社会责任。除此之外，慈善也是义务，在希伯来语中，"zedakah"一词包含了正义和慈善的双重含义。古代犹太国的福利制度是其他国家福利制度的原型，它不是以自愿为基础的，男子必须按其财产比例缴纳共同基金，违反者法庭可强制要求其履行义务。迈蒙尼德甚至裁定，逃避按财产比例缴纳的共同基金应以反叛论处。其他的共同义务包括尊重隐私，睦邻友好（出售土地时给予邻居优先购买权），严格禁止噪声、异味、破坏公物和污染行为。[155]

这些共同义务需要放在犹太神学的框架里进行理解。圣哲教导说，犹太教徒不可将这些社会义务视如负担，而应将其理解为使他们有了更多的方式来表示对上帝的爱、对公义的爱。犹太人有时被指责不如希腊人那样理解自由的含义，但实际上他们对自由的理解更加正确，他们领会了这个要点：唯一真正的自由是道德良知——这是圣保罗从犹太教带走并用于基督教的一个概念。犹太教徒认为罪和美德既是个人的又是集体的。《圣经》反复表明，一个城市、一个社会、一个国家，都会因着自身的行为得到奖赏或惩罚。《托拉》将所有的犹太人捆绑在一起，将其视为一体的身体和灵魂。[156]个体既受益于社会，也要对社会做出贡献。希勒尔长老如此规定："不可脱离社会信靠自己，直至死亡的那天。"即使像迈蒙尼德这样的开明人士也告诫人们，一个远离社会的人，即使他在其他方面敬畏上帝，将来的世界也不会有他的份。

《圣经》里隐含着这样一个整体观念，即个体的罪无论多小，都会不知不觉地影响整个世界，反之亦然。犹太教从不允许个人犯罪个人接受审判的原则完全凌驾于更加古老的集体审判原则之上，无论前者有多么重要。让两者同时并存，才有了一个复杂精细而又经久不衰的社会责任信条，这是他们对人类的最伟大贡献之一。作恶者是人类的耻辱，圣人是我们的骄傲和自豪。在一段感人至深的文字中，斐洛如此写道：

> 每一位智者都是愚者的赎价，若无智者怀着同情和预见保护着愚者，他们将片刻都难以坚持。智者犹如医者，为病人医治疾病……故而每每听闻智者逝去，我心充满悲伤。我不为逝者难过，因为他生活喜乐，死得体面。不——我乃是为了活着的人忧愁。智者用有力的臂膀保护他们，带给他们平安，如今斯人已逝，他们就被抛弃在无边的苦海里，不久就能尝到这痛苦的滋味，除非上天会为他们兴起新的保护者。[157]

智者须向社会贡献智慧，就如富人须向社会贡献财富。因此，当需要时若不服务于社会也是一种罪。为他人祈祷也是一种责任。"凡能为同伴向上帝乞求怜悯却不去行动的就是罪人。"每一位犹太教徒都是另一位教徒的担保人，如果看到同伴犯罪，他必须提出告诫，如有可能还要阻止他的行为——否则他也是在犯罪。如果有人公开犯罪，那么社会也有责任。犹太教徒必须时常留意反对作恶的行为，尤其是公开的罪大恶极的行为。但正是因为反对别人作恶如此重要，所以失实和恶意的指控尤为令人憎恶，故意败坏他人名誉是重罪之一，"猎巫行动"则是集体的大恶。

《托拉》及其大量的评注文献既是一个道德神学体系，又是一部实用的民法和刑事法。因此，虽然有些地方拘泥于具体问题和法律的细节，但它总是试图诉诸精神因素和精神支持来强化法庭暂时的权威。司法再严厉也不为过。犹太人首先提出了忏悔和赎罪的概念，后来也成了基督教最重要的教义。《圣经》多处提到"心意的改变"——"一心归向我，"《约珥书》中说："你们要撕裂心肠，不撕裂衣服。"而《以西结书》中的训谕是"自做一个新心"。律法和法庭试图超越赔偿，让争讼的双方达成和解，其目的就是要让犹太社会凝聚起来。因此律法和圣哲的裁决都是积极促进和谐，有预见性地消除可能出现的争端，促进和平比维护名义上的正义更加重要。遇到难以决断的案件，圣哲们总会引用《箴言》里有关智慧的这句格言："她的道是安乐，她的路全是平安。"[158]

和平是美好的状态，又是崇高的理想，同时也是切实可行的人类得以生存的条件，这个思想又是犹太人的一大发明。这是《圣经》尤其是那部最优美的《以赛亚书》的伟大主题之一。《密西拿》中说："有三样东西维系着这个世界——公义、真理和平安。"全书的结语是："和平是上帝赐予以色列的最大祝福，因为经上写着：'耶和华必赐力量给他的百姓；耶和华必赐平安的福给他的百姓。'"[159] 圣哲们认为，知识最重要的作用之一，就是用律法来促进和平，促进夫妻之间的和平，促进父母和子女之间的和平，更广泛地说，促进社会和民族之间的和平。为和平祈祷是虔诚的犹太教徒一日三次祝祷的重要内容，圣哲们引用《以赛亚书》的话说，"那报佳音，传平安的，这人的脚登山何等佳美"，[160] 他们声称,弥赛亚要做的第一件事将是宣告世界和平。

犹太历史发展进程中最重要的一个环节、使犹太教有别于以色列原始宗教最明显的地方,就是越来越重视和平。公元 135 年以后,犹太教实际上放弃了哪怕是正义的暴力——这其实含蓄地意味着放弃了国家——将希望寄予和平上。犹太民族的英勇气魄和英雄主义作为经久不衰的民族主题被推向后台,犹太人求同存异的民族心态走向前台。对于世世代代的犹太人来说,贾布奈所发生的一切远比在梅察达所发生的一切更具有重要意义,那里学者们终于从勇士的手中接过了统领民族的大权。的确,失守的城堡已几乎被遗忘在历史的角落里,直到 20 世纪大屠杀骇人的烈焰中,取代了贾布奈的民族神话被再次想起。

专注于外部和平与内部和谐,研究如何实现这一目标,对于一个没有国家保护的弱势民族来说是至关重要的,显然也是《托拉》评注的主要目的之一,而这一点他们做得非常出色——几乎可以说是奇迹。《托拉》成了一股强大的凝聚力量,没有一个民族的公共法律和信条能如此有效地服务于它的人民。从 2 世纪起,曾是第二圣殿时期一大特色的教派主义几乎销声匿迹——起码在我们看来是如此,所有旧的派系纳入了拉比犹太教的体系。虽然《托拉》研究这一领域依然是一个充满激烈争论的角斗场,但它是在多数人共识的框架之内进行的。对犹太教的发展而言,没有国家,反而是大幸。

同样重要的还有犹太教的另一个特点,那就是信理神学(dogmatic theology）的相对缺失。因为起源问题，基督教几乎从一开始就纠结于信理问题，它信奉一个神，但是它的一神论却受到了基督神性的制约。为了解决这个问题，它提出了基督二性论和三位一体的教义——后者即三个位格集于上帝一身。然而此举又导致了更多的问题，致使2世纪以后产生了无数的异端邪说，造成基督教在整个黑暗时代动荡不安，内部纷争不断。《新约》因为耶稣的神秘宣言和保罗的隐晦——尤其在《罗马书》里——成了危机四伏的雷区。圣彼得教会的制度及其中央权威信纲，导致罗马和拜占庭之间争议不断，最终走向决裂。圣餐礼的真正意义之争致使罗马教会主体在16世纪进一步出现分裂。制定信理神学——教会应该如何宣讲上帝、圣礼及教会自身——成了基督教专业知识分子关心的重要问题，到今天依然如此，20世纪末的圣公会主教们依然在围绕着童女生子的问题进行争论。

犹太教徒却躲过了这种不幸，他们的上帝观非常简单明了。有些犹太学者认为犹太教其实也有许多信理。如果从它的许多禁例来看，的确如此——最主要的一条是反对偶像崇拜。但是犹太教徒通常规避那种由神学家自以为是创造出来的、最后带来无尽麻烦的积极信条。比如，他们从不相信原罪之说。在所有的古老民族中，犹太人或许是对死亡最没有兴趣的一个，这给他们省却了不少麻烦。没错，相信复活和相信来世的生命是法利赛人的主要区别标志，因此也是拉比犹太教的信仰基础。整个犹太教第一条明确的教条声明在《密西拿》中确实也是这么说的："所有以色列人都将有份于来世,除了那些说律法没有提到复活的人。"[161] 但是犹太教徒却喜欢专注于生命而将死亡——以及有关死亡的信条——推至一边。单重和双重预定论,死后涤罪说,赎罪券,为死者祈祷,圣徒代祷等——这些造成基督徒不和的困扰问题,几乎或根本没有给犹太教徒带来任何烦恼。

这里很重要的一点是,虽然基督教在建教之初就开始制定教规,但在萨迪亚加昂(Saadiah Gaon,882—942)制定最早的犹太教信条(共 10 条)时,犹太教已经有 2 500 多年的历史了。直到很久以后,迈尼蒙德的 13 条教则才成为犹太教明确的信仰声明,但并无证据表明这个声明得到过任何权威机构的讨论和背书。最初的 13 条出现在迈尼蒙德给《密西拿》第 10 章"公会篇"的评注中,包括以下内容:信仰上帝是存在的,他是万物的创造者;信仰上帝的一体性;相信上帝是无形无体无相的;相信上帝是最先的,也是最后的;相信上帝是唯一值得敬拜之主;相信先知的预言皆真实可信;相信摩西是最伟大的先知;相信《托拉》是神圣的;相信《托拉》是不可改变的;相信上帝是无所不知的;相信上帝在来生有奖罚;信仰弥赛亚必将来临;相信死者能复活。这些信条,后经重新表述,成为 Ani Ma'amin("我信"),被印在犹太教的祈祷书上。这些信条几乎没有引发什么争议。的确,信条规则一向不是犹太学者关心的重要问题,犹太教并不十分注重教义——这是大家公认的——它注重的是行为;法典比教义更加重要。

犹太圣哲们的一项不朽成就，就是将《托拉》变成一部永不过时、全面统一的普适原则，指导着人类行为的方方面面。《托拉》成为犹太信仰中仅次于一神论思想的基本要义。甚至在1世纪，约瑟夫斯就能够在他的著述中情有可原地夸张说，大多数民族的人民对自己民族的法律所知甚少，直到发现自己已经触犯法律了，但是"我们犹太民族的每个人，只要问到律法问题，他都能如数家珍。自智慧的曙光开始闪耀，我们就有透彻的律法教育，因此我们的律法深深地铭刻在我们每一个人的心灵之上，现在如此，过去亦是如此。因而极少有人违背律法，更无人能以无知为由逃脱惩罚"。[162]这种状况在学院和圣哲时期更是明显，因此通过律法来认识上帝成了犹太教的一切，它使犹太教变得内向封闭，但同时也给了它在这个充满敌意的世界生存下去的力量。

世界的敌意因时因地而异，却总是有增无减。黑暗时代最幸运的犹太人是生活在巴比伦的那些人，领导他们的是犹太宗主。这些犹太亲王比巴勒斯坦的拿西更有影响力，也更加世俗，他们自称是犹大王国君王的子孙，是大卫的直系后裔，他们住在王宫里，过着体面的生活。的确，在帕提亚人统治时期，犹太宗主实际上就是国家的高级官员。拉比侍立其左右，受宠幸的拉比还能和宗主同席共餐，在他的庭院里坐而论道。随着3世纪初萨珊王朝（Sassanid dynasty）的到来，以及他们的民族宗教——祆教（Zoroaster）的复兴，犹太社会的宗教压力越来越大，犹太宗主的权势日渐衰落，学者的影响力却逐渐上升。3世纪苏拉学院有多达 1 200 名学者,在农闲季节这个数字还会上升。因为躲过了那场反抗罗马帝国统治的战争浩劫,巴比伦的犹太社会取得了更高的学术成就。不管怎样,巴比伦犹太人总是自视为最正统的犹太传统的宝库,拥有最纯正的血统。《巴比伦塔木德》声称:"如果说以色列地是酵母,那么所有的国家都只是面团,但是和巴比伦相比,以色列地只是面团。"[163] 虽然巴比伦在历法的制定上依赖于西方,耶路撒冷可以经由一连串信号灯接收各学院向其传达的信号,但是《巴比伦塔木德》仍然比耶路撒冷的版本内容更加丰富——两者都没有留下完本——更是长久以来被认为更加权威,在整个中世纪各地的犹太人(唯独巴勒斯坦除外)都主要接受来自它的指令。

然而巴比伦对犹太人来说也并非安全之地,关于萨珊王朝统治时期的迫害行为和殉道事件的记录不在少数,但是文献证据匮缺而且内容也都不可信。445 年,塔兹迪加三世下令废除安息日,(根据舍里拉·加昂拉比的一封信)"拉比们宣布禁食,是晚,圣者派去一条鳄鱼,将躺在沙发上的他吞吃了下去,于是法令作废"。但舍里拉是蓬贝迪塔学院的院长,该学院学术最繁荣的时期是在约 906—1006 年,他写这段话的时候事情已经过去 450 年了。犹太传说称塔兹迪加的儿子和后继者菲鲁兹为"那个恶人",指责他逼迫宗主殉道。在他死后,出现了一段时期的无政府状态,其间犹太宗主玛尔·组特拉二世(Mar Zutra II,约 496—520)率领 400 勇士成立自治国家,定都马哈撒;但是 7 年之后,犹太人的道德堕落给了波斯人可乘之机,波斯人获胜后,宗主被斩首并钉在十字架上。579—580 年,又爆发了一拨迫害运动。不过也有的波斯君主对犹太人心存好感,有意思的是,624 年波斯人入侵巴勒斯坦、占领耶路撒冷的时候,还受到了当地犹太人的热烈欢迎。[164]

这并不足为奇,因为在巴勒斯坦和西方的犹太侨民散居地,犹太人的处境比这艰难多了。313 年,君士坦丁大帝(Emperor Constantine)接受基督教,成为基督的信徒,结束了政府的迫害行为,出现了一段短暂的宗教普遍宽容时期。然而,从 4 世纪 40 年代起,基督教开始显示出国教的样子。第一批禁止异教崇拜的法令就是在那个时候颁发的。4 世纪 60 年代,尤利安皇帝(Emperor Julian)在位期间异教徒有过短暂的反抗,但是接踵而来的一场严厉而全面的运动就把异教信仰给彻底肃清了。由此基督教成了全民宗教,在地中海东部地区,它往往还是暴民的信仰。有名望的宗教领袖举行大型的火炬会,会上人群愤怒地高喊口号:"绞死那个加略人!""伊巴斯玷污了西利耳的真正教义!""打倒亲犹派!"最初召集这些暴民是为了威胁参加教会集会的人,但是,他们很快就开始砸偶像,焚烧异教神殿,他们转而针对犹太教徒也不过是时间问题了。4 世纪末期,基督教成了罗马帝国各地的普遍信仰,异教信仰开始消失。当异教信仰消失的时候,犹太教徒开始变得尤为引人注目——这是一个庞大有序且相对富裕的少数族群,教育程度高,信仰敬虔,他们拒绝接受基督教不是出于无知而是因为他们的顽固不化。对基督教来说，犹太教徒成了"急需解决的问题"。他们不受暴民欢迎，后者认为基督徒受帝国皇帝迫害时这些人助纣为虐。尤利安在位时，异教信仰一度复兴，犹太教徒迎来了喘息的机会，尤利安在犹太传说中不是叛教者，而是被称为"希腊人尤利安"。4世纪80年代，在狄奥多西一世（Emperor Theodosius I）统治时期，实现宗教统一成了罗马帝国的官方政策，一条条法规条例纷至沓来，一致针对异端信徒、异教徒和各种非主流教派信仰者（不信奉基督教的人）。与此同时，基督徒暴民攻击犹太会堂也成了司空见惯的现象。然而这与帝国的公共政策背道而驰，因为犹太教徒是一个受人尊敬的、体面正派的社会群体，一贯支持合法的政府。388年，一名基督徒暴民在当地主教的煽动下，放火烧毁了幼发拉底河岸边城市卡利尼古姆的犹太会堂。狄奥多西一世决定试探一下，下令用基督教会的财物来重建会堂，但是遭到了米兰大主教安布罗斯的强烈谴责。这位主教是所有高级神职人员中最有影响力的一位，他致信狄奥多西皇帝，告诫他说这道谕令严重损害了教会的威望："在显示法纪与宗教的大义名分之间，"他质问道，"究竟哪一项更为重要呢？与宗教利益相比，维护民法是次要的。"他在皇帝面前发表布道，摆明了他的这个立场，皇帝只好灰溜溜地撤回谕令。[165]

在4世纪末期和5世纪时，生活在基督教社会的犹太教徒被剥夺了大部分的公共权利和全部特权，他们不得就任政府职位，不得入伍。凡诱劝基督徒改宗或与基督徒通婚的，都可以死论处。

但是有担当的基督教领袖从来没有把武力消灭犹太教作为他们的使命。圣奥古斯丁（St Augustine，354—430）是所有拉丁神学家中最有影响力的一位，他说，犹太教徒的存在也是上帝的旨意，因为他们是基督教真理的见证者，他们的失败和屈辱象征着基督教堂已经击败犹太会堂取得了胜利。因此，教会的政策是允许小的犹太社会在困窘潦倒中生存下去。然而希腊教会因为继承了希腊反犹主义的全部衣钵，所以他们对犹太教徒怀有更深的敌意。5世纪初期，重要的希腊神学家金口若望（John Chrysostom，354—407）在安条克发表8篇"反对犹太人的布道演讲"，这些布道尽可能引用（甚至误用）《马太福音》和《约翰福音》中的主要段落，成了反犹太长篇演说的经典范本。这样，基督教徒这个特定群体的反犹主义——将犹太教徒描绘成杀害基督的凶手——又被嫁接到了关于异教徒的无数恶毒诽谤和谣言上。此时，犹太社会在所有的基督教城市的处境都岌岌可危。

在巴勒斯坦，从4世纪初的头几十年开始，耶路撒冷以及其他与耶稣有关的地方都被基督教化了，教堂、修道院相继建成。小的犹太社会生存了下来，尤其在加利利。《耶路撒冷塔木德》就是在这里完成的，当时是在圣杰罗姆的时代。杰罗姆在耶路撒冷建立了自己的私人修道团体，专门见证犹太教徒的贫穷和苦境。在他死后不久，一群叙利亚修士在巴扫马这位狂热信徒的带领下在犹太巴勒斯坦实施一系列大屠杀，焚烧犹太会堂，甚至整个村子。事实上在中世纪黑暗时代，巴勒斯坦因为宗教冲突，人民生活日益贫困,人口日益减少。贝拉基主义(Pelagianism)、阿里乌主义(Arianism),以及后来的基督一性论之争,把基督教会内部也搞得四分五裂。每个派别上台都会对其他派别极尽迫害。4世纪时,撒马利亚人迎来了复兴:那个时候至少新建了8座会堂。但是他们的势力增长招致了拜占庭当局充满敌意的关注。438年,狄奥多西二世(Emperor Theodosius II)针对他们颁布了反犹太人法令,大约45年以后,撒马利亚人发动叛乱,屠杀基督教教徒,焚烧教堂。拜占庭出兵镇压,撒马利亚人失去了在基利心山上的古老圣所,后来那里成了圣母大教堂。查士丁尼皇帝在位时期(527—565),撒马利亚人再次起来反抗。这位统治者是更加严厉的正教徒,只允许受过洗的人获得公民身份,凡不服从卡尔西顿会议决议(Council of Chalcedon)的都予以放逐——哪怕是基督教教徒。查士丁尼对撒马利亚人进行了血腥报复,几乎把这个民族和信仰彻底消灭,此时的犹太教徒很低调,没有给撒马利亚人提供任何援助。但是在7世纪上半叶,福卡斯和希拉克略两位皇帝受到一些修士身份的激进分子的压力,试图强行在犹太人中推行洗礼——那些人警告他们说,帝国会被那些行过割礼的人覆灭。

宗教纷争此起彼伏,不仅削弱了拜占庭帝国的内部实力,也招来了外部侵略。首先是611年波斯人入侵巴勒斯坦,3年后,在围城20天后,他们夺取了耶路撒冷。犹太教徒被指控是波斯人的帮凶。但是如果说波斯人真像基督徒所说的那样承诺将圣城还给犹太人作为回报,那么他们无疑是食言了。不管怎样,629年希拉克略收复圣城,紧接着发动了一场针对犹太教徒的大屠杀。但这是希腊人的势力在巴勒斯坦的最后一次行动。630年,穆罕默德征服麦加,636年,拜占庭在耶尔穆克河之战中彻底大败,在不到4年里,穆斯林占领了整个巴勒斯坦以及叙利亚的大部分地区。卡尔西顿派(Chalcedonians)和基督一性论派(Monophysites)、聂斯托利派(Nestorians)和科普特派(Copts)、塞琉古人和亚美尼亚人、拉丁人和希腊人、撒马利亚人和犹太人,所有的这些人都淹没在了伊斯兰教的洪流中。

伊斯兰教最初受到犹太教教义的深刻影响,后来渐行渐远,形成独立的门户,尔后很快发展出自己的活力和特色。犹太人很早就出现在阿拉伯世界。南面即现在的也门,早在公元前1世纪就有犹太经商者的足迹,而北部即汉志(Hijaz)则还可追溯到更早。有一则阿拉伯历史传说称犹太人定居麦地那是在大卫王统治时期,而另一则传说又将其提早到摩西时代。1956年于巴比伦出土的碑刻显示,犹太宗教社会最早进入汉志是公元前6世纪,甚至更早。[166]但是最早可确信的证据是墓志和涂鸦上的犹太人名,它们显示犹太人出现在阿拉伯世界尚且无法追溯至公元前1世纪以前。但是无论怎样,在基督教时代初期,犹太教传入了阿拉伯半岛的北部,当地的有些部落成了犹太教徒。有证据显示4世纪在麦地那(Medina)一带的犹太诗人非常活跃,此时甚至有可能还出现了犹太人统治的国家。根据阿拉伯的资料显示,在麦地那及其附近地区,大约有20个犹太教部族。

第二章 犹太教

这些定居绿洲的部族既是牧民又是商人，伊斯兰教从一开始就是一个半城市化的商人宗教，而非沙漠宗教。但沙漠也是重要的，因为居住在沙漠边缘，或像拿细耳人为了摆脱城市生活的腐败堕落而遁入沙漠的犹太教徒，他们信仰的从来都是更严格的犹太教，尤其是在一神论问题上决不妥协。这一点很吸引穆罕默德。基督教在穆罕默德看来并不能严格算一神教，因此对他的影响非常微不足道，起码在初期阶段是如此。此刻他的目标似乎是要摧毁这个绿洲文化里的多神异教信仰，而他实现这一目标的途径，就是用阿拉伯人能够理解的语言，用他们能够接受的方式，将阿拉伯犹太人的伦理一神教传给他们。穆罕默德承认犹太人的神，承认他们的先知，承认圣书所包含的律法是不可改变的，也承认要吸纳宗教法庭所采用的口传律法。和犹太教徒一样，穆斯林一开始也不愿意将口传律法汇编成书，和犹太教徒一样，他们最终还是这样做了。和犹太教徒一样，他们也有拉比——他们叫穆夫提（muftis）——负责有关教法问题的解答，最早的教法解答似乎有意采用犹太教的形式。还是和犹太教徒一样，穆斯林也遵守饮食、祭礼纯净和洁净等既严格又烦琐的规定。

但是穆罕默德发现，麦地那的犹太人尚未准备好接受由他创造出来的一神教，于是他就开始另立门户，独立发展伊斯兰教。不管怎样，穆罕默德开始有意识地推动伊斯兰教的一神论信仰。他改变了安息日的性质，并将时间挪到星期五，他将朝拜的方向由原来的耶路撒冷改为麦加，还修改了主要节期的时间。最重要的是，他宣布犹太教徒的大部分饮食规定只是因过去的犯罪行为所受的惩罚，所以他废止了这些规定，但是保留了禁食猪肉、动物血和自死动物的规定以及部分屠宰规定。这些改革造成的结果就是，出现一个犹太教和伊斯兰教融合的社会几乎是不可能的，不管两者在伦理或教义的基本原则上有多大程度的一致；除此之外，伊斯兰教不久还发展出了一套自己的教义理论，很快，和基督教一样，神学辩论——这导致了激烈的宗派之争——也在伊斯兰教中开始发挥重要作用。

168　　总而言之，伊斯兰教迅速建立了一套理论。伊斯兰教以惊人的速度迅速传播，席卷了近东、整个地中海南部地区、西班牙，以及亚洲的广大地区。到 18 世纪初，在希腊和拉丁世界依然处境艰难的犹太社会，发现自己已被庞大的伊斯兰教神权政体重重包围了。这个从某种意义上说是他们发明终又摒弃的神权政体，如今正掌握着他们的生杀大权。幸而此时他们又找到了自己的生命维持系统——《塔木德》，以及独特的自治模式——权威政体（cathedocracy）模式。

第三章　权威政体

169　　1168年,一位观察力非凡的西班牙犹太旅行者——或许是一位珠宝商——造访宏伟的拜占庭都城君士坦丁堡。若不是他写了一本关于1159—1172年他在地中海北部和中东多地旅行的《游记》(*Book of Travels*),我们对这位图德拉的本杰明几乎一无所知。它是在中世纪创作的游记中最实用、最客观和最可靠的一部,早在1556年就出版发行,其后被翻译成几乎所有的欧洲语言,成为那个时代的学者们一份主要的原始资料来源。[1]

　　本杰明对他停留的犹太社区做了细致的记录,不过与其他地方相比,他似乎在君士坦丁堡待得更久,因此他对这座大城市——当时世界上最大的城市——的描述尤其详尽。他发现那里有大约2 500名犹太人,并分为两个不同的团体。占多数的2 000人是遵循拉比传统的犹太人,他们认可《密西拿》《塔木德》和全部的具有多层次的评注。其他的500人是《圣经》派信徒,他们只按照《摩西五经》行事,拒绝口传律法及其所有的衍生内容。

从 8 世纪开始至整个流散期间，他们形成了自己的群体；拉比派犹太人对他们的敌意之深，以至于在犹太社区的两部分人之间都竖起了高高的栅栏。

本杰明写道，犹太人是"丝绸手艺人"和各行各业的商人。他们中有"很多富人"，但法律不允许他们任何人骑马，"除了国王的医生、埃及人所罗门拉比之外。由于他，犹太人得以免受很多压迫——他们生活在沉重的压迫之下"。根据《查士丁尼法典》和后来的法规，拜占庭的犹太人，与异教徒和异端分子不同，享有法律地位，至少是理论上享有，犹太会堂是受法律保护的礼拜场所。该国还承认犹太法庭，而且法庭裁判官可以在犹太人中执行他们的裁决。从事合法生意的犹太人应该很安全，因为法律明确禁止反犹行为并且规定"犹太人不得因为身为犹太人而被践踏，不得因为其宗教信仰而遭受侮辱……法律禁止私人报复"。[2] 但犹太人还是二等公民，实际上几乎不能算公民。425 年，他们完全失去了在政府任职的权利，虽然他们被迫要在市议会担任什长（decurions），因为那需要花钱。犹太人不被允许新建任何犹太会堂。他们不得不更改逾越节的日期好让它始终排在基督教的复活节之后。犹太人即使是在他们自己的社区坚持用他们的希伯来语来阅读经文也算犯罪。法律为犹太人改变信仰尽可能地提供便利，虽然受洗程序要求每个犹太改宗者都要发表他们不曾受到威胁或利益诱使的声明。任何骚扰改宗者的犹太人都要被活活烧死，若改变信仰的犹太人恢复他的信仰则会被视为异端分子。[3]

本杰明还暗示，犹太人在职业上遭遇的普遍敌意与宗教上差不多："针对他们的仇恨大多是由于硝皮匠把他们的脏水倒在自己屋外从而污染了犹太社区。希腊人为此仇恨犹太人，无论好坏，并给他们套上了沉重的枷锁。他们在街上殴打犹太人，支使犹太人干繁重的工作。"即便如此，本杰明总结："犹太人依然富有、宽容、慷慨。他们遵守经文诫命，心甘情愿地承受压迫的枷锁。"[4]

图德拉的本杰明的游历经过西班牙东北部、巴塞罗那、普罗旺斯，然后途经马赛、赫罗纳和比萨，抵达罗马。他到访萨莱诺、阿马尔菲及其他意大利南部城镇，然后经由科孚，到达希腊，见识过君士坦丁堡之后，渡过爱琴海，到达塞浦路斯，接着经过安条克，进入巴勒斯坦，穿过阿勒颇和摩苏尔，进入巴比伦和波斯。他访问了开罗和亚历山大城，经由西西里岛，返回西班牙。他详细记录了犹太人的状况和职业，虽然他也描述了克里萨的帕尔纳索斯山上的一个犹太农业聚居区，但他提供的绝大多数是有关城市人的写照——阿勒颇的玻璃工、底比斯的丝织工、君士坦丁堡的硝皮匠、布林迪西的染工，以及各地的商人和经销商。

有的犹太人一直是城镇居民，但是在黑暗时代，他们几乎只能成为城镇居民。他们的欧洲定居地非常古老，几乎都在城镇里。《马加比一书》列出了散布在地中海周边的犹太聚居地。正如历史学家塞西尔·罗斯（Cecil Roth）所说，犹太人在文化上可以被称作第一批欧洲人。[5]在罗马帝国初期，北至里昂、波恩和科隆，西至加的斯和托莱多都有独具特色的犹太社区。黑暗时代期间，它们继续向北和向东扩展——进入波罗的海和波兰，向南进入乌克兰。虽然犹太人遍及各处，但他们的人数还是不多。基督时期大约有 800 万，包括罗马帝国 10% 的人口，到 10 世纪时，他们的人数已经下降至 100 万到 150 万。当然，这段时期，所有前罗马领地的人口均出现了下降，但犹太人人口减少的比例远远高于总人口的减少比例。比如，在提比略（Tiberius）[①]统治时期，仅罗马就有 5 万至 6 万犹太人，而城市的总人口为 100 万，另外，意大利还有 40 个犹太人定居地。在帝国晚期，意大利犹太人的数量骤降，到 1638 年甚至总数还不足 2.5 万，只占总人口中的 0.2%。人口减少的原因只有一部分是由于整体经济和人口因素。在所有地区和所有时期，犹太人一直被周边居民同化和融合。[6]

然而，犹太人的社会重要性，尤其是在欧洲的黑暗时代，与他们不起眼的人数相比要重要得多。不管城镇在哪里延续，或城市社区在哪里兴起，犹太人迟早会确立起自己的地位。2 世纪，巴勒斯坦犹太人经历了最近一次的毁灭后，犹太农村社区的幸存者成为边缘化的城镇居民。7 世纪，被阿拉伯人征服后，巴比伦的大型犹太农业社区逐渐被高额的税赋拖垮，因此那里的犹太人也陆续进入城镇，成为工匠、商人和经销商。每个地方的这些城市犹太人，绝大多数受过教育，所以除非遭遇刑事法律或身体暴

---

① 罗马帝国的第二位皇帝。——译者注

力等不可抗力,他们都能设法定居下来。

的确,犹太人在黑暗时代的欧洲城市生活中扮演了至关重要的角色。虽然证据很难获得,但从祈祷文文学中可以收集到不少资料。在许多方面,犹太人都是罗马古城和中世纪初叶新兴城镇公社之间唯一的现实联系——确实,有人认为就连"公社"(commune)这个词都是从希伯来语"卡哈尔"(kahal)翻译过来的。[7] 犹太人具备某些基本技能:计算汇率和书写商业信件的能力,以及或许甚至更重要的,利用他们分布广泛、纵横交错的家族和宗教网络递送信件的能力。尽管有许多不甚便利的禁令,但他们的宗教无疑对他们的经济生活起到了促进作用。古代以色列人的宗教始终在为他们提供努力工作的强烈动力。随着其发展成为犹太教,它越发强调工作的重要性。随着公元 70 年以后拉比犹太教的出现,它的经济影响力越发增强。历史学家们经常会注意到,在不同时期和不同社会,教权主义(clericalism)的削弱往往会激发经济活力。2 世纪,犹太社会的教权主义几乎荡然无存。一种由国家资助的宗教,它的圣殿祭司、撒都该人、形形色色的仆人全都销声匿迹。代替了教士的拉比并非寄生的特权阶级。虽然确实有一些学者受到社区的资助,但即使是学者也被鼓励习得谋生手段。拉比作为整体,也有须得如此的专门规定。的确,拉比经常是最勤奋能干的商人。他们传达决定和"答问"(responsa)①的渠道也是商业渠道。拉比犹太教是工作的福音,因为它要求犹

---

① 犹太法学家对有关犹太法律和礼仪的释疑解答。——译者注

太人尽可能地充分利用上帝的恩赐。它尤其需要健康的身体和勤勉认真的态度,这样他们才能履行自己的慈善职责。对智力的要求也就顺理成章。因此,犹太人的经济进步是合理化的产物。拉比犹太教本质上是一种方法,古老的犹太人凭借这种方法以一种理性化的过程适应了现代和其他不同的环境。犹太人是世界历史上第一群伟大的理性化改革者。我们将看到它产生的各种各样的影响,不过最早期的一个影响,按照世俗的意义来看,就是将犹太人变成了有条不紊、能够解决问题的商人。黑暗时代和中世纪,犹太人将他们大量的法律学识投入确保商业行为公平、诚实和高效方面。

其中的一个大问题是高利贷,更确切地说是有息借贷。这是犹太人为他们自己和为起源于犹太教的两大宗教制造出来的问题。古代近东的大多数早期宗教体系以及从中产生的世俗法典并未禁止高利贷。这些社会将没有生命的物体视为和植物、动物与人一样有生命的东西,而且认为其能够自我繁殖。因此如果你借出了"食物货币"或者各种货币凭证,收取利息就是合法的。[8]早在大约公元前5000年,也许更早,就有橄榄、枣子、种子或牲畜形式的"食物货币"出借。楔形文字文献显示至少从汉谟拉比时期就有票据形式的固定金额借款——债权人通常是神庙和王室官员。巴比伦楔形文字记载表明利率为银币10%～25%,谷物为20%～35%。在美索不达米亚人、赫梯人、腓尼基人和埃及人之间,利息是合法的,而且经常由国家确定。但犹太人对此看法不同。《出埃及记》第 22 章第 25 节主张："我民中有贫穷人与你同住，你若借钱给他，不可如放债的向他取利。"这显然是一句年代很早的经文。如果犹太律法是在比较复杂的王国时代草拟的，那么利息就不会被禁止。但《托拉》就是《托拉》，永远有效。《出埃及记》的这句经文在《利未记》第 25 章第 36 节得到补充："不可向他取利，也不可向他多要。"在《申命记》第 23 章第 24 节[①]得到阐明："借给外邦人可以取利，只是借给你弟兄不可取利。"

犹太人从而受到了一条宗教律法的困扰，该律法禁止他们彼此之间进行有息借款，但对外人可以。这条规定似乎是为了保护和团结贫穷社会而设计的，主要目的是集体生存。因此借款应归为慈善行为——但你无须对那些不认识或不在意的人慷慨。于是利息成为敌意的代名词。作为巴勒斯坦的定居社会，犹太人当然需要像其他人那样彼此借钱。《圣经》记录显示这条律法始终在被规避。[9] 来自埃勒凡泰尼（Elephantine）犹太社区的一张莎草纸讲述了同样的故事。但宗教权威试图严格执行该律法。他们主张，犯罪的不只是高利贷交易的本人，还有所有同谋。隐性利息也是错误的。借款人提供的免租前提、礼物赠予、有用的信息——所有这些被称作"利息的灰尘"并被禁止；《塔木德》的法规展示了多年来为了对付狡猾的放款人和不顾一切的借款人设计出来的逃避手段，付出了惊人的努力。[10]

---

① 原文有误，应为《申命记》23:20。——译者注

与此同时,《塔木德》决疑者（talmudic casuists）力图实现公平的商业交易,而且这些交易要在他们看来,不违背《托拉》。这些办法包括提高偿还价格,将出借人当作需要支付工资的业务伙伴或向他们提供分红,或者允许出借人借钱给非犹太人再让其转借给犹太人的手段。但是如果犹太法庭发现明显的利息交易就可以对债权人进行罚款;包括本金和利息在内的债务将被宣布为不可执行,放债者这样的人被禁止在法庭上做证,并面临下地狱的威胁。[11]

但是,法律的执行和遵守越严苛、越明智,对于犹太人与外界的关系来说越是灾难。因为,在犹太人人数不多且其社区分散在异教徒世界的情况下,它就不仅仅是允许犹太人成为面向非犹太人的放债者,在某种意义上还是在明确地鼓励他们这样做。有些犹太权威的确意识到了这种危险并对其加以反对。斐洛完全清楚原始的律法为何要区分教友和外人,认为高利贷的禁令应推广到同一个国家的所有人和公民,不论宗教。[12] 有一项法规称,如果可能,应向犹太人和异教徒同样提供免息借款,不过犹太人拥有优先权。另外一项法规表扬了一个不向外人收取利息的人。还有一项法规不赞成向外人收取利息并称只有在犹太人没有其他方式谋生的情况下,这种做法才是合法的。[13]

另外,有的权威强调犹太人和非犹太人的不同。《申命记》

经文的米德拉西①（《圣经》注释），或许是由民族主义者阿基瓦（Akiva）拉比撰写，似乎就说犹太人有义务向外人收取利息。14世纪，法国犹太人莱维·本·格尔肖姆（Levi ben Gershom）②表示赞同：让异教徒承担利息是明确的诫命，"因为人们不应让崇拜偶像者获益……在不偏离正义的情况下尽可能地给他们造成损失"；其他人采用了这一方针。但最常见的辩解都是出于经济需要：

> 如果我们现在允许从非犹太人那里收取利息，那是因为国王和部长们强加于我们的束缚和负担无穷无尽，我们所取的每一样东西都是维持生存的最低限度所需；不管怎样，我们被判定住在这些国家之中，除了与他们进行金钱交易之外，无法通过其他任何方式谋生；因此收取利息不应被禁止。[14]

这是其中最危险的论点，因为犹太人遭遇的金融压抑通常出现在最不欢迎他们的地区，而且如果犹太人的反应是专门放债给非犹太人，那么这种不欢迎——当然还有压力——还会增加。于是犹太人成为恶性循环中的一环。基督徒基于《圣经》规定，强

---

① 意为"解释""阐述"，是犹太教中解释、讲解《塔纳赫》的布道书卷。——译者注
② 14世纪法国哲学家、《塔木德》研究者、数学家、物理学家、天文学家。——译者注

烈谴责收取利息，从 1179 年开始，这样做的人将被逐出教会。但基督徒又让犹太人承受了最严酷的经济负担，犹太人的应对办法就是从事一种基督教法律对他们做出不利歧视的生意，于是他们就与遭人憎恶的放债行业联系在了一起。15 世纪下半叶，了解法国和意大利情况的约瑟夫·科隆拉比（Rabbi Joseph Colon）写道，这两个国家的犹太人几乎不从事其他任何职业。[15]

中世纪初期，在阿拉伯—穆斯林的领地，包括西班牙大部分地区、整个北非，以及安纳托利亚（Anatolia）以南的近东，犹太人的生存环境一般相对宽松。适用于非穆斯林的伊斯兰法律以穆罕默德为汉志的犹太支派所做的安排为基础。如果他们拒绝承认他的先知使命，他就实施他所谓的吉哈德（jihad）原则，即圣战原则。于是世界分成了两个部分：伊斯兰教地区（dar al-Islam），即接受律法统治的伊斯兰教和平领地和暂时受非穆斯林控制的战争地区（dar al-Harb）。吉哈德就是对抗战争地区必需和长期的战争状态，只有当整个世界都服从于伊斯兰教时才能结束。穆罕默德用吉哈德对付麦地那的犹太人，打败他们后，将他们的男人在公共广场上斩首（除了一个改宗的之外），把他们的女人、孩子、动物和财产分配给他的追随者。其他犹太支派受到了比较宽容的对待，只是这个权力掌握在穆罕默德手中，因为上帝完全将处置异教徒的权利赋予他，如同耶和华允许约书亚用他认为合适的方式处置迦南的城市一样。然而，穆罕默德有时发现与被他打败的敌人签订吉玛（dhimma，契约）很明智，按照契约，他可以留下他们的命,允许他们继续耕种绿洲,只要把一半收益交给他。吉玛最后有了更为复杂的形式,齐米(dhimmi,契约民)即屈服的人,缴纳特别的税款可以得到生存权和信奉自己宗教的权利,甚至得到保护,这些特别税款包括交给统治者的哈拉吉(kharaj,即土地税)、吉兹亚(jizya,即人头税),比正统信徒更高的商业或旅行税,还有随统治者心意交纳的特别税。而且,契约民的地位始终处于危险之中,因为吉玛只是推迟了征服者杀戮被征服者和没收其财产的天赋权利;因此只要穆斯林统治者愿意,就可以单方面取消它。[16]

理论上,当时犹太契约民在穆斯林统治下的地位应该要比基督徒统治下更恶劣,因为他们信奉自己宗教的权利,甚至生存的权利,随时都有可能被任意剥夺。但实际上,7世纪和8世纪轻易就征服半个文明世界的阿拉伯战士并不想消灭受过教育又勤勉的犹太社会,犹太人能为他们提供可靠的税收收入,用数不尽的方式为他们效劳。犹太人,连同基督徒契约民,在阿拉伯广阔新领土的行政知识阶层占据了很大比例。阿拉伯穆斯林并没有很快对犹太人产生宗教上的敌意。在穆斯林看来,犹太人因为拒绝穆罕默德的要求犯了罪,但他们并未将他钉在十字架上。犹太人的一神论与伊斯兰教的一神论同样纯粹。犹太人没有冒犯性的教条,他们的饮食和清洁律法在很多方面大同小异。此外,伊斯兰的宗教作品中也几乎没有反犹太的争论。阿拉伯人没有继承希腊异教徒大量的反犹主义的文字材料,或在上面添加他们自己的变化。

最后，犹太教不同于基督教，从未像东罗马拜占庭和后来的西派教会（Latin West）①那样，对伊斯兰教构成政治和军事上的威胁。鉴于所有这些原因，犹太人发现在伊斯兰领地生活和发展更容易。有时他们还能繁荣兴旺。除了重要的学院之外，伊拉克犹太人还在新城市巴格达形成了一个富人区，而这座城市就是建立于762年的阿拔斯王朝（Abbasid dynasty）设立的都城。犹太人可出任宫廷医生和官员。他们学会了说和写阿拉伯语，先是作为通俗的交易工具，后来成为学者的一种语言，甚至神圣的注释语言。犹太人大量说阿拉伯语，就像他们曾经学过说阿拉姆语（Aramaic）一样，不过希伯来的一些知识在几乎所有犹太家庭都受到珍视。

整个阿拉伯世界的犹太人都是商人。从8世纪到11世纪初叶，伊斯兰国家构成了世界经济的主导，犹太人是其主要商贸网络的重要组成部分。他们从东方进口丝绸、香料及其他稀缺商品，从西方带回异教徒奴隶；这些被基督徒俘获的奴隶被犹太人称为"迦南人"，在伊斯兰世界售卖：825年，里昂大主教亚哥巴德声称奴隶贸易由犹太人经营。穆斯林资料和犹太人的"答问"都显示，在这个时期，犹太商人在出产大多数奢侈品的印度和中国开展生意。从10世纪开始，尤其是在巴格达，犹太人成为服务于

---

① 古代基督教分布在欧洲西部和北非西部的教会。在经典、教父著作和礼仪中主要使用拉丁文。基督教产生后不久，逐渐形成了东西派；罗马帝国设立东西二都后，两派间的分化日益加剧。西都罗马逐渐成为西派教会的中心。东西教会大分裂后，西派教会基本上成为天主教会。——译者注

伊斯兰王室的银行家。他们接受犹太商人的存款，然后将大笔钱财借给哈里发。鉴于犹太人契约民身份的脆弱地位，这是一个高风险的行业。即使拒绝偿还债务，甚至砍掉债权人的头，哈里发也不会感到羞愧——就像时而发生的那样——但留下这些银行家会更便利。来自银行的一部分利润可以支持学院，银行的负责人则可以在幕后控制学院。犹太人在宫廷里非常有影响力。他们的犹太宗主（exilarch）受到阿拉伯人的礼待，他们称他为"我们的主，大卫的子孙"。1170年，图德拉的本杰明来到巴格达的时候，他说他发现有4万名犹太人在那里安全无虞地生活着，那里有28座犹太会堂和10所犹太神学院。

另一处犹太人的繁荣中心是突尼斯的凯鲁万（Kairouan），这座城市建立于670年，相继成为艾格莱卜、法蒂玛和齐里德王朝的都城。这个城市最早的定居者可能是从埃及迁来的犹太家族和科普特基督徒，整个黑暗时代和中世纪初期，犹太商人成为地中海地区和北欧、西欧最有效率的城市移民。8世纪，巴比伦心怀不满的学者在那里建立了一座学院，此后250年间，凯鲁万既是重要的犹太学术中心之一，还是东西方贸易的重要纽带，成功的犹太商人同样让丰富的学术生活在这里成为可能，与此同时，犹太人还为王室提供医生、天文学家和官员。

不过，从8世纪至11世纪，最成功的犹太定居地区是西班牙。在罗马帝国统治时期和拜占庭一定程度的统治之下，这里的犹太社区繁荣起来，但在西哥特的国王们统治时，施行了一套系统的反犹主义政策。在托莱多召开的一连串王室教会会议废除了东正教的政策,不是颁布法令对犹太人进行强制洗礼,就是禁止割礼、犹太仪式及安息日等节日。整个 7 世纪,犹太人被鞭打、被处死,他们的财产被没收,承担重得离谱的税赋,被禁止做买卖,有时还会被拖到洗礼池去。很多人被迫接受基督教,但私下里仍继续遵行犹太律法。于是历史上出现了这些秘密的犹太人,后来被称为马拉诺人(marrano）①——西班牙、西班牙基督教和西班牙犹太教无穷烦恼的源头。[17]

因此,711 年,阿拉伯军队进入西班牙的时候,犹太人帮助他们迅速占领西班牙,他们经常在前进的阿拉伯军队后方帮助驻守已被占领的城市。科尔多瓦、格拉纳达、托莱多和塞维利亚也是如此,这些地方很快就建起了富裕的大型犹太社区。阿拉伯地理学者后来确实将格拉纳达以及卢塞纳和塔拉戈纳称作"犹太城市"。科尔多瓦成为自立为哈里发的倭马亚王朝(Ummayid dynasty)的首都,他们对犹太人出乎寻常的友善和宽容。犹太人在这儿,就像在巴格达和凯鲁万一样,不仅能做工匠和商人,还能做医生。在著名的倭马亚哈里发阿卜杜－拉赫曼三世（Abd al-Rahman Ⅲ, 912—961）统治期间,他的犹太御医希斯代·伊本·沙普鲁特（Hisdai ibn Shaprut）,为这座城市带来了犹太学者、哲

---

① 指中世纪时西班牙和葡萄牙境内被迫改信基督教而暗地里依然信奉原来宗教的犹太人。——译者注

学家、诗人和科学家，使其成为全世界最重要的犹太文化中心。在倭马亚王朝时期的西班牙，不少于 44 座城镇内有殷实富裕的犹太社区，其中很多有自己的犹太神学院。受过良好教育的犹太社会与思想开明的哈里发之间建立起的融洽关系令人回想起居鲁士[①]时代，为西班牙犹太人带来了舒适、富有成效和令人满足的生活，其他地方的犹太人或许到 19 世纪才有这样的待遇。

但这并不意味着没有威胁。政治的动荡在于由有关严格和纯洁的教义争端而激化的主要宗教朝代的冲突，越是富裕和开明的伊斯兰朝代，越容易受到原教旨主义派别的嫉妒和狂热的攻击。如果它被推翻，受其庇护的犹太人立即就会暴露于他们契约民地位的邪恶逻辑下。1013 年，未开化的柏柏尔人（Berber）占领了科尔多瓦，倭马亚王朝不复存在，犹太名人被暗杀，在格拉纳达甚至发生了一场针对犹太人的大屠杀。基督徒军队向南推进，柏柏尔人迫于他们的压力，寄希望于凶猛、狂热的战士，而不是悠闲的文化资助人。11 世纪最后几十年，另外一个柏柏尔王朝——穆拉比德（Almoravids）——开始统治西班牙南部。他们凶残暴躁，难以捉摸。他们以强制改宗威胁卢塞纳富有的大型犹太社区，后来勉强同意接受巨额赎金。犹太人善于用手段高明的贿赂和交涉打发柏柏尔人，他们凭借财政、医疗和外交技巧，为接连不断的每一拨征服者效犬马之劳。他们作为税吏和顾问，还有医

---

① 波斯皇帝。——译者注

生，服务于新主人。但是从这段时期开始，在基督徒统治的西班牙，犹太人有时还会更安全一些。同样的故事也发生在小亚细亚，与做契约民相比，那里的拜占庭人或许能为犹太社区提供更多的安全。

早在12世纪，一股新的原教旨主义浪潮就在阿特拉斯山兴起，开创了一个狂热分子的朝代——穆瓦希德（Almohads）朝代，他们的目标是消灭伊斯兰世界的堕落和退步。但在这一过程中，他们消灭了在非洲北部和西部存在了将近1000年的基督教社区，犹太人也面临或改宗或死亡的选择。从1146年开始，穆瓦希德王朝把他们的狂热带进了西班牙，犹太会堂和犹太神学院被关闭。由于在西哥特基督教徒统治时期，犹太人被刀剑逼迫改变信仰后经常私下信奉他们的宗教，因此受到了当政者的怀疑。他们被迫穿上一种特别的蓝色长袍，上面有宽得滑稽的袖子，戴的是一种长长的蓝色头巾，形如驴子的驮鞍。如果他们得到豁免，不必穿戴这种服装或佩戴被称作"夏坷拉"（shikla）的丑恶的特殊标记，那么他们的服装也得是黄颜色，只是式样正常。他们被禁止进行交易，除非数额很小。西班牙南部显耀的犹太人定居地无法在这种迫害下幸存，至少无法完全保持它们原先的体面和显赫，许多犹太人向北逃入基督徒领地。其他人则迁往非洲，寻找更宽容的穆斯林统治者。

难民中间有一位才华横溢的年轻学者，名叫摩西·本·迈蒙，更为人知的叫法是迈蒙尼德，或者对于犹太人来说是拉姆巴姆（Rambam），取自摩西·本·迈蒙拉比（Rabbi Moses ben Maimon）的首字母缩写。1135年3月30日，他出生于科尔多瓦，是一位学者的儿子。穆瓦希德占领这座城市的时候，他只有13岁，已经是一个拥有惊人学问的神童。他和他的家族在西班牙游荡，可能还到过普罗旺斯，1160年，最终在费斯定居。5年后，强制改宗再次兴起，他们被迫继续迁徙，先是渡海前往阿卡，从那里出发，迈蒙尼德进行了一次圣地之旅，然后到达埃及，他们在那儿定居在开罗的老城福斯塔特。在那儿，迈蒙尼德逐渐在世界范围内取得了作为医生和学者—哲学家的地位。1177年，他被公认为福斯塔特社区的领袖，1185年被任命为宫廷医师，用一位穆斯林编年史家的话说，"智慧、学问和地位非常之高"。他的学术作品类型繁多，在数量和质量上全都令人钦佩。他由主要从事珠宝生意的兄弟大卫资助，大卫去世后，他开始自己做生意或依靠诊金生活。1204年12月13日去世时，按照他的指示，他的遗体被送到太巴列（Tiberias），他在那里的陵墓依然是虔诚犹太人的朝圣之所。

迈蒙尼德值得人们细致研究不仅是因为他自身的重要性，还因为在中世纪的犹太社会，再没有人能更好地阐明学问至高无上的重要性。他是典型的和最伟大的权威政体者。在拉比犹太教中，统治管理和知识密切相关。当然，当时所谓的知识基本上就是《托拉》的知识。《托拉》不只是一本关于上帝的书。它在创世之前就存在，就像上帝一样。实际上，它是创世的蓝图。[18]阿基瓦拉比认为它是"创世的工具",似乎上帝宣读它就像魔术师读自己的书一样。西米恩·本·拉基什(Simeon ben Lakish)[①]说它的存在比世界还早2 000年,埃利泽·本·约斯(Elizer ben Yose)[②]则教导称它在上帝的怀抱中存在974代后被上帝用于创造宇宙。一些贤哲相信它曾经同时以70种语言传达给70个不同国家,但均遭拒绝,只有以色列接受了它。因此从特殊意义上说,它不仅仅是律法和宗教,还是以色列智慧和犹太人统治管理的关键。斐洛称其为哲学家的理想律法,因为摩西是理想的立法者。他在自己关于摩西的书中写道,《托拉》"被盖上了自然的印章",是"最完美的宇宙政体(cosmic polity)写照"。[19]顺理成章,《托拉》的知识越丰富,统治管理的权力越大,尤其是对犹太人的统治管理权力越大。

于是,理想的方式是,每位公众人物都应该是杰出的学者,每位学者都应该帮助管理。犹太人从未持有过这样的观念——那种受到盎格鲁-撒克逊精神爱戴的观念:才智、对书籍和阅读的热情,会莫名其妙地削弱人们履行公职的能力。正好相反,与局外人倾向于的看法不同,他们并不认为《托拉》学问枯燥、空洞和远离现实生活。他们认为它恰好可以提升管理民众所需要的那种智慧,同时也能灌输谦卑和虔诚的美德,以防止权力的

---

① 大约3世纪,巴勒斯坦阿摩拉。——译者注
② 2世纪的犹太拉比。——译者注

腐败。他们引用《箴言》里的话语："我有谋略和真知识,我乃聪明,我有能力。"[20]

在犹太人看来,问题是如何将学问与管理运作结合起来。在哈德良迫害时期,吕大的贤哲开会讨论他们岌岌可危的社会面临的最紧迫的问题,被他们列在最前面的一个问题就是:"知和行哪个更重要?"听完辩论后,他们一致投票给阿基瓦拉比的观点,即知先行后,因为"知引导行"。从精神价值的角度来说,通过学习获得智慧并运用其满足公共需求同样被裁定为值得赞赏的。但是贤哲们说如果一名寡妇或一名孤儿向一位贤哲寻求建议,他却答复说他忙于学习无法提供建议,那么上帝就会生气地说:"我归罪于你,仿佛你已摧毁整个世界。"一位埋头于书籍的学者会被指责为"导致世界被摧毁"——因为犹太人相信没有实用智慧的世界将支离破碎。利未人或许可以在50岁退出实干的生活,专心治学,但权威学者必须提供服务,直到逝世为止。斐洛严肃地写过关于学习和公共服务的要求相互矛盾的内容。他的一生就是恰当的例子,因为除了创作丰富的著作之外,他还得担任社区领袖,至少参加了一次前往罗马的使团。他这样一位著名的学者,尤其是还拥有广泛的声誉,向他寻求建议的访客络绎不绝。幸好,斐洛可以与他的兄弟——流散期间最富有的人之一,也就是约瑟夫斯提到的首席行政官——一起承担管理的职责。[21]

两兄弟互相帮助,解决了相互冲突的要求:一方面是研究和评注,另一方面是司法行政及其他公共职责;犹太人的权威政体通常是家族事务，原因之一就是这种观念。起源于文士家族的学者王朝（scholarstic dynasties）在公元前2世纪已成为犹太人生活的特征。在一些犹太社会，它们沿袭至第一次世界大战——甚至还要往后。

在巴比伦，犹太宗主一定要出自大卫家族，而学院和犹太神学院的所有重要人物都得选自公认的学术家族圈子。"出身不是学者家族，而是商人家族"，这种说法表示轻蔑——尽管是商人的钱维系着学院的运转。在巴比伦，加昂（每所学院的校长）都来自六大家族，而在巴勒斯坦，他就得出身于希勒尔、文士以斯拉或者大卫家族。学识渊博的外人也可以获得接纳，但非常少见。在学院的等级制度内部，出身通常也具有决定性。当然，根据起源来看，与其说举足轻重的世界性学院是年轻人接受教育的地方，倒不如说是协会团体——词语"犹太神学院"就是"委员会"和"犹太教公会"的希伯来语形式。实际上，中世纪初期，在正式的《托拉》文献里，它们还被叫作"大公会"。巴勒斯坦学院还自称"公义会"。它们是学者们坐在一起发布权威裁定的地方——集学院、议会和最高法院于一身。

就在迈蒙尼德时代之前，来自巴比伦一所学院的一位学者正在埃及写作，他对这种学问的等级制度描述如下。犹太人普通的受教育群众学习《摩西五经》和祈祷书，其中还包括关于口传律法、安息日和其他节日的内容。学者们则还必须掌握《圣经》其余部分的内容，以及"规条"和成文法律。博士们则要通晓所有这些，外加《密西拿》《塔木德》及注释。一位学者应该能够布道，撰写评注性书信体诗文，担任助理法官。只有拥有"院士"头衔的博士才能理解律法的来源及对其进行详细说明的文献，才能做出有见地的判决。[22]

学院由博士和高级学者组成。在巴比伦，负责管理的三巨头是加昂、担任其副手的法庭庭长，以及书写判决的书记员。学院全体人员面朝加昂而坐，共有 7 排。每排 10 个座位，每排最著名的学者被称为"行首"。依据地位高低，学院的每位成员都有固定的座位，最初是由出身决定。不过根据表现，成员将升级或降级，薪俸也会发生相应变化。但是，对于他们大多数人来说，归属学院并非全职工作。他们还要担任服务社区的行政人员，或者靠手艺或生意维持生计。全院每年集合两次，每次一个月，分别在夏末和冬末。初春召开的全体会议讨论和宣布来自各处的问题裁决，好让逾越节后即刻动身的商人们传达解答。两次全体会议也包括教师集会，加昂将在会上亲自向 2 000 名蹲坐着的学生讲解《塔木德》的章节，他的转述者或"图格曼"（该词语作为"口译译员"的意思依然存在）为他大声传话。教师分为不同等级，最低级的是"背诵者"，经常是天生的盲人，他们经过训练，可以牢记背诵大段经文，吟诵、停顿和重读准确无误。博士如果对一处有争议的经文感到迷惑，就可以请来背诵者，背诵者会将其准确地吟诵出来。这种公共学习大多是凭借记忆，在嘈杂的齐声念诵中进行。直到最近，摩洛哥的犹太学童甚至还能凭记忆背诵希伯来语和阿拉姆语混杂的冗长法律裁决，甚至到了今天，也门的犹太人还拥有一种口头复述的传统，让他们得以保留欧洲犹太人失传很久的古代经文的准确发音。[23]

巴比伦学院的世袭等级由经过细致分级的贤哲组成，学院吸收了东方宫廷的不少风格和顺从的礼节。他们遵从犹太宗主的指示，犹太宗主可以说是学院的管理者。希伯来编年史家约瑟夫·本·艾萨克·萨姆巴里（Joseph ben Isaac Sambari，1640—1703）引述了一段10世纪的传说，这样描述拿西：

> 他可以凭借宗教领袖的权威全面统治所有的犹太社区。犹太人和非犹太人都要对他起立致敬。无论是谁，在他面前不起立，都得被鞭笞100下，因为哈里发就是这么下令的。他每次前去拜见哈里发，必有骑兵在前面开路，用阿拉伯语大喊，"为我们的主，大卫的子孙让路"。他自己骑马，身穿刺绣丝袍，裹着大头巾，头巾上还披着有项链的白色领巾。等他到达哈里发的宫廷时，王室宦官出来迎接他，快步为他引路，直到他抵达正殿。拿西前面的仆从带着一袋向哈里发表达敬意的金子。到了哈里发面前，拿西自己拜倒在地再起身，表示他身为奴隶的谦卑。接着，哈里发会示意宦官，让拿西坐在左侧离自己最近的椅子上，问他有何请求。提出请求后，拿西会再次起立，祝福哈里发，然后离开。他向商人征收固定的年度税，他们

还会从遥远的地方给他带来礼物。这就是他们在巴比伦要遵循的习俗。[24]

183　　学院的加昂和他们的高级博士有权得到类似的待遇。他们拥有响亮的头衔，可以实施复杂的祝福和诅咒。他们组成了世袭的祭典—学术贵族阶层，跟中国的达官贵人没什么不同。

在黑暗时代，这种巴比伦权威政体同样是一种世袭的司法制度，所有流散犹太人上诉的终审法院。严格来说，它没有有形的执行力量——没有军队，只有一种地方治安组织。但它有开除教籍的权力，一种令人敬畏甚至恐惧的仪式，至少可以追溯至以斯拉年代。它还有自己的学问权威。然而，实际上，巴比伦权威政体者的权力仅在这个庞大的伊斯兰帝国的统一时期得以维系。随着巴格达哈里发领土势力的收缩，他们的势力也不得不缩小。以来自这些古老学院的移居学者为中心，西班牙和北非也涌现出当地的权威学术中心。比如，1060 年前后，得益于凯鲁万的纳拉伊·本·尼西姆（Nahrai ben Nissim）和著名宗教导师犹大·哈科亨·本·约瑟夫（Judah ha-Kohen ben Joseph）的到来，开罗成为《哈拉哈》（教义规则）中心。接下来的一代，他们的权威传至西班牙学者艾萨克·本·塞缪尔（Isaac ben Samuel），根据当时的一份文献所载，"他的手中，掌管着全埃及的安宁"。这样的人通常都声称是某所大型学院加昂的后裔。另外，他们经常还是成功的商人或者是此类成功商人的亲属。但是，如果不能经常培养出一定数量的杰出学者的话,即使最重要的学术家族也无法保持其威望,无论它多么有钱。因为犹太社区实际上无法自我管理,除非定期获得《哈拉哈》规则的帮助,这些规则被当作权威,接纳恰恰是因为它们来自那些学问不容置疑的人。简言之,正如一位历史学家所说,想要得到权力,家族很要紧,商业成功也有用,但学问才是必不可少的。[25]

迈蒙尼德这三样都有。在他的一本关于《密西拿》的评注著作中,他列出了自己的七代祖先。多数犹太人会这么做,这种习俗在也门犹太人家庭一直保留至今,即使是非常贫穷的家庭。保存这些纪念性谱表的目的是显耀自己有学问的祖先,而且他们通常会将知名的学者放在最前面。女人不会被列入,不过她们的宗族谱系可以被列出,如果足够有名的话。迈蒙尼德的岳父就是这种情况,他母亲的家系往前追溯,列出了十四代,而他父亲的家系只追溯了六代,尽管也相当了不起。赢得名声的途径多种多样,但学问是护身法宝,犹太人对学问的信念不可动摇。从迈蒙尼德那个年代流传下来的一句注释是:"该文献必定准确,因为作者的父亲是犹太神学院院长的外孙。"[26]迈蒙尼德本人对他的家系可能也相当满意:列出的七代人中就有4位重要的学者—法官。

他的家庭还是一个能够自足的家庭,可以凭借经营生意为身为学者的家族成员提供支持。一般来说,我们对2世纪至现代初期的犹太人个体甚至整个犹太社会的认识都是七零八落的。犹太人已经不再著史,他们动荡不安、漂泊无依和经常被迫害的生活意味着文献资料基本难以留存。然而,我们碰巧对迈蒙尼德及其所处的12世纪埃及犹太人的背景知之甚多。所有的犹太会堂都有一个贮藏室用于储存陈旧的礼器和祈祷书,它们虽然无法使用,但因为上面有上帝的名字,所以根据犹太律法不可损毁。在某些情况下,这些半神圣的废品中也会有大量文件,包括世俗文献。潮湿和腐坏使得它们经过一两代就难以辨认。可是气候异常干燥的埃及,以能保存可追溯至公元前第一个千年及更早时期的纸张和莎草纸碎片在学者中闻名。在福斯塔特,迈蒙尼德会到以斯拉会堂礼拜和授课;这座会堂于882年建于犹太人买下的一座科普特教堂的废墟上。它的贮藏室在阁楼,里面数量庞大的中世纪文献几乎原封未动,直到19世纪末叶,著名的犹太学者所罗门·谢克特(Solomon Schechter)才开始对其进行系统性的修复。大约10万页被送至剑桥大学图书馆,还有10万页或者更多被存放于世界各地的学术中心,其中披露的信息几乎无穷无尽。著名学者S. D. 戈伊坦[①](S. D. Goitein)曾经用它们出色地再现了构成迈蒙尼德著作和思想背景的11世纪和12世纪社会。[27]

开罗的犹太会堂贮藏室保存了至少1 200封完整的商业信件,展现了埃及犹太人,包括迈蒙尼德的弟弟大卫,进行了行程十分遥远的商业旅行,经营的商品种类繁多。染料是犹太人的特色生

---

① 谢洛莫·多夫·戈伊坦(1900—1985),德国犹太人种学者、历史学家、阿拉伯语学者,以研究犹太人在中世纪伊斯兰国家的生活著称。——译者注

意，但他们还经营纺织品、药品、宝石和金属，还有香水。最近的贸易地区是上、下埃及以及巴勒斯坦海岸和叙利亚的大马士革。福斯塔特的大商人摩西·本·雅各布经营果脯、纸张、油、药草和钱币，因为他在该区域内频繁地四处走动，被称为"通勤者"。不过迈蒙尼德的儿子亚伯拉罕手稿中的一份笔记显示福斯塔特的商人甚至远赴马来西亚，他还处理过一个死在苏门答腊的男人案子。这个时期的犹太人生意规模同样可观：11世纪的巨贾约瑟夫·本·奥卡尔一次就装运了180捆货物，他的生意网络可以让他充当巴比伦两所大型学院的官方代表，将它们的裁决带到犹太世界各地。因此位于印度群岛的小犹太社区也能与其保持联系，即使一个决定要花费很长时间——开罗到苏门答腊是4个月。[28]

大卫·迈蒙尼德就是在这样长途跋涉的路上去世的。他给哥哥写的信留存了下来，叙述了在上埃及的各种挫折，他要从那里直接前往红海，乘船去印度。此后再无音信。迈蒙尼德写道：

> 降临在我这一生中的最大不幸，比其他所有的事情都不幸，就是这位圣徒（愿他的记忆是幸福的）的死亡，他在印度洋溺亡，带着属于我、属于他及属于其他人的大量钱财，给我留下一个小女儿和他的遗孀。得知这个可怕消息的那天，我病倒了，卧床大约一年，遭受疮疖、发烧和抑郁之苦，险些离开人世。大约八年过去了，我依然悲痛，无可慰藉。我该如何自我安慰呢？他在我的膝边长

大,他是我的兄弟、我的学生,他在市场上做生意赚钱,我才能安坐家中。他精通《塔木德》和《圣经》,精通(希伯来语)语法,我生活中的喜悦就是看着他……无论何时,看到他的手稿或一封信件,我的心就会翻江倒海,所有的悲伤再次浮现。总之,"我将下到阴间,让我儿服丧"。[29]

这封充满温情和愁思的信非常有特色。我们可以忽略迈蒙尼德卧床一年的说法,他总是喜欢夸大他的疾病和身体的虚弱,但他实际上是一个极度活跃的人,创作产量惊人。我们不知道这位中世纪最著名的犹太人长得是什么样子:1744年出版的他的文集第一卷使用的肖像纯属虚构,尽管从那之后不断被复制。但是他的信件和书籍,以及在犹太会堂贮藏室发现的资料,告诉了我们很多关于他的信息。他是伟大的12世纪前文艺复兴时期的一分子,那段时期标志着人类第一次真正走出黑暗时代,对犹太人,以及阿拉伯世界和基督教欧洲都产生了影响。他是一个世界主义者。他用阿拉伯语写作,但也熟悉其他语言,通常用对方的语言回复来信者,终其一生,无所不读。他在一封信中声称自己已经读了关于天文学已知的所有论文,在另一封信里断言他在偶像崇拜方面已经无所不晓了。[30]

迈蒙尼德掌握大量深奥的宗教或世俗资料的能力形成于早年间。同样是在那个时候,他决心将这些资料以合理有序的方式重新呈现给犹太世界。完成《逻辑论》的时候他还不到16岁。随后，1158 年，他接着创作了天文学著作《历法论》。22 岁，他着手创作第一部主要作品《密西拿评注》，并于 1168 年在福斯塔特完成。这本书相当于基督教经院学者的《神学大全》①，囊括大量关于动物、植物、花和自然历史，以及人类心理的世俗资料。其中大部分是在他和他的家庭试图寻找安全的容身之处的过程中写成的："我从世界的一端被驱赶至另一端，"他记录道，"……上帝知道，我在路途辗转之间解释了一些章节，其他的则是在漂泊的船上。"[31] 其后，他开始进行的主要任务是编纂 14 卷的《密西拿托拉》，这项工作耗费了他 10 年，于 1180 年完成。到了那个时候，大卫的死迫使他不得不开始行医。他还是一位积极的法官，并且没过多久就成为埃及犹太社区的领袖，虽然从未有过正式的纳吉德头衔。犹太世界各地许许多多的人通过信件向他请教，他那 400 多封释疑解答的希伯来信件已经出版。1185 年，他方才抽出时间开始创作他最著名和最杰出的著作，三卷本的《迷途指津》，解释了犹太教的基本神学和哲学体系；该著作大约于 1190 年完成。

迈蒙尼德对待自己的医生职业态度极为严肃，这是他闻名于非犹太人世界的主要原因。他撰写了大量关于饮食、药物和治疗的文字：他的医学著作现存 10 部，或许还有更多。除了犹太宗教

---

① 中世纪经院哲学家和神学家托马斯·阿奎那最主要的著作。——译者注

和法律之外，他还讲授生理学和治疗学。他为萨拉丁的维齐尔^①奥法迪·奥拜萨米看病，后者以年薪形式支付给他薪酬，后来他又给萨拉丁的儿子看病，后者于1198年成为苏丹。他谢绝了出任"法兰克国王"（不是英格兰的狮心王理查，就是耶路撒冷的阿马尔里克国王）宫廷医生的聘请。阿拉伯资料清楚地表明，他被认为是世界名医之一，在治疗身心病症方面拥有特殊的本领。一句流传的阿拉伯诗句是："盖仑^②的药只能治肉体，可他（迈蒙尼德）的药既能治肉体也能治灵魂。"[32]

他过着崇高勤勉和为公众服务的生活，因为他会前往大型公共医院看望病人，还会在家中接待他们。他对自己最喜爱的学生，约瑟夫·伊本·阿克南（Joseph ibn Aknin），这样写道：

> 我在大人物中间名气不小，如首席法官、埃米尔^③、奥法德家族以及其他城市贵族，他们付的钱不多。普通人觉得福斯塔特太远了，不能来见我，所以我得花上些日子看望开罗的病人，回到家时，我疲惫不堪，难以继续我在医学书籍上的研究——你知道在我们这一行，一个认真的人需要多少时间来检查他的资料来源，才能确保他的所有陈述都能得到论据和恰当根据的支持。

---

① 伊斯兰国家历史上对宫廷大臣或宰相的称谓。——译者注
② 古罗马医师、自然科学家和哲学家。——译者注
③ 阿拉伯国家的贵族头衔。——译者注

第三章 权威政体

1199 年，他对另一位通信者塞缪尔·伊本·提博恩（Samuel ibn Tibbon）写道：

> 我住在福斯塔特，苏丹住在开罗城内，两地间的距离是犹太教徒安息日可走路程的两倍（1.5 英里）。我对苏丹的责任重大。我必须每天一大早就拜见他。如果他觉得不舒服，或者他的哪个孩子或嫔妃生病了，我只能在宫里待上大半天，不能离开开罗。如果某位宫廷官员病了，我就得在那儿待上一整天……即使什么事儿都没有，我也得下午才能返回福斯塔特。于是我又累又饿，发现家里的院子里都是人，形形色色，外邦人、神学家和法官，在等着我回去。我下了马，洗了手，恳请他们等我吃个饭，24 小时里我唯一的一餐。然后，我给病人看病。他们排着队，一直到天黑，有时直到深夜两点。因为体力不支，我得躺着跟他们说话。天黑之后，我有时疲倦得说不出话来。所以，以色列人只有在安息日才能跟我私下交谈。于是他们都会在仪式过后来找我，我建议他们下周应该做什么。然后他们学习片刻，直到中午才离开。他们中的一些人还会回来学习，直到傍晚祈祷。这就是我的日常工作。[33]

写完这封信的次年，迈蒙尼德就发现自己无法继续亲自拜见苏丹，只能给他的医生们发布书面指示。但他还在继续处理医疗、法律和神学事务，一直到年届70岁的他在1204年去世为止。

迈蒙尼德的一生全心全意地献身于为犹太社会服务，在一定程度上来说，也是献身于整个人类社会。这符合犹太教的核心社会宗旨。然而仅仅帮助福斯塔特社区——甚或更大范围的开罗非犹太社区——是不够的。迈蒙尼德意识到自己拥有卓越的才智和同样重要的让才智发挥出富有成效作用所需要的精力和专注力。创造犹太人是为了发酵人类的面团并启迪非犹太人。他们没有政权，没有军队，也没有广阔的领土。但他们有头脑，智力和推理是他们的武器。因此在他们的社会，学者拥有出众的地位，而且身负如此特殊的责任；主要的学者身负着我们所能想象得到的最繁重的责任——他必须身先士卒，遵循神圣和完美的智慧，将野蛮和非理性的世界转变为理性的世界。

犹太人理性化的过程开始于一神论的引入，也开始于将其与伦理相联系，这主要是摩西的工作。迈蒙尼德有代表性的做法不只是赋予摩西独特的地位——唯一与上帝直接沟通过的先知——还把摩西看作一种能在混乱中建立律法的重要的智慧规范力量。显然，犹太人持续的职责就是推进理性的边界，永远为上帝的精神王国开疆拓土。斐洛，在很多方面是迈蒙尼德的先驱，他以同样的方式看待犹太学问的目标。对理性化过程而言，它首先是犹太人的保护伞，因为他们是代表人类向上帝求情的"恳求的民族"；其次，它是一个极度非理性的世界得以文明开化的途径。斐洛对未经改革的人类状况持忧虑观点。他曾经在亚历山大城经历过一次骇人听闻的大屠杀,他在自己的历史著述《在弗拉库斯》和不完整的《拜见盖尤斯的使团》中对此作了描述。缺乏理性让人变成怪物,禽兽不如。反犹主义就是人类邪恶的一种范例,因为它不仅本身不合理,还拒绝上帝,简直是愚蠢的象征。但犹太知识分子可以通过写作与愚蠢斗争。这就是他为何在《摩西传》中竭力向非犹太读者展现犹太人的理性,为何在《寓意解经法》中使用寓言为犹太读者合理化解释《摩西五经》中比较奇异的元素。[34]

迈蒙尼德站在斐洛与现代世界之间。与斐洛相同的是,他对不信神、非理性状态的人不抱幻想。与斐洛不同的是,他不曾从宏伟的亚历山大图书馆中林林总总的希腊理性主义那里受益。但亚里士多德的学说以阿拉伯人为媒介——阿维森纳(Avicenna,980—1035)和与迈蒙尼德同时代且较年长的西班牙人阿威罗伊(Averroes,1126—1198)——再次得到传播。此外,他是犹太人千年注释的受惠者,其中大部分注释是另一种形式的理性主义。

而且,迈蒙尼德从性情上来说同样是理性主义者。与斐洛一样,他的作品流露出谨慎、节制和对狂热的不信任。他始终渴望避免争吵,特别是"神学家之间的憎厌":"即使人们侮辱我,我也不介意,只是用友好的言语礼貌地回答,或者保持沉默。"他略微自负但绝不高傲:"我不会坚持说自己从不犯错。相反,如果我发现错误,或者被其他人指出错误,我乐意改正我的作品、我的方法甚至我的性格中的一切。"针对法国南部学者对他的《密西拿托拉》所做的评论,他在一封著名的回信中承认了错误,说他已经做了一些修正,还会增加其他的修正,而且强调他们对他的作品提出质疑是天经地义的:"你们不要自谦。你们即使不是我的老师,也是跟我平等的人和朋友,你们所有的问题都有提出的价值。"[35] 他无疑是一位精英主义者。他说自己宁愿取悦一位智者,也不讨好一万个傻瓜。但他也很宽容:他认为所有虔诚的人都会得到拯救,无论他们的信仰是什么。他非常温文尔雅,爱好和平,冷静明智。最重要的是,他是一位追求真理的科学家,坚信真理最终会取得胜利。

迈蒙尼德对于真实的和理性的——从而是神圣的——社会应该是什么样子有明确的看法,它不会包括肉体和物质的满足,终极幸福存在于思考上帝的人类智慧的永恒存在。[36] 他在《密西拿托拉》的最后一章中对弥赛亚的社会做了描述:"他的统治将被牢固地确立,于是智者可以自由地研究律法及其智慧,到那时,没有饥饿和战争,没有憎恨和对抗……人世间没有辛劳,只有对上帝的认识。"完美社会的保障就是神圣律法。从定义上说,好的国家是律法统治下的国家;而理想的国家则是神圣律法统治下的国家。[37]

当然,那得等待弥赛亚的到来,而迈蒙尼德作为谨慎的科学家,最不愿提出末世愿景。但与此同时,他相信律法可以产生好的社会。他在《迷途指津》中陈述了自己对《托拉》极具理性主义的看法:"律法总的来说以两件事为目标——灵魂的福祉和躯体的福祉。"第一个目标在于发展人类的智慧,第二个目标在于改善人类彼此间的政治关系。律法实现目标的途径是确定提升智慧的正确主张和制定指导人类行为的规范,两个方面相互影响。我们的社会建设得越稳定和平,人们就会有越多的时间和精力用于健全他们的思想,进而拥有进一步改善社会的智力水平。如此就会形成一种良性循环,而不会出现没有律法社会的那种恶性循环。[38] 有人不禁猜想,迈蒙尼德认为弥赛亚时代的来临不会是平地起惊雷式的突如其来,而是人类理性不断发展和非奇迹式进步的结果。

因此,普遍改善人类状况——尤其是保证犹太先驱的生存——的最佳方式就是传播律法知识,因为律法代表理性和进步。迈蒙尼德虽然是精英主义者,但他思考的立场是不断扩充的精英阶层。按照他的想法,每个人都可以成为学者。在一个热衷于读书的社会,这并非不可能。有一句犹太格言是:"人们应当卖掉自己的所有去买书,因为正如先贤所说:'他的书增加,他的智慧就增加。'"借出自己的书,尤其是借给穷人,这样的人会得到上帝的赞许。"如果一个人有两个儿子,一个不喜欢借出他的书,而另一个乐于借书,这个人应该将他的所有藏书留给后者,即使他更年幼。"与迈蒙尼德同时代的雷根斯堡的犹大①写道。虔诚的犹太人将天堂看作一座巨大的图书馆,大天使梅塔特隆是图书馆管理员:书架上的书籍会自行靠拢,为新来的书腾出地方。迈蒙尼德不赞

---

① 12世纪德国犹太神秘主义运动"德国虔诚派"领袖。——译者注

成这种拟人化的谬论，但他同意未来的世界将是天国学院的抽象形式。他也同意犹大的实用性忠告，即不可跪在大对开的书上紧固扣环，或者用笔当作书签，或者把书当成责打学者的投掷物或工具——用他的绝妙箴言来说："人们应该尊重书籍的荣誉。"[39]迈蒙尼德对治学以外的一切都有所克制，他热爱书籍，希望所有犹太人都能分享书籍。

"所有犹太人"包括女人和有职业的男人。迈蒙尼德说女人学习不是必需的，但如果她们学习，也会获得赞许。每个男人都应该根据自己的能力学习：所以，聪明的手艺人可以花3小时做生意，留出9小时学习《托拉》——"3小时学习成文律法，3小时学习口传律法，3小时思考如何从一条法规推论出另一条"。这种精细的分配被他称作"学习的开端"，从某种程度上表明了他的勤奋标准。[40]

然而，要求犹太人学习的同时却不尽一切可能让这种学习发挥出作用，那只是徒劳。尽管他确信理性和律法是犹太人拥有的唯一防御工具，是世界变得更文明的唯一途径，但迈蒙尼德也痛苦地意识到，经过1 000年的合法增补和不协调的注释，律法本身就处于令人震惊的混乱状态，渗透了极端非理性的元素。因此他毕生的事业分为两部分：使律法恢复秩序以及在完全理性的基础上重新呈现它。为了实现第一个目标，他撰写了《密西拿评注》，首次明确了《密西拿》立法的基本原则，他编纂了《塔木德》律法，目的如他所说，为了在"浩如烟海的《托拉》中"迅速方便地找到判决方法。迈蒙尼德评论说:"要么写注释,要么编法典——两个是各不相同的任务。"作为智慧出众的人物,他两方面都做。他在犹太人面临危机的背景下(就像他所看到的)怀着紧迫感在写作:"在当前这样的迫害年代,"他说,"人们缺少心灵的平静而无法投身于复杂的研究,几乎每个人都会发现,想从早期编纂者的作品中得到清晰的结论难乎其难,因为它们的编排与《塔木德》本身一样缺乏体系。能够直接从《塔木德》的资料来源推论律法的人则更为稀少。"他的创作清楚、有序、简明,没有充斥没完没了的资料出处,但它并未如他希望的那样具有决定性。同其他对律法下结论的尝试一样,它仅仅是再次引发了一场大部头书籍的大雪崩——1893年,一份书单(本身还不完整)汇集了220项关于迈蒙尼德法典的主要评注著作。[41]但它卓有成效:同时代的一个西班牙人说,法官反对这部作品恰恰是因为它能让外行人都能来检验他们的判决。那正是迈蒙尼德对于律法——犹太人的刀剑和盔甲——的希望,希望它成为所有犹太人都可以运用的财富。

在编纂和注释的每个阶段,他都在进行合理化解释。此外,他还撰写了《迷途指津》,表示犹太人的信仰不只是神的命令和拉比权威强加的一套专制主张,还可以通过理性加以推论和证明。他追随了苏拉学院有争议的著名加昂萨迪亚·本·约瑟夫(Saadiah ben Joseph,882—942)的脚步,后者是斐洛之后第一位试图将犹太教置于理性基础之上的犹太哲学家。迈蒙尼德对萨迪亚加昂的《信仰和意见书》并不全盘认同,但这本书激励了他将自己交付于犹太人的信仰和哲学。阿维森纳和阿威罗伊对于伊斯兰教做了相同的工作,不久,托马斯·阿奎那(Thomas Aquinas)也为基督教做了这样的工作。但是,迈蒙尼德是他们所有人当中最伟大的理性主义者。比如,在预言这个关键议题上,他使用了隐喻、类比和寓言,将先知与上帝的交流以及他们的神迹解释为"合乎自然的"。他提出了一个发散理论,即先知可以传导神意的发散。帮助制造异象的所谓的天使是先知想象力的体现;他用小天使这个词来表示智慧。[42]

然而,迈蒙尼德的理性主义止步于一处。他认为自己必须将摩西区别于其他先知。他认为其他先知不是模棱两可就是似是而非,但摩西"不像其他先知,靠寓言来预言";他与上帝进行了真实的对话,"是作为一种存在面对另一种存在,不通过中间媒介"。他试图为摩西的独特性辩解,声称人类自然达到的最高完善性必须体现在某个个体身上——而那个人就是摩西。实际上迈蒙尼德做的是缩小犹太教中的非理性领域,而非消除它:他隔离了信仰中理性无法解释的特定核心区域——虽然他不愿意承认。但他还是承认某些问题几乎超出了人类的理性力量。在自由意志和宿命论的明显矛盾中,他引用了《传道书》:"离我甚远,而且最深,谁能测透呢?"[43]在他的作品中,有些段落既赞同遵循或违背律法的绝对自由意志,也赞同严格的决定论,甚至,他攻击渲染律法无用的占星家。另外,他的13条信仰原则的第一条就是:"一切都是上帝所为,无论过去、现在和将来。"[44]在他的浩繁卷帙中,其他的矛盾之处也有可能被指出,虽然数量出奇地少。

迈蒙尼德竭力要做的是通过剥离迷信和用理性支撑余下的内容来巩固信仰。不过,在此过程中,他自然要对信仰的神秘形式提出并普及一种批评方式,而这种方式最终诱使人们走得更远。理性一旦从单纯的信仰之瓶中释放出来,就会发展出自己的生命和意志。迈蒙尼德是犹太人未来的伟大预告者,甚至算人类未来的伟大预告者,他的《迷途指津》几个世纪以来始终在转变犹太人的思想——虽然并不总是朝向他所希望的方向。在某种意义上,他对犹太教发挥的作用与伊拉斯谟(Erasmus)① 对基督教发挥的作用一样:他产下了危险的蛋,而这枚蛋后来被孵化了。他为医学带来了身心一体、精神和物质统一的犹太教义,这些教义使他对心理疾病有了重要的了解,为弗洛伊德的出现埋下了伏笔。他为神学带来了信仰和理性可以相容的信心,这个信心契合他自己那种冷静和崇高的思想,但到了适当的时候就会将斯宾诺莎② 彻底带出犹太教。

当时很多有学问的犹太人对迈蒙尼德为犹太教引领的方向感到忧虑。在普罗旺斯,基督教被阿尔比派异端分裂,多明我会宗教裁判所(Dominican Inquisition)这个新机构被打造出来强行推

---

① 史学界俗称鹿特丹的伊拉斯谟,中世纪尼德兰著名的人文主义思想家和神学家。——译者注
② 犹太裔荷兰籍哲学家,近代西方哲学公认的三大理性主义者之一,与笛卡尔和莱布尼茨齐名。——译者注

行正教，很多拉比希望犹太权威们采取类似的做法。他们厌恶迈蒙尼德对《圣经》做出的寓言解释，想要查禁他的书。1232年，多明我会竟然介入犹太人的这次内部争论，真的烧毁了他的书籍。但这当然会引起理性主义者的反击。"人们的心灵"，迈蒙尼德的追随者写道，"不会被哲学和致力于哲学的书籍拒之门外，只要他们的躯体内有灵魂……他们想要为这位伟大的拉比及其书籍的荣誉而战，他们将会向他的神圣学说献上他们的钱财、他们的后代和他们的灵魂，只要他们的鼻腔里还有生命的气息。"[45]

尽管这种口头讨伐烜赫一时，但几乎没什么实际打击效果。理论上，犹太律法对于异端极为严苛——如果有两个犹太人做证说他们目睹一个人崇拜偶像，那这个人就会被判处死刑——但实际上，由于它处于权威政体而非独裁政体，因此在极其宽泛的领域内允许出现不同的观点。即使一个人公开宣布自己是异端也不会遭受身体惩罚，除非他有组织地试图让其他人改信他的观点。因此，理性主义和迷信在不稳定的和谐中持续共存，有时候还会存在于同一个人的身上。

考虑到犹太人经常被迫经历的苦难和恐惧，非理性主义的挥之不去也不足为奇。迈蒙尼德将智慧和理性视为犹太人的最佳武器，而且它们的确是——对于自信的精英来说。可对于普通的犹太民众，过去的神迹传说，未来还会出现神迹的希望，才是困难时期更可靠的慰藉。犹太神圣文学迎合了这两种需要，因为庞杂的《哈加达》故事、皮尤（诗歌），以及孩子们在母亲膝边听到的不计其数的古怪迷信与理智上令人信服的注释方法并存。犹太人被迫害和受到的经济压迫越厉害,他们越要求助于神圣的神话故事。"曾经不缺钱的时候,"一条米德拉西注明,"人们渴望听到《密西拿》《哈拉哈》《塔木德》。如今缺钱的时候,而且更糟糕的是,不堪奴役的时候,他们只想听到祝福和安慰。"[46]

在其他宗教的包围中,犹太人不胜其苦。阿伯拉尔(Abelard)①的一名学生羡慕地评论:"一个犹太人,不管多穷,如果有10个儿子,就会让10个儿子都去做学问也会让他们全都识字,不是为了像基督徒那样获得好处,而是为了理解上帝的律法——而且不仅让他的儿子如此,连女儿也是如此。"[47]虽然这或许是真的,但是,迈蒙尼德提倡的那种犹太理性主义实际只适合于上层阶级,而且主要属于上层阶级所有。根据犹太会堂贮藏室里面的文献显示,被迈蒙尼德厌恶和谴责的那种民间宗教就在福斯塔特,就在他的眼皮底下盛行起来。犹太人既使用白魔法,也使用黑魔法。他们玩火焰把戏,让鸟儿停止飞翔后再飞,在有时持续一整晚的仪式上用魔法召唤善灵和邪灵,然后再举行熏烟集会摆脱它们。他们进入出神的状态。他们召开降神会,祈祷旅途平安,家宅除虱,让男女陷入爱河,或者"宣誓就职天使",都有咒语符咒。甚至还有用犹太—阿拉伯语写的秘密手册,声称要带领犹

---

① 彼得(皮埃尔)·阿伯拉尔,法国著名神学家和经院哲学家,一般认为是他开创了概念论之先河。——译者注

太人去寻找古埃及人的神秘墓葬宝藏。[48]

然而这样非理性的宗教方式并不局限于犹太民众。它对上层阶级也有吸引力，它在他们中间的表现形式是神秘主义。迈蒙尼德自己的妻子就是一个情绪冲动的信徒，来自一个历史悠久的虔敬—神秘主义家族。他的儿子和继承人亚伯拉罕跟他的母亲更相像，而非父亲。虽然他似乎一直致力于纪念他的父亲，积极地捍卫他的观点，但他自己的代表作，一部被称为《虔敬者的完整指南》的巨著，将虔敬主义或哈西德写成一种生活方式，一种针对理性主义的反科学。[49] 他被人称为"哈西德派领袖"，即"所有虔敬主义者的领袖"，收到和吸引了来自犹太世界各地的信件和信徒。这些虔诚者整日禁食，整夜站立祈祷。亚伯拉罕甚至还说比起他那个时代的犹太人，他们更称得上以色列先知的信徒。[50] 此举肯定会激怒他的父亲，他的父亲连犹太神秘主义的著作都想取缔，更别说其他的那些了。

对于理性主义者来说，不幸的是，神秘主义在犹太教中根深蒂固，甚至也许可以说犹太教根植于耶和华崇拜。上帝除了将《摩西五经》中成文法律交给摩西之外，还给了他口传律法，这一思想为宗教权威提供了便利。但它也极端危险，因为它导致人们相信关于上帝的大量特殊知识是通过口头私下流传的，只有享有特权的少数人可以获准学习。《塔木德》里的词语"喀巴拉"简单来说的意思就是"接受的（教义）"或"口传"——《圣经》中《摩西五经》后面的部分和口述教义。然而，它逐渐成为秘传教义的意思，能够让享有特权的少数人要么直接与上帝交流，要么通过非理性的方式获得上帝的知识。《箴言》第 8 章和《约伯记》第 28 章，通过隐喻和类比，将智慧论述为一种具有创造性的活生生的力量，提供了通向上帝和宇宙的钥匙，似乎为这种观点提供了权威证明。后世理性主义的犹太人不管何时想要否定神秘主义，就会发现其倡导者总会向他引用《圣经》。

他们还能更多地引用《塔木德》，因为犹太教到了那个阶段已经吸收了大量的神秘元素。一些学者认为这些神秘元素是在流亡期间从波斯习得的；似乎更可信的是，其他学者认为它们来自希腊诺斯替主义（gnosticism）。诺斯替主义或者神秘知识体系的传说是一种在不知不觉中发展出来的寄生产物，它像一种有毒的藤蔓，缠绕在主流宗教的健康躯体上。基督教早期的教父不得不拼命斗争，以防止其掐灭基督教信仰。它同样侵害了犹太教，尤其是在流散期间。斐洛在《沉思生活》中记述了一个被称为"拜上帝会"的教派，这个教派提出了《托拉》是活的身体的说法，那是一种典型的诺斯替思想。[51] 它渗透了巴勒斯坦通常来说很反对希腊思想的宗教圈子——法利赛人、艾赛尼派、库姆兰教派，以及后来的坦拿和阿摩拉。约瑟夫斯说艾赛尼派有一种巫术文学。它第一次的真正繁荣就在启示文学领域。

这些作品的作者将真实的身份隐藏在以诺、摩西、挪亚、巴录及其他伟大历史人物的后面，正如我们所看到的，这些作品充斥着排外和民族主义要素，且具有煽动性，是受压迫民族愤怒和怨恨的慰藉——他们呼唤洪水和飓风降临在他们全副武装的敌人身上。他们写到天使、魔鬼、地狱、天堂、火焰风暴和时间的终结,希腊人和罗马人会在那时被摧毁。这些经文涉及神秘的知识,除了最可靠和最狂热的犹太人,其他人一律不得接触这些知识——狂热的库姆兰僧侣通常都拥有希伯来文和阿拉姆语的《以诺书》——还涉及能够被召唤出来击败基提以及上帝其他的可恨对手的隐秘力量之源。《以诺书》第14章涉及的神秘的战车宝座——本身来自《以西结书》第1章的暗示——导致出现了一整套梅尔卡巴(战车)神秘主义派别。他们向轻信的犹太民众灌输关于"站在战车前面的"天使、从上面降下的火,以及虔诚的灵魂经由出神升上战车的信息。与在喧闹的吟唱中公开进行的《托拉》教学不同,战车知识是低声地向特别挑选出来的学生隐秘传授,那些学生必须展示出一些特别的道德品质,具备特定的面相,拥有让手相家满意的手掌。传说的阐述者经常要被火焰或光圈包围,或者进入出神状态。他们会像以利亚那样奇迹般地进入天堂——一个人是"看了就死了",另一个人是"看了被迷住",还有一个人"平安地上去又平安地下来"。[52]有志于进入迷狂状态的人们要将头埋于两膝之间,背诵关于荣耀宝座的诗歌或早期圣诗。

除了通过神秘状态直接与上帝交流的实用法术之外,从1世纪开始流传的这些秘传书籍倾诉了大量关于神和天堂的信息。因为《托拉》是神圣的,所以文字是神圣的;数字也是神圣的;如果找到钥匙,就能获得神秘的知识。一把钥匙是《诗篇》第147

章第 5 节:"我们的主为大,最有能力",被用来传达上帝的身量——使用字母——计算类似 236 乘以 1 万天国里格^①这样的代码,以此提出头和四肢的基本尺寸,还有它们的神秘名字。上帝的这些神秘的名字——如阿迪尔伦、扎沃迪、阿赫特里尔、塔扎什、若哈拉里尔——非常重要,因为它们构成了让天国守门人给上升的灵魂放行进入一连 8 座向上通往天堂的奇异宫殿的口令。"8"是从希腊诺斯替信徒那里窃取来的神秘数字,还有战车,即上帝的力量和发散,等同于希腊的移涌^②。不过,22,希伯来字母表的字母数,也是个神秘的数字,因为造物本身就是通过希伯来文字组合实施的,所以这些密码一旦被发现,就会揭示宇宙的秘密。

  贤哲对这种异乎寻常的迷信既着迷又排斥。测量上帝身体的拟人观有悖于上帝不可被塑造和不可知的犹太教基本教义。贤哲劝告犹太人专注于律法,不要去探究危险的神秘事物:"无论是谁思考四件事——上面是什么,下面是什么,时间之前是什么,时间之后是什么——那么他还不如从未出生。"可是,随后他们自己却继续从事那些事;而且,作为精英人物,他们倾向于赞同特别的知识要传达给被选出的人这一观点:"创世的故事不应该在两人面前阐释,战车的章节甚至不能在一个人面前阐释,除非他是贤

---

① 长度单位,约为 5 557 米。——译者注
② 诺斯替主义名词,指自至高神溢出的一批精灵或存在物。——译者注

哲并且已经对该内容有了独立的理解。"这就是《塔木德》；事实上《塔木德》和其他神圣的作品包含了大量这种可疑的内容。

因此迈蒙尼德这样的理性主义者倍感难堪，甚至被他们从《塔木德》中找出的不少内容激怒。比如，"神的身量"将《雅歌》解释成上帝爱以色列的神圣寓言，并且非常详细地给出了上帝的四肢尺寸及其神秘名称。完全拒绝《塔木德》犹太教的《圣经》派信徒嘲笑这段经文并用其抨击拉比。他们宣称它测量出来上帝的面孔向下至鼻间为5 000厄尔①。虽然这是一种捏造；但书中却还有同样糟糕的内容。后来的一位注释者试图为其辩解，说这个数字实际上是宇宙的尺寸。迈蒙尼德对不得不讨论这种经文的厌恶可想而知。起先，他想回避这个问题，说："讨论这个问题需要一百页。"然后他又把它划掉——他那份出现此处的《密西拿评注》手稿得以幸存。后来，他说服自己相信这整件事"不过是一个拜占庭传教士的所为"，并将它痛斥为伪造出来的东西。[53]

迈蒙尼德代表的理性主义某种程度上是对秘传文学的发展及其对犹太知识生活渗透的反映。而且理性主义的确具有一定的作用。12世纪和13世纪，它迫使主要的神秘主义者，至少是那些要求像知识分子一样得到尊重的人改进他们的文学作品和教义文集，清除掉神秘的渣滓和几个世纪以来诺斯替式的杂乱内容，使其成为连贯的体系。12世纪下半叶，比较高级的喀巴拉，就像

---

① 旧制长度单位，1厄尔约为1.143米。——译者注

我们对它的称呼,开始在法国的普罗旺斯出现。它取材于许多因素,一个因素是诗歌,尤其是西班牙伟大的抒情诗人犹大·哈列维(Judah Halevi,1075—1141),他已知的800首诗歌包括350首皮尤。哈列维是有宗教情感的犹太复国主义者(又称锡安主义者),这在那个年代还不太常见,他最著名的34首抒情组诗就被命名为《锡安之歌》。他认为西班牙的生活,无论在迫害爆发的间隙是多么舒适,与巴勒斯坦真正的犹太人生活相比,都是受奴役的生活,最终他还是去了巴勒斯坦。他把犹太人看作悲惨和受伤的民族,还把自己的一部哲学著作称作犹太教的辩护书,"为这个受歧视的宗教进行辩护"的一本书,它是对亚里士多德哲学理性以及基督教的抨击。而且他坚定地认为,对于受难的人类来说,尤其是受到残酷对待的犹太人,演绎推理出来的完美的世界无论多么令人满意,都不能代替对上帝的直接体会。[54]即使对于受过高等教育的富有犹太人来说,在遭受迫害的时候,这都是难以回答的一个问题,于是毫无疑问,每当基督教或伊斯兰教收紧缠绕犹太人的网时,神秘主义的吸引力就更加强烈。

普罗旺斯的神秘主义者还借鉴了新柏拉图主义,发展出他们自己令人印象深刻的哲学理论——即使迈蒙尼德也被迫承认他们中的一些人学识渊博。一个是亚伯拉罕·本·大卫,或称赖拜德,写了一本抨击迈蒙尼德的《密西拿托拉》的学术著作。亚伯拉罕的儿子,盲人以撒(约1160—1235),以十重天或上帝品德为基础开创了一种近似于喀巴拉的连贯体系,还创立了一种理论,认为所有造物过去和现在仅仅是一种语言的发展，是神圣言语的具体化。这里用到了新柏拉图主义的概念"逻各斯"（正如《约翰福音》开篇中的"道"），只是从《托拉》研究和祈祷的角度对其进行了重塑。神秘的喀巴拉从以撒居住的纳尔博纳向南传播，翻越比利牛斯山脉，传至赫罗纳、布尔戈斯和托莱多。在伟大的摩西·本·纳曼（Moses ben Nahman）拉比的支持下，喀巴拉的地位得到了极大提高。摩西·本·纳曼，又称纳奇曼奈（Nahmanides）或拉姆班（1194—1270），他年轻时开始改信这种体系，后来跃升为西班牙最重要的司法权威。

纳奇曼奈至少创作了50部作品，多数是《塔木德》和《哈拉哈》的评注，而且他在晚年时还写了一本关于《托拉》的著名评注。其中虽然没有专门涉及喀巴拉，但自始至终都在暗示这种体系，尤其是在《圣经》的评注中，这样做的结果就是将喀巴拉带入了正统犹太学问的主流，尤其是在西班牙。纳奇曼奈使得喀巴拉主义者有可能伪装成保守主义者，将他们的观念源头回溯至《圣经》和《塔木德》，并且为最精彩和最古老的犹太传说提供了支持。正是这些理性主义者成了创新者，将《托拉》的研究引到了古希腊人的异教思想。从这个方面来看，反对迈蒙尼德作品的运动可以被描述为反希腊化犹太人的最后机会。

纳奇曼奈本人从未参与过对理性主义的围剿——相反，他反对这种围剿——但他让喀巴拉主义者有可能逃脱类似异端的指控，那些指控实际上本可以被落实得更稳固。因为喀巴拉不仅引入了完全有异于《圣经》伦理一神论的诺斯替概念,而且它在某种意义上已成为截然不同的宗教:泛神论。它的宇宙起源说——描述如何用上帝的语言孕育造物——和神圣发散的理论导致出现了万事万物均包含神圣元素的逻辑演绎。13世纪80年代,西班牙最重要的喀巴拉主义者,瓜达拉哈拉的摩西·本·谢姆·托夫(Moses ben Shem Tov),创作了喀巴拉主义全部知识的汇总——《光明篇》,通常被称为《佐哈尔》,这本书成为该主题最著名的专著。该著作基本上是鲜明的泛神论:它反复坚称上帝"就是一切",一切统一于上帝,"正如神秘主义者所知"。但是,如果上帝存在于一切,一切存在于上帝,那么上帝如何能够成为唯一和独特的存在,就像正统的犹太教一直坚持强调的那样,无法被塑造,完全与造物分离?这个问题没有答案,唯一清楚的答案就是佐哈尔—喀巴拉是最有害的那种异端。但是实际上,这种神秘主义泛神论对非常聪明的人具有奇特的吸引力,而他们通常的思考方式却是冷静理性的。借由一种明显的自相矛盾,将斯宾诺莎带出犹太教的这种思辨潮流也会将他带向泛神论,于是他成为迈蒙尼德理性主义及其对手反理性主义二者最终的产物。

但那是在未来,在宗教权威广泛分布的中世纪犹太人中,这些相互竞争的潮流能够同时存在。在严酷的世界里,穷人们向迷信和民间宗教寻求慰藉;富人们,如果他们有思考的力量,就会求诸理性主义,如果没有,则会求诸神秘的喀巴拉。犹太教有太多的外部敌人,它不想因为强制实行一种没有人真正想要的均一而使其内部和谐面临风险。的确,人们可以将中世纪犹太教看作从根本上旨在维系犹太社会在面临众多危险时——经济灾难、瘟疫、专制统治,尤其其他宗教的攻击——保持团结的体系。

国家一般来说都不是他们的主要敌人,无论是基督教还是伊斯兰教国家,甚至经常还是它们最好的朋友。出于宗教原因和简单的利己主义,犹太人对正当合法的当权者忠心耿耿:他们是依靠统治者保护的少数派。1127—1131年的会堂贮藏室文献显示,在祷文出现在犹太祈祷书的200年之前,犹太人就定期为伊斯兰统治者做公开祈祷了。与同时代伊斯兰文献形成对照的是,贮藏室文献并未出现对当权者的批评。统治者作出了回应,他们视犹太人为极为守法且能够创造财富的社会组成部分。当权者越强大,犹太人安全无虞的可能性越大。在基督教和伊斯兰教的国度,宗教狂热浪潮出现的时候,灾祸就会到来,那时基要主义教士的势头压过了统治者或者更糟糕的是,把统治者变成了狂热的皈依者。

犹太人无法确定这些时刻何时到来。他们要为应对这些时刻做准备。2世纪的时候,他们就宣布放弃武力抵抗,直到20世纪才在巴勒斯坦恢复使用武力。不过他们有其他的办法。一个办法是他们最出色的成员选择让自己既对他们所寄居的社会有用又能让他们保持机动性的职业。在伊斯兰教国家,这一点通常不难。有能力的犹太人可以成为医生,伊斯兰统治者需要他们的日常效劳;地位低的人如果可以,也会需要他们,甚至会为了小毛病咨询他们,比如便秘和腹泻,就像会堂贮藏室保存的医药处方能派上用场。在埃及，每座城镇都有一位犹太医生，在犹太人定居的地区经常每个村庄都有一位犹太医生。犹太医生很受欢迎，他们会在大型公立医院坐诊，经常还会开设自己的私人小诊所。他们能去任何地方，接触任何人。所以他们几乎总是犹太社区的领袖。埃及纳吉德的第一家族全都是医生。行医不仅是迈蒙尼德的职业，也是他儿子的职业，或许还是他的孙辈和曾孙辈的职业。安曼家族8代医生，其中一代的父亲和一共5个儿子都从事这一职业。女儿们偶尔也是一样，至少也是眼科医生。犹大·哈列维是医生，纳奇曼奈同样是医生。这些医学世家还会从事相关商品的生意：药物、鸦片、草药、香料以及科学书籍。因此，成熟的生意网络可以让医学世家无论何时都可以在受到迫害威胁的时候从一个国家转移到另一个国家。犹太医生在各个地方都受欢迎，除了在宗教狂热时期之外——当然，那时他们经常会被指控下毒。[55]

将家族企业团结在一起是犹太人最好的防御手段。大家庭比核心家庭重要得多，贮藏室文献显示忠诚主要存在于父子、兄弟姐妹之间，而非配偶之间。兄弟姐妹之间的信件要比夫妻之间常见得多。女人的格言是："丈夫可以找，孩子可以生，但好兄弟哪里能找到？"[56] 遗嘱显示，一个没有孩子的男人去世后，他的房产会被留给他的兄弟或者"父系家族"里最亲近的成员，而不是妻子，妻子只能得到她自己的嫁妆。正如一份遗嘱所示，"剩余的房产重回我父亲的家族"。[57]

为了保持家族的强盛，婚姻实际上是男性和育龄女性的义务；

犹太会堂贮藏室文献没有出现"老姑娘"这种词汇。拒绝一夫多妻是犹太教的一种强大的经济和社会力量。《摩西五经》实际上并未禁止一夫多妻，但《箴言》第 31 章第 10—31 节看起来像支持一夫一妻制，而且从流亡后时期它开始成为规定；从格尔肖姆（Gershom）拉比（960—1028）时代开始，欧洲犹太人重婚和一夫多妻会受到逐出教会的最严厉惩罚。[58] 重婚在埃及也会导致被逐出教会，即使是在夫兄弟婚的情况下，迈蒙尼德支持这种重婚，但条件是每位妻子能够得到平等的对待——"一夜与这位，一夜与那位"。[59] 男性 13 岁成年，从那时起他可以被算作礼拜仪式上的法定人数，可以佩戴经匣①，从 13 世纪初叶开始，受戒礼开始标志成年，意思是他已经受到诫命的束缚。[60] 此后他就会结婚，越快越好——像迈蒙尼德就是特例，年过 30 才结婚。

婚姻是一场社会和商业交易，旨在维持社会凝聚力，所以婚约会在仪式上读出，而且为了避免争端或为了解除婚约时没有争议，婚约起草得就像合伙协议。这里有一份日期为 1028 年 1 月 26 日的《圣经》派信徒婚约：

> 我，赫齐卡亚，新郎，将为她提供服装、住房和食物，尽我所能最大限度地满足她的需求和愿望。我会做到对她付

---

① 犹太人在祈祷时佩戴在胳膊上与头上的两个黑色的皮质小盒子，盒子内放有四段手抄《圣经》经文。——译者注

以诚实和真诚、爱情和亲情，我不会让她悲伤，让她烦恼，会让她拥有食物、服装和犹太男人提供的典型婚姻关系……新娘萨尔纳，听到了赫齐卡亚的话语，愿意嫁给他，在上帝的纯净和神圣及对上帝的敬畏之中成为他的妻子和伴侣，听他的话，尊敬和珍惜他，做他的助手，在他的家中承担品行端正的犹太女子应承担的职责，对他付以爱情和关心，接受他的管理，恋慕于他。[61]

《圣经》说"神说……休妻（离婚）是我所恨恶的"，[62]但是倘若婚约起草得当，离婚很容易，这是大家庭相对于核心家庭而言的优势之一。会堂贮藏室文献显示，在20世纪下半叶以前，离婚在埃及犹太家庭比在欧洲或美国犹太家庭中间更普遍。[63]在离婚问题上，《密西拿》偏向于男性："不论女方同意与否，均可与她离婚，但要与男方离婚必须得到他的同意。"[64]亚非伊斯兰国家的犹太女性比基督教欧洲的犹太女性地位更低，但会堂贮藏室记录暗示她们的权利经常比表面看上去的更大。如果她们挨了打，可以上法庭，而且有时候，丈夫还不得不因为妻子的强势向法庭寻求保护。很多信件清楚地表明妻子们会在丈夫出外做生意的时候打理他们的业务。女性代理人和经纪人很常见。记录中描述的一个女性事实上就被起了"经纪人"的绰号，她经营一份合伙事业，虽然自己被开除出了犹太会堂但被列入了公共捐赠者名单，去世时很富裕。[65]

女性在教育系统中也发挥了作用,该系统是犹太世界真正的黏合剂。他们有自己的女班——通常由盲人学者授课。《圣经》女教师很常见。女性也可以管理学校,虽然难得一见。但教育方面的主要工作还是被托付于由社区支持的男性。实际上,跟村庄相对,犹太人对城镇的法律定义是至少要有10个"不出去工作的人",他们要放弃私利,代表社区研究学习。11世纪末叶,福斯塔特有29人,开罗有14人,包括雷伊斯或犹太领袖(在法蒂玛王朝统治时期)、首席学者和宗教权威拉比诺(大师)、两名法官、5名犹太神学院学者、3名宗教导师、6名祈祷文领诵人、1名教师和5名执事。[66]

社区以学校—犹太会堂综合设施为中心。开罗—福斯塔特被认为风气宽松,甚至十分舒适。厌恶音乐的迈蒙尼德不赞成在礼拜仪式时唱皮尤,但民众喜欢,于是他的裁定是由于会引发太大的怨气所以无法禁唱。他的儿子亚伯拉罕谴责在犹太会堂中使用大垫子和靠枕,但民意这次同样获胜了。但即使是在风气宽松的福斯塔特,每天也要有3次礼拜仪式,安息日有4次。[67]安息日和饮食的教规必须严格遵守。严格的犹太律法导致人口持续向主流社区渗入,虽然大多没有记录,但也正是这种纪律维持了犹太人的团结和骄傲。安息日(sabbath,原形动词是shabath)意为中断。一切工作都要禁止,《出埃及记》明确禁止生火,《密西拿》就列出了39种生火中会用到的工作。口传律法以竖起"律法四周的栅栏"为原则,以此避免即使是意外的违规行为,将禁止的范围扩展得更为广泛。所以，因为你不能折断树枝生火，所以你不能骑马，即使马不是你的（你拥有的动物也得在安息日休息），但你可能会折断树枝当作鞭子。因为《耶利米书》第17章第21节禁止在安息日担担子，所以《密西拿》用了两个章节来讨论携带物品的最小重量，还用了大量注释讨论允许搬运一些东西的私人场所和公共场所的区别。由于《出埃及记》第16章第29节禁止人们"第七天从自己的地方出去"，因此出现了关于走路的大量注释。[68]

受雇的公职人员会监督这些禁令的实行情况。他们在饮食教规方面甚至扮演了更重要的角色。由于食物是宗教的一部分，进食是与上帝的交流，所以食材不仅要来自获得准许的种类，在宰杀时也要遵照规范的程序，还要有出声的祷告。必须用刀割下家畜和家禽的食管和气管，刀要轻蹭手指三次，轻蹭指甲三次，以保证其洁净和锋利。宰杀后的肉要被检查是否有疾病迹象，尤其是肺部，然后含有血液的血管，连同后部禁止食用的脂肪和筋，均要被去除。屠宰员由拉比指定，会堂贮藏室的一份信件显示他们会从三个方面对屠宰员进行审查，是否信仰虔诚、行为端正、学问良好——正如戈伊坦已经注意到的，这是犹太人倾向于将技能提升至学术领域的一个好例子。[69] 全部工作完成后，包括血液也清除完毕后，就由一名守卫看管，确保准备好烹制前没有人触碰，届时肉要在水中浸泡30分钟，用盐腌1个小时，确保没有血液残留。这名守卫还会监督挤奶和奶酪制作，那都要符合洁净规则。一个作为犹太人洁食的鸡蛋不能沾血,要一头圆,一头椭圆,蛋黄四周包裹蛋白。因为《圣经》禁止用母羊的奶烹煮山羊羔,所以注释者将此演绎为禁止肉奶同食,除非一种与另一种的比例超过 60∶1。那接下来又导致人们要使用两套用具制作和盛放饭菜。[70]

因此社区屠宰有助于犹太教区居民的团结。此外,虽然犹太穷人也得严格饮食,但他知道自己不会缺少食物,因为每周五他可以收到足够的钱(或等价物)支付全家 14 顿饭菜。从圣殿时期开始,捐款箱成为犹太福利社区的中心,迈蒙尼德叙述道:"我们从未见过或听过一个没有捐款箱的犹太社区。"[71] 每个捐款箱有 3 位可靠的市民作为受托人,因为慈善是犹太律法中规定的义务,所以对于不捐赠的人,他们有权没收其物品。福利的提供形式有仔细的分类,分别有各自的基金和负责人:为穷人提供的服装和教育,为贫穷女孩提供嫁妆,为穷人、孤儿、老人和病人提供逾越节食物和酒,安葬穷人、囚犯和难民。"各尽所能、各取所需"是犹太人从基督诞生之前就采用并始终践行的理念,即使是在整个社区境况窘迫的时候。有偿付能力的犹太人在入住社区 1 个月后就得向捐款箱捐赠;3 个月后要向施食处捐赠,6 个月后要向置装基金捐赠,9 个月后要向安葬基金捐赠。[72] 不过由于帮助穷人是向上帝表达感恩的一种方式,代替了古老的圣殿献祭,所以虔诚的犹太人会超过最低义务限度地多加奉献,福斯塔特的犹太会堂里会挂上长长的、精心书写的捐献者名单——让上帝看见,也让众人看见。犹太人憎恶依赖福利的行为，他们引用《圣经》的话："你必须根据穷人的需要帮助他"，但又补充说，"你没有义务让他富有"。[73]《圣经》《密西拿》《塔木德》注释，随处可见关于工作和实现自食其力的训诫。饭后的谢恩祷告祈求："我们恳求您，我们列祖的神啊，让我们不需要血肉的恩赐……只让我们依靠您丰满、敞开、神圣、充裕的手，好让我们不会感到羞耻。"贤哲指示："如果有必要，就在市场剥动物皮，领取工钱，不要说'我是大人物，做这样的事情有辱我的尊严'。"[74]

不过会堂贮藏室文献——如受捐者和捐助者名单——显示事实上福利不得不大规模地派发。在迈蒙尼德到达福斯塔特的时期（约1150—1160），3 300名犹太人里面有500人可以养家糊口，130个家庭靠施舍为生；1140—1237年，平均每4个捐助者要帮助一个赈济受助者。[75] 贫困经常不可避免。比如，1201年2月，饥荒和瘟疫让福斯塔特的人口减半，留下穷困的寡妇和孩子。会堂贮藏室文献显示，统治者征收吉兹亚（人头税），那是穷人真正恐惧的，执行起来极为残忍无情，未履行缴税义务的，亲属要为其负责，要外出的必须出示完税证明才能出行。

反犹主义的威胁始终隐藏在暗处，犹太会堂贮藏室文献用的是"仇恨"（sinuth）一词。最可怕的迫害发生在11世纪初叶，在狂热疯狂的法蒂玛哈里发哈基姆统治时期，他先是把矛头指向基督徒，然后就是犹太人。另一位狂热的统治者是萨拉丁的侄子马利克，他自称也门的哈里发（1196—1201）；1198年8月来自也门的一封信件讲述了犹太人如何被召集到这位统治者的谒见大厅被强制要求改变信仰:"于是所有人都放弃了信仰。一些虔诚的人(后来)叛离伊斯兰教,都被斩首了。"对于犹太人来说,哈里发统治的一些地方比其他地方情况更不佳。摩洛哥很狂热,叙利亚北部也是如此。排斥契约民的条例,如节制法规,经常被严格执行,以便向犹太社区敲诈金钱作为了结。1121年的一份会堂贮藏室文献描述了巴格达的敕令,对犹太人穿着作了强制规定:

> 两枚黄色徽章,帽子上和衣领上各一枚。此外,每个犹太人脖子上必须悬挂一件(重3克的)铅制品,上面有"契约民"字眼。还必须系腰带。女人必须穿一只红鞋、一只黑鞋,脖子或鞋上要有一只小铃铛……维齐尔指派蛮横的男人监督犹太男性,指派蛮横的妇女监视女性,用咒骂和侮辱伤害他们……他们会嘲笑犹太人,暴民和年轻人会在巴格达的所有街道上痛殴他们。[76]

对于犹太人来说,这一时期的大部分时间,埃及还是相对安全的地方,尽管亚历山大城的反犹主义传统历史悠久,可以追溯到希腊化时代。在犹太会堂贮藏室里的一份信件中,作者叙述了那里发生的一个反犹事件,一位犹太长老被污蔑实施强奸,作者还补充道:"反犹主义不断地以新的形式出现,为了表达他们的仇恨,城镇里的每个人都变成了监视犹太人的警察。"[77] 不过贮藏室文献显示，在福斯塔特和开罗，犹太人、基督徒和穆斯林杂居，发展为普通的生意伙伴关系。戈伊坦总结说，没有证据支持，起码是在埃及，反犹主义盛行或严重的观点。此外，法蒂玛王朝和阿尤布王朝统治的埃及是世界各地受迫害的犹太人（及其他人）的避难所。

如果说犹太人的待遇在哈里发统治下各地各时各有不同，那么在拜占庭的统治下则是始终恶劣。在拉丁基督教世界，在1095年第一次十字军东征布道之前，情况还算过得去；此后，几乎每个地方的犹太人状况都开始恶化。与伊斯兰教地区一样，在其他条件相同的情况下，当权者总是会优待犹太人。他们是最好的城市移民，拥有有用的交易网络，具备少有的技能，能够迅速积累财富，是方便的征税对象。他们在加洛林王朝统治期间繁荣兴旺。大概在825年，虔诚者路易皇帝给他们签发了许多鼓励定居的特许状。里昂的艾戈巴德（Agobard）①的信件表明，他们不仅享受皇帝的保护，还被允许修建犹太会堂。间或有麻烦发生——比如，1007年法国发生的迫害；1012年，美因茨的强制改宗。但总的来说，犹太社区发展良好，规模扩大，尤其是在莱茵河流域各处和1066年之后从下莱茵地区到英格兰的区域。迟至1084年，当时在位的施派尔主教才给予他们一份权利特许状，内容包括在他们的居住地区四周修建防御墙，以此吸引犹太人在他的城市定居；

---

① 艾戈巴德（约779—840），出生于西班牙的神父，里昂大主教。——译者注

1090年，亨利四世皇帝续签了这份特许状，还为他们提供了一份沃姆斯的新特许状。

不过，官方对犹太人的态度越来越矛盾。世俗君主倾向于将犹太人当作可以收割的个人财产；不只是他们的收入，必要的时候，还可以侵吞他们的资本。教会首领，作为城市的统治者，重视犹太人存在的经济价值；但作为牧师，他们憎恶犹太人的存在。大教皇格里高利（590—604年在位）保护罗马的犹太人，但同时又创建了基督徒反犹太教的思想体系，那将直接导致对犹太人的人身袭击。实际上他的观点是犹太人并非看不到基督教的主张，他们知道耶稣是弥赛亚，是上帝的儿子，但他们从前拒绝他，现在依然拒绝他，因为他们的心灵堕落了。情况历来如此——对犹太人不利的证据全都在他们自己写的《圣经》之中。[78] 当然，对于犹太人来说，其中还存在一个可怕的问题。他们最重要的天赋之一就是批判能力。他们一直拥有这种能力，这是他们的理性之源，将他们率先带到一神论的因素之一，因为他们的批判意识不允许他们接受多神论的愚蠢。但是他们不只有批判能力，也许最重要的是，他们还擅长自我批判。而且，或者说至少在古代，他们是出色的历史学家。他们看到了关于自己的真相，有时是丑恶的真相，并记在《圣经》之中。其他民族创作民族史诗都是为了宣扬和提升自己的自尊，而犹太人却是为了找出他们的历史错在哪里，对在哪里。正因如此，《圣经》中才随处可见表现犹太人是有罪民族的文字，他们虽然知道有上帝的律法，却往往心怀恶念或者思想顽固而拒绝接受它，事实上，犹太人是自证其有罪。

基督教护教士基本上并不认为犹太人应该为他们的祖先杀害基督的罪过受到惩罚，他们提出了不同的观点。与耶稣同时代的犹太人已经见证了他的神迹，目睹了预言的实现，却因为他的贫穷和卑微而拒绝承认他，他们的罪仅在于此。但从那时起的每代犹太人还是一直表现出同样的顽固不化，就像《圣经》里面那样。他们不断地掩盖真相，篡改事实，或者隐瞒证据。圣杰罗姆指责他们删除了先知书里提到的三位一体。圣游斯丁（St Justin）①说《以斯拉记》和《尼希米记》里面的线索被他们抹除了。编纂《塔木德》的老拉比知道真相，甚至用隐秘的形式将其记录了下来——那是基督教辩论家试图用来支持自己观点的一个理由。甚至连犹太历史学家约瑟夫斯都撰写了关于耶稣的真相（实际上那明显是插入的文字，那时手稿的流传途径都在基督教的控制之下），但犹太人就是坚决反对。那不是愚昧，那是恶意。这里是12世纪历史学家威尔士的杰拉尔德的一段评论：

> 甚至对于他们历史学家的证词——他们拥有这位历史学家的希伯来文书籍并认为它们是可靠的——关于基督的部分他们也不接受。但我们见过的那位牛津的圣弗丽德丝

---

① 圣游斯丁，亦称殉道者游斯丁，2世纪基督教的护教士之一，于165年前在罗马殉道。——译者注

> 维德修道院的罗伯特院长年长可靠……擅长经文，通晓希伯来文。他派人去了英格兰犹太人居住的各个城镇，从他们那儿收集了许多约瑟夫斯用希伯来文写的书籍……他在其中两本发现了这段关于基督的证词，写得充分详尽，但好似刚刚被划掉了；不过其他所有的书删除得更早，就好像从未存在过。将这个出示给专门被召集起来的牛津犹太人时，他们承认有罪，并对这种针对基督的欺骗性恶意和不诚实感到困惑不解。[79]

基督教这条论证路线的悲剧在于它直接导致了一种新的反犹主义。犹太人知道基督教的真理却仍然拒绝它，这种行为太过分了，简直不是常人所为。于是就有了犹太人不同于常人的观念，他们关于食物、宰杀、烹饪和割礼的律法更是加强了这种观念。还有传言说犹太人有隐藏的尾巴，身患血痢，身上有异味——一经受洗，这些毛病就会立即消失。这转而导致传闻称犹太人为魔鬼效力——那可以解释一切——在神秘邪恶的仪式上与魔鬼交流。

在1095年第一次十字军东征的号召在克莱蒙费朗发布之前，反犹情绪便似乎已经积压了一段时间。基督徒在圣地受到不公正对待的无数传闻引发了十字军东征的浪潮。穆斯林是这些传闻中的主要反派，不过犹太人也经常被编排在内，成为阴险的帮凶。那是一个基督教基要主义的时代，教皇制度进行了改革，西多会等严格主义者的修道会相继出现。许多人相信世界末日和基督复临迫在眉睫，人们迫切地想要为自己获得恩典和释罪。集结在欧洲西北部的武装人员为各种各样唯信仰论的行为提供了机会，正常的社会秩序崩溃了。人们变卖资产或者借钱以支付他们的东征费用。他们期望将债务一笔勾销，犹太人，少数有周转资金——现金——的群体之一，成为容易招致攻击的对象。值得注意的是，即使是狂热的十字军战士也不会攻击自己街坊的犹太人，他们知道那里的居民是跟自己一样的普通人。可一旦开始行军，他们就会随时攻击其他城市的犹太人。接下来，被卷入狂热和劫掠欲望的基督教城镇居民有时也会参与其中。当地统治者被这种突如其来的暴乱震惊得措手不及，失去了控制力。

我们有一份12世纪犹太编年史家所罗门·本·桑松拉比的屠杀报告。[80]屠杀从法国鲁昂开始，1096年春季蔓延至莱茵兰城市。随着经常跟暴徒差不多的十字军大量聚集，进军沿途的所有犹太社区都岌岌可危。施派尔主教用派遣军队和绞死元凶的方法迅速阻止暴乱："因为他是外邦人中间的义人，那位永恒的存在通过他来拯救我们。"[81]科隆大主教采取了同样的做法。但在美因茨，大主教都不得不逃命自保，犹太人竭力反抗还是被打败。男性或被屠杀或被强制改宗，孩子们惨遭杀戮，以防止他们被培养成基督徒，而女人们则躲藏在大主教的城堡里集体自杀——共有1 000多人丧生。莱茵兰古老、富裕和人丁兴旺的犹太社区被摧毁，大多数犹太人被杀或被拖去洗礼池。其他人对同镇居民突如其来、令人费解的仇恨感到恐慌，四散逃离。他们已经认识到保护特许状除了用来（用他们的话来说）"封盖罐子"，已经没有别的用处了。

推动激发第一次十字军暴乱的反犹思想体系和民间传说被证明只是柱基而已，在它的上面，一座有敌意的谣言谬论的大型上层建筑被修筑起来。1144 年，东安格利亚的诺威奇发生了一起不祥的事件，那里当时是英格兰最富有、人口最稠密的地区。犹太人在盎格鲁-撒克逊的英格兰为数不多，他们是在征服者威廉入侵后随着其他许多佛兰芒移民一同前来的。他们半数住在伦敦，但犹太社区在约克、温切斯特、林肯、坎特伯雷、北安普敦和牛津陆续出现。虽然没有出现犹太居住区，但通常也会有两条犹太街道，一条居住着富有的犹太人，另一条住着穷人：如在牛津阿尔代街附近就有犹太大街和犹太小巷。[82] 犹太人为自己修筑了很好的房屋，为了安全，经常要用石头砌成。林肯市如今甚至还留有两栋 12 世纪的犹太人房屋（一栋可能被用作犹太会堂），可算英格兰留存下来的最早的此类房屋之一。[83] 诺威奇有莱茵兰犹太人定居，但没有大型犹太社区：最多 200 人，英格兰的犹太人总人口最多也不超过 5 000 人。不过 V. D. 李普曼的研究充分探究了他们的活动。[84] 诺威奇的犹太人住在市场和城堡附近（为安全起见），不过是与基督徒杂居。他们的主要活动是以土地和租金为抵押放款。他们还是典当商，一些英国犹太人是医生。[85] 与英格兰其他 17 座有犹太人居住的城镇一样，这里有一个相当富裕的家族，朱尔奈特家族可以上溯五代人。他们在伦敦有生意伙伴，足迹和业务遍布全国，处理的资金数额巨大。位于国王街的石砌大房子与其他犹太人的房屋不在一处。他们资助《塔木德》学问家，而且其中一些本身就是学者。[86]

1144 年，这个小社区被一项骇人听闻的控诉推到了风口浪尖。3 月 20 日，复活节和逾越节前不久，一个名叫威廉的男孩失踪了，他是一个殷实农民的儿子、皮革匠的学徒。他最后一次被人看到是进了一栋犹太人的房子。两天后，也就是圣周的星期三，他的尸体在城市东边的索普森林被发现，"身着他的短上衣和鞋子，头部被剃去毛发，有无数刺伤"。我们所了解的细节主要来自一本圣徒言行录《诺威奇圣威廉的生平和神迹》，由诺威奇修道院的僧侣、蒙茅斯的托马斯于此后不久集结编辑。[87]据托马斯说，男孩的母亲埃尔薇拉和一个名叫戈德温的当地牧师指控诺威奇的犹太人谋杀了男孩，说这种罪行是基督受难的重演。后来，在一个犹太人家工作的基督徒女佣说那个男孩是在犹太会堂的礼拜仪式结束后被绑架的。他嘴里塞着布，身上绑着绳子，头上扎满了刺，然后被绑成像在十字架上的姿势，左手和左脚被打上钉子，肋部被刺穿，并被滚烫的水从头浇遍——他们声称是透过门缝看到这个场景的。一群犹太人在教会法庭上被指控亵渎神圣，但当地的郡治安官宣称他们是国王的财产，拒绝让他们受审，并迅速将他们送到诺威奇城堡里保护起来。

到此，与这个男孩尸体有关的第一拨神迹开始出现。最初，当地教会势力跟世俗当局一样，对整个故事持反对态度。可两年后，一名支持这种祭仪说法的僧侣被任命为诺威奇主教，值得注意的是，他在这座修道院的正式当选为一场反犹太示威提供了机会。同年，埃利埃泽尔，当地的一名犹太放债者，被一位欠他钱的西蒙·德·诺弗爵士的仆人们杀害。传闻慢慢流传开来。在复活节杀害基督代替者的祭祀契合了官方认为犹太人明知真理却拒绝它的观点。接下来，有人指出那场谋杀被发现的那天，3月22日，是犹太人逾越节的次日。众所周知，犹太人要为逾越节制作特别的无酵饼。有一个反犹传闻说，自他们对彼拉多高喊"他的血归到我们和我们的子孙身上！"之后，所有的犹太人都患有痔疮，贤哲告诉他们只有用"基督的血"才能治愈——也就是说，皈依基督教——但他们却从字面意思来理解并接受了这条建议。为了得到必不可少的血，用来制作他们用于治疗的逾越节面包，他们就得每年杀害一位基督代替者。剑桥的西奥博尔德，一名犹太教的改宗者，把这个传闻与威廉被杀结合起来，宣称西班牙的犹太人会议每年会抽签挑选必须实施这种祭仪谋害的城镇，而1144年就抽到了诺威奇。[88]于是，从这一宗犯罪产生了两项针对犹太人的各具特色却相互交织的指控——祭仪谋害的指控和血祭诽谤。[89]

这段插曲对犹太人的安全尤其具有毁灭性打击。男孩威廉凭借死于祭仪的性质，获得了基督的一种神圣要素和行神迹的能力，于是神迹接连发生——每一件都是对犹太人恶意的进一步证明。追封圣徒那时尚未由罗马中央掌控，而是由大众的呼声决定。因此，这类令人激动的圣徒尸体吸引来了朝圣者、礼品和捐赠资金，给拥有它的教堂带来了财富，所以一旦有孩子在犹太人居住地附近被杀且情况可疑,就容易出现祭仪谋害的指控——1168年在格洛斯特,1181年在贝里圣埃德蒙兹,1183年在布里斯托尔。新的十字军布道总能让反犹情绪沸反盈天。第三次十字军东征于1189—1190年发起,英格兰在这次东征中表现突出,因为狮心王理查领导了东征,而且煽动了已经被祭仪谋害指控激怒的暴民们。1189年,出席理查加冕礼的犹太富人代表团被一群人攻击,接着是伦敦的犹太人被袭击。第二年临近复活节的时候,大屠杀爆发了,约克的情势最严重,那儿的犹太富人区遭受血洗,尽管他们向城堡寻求了避难。诺威奇当然也成为牺牲品,一位编年史家记录:"赶往耶路撒冷的人里面,很多人决定先奋起反抗犹太人……于是2月6日,诺威奇所有在自己家里被发现的犹太人都被屠杀;有的人躲进城堡避难。"[90]

这是消灭拉丁犹太人的又一重大事件。12世纪,有组织的异端兴起导致越发有专制主义和必胜主义倾向的教皇对宗教活动的所有非正统形式都持怀疑看法,尤其是犹太教。中世纪最大的中央集权者英诺森三世(1198—1216任教皇)在1216年①的第四次拉特兰会议上颁布了一系列反犹太法令,批准创立两个布道修道会——多明我会和方济各会——特别赋予它们在城市中巩固正教信仰的职责。多明我会更是被委以镇压异端的职责,方式是调查

---

① 此处疑原文有误,根据后文和史实,第四次拉特兰会议的召开时间为1215年。——译者注

可疑的行为，审问和审判嫌疑人，将那些被判有罪的人移交给世俗权力机关惩罚。

作为基督论的补充表现形式，英诺森推出了新的圣餐礼拜。这转而创造出反犹主义的另一个层面。1243 年，柏林附近的犹太人被指控偷窃了一块圣饼并将其用于他们自己的邪恶目的。这种做法同样非常符合基督教认为犹太人明知真理却与它对抗的观点。他们的确相信圣饼是基督的身体：那就是他们为什么偷走它、折磨它，让它再次体验基督的苦难，就像他们偷走基督徒的孩子并在恶魔般的仪式上杀害他们一样。正如所有的阴谋论一样，只要丰富的想象力迈出第一步，其余的就会伴随令人兴奋的逻辑接踵而来。1243 年之后，拉丁欧洲各地都有关于偷窃圣饼的报告。根据诉讼案件所示，它们被曝光出来，是因为圣饼会在极大的痛苦中创造神迹：它升到空中，引发地震，变成治愈瘸子的蝴蝶，现出天使和白鸽或者——其中最常见的是——像孩子一样在痛苦中尖叫或哭泣。[91]

所有的这些诽谤都拿不出可信的证据。有的指控可能是因为真的误解。比如，1230 年在诺威奇，犹太人被指控强行割去一个 5 岁男孩的包皮。1234 年，该案件最终上了法庭，犹太人被监禁和罚款，而且这件事似乎还在次年引发了一场市民针对诺威奇犹太人的暴力袭击。大约在 1240 年，几名与这个案件有关系的犹太人被绞死。最有可能的解释是这个犹太家族要让本族一名改宗者的儿子回归信仰。[92] 大多数针对犹太人的指控纯属捏造，而且每当基督教会真正开始调查时,调查结果总能证明犹太社区的清白。[93]

当然,看待这些诽谤必须结合犹太人的放款背景,这种背景影响了相当广阔的社会范围。来自13世纪法国南部佩皮尼昂的证据显示,借款人65%由乡村居民构成,尽管他们的借款数额只占总数额的43%;城镇居民的这两个比例是30%和41%;骑士和贵族的比例是2%和9%;神职人员是1%和5%。[94]英格兰的情况也差不多。大修道院和地位较高的贵族虽然要用到犹太人,但比例相对较小。两个国家的主要借款人都是贫穷的乡绅——最有可能在反犹激进主义浪潮中打头阵的阶层。一个有名望和威信却没有钱、又将失去土地的乡绅就可以煽动起一群暴民。整个历史都是这样的教训,即放款会在乡村社会制造麻烦。13世纪英格兰的一份犹太婚约显示,有息放款预计每年可以带来不少于12.5%的收益。[95]按照中世纪的标准来看,这似乎并不算高。不幸的是,正如李普曼所指出的,放款人之间的协议非常复杂,经常会形成多层借贷的联合组织形式;而且所有的行为还都被犹太人的规定以及规避这些规定的企图、基督徒的规定以及规避这些规定的企图弄得复杂难解。最后的结果就是提高了借款人必须支付的最终利息,而且最重要的是,法律问题密集出现,以至于每一起争端都几乎必定会出现"这就是抢劫"的指控。犹太人内部和基督教法庭都会对这些事件进行处理。记录显示,"犹大,布里斯托尔的犹太人,因犹太人例行会议对一名犹太人是否应向另一名犹太人收取重利的问题所做的调查而欠下两盎司^①黄金";还有一次,约克的亚伯拉罕·本·约书亚告诉"犹太人的法官","犹太人可以借基督徒之手获取重利,如果对方觉得不公平,那就让他到例行会议的律法专家面前,到那儿起诉他,因为这种涉及律法的事情只能在那里解决"。[96]对于这些情况,城市的商人们可以理解,可乡下的骑士们就难以理解了。

理论上,常常也是实际上,国王从庞大、繁忙的犹太社会获得了巨大的利益。在12世纪的英格兰,安茹王朝的国王们无疑从富有的犹太借贷者那里收益颇丰。那时有一个特别的犹太财政署,在每座有犹太社区的城镇设有金库。每座金库由两名犹太人和两名基督徒共同管理,他们会记录所有的债务协议。总署有一名犹太人和一名基督徒法官,以及一名提供建议的拉比。[97]国王实际上要从犹太人的所有商业交易中抽成,所以他需要知道谁欠了哪位犹太人多少钱。林肯市的亚伦,中世纪英格兰最成功的犹太金融家,当他在1186年去世的时候,为了处理他的财产甚至专门建立了一个财政署。作为整个犹太人历史上引人瞩目的讽刺之一,亚伦为极端严格主义的西多会的大规模扩张提供了资金,以抵押贷款的形式借给他们总计6 400马克^②,这笔借款在当时看来数额非常庞大。国王继承了他的债权,尽管其中一些被转售给了他的

---

① 1盎司=28.349 5克。——编者注
② 马克,古代欧洲的货币计量单位,最初1马克相当于249克纯银。——编者注

儿子伊莱亚斯。[98]

如果类似这种飞来横财能够经常出现,那么英格兰的国王们一定会保证犹太社区的存在。可是亚伦的成功出现在12世纪90年代的反犹爆发之前,后者摧毁了约克及其他地方的犹太社区。[99]从那以后,英国犹太人赚钱越来越难。1215年,拉特兰会议的反犹法规更是让他们雪上加霜。英格兰的坎特伯雷大主教斯蒂芬·兰顿,"大宪章"的缔造者之一——"大宪章"本身就包含一项反犹条款——试图组织一场联合抵制犹太人生意的运动。整个13世纪,英格兰犹太人的经济始终在下滑。约克的亚伦曾对编年史家马修·帕里斯说,他上缴给国王的钱超过了3万马克,然而1268年他去世的时候却一贫如洗。[100]

爱德华一世,这位前十字军战士和"凯尔特人之锤",对金钱的需求永无止境。在他统治时期,犹太人的经济下滑开始加速。犹太人作为向大人物放贷的群体,他们的作用一定程度上被耶路撒冷的圣殿骑士团及其欧洲辖区所取代,那些人是第一批真正的基督徒银行家。犹太人被推向底层市场,从事小规模借贷、钱币兑换和典当业。对于爱德华来说,系统地榨取犹太人不再那么有利可图;他想要痛下杀手,迅速没收他们的资产。1275年,他通过了一项反犹太法令,让高利贷成了非法行为;后来高利贷罪行又被与更严重的罪行亵渎神明联系在一起。1278年,一批批犹太人在全国各地被捕,许多人被关进了伦敦塔。一位编年史家记载有300人被绞死。他们的财产进了国王的腰包,这些到手的钱诱使爱德华变本加厉。下一步便是控告犹太人惯于剪除硬币的边缘，诺威奇有十几个人因为这项罪名而被绞死。最后，13世纪80年代末，爱德华发现自己需要一大笔现金赎回他的堂兄弟，萨莱诺的查理。他没收了加斯科涅犹太人的财产，1289年将犹太人彻底驱逐。次年，以犹太人普遍逃避禁止高利贷的法律为借口，他又把他们全部赶出英格兰，夺走了他们的全部财产。诺威奇最富有的犹太人带给他300英镑①的收益。11座城镇的犹太人共产生了9100英镑的收益，18个家族就提供了其中的大约6000英镑。虽然这种收获令人失望，但到此时为止，犹太社区已缩水到只剩下其规模最大时的一半——只剩下2500人可以驱逐了。[101]

到了这个时候，中世纪基督教各政府认为自己面临着一个"犹太人问题"，而驱逐就是这个问题的"最终解决方案"。这个方案被尝试过：1012年在莱茵兰部分地区，1182年在法国，1276年在上巴伐利亚。由于英吉利海峡的阻隔，这个策略在英格兰或多或少地奏效了，不过在分散着数千块领地的欧洲大陆，驱逐很难实施。尽管如此，在意识形态的持续压力下，各政府依然会采取反犹太措施。英诺森三世在他的拉特兰法令中提出，由于他们寡廉鲜耻地使用金钱的力量，犹太人已经颠覆了自然秩序——自由的基督徒已经沦为犹太奴隶的仆人——政府必须强行设置障碍，以恢复原本的状态。[102]于是各政府开始行动。从12世纪开始，

---

① 英镑，英国的本位货币。——编者注

第三章 权威政体

犹太人对于王公诸侯来说逐渐失去作用了。基督徒已经学会了他们做生意和理财的技能。虽然这是一个建造新城镇的大时代,但犹太人作为城市移民已经不再被需要——基督徒可以自己来做这些事情了。于是当权者对犹太人的存在不再那么宽容,而且拜血祭和祭仪谋害的诽谤所赐,犹太人成为不时发生的骚乱源头。他们还开始由衷地担心犹太人为令人不安的思想扩散推波助澜。在中世纪末叶,异端经常与激进主义有所关联。异端分子偶尔会联络有学识的犹太人,这些犹太人与他们讨论《圣经》经文,借书给他们。犹太人总是有书,经常还有一些被当局视为具有颠覆性的书籍。如果教会缴获了那些书,犹太人还会把它们像奴隶一样赎回去。1190 年,他们的约克社区遭遇屠杀后,他们就设法把自己的书运到了科隆,准备卖给那儿的犹太人。[103]

理论上,按照基督教律法和他们自己的律法,犹太人被禁止上大学,但他们会聚集在大学城。学生们是反犹主义一如既往的急先锋。在都灵,学生们有权在冬天下第一场雪的时候用雪球扔砸犹太人,除非他们支付 25 达克特①的赎金;在曼图亚,"罚款"是糖果和书写纸,在帕多瓦是一只肥鸡。在比萨的圣凯瑟琳节日那天,学生们可以把他们能找到的最胖的犹太人拉到秤上,然后"罚"整个社区与他的体重等重的糖果。在博洛尼亚②,犹太

---

① 达克特,"一战"以前欧洲贸易专用金币,12 世纪由西西里王国发行,1 达克特相当于 3.490 9 克纯度为 98.6% 的黄金。——编者注
② 意大利北部的历史文化名城,是意大利最古老的城市之一。——译者注

人不得不举行一场学生宴会。在有医学院的地方，犹太人必须提供尸体，或者交钱，而这种行为有时会导致对犹太人墓地的亵渎。[104] 所有这些都表明，犹太人被接受为大学社区的一部分，即使不受欢迎。他们经常在那儿教书，如 1300 年，雅各·本·玛吉成为蒙彼利埃医学院院长。15 世纪初叶，伊莱亚斯·萨博大师在帕维亚教授医学（还被召到英格兰为亨利四世治病），改宗犹太人在基督教世界各地的校园里声势显赫。有时候，正如我们将要看到的，改宗者成为他们从前教友的灾难；更为经常的是，特别是在迫不得已的情况下，他们会在知识界组成一个批判的、探究的和令人不安的群体。教会确认阿尔比运动或 15 世纪波希米亚的胡斯派是受到了犹太人的影响，而绝非空穴来风。犹太人在最终打破了教会垄断的两股力量——文艺复兴和宗教改革——中都很活跃，他们是发酵的酵母。在中世纪，民粹主义者对犹太人提出控告无一例外都是虚幻的想象，但宣称他们在思想上具有颠覆性倒是有可信之处。维也纳犹太小说家雅可布·瓦塞尔曼在他的著名自传《我的德国犹太人生活》中提出了这个观点：

> 不幸的事实是，迫害者，受人推动也好，自发也好，都能找到理由，这是不容置疑的真相。每一个反传统事件、每一次动乱、每一个社会问题都能看到犹太人冲在第一线；无论哪里迫切需要一场彻底的革命，无论哪里的政府需要将转型的思想转化为狂热的行动，都有犹太人冲锋陷阵。

过去如此，现在依然如此。[105]

中世纪的拉丁国家不允许他们奢望领导权力，但他们的导师地位完全不容否认。

因此，中世纪下半叶，神职人员想尽办法抵制他们眼中的犹太人颠覆活动。在他们中间一马当先的是修道士。13世纪，多明我会和方济各会的修道士主宰了大学生活，他们还占据了重要的主教职位并在拉丁国家监控犹太人生活的方方面面。他们认为奥古斯丁相对宽容的态度再也站不住脚了——依靠这种态度，犹太人被当作"证人"保全下来并获准奉行他们的宗教；他们想要剥夺犹太人的所有权利。[106]1236年，教皇格里高利九世被说服封禁《塔木德》，实际上证明他们的态度发生了明确的转变，不再认同奥古斯丁的宽容行为，尽管这并非此举的目的。[107]修道士们并非一开始就是反犹分子。圣方济各对犹太人没有敌意，而圣多明我，根据在其封圣仪式上的宣言，他"爱所有人，富人、穷人、犹太人、异教徒"[108]。起初，他们专注于严格的神学问题，甚至试图阻止祭仪谋害的指控。

不过修道士被他们所聚集的城市环境所改变，已经变得粗俗不堪。对背教的基督徒，对异端分子，尤其是对犹太人，他们采取强硬的态度劝说其改宗。他们在城镇举办"布道会"，在会上竭力鼓吹正教和狂热行为，煽动严格主义者的热情。他们倾向于在犹太街区或附近开设修道院，作为骚扰的据点。犹太人对他们的恐惧超过了对其他基督教团体的恐惧。犹太人把他们看作摩西在《申命记》第32章第22节①威胁所称的灾难的化身"不成子民的"。[109]他们的策略逐渐变成让犹太人转变信仰或者让他们离开。在英格兰，方济各会修道士藏身在剥夺犹太人购买城市不动产的王室敕令后面，一直是落实驱逐他们的一群人。[110]不久，他们就彻底倒向了反犹主义。1247年，两名方济各会修道士在瓦尔雷阿斯帮助传播血祭诽谤，导致了一场血腥屠杀。1288年，在特鲁瓦出现血祭诽谤后，多明我会和方济各会的修道士联手煽动了一场针对当地犹太人的大屠杀。

即使在到了中世纪后期还对犹太人态度相当宽容的意大利，方济各会修道士也是一股招灾引祸的势力。那里的市政当局允许犹太人在遵守规定的情况下开设银行，作为回报，当局可以收取大笔钱款或年税，犹太人能够生存下来是因为他们的利息是15%～20%，比基督徒的利息低。方济各会修道士专门研究了城市和商业问题，对放款问题尤其感兴趣。他们密切监视犹太人，一旦发现他们有一丝一毫的违规，就毫不留情地穷追猛打。方济各会的修道士宣扬爱，但那不适用于犹太人，"就抽象和普遍的爱而言"，锡耶纳的贝尔纳迪诺修道士主张："我们可以爱他们。但是，我们对他们不可能有具体的爱。"[111]方济各会修道士为了削弱犹太人的地位，把他们排挤出行业，组织抵制活动并设立了

---

① 引用有误，应为《申命记》32:21。——译者注

"虔诚基金";然后他们就可以强烈要求驱逐他们。方济各会一些反犹分子,如卡皮斯特拉诺的约翰,奔走于阿尔卑斯山两侧的广大地区,他向露天聚集的民众所做的布道经常导致屠杀。他的门徒,贝尔纳迪诺·德·弗莱彻,方济各会第三代煽动家,1475年在特伦托进行了一次传教活动,炮制出犹太人谋杀了一名两岁男孩的指控。在随后的骚乱中,整个犹太社区被逮捕,很多人被折磨,被处死,剩下的人被驱逐。

黑死病的爆发,从地中海向北传播,为欧洲各地的反犹上层建筑又加盖了广泛适用的一层。黑死病原因不明,加之其史无前例的影响——四分之一至一半的人口丧生——使人们产生了它是一种人为恶意传播的疾病的想法。调查集中在犹太人身上,特别是在受到威吓的犹太人屈打成招之后。1348年9月,在日内瓦湖畔的希永堡,犹太人承认这场瘟疫是萨瓦一个名叫约翰的人制造的,他接到拉比命令:"看,我给你一小包,半拃大小,里面是一份毒药和毒液制剂,装在一个窄窄的皮囊里。你要去威尼斯和其他所到之处,往井里、水池里和泉水里投放。"[112] 这种离奇的传言迅速传播,尤其是在越来越多不堪折磨的犹太人供认不讳的情况下——比如,在弗赖堡,一个犹太人承认动机是"因为你们基督徒杀死了那么多犹太人……还因为我们也想做领主,因为你们作威作福得够久了"。每个地方的犹太人都被指控往井里投毒。1248年9月26日,教皇克雷芒六世在阿维尼翁发布教皇诏书,反驳这种指控,将黑死病的责任归咎于**魔鬼**:他认为犹太人遭受的苦难与社会上的其他群体一样。查理四世皇帝、阿拉贡的彼得四世国王及其他统治者发布了类似声明。即便如此，1096年开始的这波最大规模的反犹主义浪潮吞噬了300多个犹太社区，尤其是在德国、奥地利、法国和西班牙。根据犹太人的资料，美因茨有6 000人死亡，斯特拉斯堡有2 000人死亡。[113]查理四世不得不给杀害了犹太人的城市发布赦免状："（准予）宽恕涉及杀害和灭绝犹太人的一切过犯，犯下这些过错是因为领头市民缺乏正确知识，或者无知以及诸如此类的情况。"赦免状可以追溯至1350年，那个时候黑死病非犹太人之过已经众所周知。不幸的是，反犹主义一旦传播，就挥之不去；一旦街坊四邻学会暴力袭击犹太人，这种情况就可能会一再发生。黑死病在各个地方开创了先例，尤其是在德语国家。

中世纪初叶，甚至迟至14世纪初叶，对于犹太人来说，西班牙都是拉丁地区最安全的地方。很长一段时间，这里的犹太人和基督徒之间更多的是口头交锋而不是刀剑相见，但这并不是说基督徒和犹太专家学术论战的概念来自西班牙。得益于海厄姆·麦科比①的作品，我们如今对那些辩论的复杂过程有了更充分的了解。[114]公开辩论的历程始于1240年的巴黎，是教皇格里高利九世查封《塔木德》的直接结果。在写给欧洲君主的信件中，他要

---

① 海厄姆·麦科比（1924—2004），英国犹太学者、剧作家，专门研究犹太教和基督教。——译者注

求犹太人在大斋节的第一个周六"趁犹太人在会堂聚会时"没收所有禁书,将缴获的图书"交给我们的爱子多明我会和方济各会修道士保管"。[115] 十字军战士和反犹分子路易九世是唯一配合格里高利运动的君主。因此,1240 年的对抗与其说是辩论——路易曾经说与犹太人辩论的最好方式就是拔剑刺他——不如说是对《塔木德》的审判。检察官是尼古拉斯·多宁,这位曾经的犹太人如今是狂热的方济各会修道士,是他最先唆使格里高利发动了这场运动。犹太发言人耶歇拉比,实际上还是辩方证人,因此"辩论"就是对他的审讯。由于多宁熟知《塔木德》,他给这位拉比指出了《塔木德》中所有可能会招致或者已经招致基督徒反对的段落——在全书中只占很少的比例:那些侮辱基督的,或亵渎圣父的(表现他哭泣或被驳倒的),或禁止犹太人与基督徒交往的。关于最后一点,耶歇可以证明真正阻碍交往的正是基督教的法律,尽管大多数犹太人心里确实将拉丁人看作蛮族人。耶歇坚称:"我们把牛卖给基督徒,我们与基督徒合作,我们允许自己单独与他们在一起,我们把我们的孩子交给基督徒奶妈,我们还把《托拉》传授给基督徒——因为现在很多基督徒牧师都能阅读希伯来书籍。"[116] 然而,这些书籍在 1242 年被付之一炬。官方政策承认《塔木德》总的说来并非异端,而是含有亵渎神明的段落——因而应该接受审查而不是被销毁。多宁提出的意见迅速成为教士们反犹主义的常规武器。[117]

在西班牙,至少在一段时间内,辩论更为名副其实,而且涉及广泛的领域。主教教堂比圣殿更好吗？教士或拉比应该结婚吗？"为什么非犹太人更多是皮肤白、长相好，而大多数犹太人又黑又丑？"对此犹太人的回答是，基督徒妇女在月经期受孕，所以将血液中的红色传至他们孩子的肤色上，而且非犹太人受孕时，"他们四周都是漂亮的绘画，所以生出了类似的孩子"。[118]1263年7月20日至31日，正是西班牙人，或者准确说来是阿拉贡的詹姆斯一世国王，在巴塞罗那举办了最为出色的辩论。这个主意同样出自曾经的犹太人，巴勃罗·克里斯蒂亚尼（许多犹太改宗者会选择"保罗"作名字），支持他的是多明我会的阿拉贡宗教裁判所领袖、修道会主持人雷蒙德·德·佩尼亚福特和西班牙方济各会主教彼得·德·雅努。犹太人只有一个发言人，但也是最出色的——纳奇曼奈，学识渊博、谈吐流畅，出身名门，满怀自信。他同意前往巴塞罗那参加辩论，因为他知道任用了许多犹太人的詹姆斯国王态度友好，起码可以保证他有充分的言论自由。詹姆斯身材高大，有众多情妇和私生子，因为声明与第一任妻子断绝关系而触怒教皇，会毫不犹豫地打断赫罗纳主教的讲话。他对教宗提出辞退犹太官僚的要求置之不理。

辩论的具体过程扑朔迷离，因为基督徒和犹太人对此叙述相互矛盾。基督徒的版本显示，纳奇曼奈前后矛盾，被辩得无言以对，最后狼狈逃走。纳奇曼奈本人的记录则写得更明白、更清晰。基督徒的攻击旨在表明，根据《塔木德》的《哈加达》和说教段落，弥赛亚确实出现过，他兼具人性和神性，而且已经为了拯救人类而死,因而犹太教已经失去了存在的理由。纳奇曼奈的回应是,质疑强加给这些段落的意思,否认犹太人必须接受《哈加达》,坚称弥赛亚的教义对于犹太人来说并非至关重要的。他反击称,对耶稣的信仰被证明是灾难性的。罗马,曾经的世界之主,刚接受基督教就走上了下坡路。此外,他补充道:"从耶稣时代至今,世界始终充斥着暴力和不公,基督徒杀的人已经超过了其他人。"关于"道成肉身"①,他说:"你们信仰的教义,你们的信仰基础,无法为理性所接受,大自然没有为它提供理由,先知们也从未表达过这个意思。"他告诉国王,想要说服一个有理性的人说上帝是从人的子宫里生出来的,居住在世间,被处死,然后又"回到他原先的地方",除非被灌输一辈子才行。[119] 根据犹太人的叙述,基督教教士意识到辩论局面正朝着不利于他们的方向发展,只能先确保让这次行动无果而终。接下来的安息日,国王来到犹太会堂,发了言并倾听了纳奇曼奈的回答,然后赏赐他一袋300索里达②的金币,送他回家。

很有可能,双方相互矛盾的叙述都是想展示自己原本想要说的,而非实际所说的。[120] 一些犹太学者认为纳奇曼奈的版本是宣传的结果,同样缺乏诚意,因为他在自己的著作中对《哈加达》解释的重视程度超过他在辩论中所承认的。根据这种观点,巴勃

---

① 基督教认为三位一体中的第二位即圣子化成肉身,即为耶稣基督,基督为神性和人性的结合。——译者注
② 索里达,古罗马发明的金币,1索里达等于4.5克。——编者注

罗清楚地意识到犹太人内部理性主义者和反理性主义者之间存在矛盾；辩论议程经过巧妙的设计，要利用这一点让纳奇曼奈陷入矛盾或者逼他否认之前的观点。[121] 不过，正如麦科比指出的，辩论大多数时间是双方各说各话。犹太教内部关于弥赛亚众说纷纭，以至于在这个话题上它几乎不可能成为异端。[122] 犹太教更多是关于律法，关于律法的遵守；基督教则更多是关于教条，关于神学。犹太人可能会因为在基督徒看来荒唐可笑的，关于安息日应该遵守的细节问题而陷入麻烦，而基督徒可能会因为持有某种关于上帝的观点而被活活烧死，但所有的犹太人都认为这只是正当的意见分歧。让基督徒和犹太人在巴塞罗那对他们信仰中有分歧的核心问题进行真诚辩论显得困难重重，因为他们连核心问题是什么都无法达成一致。

犹太人从长期的经验中学会了如何辨识危险逼近的迹象。纳奇曼奈勉为其难地参加了这场辩论：举办这场辩论本身就是不祥之兆。这种辩论对犹太人毫无益处，可是对基督教教士非常重要，既是为他们的狂热分子做的宣传活动，也是一次摸底调查，以了解犹太教在逻辑论证方面还存在哪些他们尚不知晓的缺陷和薄弱环节。辩论之后的第二年，雷蒙德·德·佩尼亚福特成为审查《塔木德》亵渎神明的委员会主席，1265 年，他参加了对纳奇曼奈的审判，因为他发表了关于辩论的陈述。他被判有罪，虽然只受到了国王轻微的惩处，但他决定永远地离开西班牙，并前往巴勒斯坦。就这样，西班牙犹太教的擎天巨柱被拔除了。

第三章 权威政体

在纳奇曼奈时代，西班牙犹太人依然能够理直气壮地将他们自己视为智力超群的群体。他们的技能对于基督教统治者虽然并非那么不可或缺，但也仍然非常有用。基督徒正在急起直追，到了13世纪末叶，他们已经自行吸收了亚里士多德学说，写出了他们自己的《神学大全》，而且在商业和行政方面，他们的表现与犹太人全都不相上下。14世纪，甚至在西班牙，犹太人也处于相对持续衰落中，他们的经济地位被反犹法律所削弱。他们的人数被强制改宗而削减。此外，出现了前所未有的情况，对于一个胸怀大志又聪明的犹太人来说，欣然接受洗礼似乎也说得过去：他正在加入更广阔的先进文化。剩下的犹太人则在喀巴拉、《哈加达》故事、迷信和诗歌中寻求慰藉。这是非理性的胜利。迈蒙尼德及其他理性主义者的作品虽然并未被烧毁，但已经边缘化。在黑死病和迫害犹太人的无数暴行的余波中，将这些灾难归咎于理性主义和其他得罪上帝的罪过成为正统圈子的风气。

于是，11世纪和12世纪一直处于知识前沿的犹太教开始闭关自守。迈蒙尼德虽然已经将对弥赛亚的信仰列为一项犹太信条，但他始终谴责启示文学和弥赛亚主义为"乌合之众的神话"。"不要以为，"他在他的《密西拿托拉》中写道，"弥赛亚将要行神迹……《托拉》及其所有律法和规条永远有效，里面什么也不会再添加或删除。""事物的自然进程不会被违背，注定的秩序不会发生任何变化"——《圣经》中有悖于此的所有暗示只不过是"修辞手法"。[123] 随着犹太社区的苦难不断加深，启示文学和弥赛亚主义开始复兴。天使和魔鬼层出不穷，顾虑不安和古怪的献身行为也屡见不鲜。雅各·本·亚卡尔拉比曾经用他的胡子清扫了约柜前面的空地；奥地利的沙洛姆拉比在一个房间吃肉，在另一个房间吃乳制品，而且坚持要让给他送水的非犹太人穿上白袍子。大家普遍相信虔诚会加快弥赛亚的到来，如此便能够粉碎压迫者的千军万马。犹太人开始了对告发者的内部迫害，每到安息日就诅咒他们，如果抓住他们有时还会把他们处死。在某些方面，他们却异常宽容：在较小的社区，觉得自己被冤枉了的犹太人可以通过打断祈祷或《托拉》阅读的方式实施被称为"特许有辱教规"的行为。但逐出教会的手段被越来越多地采取。惩罚分为不同级别：纳齐法（nazifah），仅开除 7 天；尼得兑（niddui），与社区隔离；绝罚（herem），更为严厉的开除形式，那或许意味着受到了基督徒王室官员的干涉并没收冒犯者的财产。迈蒙尼德列出了 24 项被贤哲认为应受尼得兑处罚的冒犯行为，从侮辱学者（即使是在学者去世后）到豢养恶犬不等。但是随着中世纪的向前发展，惩罚越来越复杂和严厉，而且受到基督教作风的影响，逐出教会本身就发展成为一种富有戏剧性的可怕仪式。在犹太会堂，严厉的绝罚会伴随羊角号的声音，在敞开的约柜前面，或在宣布者手持一份《托拉》卷轴的时候宣布；判决一经宣布，所有的蜡烛都会熄灭，那名罪人就会被开除教籍，并受到诅咒。

然而，随着基督教施加的压力不断增加，内部纪律无法阻止改宗造成的犹太教徒的大量流失。甚至在 13 世纪行将结束时，因为偏袒犹太人或遏制他们不够有力,阿拉贡的基督徒国王们被自己的主教向罗马打了小报告。1282 年,王储桑乔王子发动针对他父亲的叛乱,为了纠集教士站到自己的一边,他打出了反犹这张牌。[124] 服务王室的犹太人逐渐被打发走。黑死病混乱过后,随着血祭诽谤及其他反犹谣言成为这支民族的紧箍咒,犹太人在西班牙的整体地位开始急剧下降。比如在塞维利亚,1378 年发生了反犹骚乱,1391 年发生了一次彻底的大暴动。

这些骚乱经常被归咎于后来被封圣的多明我会著名传道士维森特·费雷尔(约 1350—1419)。不过从犹太人的视角来看,他扮演的角色要狡猾得多,阴险得多。的确,他促成发展出的反犹主义模式将雷鸣般地回荡于 20 世纪。他的公开讲道确实经常与反犹的歇斯底里和暴行联系在一起。但他不鼓励暴乱;相反,他谴责暴乱。他公开谴责 1391 年的暴乱。他认为暴民们擅自治罪是不合基督教教义的邪恶行为。采取法律行动应该是国家的职责。骚乱明显表明,犹太人给社会造成了一个"问题",必须找到"解决方案"。因此,费雷尔及其教士同行推出了一系列反犹政策,并得到了西班牙人支持的对立教宗①本笃十三世的批准,他们还选立了阿拉贡国王斐迪南一世,由他开始实施这些政策。针对犹太人的战争已经脱离了暴民之手,成为教会和政府的公务。[125]

---

① 在罗马天主教会内,对立教宗,或称敌对教皇、伪教宗、反教皇,指由具争议的教宗选举出的可以成为教宗的名誉之人。——译者注

正是在这样的背景之下，1413—1414 年，托尔托萨举行了犹太人—基督徒的最后一场大辩论。那并非一场真正的辩论，更像是一次公开表演——甚至可以说是公开审判。费雷尔虽未正式参加，但他在幕后发挥了作用。他的目的似乎是煽动大众对基督教的热情，将其当作唯一正当的宗教；在大规模公开场合驳倒犹太教的主张；然后，与他背后的教会、国家和民众一道，还有丧失信心的犹太人，实施一场大规模改宗行动。犹太领袖们不想跟这件事扯上任何关系。但在很多情况下，拉比们别无选择，只能出席。担任主持的是费雷尔后来宣布与其划清界限的对立教宗。费雷尔选出的国王斐迪南掌控着政治机制，红衣主教、主教及其他大公得到了大概 70 个座席。本笃在刚开始时就宣布这不是平等双方之间的讨论，而是要用《塔木德》的资料证明基督教的真理。那实际上是对犹太人宗教的审判。公诉人是约书亚·洛尔基，费雷尔的一名改宗者，改名为赫罗尼莫·德·桑特菲。参加的犹太人大约有 20 人，包括最重要的哲学家和教义辩护文作者约瑟·阿尔博，他后来写了一篇关于犹太宗教原则的著名论文《原则之书》。然而，他们完全不享有纳奇曼奈在巴塞罗那似乎还享有的自由，他们一开始就受到了赫罗尼莫的威胁，原因既有"犹太人的固执"，巧妙的是，还有本可以直接交给宗教裁判所的基督教内部异端。[126]

辩论涉及的领域主要是老生常谈的那个问题，证明弥赛亚耶稣出自犹太人的资料，尽管也讨论了原罪和流散的原因，而且从基督教的立场提出了许多关于犹太经文的专业问题。基督徒这时早已谙熟此道，而且赫罗尼莫既博学又聪慧。会议总共举行了69场，历时超过21个月，而且就在拉比们待在托尔托萨这段时间，费雷尔和他的修道士们就穿梭在他们群龙无首的社区煽动改宗。有时候，改宗者被带到托尔托萨抛头露面，以此与基督徒在辩论中的宣传得意地一唱一和。由于辩论过程拖沓，阿斯特鲁科·哈勒维拉比提出了强烈的抗议：

> 我们离开了家。我们的钱财正在减少，几近耗尽。我们不在的时候，我们的社区里出现了重大损失。我们不知道妻儿的遭遇。我们在这里难以为继，甚至食不果腹。我们承担了异常高昂的成本。为什么承受如此不幸的人还要为他们的辩论负责，与此同时，还要应付富足奢靡无比的赫罗尼莫以及其他人？[127]

阿斯特鲁科拉比主张，当重复古老的争论再也没有意义时——这是各人的信仰问题，大家应该达成一种观点。一场在敌意背景下被幕后操纵的辩论能证明什么？"一个住在撒拉逊人土地上的基督徒，"他说，"会被一个异教徒或撒拉逊人的论点击败，但那并不意味着他的信仰已经被推翻。"[128] 辩论后期，犹太人声称他们不理解那些问题，尽可能保持有尊严的沉默。

尽管如此，托尔托萨对于犹太教来说也是一次宣传上的失败，某种程度上来说，同样是理性的失败。在西班牙，犹太人首次被视为在一种优秀文化中形成的蒙昧落后、非理性的孤立小团体。同法律和经济压力，以及修道士推行高压改宗引起的恐惧一样，该事件掀起了一拨改宗的热潮。所以，费雷尔很大程度上成功实现了他的目标。遗憾的是，改宗并未解决"犹太人问题"。正如西班牙当局很快发现的那样，它所做的就是将这个问题表现为更不容易控制的新形式。因为这个问题如今已经不仅是宗教的问题，而且还是种族的问题。教会一直把犹太人说成精神上的威胁。从12世纪开始，流行的迷信还把他们看成社会和身体方面的危险。可至少就其本身而论，犹太人是公开的危险：他们为人所知，他们住在可以辨认出的社区，他们被迫穿戴有区别的标志和服饰。但是等到他们成为改宗者或者民众称呼的马拉诺人之后——这是来自西班牙词语"猪猡"的贬称，[129] 他们变成了一种隐藏的危险。西班牙城镇居民知道，很多改宗者，或许是大部分改宗者，是不情不愿的。他们由于恐惧或者为了得到好处，表面上不再做犹太人。作为犹太人，他们要承受严格的法律限制。作为改宗者，他们理论上可以拥有与其他基督徒一样的经济权利。因此，马拉诺人比虔诚的犹太人更加不受欢迎，因为他们是生意和手工艺行业的闯入者，是一种经济威胁；而且既然他们可能是秘密的犹太人，那他们就还是伪君子和潜在的颠覆分子。

忠于信仰的拉比对即将发生的事情提出了警告。伊扎克·阿拉马拉比告诉改宗者："你们在外邦人里找不到安宁，你们将命悬一线。"他预言被迫改宗者:"三分之一要被烧死,三分之一要奔向这里躲藏,剩下的人会生活在夺命的恐惧中。"[130] 耶胡达·伊本·韦尔加拉比将被迫改宗者视作三对斑鸠:第一对会留在西班牙并被"拔掉毛",会失去他们的财产,被屠杀或被烧死;第二对也会被"拔掉毛"——会失去他们的财物——不过糟糕的日子来临的时候能靠逃跑保住性命;第三对,"将会最先逃走",会保住性命和财物。[131]

这种悲观看法很快就得到了事实的证明,西班牙犹太人发现他们无法通过改宗躲避反犹的敌意。即使像许多人那样搬到另一座城镇,他们改宗后的基督教徒身份甚至会变得更加可疑。他们的基督徒迫害者会随之改变策略。随着改宗的进行,反犹主义逐渐显现出种族性而非宗教性的特点,但反犹分子发现,就像他们的继任者在纳粹德国发现的那样,想要通过种族标准识别和隔离犹太人是相当困难的。他们不得不回到那些古老的宗教标准,就像纳粹将要做的那样。在15世纪的西班牙,不能直接用宗教不同的借口迫害犹太人,因为一个犹太人天生就是犹太人或者他的父母是犹太人;必须证明他仍在以某种方式秘密信奉犹太教才行。据称卡斯蒂利亚国王阿方索七世裁定:"犹太人出身的改宗者不得在托莱多及其辖区担任公职或享受圣职薪俸,因为他们对基督的忠诚受到怀疑。"[132]

如何证实这种怀疑呢?历史学家哈伊姆·贝纳特(Haim Beinart)对雷阿尔城改宗者的困境做了详细的调查,首次指控出现在1430年,指控一名"新基督徒"秘密参与诫命活动。这些前犹太人通常工作努力,急于出人头地,聪明机灵;他们的财富增加、公职升迁,麻烦就出现在平等权利方面。15世纪40年代,托莱多爆发了第一次反改宗者骚乱。1449年,骚乱在雷阿尔城持续了两星期。改宗者奋起反击,组织了一支300人的武装队伍,杀死了一名旧基督徒;冲突中,22人丧生,很多房屋被烧毁。1453年,君士坦丁堡落入土耳其人手中,所以犹太人的宿敌拜占庭不复存在了;许多犹太人相信弥赛亚立刻就会到来,一些改宗者觉得他们很快就能回归他们原先的宗教了。[133] 他们甚至打算前往土耳其,大大方方地作为犹太人重新生活。雷阿尔城于1464年、1467年和1474年发生了骚乱,最后一次尤其严重,这也许是因为受到了一支半职业性的反犹分子团体的操纵。该团体迁入城市并在对他们友好的隐修院里投宿。1474年,雷阿尔城的改宗者失去了房屋和家具、他们在郊外的牲畜、他们在城里的商店和货物。暴徒销毁了他们所能找到的所有应收账款清单——这是老招数了。惊恐的改宗者逃到行政首长或地方长官的城堡寻求保护,但是(详述官方证词),"暴民猛攻城堡,摧毁了中间的塔楼,杀了很多人;行政首长及很多改宗者被赶了出去;城镇向他们关闭,没人被允许再进去"。[134] 一些人逃到科尔多瓦附近的帕尔马,向一位仁慈的贵族寻求保护,他们在那儿待了3年。

针对改宗者的骚乱跟针对犹太人的骚乱一样,同样导致了一连串事件。国家害怕出现骚乱,认为这是民心动荡的征兆。但是

第三章　权威政体

他们无法阻止骚乱，甚至无法实施应有的惩罚，于是就寻求通过攻击改宗者的方式来消除骚乱的根源。这个做起来并不难，很多人的确是秘密的犹太人。同时代的一名犹太人描写道，那些逃到帕尔马的人公开遵循诫命，庆祝安息日和节日，在赎罪日斋戒和祈祷，庆祝逾越节和其他节日，"不亚于犹太人，不输于犹太人"。方济各会狂热分子阿方索·德·埃斯皮纳，本人就是改宗者或者一名改宗者的儿子，汇编了一卷《信仰的堡垒》，列出了（其中）25条"犯规"，可以以此确定虚与委蛇的改宗者。其中不仅包括犹太人的秘密习俗，也许更容易注意到的是，还有不称职的基督徒的迹象：逃避圣事，礼拜日工作，回避用手在胸前画十字，从不提耶稣或马利亚，或者出席弥撒时敷衍了事。他还往这些内容里面补充了所有被普遍归于犹太人的罪行（如偷窃圣饼），连同一些新罪行，如"进行哲学讨论"。我们又一次看到，对犹太人的恐惧，尤其是他们隐藏在改宗者身份后面时，在社会上挑起的混乱、分歧和怀疑。

弗拉·阿方索（Fra Alfonso）是反犹主义下一个阶段的理论家。他在论证了不必以种族而是以宗教基础分辨出秘密犹太人确实可行之后，提出了解决方案：孤立和隔离。民众应该避开可疑的改宗者，国家应该在他们和真正的基督徒人口中架设物理屏障。与此同时，教会和国家应该联合查出和消灭改宗者中那些因为信奉犹太教而被法律认定的异端。以13世纪古老的宗教裁判所为基础，他极为详尽地描述了可以采用的方式和惩罚措施。但他暗示应该建立一种适合西班牙特殊国家需求的新形式。[135]

这个国家适时地接受了弗拉·阿方索的所有计划。1480 年，托莱多议会颁布了隔离法令。与此同时，西班牙设立了专门的宗教裁判所。第一批审判官，包括多明我会的代理主教，接受了任命，主要负责由塞维利亚方面管辖的安达卢西亚地区的调查。调查工作从 1481 年 1 月开始，此后 8 年，700 多人被烧死在那儿的火刑柱上。有的资料认为这个数字高达 2 000。[136] 同年，全国宗教裁判所代替了阿拉贡传统的教皇宗教法庭，而且从 1483 年 2 月开始，整个机构归属中央控制，其实际掌权者是多明我会的一名院长——托马斯·德·托尔克马达。不到 12 年，宗教裁判所以秘密进行犹太教活动的罪名，将大约 1.3 万名男女改宗者定罪。宗教裁判所虽然搜索各种各样的受害者，但其中的主要部分还是秘密犹太人。在机构整个存在过程中，宗教裁判所一共确定了总数约为 34.1 万的受害者。其中，超过 3.2 万人被烧死，17 659 人的肖像被烧毁，29.1 万人受到了较轻的惩罚。绝大多数被杀害的人，是在 1540 年之前的前五任审判庭长的手中遇难的，大约有 20 226 人，这些庭长大多是犹太人出身。可信仰审判还在不断地制造受害者，直到 1790 年。[137]

1469 年，阿拉贡的斐迪南国王与卡斯蒂尔的伊莎贝拉女王结婚，托尔克马达院长成为后者的告解神父；两人的结合使得两个王国于 1479 年合并。反犹太政策在某种程度上成为这两位君主的个人创意，他们设立的宗教裁判所有许多内外反对者。一个是女王的秘书费尔南多·德尔·普尔加尔,他本人就是改宗者。在写给首席主教——托莱多的红衣大主教佩德罗·冈萨雷斯·德·门多萨并用于发表的一封信中,他抱怨隔离法令阻止改宗者在吉普斯夸居住并与其民众通婚,阻止在石匠行业当学徒;他承认一些改宗者会恢复信仰,但也指出在安达卢西亚,如有 1 万名年轻的女性改宗者从未离开过父母的家,只是沿袭她们父亲的生活方式——把她们全烧死惨绝人寰,而且只能逼得她们逃走。对此,托尔克马达的同伙回复称烧死一些无辜者也比允许异端传播要好:"你只有一只眼进入永生,强于有两只眼被丢在地狱的火里。"① 唯一的结果就是普尔加尔从王室秘书的职位上被贬至王室的编年史家。[138]

教皇同样反对宗教裁判所,部分原因是它是教宗权力之外的王室和国家工具,部分原因是它显然违反了天赋正义。1482 年 4 月,西克斯特四世要求罗马应享有受理上诉的权利,被告应该被告知敌意证人的名字,无论怎样,类似私敌和从前的仆人这样的身份应被取消证人资格,悔改的异端应该被准许忏悔和接受赦免以代替面临审判,还有他们应该享有选择辩护人的权利。斐迪南断然拒绝了这些建议,他在回复中坚持认为由他任命审判官必不可少,因为如果单单由教会管理这个体系,异端肯定会兴旺发达。教皇不断提出反对,但收效甚微。[139]

---

① 出自《圣经·新约》"马太福音"第 18 章。——译者注

斐迪南和伊莎贝拉女王声称他们的行为完全是出于对正统和天主教的热忱。他们当时的敌人和此后的历史学家提出的指控是他们想要没收被定罪的异端的财产，两人对此提出激烈的驳斥。在写给她的罗马代理人的信中，伊莎贝拉坚决表示她从未碰过被没收财产的"一枚金币"——部分钱财成为宗教裁判所受害者子女的婚嫁基金——谁要声称她的做法是因为爱钱，那就是撒谎：她扬言，从她热情地献身信仰开始，她已经让王室的城镇沦为废墟，导致人去城空，整片区域荒无人烟。[140]斐迪南虽然同样强调了王室收入的损失，却说在做出通过全国运动推行宗教裁判所的决定之前，他就细致考虑了所有的因素，而且他们将"为我们的耶和华神服务置于为我们自己服务之上……（而且）优先于任何其他理由"。[141]事实似乎是，两位君主的动机兼顾宗教和财政，还有更重要的是，他们想要在自己千差万别、各行其是的领地上强制推行集权化和情感的统一。但是最重要的是，他们陷入了反犹主义本身的邪恶、冷漠的逻辑。历史记录屡次显示，这种逻辑会自行发展出一种势力和力量。

哈伊姆·贝纳特对雷阿尔城的研究揭示出一幅人类堕落的可鄙景象。隐藏敌意证人的名字，目的是避免家族血仇，但它向宗教裁判所提供了其最邪恶的一面，尤其是因为许多告密者是出于恶意，专门针对富有和有名的人。于是，服务两位国王的秘书胡安·冈萨雷斯·平塔多自然树敌不少：他为此被活活烧死。更为卑鄙的是丈夫出卖妻子、妻子出卖丈夫，还有儿子出卖父亲、兄弟出卖姐妹的证词。最坏的告密者之一是费尔南·法尔孔,他的父亲似乎是当地秘密犹太人的社区领袖,他在对自己的父亲死后审判上做证:"审讯中所有针对他的陈述都是真的,而且不止这些——能填满一张纸。"法尔孔是1483—1485年雷阿尔城所有审判的证人,他形容被告时最喜欢用的一个词是"地道的犹太人"。关于一个叫卡罗琳娜·德·萨莫拉的人,他说"就算要他下地狱跑30圈,他也要让他们烧死她",他针对的,居然是他的母亲;而让他母亲最为寒心的,是知道实际上她最恶毒的证人是她的僧侣儿子,他发誓要亲眼看着她被烧死——尽管她最后只是受了鞭刑。很多被指控的女性实际上既有学问又虔诚。莱昂诺尔·冈萨雷斯设法逃到了葡萄牙,法庭授权她的儿子胡安·德拉谢拉前往葡萄牙劝她回来。他真这么做了,她回来后接受了审判,被判有罪,最后被活活烧死。有的人成功逃脱,有的人在逃时被抓。城中最富有的改宗者,桑乔·德·休达,买了一条船,带着全家驶往巴伦西亚,可是风又把他们吹了回来,他们被抓住后全家都在托莱多被烧死。成功出逃者则由模拟人像代替接受审判和火刑,所有人的肖像都被烧毁。如果一个人死后被定罪,他的遗骸也要被掘出来烧掉——据说是他在地狱里承受痛苦的一种象征。[142]

少数人逃过了惩罚。但通常情况是,证据无处不在,在这段时期的雷阿尔城,只需加倍用刑就行。被定罪的那些人很多明显是严格的犹太人。一个女人被捕是因为有人看见她在安息日前夜点了根蜡烛,她是不想在第二天生火;另一个人被捕是因为她拒绝跟一个刚吃了猪肉的人用同一个杯子喝水；对仪式性屠宰律法的严格服从把很多人送上了火刑柱。并非所有人都被判处死刑。发誓弃绝犹太教信仰的改宗者可能会被关押一段时间——可能是终生——如果他有钱，可以交纳罚款换取减刑。但他必须穿戴有两个黄色十字的粗麻布衣，至少一年，有时候是永远，而且如果他没做到，就会被打上"再犯"的标签被烧死。他还要履行向宗教裁判所告密的特殊义务，如果不履行就会被打上"反抗教会"的标签被烧死。对于这类人，各种正面的和负面的惩罚加起来有长长的一串：他不得享有一切圣俸，不得担任街头公告员以上的一切公职，不得从事医生、律师或公证人职业，不得当兵，不得收款或收货，不得刻石、开酒馆、骑马或乘坐马车旅行，不得佩戴金银、珍珠及各种珠宝，不得穿着丝绸锦缎，不得蓄须。[143]子女要沿袭这些禁令，女性沿袭至第一代，男性要沿袭至第二代。[144]

这种残忍的迫害第一拨持续了12年，波及西班牙的每一个犹太人社区。这种不幸的境况和造成的损失令人震惊，但一切后果所起的作用就是显示"犹太人问题"在当权者眼中的重要性。它正好赶上了对古老的摩尔人王国格拉纳达的最后征服阶段，1492年1月2日，"天主教双王"①耀武扬威地进入了那座陷落的城市。格拉纳达的垮台把更多犹太人和穆斯林社区纳入了西班牙国家版图。对付公开的和秘密的犹太人如今差不多成为政府的主要工作。

---

① 即前文提到的斐迪南国王与伊莎贝拉女王。——译者注

所有的监狱人满为患,成千上万的人受到软禁,经常挨饿。"双王"对使用审判调查的惯用手段中断改宗者和犹太人之间的联系丧失了信心,在急于劫掠的贪婪追随者的怂恿下,他们下定决心拿出一份"最终解决方案"。3月31日,他们签署了一份"驱逐法令",宣布一个月以后,所有不接受立即改宗的犹太人将被驱逐出西班牙。

那时王国内还有大约20万名犹太人。数量众多的人,包括地位较高的拉比和大多数主要家族,选择受洗,这种情况体现了犹太社会状态萎靡,以及犹太人对西班牙仍然怀有依赖感,他们过去在这个国家享受了最大程度的舒适和安全。大约10万人跋涉穿越边界,进入葡萄牙,4年后他们又被驱逐出那里。大约5万人横渡海峡,进入非洲北部,或者乘船前往土耳其。到1492年7月底,驱逐过程宣告结束。

在犹太人的历史上,对西班牙犹太人的杀害驱逐是2世纪中叶之后最重大的事件。从古典时代初期,也许甚至从所罗门的年代开始,西班牙就有犹太人,这个社会已经发展出显著的特色。黑暗时代和中世纪初叶,流散犹太人倾向于分成两大群体:与巴比伦学院有联系的和与巴勒斯坦有联系的群体。在迈蒙尼德的福斯塔特就有两个这样的社区,每个社区都有自己的犹太会堂(第三所是《圣经》派信徒的会堂)。但是,从14世纪开始,更准确的说法是西班牙或塞法迪犹太人——这个名词是一个西班牙古称的讹用——和从莱茵兰向四周扩散的阿什克纳齐或德系犹太

230

人。[145]塞法迪犹太人创造了他们自己的犹太—西班牙语——拉迪诺语,一度使用后期希伯来语草体字母书写,与现代的希伯来草体字母(源于阿什克纳齐)完全不同。他们有学问、精通文学且富有,对自己的家系无比自豪,老于世故、喜欢享乐,并不过分严格,遵循约瑟夫·卡罗①的自由主义法典汇编。他们是拉丁世界在阿拉伯文化中的桥头堡,反之亦然,是古典科学和哲学的传递者。塞法迪犹太人是贵金属和宝石行业出色的手艺人,也是数学家,他们会制作精密仪器,绘制精确的地图和航海表②。

如今这个规模庞大、富有才华的人群被驱散至地中海和世界各地,在塞法迪犹太人第二次流散时,又被从葡萄牙驱散至法国和欧洲西北部。很多人皈依了基督教并在其中获得了成功。比如,克里斯托弗·哥伦布,从法律来说是热那亚人,但不会书写意大利文,可能来自犹太人出身的西班牙家庭。哥伦这个名字在居住于意大利的犹太人中间很常见。他吹嘘自己与大卫王的关系,喜欢犹太人和马拉诺社会,受到犹太人的迷信影响,他在阿拉贡宫廷的赞助人主要是新基督徒。他用的航海表是亚伯拉罕·扎库托③制作的,用的仪器是约瑟夫·贝辛霍④改良的。就连他的通译,路

---

① 约瑟夫·卡罗(1488—1575),最后一部著名犹太律法汇编的作者。——译者注
② 以图表形式出版的、供航海使用的各种数据和资料出版物的统称。——译者注
③ 亚伯拉罕·扎库托(1452—1515),塞法迪犹太人天文学家、占星家、数学家、拉比和历史学家,葡萄牙若昂二世的王室天文学家。——译者注
④ 约瑟夫·贝辛霍,葡萄牙犹太人,15世纪末叶的宫廷医生和科学家。——译者注

易斯·德·托雷斯都是犹太人——尽管在他们启航前往美洲前刚刚受洗。因此犹太人在旧世界中失去了西班牙,又在新世界中助其重建。[146] 塞法迪犹太人还去了法国,他们在那里发挥影响的典型是成就辉煌、温文尔雅的米歇尔·德·蒙田①,他的母亲安托瓦妮特·卢普是西班牙犹太人的直系后裔。[147] 西班牙有所失,其他地方有所得;从长远来看,流散塞法迪犹太人被证明极具创造力,而且在犹太人的发展历程中至关重要。但是对于当时的犹太人来说,那是一场无从缓解的灾难。

而且也不是唯一的灾难。欧洲中世纪行将结束的时候——犹太人的中世纪尚未结束,直到 18 世纪的最后数十年才结束——犹太人已经不能再为欧洲的经济和文化做出重要贡献了,至少是暂时不能了。他们变得可有可无,结果就是被驱逐。在西班牙驱逐犹太人之前,德国和意大利已经发生过多次驱逐事件。1421 年,犹太人被赶出维也纳和林茨,1424 年被赶出科隆,1439 年被赶出奥格斯堡,1442 年被赶出巴伐利亚(1450 年再次被赶出),1454 年被赶出摩拉维亚的王权城市。1485 年,他们被佩鲁贾扫地出门,1486 年被维琴察驱逐,1488 年被帕尔马赶走,1489 年被米兰和卢卡逐出,而且随着亲犹太人的美第奇家族的衰落,1494 年,他们被赶出佛罗伦萨和托斯卡纳的所有地区。15 世纪 90 年代末,

---

① 米歇尔·德·蒙田(1533—1592),法国文艺复兴后期、16 世纪人文主义思想家。——译者注

他们又被纳瓦拉王国轰了出来。

一次驱逐势必激起另一次驱逐，因为难民涌入城市，而城里容纳的犹太人已经超过了其统治者此时想要的。15世纪末叶，他们在意大利唯一的作用就是从事典当业和向穷人提供小额贷款。即使在发展迟缓的罗马，犹太银行家发挥的作用也在减弱。[148]只要基督徒银行家和工匠的行会足够强势，他们就会查禁犹太人。在意大利、普罗旺斯和德国，到了1500年，犹太人几乎已经被排斥在大宗生意和产业之外。所以他们继续向东，迁入不太发达的地区——先是进入奥地利、波希米亚、摩拉维亚、西里西亚，然后继续进入波兰，前往华沙和克拉科夫，进入利沃夫、布列斯特-立陶夫斯克和立陶宛。阿什克纳齐犹太人的人口轴心自行向欧洲中东部和东部移动了几百英里。在那里也有麻烦——1348—1349年、1407年和1494年，波兰都发生过反犹太骚乱；次年，他们被克拉科夫和立陶宛驱逐出境。这些迁移伴随着驱逐。不过因为东方更需要犹太人，所以他们设法落下了脚；到了1500年，波兰被认为是欧洲对犹太人来说最安全的国家，而且它很快成为阿什克纳齐的中心区域。

犹太人在欧洲的贫困落魄，使得他们在中世纪末期对经济和文化的贡献变小。按说这种贫困落魄即便不能摧毁竖立在他们四周的仇恨之墙，也至少能起到侵蚀的作用。但是事实并非如此。与非理性行为的其他表现形式一样，反犹主义不会顺应经济规律。相反，与某些邪恶的有机体一样，它自行繁殖出了新的变种。尤其是在德国，它开始发展出自己的排斥图腾——犹太猪。

中世纪思想乐于将宇宙的方方面面归于形象化。基督教和犹太教之间的矛盾已经成为生活全景的一部分，这些矛盾被尽数表现在各个地方，比如说教堂的墙壁上。不过雕刻家是从单纯的神学角度展现它的。最受欢迎的一组图像是得胜的基督教堂和悲伤懊悔的犹太会堂，表现方式经常非常气派。中世纪的雕刻家并未涉及反犹主题；他们从未将犹太人刻画成放高利贷者，刻画成一种在井里投毒、谋害基督徒青少年或折磨圣饼的邪恶生物。

然而在绘画艺术中却有其他代表犹太人的形象：金牛犊、猫头鹰、蝎子。在中世纪即将结束之际，德国开始出现一种新的形象：母猪。想出这类图形最初并不是为了攻击谁，但是逐渐地，它开始象征所有不道德的人、罪人、异端，尤其是犹太人。[149] 似乎只出现在受德国文化影响的地区；不过在那里，它成为针对犹太人最常见的图形，成为一种最有影响力和最具持续性的侮辱式刻板印象。[150] 它呈现出无数种令人反感的形式。犹太人被刻画成崇敬母猪，吮吸母猪的乳头，拥抱母猪的后肢，吞食母猪的粪便。它为那种粗俗的流行艺术家提供了丰富的机会，展示出一个攻击对象，针对这个对象，审美和得体的常规原则完全不适用，最粗鲁的淫秽行为不仅为人接受还受到了肯定的褒扬。的确，这种图像的粗野下流显然正是其流行超过 600 年的主要原因。随着印刷术的传播，它迅速扩散，在德国无处不在。它不仅出现在书籍中，还出现在无数印刷品、蚀刻版画、油画和水彩画、拐杖的手柄、釉陶和瓷器上。它的无限复制推动德国踏上了一个将要变得极为悲惨的重大进程：对犹太人的非人化。犹太人明知真理却拒绝它，宁愿与黑暗势力合作——因此不可能是基督徒意义上的人类——这种观念已经深入人心。犹太人与犹太猪之间的非正常和非常人所能想到的联系更是巩固了这种观念在德国民众心中的地位。而且如果特定的一种人不是人类，它实际上就可以被社会驱逐出去。事实上，这样的事情已经发生了。因为随着"隔都"（犹太隔离区）在欧洲的出现，仇恨的隔墙不仅没有消失，反而被真正的隔墙所替换。

第四章　犹太隔都

233　　塞法迪犹太人大规模离散——1492年从西班牙被驱逐，1497年从葡萄牙被驱逐——让各地的犹太人都开始流动起来，因为大批难民的到来通常会引发进一步的驱逐。许多几近赤贫的犹太人，因为不得进入原本就禁止犹太人入内的城市，无奈沦落为游走的小贩。"永世流浪的犹太人"传说大约在这个时候发展成熟并非巧合。1223年的博洛尼亚编年史中首次出现这个故事——一名犹太人因攻击前往苦路受刑的耶稣，而被罚永世流浪直到基督第二次再临。5年后温多弗的罗杰在他的《历史之花》中也记载了这个故事，但是流浪者成为亚哈随鲁却是在16世纪的最初几十年里，这个犹太行商的原型，年纪老迈、虬髯蓬茸、衣衫褴褛、面容忧戚，是灾难的前兆。[1]石勒苏益格的主教称他于1542年在汉堡的一座教堂见过此人；书面流传的故事版本有上百个甚至更多，他在这些故事中一再地被人遇见：1603年在吕贝克，1604年在巴黎，1640年在布鲁塞尔，1642年在莱比锡，1721年在慕尼黑，1818

年在伦敦。他成了无数文学作品的话题。当然,真正的流浪犹太人更是不计其数:他们在文艺复兴时期和文艺复兴之后的遭遇,就是再一次像亚伯拉罕那样,成为"外人和寄居的人"。

其中的一位流浪者是所罗门·伊本·弗迦(Solomon ibn Verga,约1450—1525),这位土生土长的马拉加人,先后被赶出西班牙和葡萄牙,最后于1506年来到意大利,过着流浪的生活。他最终在哪里落脚我们不得而知,但无疑他在罗马逗留过一段时间。他在罗马期间写过一本题为"犹大的权杖"的书,实际上是在质问:世人为何仇恨犹太人?此书堪称继1400年前约瑟夫斯的《犹太古史》后的第一部犹太史书,因为伊本·弗迦在书中最起码描写了64起迫害犹太人的事件。此书的创作首次表明了犹太人历史自觉意识的回归,尽管这只是一个微弱的迹象。

然而伊本·弗迦未能将他的书在生前出版,1554年他的书才在土耳其首次出版,这正说明在基督教统治下的欧洲社会里犹太人的窘迫处境。尽管如此,生活在文艺复兴时期的伊本·弗迦仍然是一个具有独立思想的理性主义者和怀疑论者。他强烈批判《塔木德》,嘲笑迈蒙尼德,戏仿犹大·哈勒维的思想。他运用假想对话的形式,对犹太人的大多数学术研究大加揶揄。如果说犹太人受人欺压,那么多半也是自作自受。他们妄自尊大但同时又思想消极,过于信靠上帝;心怀希望却又过于顺服;既不重视政治科学,也不重视军事科学,因此处于"双重无措"的状态。犹太教徒和基督徒都不愿承认对方信仰的主张,他们都相信迷信与

234

传说。如果说基督徒不宽容，那么犹太教徒则是不妥协。他指出，通常来说，"西班牙国王、法兰西国王、达官显贵、饱学之士以及所有的体面人士，都善待犹太人"；偏见主要来自无知、没有受过教育的穷人。"我从未见过哪个明智之士仇恨犹太人"，他写道，一名智者说，"除了普通人，无人仇视犹太人。之所以如此，原因在于——犹太人傲慢，总是设法统治别人，你永远想不到他们是总被人赶来赶去的流亡者和奴仆。相反，他们总是设法摆出老爷和主人的姿态。所以民众嫉妒他们"。[2] 犹太人为何不能低调和谦卑一些，为何不倡导宗教的宽容和理解，来打破世人的偏见呢？[3]

伊本·弗迦用希伯来语写作，显然是面向一群受过教育的犹太读者，唯有他们能够理解他提出这些批评有正当的理由。因此，他提出的这些指控不容小觑。然而我们所掌握的证据并没有显示犹太人遭人攻击通常是因为他们不可一世的傲慢。引发事端的通常是外来犹太人的大量涌入，使得原有犹太社区的人口超过了警戒线。比如说威尼斯，10世纪以来它就是主要的贸易国，是犹太人天然的定居地，后来他们在那里也遭遇了一定程度的抵制。13世纪时，他们被驱赶到长刺岛（朱代卡岛），其他时间还曾被限制在内陆的梅斯特雷，被迫佩戴黄色圆徽，后来又先后改为黄色帽子和红色帽子。但那里一直有犹太人。他们表现不错，起码通过缴纳特别税对威尼斯的经济做出了巨大贡献，因此他们能够一再得到经过批准的特许状。

1509年5月，威尼斯军队在阿尼亚德洛被康布雷同盟军击败，人们从内陆仓皇出逃至一些主要的岛屿。其中有 5 000 多难民是犹太人,大多数是来自西班牙和葡萄牙的移民。两年之后,天主教会修士通过布道又开始鼓动驱逐犹太人,最后在 1515—1516 年政府出台一个决议,将整个犹太社会限制在一个隔离区域内,所选地址的前身是铸炮厂,叫"新铸造厂"(ghetto nuovo[①]),建在中央岛屿中离圣马可广场最远的地方。这个新铸造厂,即隔离区,由运河隔成一个小岛屿,四周砌起高墙,所有朝外的窗户都用砖块封堵起来,两扇大门由 4 名基督徒士兵把守,两艘巡逻船上配有 6 名巡逻士兵,雇用这 10 人的钱,则由犹太社区支付,还命令犹太人以高于市价三分之一的租金签订永久租约。[4]

为犹太人辟出专门的居住区并非一个新的概念,古已有之,大多数伊斯兰城市有犹太区。在黑暗时代的欧洲,犹太人常常要求与其他社区隔离并建立高墙,并将此作为定居城市的一个条件。但是他们强烈反对威尼斯的提议,这个提议明摆着就是为了从犹太人的存在中获得最大的经济利益(包括特别税),同时又要确保他们尽量不接触其他族群。实际上,他们白天可以到一个很远的地方从事商业活动,但是晚上却要回到隔离区被锁起来。这对于他们来说很不方便,但是威尼斯坚持这样做,实际上这一举措很有可能使得随后驱逐犹太人的提议没能获得通过。新铸造厂原来

---

① ghetto 原意为铸造厂,因为犹太人被隔离于此,因而有了"隔离区"的意思。——译者注

居住的主要是德裔的意大利犹太人。1541年，黎凡特犹太人迁入附近的旧铸造厂（ghetto vecchio）。最后在1633年，这一区域再次扩大，设立最新隔离区以安置来自西方的犹太人。[5]那个时候（1632年）隔离区有2 412名犹太人，而当时威尼斯的总人口是98 244人。随着面积的增加，到了1655年，隔离区已经可以容纳近5 000名犹太人。[6]生活在这样封闭的地方，犹太人不仅要缴纳普通税款并支付通行费用，每年还要缴纳1万达克特特别年度税，在隔离区设立后的最初一百年里他们至少上缴了6万达克特的强制税，总数不少于25万达克特。[7]

犹太人为什么会有如此耐心，忍耐这种压迫呢？在一本关于威尼斯犹太人的书中，当了他们57年拉比的作者辛哈·卢扎托（Simhah Luzzatto，1583—1663）称，犹太人那种让伊本·弗迦如此痛恨的隐忍，是出于他们的信仰："因为他们相信，凡是发生在他们身上的能够觉察得到的改变……皆有更高的缘由，而非人力所为。"[8]那个庞大的西班牙社区，一度财富雄厚、实力强大，但是竟然对残酷的驱逐行动没有做出丝毫反抗，许多犹太人为此深感不安，有人甚至把先人的勇猛拿来作对比：犹太人为何不能表现得像祖先末底改那样呢？他们引用《以斯帖记》里的话说："在朝门的一切臣仆，都跪拜哈曼……唯独末底改不跪不拜。"[9]但是这同一篇经文——那是犹太人最喜欢的经文，过去如此，现在依然如此——告诉他们还有别的选择。以斯帖难道不就是听从末底改的嘱咐，隐瞒了自己是犹太人的身份吗？正如许多马拉诺人指出的那样,她"未曾将籍贯宗族告诉人",隐瞒身份的犹太人,以及逆来顺受的犹太人,都和《圣经》一样古老。除此之外,还有在"在临门庙屈身"的乃缦。然而,犹太人心里清楚,《以斯帖记》是含有警告意味的,因为恶人哈曼向亚哈随鲁王献计屠杀全体犹太人。约瑟·伊本·叶海亚在他于1538年发表的《以斯帖记》评注中指出,哈曼的逻辑是犹太人"散居在民中"使得他们无力反抗——他那个时代的犹太人也同样如此。[10]

事实上,犹太社会甘愿受人压迫,甘愿充当二等公民,只要这是明确规定,而不会朝令夕改、随意变动。他们最讨厌的就是不确定,而犹太隔离区却给了他们安全感,甚至一定程度的舒适。将犹太教徒集中在一处隔离起来可以在很多方面有助于律法的遵守。如果说隔离措施如基督教会所称的那样保护基督徒,不让罪恶的犹太人和他们接触,那么它也同样保护犹太人不受到俗世的污染。约瑟夫·卡洛(Joseph Caro,1488—1575)编纂的法典,那是多少代正统犹太教徒的权威《哈拉哈》文稿,或许就是针对隔离区里那种自我封闭、自我反省行为而写的。

在隔离区内部,犹太人可以追求虽然独立于外界但是氛围浓厚的文化生活,且不同宗教的交往接触也颇为频繁。在隔离区设立之际,基督徒印刷商丹尼尔·邦伯格在威尼斯开设了一家希伯来语印刷机构,基督徒、犹太教徒和改宗者同心协力,为两部《塔木德》出版了精美的版本(1520—1523),从此为页码编排确立了标准。犹太排字员和校对员可以免戴黄色帽子。其他的希伯来语印刷机构也相继问世,这样一来,付梓成册的不仅有宗教典籍,还有当代的犹太著述。威尼斯出版了卡洛大法典《备好的餐桌》广受欢迎的缩印本,1574 年还出版了它的袖珍本,扉页上写着"以便让人藏于怀中,无论休憩或旅行,都能随时随地查阅"。[11]

国家的盘剥压榨也未能阻挡威尼斯犹太社会的蓬勃发展。这个社会共分三个民族:来自西班牙的佩能特人、土耳其属民黎凡特人和德裔犹太人,其中德裔犹太人是最古老、最庞大,也是最没钱的一支。当时的威尼斯只有犹太人可以从事放贷业务,他们说的是意大利语,但是他们不能获得威尼斯公民身份,甚至到了 18 世纪末法律还是规定"威尼斯的任何一名犹太人都不得申请或享受公民身份"。[12] 关于这一点,莎士比亚在《威尼斯商人》里说得一点也没错,他写到杰西卡说她父亲夏洛克藏着满屋的金银财宝,也似乎不无道理。成功的放贷人往往积累着大量未被赎回的典当物,特别是珠宝首饰。当地有禁奢法令限制他们佩戴这些掠夺而来的首饰;实际上犹太人自己也起草了禁奢规定,以避免招致"外邦人的嫉妒和仇恨,他们的眼睛总是盯着我们"。[13]

然而,就算有着装上的限制,威尼斯的隔离区里也不缺少欢声笑语。一名同时代人如此描写欢庆圣法节的仪式:

> 今晚正在举行类似狂欢节的活动,许许多多的少女、新妇为了不被认出,头戴面具,来到各家会堂。这时候她们被心怀好奇的基督徒堵在一处,有女士也有先生……在

场的有来自各族的人，有西班牙人、黎凡特人、葡萄牙人、德国人、希腊人、意大利人等，每个人都按着自己的唱法高歌欢唱。因为不用乐器，所以有的举手拍掌，有的拍击大腿，有的模仿响板打着响指，有的拨拉着紧身的上衣像装出弹吉他的样子。总而言之，他们喧闹着，欢腾着，狂舞着，做着鬼脸，扭着身子，好一派狂欢的景象。[14]

活动上没有乐器完全是因为拉比的反对。许多拉比反对任何形式的艺术音乐，其理由是音乐中有大量重复祷告的圣言，尤其是上帝的名字——他们认为这会误导头脑简单的人相信上帝不止一个，然而这种说法并不是很有说服力。（在 16、17 世纪的英国，清教徒也提出类似论点反对复调音乐，坚持要求每个音节只用一个音符。）在安科纳附近的塞尼加利亚，保存着一份记录，显示当地的拉比和唱诗班指挥末底改·德拉·罗卡发生过激烈争吵——拉比大量引用《塔木德》和喀巴拉教派书籍的原文，坚持认为音乐的存在就是为了诠释经文，其他的均"只是点缀"。[15] 尽管如此，威尼斯的犹太人隔离区无疑在 17 世纪初期还是有一所音乐学院的。塞西尔·罗斯对文艺复兴时期威尼斯犹太人的考证显示，严格主义者常常不满隔离区里的犹太人生活奢侈、世俗化，喜欢用意大利语而忽视希伯来语，甚至有人强烈要求用本地语来祈祷。犹太人创作剧本，在数学、天文和经济方面著书立说，用的都是意大利语，他们甚至还为安息日乘坐贡多拉找到了很好的理由。[16]

犹太人在隔离区内设有自己的学校，但是他们也可以到帕多瓦附近的医学院去攻读学位。尽管如此许多拉比还是更希望隔离区的围墙砌得更高一些。

的确，虽然犹太人和外部世界的关系组成了历史的基本内容，但在大多数时候他们还是更多困扰于内部事务，有时候内部的纷争非常激烈。就在威尼斯隔离区建成之际，有人要起诉伊曼努尔·本·诺亚·拉斐尔·达·诺萨，这在意大利的犹太人世界引起了很大的轰动。诺萨是暴君般的统治者，费拉拉犹太社会的富人，拥有自己的专属拉比——大卫·皮齐盖托内，代表他裁决案件。他曾如此扬言："我就在这里，坐在我的城、我的民当中。凡对我有任何不满的，都让他到这里来起诉我。"据说，犹太教徒和基督徒同样对他躬身行礼。亚伯拉罕·达·芬奇把他送上了博洛尼亚的拉比法庭后，他的恶行才晓于天下，后者告他骗取他 5 000 个金弗罗林，还有红宝石和绿宝石各一块。诺萨的儿子称其父亲不在，拒绝接受法院令状，并骂道："滚，你这坨臭狗屎。"专属拉比也拒绝出庭，并称："我与你何干，哈曼的儿子？"这个案子被提交到意大利各地的 6 个拉比法庭，尽管大多数人反对诺萨，但是他却得到了亚伯拉罕·明茨的大力支持。后者的父亲犹大·明茨拉比曾任帕多瓦犹太神学院院长达 47 年之久，他本人后来也成了曼图亚的拉比。他们撕毁对手的来函、法院的传票，威胁拉比，说要把他们处以枷刑或拖到基督教廷受审，各派拉比互相指责对方家世浅薄、没有学识，自吹家族谱系和学术造诣，塞法迪和阿什克纳齐的分歧更是使这场争吵愈演愈烈。明茨指责博洛尼亚拉比亚伯拉罕·柯恩是"巧舌如簧的塞法迪……是搅扰这个案子的撒旦"。柯恩则反唇相讥:"你骂我先祖是爱吵架的祭司……我以这个名字(塞法迪)为傲,我们让塞法迪这个神圣的名字在世人面前变得更加神圣,这其中也有我的贡献,我们历经最大的诱惑……你是一个无耻之徒、无用之人,是满口谎言、诈人钱财的骗子……你这无知、呆笨、愚蠢、没有头脑的傻瓜。"他说明茨一向靠巧取豪夺为生,"全世界都知道他是个无赖和亵慢之人"。更有传言称明茨子承父位只是因为他羊角号吹得好。最后一共有五十多名拉比卷入这场争吵,其中有些来自意大利以外其他国家,诺萨不得不屈服。这个针对诺萨的案子看上去很不光彩,不过话又说回来,现存的记录是由反对他的拉比整理的;双方的拉比之间都有姻亲关系,家族之间的世代恩怨让这些既是法律又是教义的问题变得更加错综复杂。[17]

诺萨一案让人觉得,意大利的犹太社会是一个充满活力、善于捍卫自己的群体。犹太人和其他任何一个民族一样,能够凭自己的能力繁荣发展。16 世纪的意大利流传着各种有关犹太人如何出人头地取得成功的精彩故事,亚伯拉罕·科洛尔尼就是其中一位。这位 1540 年出生于曼图亚的全才,在作为工程师效力于费拉拉公爵期间,树立了卓越的声誉,他和列奥纳多·达·芬奇一样,精于军事装备研究,设计地雷、爆炸物、浮码头、折叠船、攻城用的折叠梯和堡垒。他制造了早期的机关枪,生产出 2 000 支火绳枪,这种火绳枪装填一次可射击十次。科洛尔尼同时还是一位杰出的数学家,编制乘法表,发明新的镜像法用于测距。他精于脱身术,写过密码学,谴责手相术。更重要的是,他还是个精通纸牌戏法的著名魔术师,因此他受邀来到富丽堂皇的布拉格宫廷,成为巫师皇帝——鲁道夫二世的座上客也就不足为奇了。[18]

然而,处在另一个极端的是另一些处境艰难的犹太人。在地中海地区,基督徒和土耳其人之间战事频发,虽然时断时续,但是波及范围甚广,这些犹太人饱受战争蹂躏,甚至被卖身为奴。遇到战争,犹太人一贯的做法是与争战的双方都交好,15世纪90年代逃离西班牙和葡萄牙的犹太人在君士坦丁堡受到了欢迎,作为回报,他们协助当地打造军工产业。他们巩固了奥斯曼帝国萨洛尼卡原有的犹太社会,使它成为全球最大的犹太社会之一,到1553年有两万多犹太人居住在该城。在黎凡特、爱琴海和亚得里亚海一带,到处都有犹太商人的足迹,威尼斯的犹太人因为得益于他们和巴尔干及巴尔干以东地区的关系,一度控制了该城市很大份额的东方贸易。犹太人还在意大利的其他港口从事贸易活动,尤其是安科纳、里窝那、那不勒斯和热那亚。几乎每一艘商船上都有犹太商人,但是所有的商船都是奥斯曼帝国、基督徒战舰和私掠船的袭击目标,而犹太人则是特别有价值的人质,因为很多人相信(他们往往是正确的),即使人质本人没钱,也总会有某个地方的犹太社会同意为他们支付赎金。

倘若有基督徒船上的犹太人被土耳其人扣押,那么一般都是在君士坦丁堡谈判人质释放事宜。威尼斯的黎凡特和葡萄牙犹太会众成立了一个专门机构,以赎回基督徒从土耳其人船上俘获的犹太人质。犹太商人的所有货物都要缴纳特别税款以维护这个机构的运营,这种税相当于一种保险,因为人人都有可能遭此风险。最大的敌人是圣约翰骑士团,他们把自己在马耳他的基地变成了欧洲最后一个奴隶贸易中心。他们总是对犹太人虎视眈眈,甚至连基督徒船上的犹太人也不放过,说他们是奥斯曼帝国的臣民。圣约翰骑士团将人质关押在奴隶营里,定期出售给投机商,后者以高于市场价买下;大家都认为所有的犹太人都是有钱人,总会被人赎回去的。威尼斯犹太人在马耳他雇了名代理人,一旦发现有犹太人质到来,只要资金到位,这名掮客就前去商谈,为他们争取获释。基督徒的人质持有者利用犹太人的人质解救制度漫天要价。有个名叫犹大·苏尔那古的 75 岁老人赤裸着身体被关在地窖里达两个月之久,以致双目失明,无法站立。他的主人说除非那名犹太掮客支付 200 达克特的赎金,否则就拔去他的胡须和睫毛,给他带上锁链。掮客将老人赎了出来,但是他拒绝为同样受到投机商虐待的罗德岛人亚伦·阿菲亚支付 600 达克特的赎金,他说,如果这个可怜的人在囚禁期间死去,他就会让投机商连本金都赔掉。约瑟·利维就是这样,主人为了索取更高的赎金打他,直到他死于鞭下。[19]

这个恶劣的行当持续了 300 年之久。1663 年,克伦威尔手下的老兵菲利普·斯基庞描写马耳他的奴隶监狱说:"犹太人、摩尔人和土耳其人在这里被当成奴隶,在市场上公开出售……犹太人因为帽子上别有一块黄色的小布条而显得与众不同。我们参观监狱的那天早上,一名被扣了一年左右的犹太富人被主人以 400 斯库多①的价格在市场上出售。因为持有威尼斯护照,他以为自己是自由的,因此就袭击了买下他的商人,于是他立刻又被押送了回来,他们剃掉他的胡须和头发,给他的双脚戴上沉重的锁链,并施以笞跖刑 50 下。"[20] 晚至 1768 年,伦敦的犹太社会还送去 80 英镑,帮助赎回马耳他的一批犹太奴隶,30 年以后,拿破仑才取缔了这个行当。

因为与奥斯曼帝国有着千丝万缕的联系,所以犹太人在西班牙驱犹事件发生后,被许多意大利人当成了敌人,这也是实行隔离制度的间接原因。人们普遍对他们抱有偏见,比如说,有人认为他们在 1565 年的马耳他之围中帮助土耳其人攻下了马耳他。但是,在 16 世纪的欧洲,影响犹太人命运的最主要因素还是宗教改革运动。从长远来看,新教的兴起大大有利于犹太人,它打破了欧洲拉丁世界铁板一块、牢不可破的格局,意味着基督教社会想要建立一个单一信仰的社会已是痴人说梦,如此一来,犹太人作为唯一非国教团体的孤立状态终于结束了。新教的兴起使得欧洲大部分地区的天主教修士——犹太教徒最痛恨的死敌——走向没落,也使得教士独身制度和修道制度等宗教习俗走到了尽头,这

---

① 意大利 16—19 世纪流行的货币。——译者注

两者都严重侵害了犹太人的利益。

这场建立在文艺复兴时期学者研究基础之上的宗教改革运动，还重新唤起了人们对希伯来文化的研究，尤其是对《旧约》的兴趣。许多天主教护教士指责犹太人，特别是马拉诺人，因为他们一直在支持和鼓动新教思想家。犹太人自己中间也流传着一些故事，说一些势力强大的基督徒，甚至说西班牙国王，是马拉诺人的后代，他们暗中致力于颠覆基督教会；他们的编年史家将新教的兴起，比如说在纳瓦拉①的兴起，归因于马拉诺人。但是能够表明宗教改革家们因为对《旧约》的兴趣而亲犹太人的实际证据并不多。基督徒希伯来文学者，如皮克·德拉·米兰多拉（Pico della Mirandola，1463—1494）、约翰内斯·罗伊希林（Johannes Reuchlin，1455—1522）、1528年后任巴塞尔大学希伯来文教授的塞巴斯丁·缪斯特，以及菲利普·梅兰希通（Philip Melanchthon，1497—1560），都和任何一名多明我会的修士一样，强烈反对犹太教，虽然梅兰希通也谴责血祭诽谤以及其他过激的反犹行为。他们摒弃《密西拿》《塔木德》，事实上摒弃了所有的犹太评经书，只保留了部分喀巴拉思想。他们中的最重要人物伊拉斯谟更是连喀巴拉思想也不接受，他认为犹太学者是极其危险的人物——他们对信仰的危害比中世纪学者的蒙昧主义更加严重："没有什么比这种瘟疫更加不利于基督。"[21] 他致信给科隆的宗教法庭审判官

---

① 中世纪时期的位于西班牙东北部和法国西南部的王国。——译者注

时这样写道："我们当中谁不仇视这个种族？……如果说痛恨犹太人的就是基督徒，那么我们这里大多数人是基督徒。"[22]

没错，在一开始的时候，犹太人是欢迎宗教改革的，因为这可以分化他们的敌人。而路德（他尤其如此）在重新诠释《圣经》，否定教皇权力的时候，也的确寻求过犹太教徒的支持。他在 1523 年发表的《耶稣基督生为犹太人》一文中说，现在犹太人没有任何理由不接受基督而是愚蠢地期待民众主动来皈依。当犹太教徒反驳说《塔木德》对《圣经》的理解远远超过他，欢迎他也皈依犹太教时，路德先是痛骂他们顽固不化（1526），继而又在 1543 年对他们进行了愤怒的攻击。他在维滕贝格发表的小册子《犹太人和他们的谎言》，算得上第一部现代反犹主义著作，朝着 20 世纪的大屠杀跨出了巨大的一步。"首先，"他敦促说，"应烧毁他们的会堂，用土掩埋没有烧完的东西，不要留下一砖一石让人想起这些建筑曾经存在。"要撕毁犹太人的祈祷书，要禁止拉比布道，接着还应这样对待他们："捣毁"他们的房屋，让他们"像吉卜赛人一样去住牲口棚，好让他们明白他们不是我们国家的主人"。要禁止犹太人进入马路和市场，没收他们的财产，然后强制"这些毒虫"劳动，让他们"用自己的汗水"赚他们的面包，实在迫不得已就把他们赶出去，"永远"不得回来。[23] 在路德指责犹太人的长篇大论中，特别针对他们的放贷行为，坚持认为他们的财富"都是向我们放高利贷盘剥去的"，因而并不属于他们，路德这样指责高利贷者：

……是罪大恶极的窃贼和杀人凶手……无论是谁消耗、破坏和偷取别人的食物，他就是犯了谋杀罪，他的罪行和饿死或杀死一人同样严重。放高利贷者就是犯了谋杀罪，这种人本该被吊死在绞刑架上，偷多少钱，就让多少渡鸦来啄食他，然而他却还安然无恙地坐在自己的板凳上……因此，除了魔鬼，人类在这世上就没有比敛财者和放高利贷者更大的敌人了，因为他想成为全人类的上帝……高利贷就是一个巨大的恶魔，如同恶毒凶残的狼人……既然我们对强盗、杀人凶手和入宅行窃者处以车裂刑和斩首，那么我们还要处决多少人呢？……追捕他们，诅咒他们，将他们全部斩首！

路德还不满足于语言上的谩骂。甚至在他写反犹小册子之前，他就已经付诸行动。1537 年，他将犹太人驱逐出萨克森；16 世纪 40 年代，他又赶走德国多个城市的犹太人；1543 年，他试图说服选民将犹太人赶出勃兰登堡，但是没有得逞。他的追随者继续在那里煽风点火，反对犹太人：他们在 1572 年洗劫了柏林的犹太会堂，并在第二年终于如愿以偿，整个德国禁止犹太人入境。相比之下，让·加尔文对犹太人则更有好感，在某种程度上是因为，在有息借贷问题上，他倾向于认同他们的做法。他在著述中客观地记录了犹太人的论辩，为此他的路德派敌人甚至指控他被犹太化了。[24] 但即便如此，犹太人还是从加尔文派控制的城市和巴拉丁领地被驱逐了出去。[25]

新教教会对犹太人的敌视，最终把他们推向了皇帝的怀抱。查理五世①戴着他的西班牙帽的时候，对犹太人并无好感。他在1543年说服教皇在葡萄牙成立宗教裁判所，7年之后又将许多马拉诺人赶出里斯本，1541年驱逐了那不勒斯的犹太人，还把他们赶出他在佛兰德斯的一些领地。但是在德国，他发现犹太人是可以利用的同盟，在分别于奥格斯堡（1530）、斯派耶尔（1544）和雷根斯堡（1546）召开的三次帝国议会上，他的保护使犹太人免遭了驱逐。天主教会的采邑主教②也发现犹太人是可以利用的同盟，他们可以和犹太人一起来对抗新教市民，尽管他们对此并不愿意公开承认。因此，在《奥格斯堡和约》中，各方达成默契，在"教随国定"这一主要条款中不提及基督教国家，这样，犹太人就可以继续留在德国了。阿尔萨斯大拉比罗塞姆的约泽尔在这段紧张时期里充当犹太人的代言人，他谴责路德是"恶棍"，称查理皇帝为"上帝的使者"；犹太人在会堂里为帝国军队的凯旋祈祷，为他们提供资金和军需物资——从而为犹太人找到了一种新的、重要的生存模式。[26]

然而尽管如此，当反教改运动爆发的时候，犹太人还是和新教徒一样受到了严酷的冲击。传统意义上教皇和其他亲王一样都

---

① 神圣罗马帝国皇帝。——译者注
② 或称亲王主教，是指中世纪时以教会诸侯的身份治理一个或是多个公国，同时拥有政教二重权力的主教。——译者注

第四章 犹太隔都

是利用并保护犹太人的。即使在西班牙驱逐犹太人事件发生之前，意大利就已有5万犹太人，随着难民的到来，这个数字迅速上升。和威尼斯一样，难民的大量涌入也引发了问题，但总的来说，教皇的政策还算宽容。保罗三世（1534—1549）甚至鼓励被赶出那不勒斯的犹太人前来定居（1541），6年之后又接收马拉诺人，并承诺保护他们，不让宗教裁判所找他们麻烦，尤里乌斯三世继任后继续为他们提供保证。然而1555年5月，枢机主教卡拉法登上教皇法座成为保罗四世后，立即取消了原有政策。卡拉法曾任宗教审判大法官，是犹太人、异议分子和异端分子的死对头。不仅在安科纳，还在许多其他意大利城市，不管是否属于教皇领地，基督徒和犹太教徒都随意混居，然而保罗四世却相信伊拉斯谟的观点，认为犹太教的影响对基督教信仰是致命的威胁。他当选两个月后，发布《此为荒唐》诏书①，在罗马推行威尼斯方案，将罗马的犹太人全都赶至台伯河左岸，用围墙围起来。与此同时，他还在安科纳发动清除马拉诺人的整顿运动，当众烧死25名马拉诺人。犹太隔离现象迅速扩展至教皇领地里的各个城市，1562年始，"隔离区"（ghetto）一词正式用于反犹法规。不仅在罗马和博洛尼亚，还有佛罗伦萨，都火光四起，大量希伯来书籍被烧为灰烬。庇护五世（1566—1572）的凶残更是有过之而无不及，他发布《希伯来人诏书》（1569）驱逐犹太社会，其中有些社会从古至今

---

① 以诏书的首句为名。——译者注

一直生活在那里。后来的历任教皇虽然做法各异，但在教皇领地隔离犹太人，并施压要求其他统治者采取同样措施的政策一直保持不变。就这样，托斯卡纳于1570—1571年，帕多瓦于1601—1603年，维罗纳于1599年，曼图亚于1601—1603年，都实行了犹太隔离制度。费拉拉公爵们拒绝服从，但还是答应阻止犹太人印刷书籍。[27] 最后，里窝那成了唯一没有设立犹太隔离区的城市。

  向犹太人发难的并非只有教皇。那几个最强大的君主国家传统上都是犹太社会最热心、最有力的保护者，但他们对异端的反对也最为激烈。欧洲大部分地区出现的反教改运动，是对上半个世纪盛行的令人不安的思潮做出的巨大回应，是理性和秩序的回归。领导这场运动的虽然是上层，但是它有着广泛的民众基础，它是对抗各种种族主义、颠覆活动和革新运动的原动力。犹太人，尤其是马拉诺人，被普遍认为是社会的不安因素。这些被迫的改宗者及其后代，脱离了犹太正统教的教规戒律，投靠什么都有可能，包括最让当局头痛的再施洗派——这个词语就是宗教不服从的总称。许多马拉诺人发明了兼具基督教与犹太教信仰的奇怪的混合信仰，他们是宗教怀疑论者，讥笑圣母马利亚和圣徒，嘲讽神像和虔诚的行为，妄自论断各种权威。马拉诺人和异端分子均被认为有叛国的可能——当局痛恨的纳克索斯公爵若昂·米格兹就足以让他们引以为鉴，他是由基督徒改宗过来的犹太教徒中最有势力的一个，成了苏丹本人的谋士。

  反教改运动既是一场宗教运动，也是一场世俗运动，他们最不信任的就是外来移民，其中就有马拉诺人。经验告诉当局，流动意味着麻烦。他们倒不是十分在意在本地生活已久的犹太人，能带来危险思潮的是新来的人。这种担忧是多层面的。威尼斯面包师行会公开谴责其内部的外来从业人员："他们追随路德派的脚步，吹嘘让基督教德国的大部分地区陷入一片混乱……如今又不惜一切地破坏这里的面包师行会。"查理五世的驻威尼斯大使更是警告威尼斯共和国说，若不取缔异端，它将会导致"亲王们为争取民心而招来的敌意……因为他们（异端）不希望任何封臣顺从亲王，试图毁灭所有领地，解放人民"。[28]庇护五世的威尼斯大使乔瓦尼·安东尼奥·法契内蒂则毫不犹豫地认为，威尼斯在对土耳其人的战争中失利，罪魁祸首是没有彻底清除犹太人和异端分子：此刻是上帝本人，而不是土耳其人，正在向共和国发动战争，统治者应该扪心自问："为什么大能的上帝觉得这个国家得罪了他？"[29]当局喜欢犹太人做财富的创造者，却痛恨他们做思想的贩卖者。

然而这两种活动恰恰展现了人性的两面性。经验显示，流徙的犹太人虽然很可能带来搅动人心的思想，但同时也很可能会带来新的，或者说更加有效的方式来为国家增加财富。历史不断地在告诉我们，人口的流动和迁徙能够激发新的思想和新的生产方式，把移民变成更加高效的经济生产者。早在公元前七八世纪，希腊的穷苦牧人和橄榄种植者背井离乡，离开古老的土地，在地中海沿岸各地各显其能，成了成功的商业殖民者。19 世纪，苏格兰高地忍饥挨饿的族人、来自克莱尔和凯里不幸的爱尔兰乡巴佬、波兰的半农奴、意大利南部地区的无地农民，来到安大略省和新西兰，波士顿、纽约和芝加哥，美国中西部地区，阿根廷和新南威尔士等地后，都转身成了勇于拼搏、努力奋斗的人。在当今时代，我们也不断地看到人口迁移的神奇作用，如越南人到加利福尼亚和澳大利亚定居，古巴人到佛罗里达定居。

教改和反教改运动，以及一连串的宗教战争犹如在欧洲踩踏了一个蚁冢，逼得一些勤劳微小的犹太社区四处逃难。有时候为了躲避骚扰和迫害，他们几经辗转才能最终定居下来，而接待他们的地区几乎毫无例外地都会得到繁荣发展。马克斯·韦伯和R. H. 托尼（R. H. Tawney）曾经提出，现代资本主义是宗教观念的产物，这些宗教观念有不同的名称，如"新教伦理"和加尔文主义的"得救恐慌"，二者都强调努力工作和财富积累的精神。然而这一理论遭遇了许多无法驳斥的反对，现在看来，通常影响因素更可能还是人口迁移，而不是教派信仰。尤其在英国和荷兰，以及后来的北美和德国，为国家经济注入动力的不仅仅是加尔文派，还有路德派、来自意大利北部的天主教徒，特别是犹太人。[30]

这些流动的社群，其共同特点不是神学，而是他们对教权体制训谕下宗教和道德思想的国家禁锢的抗拒。他们中的所有人都反对教权统治集团，支持建立由会众主持、依靠个人良知运行的宗教政府。从所有这些方面来说，犹太人是各移民群体中最有性格特点的一个。自第二圣殿被毁之后，他们就开始反对教权主义，他们比任何一个新教教派都更早地采用会众制,他们的社会自己选举拉比。在教条神学缺席和知识包容精神彰显的条件下,这种形式的权力下放是可行的。而且更重要的是,犹太人是经验丰富的移民专家,他们自古以来就是流动的民族,从祖先最早的发源地来到外乡寄居,世世代代经历了无数不同的环境遭遇,在此过程中使得许多"移民艺术"得到了完善,尤其是集中财富以便快速将其从危险地转移到新居住地的本领。他们的商业和手工业,他们的民间文化,以及他们的律法,都有利于这种创新性的流动。

这就是初来乍到的犹太人无论遭遇怎样的不幸,都能获得营运资本的一个原因。这一点也常常使得他们受到当地的欢迎。犹太辩惑学家玛拿西·本·以色列(Manasseh ben Israel,1604—1657)在17世纪中叶如此写道:

> 因此可以看到上帝并未离开我们;因为若是这人逼迫我们,那人就会对我们以礼相待;若是这位亲王苦待我们,那位亲王就会善待我们;若是这人将我们驱逐出他的国家,那人就会许以无数的优待邀请我们;意大利的多位亲王如此,名声显赫的丹麦国王、尼斯势力强大的萨伏依公爵也都如此。难道我们没有发现,这些接纳以色列民的国家会繁荣昌盛吗?[31]

除了这些普遍的秉性特点,犹太人还要为发扬经济创新精神和创业精神作出特别的贡献。我们在前面已经看到，在中世纪时期，他们的城市建设能力、他们的商业技能和金融手段，都已逐渐为周围的基督教社会所掌握；一旦在社会、经济方面失去了利用价值，他们就不再是受欢迎的人了，通常不是收到逐客令，便是遭受歧视。接着他们可能又会流离到经济不甚发达、仍然需要他们技术的其他地区。不然就是要发明新的方法，在这方面犹太人也非常擅长。他们总能在竞争中领先别人一步，不是通过提高原有方法的效率来降低价格，就是发明新的方法。但是只有到了新的地方，他们的创新精神才能发挥到极致，通常是因为那个时候正好新一代人可以接班。还有一点也同样重要，那就是犹太人对于新生事物总是反应迅速。他们的宗教告诉他们凡事都要理性。资本主义的每一个发展阶段，都是通过不断地理性化，从而不断地对原有方法的混乱做出修正，继而向前推进的。这方面犹太人是在行的，因为尽管他们在自己那个孤立的狭小世界里极端保守（通常如此），但是整个大社会却于他们无份，他们对这个社会也并无感情，因此尽可以看着旧的传统、旧的方法和旧的制度被推倒摧毁而无动于衷——事实上在摧毁过程中他们还起到了带头作用，可以说，他们是天生的资本家。

犹太人以局外人的身份可以相对自由地遵循理性逻辑，没有什么能够比他们的金钱观更好地体现这一点了。犹太人对于人类进步的最大贡献之一，便是迫使欧洲文化与金钱及其力量达成了妥协。人类社会向来极不情愿卸去钱的神秘面纱去正视它的本质：

第四章 犹太隔都

钱不过是一件普通的商品,它的价值是相对的。事实上,他们往往将所有商品——尤其是货币,因为它面值固定——都赋予绝对价值,而意识不到物品的价值会随时间和地点而改变。他们还给钱蒙上了一层特别的道德色彩。为何圣保罗宣称且无数的人不假思索地跟着说"贪财是万恶之源"?为何不说贪恋土地、羊群或马,不说贪恋房子或画作呢?甚或,为何不说贪恋权力呢?金钱背负如此恶名并无正当理由,而且,钱和其他商品之间道德之分延伸到投资理念中,对储蓄和经济发展的伦理框架的建设构成了极大困难。饲养牛羊是体面的,一分播种一分收获是值得称道的,但是如果要让钱为自己工作,对不起,那就是寄生虫,那就是靠所谓的"非劳动所得"为生。

犹太人最初也和大家一样深受这种谬论的影响,事实上它还是犹太人自己的发明。但是他们采用的宗教合理化改革手段和因不愿以钱为营生介质而遭遇的困境,迫使他们不得不面对并解决这个问题。前面我们已经看到,在涉及钱的交易方面,他们对犹太人和非犹太人制定了双重标准,其中有些规定甚至沿用至今:以色列(也有其他地方)的许多银行都有公告,要求犹太人之间的借贷遵照宗教律法。然而从15世纪末起,主张宗教合理化改革的犹太人试图剥去金钱的神秘外衣。于1500年发生在费拉拉的一场争论中,阿维尼翁的拉比亚伯拉罕·法理索尔(Abraham Farissol)使用革新者的常用(颇有点欺骗性的)论点,坚称一切已经不同于《圣经》时代,钱已经变成纯粹的商品了:

这样,就出现了新的情形和新的义务。(出于同情而白白施舍给乞丐那是理所应当,但)除此情形,若是有人需要什么,而其同伴又有富余……他就该出钱购买。因此……出钱租用房子、雇用工人,各有其价,这是公认的惯例……倘使我们的常理和智慧要求为所有需要帮助者提供帮助,为所有缺钱者提供无息贷款,那么常理也会同样要求,若是有人需要一所房子、一匹马或是一份工作,那么也应该无偿提供给他们。[32]

法理索尔认为,约定一个价格、薪酬和利息体系有利于社会的发展,因为它能对有序社会里的经济关系起到温和的调节作用。从自己拥有的财富中获取收益和从自己拥有的土地或其他任何商品中获取收益一样,都是无可厚非的;"用同伴资金获利的必须回报同伴,是符合惯例和常理的"。差不多同一时期,以撒·阿巴伯内尔在他的《申命记》评注书(首次发表于1551年)中也做过类似的辩护:"收取利息并不丢人……因为利用自己的钱、酒和谷物获取利润是正当的行为,假如有人想从别人那里得到钱……一个人向别人借了种子播种小麦,为什么收获后要照例拿10%来回报借种子的人?这是正常的商业交易,是正确的做法。"又说,无息的交易是为了特别有恩于我们的人,如确实有困难的教友。[33]

坦然面对金钱理念,诚实理性地对待钱的问题,这在《圣经》犹太教和拉比犹太教中都能找到深刻的依据。犹太教并不认为虔诚和成功富足是对立的，它歌颂穷人，谴责贪婪，但也常常暗示生活中的美好事物和道德价值之间的联系。《申命记》中有一段美好的经文，其中摩西强调凡是遵守律法的人上帝必赐给他富足："他必爱你，赐福与你，使你人数增多，也必在他向你列祖起誓应许给你的地上赐福与你身所生的，地所产的，并你的五谷、新酒，和油，以及牛犊、羊羔。"[34] 以色列也必将富足："你必借贷给许多国民，却不至向他们借贷。"[35] "寻求耶和华的，"《诗篇》说，"什么好处都不缺。"[36]《诗篇》和《箴言》《所罗门智慧书》《传道书》《便西拉智慧书》都充满了这样的观点。《塔木德》也发出同样的声音："人在匮乏时代最容易学会珍视财富。""有七样东西与'义人相当，与世界相当'，其中一样是财富。"犹太人的《哈拉哈》从来都是处理现实中的商业问题，而不只是理论上的空谈，它所基于的假设是，正当的商业行为不仅完全不违背严格的道德准则，而且绝对是美德，因为它使善工和慈善变得可行，而善工和慈善又是犹太社会一切活动的中心。权威政体曾对商业活动做出切实可行的裁决和规定，因为他们当中参与商业活动的不在少数。迈蒙尼德和纳奇曼奈等人也从未说过，读书或著书立说，说过跟经商之间是绝对对立的，那是典型的基督教知识界的思想观点。任何聪明人都知道拉比犹太教有关商业方面的论见持之有故、言之成理，但是传统观念却往往将其排斥在宗教语篇的范围之外。

因此，犹太人有充分的准备要利用 16 世纪标志性的世界经济发展带来的机遇；事实上，由于他们在西班牙遭受的排斥和他们在欧洲的教改和反教改运动中的遭遇，他们别无选择，唯有进一步流散，寻找发挥商业才能的新机会。向西，哥伦布航海并不是唯一有犹太人和马拉诺人提供资金和技术支持的活动。被驱逐的犹太人是最早前往美洲的商人，他们建立工厂、开辟种植园，如在圣托马斯，他们成了首批大种植园主。西班牙禁止犹太人向殖民地移民的法律并没有取得效果，1577 年终被废止。犹太人和马拉诺人尤其喜欢定居巴西，1549 年被派往海外的第一任总督托马斯·德·苏扎显然出身犹太家庭。他们拥有大部分的甘蔗种植园，垄断了宝石和半宝石的交易，1654 年从巴西被驱逐出来的犹太人帮助巴巴多斯和牙买加建立了蔗糖工业。英国人在西方新开辟的殖民地对犹太人表示欢迎。牙买加总督于 1671 年拒绝了驱逐犹太人的请求，他是这么写的："我认为国王陛下不可能拥有比犹太人和荷兰人更能创造利润的臣民；他们库存多，通讯联络方便。"苏里南殖民政府则宣称："我们发现，希伯来民族已经……证明他们有利于殖民地的发展。"[37]

向东，至少从希腊时代起，犹太人就活跃于俄罗斯边境地区，尤其是黑海沿岸。事实上，有传说称抵达亚美尼亚和格鲁吉亚的犹太人，就是北方以色列王国灭亡后失踪的 10 个支派。8 世纪上半叶，可萨王国已皈依犹太教。从中世纪早期开始，犹太人就活跃在欧亚大陆南部的广大地区，他们一边经商，一边规劝当地人改宗。15 世纪 70 年代，在对外迅速扩张的莫斯科公国，犹太人的活动促进了一个半地下宗派的产生,当局称之为"犹太派",并对他们进行了残酷的镇压。沙皇伊凡·瓦西里耶维奇,即"伊凡雷帝"(1530—1584),下令溺死不愿接受基督教的犹太人,犹太人被正式赶出俄国,从此俄国不再有犹太人,直到18世纪晚期第一次瓜分波兰①。

俄国设置的障碍使得犹太人无法继续向东渗透,导致大量的犹太人在波兰、立陶宛和乌克兰定居。与黑暗时代和中世纪初期的西欧一样,犹太人在大规模的殖民过程中也是一股关键力量,该过程的标志是农业和商业经济迅速扩张,人口显著增长。1500年左右波兰只有2万到3万犹太人,而当时的波兰总人口是500万。到了1575年,波兰总人口上升至700万,犹太人人口则猛增至15万,此后人口更是加速增长。1503年,波兰王室任命拉比雅各·波拉克为"波兰拉比",得到王权支持的大拉比制度的兴起,使得犹太人的自治模式得到了一定的发展,这是自犹太宗主制度消亡之后就未曾有过的。从1551年起,大拉比由犹太人自己选举产生。当然,这是寡头统治而非民主管理。拉比在法律和财政上拥有很大的权力,可以任命法官和其他各类官员。即使与地方议会分享权力,也只1%~5%的犹太家庭拥有投票权。[38]君主之所以向犹太人下放权力,当然是出于自身的利益。波兰人对

---

① 发生在1772年,造成波兰立陶宛联邦灭亡的三次瓜分波兰之中的第一次。这次瓜分背后的主要目的是扩展俄罗斯帝国势力。——译者注

犹太人怀有深深的敌意。比如，在地方商人阶层势力强大的克拉科夫，犹太人通常难以插足。君主们发现，他们可以向某些城镇，如华沙，出售"不容忍犹太人"的特权，以此赚取犹太人的钱。但是，如果允许犹太社会发展，对他们进行敲诈勒索，他们甚至可以赚更多的钱。拉比和地方犹太议会首先是征税机构，他们所征的税款用于国民福利和官员薪俸的只有30%，其余的是上交给国王的保护费。

拉比参与公共财政，参与为社会提供资金者的商业事务，使得东欧犹太人，即阿什克纳齐，通过《哈拉哈》认同新的信贷融资方式，甚至能够比16世纪初期的意大利人走得更远。靠近文明社会边缘开展生意的波兰犹太人与荷兰和德国的犹太家族公司有着千丝万缕的联系。这时一种新的信贷工具——短期本票（mamram）出现，并得到了拉比的批准。1607年，波兰和立陶宛的犹太社会也获得授权可以使用"豁免合同"（Heter iskah），这是犹太人之间的一种借贷体系，根据这个体系，犹太人为另一名犹太人提供借贷可以获得一定比例的回报。律法上的合理化改革最终使得即使是思想保守的权威，如著名的拉比犹大·罗乌——布拉格的马哈拉尔[①]——也认可有息借贷的商业行为。

因为贷款便捷，所以尤其从16世纪60年代起，犹太拓荒先驱们对于波兰东部、立陶宛内陆和乌克兰的开发发挥了主要作

---

① Maharal 的音译，在希伯来语中的意思是"我们的老师"。——译者注

用。西欧人口迅速膨胀，粮食进口需求越来越大。雄心勃勃的波兰地主迫切希望能够满足这个需求，他们和犹太企业家合作开垦新的小麦种植区以供应市场，并通过水路将粮食运送到波罗的海各个港口，然后通过船运发往西欧。波兰商业巨头——拉齐维乌家族、索别斯基家族、扎莫厄斯基家族、奥斯特洛夫斯基家族、卢博米尔斯基家族——或本来就拥有这些土地，或通过征服取得这些土地。这些港口由德国路德派经营，荷兰的加尔文派拥有大部分货船，但是其他业务被犹太人包揽。他们管理地产，有些情况下还扣押地契作为抵押物，提供周转资金。有时候他们自己也租用地产，收取通行费。他们还建设经营面粉厂和酿酒厂。他们拥有河运商船，输出小麦，运回葡萄酒、布料和奢侈品，放在自己的商店里出售。他们还从事肥皂、玻璃嵌装、皮革鞣制以及毛皮等生意，建立新的村镇，他们自己居住在村镇的中心，而农民（在波兰和立陶宛是天主教徒，在乌克兰是东正教徒）则生活在郊区。

1569年，布列斯特—立陶夫斯克联盟成立，波兰人可以到乌克兰定居，在此之前，乌克兰只有24个犹太人定居点，4 000名居民；到了1648年，定居点达到了115个，登记在册的有51 325人，总人口大大增加。这些地区大部分为波兰贵族所有，他们都是外居地主，犹太人则充当地主和农民之间的中间人和调停人——这个角色为他们将来的不幸埋下了伏笔。通常犹太人实际上也是商业巨头。例如，16世纪末，兹洛克齐的伊斯雷尔向一个贵族财团租下数百平方英里①的整个地区，每年向这个财团支付4 500兹罗提的巨额租金。他将收费权、旅馆和面粉厂转租给自己比较贫困的亲戚经营。[39] 欧洲各地的犹太人纷纷抵达这里参与这个殖民过程。许多定居点的居民都以犹太人为主，他们首次在巴勒斯坦以外地区成为地方文化的主导者。不仅如此，他们在社会和行政机构各级也都占据重要地位。他们征税，为政府出谋划策。波兰每一个商业巨头的城堡里都有一名犹太顾问，为他们记账、撰写信函、主持经济事务。

的确，到了16世纪末，中东欧的重要人物几乎无人"不识约瑟"，一类典型的犹太成功人士终于崛起。在16世纪的最后25年，反教改的意识形态运动气数已尽。西班牙国王腓力二世是最后一位与教皇密切配合的虔信君主。他在晚年的时候响应保罗四世的精神，将犹太人赶出了他的领地米兰公国（1597）。其他君主支持天主教事业（实际上是新教事业），都是出于自身的利益，或者成为善于妥协的政客。教会的权力和影响逐渐式微，国家的权威与日俱增。一些最有影响力的法律和政治作家——蒙田、让·布丹、利普修斯、弗朗西斯·培根——主张公共政策世俗化，不要让国家因宗教纷争的影响而产生动荡和分裂。国家的职能是合理解决纷争，促进团结和繁荣。在这个提倡宽容和政治务实的新氛围下，精明的犹太人凭借自己对社会所做的贡献受到了欢迎。[40]

---

① 1平方英里=2 589 988.110 336平方米。——编者注

第四章 犹太隔都

就这样，威尼斯共和国从 1577 年起，授权达尔马提亚的马拉诺人丹尼尔·罗德里戈兹建设斯巴拉多（意为"分离"）新港，因为当时出台了一个新政策要改变巴尔干半岛河流的经商路线，犹太人在这项政策的实施过程中功不可没。[41] 托斯卡纳公爵给了里窝那的犹太人一份包租合同，萨沃伊公爵在尼斯和都灵建立了犹太人定居点，法国国王签发了保护犹太商人的信函，亨利四世甚至和一个名为曼努埃尔·德·皮芒泰尔的犹太人玩纸牌游戏，并称其为"赌王"。在阿姆斯特丹，加尔文派当局不再审查马拉诺人或 16 世纪 90 年代抵达的塞法迪犹太人的宗教观，事实上对 1620 年前后移居来的阿什克纳齐，他们也不再过问。犹太人举行礼拜仪式，起初是非公开的。从 1616 年起，他们开设《托拉》学堂，又于 17 世纪 20 年代起自己印发书籍。对于荷兰人来说，犹太人是商人社会中循规蹈矩、有贡献的新增力量。[42] 法兰克福的犹太社会也非常活跃，以至于 1562 年、1582 年和 1603 年的三次拉比大会都在这里举行。

曾经在 16 世纪初驱逐犹太人的德语城镇和公国，如今也开始重新接纳他们了。哈布斯堡王朝皇帝马克西米利安二世允许犹太人返回波希米亚，1577 年，他的继任者鲁道夫二世给他们颁发了特权令。维也纳古老的犹太社区进行了修复重建，在鲁道夫宫廷所在的布拉格，到 16 世纪末犹太人口达到了 3 000 人。马哈拉尔、以法莲·所罗门·本·亚伦和以赛亚·本·亚伯拉罕·哈勒维·霍罗威茨等从事教学工作的著名拉比在犹太区里，与雅各·巴塞维、末底改·泽马·科恩和马库斯·迈泽尔等富商巨贾比邻而居。鲁道夫曾在他的皇宫里与马哈拉尔有一次著名的会晤,他还资助从天文学家到珠宝匠各类有天赋的犹太人,但是他发现犹太人最有用的地方还是在金融方面。他让迈泽尔成为首位"宫廷犹太人"——这类犹太人后来控制了中欧大部分地区的政府财政达150年之久,直到1914年仍然拥有一定的重要地位。

犹太人的优点是他们善于抓住新的机会,善于辨别新的形势并想出新的应对方法。基督徒虽然也早已通晓如何处理传统的金融问题,但是他们行为保守,对新的状况反应迟缓。接近16世纪末出现的最主要的新状况是战争规模越来越大,战争耗费日益庞大。鲁道夫是一位出了名的收藏家,迈泽尔为他贡献了不少艺术品和科学仪器,但是他最主要的作用还是资助皇帝对土耳其的战争。作为回报,皇帝不仅允许他经营实物(如珠宝)抵押贷款,还允许他接受本票和土地作质押。这两人之间的关系——一个是精明虔诚的犹太教徒,一个是自私放纵的哈布斯堡家族成员——不可避免地发展为尔虞我诈的关系。1601年,迈泽尔去世时留下50多万弗洛林①的财产,尽管当时他的经营得到了皇帝的许可,国家还是以他从事非法交易为由没收了他的财产。但是迈泽尔无疑早有预料,已经将很大一部分资金投入布拉格的犹太社区建设中。他建立了一个犹太会堂,鲁道夫赋予这个会堂拒绝警察入内、

---

① 弗洛林,一种金币,最早于1252年在佛罗伦萨铸造。——编者注

悬挂大卫之星和免税的特权；捐建了一座犹太公墓；成立了一所医院；甚至在犹太区铺设了街道。他资助波兰的犹太社区，向所有犹太基金捐献，包括在巴勒斯坦的。布拉格至今还留有他的墓碑，上面的碑文毫无疑问是他的真实写照："所行善举，同时代无人可望其项背。"[43] 实际上，假如王权是唯一的剥削者，但是它能保护犹太社会不会遭遇到其他的掠夺者，那么犹太社会的主要成员被它剥削还是划得来的。

在这一时期，起码哈布斯堡王朝是信守诺言的。1614年在文森特·菲特米尔茨的领导下，法兰克福的暴民袭击该市的犹太区，驱逐犹太人，洗劫他们的家舍，当时的马蒂亚斯皇帝宣布他们是暴乱分子和不法分子，并于两年之后处死了他们的头目。政府为犹太人恢复了家园，举行皇家仪式予以庆贺，并给予他们新的特权。犹太人对此非常满意，此后每年举行文森特节纪念这一事件。作为报答，犹太人对哈布斯堡王朝鼎力相助。1618年德国爆发三十年战争，初期哈布斯堡王朝几近覆灭，在犹太人，尤其是布拉格的金融家雅各·巴塞维的帮助之下，他们才得以保住王位。因此当哈布斯堡王朝在白山战役中反败为胜，帝国军队收复法兰克福时（1620），犹太社区是唯一没有遭到洗劫的地方，费迪南二世还亲自将两处充公的新教徒豪宅赐赠给巴塞维。

这场打得德国百废不举的混战，将犹太人推到了欧洲经济的最中心。战场上连年维持庞大的军队，常常还要越冬。犹太人在东欧有巨大的粮食供应网络，可以保障军队的粮草供应。他们建立铸造厂和炸药厂,在欧洲和东方各地搜罗武器,最重要的一点,他们筹集现金——他们的手段常常是通过创新的办法将帝国的闲置资产利用起来。1622年,巴塞维与列支敦士顿亲王和帝国将军华伦斯坦联手成立了一个财团,发行帝国银币。皇帝得到了巨额的战争经费,巴塞维及其同僚则通过降低铸币成色的办法填补亏空。巴塞维被他的社群称为"犹太亲王";又被封为帝国贵族。但是1631年他的财产被充公,他在1634年去世时——在保护人华伦斯坦遇刺后不久——所有的特权都被撤销。犹太战争金融家的命运是脆弱的,但其他犹太人的命运又何尝不是呢?

255   当战争来临时,尤其是发生像华伦斯坦和古斯塔夫·阿道夫打的那种新的全面战争时,打赢战争——或者说只要保命——是高于一切的,什么意识形态、宗教、种族和传统,全都靠边站。犹太人拥有非凡的本领,即使在一个荒凉和充满敌意的世界里也能搞到稀缺物资,筹到现钱,因此,很快任何一方都少不了他们了。当瑞典逆转天主教的势头,大多数德国犹太人落到路德派手里时,他们做的第一件事就是用强制性借贷惩罚犹太人。但是不出一年,犹太人竟成了瑞典军队的主要承包商,与他们跟哈布斯堡家族打交道一样,他们也为军队提供粮饷和军火,更重要的还有战马。而且,与信奉天主教的哈布斯堡家族一样,路德派的军事统帅也发现,犹太人是二等公民,作为少数族裔常常受到迫害,因此用赊欠的方法、为他们提供一些保护和特权就可以向他们购货——而对犹太人来说,拥有特权又意味着可以赚更多的钱。没多久,越来越多的欧洲大国卷入这场战争,莱茵区和阿尔萨斯的犹太人、波希米亚和维也纳的犹太人,为各方提供军需物资。在荷兰军队占领的埃默里希,所罗门·贡珀茨因为向荷兰军队贩卖粮食和烟草而大发其财,在阿尔萨斯,犹太人向红衣主教黎塞留的军队出售战马和饲料。这一切都相应地给他们带来了特权。统领法国海上战事的黎塞留,让葡萄牙的马拉诺人在港口拥有特别地位,尽管马拉诺人显然是犹太教徒而不是基督教徒。1636年,费迪南二世对其军官颁布命令,沃尔姆斯的犹太人不在强制贷款或部队投宿的范围之内,也不得以任何形式骚扰他们。事实上双方几乎不在犹太人中征兵,不仅帝国统帅,连瑞典和路德派也都严格禁止抢掠犹太区。在三十年战争中,犹太人竟然史无前例地受到了比其他人更好而不是更差的待遇。当德国前所未有地饱受战争蹂躏时,犹太人不仅生存下来,更是繁荣了起来。历史学家乔纳森·伊斯雷尔这样写道:"没有任何证据表明中欧犹太人数量在三十年战争中有丝毫的减损。"[44]

临近战争结束之际,宫廷犹太人已然是所有军队的军需承包商,尽管他们只是从17世纪50年代起才拿到第一份真正的合同。而且,在和平时期,他们的作用和战争时期同样重要。他们成了专制君主国不可分割的一部分,筹资修建庞大的巴洛克宫殿和精心规划的首府城市——这些是君主国的重要标志,推行重商主义的经济政策以振兴国家经济。维也纳宏伟的卡尔大教堂和哈布斯堡家族富丽堂皇的美泉宫,也都是用犹太人的贷款建成的。有些犹太人实际上相当于德国王公的首席大臣，帮助他们实现政治经济权力的集中，这不仅有利于君主，也有利于犹太人。当时有20多个显赫的宫廷犹太人家族。贡珀茨家族有三代人效力于明斯特的采邑主教，五代人效力于霍亨索伦城堡；贝伦德家族为汉诺威王的宫廷效命，莱曼家族为萨克森王朝效命。来自另一个职业宫廷犹太家族——福尔斯特家族的塞缪尔·福尔斯特是连续多任的石勒苏益格-荷尔斯泰因公爵的宫廷犹太人，耶利米·福尔斯特效力于梅克伦堡公爵的宫廷，伊斯雷尔·福尔斯特效力于荷尔斯泰因-郭托普的宫廷。高德斯米德家族效力于多位德国王公，还有丹麦皇室。事实上，德国犹太人，包括塞法迪和阿什克纳齐，还活跃于北欧的宫廷：德·利马家族和德·卡塞雷斯家族效力于丹麦人，德·桑帕约效力于瑞典。波兰国王曾雇用莱曼家族和埃本苏尔家族，葡萄牙国王雇用过达·科斯塔家族，西班牙国王雇用过博卡罗家族。[45]

犹太人筹集和调动巨额资金的能力在17世纪下半叶的两场大战中起了决定性的作用：一场是哈布斯堡王朝抵抗土耳其入侵欧洲以及随后的反侵略行动，另一场是阻止路易十四称霸欧洲大陆的大同盟战争。塞缪尔·奥本海默（Samuel Oppenheimer，1630—1703）在这两场战争中都是主角。在1673—1679年的反法战争中，他是奥地利的帝国战时粮食征购商，在奥地利从1682年起的反土耳其战争中，他是奥地利军队唯一的军需承包商。他为军队生产制服，供应粮食，发放军饷，补给和喂养战马，开办医院医治伤员，甚至生产橡皮艇，通过河流系统运送枪支、马匹和人员。在1683年的维也纳之围，皇帝仓皇出逃后，正是他和其它人一起并肩作战，保卫首都，围攻和占领布达佩斯（1686）和贝尔格莱德（1689—1698）也是他起了决定性的作用。1688年，奥本海默响应号召为抵抗路易十四入侵巴拉丁领地而招募的军队提供装备、支付军饷，以至于他有好几年的时间要为两条战线的战争资金奔忙，利用犹太人金融家族的巨大关系网在德国和荷兰的全国各地筹措资金。

宫廷犹太人享有极大的特权：随时可以觐见君主，出行不受时间地点限制，在犹太法庭，通常还有地方法庭享有豁免权，受王侯法庭管辖。他们不仅在整个社会，而且在犹太社会也是一个特殊阶层：宫廷犹太人极少和其他犹太人通婚。因此，他们之间几乎都存在亲戚关系，然而这种联盟并非总是有效。奥本海默的侄子萨姆森·维德摩尔就成了他最大的竞争对手和死敌。但通常来说，犹太人之所以能够如此高效地筹集和调动巨额资金，还是因为他们的家族关系。

而且，对于游走在两个世界之间的人来说，在他们的生活中，家族的原则往往会使犹太民族的原则得到加强。宫廷犹太人很愿意融入他所服务的那个繁华显赫的贵族社会，有些人除了有官职头衔，还获得了家族盾徽，他们可以佩剑或带枪，可以骑马，拥有马车，本人及其女眷可以按照自己的喜好穿衣打扮。更重要的是，他们还可以根据自己的意愿随便选择生活方式和居住地。他们可以在犹太区以外，或甚至在犹太人禁入的城镇置房——因此奥本海默就不仅为他自己，还为百来个和他沾亲带故的家庭，争取到了维也纳的居住权。但是这些人中，尤其在17世纪时，很少有人真的想脱离犹太社会。虽然他们的生活方式离隔离区可能已经很远，但是他们还是一样用自己的钱、自己的谈判能力去帮助犹太同胞。他们十分清楚，大难临头时，家族关系网和犹太同胞的怀抱是他们唯一的避难所。基督教的法律是靠不住的，基督徒暴民随时都会跳起来，而那些亲王也往往是出尔反尔、不讲信用之人，即便有一位是忠实可靠的，但是一旦他撒手人寰，敌人就会如狼似虎地扑向宫廷犹太人。

奥本海默的经历足可引以为鉴。对哈布斯堡王朝的贡献，无人可以和他相提并论，然而当《奈梅亨和约》（1679）给他留下20万弗洛林的债权时，奥地利财政部却拒不偿还，即使他亲自向皇帝申诉，最后也只拿回了其中的一部分。在他的债权达到70万弗洛林时，1692年，财政部对他提出不实的指控，他不得不拿出50万赎回自由。两年之后，他的债权高达500万，后来增至更多。然而在1698—1702年这段短暂的和平时期，哈布斯堡家族不再像以前那样需要他的时候，就开始纵容暴民袭击和抢掠他在维也纳的居所，虽然当局最终采取行动，绞死两名暴乱分子，但是当这位老人于1703年撒手人寰时，国家还是拒绝承认债务。由于奥本海默本人也是举债放贷，这就让欧洲第一次尝到了现代金融危机的滋味，哈布斯堡家族只得放下架子向老人的竞争对手维德摩尔求助，以摆脱他们自己惹出的麻烦。但是他的继承人却分文未获，60 年后，房产也被迫拍卖。[46]

该家族的另一名成员约瑟夫·奥本海默（Joseph Oppenheimer，约 1698—1738），他从 1733 年起帮助新晋的符腾堡公爵建立一个由公爵本人控制经济的集权国家，但是 4 年之后，公爵突然身亡，他就成了不幸的牺牲品。当天奥本海默就遭到逮捕，被判损害社会利益和挪用公款，他被处以绞刑，尸体被装在铁笼里示众。奥本海默被称为"苏斯"，或"犹太人苏斯"，他的人生起落对于相信外邦人的犹太人来说就是一种警告。后来，利翁·福伊希特万格以他的故事为蓝本写了一部非常著名的小说。

值得一提的是，奥本海默在他的鼎盛时期几乎已经忘记自己的犹太人身份，但是他在被囚禁期间却回归本源、严守正统，拒绝以受洗为条件获得缓刑，临终还在表白信仰。同时期的一幅版画显示他脸腮上没有胡须，不蓄须的宫廷犹太人不止他一个，但大多数拒绝剃须。一位萨克森选帝侯在他的宫廷里雇用了 20 来个犹太家族，他出 5 000 泰勒[①]要求一名族长剃须，但是遭到了拒绝，愤怒之下选帝侯叫人拿来剪刀，亲自动手剪掉了族长的胡须。萨姆森·维德摩尔不仅蓄须，而且穿着打扮（宫廷侍臣说）"像个波兰人"。虽然大多数宫廷犹太人只和内部人通婚，但是他们为当地的犹太社会服务，充当官方谈判代表。名声显赫的萨姆森·维

---

① 德国 15—19 世纪的银币。——译者注

德摩尔派代理人在匈牙利、斯洛伐克和巴尔干地区各地巡游,赎回在瑞士—土耳其战争中被俘的犹太穷人,把他们安置在安全的社区。在宫廷服务的犹太人,不管拥有多少财富或多大的权力,都很清楚自己从来没有真正的安全感,而且他不用看得多远就会发现有犹太同胞身陷绝境。

1648—1649 年,波兰东南部和乌克兰的犹太人陷入了灾难。这段时期对犹太人的历史有着至关重要的影响,若干原因我们将会在后面看到,但是造成的直接冲击是让世界各地的犹太人都意识到自己的处境是多么脆弱,权力和暴力可以毫无预兆地将他们击倒。三十年战争已经让波兰的粮食出口资源面临越来越大的压力。犹太承包商之所以能够如此得力地为各方军队提供服务也是因为他们遍布波兰的关系网。但是其中获益最大的是波兰地主,最倒霉的却是波兰和乌克兰的农民,他们眼看着自己种植的庄稼越来越多的比例被人以高额利润出售给强取豪夺的军队。根据租赁制度,波兰贵族不仅可以向犹太人出租土地,还可以向他们出租面粉厂、酿酒厂、酒馆和征税站等固定资产,获得固定的收益,犹太人发达了,人口迅速增长。但是这制度天生就是不稳定和不公正的。这些常常挥霍无度的外居地主,每次续租都要提高租金,以这种方式不断地向犹太人施加压力,于是犹太人又将压力转嫁给了农民。

在乌克兰,这种不公平现象尤其为人所痛恨,因为天主教贵族和犹太中间商两个压迫阶级,跟东正教徒农民有着不同的宗教信仰。一些犹太领袖敏锐地感觉到了农民的不满,也意识到了这对犹太人的威胁。1602年,在沃里尼亚举行的拉比和团体领袖会议上,就有人恳求犹太承租人,比如说让农民在安息日和犹太节日休息以示善意:"不要让(犹太教徒)对赐福者不知感恩,要让耶和华的名因他们而得荣耀。"[47]但是许多犹太人是次承租人甚至次次承租人,他们对此状况爱莫能助,为了偿付自己的租金,只好压榨农民。他们相信大炮的作用,犹太人和波兰人都加强了城镇的防御能力,会堂建了炮眼,房顶架了枪炮。

1648年春夏之交,乌克兰农民在地位不是很高的贵族博格丹·赫梅尔尼茨基的带领下,终于起来造反,并且得到了第聂伯河沿岸的哥萨克人和来自克里米亚的鞑靼人的响应。这次起义本质上是一场反对波兰统治和天主教会的运动,许多波兰贵族和神职人员都成了他们攻击的对象,但是主要的矛头却指向了和农民接触最多的犹太人,而且一到关键时刻,波兰人就总是抛弃他们的犹太盟友以求自保。成千上万来自乡村和犹太小村庄的犹太人仓皇逃至防守坚固的大城镇,这些城镇最后都成了葬送他们的死亡陷阱。在图利钦,波兰军队为了自己保命把犹太人交给了哥萨克人作交换;在塔尔诺波尔,守卫部队则根本不放犹太人进城;在巴尔,要塞落入敌手,所有犹太人都惨遭屠杀。纳罗尔也发生了一场疯狂的大屠杀。在涅米罗夫,哥萨克人伪装成波兰人闯入要塞,根据犹太人编年史的说法,他们"在城里屠杀了约6 000人";"好几百人被他们溺死在水里,用尽各种酷刑"。在犹太会堂里，他们用祭祀的刀杀害犹太人，焚烧会堂，撕毁圣书，将它们踩在脚下，用圣书的皮面做成拖鞋。

我们无法确知究竟有多少犹太人在这场灾难中遇难。犹太编年史称有 10 万人被杀，300 个社区被毁。一位现代历史学家则相信，大多数犹太人成功地逃了出来，这些惨案"只是波兰犹太民族稳定发展壮大过程中的一个野蛮事件，只是造成了短暂的中断，并不能说是重大的历史转折点"。[48] 编年史上的数据无疑是夸大了，但是这些难民的遭遇不仅对波兰的犹太人，也对世界各地的犹太社会造成了巨大的情感冲击。[49]

和早些时候一样，灾难具有强化犹太教中非理性和末日启示因素的作用，尤其让犹太人对弥赛亚救世的迹象变得异常敏感。12 世纪迈蒙尼德著述中反映的理性的乐观主义思想，到了 14 世纪末基本上不复存在，因为那时候几乎各地的犹太社会都承受着巨大的压力。在犹太上层阶级中，喀巴拉神秘主义的影响已经深入人心。从 15 世纪 90 年代起，西班牙大型犹太社区毁灭后四散各地，更是强化了朝着非理性主义发展的思想倾向，这一点具体表现在以下两个方面。首先，它让喀巴拉主义得到了广泛的传播，使之由原来只在知识精英中口授或通过手稿秘密流传的奥秘学，变成了公众谈资，大量含有《光明篇》内容的手稿，即喀巴拉文选，在各地的犹太社会中广为流传。犹太出版业的兴起犹如扬声器，起到了传播作用。1558—1560 年，克雷莫纳和曼图亚竞相出版了两个版本的《光明篇》全集，随后各地流散犹太人纷纷跟进，里窝那和君士坦丁堡、士麦那①、萨洛尼卡,尤其是德国和波兰,都出版了此书。[50] 通俗版的喀巴拉既包括民间迷信,又包括粗俗化的《哈加达》故事传说,这些一向是普通犹太教徒日常宗教信仰中一个很大的组成部分。经过一代或两代人的演绎,这些流传的故事已很难分清是迷信还是传说,它们已融为一个不可分割的、既是魔法又是奥秘的民间学说。

其次,西班牙的驱逐,为喀巴拉增加了以锡安观念和弥赛亚降临为中心的末世论元素而使其变得更加富有生命力。喀巴拉和不断添加进来的迷信思想已不再仅仅是认识上帝的神秘方法,而是成为推动历史前进的动力,加速以色列救赎的途径,并逐渐进入了犹太教信仰的最中心,呈现出大众化运动某些特点。

流亡犹太人辗转飘零来到巴勒斯坦,以及喀巴拉学校在北加利利的采法特兴起,对这个过程起到了推波助澜的作用。首位最著名的喀巴拉学者是从埃及移居至采法特的大卫·本·所罗门·伊本·阿比·齐姆拉,人称"拉德巴兹"。摩西·本·雅各布·科尔多维罗,又名雷马克(1522—1570),首次提出了完整而系统的喀巴拉神学。但是推动这场新运动的真正天才是艾萨克·本·所罗门·卢里亚(Isaac ben Solomon Luria,1534—1572),人称"狮子",他的父亲是来自中东欧的阿什克纳齐,移居耶路撒冷后娶了一名塞法迪女子,因此在喀巴拉文化传播过程中,卢里亚在两

---

① 土耳其第三大城市伊兹密尔(Izmir)的旧称。——译者注

个社会之间起了桥梁作用。卢里亚本人在埃及由他的包税商叔父抚养成人,后来经商专门做辣椒和玉米生意。卢里亚是这个犹太传统的杰出典范——生意和学问,甚至和冥想都互不排斥。他终其一生都在一边经商一边研究学问,从小受喀巴拉传说的熏陶正是表明喀巴拉的大众化,然而到了青年时期,他又开始钻研正教,也就是没有神秘色彩的《哈拉哈》,他的一项天赋就是能够在这两者之间游走自如、平衡有术。他著述很少,唯一为人所知的一部是评注《光明篇》"隐藏之书"。1569—1570 年,他在尼罗河的一座岛上思索《光明篇》,晚年才移居采法特,但是一到采法特,他就有一种不可抗拒的力量,影响着聚集在他身边的众多弟子。他们背诵他的教义,并在后来记录下来编写成书(如 20 世纪 30 年代哲学家维特根斯坦的弟子所做的那样)。他身上不仅笼罩着圣洁的气质,更是散发着气势和威严,有些人甚至认为他或许就是弥赛亚。他似乎还通鸟语,经常和先知对话,他会和弟子游走在采法特,凭着直觉指认无名的圣人墓。然后,他又会回去从事他的进出口生意,在离开人世的三天前还谈下了最后几个客户。他英年早逝使得人们纷纷传说他升上了天堂,很快就有各种神迹故事自动被归在他的名下。[51]

卢里亚最初的影响力来自他教导弟子如何通过集中全部意念于神名的字母上来进入深度冥想。和喀巴拉派的大多数人一样,他也相信《托拉》所含的字母及其所代表的数字就是直接通往神的途径。这犹如一杯浓浓的烈酒,让人迷醉。然而,卢里亚还有一个宇宙理论与弥赛亚理念有着直接的关系,至今仍是犹太教所有神秘思想中最有影响力的一个。喀巴拉认为宇宙体系分多个层次,于是卢里亚提出这样的观点,即犹太人的苦难是宇宙体系崩溃的一个征兆。宇宙破碎的外壳(klippot)是邪恶的,但是里面装着细小的光星(tikkim),那是神的光。这些被关在里面的光代表犹太人的流散,甚至神圣的舍金纳(Shekinah)也在这些被困的光里面,也受到了邪恶的影响。犹太人在这破碎的宇宙中,有着双重的意义,他们既是一种象征,又是起着积极作用的媒介。作为象征,他们受非犹太人的折磨,代表恶的力量对光的伤害;但作为媒介,他们肩负着重建宇宙的责任。通过严守律法,他们可以将受困于宇宙外壳里的光释放出来。在他们完成修复宇宙工作之后,光的流散将会结束,弥赛亚将降临世界,施行救赎。

这一理论之所以吸引普通犹太人,在于它让他们相信自己可以在一定程度上掌握自己的命运。在古代,他们和非犹太人交战,与恶作斗——但是失败了;在中世纪,他们被动地顺从命运加给他们的不公平——还是没用;他们的处境每况愈下。而此刻,有人实际上是在告诉他们,一部宇宙大片正在上演,他们就是这部大片里入戏很深的演员,发生在犹太人身上的灾难越严重,他们就越可以肯定,戏已经演到了危急时刻。他们的至为虔诚可以加速危机的发生并解决危机,同时引发一拨巨大的祈祷和虔信的浪潮,凭借着这些,弥赛亚可以顺利得胜。

尽管如此,喀巴拉的弥赛亚理念在犹太百姓中广泛传开还是花了100多年。迈蒙尼德之所以如此强烈地反对猜度弥赛亚的降临,试图用理性和几乎乏味的语言将弥赛亚时代描绘成全体犹太人热情追求知识的时代,原因之一就是他担心他所称的那些"乌合之众"[52]将会被狂热的期盼冲昏头脑而迎来假的弥赛亚,最后陷入绝望的幻灭。他的担心最后被证实是有道理的。1492年的驱逐被认为是弥赛亚降世前的阵痛。1500—1502年,拉比亚设·莱姆林在意大利北部布道宣称弥赛亚不久就要来临,随后有几位所谓的弥赛亚就及时地出现了。1523年,一位貌似可信的年轻人来到威尼斯,此人可能是来自埃塞俄比亚的法拉沙犹太人①。他号称自己是大卫王的后裔,他的父亲是一位国王,也叫所罗门王,他的兄弟约瑟王,是失落的流便、迦得和一半玛拿西支派的统治者,因而他被人称为大卫·流便。他吸收了许多犹太人为他的门徒,一度还有一些信奉基督教的王子,但是最后他却在西班牙锒铛入狱。在他的故事启发之下,1530年,还有一位人物——所罗门·莫尔肖也在罗马自称弥赛亚,两年之后被处以火刑。[53]

经过这些挫败——还有其他的——学者们不再有兴趣利用喀巴拉的方式来辨别救赎的征兆。约瑟夫·卡洛也去过采法特,他的学术版和通俗版法典中都有意忽略喀巴拉,也不曾做什么弥赛亚猜想。但他还是写过一部神秘日记,日记中出现过一位神奇的导师,或称麦基德——人格化的《密西拿》。[54]大多数拉

---

① 即信奉犹太教的埃塞俄比亚人。

比对待弥赛亚主义比较冷静,因为他们完全不清楚自己在弥赛亚时代将会发挥什么作用,如果需要的话。卢里亚的得意弟子哈亚米·维塔尔(Hayyim Vital,1542—1620)显然在向民众传播其导师的理论方面没有做出丝毫的努力,他一生长寿,晚年的时间主要用于隐藏卢里亚给他讲授过的大部分课程。然而他在编写于1610—1612年的《幻景之书》中,却又明确地说他认为卢里亚应该成为当之无愧的弥赛亚,而且他自己也可能受到了召唤。这本自传记录了他近半个世纪的梦境,其中有一个梦境是这么写的:"我听到一个声音在高声说:'弥赛亚将要来临,弥赛亚就站在我的面前。'他吹着号角,将成千上万的以色列人聚集到他的身边。他对我们说:'跟我来,你们将要看到毁灭圣殿得到的报应。'"[55]不仅如此,到了17世纪30年代,卢里亚的大部分教义(后经维塔尔和大师的另一位高徒约瑟夫·伊本·塔布尔修订)被出版成书,并被广为传诵。

卢里亚的喀巴拉从采法特逐渐传播到土耳其、巴尔干地区和东欧的犹太社区。波兰境内因为卢布林等地有印刷机构,所以它在那里的影响非常深远,到16世纪末,卢里亚的喀巴拉在波兰被认为是犹太教的正式组成部分,拉比约耳·席尔克斯在释疑中作出规定,"反对喀巴拉学科的,应被逐出教门"。17世纪上半叶,在波兰、立陶宛和乌克兰人口密集的犹太小村庄和贫民窟,这一形式的犹太教,上起文化素养高的神秘主义和克己苦行的敬虔,下至愚昧的迷信,已然成了犹太社会的基本信仰。

犹太社区里盛行的大部分迷信思想非常古老。虽然《圣经》本身总体上很少涉及与天使、魔鬼有关的内容，但是在拉比时代初期，这些内容还是逐渐渗入犹太教，并正式进入《哈加达》。有关卢里亚的神奇传说似乎也发生在一些早期圣哲身上。据说希勒尔也和卢里亚一样通晓鸟语——还有兽语，甚至树木和云彩的语言。圣哲编写各种道德寓言故事，据称希勒尔的弟子约哈南·本·撒该"知晓洗衣工和狐狸的寓言故事"。拉比迈尔被认为知晓300个有关狐狸的寓言故事。让魔鬼进入犹太教的正是这些圣哲。可问题是，尽管《圣经》谴责巫术（如"行邪术的女人，不可容她存活"——《出埃及记》22:18），尽管犹太教的信仰是一切行为皆出于上帝一人的旨意，排除了一切二元论，但是古代黑魔法和白魔法的遗风依然在一些文字中挥之不去，甚至得到了间接鼓励。因此，大祭司法袍上系的铃铛就是为了驱逐魔鬼，可以认为，负责任、虔诚的犹太人最器重的经文护符匣也具有同样的作用。《圣经》里提到的魔鬼虽然为数不多，但也并非没有：死神梅维特、盗婴魔鬼莉莉丝（有时为猫头鹰）、瘟神瑞舍夫、另一位疾病之神得弗尔、魔鬼首领贝利亚、领头反叛上帝的撒旦、旷野的代罪羔羊之神阿扎赛尔①。[56]因此，在公元前150年至公元300年魔鬼入侵犹太教并非没有先例。不用说，希勒尔还通晓魔鬼的语言。魔

---

① 在犹太教的赎罪日，祭司会用仪式和咒语，将众人的罪转置于一只羔羊上（代罪羔羊），并将之驱往旷野中，交予恶鬼阿扎赛尔，借以满足他的需求，也借以消除众人的罪恶。——译者注

鬼形态各异，尽管阿克拉的艾萨克说他们没有大拇指。他们有的面目可憎、神情肃然，如撒旦和贝利亚，有的是不洁的恶灵，《塔木德》中称其为"邪灵"，他们附身于某个人的身上，借他的口说话。卢里亚门徒创作的喀巴拉文学作品中充斥有关这些可怕的活物的故事，在阿什克纳齐的隔离区里，尤其在波兰，这些魔鬼被称为"恶灵"。这些文学作品还告诉人们有学问的圣人，即美名大师，如何利用卢里亚所称的"光星"驱除恶灵，拯救被鬼附身的人。除此之外还有被称为凯西里姆（kesilim）或蓝泽姆（lezim）①的捣蛋鬼，他们扔东西，袭击打开圣书不关的人。除了莉莉丝，还有别的女魔鬼，其中一个叫示巴女王。隔离区的犹太人还相信，在季节交替的时节饮水是危险的，因为那个时候女魔鬼会将不洁的经血扔到井里或河里。

为了对付这些魔鬼，又出现了许多天使，这同样也是得到《圣经》的准许。像米迦勒、加百列、拉斐尔和米达伦等天使的名字里都有特别的字母，来自古代的楔形文字或已经废弃的希伯来文字，字母中常常包含形似眼睛的小圆圈。这些字母常常用在护身符或其他咒符上以驱除魔鬼。或者可以念出特别的字母组合驱除这些魔鬼，其中一个便是魔鬼在阿拉姆语里的名字，说法和"阿布拉卡达布拉"相同；另一个是恶灵退散（shabriri），是致人

---

① 凯西里姆与蓝泽姆是西方文化中的两种魔鬼。凯西里姆出现在17世纪的文学作品中，喜欢误导与捉弄人；蓝泽姆大概出现在其后的文学作品中，是比较低级的魔鬼，喜欢乱扔家用物品。——编者注

失明的魔鬼的名字。[57]利用包含在特殊公式里的上帝和天使的秘名来施行的字母组合魔法就是"实用喀巴拉"。从理论上来说，（且不说是应该）只有非常圣洁的男性才能施行白魔法。然而在实践中，有大量的护身符被生产出来在隔离区里自由流通。除了白魔法还有通过操控"非圣洁之名"施行的黑魔法。根据《光明篇》的说法，这种禁忌魔法的源头是《创世纪》里生命树的叶子，由堕落天使阿赛尔和阿扎传授给到黑暗山学习魔法的巫师。有德行的喀巴拉学者有权获得此类法术，但只能用于理论研究。但隔离区里也有人大加实践，施念毒咒。

最不可思议的魔法是造魔像，即假人，美名大师根据特殊公式说出上帝的一个秘密圣名，便能给这个假人吹入生命的气息。这个灵感来自上帝造亚当的故事，但是真实描写这个故事的文字在《圣经》中只出现过一次，那是在《诗篇》的一段神秘话语里。[58]然而，《塔木德》中有关魔像的传说故事却层出不穷、越来越多。据说耶利米也造了一个魔像，便西拉也造过一个。从15世纪至17世纪，造魔像之风越来越盛，以致大家认为凡完美圣洁、拥有喀巴拉学识的人，都具有造魔像的能力。魔像获得生命后变成具有各种行动能力，包括保护犹太教徒不受外邦敌人的侵犯。从理论上说，若将上帝秘名的字母顺序写对了，放入魔像口中，它便有了生命；如果将名字写反，它就没有了行动能力。但是经常会有魔像失控到处乱跑的事情发生——于是就有了新的恐怖故事。

魔鬼、天使、魔像，还有其他各种神秘人物成了隔离区民间故事中的主要角色，催生了无数迷信活动，为隔离区的生活带来了特别的内容，恐怖的同时又令人欣慰，不过总是那么生动、丰富和有趣。1738年，伦敦出版的《犹太人的宗教、仪式和祈祷之书》一书披露了16、17世纪流行的一些风俗习惯。相传这本书的作者是迦玛列·本·比大蕾，但实际上由叛教者亚伯拉罕·米尔斯所著。书中说，飞扬的灰尘和垃圾堆中有恶灵存在，恶鬼会伤害独自身处黑暗中的人，若是两人同在，恶鬼会出现，但是不会干坏事；如有三人同行，它就无从下手了，有火把也行。女巫若是得到没有敲碎的废弃陶罐或蛋壳，或者整捆的绿色蔬菜，就会用来害人。这些故事大都与婚丧嫁娶有关。因此，如果希望得到死人的原谅，你可以站在棺材旁边，拉着死人的大脚趾祈祷，让他原谅你；如果鼻子大量出血就说明他不肯原谅你。婚礼上打碎玻璃杯可以驱除晦气，"未婚男子常常要设法带走一片瓦壶碎片，"作者写道，"相信这会让他们更快结婚。"迷信思想无形中也进入了民间医学：

> 他们中有些女子谎称能用烟熏法治愈各种疾患，她们相信疾病起于邪眼，治疗方法如下：将患者穿的衣物送至所谓的女医那里，女医手捧衣物放在自制的熏料上方，对着衣物口中念念有词，随后快速将熏过的衣物送还让患者立即穿上，用此种方法，病情每每得到缓解，除非患者得病时日已

久才将衣物交与老妇人烟熏。给小儿熏帽子通常一先令①，给女子熏衬裙两先令，给男子熏短裤半个克朗②。注：给西班牙犹太人熏衣的是德国人，因而收费更高。[59]

隔离区的民间故事都是围绕着魔鬼和罪孽（尤其是原罪）、灵魂的轮回以及弥赛亚而展开。弥赛亚信仰因为得到了正统犹太教最高程度的认可，所以是隔离区犹太人寄托于超自然力量的极点和高潮。上至最博学、最有理性思想的拉比和最世故的商人，下至卑微的牛奶工家的半文盲妻子，都怀着巨大的热情深信弥赛亚即将来临。犹太人还将弥赛亚与有关消失支派的故事联系在一起，因为人们普遍认为，为复兴地上的神圣国度，弥赛亚将会召集这些支派从遥远的流亡地回到以色列，届时他们将会带着一支强大的军队拥护弥赛亚登上大卫王的宝座。描述这些支派的，不是隔离区里说故事的人，而是贝尔蒂诺罗的俄巴底亚·本·亚伯拉罕·雅尔，这位伟大的《密西拿》评注者写到过（1489）有一个人在受命于"可靠的商人，在沙漠中行走 50 天"，来到"浩浩荡荡的山姆巴顿河边"，在那里，"以色列的子孙过着简单的生活……如天使一般圣洁：他们中没有一个罪人。在山姆巴顿河的这边，以色列的子孙多如海边的沙子，有国王和贵族老爷，但是他们却没

---

① 先令，英国的旧辅币单位。——编者注
② 克朗，旧时英国及其多数殖民地、属地的货币单位。1 克朗 =5 先令。——编者注

有河那边的那些人圣洁"。[60] 这些成千上万的人将组成军团,成为弥赛亚征服世界的大军。

历史一再地显示,能让一个宗教思想传播得最快的方法,是对得救的方法做出明确无误、切合实际的描述。这正是卢里亚的喀巴拉所做的:它对普通的犹太人如何用祈祷和虔信加速弥赛亚时代的到来做出了描述。卢里亚的思想,不管是其高深的还是通俗的形式,在17世纪30年代出生的这代人中传播得最广、最快。著名历史学家哥舒姆·舒勒姆(Gershom Scholem)毕生致力于研究喀巴拉神秘主义如何影响犹太社会,他强调,17世纪中叶前后犹太社会中普遍相信世界即将发生重大事件。[61]1648年起突然降临在东欧的阿什克纳齐身上的一连串灾难,直至最后于50年代末发生的瑞典战争,再次有力地唤起了人们对弥赛亚的盼望。越是苦难深重,对拯救的盼望就越是急切。17世纪五六十年代,成千上万的难民等待着被安置在各地的犹太社区,为帮助他们而进行的募捐活动让人们燃起希望之火。然而因为卢里亚的信条,即使在像摩洛哥这样对波兰的灾难几乎没有耳闻的遥远社区,人们对弥赛亚的盼望也非常热切。虽说这波巨大的热情在萨洛尼卡和巴尔干地区,在君士坦丁堡和土耳其各地,在巴勒斯坦和埃及,尤为高涨,但是在像里窝那、阿姆斯特丹和汉堡这样饱经风霜的商业中心也能感受到它的存在。无论是富人还是穷人,无论是饱学之士还是无知文盲,无论是身处危难的还是自认为安全的,都被这股热情裹挟着向前。到17世纪60年代,认为卢里亚的准备过程几近完成和弥赛亚将随时登场的这种情绪将散居在欧亚两洲的几百个犹太社区紧密地团结了起来。在这一点上,民间流行的迷信思想和学术界的神秘主义是一致的。

1665年5月31日,仿佛适逢其会,弥赛亚出现了,他是在加沙被宣布为弥赛亚的,他的名字叫沙巴泰·泽维(Shabbetai Zevi,1626—1676)。但是策划泽维出现的幕后主导是一名阿什克纳齐,名叫亚伯拉罕·拿单的当地居民,人称"加沙的拿单"(约1643—1680)。这位年轻人学识丰富,才华出众,而且想法新奇、足智多谋。他出生于耶路撒冷,父亲是一名德高望重的拉比学者和喀巴拉主义者;他娶了加沙一名富商的女儿,然后去了加沙;1664年,他开始潜心钻研卢里亚的喀巴拉,很快就掌握了卢里亚的冥想法和出神诱导。到1665年年初,他就能长久地产生幻觉。但是值得一提的是,这时他已经开始修改卢里亚思想,以迎合他自己头脑里所设计的那个弥赛亚形象。具有丰富想象力但同时危害性极大的一类典型的犹太人物会在犹太知识分子世俗化的时候成为世界级的重要人物,拿单就是其中的一个杰出代表。他能够想出一套解释和预测未来现象的方式,貌似非常有理,但同时又似是而非、灵活可变,以便遇到新的情况——通常解释不通的事件——可以自圆其说。同时他还有这个本事——说起他变化多端的理论来头头是道、镇定自若。他的理论有一种内在功能,即能够通过潜移默化的过程吸纳新的现象。后来弗洛伊德也用到了类似的本事。

第四章 犹太隔都

拿单还在耶路撒冷的时候就已认识年长自己约 18 岁的沙巴泰·泽维，但当时他并没有给予这个众所周知的狂想奇人太多的关注。然而在他接受了卢里亚的喀巴拉思想，并逐渐掌握——起码他自认为如此——出神和预言能力后，他想起了这个人，把他拉进自己的那套理论体系。泽维各方面都不如拿单，没有他博学，没有他聪明，也没有他那么多的奇思异想，但是他拥有弥赛亚的必备条件：自我专注。泽维出生于士麦那，那时的士麦那是一个正在不断扩大的商业中心，他的父亲就在那里为荷兰人和英国人的公司当代理，他的两个兄弟都是成功的商人，而他却是个书呆子，接受拉比训练，18 岁毕业后开始钻研喀巴拉学说。他的性格有后来所说的躁狂抑郁症的症状，忽而喜极欲狂、异常活跃，忽而又突发抑郁、不能自拔。这些特点在所有宗教的神秘人士中屡见不鲜，被认为是上帝在做工——上帝先是"发出光照"，然后"掩住自己的容颜"。因而这种突然的转变未必会减损他们的圣洁名声。但是泽维的不幸在于他会在躁狂症发作期间做出违法和渎神的事来。他说上帝的讳名，将三个节日合并起来同时庆祝，把《托拉》放在婚礼的彩棚下面举行神秘的婚礼。1648 年的大屠杀刺激得他宣称自己就是弥赛亚。他和许多神秘主义者一样，总想做些律法禁止之事，并将其合法化，因此他祈祷"允许不可为之事的上帝"赐福。在 17 世纪 50 年代，他在士麦那、萨洛尼卡和君士坦丁堡相继遭到驱逐。他也有心境稳定正常的时候，甚至还寻求过治疗，认为自己是魔鬼附身产生了幻想，但是病情总是反复。他两度结婚又两度离婚，两次婚姻都没有圆房。1664 年在开罗躁狂症发作期间，他再度与一个名叫撒拉的女子结婚，这个为躲避大屠杀逃难到开罗的女子名声不好，不过先知中倒也不乏这样的先例，何西阿不就娶了一名妓女吗？然而这年冬天他再次决定找人帮助他驱赶魔鬼。听说一名叫拿单的年轻人通晓喀巴拉，有奇特的出神本领，于是在 1665 年春，他来到了加沙。

两人会面是在 4 月，当时拿单刚经历过一次出神过程，他记忆中的这位来自耶路撒冷、自称弥赛亚的人，就清晰地出现在他的异象中。因此当泽维真的来到他家中向他寻求帮助的时候，拿单断定这是天意。他非但没有帮泽维驱赶魔鬼，反而用他的三寸不烂之舌和天马行空的想象力，竭力劝说泽维相信他的弥赛亚主张是真实的，必须坚持下去。在接下来的时间里，拿单证明了自己在这方面的非凡本领：熟练地修改泽维的人生履历和性格特点，使其符合正典和次典的文字模式以及卢里亚理论——尤其是经自己修正后的理论中的模式。就这样，他把泽维拥为弥赛亚，而泽维也再一次确信自己就是弥赛亚，躁狂症及时地再次发作。有了热心的拿单为他撑腰，他开始对外公开宣称，这一次，人们相信了。不久，他就以王者的姿态骑着马在加沙招摇过市，还委派使节召集以色列的各个支派。

泽维和 16 世纪前几位弥赛亚的不同之处在于，他的弥赛亚资格不仅是在一个正统学识的背景里打造和推立出来的——他和他的幕后推手都拥有正统的学识，而且具体方面还在于此时的人们对卢里亚学科早已不再陌生，可谓天时地利人和。先知拿单，是一盏燃烧着坚定的信念、散发着知识之光的"圣洁之灯"，弥赛亚泽维则显得魅力十足，一副君临天下的样子。这两人的搭档在加沙出奇地成功，当地拉比纷纷起来拥护。然而在耶路撒冷他们却受到了冷遇，许多拉比（包括拿单过去的导师）都不承认这位新的弥赛亚，最终将他赶了出去。但是耶路撒冷的权威们还是很想看看再说，他们并没有发函提醒各犹太社区有假弥赛亚出现。耶路撒冷以及其他各地一些持怀疑态度的拉比大都认为最好还是先不发声。各地的大多数拉比上当了，后来谎言戳穿之后又有许多人坚称自己当初就反对泽维自称弥赛亚。然而，正如舒勒姆所指出的那样，文献里记载的又是另一回事。

因此，在1665年以及1666年的大部分时间里，官方没有发布任何反对这位新弥赛亚的声明。拿单写了或者说起草了一封措辞巧妙的信，发给世界各地的犹太社会，宣告弥赛亚的降临。这封信没有得到任何回应。当然，大多数犹太人认为弥赛亚降临会伴有神迹出现，但是也有可靠权威人士说——迈蒙尼德竟然也说——不会出现什么神迹。此外，拿单巧妙地变通了卢里亚的理论，也预料说不会有神迹发生。他提出说，既然弥赛亚是犹太人用祈祷和虔信召唤来的，那么他完成使命的唯一条件也必定是纯洁的虔信之心。因此，弥赛亚和他的先知都无须行神迹。事实上，拿单的谨慎是多余的，神迹还是适时地发生了——尽管总是在别处。这是很自然的事，因为不管好事坏事犹太人都习惯用言辞激动的长信来传播消息,信的依据往往是传言。于是,君士坦丁堡写信给里窝那说开罗有奇迹发生,萨洛尼卡出现神迹的消息从罗马传到了汉堡,又从汉堡传到了波兰。西欧大多数犹太人得到的第一个消息,根本无关泽维,而是关于失落的 10 个支派,有各种传言说他们正在波斯或撒哈拉集结,朝着麦加——或君士坦丁堡奔来。

1665 年 9 月,拿单发出一份长信,对弥赛亚计划做了概述。拿单在信中称,弥赛亚的神工现已取代卢里亚学说,开启了一个新的历史时代,他有赦免所有罪人的能力。首先,他将在土耳其加冕为王,让苏丹成为他的仆人。接着他将前往山姆巴顿河,召集那里的 10 个支派,并娶由摩西的 13 岁女儿转世的利百加为妻。没有他的土耳其可能会出现叛乱,给犹太人带来苦难,因此所有的犹太人必须立即苦修悔改。与此同时,泽维本人已开始朝北方胜利进发,他首先来到阿勒颇,然后到达士麦那,并继续前往君士坦丁堡,正在这时候,民众开始进入歇斯底里般的集体疯狂,而泽维的躁狂症再次复发更是给他们添了一把火。根据同时代一份记述,他"说上帝的讳名,吃(禁食的)肥肉,行其他违背上帝旨意和律法的事,甚至还强迫别人也这样做"。[62] 如果有拉比表示反对,此刻到哪里都跟着泽维的一大群支持者就有可能攻击这个批评者的家。士麦那的塞法迪会堂拒绝承认他,泽维就亲自拿了一把斧子来到会堂门口,强行闯入,一进去就骂那些不信的拉比是不洁的动物,他唱着西班牙情歌拿起一卷圣书揣入怀中,宣布 1666 年 6 月 18 日是救赎的日子,称土耳其苏丹即将被废，他将世上的王国分给直接跟随他的门徒。当时在场的一位拉比提出异议，要求他拿出证据来，泽维就地开除了他的教籍，并领导暴民说讳名以证明他们对他的信心。接着他"解放"犹太妇女，让她们摆脱夏娃的诅咒①，派遣信使到君士坦丁堡，预备他的到来，1665年12月30日，他登船启程，向君士坦丁堡出发。

1665—1666年整个冬天和次年的大部分时间里，犹太世界都骚动不安。为了响应拿单苦修悔改的号召——他的劝诫书在法兰克福、布拉格、曼图亚、君士坦丁堡和阿姆斯特丹等地大量印发——犹太人祷告、禁食，时常仪式性地洗浴，他们赤身躺在雪里，鞭抽自己。不少人还变卖全部家产前往圣地朝圣，以便亲眼目睹弥赛亚的尊荣。有的相信会有祥云载着他们到圣地，有的买船票乘船前往。犹太人亚伯拉罕·佩雷拉——据称是阿姆斯特丹最有钱的人——带着家眷举家前往巴勒斯坦，不过他的船只开到了里窝那。那时候创作的诗歌、印行的书籍，标注的时间都是"预言和王国复兴元年"。他们还组织公众游行。有些地方的热情是基督教千禧年派发起的，他们也相信1666年是一个奇迹年。波兰各地城市相继爆发动乱，到5月，国王下令禁止犹太人继续示威。伊斯兰世界也对犹太人的这股热情做出了反应，有的表示同情，有的则怀着敌意。土耳其当局慌了。

1666年2月，泽维的船一抵达土耳其海域就遭到了扣押，弥

---

① 即女性怀胎的苦楚。——译者注

赛亚戴着镣铐被押送上岸。不过,即便在囚禁中,他还是过着体面的生活,土耳其方面还允许他接见访客。为了给这些事件一个合理的说法以配合他的理论,拿单起初是这么解释的:弥赛亚入狱只不过是一个象征和表象,反映的是他的内心与邪恶势力的斗争,这些邪恶势力使得神的光星无法闪耀。泽维被关在加利波利要塞里仍然自称弥赛亚,似乎把犹太人使团都打发得高高兴兴地回去。对于威尼斯社区的询问,君士坦丁堡的犹太人作出了令人放心的答复。这份被精心伪装成商业报告的答复是这样写的:"我们就此事进行了调查,对拉比以色列的货物做了检验,因为他的货物就在我们的监控之下。我们的结论是这些是非常贵重的物品……但是我们还需等到大交易会的那个日子才能作出决定。"[63] 但是原定于 1666 年夏天的那个日子悄悄地过去了。9 月初,波兰喀巴拉主义者尼希米·哈-科恩来见泽维,此人可能是土耳其密探,也可能是一个和他竞争的弥赛亚。他就对方自称弥赛亚之事进行了盘问,认为答案很不满意,于是就向土耳其人控诉泽维是假弥赛亚。9 月 15 日,泽维被带到君士坦丁堡的议会,即枢密院,苏丹也在,他躲在装有隔栅的一间凹室里。泽维否认自己曾经自称弥赛亚,随后土耳其方面给了他两个选择:要么改宗信伊斯兰教,要么接受死刑。在苏丹的御医,一名犹太叛教者的劝说下,他接过了穆斯林头巾,改称阿齐兹·哈默德·埃芬迪,头衔是"宫殿守门人",享受一天150皮阿斯特①的政府津贴。

弥赛亚叛教之后所发生的一切和整个使命本身一样令人深思。消息一经传出,犹太世界欣喜若狂的心情一下子跌至谷底,尽管起初还有许多人不愿相信这个事实。拉比和团体领袖,不管曾经是否认可这位弥赛亚,都对此一致保持彻底沉默。有人认为,对此事进行任何的事后调查,都是挑战上帝神秘莫测的智慧,因为发生这样的不幸事件也是上帝的旨意。同时人们还非常担心土耳其人或会针对默许此事发生的犹太领导人发起一场猎巫行动,毕竟这一事件本来就是反对奥斯曼帝国统治的一场叛乱。因此官方做出种种努力重写或者说忽略这段历史,假装此事从未发生过,涉及此事的民间记录也都被销毁。

而加沙的拿单,只是再次扩大他的理论以配合新的形势。于是,弥赛亚叛教就成了必不可少的悖论或辩证矛盾,这非但不是变节,反而是一个新使命的开始:释放卢里亚所说的光星,把它们散布到非犹太人中,尤其是伊斯兰教徒中。犹太教徒所做的是让散落在他们自己中的光星复原——这还是简单的工作——而弥赛亚肩负的任务却要艰巨得多,他是要在外邦人的世界聚集光星。这只有他才能做到,也就是意味着他要屈身进入邪恶的国度,表面上他是屈服了,实际上他是混入敌人阵营的特洛伊木马。拿单指出,泽维一向行事古怪,只是这一次更古怪而已——最后一次

---

① 土耳其辅币名。——译者注

作出牺牲，忍受叛教的耻辱，然后才向世人显示弥赛亚得胜的全部荣耀。凡事都有隐藏含义的这一思想对于喀巴拉弟子来说并不陌生。弥赛亚假意叛教的说法一旦被人接受，其他的一切——包括泽维后来在土耳其人监督之下的种种举动——就都能证实新的理论，很快拿单又从《圣经》《塔木德》和喀巴拉文字中找出大量文献资料来证明这个新理论。拿单还数次探访泽维，两人就如何给泽维的行为做出解释达成了一致。泽维的躁狂症时不时发作，在发病期间他有时还会重申自己是弥赛亚。泽维还有怪异的性癖好，以至于他在君士坦丁堡的敌人——包括犹太教徒和穆斯林——都联合起来说服，实际上是贿赂对泽维颇有好感的苏丹，把他流放到阿尔巴尼亚。1676年，泽维在阿尔巴尼亚去世。然而，即使他的死也难不倒拿单，后者宣称他只是"隐身"了：泽维已经升上天堂，被吸收到"神圣的光"里了。

泽维去世4年之后，1680年，拿单也离开了这个世界。但是等到他也消失的时候，他的那套可变通理论已经发展得非常完善，不仅泽维的行为，而且将来可能发生的任何尴尬事件，它都能解释得通。他认为，宇宙中不像卢里亚和其他喀巴拉主义者所相信的只有一种光，而是两种：无私的光（好的）和自私的光（普通的或可能不好的）。世界万物以辩证的方式向前发展，弥赛亚式人物在其中发挥着全然不同于常人的独特作用，甚至常常需要做出英雄般的牺牲，包括用邪恶的外表伪装自己以净化他人。无论泽维再次现身、派遣替身，或保持静默和隐身，这套理论都能自圆其说。在这个另类的喀巴拉体系,或者说异端的喀巴拉体系中,拿单用大量的比喻非常详细地提出了他的理论。

因此,时而公开、时而转入地下的沙巴泰运动,不仅没有在弥赛亚叛教的混乱局面中消失,而且还继续存在了一个多世纪。大多数拉比开始痛恨这个运动,不仅是因为拿单的最终理论显然是异端,更是因为当泽维再现的预言破产后——如1700年和1706年里——许多心存失望的沙巴泰门徒改换门庭,投靠基督教或伊斯兰教。但是有些拉比本身就是深藏不露的沙巴泰门徒,非理性主义的犹太教徒几乎无不受拿单这种"牛皮糖"思想的影响。这场运动一路走来有过分裂,也偏离过自身的准则,最终分离出了一个新的教派,其创始人是转世的泽维,名叫雅各布·弗兰克(Jacob Frank,1726—1791)。

弗兰克原名雅各布·本·犹大·莱布,父亲是一名兼任拉比的波兰商人。弗兰克本人是面料商,没有什么学问,常以"普通小民"自称。然而他在巴尔干地区经商的时候,经沙巴泰运动极端派别的信徒介绍,加入了他们的秘密仪式。后来成为先知,并最终声称自己拥有准神的地位,身上有泽维的灵魂附体。当他回到波兰以后,尽管以正统塞法迪犹太教徒自居——因此改名弗兰克(在阿什克纳齐使用的意第绪语里指塞法迪)——但是却在暗地里作为一个犹太教地下运动组织的头目,主持沙巴泰运动的仪式。他和他的门徒还沉迷于《托拉》中的禁忌行为。事实上,他们还遵照拿单所创立的方便实用的辩证理论,认为有普通的《哈

274

拉哈》《托拉》和"发散的《托拉》"之分,并称他们可以不遵守普通《托拉》,而只遵守"更高"形式或"精神"形式的《托拉》,即"发散的《托拉》"。

1756年,弗兰克被布罗迪的拉比法庭开除教籍,为躲避追捕,他逃亡到了土耳其,在那里他发现信伊斯兰教可以给他带来好处。正统的犹太教徒后来请求波兰天主教当局给予协助,驱散这个教派。但是弗兰克派也向天主教会求助,其理由是他们不承认《塔木德》,因而与罗马有更多的共同点。主教们于是兴奋了,他们组织了一场公开的辩论会,要求拉比和弗兰克派都必须来参加。辩论会于1757年6月举行,主持辩论的登博夫斯基主教宣布支持弗兰克派,并下令在卡缅涅茨的城市广场焚烧《塔木德》书籍。然而不幸的是,这位主教却在火光冲天之时突然身亡。拉比们把这当作是神作出应许的表示,于是带着新的热情继续为难弗兰克派。出于报复,弗兰克带着门徒加入了天主教,1759年接受了洗礼,甚至还协助天主教徒调查血祭诽谤。但是他同时又招了12位"姊妹"成为他的妾,并且作恶多端,最后锒铛入狱,然后又转投俄罗斯东正教。

在拥抱犹太教、伊斯兰教、罗马天主教和东正教的同时,弗兰克一直在扩展拿单的宗教理论。他设计了新的三位一体,即"好神""兄长"和"她",其中最后一个是舍金纳和童女马利亚的合体,并最终提出了这样的观念:所有主要宗教均可追求弥赛亚思想,因此世俗的启蒙运动或共济会也都可以。就这样,一开始以古典时代晚期模棱两可的诺斯替主义形式出现的喀巴拉,兜了一圈,在18世纪末期又回到了模棱两可的诺斯替主义。

值得一提的是,为了给他的教派找到合法的掩护,弗兰克不得不假意拥护基督教和伊斯兰教。对比一下与他同时代的塞缪尔·雅各布·海依姆·法尔克(Samuel Jacob Hayyim Falk,约1710—1782)的行为还是很有意义的。法尔克出生于西班牙的加利西亚,也是一名喀巴拉主义者和冒险家,但是相比弗兰克,他要有学问得多。但他同样不守律法。在威斯特伐利亚,他差点儿被当作巫师处以火刑,最后被科隆大主教赶出了他的领地。1742年,法尔克来到英国,在英国,他的宗教事业追求似乎畅通无阻。他在伦敦韦尔克洛斯广场的一所房子里举办私人会堂,在旧伦敦桥上拥有一所喀巴拉实验室,他在那里进行炼金术试验。据说他还在大犹太会堂的门柱上刻下神奇的文字,从而保住它没被火烧。他在当时被人称为"伦敦的美名大师"。[64]

像法尔克这样的犹太人能够在英国的法律之下自由地生活,这在犹太历史上具有特别重要的意义。它意味着自从开明的罗马帝国时代以后,犹太人第一次能够在一个国家几乎享受到了正常的公民待遇。那么这又是怎么回事呢?要理解这个伟大的转折点,我们还需回到改变犹太人命运的那一年——1648年,当时的大屠杀事件是继第一次十字军东征之后最严重的一次反犹主义大爆发,从这以后的8年里,东欧的犹太人饱经患难、苦不堪言。迄今为止,犹太人几百年来都是向东迁徙,但是现在形势发生了改变。

尽管东欧拥挤的阿什克纳齐社区人口继续在增长，而且还出现了一定程度的繁荣，但是这里再也没有真正的安全了。出于安全考虑，一些积极进取的犹太人开始将目光转向西方。就这样，1648年就成了最后通向20世纪大屠杀的漫长道路上的一座灰暗的里程碑，但是这充满血泪的1648年——因为种种巧合，或被有些人称为天意——引发了一连串不寻常事件，最终促成一个独立的犹太国家的建立。

这一新的历史发展过程的媒介是来自阿姆斯特丹的著名犹太学者——玛拿西·本·以色列。玛拿西出生在马德拉的一个马拉诺人家庭，受洗后取名曼诺尔·迪亚斯·索埃罗，他的父亲为躲避里斯本宗教裁判所的判决仪式来到荷兰后，全家恢复犹太人身份，玛拿西则成了通晓《塔木德》的神童，17岁写了自己的第一本书。[65] 他毕生热衷于向非犹太世界展示犹太教的正面形象，以此赢得他们的接纳。他的许多著作是为信奉基督教的读者而写，他试图证明基督教和犹太教比大多数人所想的具有更多的共同之处，因而在基督教基要主义者中享有很高的声誉。当1648年因大屠杀造成的第一批难民抵达西欧，玛拿西和其他的阿姆斯特丹犹太人很担心大量阿什克纳齐难民涌入将会造成严重后果。他们自己在荷兰的处境也不明朗，没有公民权，不能参加同业公会。只要他们不声张，荷兰政府并不干涉他们信奉自己的宗教，事实上，荷兰的犹太社会，尤其是阿姆斯特丹的犹太社区欣欣向荣。但是这一切很有可能会因为难民的到来而受到威胁。的确，在汉堡，

第四章 犹太隔都

大批难民的到来就导致 1649 年犹太人暂时被全部逐出。玛拿西因此提出了一个激进的解决方案：英国何不打开国门，成为犹太难民的接纳国呢？

自 1290 年爱德华一世驱逐英国犹太人以后，人们普遍都认为英国的法律绝对禁止犹太人定居。事实上，这几百年里英国还是生活着一些犹太人，尤其是医生和商人。[66] 犹太人爱德华·布兰顿爵士，又名杜阿尔特·布兰道，是理查三世时代根西岛的总督；另一名犹太人，罗德里戈·洛佩兹医生，是伊丽莎白一世的御医，1593—1594 年发生臭名昭著的反犹猎巫行动和叛国罪审判，他就是受害者。[67] 当乌克兰屠杀发生时，与英国军队签约供应军粮的 5 名商人中，就有一个名叫安东尼奥·费尔南德斯·卡瓦哈尔的犹太人，他于 1630 年来到伦敦，据说每年向英国输入价值 10 万英镑的白银。尽管如此，英国还是没有正式准许犹太人进入。

1649 年，英国保皇党人失利，国王被送上断头台，玛拿西感觉到这为犹太人进入英国提供了千载难逢的好机会。反对国王的清教徒，也就是此刻国家的实际统治者，向来是英国亲犹传统的代表，《圣经》是他们的时事指南，他们援引先知阿摩司谴责星室法庭①，他们说拿伯的葡萄园事件就是造船费的原型。1621 年，信奉清教的普通法律师亨利·芬奇爵士发表了《世界的伟大复兴——犹太人的使命》一书，被国王斥为冒犯君主。[68] 许多

---

① 15 世纪至 17 世纪英国最高司法机构。——译者注

人相信，基督复临已经迫近，但是《申命记》第 28 章第 64 节和《但以理书》第 12 章第 7 节都暗示，基督再来要等到犹太人完成"从地这边到地那边"的流散。因此，犹太人若不到英国，千禧年将会推迟到来。这是玛拿西和英国基要主义者的共同想法，因为"地极"（Kezeh ha-Arez），在中世纪的希伯来语中就是指英国。玛拿西相信，英国接受犹太人的到来将会加速弥赛亚的降临。1648—1649 年的冬天，他以《为可敬的犹太民族辩护》一书为工具——此书他署名"爱德华·尼古拉斯"——发起运动，1650 年他以一部更为重要的著作——《以色列的希望》，继续推进这个运动，他在《以色列的希望》一书中提出了千禧年的论点。因为第一次英荷战争的发生，他没有进一步采取更加具体的行动，但是 1655 年 9 月，他亲自前往伦敦，向护国主奥利弗·克伦威尔请愿，希望他撤销禁止犹太人入境的法令，由英国政府规定条件，准许他们进入英国。[69]

接下来发生的一切，是英国人典型的乌龙事件，由于这对整个犹太历史起到了非常关键的作用，因此这里有必要做一下详细的分析。克伦威尔客气地收下了玛拿西的请求，将它交给了国会。1655 年 11 月 12 日，国会成立小组委员会调查此事，并听取了法律专家的意见。12 月 4 日，英国政府举行会议，25 名律师出席了会议，其中包括首席法官约翰·格林爵士和财税法院首席法官威廉·斯蒂尔。令这些政客意想不到的是，他们竟然宣布，根本就不存在任何法律条文禁止犹太人进入英国。爱德华在 1290 年驱逐犹太人只是国王行使皇家特权，只涉及涉事的个人。可不合逻辑的是，小组委员会还是接着讨论准许犹太人入境的条件，但是他们却无法取得一致的意见，犹太人在英国既有朋友，也有敌人。开了四次会议之后，12月18日，小组委员会被克伦威尔解散了。玛拿西万分失望，第二年就回了阿姆斯特丹。他以为这事没戏了。

但事实上他是没有正确理解英国人的做事方式。英国人喜欢实用主义的解决办法，而不是一个明确的意识形态方案。假如起草了一份协议，赋予犹太移民特殊的法律地位，他们就必然会被贴上二等公民的标签，那么到1660年复辟的时候，查理二世很有可能会撕毁协议，或者重启谈判，提出更苛刻的条件。无论前者还是后者，都会让犹太问题成为一个公共问题，从而触动反犹的敏感神经。最后的结果是，这事就按实用主义的办法解决了，没有具体协议。玛拿西还在伦敦的时候，一个名叫安东尼奥·罗德里戈·罗伯斯的男子因为西班牙侨民的身份被诉上法庭，当时英国和西班牙正在交战。这名男子法律上的身份是马拉诺人，实际上是一名犹太教徒。1656年3月，20来个马拉诺人家庭做出决定，公开承认犹太教信仰，宣布自己是躲避西班牙宗教裁判所迫害的难民，并请求国会赋予他们在私人场所信奉自己宗教的权利，希望通过这个方法来解决这个问题。5月16日，国会下令撤销对罗伯斯的诉讼，并在6月25日再次召开的会议上似乎同意了他们的请求，但是当天的会议记录后来神秘地被人拿走了。不管怎样，8月4日，"一卷精致的羊皮纸律法书，有黄色的天鹅绒捆带和书罩，一块红色锦缎的读经台台布,还有一个衬着红色塔夫绸的香料盒"从阿姆斯特丹运来,伦敦的犹太人接着在克瑞彻驰巷租下一幢房子,作为他们的第一所会堂。

就这样,大家彼此心照不宣,赋予犹太人特殊地位的问题就放下不提了。没有法律禁止他们来,他们就来了;国会说他们可以信奉自己的宗教,他们就信了。1664年,当针对非国教教徒的《宗教集会法》获得通过时,犹太人在新拉比雅各布·萨司波塔斯的带领下,向查理二世表明他们的忧虑,查理二世"哈哈大笑着啐了一口",叫他们不要担心;后来枢密院以书面形式确认犹太人可以"享受和以前同样的优待,只要他们安分守己,妥善遵守国王陛下的法律法令,不非议国王陛下的治国理政之道"。

就这样,英国犹太人,可以说是因为一个疏忽就成了享有完整公民权的英国公民,从此就不会像天主教徒和非国教教徒那样,如果不愿意加入英国国教,或者对于他们来说,不愿意宣告基督教信仰,就会受到一些限制。在接下来的二三十年里,各种司法判定为犹太人确立了出庭辩护和出庭做证的权利,以及他们出庭时宗教情感得到尊重的权利。犹太人固然和其他非国教教徒一样不得担当许多公职、不得进入议会,但是现在法律对他们的经济活动不做限制了。事实上,歧视主要来自犹太社会的内部。占犹太社会多数的塞法迪仍然没有安全感,他们强烈反对没钱的阿什克纳齐涌入,尤其是如果社区还要为他们提供资助的话。1678—1679年,他们做出规定,德裔犹太人不得担任公职,不得参加会

第四章 犹太隔都

议的投票表决,也不得阅读经卷。但是后来发现这样的规定违反犹太律法,因此必须做出修改。从英国法庭方面来说,犹太人似乎从一开始就享受司法公正和法律保护,英国法官总体上来说对勤劳守法、不给国王添乱的公民很有好感。事实上 1732 年的一项判决,针对可能危及生命的普遍诽谤为犹太人提供了法律保护。就这样,英国几乎在不经意间成了第一个有可能兴起现代犹太社会的地方。

美洲的结果甚至具有比英国更重要的意义。1654 年,法国武装民船"凯瑟琳号"从巴西的累西腓运送 23 名犹太难民到荷兰殖民城镇新阿姆斯特丹。和在阿姆斯特丹一样,荷兰殖民统治下的犹太人地位同样不确定:加尔文主义者虽然比路德派的人显得友好,但有时还是会压迫和仇视犹太人。新阿姆斯特丹总督皮特·斯图凡萨向荷兰的东印度公司提出了抗议,反对犹太人前来定居,称他们是"信仰玛门之脚的可怕宗教的不诚实种族"。最后虽然允许他们留下来,但没有赋予他们任何权利,公司和总督还联合抵制他们建造犹太会堂。1644 年,当新阿姆斯特丹落入英国人之手变成纽约时,一切的不明朗都得到了解决,此后犹太人不仅享有英国公民的种种好处,还得到了额外的宗教自由,这是新世界的殖民主义者为自己争得的权益。

纽约的首任英国总督理查德·尼科尔斯,在 1665 年发布如下声明时,特别强调宗教信仰自由的权利:"不得以宗教问题分歧为由,骚扰、处罚或囚禁信奉基督教的人。"这其中没有提到犹太教似乎是一个疏忽。英国人需要殖民者，尤其需要那些有经商头脑和良好贸易人脉的人。下一任总督埃德蒙·安德罗斯，在保证为守法者提供平等的待遇和保护时没有提及基督教，而是说"任何宗教信仰"的守法者。和在英国一样，没有人提起犹太人的身份问题。犹太人只是来了，造了房子，享受着同样的权利，而且，在初期的选举中似乎还参加了投票，他们还担任了公职。[70]

随后他们开始在其他地区定居，尤其是特拉华河谷和罗德岛，后者由罗杰·威廉斯创建，是一个没有任何宗教限制的自由殖民地。犹太人想在纽约建立自己的公墓时遇到了困难。但是1677年，罗德岛的新港建成了一座犹太公墓——朗费罗曾以此为题写了一首著名诗歌——5年之后，纽约也有了犹太公墓。1730年，纽约的"以色列幸存圣徒公会"为它的第一所会堂祝圣，1763年，新港也建成了一座华丽无比的新会堂，今天它是一所全国性的圣地。根据英国的《航海条例》，只有英国公民才可以在英国殖民地和英国本土从事商业活动；在北美殖民地实施《归化法》时，英国议会考虑到犹太人的顾忌，特地删去两个条款，使犹太人可以和基督徒移民一样获得公民身份。因此，1740年瑞典人彼得·卡姆来到纽约时，记录了犹太人"享有本城、本省的其他居民共有的所有权利"。[71]费城的情况也一样，那里从18世纪30年代起开始发展出一个重要的犹太人聚居地。

就这样，美洲犹太人诞生了，它从一开始就显得与其他地方的犹太人不同。在普遍设置这样或那样宗教障碍的欧洲和亚非地区，犹太人总是处于一个特殊的地位，不是他们和当局谈判争取的，就是当局的规定，这使他们不管在哪里定居，都会形成一个特定的、通常在法律上有明确界定的社区。所有的这些犹太社区都或多或少地实行自治，尽管犹太人的实际状况有可能还是处境悲惨、危机四伏。在波兰的君主制度下，犹太人享有一定程度的地方自治，由富裕的社会成员选举产生的土地委员会管理政务。他们比周围的波兰人担负更重的税赋，没有实质上的自卫权，但除此之外，他们享有管理自己事务的权利。欧洲大陆所有犹太人定居点虽然程度上并不那么明显，但也大都如此。犹太人总是有自己的学校、法庭、医院和社会服务机构；官员、拉比、法官、屠夫、施割礼的人、学校教师、面包师和清洁工人，也都由他们自己任命，自己支付薪俸；他们还有自己的商店。犹太人不管在哪里都会形成一个小小的国中之国，这就是隔都制度，即使在阿姆斯特丹这样法律上并未规定设立隔都的地方也是如此。

而在北美，情况就完全两样了，即使在美国获得独立之前也是如此。既然实际上已不存在由宗教决定的法律，那么除非涉及被认为是纯粹内部的宗教戒律问题之外，犹太人没有理由维护独立的法律体系了。既然所有宗教团体享有几乎完全平等的权利，那么组成独立社会也就没有了意义。人人都可参与一个共同的社会，因此美洲的犹太人从一开始起就和别的教会一样，奉行的是会众路线，而非团体路线。在欧洲，犹太会堂仅仅是包罗万象的犹太社会的一个器官。在北美洲，犹太会堂是管理犹太人生活的唯一机构。美洲犹太人不像在欧洲那样属于"犹太社会",而是属于某个会堂,可能是塞法迪会堂,也可能是阿什克纳齐会堂,后者还分德国人、英国人、荷兰人和波兰人会堂,它们在祭礼的细节上均有些许细微的不同。新教团体差不多也是同样的区分。因此新教徒去"他的"教堂参加礼拜,同样地,犹太教徒也是去"他的"会堂参加礼拜。除此之外,不管犹太教徒还是新教徒都是全体公民的一部分,以世俗单位的形式融合。如此,犹太人第一次在不放弃自己宗教信仰的条件下开始实现融合。

当北美的犹太人口开始出现快速增长的时候,这个影响是巨大而深远的。[72] 因为这意味着犹太人不再是二元世界:以色列地和流散地。犹太人在世界上的存在,确切地说,已经形成了三足鼎立的局面:以色列人、流散犹太人和美洲犹太人,美洲犹太人又全然不同于其他流散犹太人,最后它成了促成犹太复国主义国家成立的第三势力。

这是未来的事了,但即使是在近代早期,犹太人被盎格鲁-撒克逊势力所在地接受这件事,对于他们在经济中发挥的作用,开始产生越来越大的影响,同时也给他们带来了从未有过的长治久安。在不同的时代,古代、黑暗时代、中世纪初期和17世纪,犹太人一直都是出类拔萃的商人和企业家,常常能取得非凡的成功。但是犹太人的经济力量却极其脆弱,几乎得不到法律保障。不管在基督教世界还是在伊斯兰世界,犹太人的财富随时都有可能被任意没收充公。有人可能会说,1933—1939年纳粹捣毁犹太人的生意,1948—1950年阿拉伯国家没收犹太人的财产，只是对犹太人经济发动的最后和最大规模的两次袭击。因此，一直到17世纪中期之前，犹太人的财富总是转瞬即逝，或者最好的就是在转移中，他们对国际性和创业性的经济发展所作的贡献受到了相应的限制。犹太人在利用和转移资本方面向来是有一套的，但是他们一旦在盎格鲁－撒克逊社会立了足，有了法律保障，就可以同时积累资本了。因为对权利保障有了信心，于是他们开始扩展经济活动范围。从事量小价高商品的贸易活动，如经营容易隐藏又携带方便的珠宝，已不再像过去那样被犹太人认为几乎是唯一可以放心从事的经济活动。

在18世纪的美洲就可以看到这种商业模式的改变。18世纪初期，犹太人的商业活动几乎全部集中在海外贸易这一块，包括珠宝、珊瑚、纺织品、奴隶、可可粉和姜。在1701年的纽约，犹太人虽然只占人口的1%，但是他们在从事海外贸易的商界中却占到12%的比例。到了1776年，这个比例降到只剩1%，因为当犹太人感到自己逐渐稳定下来，心里有了安全感，在社会上又得到了别人的承认时，就抛弃了作为他们传统退路的海上贸易，开始把目光转向内陆的美洲开发。他们自己也成了拓荒者，交易枪支、朗姆酒、葡萄酒、铁器、玻璃、毛皮和各种生活物资。

在欧洲，维持强大联盟对抗路易十四，最终推翻他在欧洲的军事霸主地位的金融资本——就像后来对付拿破仑那样——大部分是犹太人筹集的。1672年至1702年领导这个联盟的奥兰治的威廉，即后来的英国国王威廉三世，其资金和军需物资都是由荷兰的一群塞法迪犹太人提供，他们主要在海牙从事经营活动。安东尼奥·阿尔瓦雷茨·马查多和雅各布·佩雷拉是主要的两名"总供应商"——这是威廉对他们的称呼。前面我们已经看到，这些人物，不管他们对欧洲大陆的亲王有多大用处，那里的经营环境都无法保障他们的金融安全和人身安全，比如说马查多和他的代理人若想打入科隆这样的城市，还得威廉和奥地利皇帝强烈施压才行。而相反，把英国作为开展生意的基地则要安全得多。1688年，洛佩兹·苏亚索家族向威廉提供200万基尔德①，资助他谋取英国王位，苏亚索对威廉说："你若运气好，我知道你会还我钱。你若运气不好，那我就认命赔钱。"[73]威廉的王位一旦巩固，许多犹太金融家在佩雷拉之子艾萨克的牵头下转移到了伦敦，艾萨克则成了那儿的总军需官，从1690年9月至1691年8月的运输和供货中获得了9.5万英镑巨额利润。[74]

在伦敦，犹太人成了伦敦金融市场的创始人，在威廉统治时期，这个市场开始逐渐发展。对犹太人进行敲诈勒索的现象——在欧洲大陆，犹太人和政府之间经常发生这种事情——在一开始的时候并未完全杜绝。时任国务大臣的什鲁斯伯里伯爵曾于1690年2月致信市长大人，信中写道："鉴于伦敦的犹太人在政府的照顾下从事着如此获利丰厚的商业活动"，他们"仅1.2万英镑的贡奉颇令陛下失望"；他还说，应该翻倍增至2万英镑甚至提高至3

---

① 基尔德，德语国家或地区的一个货币单位。——编者注

万英镑;"陛下经三思之后认为",他们需要"重新做出决议"。[75]但是英国政府还不至于用欺压性的诉讼没收或掠夺犹太人的财富。海牙财团的伦敦总代理所罗门·德·麦地那从未因为他的诸多罪行而受到惩罚——他自己承认,从1707—1711年,他每年向联军统帅马尔伯勒公爵行贿6 000英镑。1699年,威廉三世和他在里士满共同进餐,第二年封他为爵士,即使所罗门最后几近破产,那也是因为他自己的失算,并不是因为反犹怒火。[76]

在中欧攫夺一个奥本海默家族就引发了金融危机,而伦敦的犹太人,由于财产得到了保障,却能够帮助政府避免金融危机。安妮女王时代的梅纳什·洛普斯家族,以及最早的三位乔治国王时代的基甸家族和萨尔瓦多家族,都对维护伦敦金融市场稳定发挥了重要作用,他们躲过了南海泡沫①。1745年,詹姆斯二世党人起义震惊了伦敦金融城,是萨姆森·基甸(1699—1762)筹集了170万英镑帮助政府平定叛乱,他去世时留下了50多万英镑的遗产,由他的继承人继承,而并没有被政府拿走——尽管基甸家族进入了上议院,并脱离了犹太教。[77]

金融非人格化和一般经济过程合理化,这是犹太人集体潜意识中的本能。在中世纪和近代早期,任何已经确知是犹太人,或者可明确判定是犹太人的财产,总是面临着风险,当时在作为主

---

① 指1720年春天到秋天之间,脱离常规的投资狂潮引发的股价暴涨和暴跌,以及之后的大混乱。——译者注

要国际贸易中心的地中海地区尤其如此。西班牙海军和马耳他骑士团都将犹太商人的包租船和货物当作名正言顺的抢劫对象，因此国际贸易文件，包括海洋运输保险，均采用虚构的基督教徒姓名，后来这些就慢慢演变成了不具人格的公式化文件。除了信用证，犹太人还发明了无记名债券——又一种非人格化的资金转移方式。对于财产总是面临威胁、随时有可能被迫迁徙的弱势社会来说，可靠、非人格化的纸上钞票的出现——无论是汇票还是更重要的具有法律效力的纸币，都是极大的好事。

因此，近代早期犹太人活动的全部努力就是完善这些金融工具，并将其普及开来。他们大力支持能够促进纸面价值提高的金融机构的兴起：中央银行——最早成立的是英国银行（1694年），拥有发行钞票的法定权力——和证券交易所。犹太人在阿姆斯特丹的证券交易所中占据主要地位，他们在那里持有西印度公司和东印度公司的大量股票，是最早大规模从事有价证券交易的人。二三十年后，在17世纪90年代，他们在伦敦也建立了同样的模式。阿姆斯特丹一个名叫约瑟夫·德·拉·维加的犹太人（虽然名义上是新教徒）在1688年记录了最早的证券交易业务，犹太人可能是英国第一批职业证券投机商和经纪人：1697年，伦敦交易所的100名经纪人中，有20人是犹太人或外国侨民。没多久，1792年，犹太人帮助建立了纽约证券交易所。

除了信用行业本身的发展，纸质证券的发明尤其是普及，可能是犹太人对财富创造过程做出的最大贡献。他们不仅在处境危险的地方，而且在他们认为安全的地方，都加速发展证券业，因为在他们看来，整个世界就是一个市场。这里，流散为他们培养的全球化眼光再一次使他们成为行业先锋。对于一个没有国家的民族来说，世界就是他们的家，市场延伸得越远，机会就越大。对于 10 世纪就常把生意从开罗做到中国的民族来说，在 18 世纪打开大西洋、印度洋和太平洋的商业大门，根本就算不上什么大的挑战。澳大利亚的首位批发商是蒙蒂菲奥里家族的人，沙逊家族在孟买成立了最早的纺织厂和制造厂，本杰明·诺登和塞缪尔·马克斯在开普殖民地创办实业。犹太人还在南极和北极从事捕鲸业务。除了这些具体的开拓行为，更重要的还是犹太人的这股冲劲——要为现代商业百货——小麦、羊毛制品、亚麻制品、纺织品、酒、糖和烟草等打造一个全球性市场。犹太人进入新的领域，担当起巨大的风险，他们经营的商品种类繁多、库存巨大。

18 世纪，犹太人的金融和贸易活动涉及范围之广，让经济历史学家们有时甚至认为他们是建立现代资本主义制度的主要力量。1911 年，德国社会学家维尔纳·桑巴特（Werner Sombart）发表了《犹太人与经济生活》，在这部非同凡响的著作里他提出了这样的观点：被排挤在同业公会之外的犹太商人和制造商，对中世纪商业的基本法则怀有具有破坏性的反感心理。这些原始的基本法则阻碍了发展："公平"（而且固定）的工资和价格，市场份额约定不变的衡平体系，虽不可观但是有保障的利润和生计来源，以及对生产的限制。桑巴特认为，既然犹太人被排除在体制之外，他们就索性打破体制，用现代资本主义取而代之，在现代资本主义中，竞争没有限制，让顾客满意是唯一的法则。[78] 因为被纳粹用作区别犹太人的商业全球化思想和德国民族文化的理论依据，桑巴特的书被抹黑了；桑巴特本人在《德意志社会主义》（1934）一书中，也为将犹太人排斥在德国经济生活之外的纳粹政策背书。桑巴特的论点有一定道理，但是结论有点夸大其词。就像马克斯·韦伯在试图将资本主义精神归结为加尔文主义伦理规范时所做的那样，它也略去了不相宜的事实。桑巴特忽略了犹太教所含的强大的神秘元素，他和韦伯一样，拒绝认为，凡是宗教体系——包括犹太教——最强大、最专制的地方，商业都不会繁荣。犹太商人，如同加尔文派的商人，往往是离开传统的宗教环境，转移到新鲜牧场之后，生意才做得最成功。

但是如果说犹太人对于构建现代商业体系贡献了一股力量，那么这股力量无疑是很有影响力的一种，他们将原先舒适而传统、常常带有蒙昧思想的商业过程进行了合理化改革。他们的影响主要体现在以下几个方面。首先，他们倡导创新，证券市场就是一个例子，用这种方法来募集和分配资本以实现效益最大化，既是有效的，也是合理的。传统的商业利益集团因为无法区别市场的偶然过剩和基本有效性，所以反对证券市场。1733年，议员约翰·巴纳德爵士提出了一个要让"不正当的股票投机行为"非法化的议案，得到了各方的支持。《波氏通用商务词典》（1757）谴责了"那些被我们恰当地称为股票投机商的江湖骗子"。股票投机

"触犯众怒""给国家蒙羞",诸如此类的指控,葡萄牙犹太人约瑟夫·德·品托在他的《论流通和信用》(1771)里都有谈到。总之,犹太人在18世纪开拓、在当时引来各方非议的金融创新,到了19世纪才为人们所接受。

其次,犹太人重视销售的作用也是领先别人的。这方面他们也同样遭到了传统势力的大力反对。比如,丹尼尔·笛福(Daniel Defoe)的《完全英国式商人》(第五版,1745)就痛批精美的橱窗布置是不道德的行为。波氏词典对于"最近的广告创新"是如此评论的(1751):"登报宣传的广告行为,不管前几年被声誉良好的商人认为多么卑鄙无耻,眼下人们对此抱着截然相反的态度,一些信誉极好的商人也正在这么做,认为这是让国人了解自己商品信息的最佳方法。"1761年,巴黎颁布法令,实际上禁止商人"互相抢夺顾客"或"散发传单招揽顾客"。在商品展示、广告和推广等等方面,犹太人都走在了别人的前面。

再次,犹太人的目标是市场最大化,他们认识到规模经济的重要性。与中世纪时期从事银行和放贷业务一样,他们也愿意采用薄利多销的营销策略,因此大力降价——这是他们的第四大贡献。他们比传统商人更愿意生产价廉质次的商品,以供应大众市场。这么做的并非只有他们。乔赛亚·蔡尔德爵士在他的《论经商》(第四版,1752)一书中指出:"如果我们的目标是全球性贸易,就必须向荷兰人学习,不仅有最好的东西,也有最差的东西,这样,我们才可以为各种市场、各种品位的人服务。"犹太人的低价销售能力引起了众多的非议，甚至激怒了许多人，更有人指控他们存在欺诈行为，或经营走私商品或充公物品。事实上，这是他们的又一项合理化改革。犹太人愿意从事零碎生意，善于利用废品，愿意接受价格低廉的原材料，或者发明代用品和合成材料。他们向穷人出售质量差的物品，因为穷人的购买能力只有这些。他们经营百货商店，在同一地点销售各类商品，进一步实现规模经济。这种做法激怒了从事专门化经营的传统商人，尤其是当犹太人还用我们现在所称的"亏本商品"来吸引顾客时。最重要的是，犹太人在生意上比别人更相信消费者是商品买卖的最终仲裁者，为消费者的利益服务，而不是为同业公会的利益服务，生意才会兴隆。顾客永远正确，市场是终审的法官。这些原则不一定就是犹太人首创，或只有犹太人在遵守，只是犹太人比大多数人更加善于运用这些原则。

最后，犹太人特别擅长积累和利用商业智慧。随着市场在各行各业中成为主导因素，随着市场逐渐扩大，形成一系列全球性的体系，掌握消息变得至关重要。这或许是犹太人取得商业和金融成就最重要的一个因素。到了工业革命时期，他们的家族经营网络在两千年的大部分时间里遍布越来越多的地区。相较于其他民族，他们一向是充满激情的写信者。在里窝那、布拉格、维也纳、法兰克福、汉堡、阿姆斯特丹，还有后来的波尔多、伦敦、纽约和费城——以及在所有的这些商业中心之间——他们都有迅速及时的信息系统，使得他们可以对政治军事事件，以及本地区、本国和全球市场瞬息万变的需求做出快速反应。波尔多的洛佩兹家族和门德斯家族、汉堡的卡塞雷斯家族、巴格达的沙逊家族、佩雷拉家族、达·科斯塔家族、科内利亚诺家族、阿尔哈迪布家族等，早在罗斯柴尔德家族在各地建立他们的商业网络之前很久就在许多城市开设了分部，他们属于世界上消息最灵通的人士。传统的中世纪商业模式往往受到所谓的"物质谬误"的影响，即货物和商品具有固定、绝对的价值。事实上，商品的价值会随着时间、地点发生改变，市场越大，距离越远，价值波动的幅度也就越大。在合适的地方、合适的时间进到合适的商品，是获得商业成功的要诀，是一条千古不变的真理，到了18世纪，市场体量和市场规模越来越大，使得这一点变得尤为关键，也使商业经营的战略性决策变得更加重要。决策自然反映了所掌握信息的质量。这正是犹太人商业网络加分的地方。

基于以上种种原因，犹太人对建立现代资本主义做出了与他们的人口数量不成比例的巨大贡献。但是没有犹太人，现代资本主义也不会缺席，在有些地方犹太人的力量很微弱，甚至不存在。比如，在英国工业革命的初期阶段，他们几乎没有发挥直接的影响。而在有些领域——筹集大规模的资本——他们的能力却异常强大。总的来说，他们给18世纪的经济体系带来的是一股强大的合理化改革之风，还带来这样的理念：现行的方法永远可以不断改进，总是可以找出，而且也必须找出更加价廉物美、更加快捷方便的办法。在犹太人的商业里，没有神秘，没有欺诈，只有理性。

287

这个合理化改革过程也发生在犹太社会内部,尽管一开始显得有点小心翼翼、瞻前顾后。这里出现了一个悖论:隔离区既培养了商业上的创新,又助长了宗教上的保守主义。在近代早期,犹太人表现出一种令人不可思议的两面性。他们看待外面的世界常常有一种旁观者清的意味,但是每当审视自己的时候,他们就像眼睛蒙上了迷雾,视线模糊了。在12世纪时,迈蒙尼德曾努力试图让犹太教走到自然理性的道路上来,但是这个努力进行得并不顺利,14世纪更是转入了地下。隔离区采取各种措施不让它冒头,隔离区加强了传统权威,拒斥思辨,大大增强对共同反对之事的责罚力度,因为犹太教徒若是离开隔离区,就必定会完全牺牲自己的信仰。当然它不可能将合理化改革的精神赶尽杀绝,因为那是犹太教和《哈拉哈》固有的精神。即使在隔离区,犹太教也还是实行权威政体,社会由学术权威统治。有学者的地方,就不可避免地会有学术争议和思想传播。

隔离区还是藏书的宝库。犹太人在各地成立印刷机构,尽管时不时遭到充满敌意的宗教当局的查抄,他们还是积累成了不少令人赞叹的图书馆。奥本海默家族的一名成员大卫是1702—1736年的布拉格大拉比,他试图收集有史以来印刷的所有希伯来文书籍。他从叔父塞缪尔那里继承了一笔财富,是个非常有钱的人,绝非什么激进分子。但是基督教徒却指控他利用开除教籍的权力获得稀世珍宝。他甚至不得不将他的图书馆设在汉堡,以躲避波希米亚天主教会宗教裁判所的追查。他的藏书现在构成牛津大学巴德里图书馆希伯来文馆的主要收藏，一度囊括7 000多册书和1 000件手稿。1722年，奥本海默拉比获得查理六世的圣谕，全权负责布拉格的犹太研究。然而，他倾毕生精力收藏起来的图书馆，却不可避免地成了酝酿知识分子颠覆活动的温床。[79]

尽管如此，犹太世界的理性主义精神依然发展缓慢，一方面是因为拥有新思想的犹太人不愿挑战传统，另一方面也是因为这样的挑战很可能会招来打压性的反对。经验表明，改变保守的宗教模式，最行之有效的方法是从历史中寻找。迈蒙尼德在勾画《圣经》的现代批评方式时，从不借用历史的标准。他为数不多的几个学术缺憾之一，就是将无关弥赛亚的历史视为"毫无实际用处，纯粹地浪费时间"。[80]他对历史的否定态度无疑也是犹太人迟迟不愿重新拿起笔来书写历史的间接原因。不过在16世纪的下半叶，他们最终还是这么做了。继伊本·弗迦写了一部虽显幼稚却具有开创性的史书之后，1573年，曼图亚人阿扎赖亚·代·罗西（Azariah dei Rossi，1511—1578）终于出了一部真正的犹太史书——《眼睛之光》。罗西利用非犹太史料和文艺复兴时期由基督徒提出的批判方式，对圣哲的著述进行了理性的分析。书中的语气是谦虚谨慎的，显然他无意以指出这些睿智老人错在哪里为乐。但是他对希伯来历法的研究却摧毁了预测弥赛亚降临日子的传统依据，也让犹太文化的其他方面开始被怀疑。[81]

罗西的著述激起了正统学者的强烈憎恨。法典编纂大家、同时代最有影响力的学者约瑟夫·卡洛若不是因为不久后过世，差点儿就签署教令，下令焚烧此书；布拉格著名马哈拉尔，犹大·罗乌拉比（Rabbi Judah Loew），是未来一代的主导人物，也同样批判罗西的这部著述。他认为，罗西持怀疑的态度来考查《塔木德》的人物传奇和犹太历史，将会削弱权威、摧毁信仰。在他看来，罗西将两个截然不同的学术研究过程——神性的和自然的——混淆了起来，用探索自然世界的方法来理解神意的作为是荒谬可笑的。这么一来，从某种意义来说迈蒙尼德的思想遭到了彻底的否定。然而这位马哈拉尔也并非一个蒙昧主义者和非理性主义者，他对于犹太教中的许多思想潮流不置可否。[82] 他对罗西的反对态度——罗西的书未经拉比特别许可就被列为犹太学生的禁书——表明知识革新者要遭遇多大的阻力。

这种正统的力量在阿姆斯特丹的巴鲁赫（或贝内迪克特）·德·斯宾诺莎的悲惨遭遇中被表现得一览无余。一般讲到斯宾诺莎都将他视为哲学史上的核心人物，没错，他确实如此。但是他对犹太教（和基督教）历史的影响则更加重要，而且从某些方面来说是具有危害性的：他引发的一连串事件至今仍然影响着我们。从出身来说，他是塞法迪难民的儿子，父亲到荷兰后成了一名成功商人；从职业来说，他是一名学者（可能曾经师从玛拿西·本·以色列）和镜片打磨师；从脾气禀性来说，他性格忧郁，清心克己。斯宾诺莎身材修长，皮肤黝黑，留着一头长长的鬈发，一双大眼睛乌黑明亮。除了加一点点黄油、拌了葡萄干的燕麦粥，其他的几乎什么都不吃："真的不可思议，"他早期的传记作者，和他共居一室的路德派牧师科莱鲁斯写道,"似乎肉和酒他都几乎不碰"。[83]

因为是知识分子家庭出身,所以斯宾诺莎是迈蒙尼德的追随者,但是他关于《摩西五经》之源所持的某些观点,似乎来自更早的理性主义者亚伯拉罕·伊本·埃兹拉(Abraham ibn Ezra,1089—1164)著述中隐约可见的一些思想。他是一个早熟的青年,生活在当时(17世纪50年代)可能是世界上学术思想最激进的城市,早年加入来自不同宗教信仰的自由思想家圈子,这些人中有前耶稣会教士弗朗西斯库斯·范登·恩登、曾是马拉诺人的胡安·德·普拉多、臭名昭著的学校教师丹尼尔·里贝拉,还有形形色色的索齐尼派的、反三位一体论的和反教权主义的信徒。早在二三十年之前,犹太教徒乌列·达·科斯塔因为否定灵魂不灭,一而再地被逐出阿姆斯特丹社会。1655年,斯宾诺莎23岁时,前加尔文主义者艾萨克·拉·帕越尔的轰动之作《亚当之前的人》在阿姆斯特丹发表,斯宾诺莎无疑读过这本此前在各地遭禁的书。拉·帕越尔肯定不是无神论者,相反,他是信奉弥赛亚的马拉诺人和热心的喀巴拉主义者,对10年后沙巴泰·泽维的成名也起到了推波助澜的作用。但是他的著作倾向于不把《圣经》作为神的启示来对待,而是将它作为一部世俗的史书来进行批判性的研究。受到伊本·埃兹拉和迈蒙尼德的影响,斯宾诺莎产生了疑惑,现在看了这本书,他心里的疑惑更深了。总之,该书出版一年以后,斯宾诺莎和德·普拉多就被带到了犹太权威面前。德·普拉多道歉了；斯宾诺莎则被当众革出教门。

拉比声明由扫罗·利维拉比等人签署，签署时间是 1656 年 7 月 27 日。原件至今还保存着，上面是这么写的：

> 议会长老知会诸位，他们已注意到巴鲁赫·德·斯宾诺莎的罪恶观点和行为已久，并通过各种方法和许诺，试图劝服其改邪归正。然而他们不但毫无办法，而且有关他奉行和传讲可怕的异端邪说和行罪大恶极之事的消息逐日增多。这些消息来自多名可信证人，他们均在上文提及的斯宾诺莎面前宣誓，证明一切都为他们亲眼所见，遂斯宾诺莎已被判罪名成立；上述之事均在拉比在场的情况下经过审查，议会遂遵从拉比意见，做出判决，将斯宾诺莎逐出教会，断绝他与以色列民族的一切联系。

接着是诅咒：

> 根据天使的审判和圣徒的判决，我们用约书亚诅咒耶利哥、以利沙诅咒童子之语言，以及律法上所写之各种咒语，将斯宾诺莎革出教门，诅咒他、驱逐他。让他白天被诅咒，夜里被诅咒，躺下被诅咒，起来被诅咒，出门被诅咒，进门被诅咒。愿主永远不再原谅他、承认他！愿主的怒火从此烘烤他，让他身上背负律法书上所写的所有诅

咒，把他的名字从苍穹之下除去……在此警告诸位，任何人不得与他进行口头的交谈、书面的交流，任何人不得帮助他，不得和他共居一室，不得与他同在四腕尺之内，不得阅读由他口述或亲手书写的文件。[84]

在宣读这道咒语之时："大号不时吹响，传来哀声长鸣；仪式初始时看到的熊熊炬火，随着仪式的进行，一盏盏逐渐熄灭，直至全部灭尽，代表这名被革出教门者的精神生命熄灭，全体会众陷入一片漆黑。"[85]

然后，24岁的斯宾诺莎就被赶出了父亲的家门，不久还被驱逐出阿姆斯特丹。他称有天晚上他从剧院回来时有人试图行刺他，他曾出示被匕首捅了个洞的外套。父亲死后，他那几个贪婪的姐姐还试图抢夺他的继承权，他打官司维护自己的权利，但胜诉后又放弃全部要求，只要了一张床和这张床的幔帐。最后他定居海牙，靠打磨镜片为生。政府给他一笔不多的养老金，一位朋友留给他一笔年金。此外，他拒绝接受其他一切帮助，海德堡曾请他出山去当教授也被他谢绝了。他清贫为学、生活艰苦，然而即便他没有脱离正统，可能生活也是如此；他终生未婚。他绝非放荡不羁的人，衣着非常严肃持重，并且认为："使我们成为贤者的并不是邋遢的举止和外表，故意不注重个人的容貌恰好证明了这个人思想的贫乏，在这种人的头脑里，真正的智慧找不到合适的安身之处，科学也只会在这里碰到混乱。"[86]44岁时他死于某种结核，遗产少得可怜，她姐姐丽贝卡甚至懒得处理。

斯宾诺莎和犹太权威之间矛盾的起因和争论的实质并不完全清楚。他受到的指控是否定天使的存在和灵魂不灭，否定《托拉》是神的启示。在"绝罚"发布不久之后，他用西班牙语为自己的观点写过一份辩护书，遗憾的是没有留存下来。然而1670年他发表了未署名的《神学政治论》，提出了他的《圣经》批评原则，他最主要的异端学说都包含在这本书里。他认为，应该用科学的精神来对待《圣经》，研究《圣经》要像研究任何自然现象一样。对于《圣经》而言，必须用历史的态度来处理，首先从分析希伯来语入手，接着再对《圣经》每一卷的表现手法进行分析和归类，下一步就是历史背景的研究：

> 每卷作者的生平、品行和追求，他是谁，他在什么情形、什么时代创作的，为谁创作，用什么语言创作……（然后是）每一卷的历史：最初的反响如何，落到了谁的手里，一共有多少版本，谁提出收入正典，最后所有卷如何作为圣书得到普遍承认并合成一整部《圣经》。

斯宾诺莎接着根据自己的分析，讨论五经中哪些部分真正由摩西所作、以斯拉的回归者名单、正典的编撰、《约伯记》和《但以理书》的来源，以及这些经书的成书时间和各部分的创作时间。事实上，他几乎全盘否定了有关《圣经》起源和真实性的传统观点，根据《圣经》自身所给的证据提出了另一套不同的解释。由此拉开了《圣经》批判的序幕，在之后的 250 年里，这个批判过程将会摧毁有识之士原以为《圣经》是千真万确的真理的信念，使《圣经》的地位变成了只是一部不完整的历史记录。[87] 他的著述和影响将给基督教会的自信和内部团结造成无法修复的巨大伤害，并且，如我们不久将看到的那样，给犹太社会提出了新的、长期而致命的难题。

犹太教中的理性主义一旦滑脱传统社会的束缚，便会产生巨大的破坏力，斯宾诺莎就是第一个这样的例子。在他生前身后的很长一段时间里，主要的宗教团体视他为无神论者，他的著作在各地都遭到禁止——尽管各地屡禁不止，不断重印。1671 年，他致函犹太领袖奥罗维奥·德·卡斯特罗，否认自己是无神论者，并驳斥了《神学政治论》是反宗教书籍的指控。但是他身后出版的《伦理学》却表明他是一个地地道道的泛神论者。尽管我们今天看来很奇怪，但是在 17 世纪的时候，有些形式的泛神论显然被认为是符合犹太教的。当时被许多犹太教徒认可的喀巴拉具有泛神论的倾向；《光明篇》中多处暗示上帝就是万物，万物都是上帝。斯宾诺莎离辞世 20 年后，伦敦的塞法迪拉比大卫·涅托（David Nieto，1654—1728）因发表《神意论》而深陷麻烦，这本用西班牙语写的书把自然与上帝等同了起来。这场纷争被送到了阿姆斯特丹的《塔木德》著名学者泽维·阿什肯纳齐（Zevi Ashkenazi）那里处理，阿什肯纳齐做出的判决是，涅托的观点不仅可以算符合犹太教，而且在一些犹太思想家中几乎是司空见惯的。[88]

然而，斯宾诺莎的泛神论的问题在于，它已经到了和无神论几乎难以区别的程度。斯宾诺莎本人坚称他没有说过我们看得见摸得着的物质世界就是上帝。他在《伦理学》中写道，个体无限地从属于更大的个体，所以"我们不难设想整个自然也是一个个体"。但是他不认为上帝就是一个人，他说，认为上帝有"意志"或"理智"之类的属性，无异于因为一颗星名叫天狼星就要让它发出嚎叫。事实上，他保留"上帝"的称谓只是出于历史和情感的原因。既然将上帝等同于整个现实世界，那么他就必须认同无神论者坚持的这个观点，即现实不可分成上帝的和非上帝的两个部分——他们两者都否认这之间有实质的区别。[89] 但是如果说上帝不能独立于任何一种别的事物而存在，那么就不能说他有我们普通人所能理解的意义上的"存在"。斯宾诺莎的意思是："世界不存在我们历来所理解的那个上帝。"对于大多数人而言这就是无神论。德国数学家和哲学家戈特弗里德·威廉·冯·莱布尼茨（1646—1716）和斯宾诺莎相知颇深，在这件事上应该能够理解他的思想。然而莱布尼茨是个功利主义者，他在斯宾诺莎的著作遭到批判时试图和它撇清关系，这种懦夫行为为他招来了诸多非议。但是他对斯宾诺莎的宗教立场还是做出了正确的总结，他说："他实际上是无神论者，因为他不认为善恶报应是天意。"[90]

斯宾诺莎的成果反映出犹太精神在这个方面有些过度膨胀：

它具有不仅要理性化，还要知识化的倾向。斯宾诺莎也和有些人一样，认为通过逻辑过程可以解决观念上的一切分歧和冲突，达到人类的完善。他认为伦理问题可以用类似几何方法的证明来解决。从这点来说，他因循了迈蒙尼德的传统，后者认为完美的俗世平安可以通过理性的行为来达成——这也是他对弥赛亚时代即将到来的看法。但是在迈蒙尼德的想象中，当律法中凡是高尚合理之处都完全得到遵守时，这种状态就达到了，这要靠神的启示，通过《托拉》来实现。然而斯宾诺莎却不相信神的启示，他是要抛弃《托拉》。在他看来，单凭理智就可以实现这一目标。

这就让他站到了反人文主义的立场。他试图要为人类找到他所谓的"矫治各种情感的全部方剂"。这从一定程度来说是有吸引力的。斯宾诺莎希望能克服炽情，在这点上他无疑是做到了知行合一。他的一生，尽管可气之事不少，但他从不愤怒、从不发火，他几乎达到了英雄主义般的克己自律。他认为，一切罪恶都起因于无知；人类的不幸要结合其原因来看，要理解这是整个自然规律的一部分。一旦明白这个道理，人就不会屈从于悲伤、憎恨和复仇的欲望。"以憎恨回报憎恨，憎恨则会加深，但反之能够被爱打消。为爱所彻底战胜的憎恨，转化成爱，这种爱于是比先前普通的爱更加强烈。"但是斯宾诺莎的"爱"却是个特殊的爱。他不相信自由意志，认为一切都是预先决定了的，因此希望和恐惧是恶的，谦卑和懊悔也是恶的。"凡追悔某个行为者，双重地悲惨或软弱。"一切的发生都是神的旨意。贤达者试图依照神的看法看世界，我们皆因无知，才以为我们能够改变未来。明白了这一点，我们便能将自己从恐惧中解放出来而获得自由，如此，我们心里才不会有关于死的默念，而是有对于生的沉思。当我们理解自己和自己的情感，除去我们情感中的炽情后，我们才能爱神。但这种爱，当然不是人与人之间的爱，因为神不是一个人，而是世界的万物；爱不是一种炽情，而是理解。神，或者说这样的"神"，没有炽情、快乐或痛苦，神对谁也不爱，也不憎。因此"爱神者不能希图神回爱他"，或者说："精神对神的理智爱即神对自己的无限爱的一部分。"[91]

斯宾诺莎之所以吸引某类有智慧但缺少温情的哲学家，如伯特兰·罗素，之所以被一些人认为冷漠，甚至令人反感，原因并不难以理解。斯宾诺莎像霍布斯一样——他继承了霍布斯身上的那种冷酷——引起了同时代人内心真正的恐惧。他还不如索性就放弃使用"神"这一类代名词，直接明说，或许那样还会好些。他对欧洲其他作家有着不可估量的影响。德国和法国的知识分子都为他深深痴迷，如伏尔泰，如莱辛。莱辛更是说："在斯宾诺莎的哲学以外不存在其他哲学。"但是对于犹太人自身而言，他只是掘光了一条探索的矿脉：与其说他对迈蒙尼德的理想主义传统做出了逻辑总结，不如说他把它完全带出了犹太教。

非理性主义的传统仍然还在。它在 14 世纪取得了胜利，它的喀巴拉得到承认被正式纳入犹太教。但是沙巴泰·泽维的变节给了它一记猝不及防的打击。沙巴泰主义转入了地下。雅各布·弗

第四章 犹太隔都

兰克的荒唐行为表明,这个非理性主义的传统还可以将狂热分子和顽固分子带出犹太教。17世纪60年代掀起弥赛亚运动的那些巨大的情感能量和热情仍然没有褪去。难道就没有办法让它在发泄出来的同时,又能拴绑住——哪怕只是松松地挽住——犹太教的这辆战车,不让它脱缰吗?

18世纪,遭遇这个问题的不仅仅是犹太教。1700年,工业革命尚未到来,但是科学革命已经在路途中了,受铁律般的数学法则支配的牛顿机械宇宙观已经获得胜利。在社会上层,怀疑主义不断蔓延。已经坐稳位置的宗教领袖冷静世故,倾向于宽容,他们已无心深究信条的细节,前辈们不就是为了探究这些细节不是大开杀戒就是自己被杀的吗?但是生活艰辛的普通民众,他们还有更多的要求。各地纷纷有人起来为他们主张权利,如德国有敬虔运动,英国有卫斯理兄弟和他们领导的循道运动,美洲有第一次大觉醒运动,此刻半数以上犹太人居住的东欧还有哈西德运动。

波兰犹太民众的虔诚和热情不只是一股宗教力量,其中还流淌着激进的潜流。犹太社会是一个充满压迫的集权社会。有钱的商人、律师兼拉比之间互相通婚,组成寡头统治集团。议会制度给了这些精英分子强大的权力,而民众选举精英的权力却非常有限。寡头统治集团并不是一个封闭的阶层,因为教育也为社会中下层提供了向上流动的阶梯。从理论上来说,即使是穷人也完全可以进入寡头统治集团,权威政体势必也是精英统治。然而大多数穷人仍旧无权无势,他们在犹太会堂里什么也不是,虽然也可以起诉拉比，但是如果这位拉比有足够强硬的家族背景，谁还会来理会穷人的诉求？相反，当地出台了许多法律条文惩罚那些"散布流言、取笑本城名流的人"。压迫不仅仅存在于社会当中，还存在于家庭内部。隔离区同时还是个族长社会。儿子满12岁，父亲便有权强制他学习《托拉》，满13岁便可用《申命记》里的"逆子条例"处置。理论上，悖逆的儿子会被送到长老那里接受判处，让众人用石头将他打死；即使初犯也可以给他施以鞭刑。虽然《塔木德》称此类事件从未发生过，但是律法的阴影始终笼罩在儿子们的头上。女儿尚处幼年时便可由父亲包办缔结婚约，虽然理论上到法定年龄，即十二岁半，女儿可以悔婚，但这种情况极少发生。孩子接受的教育是，尊敬父母就是尊敬上帝。[92] 总之，在隔离区里只有服从。

然而，犹太人却是以不温顺地服从自己任命的当权者为荣，他们永远都在反抗。他们的传统总是给反抗者留有余地，尽管常常显得很勉强；它还允许圣人越过正常的宗教范围行事。前面我们已经提到过美名大师，这类人最早出现于巴比伦加昂时代，从16世纪起，在阿什克纳齐犹太人中出过几位奉行实用喀巴拉的美名大师。有的是有真才实学的学者，大多数人则是写写护身符，或者用民间医学治治病——使用特别的祈祷、咒语、草药和一些动物，他们专治精神疾病，驱逐恶灵。

大约1736年，其中一人感受到了召唤。此人名叫以色列·本·以利撒（Israbel ben Eliezer），后被人称为美名大师托夫（Ba'al

Shem Tov，约1700—1760），或根据首字母缩写称"贝施特"（Besht）。他是一名孤儿，出生在落后的波多利亚省的欧考普。他先后从事过多种工作，在祭礼屠宰场打过下手，在喀尔巴阡山脉的黏土场打过工，在犹太会堂当过守门人和司事，还开过一家小旅馆。画中常常显示他手持或口衔烟斗。他起于市井，并不是正宗的拉比传人。他几乎没什么学问，也没有真正属于他的著作存世，由他署名的书信可能是伪造的，他的布道演说也是他的门徒记录下来的，他活动于犹太会堂体系之外，似乎从未在会堂里布过道。但是他和约翰·卫斯理一样在全国各地游历。他写护身符，为人治病驱鬼，事实上这些也是一般的圣人所为。但是他的身上多了一种非凡的感染力：在他面前，男人女人都会感到自己可以实现更高的理想，可以实施更纯洁的行为。他神妙的治病方式，他能够准确预测事件的梦境，他神秘莫测的状态，还有人们认为他所行的神迹，更是让人觉得他身上有一种虽然普通但是非常强烈的神性光辉。[93]

如此一来，他的影响力越来越大。随着他名声渐起，他开始像著名的拉比一样主持法庭，人们慕名远道而来求见。然而促使他成为一场运动创始人的则是他的创造力。他有两个新的发明创造。一是他重新提出古老的"义人"概念——义人，即优越的人类，优越的原因是他们追随上帝的特殊能力。这个概念的由来与挪亚一样古老，但是美名大师托夫又赋予了义人一个特殊的身份。沙巴泰·泽维的叛教使得弥赛亚主义背上了污名，贝施特可没有时间理会弗兰克主义或是哪个偏离犹太一神论的弥赛亚教派。正如他说的:"舍金纳哀哭说,肢体若连在身体上就还有救,但是如若肢体切断就再也无法还原,每一个犹太人都是舍金纳的肢体。"因此他没有兴趣在切割肢体的路上继续行走下去,但是他承认,那位消失的弥赛亚在犹太人的心中留下了一个空洞,他要让义人复活来填补这个空洞。他宣称这位义人从高处而来,犹如上帝的恩典和怜悯。在美名大师托夫的教义中,义人不是弥赛亚,但也绝非普通的人——他介于两者之间。而且,既然义人并没有自称弥赛亚,因而义人可以有许多位。就这样,一种新的宗教人物又兴起了,将这个运动继续和传播下去。

二是他发明了一种革新性的大众祈祷形式。这非常重要,因为它使普通卑微的犹太教徒也可以尽到自己的力量。卢里亚的喀巴拉的巨大力量就在于广大民众相信他们可以通过祈祷和虔诚的信仰来加快弥赛亚的到来。美名大师托夫通过他和后继者所宣讲的新的祈祷理论,也差不多达到了同样普遍的参与程度。他强调说,祈祷并非人类的活动,更多的是超自然的行为,通过这种超自然行为,人可以突破实际存在的障碍,进入神的世界。那么人如何来做这个呢?拿着祈祷书,把全部意念集中在书中的字母上,不是读,而是通过意志发力,在这个过程当中,字母本身的形状消失了,而字母中隐藏着的神的属性——这是典型的喀巴拉主义思想——就会被精神感知,这就好比透过透明的物体来看东西一样,贝施特称之为"进入祈祷文的字母"或"天国的殿堂"——人在"穿过祷告的殿堂"时就能感知到自己的存在是有意义的。[94]

贝施特宣称,为了进入,人要抛弃人格,把自己变空。这样他又发明了真空概念,这个真空要用类似于神的一个存在来填补,代表人来行事说话。当祈祷书的文字变得模糊汇聚成一个点时,奇妙的变化就发生了,人的活动停止了,口中的话语不再是他从下面传上去的,而是由上往下传到他的口中。他的口继续在说话,但是提供思想的是灵。贝施特说:"我让口想说什么就说什么。"[95]他的继任者,第二代哈西德派领袖多夫·巴尔(Dov Baer)解释称,之所以存在这种精神力量使得神灵附体成为可能,是因为《托拉》和上帝原本就是一体,精神的力量实际上就储存在《托拉》的文字里,而成功的静思祷告能够将这种能量释放出来。多夫·巴尔还用了另一个比喻:"读经或祈祷时,须集中全力,就如一道精液从他体内喷薄而出,这时候他全身的力量都凝聚在那道液体上面。"[96]

因此,哈西德派的集会仪式场面非常喧闹。他们嘲讽会堂,设有自己的祈祷室,会众身穿粗布衣服、头戴宽大的毛皮帽子聚集在祈祷室,有的兴之所至就抽烟喝酒。祈祷时常常大声呼叫,同时摆动身体,拍手鼓掌,唱着一首名为《无言歌》的曲调,随着节奏起舞。他们有自己专门的祷词,融合了波兰阿什克纳齐和信奉卢里亚的塞法迪的祷词。这些是穷苦的粗人,他们的行为震惊了犹太当权派,尤其当他们信仰活动波及波兰各地,并扩散到立陶宛时。不久，他们就被指控为地下的沙巴泰运动，愤怒的呼声四起，要求打压他们。

早期的哈西德派遇到了一名坚定的反对者——维尔纳加昂以利亚·本·所罗门·扎尔曼（Elijah ben Solomon Zalman，1720—1797）。这位加昂即使以犹太人的神童标准来看也是非同凡响，6岁时他就在维尔纳①的犹太会堂布过一次道，他学富五车，世俗学问、宗教学问样样精通。18岁结婚使他拥有了独立的财富，于是他在维尔纳郊外买了一栋小屋，在那里潜心钻研学问。他的儿子说他一天睡眠从不超过两个小时，一度还不足半个小时。为了排除干扰，即使白天，他也关上百叶窗秉烛而读。为了不让自己睡着，他关掉取暖设备，把脚浸泡在冰冷的水中。他的地位和影响力在维尔纳越来越高，学问研究也越来越投入。他并不反对喀巴拉，但是一切都要服从《哈拉哈》的要求。哈西德运动在他看来就是大逆不道，他说，他们所称的狂喜、神迹和异象全是谎言和妄想，所谓"义人"就是偶像崇拜和凡人崇拜，更重要的是，他们用祈祷理论取代了学术，这是对学术——那是犹太教的全部——极大的不敬。维尔纳加昂本人是权威政体的代表，当有人问到他该如何处置哈西德运动时，他毫不犹豫地回答：压制他们。[97]正巧，哈西德派这时已经开始在祭祀的屠宰中使用非正统的屠刀，于是1722年，正统派第一次向他们发布"绝罚"，当

---

① 今立陶宛首都维尔纽斯（Vilnius），过去英语里常称Vilna。——译者注

众烧毁他们的书。1781年第二次发布"绝罚":"他们必须带着妻儿离开我们的社区……不得为他们提供住宿,禁止他们屠宰,不得和他们有生意的往来,不得和他们通婚,不得协助他们处理丧事。"加昂写道:"以各种折磨的方式对待他们,断绝和他们来往,追击他们,压制他们,这是每一位有信仰的犹太人的义务,因为他们内心有罪,是以色列民身上的毒疮。"[98]

但是哈西德派的回应是他们也宣布把对方逐出教会,他们发行小册子为自己辩护。在立陶宛,尤其是维尔纳,这位加昂在前往以色列地安度晚年之前,建立了一个《哈拉哈》正统学说团体,但是在其他哈西德派为自己在犹太教中确立了永久性的重要地位,并似乎成了其必不可少的一部分,它向西传入德国,再从德国传向了世界。正统派要摧毁哈西德运动的努力没有成功,事实上不多久他们就放弃了努力,因为学者和热心分子都联合起来,一致对付共同的新敌人——犹太启蒙运动,或称哈斯卡拉运动。

虽然哈斯卡拉运动是犹太历史上一个特定的历史事件,"马斯基尔"(即启蒙犹太人)也是犹太教里特有的一个特殊群体,然而犹太启蒙运动不管怎样也还是欧洲整体启蒙运动的一部分,不过它和德国的启蒙运动有着更紧密的联系,理由非常充足。法国和德国的启蒙运动都是为了审视和调整人对上帝的态度,但是在法国,它倾向于否定或者说降低上帝的地位,倾向于驯服宗教,而在德国,它是在真正寻求重新理解人类的宗教精神,并与之达成和解。法国的启蒙运动是璀璨耀眼的,但从根本上说是轻率任意的；德国的启蒙运动则是严肃认真，富有创造性的。因此吸引犹太启蒙思想家的是德国版的启蒙运动，后者对他们的影响最大，而相应地，他们对德国启蒙运动也做出了巨大的贡献。[99] 这或许是犹太人有史以来第一次对德国文化产生了一种真切的亲近感，但同时也在他们心里播下了可怕幻想的种子。

对于基督教社会的知识分子而言，启蒙运动提出的实际上是这样一个问题：如果上帝在日趋世俗化的文化中发挥作用，那么他应该发挥多大的作用？而对于犹太教徒而言，这个问题是：如果世俗知识在上帝的文化里发挥作用，那么它应该发挥多大的作用？犹太人的视域仍然局限在中世纪时候那个地地道道的宗教社会。的确，迈蒙尼德曾极力主张接纳世俗科学，而且也证明了科学如何可以与《托拉》相辅相成、互为统一，但是他的论证没有说服大多数犹太人。即使性格相对温和的布拉格马哈拉尔也攻击罗西，就因为他用世俗标准来衡量宗教问题。[100] 有些犹太人，比方说，虽然在帕多瓦的医学院上学，但是晚上一回到隔离区就转身背对《托拉》以外的世界，这实际上与犹太商人无异。当然，也有许多人头也不回地去了外面的世界，不过那样的事历来有之。斯宾诺莎的骇人例子满足了大多数犹太人的心愿，它告诉世人，一个人喝了外邦人井里的知识之泉，他的犹太生命就一定会受到致命的毒害。所以说，隔离区不仅是一个自我封闭的社会，更是一个自成一体的学术圈。

到 18 世纪中期，这种状态导致的结果已尽显无遗，到了令人悲哀的程度。早在 15 世纪初的时候，托尔托萨争端就已经暴露了犹太知识阶层的落后愚昧，如今 300 多年过去了，犹太人在受过教育的——甚至没有受过教育的——基督徒看来，就是可鄙又可笑的人，衣着古怪，禁锢在古老又滑稽的迷信思想中，和他们失落的支派一样远远地脱离现代社会。非犹太人对犹太学术一无所知，更无意关心，他们和过去的古希腊人一样，甚至意识不到犹太学术的存在。对于基督教欧洲来说，"犹太人问题"始终存在。中世纪的时候这个问题是：如何阻止这个反动的少数族群玷污宗教真理，扰乱社会秩序？如今这个问题已无须担心，起码对于非犹太知识分子而言，现在的问题是：如何从共同的人性出发把这些可怜之人从无知和黑暗的深渊中拯救出来？

1749 年，年轻的新教剧作家戈特霍尔德·莱辛（Gotthold Lessing）推出独幕剧《犹太人》，这几乎是欧洲文学史上第一次将犹太人表现为有教养、有理性的人类。这一宽容举动受到了和莱辛同龄的一名德绍犹太人——摩西·门德尔松（Moses Mendelssohn，1729—1786）的热烈回应。两人相识后一见如故，才华横溢的剧作家将这名犹太人引进了文学圈。因为驼背的原因，门德尔松性格羞怯内向、隐忍谦逊，但是他身上充满了惊人的能量。他跟随当地拉比接受了良好教育，学过账目管理，毕生从商。但是他具有非凡的阅读能力和渊博的世俗学问。在莱辛的帮助之下，他开始发表哲学著述。腓特烈大帝向他授予了柏林的"居住权"。他常常语惊四座，是沙龙上颇有影响力的人物。[101]虽然从年龄来说，他只比维尔纳加昂小10岁，比贝施特小不到30岁，但是他和这两人之间似乎相隔了几个世纪。一个是狂热的《塔木德》学者，一个是神秘主义的热心实践者，一个是都市化的理性主义者——现代犹太历史都将围绕着这三个原型人物来书写!

最初，门德尔松并未觉得启蒙运动与犹太人有何相干，他不过是想享受启蒙运动的乐趣。可是在非犹太世界到处遭遇到的对犹太教的无知和诋毁，驱使他不得不站出来公开表示他坚定的犹太教信仰。传统的非犹太世界说：管好犹太人，要不就将他们赶出去。启蒙的非犹太世界则说：我们怎样来更好地帮助这些可怜的犹太人，让他们不再是犹太人呢？对此，门德尔松答道：让我们一起分享共同的文化，但也请让我们继续做犹太人吧。1767年，他发表《斐顿篇》一书，模仿柏拉图对话录，对灵魂不朽的思想进行了探讨、做了辩护。当德国的文化人仍然常用拉丁语或法语、犹太人用希伯来语或意第绪语写作时，门德尔松就随同莱辛一道，努力让德语成为知识分子的话语工具，发掘德语中所蕴含的丰富的文化宝藏。门德尔松的《斐顿篇》语言优美，充满了来自经典而非《圣经》的典故——这是马斯基尔的标志。该书在非犹太世界获得了很好的反响，但是门德尔松却颇感失望。即使是他自己的法语翻译也以居高临下的口吻宣称说（1772），鉴于作者"出生并成长于一个粗俗无知而死气沉沉的民族中间"，这是一本非常了不起的书。[102]瑞士一位聪明而年轻的牧师，约翰·卡斯帕·拉瓦特，称赞了该书取得的成就，他写道，显然作者已经准备好改宗——这是向门德尔松发出挑战，要他公开为自己的犹太教辩护。

就这样，尽管并非本愿，门德尔松被迫为犹太教做起了理性主义的辩护，或者更确切地说，被迫向世人证明犹太人如何在坚守基本信仰的同时，也可以融入欧洲的整体文化。门德尔松以各种形式展开工作。他将《摩西五经》翻译成德语，在德国犹太人中推广希伯来语以抗衡意第绪语，后者被他批为粗俗不雅的方言。随着他声望渐起，他发现自己还在帮助当地犹太社会对抗非犹太当局。他抗议德累斯顿对犹太人的驱逐，反对瑞士新出台的反犹法律，翔实地驳斥了犹太教的祈祷是反基督徒的普遍指控，向世俗当局解释犹太教的婚姻法和盟誓。但是他一方面将犹太教最美好的一面展示给外面的世界看，另一方面也在内部积极寻求变革，去除其糟粕。他厌恶发布"绝罚"的做法，尤其是18世纪50年代发生在阿尔托纳的针对沙巴泰信徒的迫害行动。他认为，国家是建立在社会契约基础之上的义务社会，教会是建立在信仰基础之上的自愿组织。不应强迫一个人加入教会，但是也不应违反本人意愿将其驱逐出教会。[103]他认为应该取消犹太人的独立司法权，反对非犹太自由主义者要求政府支持犹太法庭的做法。他呼吁停止一切针对犹太人的迫害和歧视行为，并且宣称他相信当理性获得了胜利，这就一定能实现。但同样地，他认为犹太人必须抛弃那些限制人类合理的自由，尤其是禁锢思想的风俗习惯。

门德尔松犹如行走在钢丝上，步履小心。他害怕步斯宾诺莎的后尘，对有人拿后者来和他比较感到不安。他担心，万一他在公开辩论中为犹太教辩护时对基督教做了不中听的批评，就会招来基督徒的怒火。与拉瓦特辩论时，他指出，质疑绝大多数民众的信条是危险的，又说："我是一个被压迫民族的一员。"其实他相信基督教的非理性程度远远超过犹太教。他始终一边急于保护连接启蒙运动的桥梁，一边和信仰坚定的犹太民众维持着联系，因此时常试图两面讨好。他的观点很难清楚地做出总结。他追随迈蒙尼德的思想，认为宗教的真理可以用理性来证明，但是迈蒙尼德是想通过神的启示来强化理性的真理，而门德尔松却是要抛却启示。犹太教不是启示宗教，而是启示法典：摩西从西奈山上领受律法，律法是犹太人获得精神快乐的途径，这是历史事实。真理是无须神迹来验证的。"聪明人，"他写道，"已经被真正的哲学论证说服，对至高神明的存在确信无疑，他更能被自然事件而非神迹所打动，因为他在一定程度上能够辨别自然事件和整体的关联。"（1753年3月16日笔记内容）[104] 然而为了证明上帝的存在，门德尔松依赖于古老的形而上学：先验性的证据（或称本体论论证）和后验性的证据（或称宇宙论论证）。但是一般认为，此两种论证都被康德在门德尔松晚年发表的《纯粹理性批判》（1781）推翻了。

然而门德尔松为犹太教的辩护没有取得很大成功。事实是，犹太教中有太多的东西连他自己也不相信：比如说上帝的选民的说法、犹太人对全人类所负的使命、应许之地。门德尔松似乎认为犹太教只是适合某一特定民族的信仰,应该用尽可能理性的方式私下信奉,所有的文化能容进《托拉》的说法在他看来是荒谬可笑的。犹太人应该在家信教,而走出家门来到外面的世界时,就应参与欧洲的整体文化中。但是这个逻辑势必得出这样的结论,即每一个犹太人都将属于他正好所处的那个文化。这样一来,1 500年来不管遭遇多大的不幸都能在全球范围内保持团结的犹太人就会逐渐走向消亡,只留下私下里宣告的信仰。因此,犹太教著名的现代护教士以西结·考夫曼(Yechezkel Kaufmann,1889—1963)称门德尔松是"犹太教的路德"——他割裂了人和信仰的联系。[105]

但是门德尔松似乎未曾意识到他否定《托拉》文化的必然结果。被"民族文化"同化的犹太人也会逐渐丧失对犹太人的上帝的信仰,他看到了一定会痛心不已。虽然他认为犹太教和基督教可以携手共进,如果后者可以克服其非理性元素的话,但是他极力反对犹太教徒为了解放自己而改信基督教。在他的鼓动下,普鲁士官员克里斯蒂安·威廉·冯·多姆发表了用意良好的《论犹太人民权状况的改善》(1781),以高高在上的姿态呼吁解放犹太人,但是门德尔松对此书的口吻颇为不满。实际上,多姆的意思是:犹太人是非常讨厌的民族,但本性不坏;不管怎么说,那是基督徒的迫害和他们自己的迷信思想造成的。犹太人"过分趋利,不择手段地赚钱,喜欢放高利贷",这些"缺陷"因为"宗教戒律和拉比谬论导致的自我隔绝"而变得更加严重,于是出现了"违反国家限制交易的法律、进出口违禁品,以及伪造货币和贵金属的行为"。多姆提倡政府实行改革,"使他们改掉腐败的毛病,成为更好的人和更有用的公民"。[106] 但是其言下之意当然是,犹太教也必须进行彻底改革。

基于这个原因,门德尔松发现有必要发表《耶路撒冷:论宗教权利和犹太教》(1783)一书,表明他对犹太人社会角色的态度。书中他为犹太教做出辩护,称它是非教条的宗教,它给人立下行为的规矩和生活的法典,但并非要控制人的思想。"信仰不接受任何命令,"他写道,"它只接受通过理性说服的东西。"为了追求幸福,人需要探寻和发现真理。任何民族、任何信仰的人都能够获得真理。犹太教并非上帝揭示真理的唯一途径。所有人,包括犹太人,都应该有追求真理的权利:"让每一位不妨碍公共福利、遵守法律、公正待人、公正对待自己伙伴的人,都可以自由发表言论,都可以按自己或其先祖的方式向上帝祈祷,都可以在自己认为合适的宗教里寻找永恒的救赎。"这套方案的确可以让犹太人受到礼遇,但这不是犹太教。事实上从宗教角度来说,这是自然宗教和自然伦理学方案,犹太人当然会在其中贡献自己的力量,但仅此而已。摩西的雷霆之威早已一去不复返了。

而且,假使犹太人在接受启蒙思想的过程中,需要放弃犹太教的某些特定主张,这就能保证他们一定会得到平静的生活吗?最接近门德尔松理想的国家是美国,美国的启蒙运动有坚实的基础,那就是英国的议会制度和宽容的宗教多元化政策。就在门德尔松写《耶路撒冷》的那一年,托马斯·杰斐逊(Thomas Jefferson)在《弗吉尼亚笔记》(1782)中写道,多种符合伦理的理性宗教的存在,是物质和精神进步及人类自由的最好保障。门德尔松对解决"犹太人问题"提出的二元方案——后来被诗人犹大·莱布·戈登精辟地概括为"在外是人,在家是犹太人"——和美洲的宗教观非常契合。和所有人一样,美洲的犹太人中大多数人支持独立运动,尽管有些人亲英,有些人保持中立,还有一部分人积极参与了斗争。1789年,费城举行新宪法庆功宴,专门备设了一桌符合犹太教饮食规定的食品。[107]

犹太人的确需要庆祝。鉴于他们的历史,他们从新修的美国宪法那里能够得到比其他群体更多的好处——政教分离、宗教信仰自由,更不用说还有所有的公职任命都取消宗教考核。宪法也赋予了犹太人同样的自由,尽管有些州还是拖了后腿。在新教控制的北卡罗来纳州,对犹太人的最后限制条件,尽管微不足道,直到1868年才得到废止。但是犹太人在美国感到了自由,更重要的是,他们感到自己是受人尊重的。孜孜不倦地追求信仰和坚持参加礼拜,在美国非但没有像在欧洲那样成为他们的障碍,反而为他们赢得了尊敬——在美国,所有传统的虔诚信仰都会被认为是社会的支柱。犹太人虽没有在美洲找到新的锡安,但至少他们找到了永久的居所和自己的家园。

在欧洲,启蒙运动为他们带来的希望终究化为了泡影,带给他们的机会也演变成了一系列新的问题。在有些地区,理性法则根本行不通。通过三次瓜分波兰(1772、1793、1795),迄今为止严禁犹太人迁入的俄国因为对领土的贪婪获得了100万犹太人口。现在俄国给犹太人发放居住权,但是却将他们限制在"栅栏区"内,栅栏区人口迅速增长,贫困程度不断恶化,限制也越来越多。意大利的情况也是如此,最起码在教皇辖地,犹太人的处境在反犹教皇庇护六世(1775—1799)时期每况愈下,庇护六世在位时间很长,他一上台就颁布针对犹太人的敕令,直接导致许多犹太人被强制受洗。犹太人按法律规定不得不听鄙视和侮辱犹太人的布道,犹太儿童一旦接受过某种形式的洗礼——可能是天主教徒接生婆暗地里干的——教会日后就有权称他(她)是教会的人,然后将他(她)带至慕道会,要求他(她)认同信仰(如是成人),这个人同意信仰也许就是为了逃脱出来。对犹太人来说一度自由的费拉拉,如今的状况比罗马更糟。迟至1817年,安吉洛·安科纳的小女儿还被大主教特别法庭雇用的武装人员强行从她的父母身边夺走,理由是5年之前,在她两个月大的时候,她的奶妈私下里让她受了洗,后来奶妈因为不诚实而被解雇。这件事的发生使费拉拉的隔离区处于白色恐怖之下。[108]

自认为更开明的其他地方的情况也只是稍好一些。奥地利女王玛丽亚·特蕾莎迟至1744—1745年竟然还从布拉格驱逐犹太人,尽管3年以后他们还是被允许回到那里。腓特烈大帝尽管被传闻他个人支持启蒙运动,仍然在1750年颁布了一条区别对待

"普通"和"例外"犹太人的法令，后者不能将自己的居住权下传，即使前者也只能够将居住权传给一个孩子。犹太人必须缴纳"保护"税和罚金才能免服兵役，必须强制性购买国产货品，只能从事某些商业活动和职业。中欧最早的、真正的改革是玛丽亚·特蕾莎的儿子约瑟夫二世从1781年开始发起的，然而即使是这些改革措施也是喜忧参半。约瑟夫一方面废除了特别人头税，取消了佩戴黄色标徽的规定，以及犹太人进入大学学习的禁令和一些商业限制。但另一方面，他又禁止意第绪语和希伯来语被用于商业和国家记录，取消拉比的司法权，在犹太人中实行义务兵役。犹太人在维也纳等地居住依然受到限制，而新赋予他们的权利也常常被对他们怀有敌意的官僚剥夺。

事实上，这些犹太改革方案和《宽容法案》，常常在一些稗官小吏的操作下起不到应有的作用，这些对犹太人充满仇视的官员担心，不久的将来犹太人就会来抢夺他们的饭碗。例如，1787年的奥地利法律规定，犹太人必须取德语发音的姓和名。虽然塞法迪犹太人早已采用西班牙人的姓氏，但阿什克纳齐却非常保守，仍然沿用古老的起名方式，在本人名字后加上其父亲的名字，并使用希伯来语—意第绪语的拼写——如雅科夫·本·伊扎克（Yaakov ben Yitzhak）。可是现在希伯来语发音的名字一般会被禁用，官员们列了一张"可接受"的名字清单。如要获得"好的"姓氏就需行贿官员——如利林塔尔（Lilienthal，百合）、埃德尔斯坦（Edelstein，雪绒花）、戴蒙特（Diamont，钻石）、扎菲尔

（Saphir，蓝宝石）、罗森塔尔（Rosenthal，玫瑰）等来自花名和宝石名的姓氏，克鲁格（Kluger，智慧）和弗罗利希（Frohlich，幸福）这两个名字则需要花大价钱。大多数犹太人被无聊的官员野蛮地分成四类，按照他们各自的长相特点起名：怀斯（Weiss，白色）、施瓦茨（Schmalz，黑色）、格罗斯（Gross，大的）和克莱因（Klein，小的）。许多犹太穷人被用心不良的办事员起了很难听的名字，如格莱根斯特里克（Glagenstrick，绞绳）、伊塞尔科普（Eselkopf，驴头）、塔施恩格雷格（Taschengregger，扒手）、施迈茨（Schmalz，油脂）、欧根尼科特（Orgenicht，不要借）。祭司或利未人的犹太后裔可以取科恩（Cohen）、卡恩（Kahn）、卡茨（Kartz）、利瓦伊（Levi）等姓氏的，被迫要将其德国化，改成卡茨曼（Katzman）、科恩斯坦（Cohnstein）、阿隆斯坦（Aronstein）、利文索尔（Levinthal）等。许多人的姓是按照出生地取的：布罗迪（Brody）、爱泼斯坦（Epstein）、金兹伯格（Ginzberg）、兰多（Landau）、夏皮罗[Shapiro，地名施派尔（Speyer）]、德雷富斯[Dreyfus，地名特里尔（Trier）]、霍罗威茨（Horowitz）和波斯纳（Posner）。[109] 虽然他们知道，政府此举的主要目的是方便在他们中间征税和征兵，但是也无法消除这个过程给他们带来的羞辱。

所谓"开明君主"的内心矛盾，在法国旧制度最后几年实行的犹太政策中表现得淋漓尽致。1784年1月，路易十六废除了犹太人的人头税；6个月之后，阿尔萨斯的犹太人却又遭遇"改革"，这个改革限制犹太人放贷和从事牲口、谷物交易的权利，要求他们结婚要得到国王的特许，下令对犹太人进行人口普查，以便驱逐无居住资格者。[110] 这是法国东部反犹情绪的直接体现，当时那里生活着数量巨大的阿什克纳齐，他们承受着非犹太社会的普遍仇恨。

法国大革命的爆发也没有彻底解决这种矛盾的社会心理。理论上说，法国大革命的目的就是要人人平等，包括犹太人。相应地，犹太人也必须放弃任何的分裂主义思想。这是克莱蒙－托内尔伯爵斯塔尼拉定下的调子，他在1789年9月28日有关"犹太人问题"的第一场辩论上提出了"不可能有国中之国"的观点，因此"犹太人作为一个民族在每件事情上应当被拒绝，但是，作为个人的每一件事情都应该被允许"。但是这番动听的话只代表了开明精英人士的声音，普通民众的声音则截然不同。阿尔萨斯的左翼激进议员让－弗朗索瓦·鲁贝尔，代表他那些"受尽非洲游牧部落残酷欺压和践踏的无数努力勤奋、诚实守信的不幸同胞"，极力反对赋予当地犹太人平等权利，国民议会力排众议才通过了彻底解放犹太人的法令（1791年9月27日），但是这项法令有一条不怀好意的附加条款——法国政府将监督法国东部犹太人的债权。[111]

不过，问题总算得到了解决。现在，法国犹太人获得了自由，历史已经无法再回头。况且，凡是在法国人能用拳头来传播革命精神的地方都会发生某种形式的解放运动。在教皇统辖的阿维尼翁（1791）、尼斯（1792）和莱茵兰（1792—1793），人们闯入犹太人隔离区和封闭社区。革命蔓延到荷兰，巴达维亚共和国建立，使那里的犹太人获得了法律赋予的全部公民权利（1796）。1796—1798年，拿破仑·波拿巴解放了意大利的大部分隔离区，法国军队、年轻的犹太人和当地的狂热支持者徒手摧毁了摇摇欲坠的古老围墙。

从此，原本一直只有雏形的新原型——革命的犹太人——开始从暗处走向明处。意大利的教权主义者发誓要与"高卢人、雅各宾派和犹太人"斗争到底。1793—1794年，雅各宾派犹太人在巴约讷的犹太郊区圣埃斯普瑞建立革命政权，和宗教改革时期一样，传统主义者再次看到了《托拉》和颠覆行动之间的危险联系。犹太革命者被描绘成各种形象，多为残酷的漫画形象，偶尔也作为滑稽形象出现。在英国，这个形象通过行为古怪的乔治·戈登勋爵鲜活地再现出来，这位勋爵原是一名狂热的新教徒，他手下的暴民在1780年发动暴乱，震惊伦敦。3年后，他倒向犹太教，但是遭到杜克广场大犹太会堂拉比大卫·希夫的拒绝，于是他又来到汉堡罗犹太会堂，他们收留了他。根据华生博士（狄更斯在描写这些动乱事件的小说《巴纳比·拉奇》中将其塑造为盖什福）的记录，穷苦犹太人"视他为摩西第二，怀着他是上帝派来带领他们回到祖先之地的美好愿望"。[112]1788年1月，戈登因诽谤法

第四章 犹太隔都

国王后被判刑两年，关进新门监狱①，他在那里被安排了一个舒适的住处，改叫尊敬的以色列·巴尔·亚伯拉罕·戈登（以色列人亚伯拉罕的儿子），墙上挂着希伯来语的十诫，包里装着经文护符匣和晨祷时用的披巾。"那里不像牢房，更像一所僻静房子里的隐士书房。"约翰·卫斯理说。除了卫斯理，前往监狱探访戈登的还有其他无数名声显赫的人物，包括王室贵族约克公爵和克拉伦斯公爵。他还有一名犹太女佣兼情人波莉·利瓦伊，他拥有华丽的餐桌，和他一起用餐的客人从来不会少于6个，有时还有乐队助兴。他拒绝保证自己的行为良好，因此在法国大革命初期，法庭一直将他关在狱中，他又是用风笛吹奏激进的挽歌，又是招待霍恩·图克等革命者，大张旗鼓地欢迎这场革命的到来。埃德蒙·柏克在他的《法国大革命沉思录》中向巴黎新政权提出了一个交换条件："你们把你们的巴黎大主教交给我们，我们就把我们的新教徒拉比交给你们。"玛丽·安托瓦尼特在断头台上被处死几个小时以后，戈登死在狱中，临终前还高唱着革命歌曲："一切都会好——将贵族带到灯塔，吊死他们！"[113]

拿破仑就任第一执政后最早实施的举措之一便是禁止这首歌曲。也是为了让理性时代与秩序要求实现统一，他努力地把犹太人作为真正的公民纳入社会，而不要让他们成为潜在或实际的革命者。在他得胜的年代里，其他君主也纷纷效法，其中最突出的是普

---

① 伦敦著名监狱。——译者注

鲁士，1812年3月11日，普鲁士承认原有犹太居民为享有全部权利的正式公民，取消各种限制和特别税。起码在大多数受过教育的犹太人中有这样一个共识，法国为他们所做的超过了其他国家，这种情感存在了100年之久，直到被德雷福斯事件①彻底粉碎。

然而，犹太人还是明智地不去掺和法国的帝国主义扩张行为。法国大革命的恐慌在英国引发了一拨汹涌的仇外浪潮，还推动了1793年《移民法》的出台，在这种环境下，英国犹太人有充分的理由担心自己的处境。伦敦葡萄牙犹太会堂管理局要求拉比做一次要求犹太人必须效忠国王和宪法的布道。拉比所罗门·赫切尔在特拉法尔加战役获胜后所做的感恩布道是大犹太会堂第一篇刊登出来的布道演说，《绅士杂志》发文称这篇布道散发着"真心的虔诚、极大的忠心和普适的仁爱"。[114] 犹太人纷纷加入伦敦志愿者行列，乔治三世在海德公园接见他们时，用他一贯的方式惊叹道："这么多的动物名字，什么狼啊熊啊狮子啊——厉害，厉害！"在欧洲的另一端——俄国，哈西德派却不想要法国式的启蒙运动和财富。正如一位拉比所言："倘若拿破仑获胜，以色列人的富人必将增多，以色列的杰出人物也必将被高举，但是这些人必将带着以色列的心远离天父。"[115]

犹太人有充分的理由来怀疑世人对待他们的激进态度。革命

---

① 1894年法国犹太籍军官德雷福斯被诬陷犯有叛国罪，被革职并处终身流放，直至1906年才被判无罪。——译者注

女神伸手递来的是一个长了蛀虫的苹果。1789 年的大事件是法国启蒙运动导致的直接后果，带着强烈的反教权思想，而且从本质上说对宗教怀有深深的敌对态度。于是问题来了。虽然在 18 世纪的法国，有才华的作家几乎可以畅所欲言，但是直接批评天主教会还是会招致危险。这个时候，他们发现斯宾诺莎的著作特别有用。潜心研究用理性主义的态度来看待《圣经》真理的斯宾诺莎，不可避免地将拉比宗教的迷信和蒙昧暴露于天下。他也在尖锐地批判基督教，但是他在这么做的时候也为控诉犹太教收集了证据。法国的启蒙思想家在一开始的时候很愿意追随他的脚步批判基督教，但是后来他们发现还是全力以赴批判犹太教更加安全。就这样，他们完全否定了过去奥古斯丁的观点——犹太教是基督教真理的见证，他们认为恰恰相反，犹太教是它所捏造的事实、它的迷信、它的弥天大谎的见证。他们把犹太教看成讽刺画版的基督教，现在他们要全力以赴丑化它。他们坚称，这就是宗教奴役对一个民族造成扭曲的典型例子。

伏尔泰在《哲学辞典》（1756）中认为，现代欧洲社会的基本法律和信仰要向犹太人借鉴，这是荒谬可笑的："他们在巴比伦和亚历山大城的生活，纵然使个人获得了智慧和知识，但是对于整个民族而言，这段经历只教会了他们如何放高利贷……他们是一个无知透顶的民族，多少年来，他们不仅吝啬到让人鄙视，迷信到令人反感，而且还对那些宽待他们的民族抱有强烈的憎恨。""但是，"他转而又好像恩赐似的说，"也不能把他们放在火刑柱上烧死。"[116]法国《百科全书》主编狄德罗的批评虽没有那么恶毒，却在他的《犹太人的哲学》中断定，犹太人拥有"一个无知、迷信的民族特有的所有缺点"。霍尔巴赫男爵则更是过分，他在他的诸多著作中，尤其是在《犹太教的精神》（1770）中，把摩西描写成一个残暴制度的始作俑者，这个制度不仅败坏了基督教社会，更是将犹太人变成了"人类的敌人……犹太人向来蔑视哪怕是最清楚明白的道德规约和国家法度……他们奉命令变得残酷、不人道、不宽容，成为小偷、叛徒和背信弃义的人，认为这一切都是上帝喜悦的行为"。[117]基于这样的反宗教分析，霍尔巴赫把所有普遍存在的社会问题和商业问题全都嫁祸于犹太人。

因此，法国启蒙运动在短期内促进犹太人精神奋扬的同时，也给他们留下了一个沉重的历史包袱。这些法国作家，尤其是伏尔泰，在欧洲各地拥有大量的读者——而且还有人效法。不久以后，德国的第一批理想主义者，如费希特，也开始讨论这个话题。伏尔泰等人的著述，是现代欧洲知识界的契据，是基础性的文件，却包含着恶毒的反犹条款，这对于犹太人来说是一个悲剧。于是，历史久积的反犹论调又多了一层，在以异教徒为基础、以基督徒为主要楼层的这座反犹大厦上面，现在又多了一层世俗的上部结构，在某种意义上说，这最上面的一层尤为可怕，因为长久以来由基督教狂热维持活力的憎犹怒火，即使如今在宗教精神衰微后还将生生不息。

不仅如此，这个新生的世俗反犹主义几乎一诞生就形成两条明确的主线，理论上互相排斥，但实际上是一对相辅相成的恶势力。一方面，正在崛起的欧洲左派势力在伏尔泰的影响下，开始觉得犹太人是反对人类一切进步的蒙昧者；另一方面，嫉妒犹太人从旧制度崩溃中获利的保守势力和传统势力，开始把犹太人描绘成无政府状态的支持者和策动者。这两种说法都不成立，也不可能成立，但都有人相信。拿破仑意在亲自解决"犹太人问题"的善意举动无意之中又助长了第二种传言的气焰。1806年5月，拿破仑颁布命令，召集法国（包括莱茵区）和意大利各地的犹太人参加"犹太名人会议"，他的设想是要按照他和天主教徒、新教徒已经达成的思想路线，确定这个新国家和犹太人之间的永久关系。这个由犹太社区领袖选出的组织人数多达111名，从1806年7月到1807年4月举行会议，回答了当局提出的12个问题，涉及犹太人的婚姻法、对国家的忠诚、内部的组织和高利贷等。根据他们的回答，拿破仑用所谓的"教会议会"取代了原来的公众组织，这是管理犹太人行为的犹太总法规的一部分，如今这些犹太人已不再被视为犹太人，而是"信仰摩西宗教的法国公民"。[118]

即使以今天的标准来看，这仍不失为一种进步。但遗憾的是，拿破仑在这个世俗机构之外还组建了一个由拉比和世俗学者组成的平行会议，为"犹太名人会议"在《托拉》和《哈拉哈》方面提供技术指导。犹太教传统势力对此十分反感，认为拿破仑无权发明此类宗教法庭，更不用说召集此类法庭。但不管怎样，1807年2月至3月，拉比和学者如期举行会议，场面还颇为隆重体面。

这个机构又被称为"大犹太公会",[119]受到的关注程度远远超过了那场严肃的世俗集会本身,在拿破仑的犹太政策被人淡忘了很久以后,欧洲人还一直对它念念不忘。右翼政治势力原本就因为犹太人或真或假的激进目标而对其活动持有强烈的怀疑态度,对于他们来说,这个假公会的集会——真公会已经消失了1 500年之久——就是犹太人阴谋的强力佐证。这难道不就是一个原本一直在地下举行集会的秘密集团,现在可以公开举行合法的会议了吗?记忆中关于犹太人秘密举行国际集会,据称是每年要选择一个城市进行活人献祭的说法又开始搅得人心惶惶。就这样,一个新的阴谋论横空出世了,它是巴吕埃尔神父同年在他的《关于雅各宾主义历史的报告》一书中抛出来的,后来引发有关"锡安长老"及其秘密阴谋等流言的大部分荒诞之说出自此书。公会还引起了新的秘密警察组织的注意,中欧和东欧的独裁政府为对付激进行为专门成立了这些组织,此时激进行为被认为是对传统秩序的长期挑战,后来出现的《锡安长老会纪要》就是从秘密警察这帮人中来的。

因此,当隔离墙倒下,犹太人从隔离区走到自由的天空下时,他们发现自己又进了一个新的隔离区——一个用怀疑和不信任垒筑起来的无形却又同样充满敌意的隔离区,他们摆脱了自古以来的种种限制,但换来的却是现代的反犹主义。

犹太人四千年
A HISTORY OF THE JEWS

[英]保罗·约翰逊 著   管燕红 邹云 译   下

谨以本书纪念
真正的基督教绅士、犹太人终生不渝的朋友
休·弗雷泽（Hugh Fraser）

目 录

第五章 解 放 / 479

1817 年 7 月 31 日,少年老成的 12 岁男孩本杰明·迪斯雷利在西姆布莱毕牧师的主持下,在霍本的圣安德鲁教堂接受了英国国教洗礼,男孩的父亲艾萨克·迪斯雷利和贝维斯马克斯犹太会堂之间的一场争执画上了句号。他们所争的是一个涉及犹太人的重要准则。

第六章 大屠杀 / 641

1914 年 11 月 9 日,英国首相赫伯特·阿斯奎思在伦敦市政厅的一次演讲中宣称:"土耳其帝国正在自取灭亡。"德国对土耳其的示好导致德皇威廉二世放弃了对犹太复国主义的积极支持,这种示好最终获得了成功。苏丹已经将自己托付于德国的胜利,即将对英国发动一场圣战。

第七章 锡 安 / 779

大屠杀和新锡安之间存在有机的联系。600 万犹太人被杀是促成以色列这个国家建立的最主要因素。这一点符合通过受难救赎的信念,而这个信念是犹太人古老而强大的历史动力。数以千计虔诚的犹太人在被赶进毒气室的时候唱着他们的信经,因为他们相信犹太人承受的惩罚是上帝的作为,而且本身就证明他选中了他们,希特勒和党卫军只是这个过程的代理人罢了。

结　语 / 861

术语表 / 865

注　释 / 871

索　引 / 941

第五章 解 放

EMANCIPATION

1817年7月31日，少年老成的12岁男孩本杰明·迪斯雷利①（Benjamin Disraeli）在西姆布莱毕牧师的主持下，在霍本②的圣安德鲁教堂接受了英国国教洗礼，男孩的父亲艾萨克·迪斯雷利和贝维斯马克斯犹太会堂之间的一场争执画上了句号。他们所争的是一个涉及犹太人的重要准则。前面我们已经看到，在犹太教会中，服务社会不是一种选择或特权，而是义务。1813年，经济富裕的迪斯雷利先生当选为执事，或称"帕尔纳斯"，选举过程完全符合贝维斯马克斯圣会的规定，这令他非常气愤。他一向是尽责守规的，作为一名古文物研究文献作者，他还写过《犹太教的天才》一文。但是相比之下他的重要成果是关于殉道者查理王的五卷传记。他对犹太教和犹太教徒都没有太大好感，甚至在

---

① 本杰明·迪斯雷利（1804—1881），犹太人，第一代比肯斯菲尔德伯爵，英国保守党领袖，两度出任英国首相，他还是一位小说家。——译者注
② 中伦敦的一个地区。——译者注

第五章 解 放

《文苑搜奇》（1791）中称《塔木德》是"犹太人野蛮知识的大集成"，认为犹太人中"没有什么天才或有才华的人，犹太人的天才10个手指都数得过来，1 000年还没出过10个伟人"。[1] 因此他致函长老会，说他是一个"惯于过清净生活"的人，"一向不受你们监管"；像他这样的人绝对无法胜任"一向让他排斥的固定职务"。[2] 最后他被罚了40英镑了事。可是3年以后，这事再次出现，这一次迪斯雷利不干了，他索性退出犹太教，让他的几个孩子都接受了基督教洗礼。这次决裂对于他的儿子、对于英国来说——当然还有别的，都具有非凡意义。因为犹太人直到1858年才得到法律承认，可以进入英国议会，如果没有受洗，迪斯雷利永远不可能当上首相。

皈依基督教是犹太人对解放时代做出的一种反应。接受基督教洗礼向来是犹太人躲避迫害的一种方式，解放就意味着洗礼再无必要。但事实上，自18世纪末起，犹太人接受洗礼的现象越来越普遍。受洗不再是令人愕然的叛教行为，也不再意味着那是从一个世界到另一个世界的转变。随着所有宗教的社会作用都在下降，改宗更多的是一种世俗行为而不是宗教行为，甚至可能还有可疑的动机。海因里希·海涅（Heinrich Heine，1797—1856）对这种行为表示非常不屑，称其为"进入欧洲文化的入场券"，1832年他也接受了洗礼。19世纪，中东欧至少有25万犹太人购买了这张"入场券"。[3] 德国历史学家特奥多尔·蒙森（Theodor Mommsen）是犹太人的好朋友，他说，与其说基督教是一种宗教

481

名称，还不如说它是"最能体现当今世界文明特点的一个词语，在这个多民族的地球上，无数的人团结在这个文明里"。[4] 19 世纪，皈依基督教是一种需要，就像 20 世纪的人觉得必须学英语一样，不仅犹太人如此，许许多多非白色人种的原住民也都如此。

对犹太人而言，保留犹太人身份就是在物质上的牺牲，除了美国，在全球各地都是如此。奥地利小说家、报社编辑卡尔·埃米尔·弗兰佐斯（Karl Emil Franzos，1848—1904）说，这种状况让犹太人产生了分化："一类犹太人不愿意作出牺牲，他们接受了洗礼。另一类犹太人虽然作出了牺牲，但是内心觉得信奉犹太教是一种不幸，由此产生了怨恨。第三类人正是因为牺牲太大，反而更加亲近犹太教了。"[5] 受洗有时可以得到丰厚的回报。英国从 18 世纪中叶以来就为犹太人消除了阻碍他们上升至最高层的最后一道障碍。百万巨富萨姆森·基甸尽管自己愿意作出牺牲，但是他不想让他的儿子也这样做。因此，当小萨姆森·基甸还在伊顿公学上学的时候，他就设法让他加封为准男爵，后来这个男孩进入了议会，成了爱尔兰贵族。玛拿西·洛佩兹伯爵受洗后当上了议员，大卫·里卡多也是；还有一名改宗的犹太议员是拉尔夫·伯纳尔，官至委员会主席（副议长）。

在欧洲大陆，犹太教信仰不仅一直是仕途的障碍，更是参与许多经济活动的绊脚石。即使是拿破仑，也对犹太人采取（1806）过法律上的限制措施，这些措施 1815 年被中止，波旁王朝复辟后竟然没有恢复这些措施，也算是他们做的一件好事；但是直到

第五章 解　放

1831 年，当犹太人和基督徒平权后他们才感到有了法律上的保障，犹太人原有的誓约又延续了 15 年。德意志邦联条款的出台（1815）剥夺了犹太人在拿破仑时代可以享有的许多权利，尤其是一度完全禁止犹太人入内的不来梅和吕贝克这两个城市，以及汉堡、法兰克福和梅克伦堡。普鲁士的犹太人依然需要缴纳每年征收的人头税、登记税和"居住递增费"（lodging increment）。他们不得拥有土地，不得经商或从事某项专业性职业，只能从事行业公会不愿染指的"经授权的紧急业务"或借贷业务。1847 年，普鲁士进一步推行改革，次年发布"德国人民的基本权利"一览表，从非宗教角度确立了公民的基本权利，并将之写进德国大多数邦州宪法中。但是大多数邦对犹太人依然实行居住限制，直到 19 世纪 60 年代才将其取消。在奥地利，犹太人直到 1867 年才获得法律意义上的全面解放。在意大利，拿破仑的垮台致使几乎各地的犹太人的政治地位都出现了倒退，过了一代人，他们在 18 世纪 90 年代获得的权利才得以恢复。托斯卡纳和撒丁岛的犹太人直到 1848 年才获得永久性的解放，之后是摩德纳、伦巴第和罗马涅（1859）、翁布里亚（1860）、西西里和那不勒斯（1861）、威尼斯（1866）和罗马（1870）。这只是一个简单的总结，犹太人的解放是一个漫长而复杂的过程，中间几经波折，几度反复。因此，甚至在西欧，法国始于 1789—1791 年的解放过程如果单是法律上就经历了 80 年名义上才告完成，而往东去，尤其是在俄国和罗马尼亚，犹太人依然限制重重。

正是因为有这些推延和不确定性，所以大量的犹太人通过受洗来换取进入欧洲社会的"入场券"。但是在19世纪，依然还有别的办法可以解决犹太人的"身份问题"。对于许多犹太人来说，罗斯柴尔德家族发明的办法是最理想的。私人银行是18世纪金融行业的新生现象，罗斯柴尔德家族成了其最杰出的代表。许多犹太人都创办此类私人金融服务机构，他们大多是宫廷犹太人的后裔，但是唯独罗斯柴尔德家族既躲过了洗礼，又避免了生意上的失败。这是一个非常了不起的家族，他们设法同时做成4件不仅难度大而且一般来说互不相容的事情：用诚实守信的方法快速获得巨额财富；将财富分布到各地而依然能够获得许多政府的信任；不断地赚大钱花大钱却没有引起普遍的反感；在法律上，大部分人在精神上也是，依然保持犹太人的身份。他们是最会赚钱、最会挥霍和最受人欢迎的犹太人。

然而罗斯柴尔德家族非常神秘，没有一本书能够准确地揭示他们的真相，[6]关于他们的无数本书不过是胡言乱语。之所以如此，主要原因还在于他们家族自己。曾有一名女作家计划写一本书，名为《关于罗斯柴尔德家族的谎言》，但最终放弃了。她说："识别谎言易如反掌，但真相无处可寻。"[7]这个家族保密工作做得非常好，这是可以理解的，他们是私人银行家，需要为无数的大腕人物、多国政府保密。身为犹太人，又特别容易遭遇毁灭性的诉讼。他们从不保留不必要的文件证据，出于种种私人的或公务的原因，他们一律销毁文件。他们尤其关心不让生活方面的细

第五章 解 放

节被人用来激起反犹主义情绪。因此这个家族若有人离世，销毁的私人文件之多甚至不亚于维多利亚女王家族的人。该家族最晚近的一名历史学家米里安·罗斯柴尔德相信这其中还有一个原因，那就是他们没有档案室，对自己的历史没有兴趣。他们对祖先保持应有的尊重，对未来怀揣谨慎的态度，但是他们生活在当下，并不太在意过去或未来。[8]

但是尽管如此，关于罗斯柴尔德家族的一些基本事实却是清楚无误的。与犹太人早期的大规模融资是三十年战争的产物一样，罗斯柴尔德家族是拿破仑战争的产儿，他们之所以能够脱颖而出也是因为同样的原因：在战争时期，犹太人的创造力开始显露，非犹太世界的偏见开始隐退。这个家族的财富最主要是由内森·梅耶·罗斯柴尔德在伦敦创下的，其中的经过如下：18世纪90年代中期，法国大革命前夕，欧洲的商业银行业务主要控制在非犹太人手里，如伦敦的巴林家族、阿姆斯特丹的霍普家族和法兰克福的贝特曼。战争的爆发使融资市场迅速扩大，从而为新投资者打开了机遇的大门，[9] 这些新投资者包括德国的犹太人团体：奥本海默家族、罗斯柴尔德家族、海涅家族、门德尔松家族。罗斯柴尔德这个姓氏起源于该家族16世纪居住在法兰克福犹太区时在房子上的"红盾"标记。族长梅耶·阿姆谢尔（Mayer Amschel，1744—1812）做买卖古董和古钱币的生意，同时也兼兑换钱币，后来涉足纺织业，这意味着他有英国方面的人脉关系；他还因为向黑森-卡塞尔的选帝侯威廉四世出售古币而成了他的主要金融代理人，威廉四世是因为向英国军队提供雇佣军而大发其财。这是英国方面的另一条人脉关系。

1797年，梅耶·阿姆谢尔派遣儿子内森（Nathan）到英国打理生意。内森来到曼彻斯特，这里是工业革命初期英国的工业中心，也是迅速发展的棉纺业世界贸易中心。内森自己不生产棉布，而是向小纺织工收购，然后外发出去印染，跳过交易会，把成品直接出售给欧洲大陆买家，由此开辟了一种新的商业模式，后来从事纺织业的其他犹太家族也纷纷效仿，如利兹的贝伦斯家族、布拉德福德的罗森斯坦家族。[10] 内森的直销模式包含三个月的赊欠期，这意味着他又可以涉足伦敦的货币市场。他已经在父亲的关系户利维·巴伦特·科恩那里"拜师学艺"，并娶了科恩之女汉娜为妻。1803年，他将总部迁到伦敦，随着战事扩大，他及时地介入了政府借贷业务。当时英国政府每年需要发售2 000万英债券，市场无法直接消化如此巨大的数额，因此有一部分债券出售给承销商，由承销商寻找客户。此时内森·罗斯柴尔德的汇票已经在纺织行业建立了良好的声誉，他一方面参与这些承销财团，另一方面又作为承兑行兑付国际汇票。[11] 他在获取营运资本方面拥有一个令人称羡的优势。耶拿战役惨败后，黑森－卡塞尔选帝侯将他的钱交给伦敦的内森，让他投资英国证券，内森在为威廉四世效力的同时也为自己积累了雄厚的财力，借此在伦敦金融城建立了良好的声誉。不过，犹太人的老本行——在困境中快速、安全地运送金条——他也干得同样出色。1811—1815年，罗斯柴尔德与英国总军需官约翰·赫里斯合力将价值4 250万英镑的黄金安全运送到在西班牙作战的英国军队手里,其中有一半以上的黄金运输是内森本人或其弟詹姆士坐镇法国指挥的。[12]滑铁卢战役的时候,罗斯柴尔德家族的资本金达到了13.6万英镑,其中9万英镑掌握在伦敦的内森手里。[13]

詹姆士在巴黎的生意始于1811年,标志着家族生意的网络分布开始扩大。1816年,第三个兄弟所罗门·梅耶在维也纳设立分支机构,1821年,第四个兄弟卡尔·梅耶在那不勒斯设立分支机构。1812年,老罗斯柴尔德去世后,长子阿姆谢尔·梅耶成为法兰克福大本营的掌门人。这对1815年开启的和平时期金融业务来说是非常理想的网络布局。为军队的开支筹集巨额资金的做法,促成了一个建立在票据和信用基础之上的国际金融体系的诞生,现在政府发现可以让其服务于各种目的。1815—1825年的10年间,证券发行超过了前100年的总量,内森·罗斯柴尔德逐渐替代巴林银行,成为伦敦最高金融权威机构和主要商业机构。他和局势尚不稳定的拉丁美洲政权没有来往,而是主要和政权稳固的欧洲独裁政府打交道——被称为"神圣同盟"的奥地利、俄国和普鲁士,1822年为它们筹措了一笔巨额资金。1818—1832年,26国政府在伦敦的贷款,有7个国家的贷款是他筹措的,还有一个是与别人合作筹措的,总金额达2 100万英镑,占全部贷款的39%。[14]

在维也纳,罗斯柴尔德家族为哈布斯堡王朝出售债券,为梅特涅献计献策，在奥地利修建了第一条铁路。法国的第一条铁路由巴黎的罗斯柴尔德兄弟公司修建，该公司还相继为波旁家族、奥尔良派①和波拿巴家族筹资，还为比利时新国君提供融资。在法兰克福，他们代表德国王室发行债券。在那不勒斯，他们为当地政府、撒丁王国、西西里王国和教皇国筹措资金。罗斯柴尔德家族的资本总额稳步增长，1818 年达到 177 万英镑，1828 年达到 430 万英镑，到了 1875 年，他们已经拥有 3 435 万英镑资金，其中 690 万英镑由伦敦分支机构掌握。[15]这张广泛分布的关系网大大提升了公司实际的资金调动能力。他们充分发挥传统犹太人的看家本领——情报收集和传送的能力，到了 19 世纪中期，犹太人几乎将银行变成了通讯社。1848 年，保罗·朱利叶斯·路透（1816—1899，原名伊斯雷尔·比尔·约瑟夫）离开其叔父在哥廷根的银行，成立了全球最大的通讯社。阿道夫·奥佩尔（1825—1903），自称阿道夫·奥佩尔·德·布洛维茨，以《泰晤士报》驻巴黎记者的名义，成了欧洲最厉害的私人情报网络中心，必要时还有私人电报线路。但是没有一家报纸比罗斯柴尔德家族拥有更好的重要金融信息来源。晚至 20 世纪 30 年代，他们仍然在福克斯通一带招募情报员，这些人的祖辈都曾是滑铁卢战争时期用快艇传送急报到海峡对面的水手。[16]

和原来的宫廷犹太人不同的是，罗斯柴尔德家族所创立的新

---

① 18—19 世纪拥护波旁家族奥尔良支系的君主立宪主义分子。——译者注

第五章 解放

型跨国银行不会受当地冲击的影响。1819 年，似乎是为了证明犹太人新获得的权利迄今为止只是一个幻想，德国多地爆发了反犹暴力行为，即所谓的"嗨嗨"骚乱（或许是十字军的战斗口号，或者更有可能是弗兰科尼亚赶羊人的叫唤），暴乱分子袭击了法兰克福的罗斯柴尔德银行，然而并未对他们造成影响，他们在 1848 年革命的再次袭击中也没遭受损失。因为钱已经不在银行，在世界范围内流通的是票据。对于犹太人钻研了几百年的这个问题——如何避免合法财产遭遇暴力抢劫——罗斯柴尔德家族终于给出了圆满的解决方法。自此以后，他们的真正财富远非暴民所能触及，甚至贪婪的君主也无法染指。

内森·梅耶·罗斯柴尔德这个创造了公司财富的金融天才，于 1836 年在法兰克福辞世，当时他正在参加长子莱昂内尔（Lionel）的婚礼，新娘是他的弟弟、那不勒斯分行的负责人卡尔的女儿夏洛特。罗斯柴尔德家族几乎总是近亲结婚：他们所谓的"对外联姻"不是和非犹太人通婚，而是和家族之外的人通婚。家族内部通婚是为了肥水不流外人田，把新娘的嫁妆继续留在公司，尽管有人说妻子的财产通常是男人不想要的股份，如南美铁路公司的股票。[17] 莱昂内尔和夏洛特的婚礼在这个家族位于法兰克福犹太巷的老宅里举行，当时 84 岁高龄的女族长仍旧居住在那里，女族长本名居迪勒·施拉普纳，共育有 19 名子女，她还将长寿 10 年。内森去世自然是重大事件，派往伦敦送信的信鸽在布莱顿上空被人击落，据说信鸽携带的是一条密文："人已去。"[18] 但是他的 N. M. 罗斯柴尔德银行——公司实力的核心所在——一如既往地保持着强劲的发展势头：伦敦是全球的金融中心，罗斯柴尔德家族是它最可靠的支柱。就这样，在 1860—1875 这 16 年间，外国政府在伦敦筹集了 7 亿多英镑的资金。在参与融资的 50 家银行中，犹太人的银行占了 10 家，其中包括汉布罗、塞缪尔·蒙塔古和赫尔伯特·瓦格等这些响当当的名字，[19] 而罗斯柴尔德银行是这 50 家银行中发挥作用最大、扮演角色最多的一家。

如此强大的金融实力必然为他们带来政治影响力。小迪斯雷利率先提出这样的观点，说犹太人和保守党是天然的同盟。他指出，伦敦金融城在 1841 年 6 月和 1843 年 10 月这两场关键性的选举中，犹太人的票数起了决定性作用：在后面的那场，他说，为了给反谷物法同盟的自由党人争到席位，罗斯柴尔德家族的人让犹太人星期六都出来投票！[20] 莱昂内尔作为家族的掌门人，也于 1847 年赢得了伦敦的席位（尽管到 1858 年最终取消限制后他才得以进入议会就职），保守党领导人乔治·本廷克勋爵致信 J. W. 克劳克时指出了这次选举的重要性："伦敦选莱昂内尔为代表，已经非常清楚地表明了舆论的倾向，因此我认为，保守党作为一个党派再提反对犹太人对自己不会有任何益处。就像克莱尔郡选了奥康奈尔，最终解决了天主教问题，约克郡选了威尔伯福斯，最终解决了奴隶买卖问题，现在伦敦也解决了犹太人问题。"[21]

但是精明的罗斯柴尔德家族在这件事上并不急于求成，在其他事情上也一样。他们知道时间站在自己这边，愿意耐心等待。

第五章 解 放

他们不想滥用自己的金融影响力,或者说不想让人觉得他们总是在利用这个资源。整体来说,这个家族一向符合人们的预期,爱好和平;分别来说,各分支机构也同样符合人们的预期,倾向于支持所在国家的政策目标。[22] 在他们若愿意便可以发挥最大影响力的英国,最近的证据研究发现,事实上他们很少主动推动政府采取行动。[23] 在涉外事务上若无把握,他们通常会请求政府的指示,比如说在1884年的埃及危机期间。

事实上,他们对待钱的态度是非常地道的英国人方式,并不把钱财本身当回事——总是不屑地称其为"铁皮子"——但是他们用钱建立起了社会地位。他们分别在城区和乡村打造了两个富丽堂皇的犹太区。城市犹太区位于皮卡迪利街和公园路相连的那一端。这个置业过程是老内森在1825年开始的,那年他从银行家库茨的遗孀手里买下皮卡迪利街107号后就搬出了位于伦敦圣瑞辛巷新场2号,不再住在"商铺上面"。其他家族成员,包括英国的和欧洲大陆的,都跟着他一起在这里置业。19世纪60年代,老内森的儿子莱昂内尔在阿普斯利邸宅的隔壁建造了皮卡迪利街148号的豪宅,里面有全伦敦最豪华的舞厅:乔迁之喜也是他女儿大婚的日子,新郎是她的表兄维也纳的费迪南,为新娘致辞祝福的是迪斯雷利。费迪南自己购置了皮卡迪利街143号,同样有一间著名的全白色舞厅,隔壁的142号住着他的姐姐爱丽丝,后面是利奥波德·德·罗斯柴尔德购置的汉密尔顿街5号,拐角的那边,希摩尔街1号,其主人是著名的花花公子阿尔弗雷德·德·罗斯柴

· 491 ·

尔德。汉娜·罗斯柴尔德继承了老内森最早购置的107号,她的丈夫是罗斯伯里勋爵。[24]

至于乡下的宅邸,老内森于1835年花了两万英镑,买下了阿克顿附近的冈纳斯伯里,不过这里并没有真的发展起来,直到他的遗孀在白金汉郡买下了位于艾尔斯伯里谷蒙特摩附近的一座房子,家族的人才陆续来到此地定居,后来慢慢地扩大到附近的赫特福德郡。梅耶·罗斯柴尔德男爵仿造渥拉顿庄园的式样建造了蒙特摩庄园。安东尼·德·罗斯柴尔德爵士搬入阿斯顿克林顿。1873年,莱昂内尔用25万英镑买下了赫特福德郡的特灵,他在霍尔顿还有1 400英亩地产,后来归阿尔弗雷德·德·罗斯柴尔德所有。还有利奥波德·德·罗斯柴尔德位于莱顿巴泽德附近维英的阿斯科特宅邸。19世纪70年代,费迪南男爵建起沃德斯登庄园,他在莱顿巴泽德和上温琴登还拥有别的宅邸。他的姐姐爱丽丝拥有伊斯罗普修道院。就这样,艾尔斯伯里谷就成了罗斯柴尔德家族的天下,他们在那里一共拥有3万英亩土地,从1865年到1923年都代表这个地区在议会里拥有席位。

乡下宅邸的大本营是特灵,特灵在莱昂内尔的儿子兼继承人内森(Nathan)的手里扩大到1.5万英亩,他成了第一代罗斯柴尔德勋爵和白金汉郡治安长官。他按照真正的犹太人传统,将特灵建成了一个微型福利国家。他为当地居民供水供电,配备消防站、阅览室,提供小块园地、医疗服务,甚至还建了一个公共墓地,供居民掩埋狗的尸体。员工福利有度假营、养老金计划、实习、失业金计划、礼品篮和员工聚会。庄园里还饲养牲口、植树造林、举办赛羊会、进行保育试验等。[25]

罗斯柴尔德勋爵的父亲莱昂内尔掌握多项政府融资,用于赈济爱尔兰饥荒,资助克里米亚战争,购买赫迪夫①在苏伊士运河的股份;他在伦敦和公共生活中都和迪斯雷利保持非常密切的关系,甚至远远超过了两人方便承认的程度。在人们的眼中他是一个有正义感的人,宁愿放弃 200 万英镑的利润也不愿意为反犹的俄国政府融资 1 亿英镑。[26] 他和格莱斯顿②及其外交大臣格兰维尔勋爵交情很好,但是和保守党的关系也同样不错。他让伦道夫·丘吉尔勋爵从一个一贯攻击犹太"既得利益者"的人变成了著名的亲犹人士,他还把 A. J. 贝尔福争取了过来,使他成为或许是有史以来最得力的英国朋友。从 1879 年,即他父亲去世的那年起,直到 1915 年他自己去世,他都是伦敦的非正式发言人。他的侄孙女米里安·罗斯柴尔德在其书中称,他很有可能是全世界自古以来最有影响力的一位犹太人。[27] "我想请问诸位,"1909 年劳合·乔治在莱姆豪斯发表演讲时反问道,"难道罗斯柴尔德勋爵是这个国家的独裁者吗?"其实他不是什么独裁者:只不过是一个有慈善影响力的人。1915 年,他临终躺在皮卡迪利街 148 号的病榻上时,临时负责外交部的霍尔丹勋爵来访,请求他阻止一艘中立国的船

---

① 1867—1914 年土耳其政府苏丹授予埃及执政者的称号。——译者注
② 1809—1898 年,英国政治家,曾作为自由党人 4 次出任英国首相。——译者注

运送黄金到德国,"小事一桩。"他边说边在一个信封的背面写了一句指示。[28]

罗斯柴尔德之所以受人欢迎,是因为他那些阔绰的善举不仅精明细致,而且采用的方法稀奇古怪。儿童朝他的马车挥挥手很有可能会遭遇一阵金光闪闪的金币雨。他的妻子埃玛指责他这种做法"不顾别人感受,带有侮辱性",但是他回答说孩子们不会这么想,而且他是对的——特灵的一位老妇人告诉米里安·罗斯柴尔德说,这样的事情让她终生难忘。英国人大多喜欢罗斯柴尔德家族,不仅因为他们赛马场办得非常成功,而且还因为"他们从不硬拽他们的马"。因此普通老百姓也不会介意罗斯柴尔德夫人的大厨大格罗斯特芬——可能是世界上最好的厨师——一年单是买鱼的账单就是 5 000 英镑。圣诞节罗斯柴尔德会给伦敦东区他用过的出租车司机每人送上一对野鸡,他去世时,街头小贩都在他们的手推车上系上黑纱。《帕尔摩报》如此写道:"因为罗斯柴尔德勋爵的这一生,英国才没有出现种族情绪的积压……那种情绪在过去一代人的时间里让多少国家蒙受了耻辱。他是以色列的王子,更是让全英国引以为豪的英国公民。"

罗斯柴尔德家族的方式就是毫不做作地尽情利用犹太人特有的才能,包括赚钱的本领——他们赚了钱也同样尽情地挥霍,最早发现这种方式有好处的是迪斯雷利。他在事业刚起步时就感受到了冈纳斯伯里庄园的热情好客,在给妹妹汉娜写信(1843)时他说:"我们的老朋友艾米把我照顾得非常好,她还给我带来了一只品种极好的海龟，这种龟恐怕一辈子也是难得一见的。"[29] 在迪斯雷利看来，罗斯柴尔德家族是犹太民族的巨大财富，应该利用每一个机会进行充分宣传。1844年，迪斯雷利发表了小说《康宁斯比》。小说中那位洞察一切的人生导师名叫西多尼亚，是一名完美的犹太人，迪斯雷利表明他的原型就是莱昂内尔·罗斯柴尔德，并把他描写得非常完美。不过，迪斯雷利总是有意夸大罗斯柴尔德的智慧和远见，同时把他们的活动描写得富有神秘性和戏剧性。1876年购买赫迪夫股份这一事件就是迪斯雷利自己的炒作，关于这个家族的许多荒唐而迪斯雷利却看作珍贵而富有创造性的神秘传说都是从他那里流传出来的。

当然，迪斯雷利肯定也不会否认，把罗斯柴尔德的成功故事写成童话般的神奇传说，也只有在像英国这样政治、社会氛围都十分友好的国家才可行。当1826年所有限制都被取消之后，不管哪里的犹太人都可以畅通无阻地来到英国。对于入籍后的犹太人的地位，大法官布鲁厄姆勋爵在1833年是这样归纳的："国王陛下信奉犹太教的臣民生而享有国王陛下其他臣民享有的一切权利，除非法律另有规定。"[30] 这些限制条件确实存在，犹太人常常用试错的方法来发现问题。一旦发现问题，经过不断争取，议会或者相关机构通常就会做出行动，赋予犹太人平等的权利。就这样，1833年，就在布鲁厄姆发表声明的那一年，犹太人获准可以从事律师职业，13年后政府又出台了一项有利于他们的法令，解决了他们是否可以拥有私有土地这个争论了很久的问题。

不仅如此，英国早已准备好了不仅欢迎和接受犹太人，而且还要帮助英国以外的犹太人。第一次是在 1745 年，当时玛丽亚·特蕾莎驱逐布拉格的犹太人，她的盟友乔治二世就通过外交渠道提出抗议。1814 年，外交大臣卡斯尔雷勋爵指示他的特使克兰卡蒂伯爵"敦促德国对信奉犹太教的个人采取全面宽容政策"。无疑是因为考虑到了罗斯柴尔德家族，他为法兰克福犹太社会做出了特别的努力。在亚琛会议上，英国也同样是帮犹太人的。[31]

帕默斯顿勋爵（Lord Palmerston）为了犹太人的利益做出了非常积极的努力，这一方面是因为政策的需要，另一方面还因为他的岳父沙夫茨伯里勋爵，后者坚信犹太人回归耶路撒冷将会加速基督的复临。[32]1827—1839 年，主要是因为英国方面的努力，耶路撒冷的人口从 550 人增加到了 5 500 人，整个巴勒斯坦地区的人口超过了 1 万——这是犹太人回归"应许之地"真正开始。1838 年，帕默斯顿任命 W. T. 杨出任耶路撒冷首位西方副领事，嘱咐他"为犹太人提供全面的保护"。[33]两年后，他致函英国驻君士坦丁堡大使庞森比勋爵，指示他给土耳其施加压力，要他们允许犹太人从欧洲返回巴勒斯坦。他后来说，在罗斯柴尔德家族资金的支持下，勤劳的犹太定居者"极有可能会为土耳其帝国增加财富，促进当地文明的进步"。"上帝已拣选帕默斯顿，"沙夫茨伯里写道，"要他为上帝的古老民族作公义之器"；帕默斯顿给庞森比的信"相当于居鲁士颁发的诏书"。

帕默斯顿对帮助西方富裕犹太人解救他们苦难中的犹太同胞

第五章 解 放

也起了积极的推动作用。1840年2月,1名嘉布遣会①修士及其仆人在大马士革突然惨遭血腥谋杀,让中世纪流传的"血祭诽谤"又沉渣泛起。当地的嘉布遣会立即做出反应,称这两人是被犹太人所杀,其目的是要用他们的血为逾越节作准备。土耳其政府和法国领事袒护基督教社会,相信这个指控属实,并以此展开野蛮的调查。一名犹太理发师所罗门·尼格灵在严刑逼供下供出别的犹太人,致使其中两人死于酷刑,一人皈依伊斯兰教得以幸免,而其他人提供的信息又导致更多的犹太人被捕。这次暴行发展到最后导致63名犹太儿童被带走,他们将这些儿童扣为人质,逼他们的母亲说出藏血的地方。[34]

由于被捕的犹太人中有一名奥地利公民,所以这件事引起了一些大国的直接关注。在伦敦,帕默斯顿在英国犹太人代表委员会主席摩西·蒙蒂菲奥里爵士(Sir Moses Montefiore,1784—1885)的请求之下决定出手相助。蒙蒂菲奥里出生于里窝那,是伦敦金融城12名"犹太经纪人"之一,因为娶了朱迪丝·科恩,成了内森·罗斯柴尔德的连襟,他也是后者的股票经纪人。1824年,他退出生意以便全身心致力于为世界各地受压迫的犹太人提供帮助。或许他是最后一位能够利用自己的社会地位向施加迫害的政府说情的知名犹太人。蒙蒂菲奥里是维多利亚女王的好友,女王在孩童时代住过他在拉姆斯盖特的"海上公馆",后来册封他

---

① 罗马天主教行乞修士方济各修会的3个独立分支之一。——译者注

为爵士；也许是因为他，维多利亚女王尤以亲犹太人著称。在帕默斯顿帮助下，蒙蒂菲奥里组织了一个西方犹太人代表团，其中包括著名的法国律师阿道夫·克雷米厄（1796—1880），前往亚历山大求见叙利亚统治者穆罕默德·阿里。蒙蒂菲奥里及其同僚不仅让被俘的犹太人于 1840 年 8 月获得释放，而且还说服土耳其苏丹颁布敕令，禁止散播血祭诽谤和以此为由逮捕犹太人。此次任务圆满完成后，蒙蒂菲奥里和英国外交部又在其他多次事件中为犹太人伸张正义。[35] 蒙蒂菲奥里一直活到 100 多岁才去世。不过英国政府也主动干预过此类事件：1854 年帮助瑞士犹太人，1856 年帮助巴尔干犹太人，当时外交部指令英国驻布加勒斯特特使，"鉴于犹太人的特殊地位，他们理应得到文明社会的保护"；在 1876 年的柏林会议上，迪斯雷利竭力为犹太人争取平等的宗教权利。[36]

然而迪斯雷利却从不满足于只为他们伸张正义。他相信，犹太人凭借其优秀的品格和辉煌的历史，理应享受特别的尊重。他凭借自己过人的胆识和丰富的想象力，倾力为他们争取这样的尊重。迪斯雷利从小作为基督徒被抚养长大，但是 1830—1831 年到地中海和圣地的游学旅行经历，激起了他对自己民族的兴趣。他看到叙利亚各地的犹太人尽管面临各种条件限制，依然克服困难，脱颖而出，这令他感到深深的折服，他称他们是"东方的罗斯柴尔德"。他在那里收集了许多材料，这些日后都将出现在他的小说里。他注意到，帕夏①喜欢聘用犹太金融专家，因为必要时就可以牺牲掉他们："他们用希伯来语记账，书写模糊，难以辨认"，后来他在《坦克雷德》中塑造了这样一个人物——亚当·贝索。[37]耶路撒冷是他的最爱，就在这部小说里（发表于1847年），他生动地再现了这个城市在15年前留给他的印象，这是他所有小说中自己最钟爱的一部，被贴切地称为"维多利亚时代的精神自传体小说"。[38]

迪斯雷利从来不用"犹太人不比其他民族差"的说辞来为他们辩护，他认为犹太人更加优秀。他说他鄙视"现代认为人生而平等的那种有害观点"。有的现代历史学家认为迪斯雷利本质上是一个马拉诺人，这种说法不无道理。[39]他身上集中了塞法迪最早的傲慢、自负和浪漫，他认为所有的犹太人都有这些特点。阿什克纳齐总是自暴自弃地认为犹太人遭受类似《圣经》中的苦难是他们罪有应得，这种说法对他来说根本就是无稽之谈。他认同塞法迪的观点，即以色列如同人体的心脏，被迫不公平地承担着全人类的邪恶。犹太人一旦获得解放，他们的天赋必将散发耀眼的光芒，让世人为之震惊。[40]这些天赋是属于以色列民族的天赋，"一切都是民族的，"他笔下的完美犹太人西多尼亚说，"别无其他的真理"。

所以说，种族优越论，在社会达尔文主义者让它流行起来、

---

① 奥斯曼帝国行政系统里的高级官员，通常是总督、将军及高官。——译者注

在希特勒玷污它的名声之前，迪斯雷利早就在宣扬了。他在《康塔里尼·弗莱明》一书中说，他是"世界最古老民族的直系后裔，祖先是与其他民族严格隔绝的、纯正的贝都因民族，他们在英国还赤裸半身在林里采食橡实的时候，就已经有了高度发达的文明"[41]。"西多尼亚和他的弟兄，"他在《康宁斯比》中写道，"拥有撒克逊人、希腊人，以及其他高加索民族都已丧失的特征。希伯来民族是一个纯正的民族。"这是希伯来人和沙漠阿拉伯人——"唯一骑在马背上的犹太人"——共有的优点。迪斯雷利认为，摩西"从各个方面说都堪称高加索人的完美典范，几乎和伊甸园里上帝初造的亚当一样完美"（《坦克雷德》）。在他看来，"一个民族的衰亡势在必然，除非他们深居沙漠，从来不和别的民族混血"，如贝都因人。犹太人的种族纯净性得以保存下来，正是因为外族的迫害和经常性的流动和迁徙：

> 摩西的阿拉伯人（犹太人）虽然不是唯一却是最古老的、血统纯正的城市民族！一个一流组织的纯正民族，就是自然界的贵族……西多尼亚认为，他们之所以长期以来未被那些混血民族同化，是因为高加索人种如同清澈的水源没有受到污染，更是因为那位伟大的立法者与众不同的天才设想。那些原本意欲迫害他们的混血民族，总是渐渐地自行消亡，而受迫害者却依然强盛，焕发着纯正的亚洲人种的原始活力。（《康宁斯比》）

第五章 解 放

这一思想他在书中的其他地方再次重申:"刑罚和酷刑都不起作用,施迫害的混血民族在哪里消失,受迫害的纯正民族就在哪里傲立。"

那么,迪斯雷利的基督教信仰又是怎么回事呢?对于这个问题他也用悖论做出了机智的回答,他总是说,"我是插在《旧约》和《新约》之间的那张空白页"。他乐此不疲地一面批评基督教徒不认识犹太教的好处,一面批评犹太人不理解基督教是"完美的犹太教"。他在1849年为《康宁斯比》所作的前言中写道:"笔者认为,我们在维护基督教会有给人以新生的权利的同时,应该做点什么,还这个创立了基督教的民族以公道。"犹太民族贡献了摩西、所罗门和耶稣基督,他们是"最伟大的立法者、最伟大的治国者和最伟大的改革者——有哪一个现存或已经消亡的民族,能够产生三位像他们这样的伟人?"然而,同样地,他也认为犹太人"只承认犹太宗教的前半部分"是荒唐的。他在休恩登的文件中留下了下面这段话(写于1863年左右):

> 我认为教会是现存的唯一犹太机构——别无其他……若不是因为教会,还有谁知道犹太人。教会是犹太人创立的,它忠于自己的出身。教会让犹太人的历史和文学得以广为人知……公开宣读自己的历史,让它的公共特性鲜活地保存在人们的记忆里,把它的诗歌传播到世界各地,犹太人的一切皆因有了教会……犹太人的历史若不是发展的

325

历史它就什么也不是。[42]

迪斯雷利认为保守党反对允许犹太人担任议员的议案是不合逻辑的，因为塞法迪相信传统，相信权力等级，相信宗教精神必须贯穿于一切世俗生活中，这些从本质上来说也都是保守党的思想观念。他在《乔治·本廷克勋爵传》中提到，1847年提出犹太人议案时，只有4名保守党人投了赞成票——他本人、本廷克、托马斯·巴林和米尔恩斯·盖斯凯尔，"议会中他们这一派人中这几个是最有口才的"。本廷克就是因为这一次维护犹太人权益的演讲才失去了下议院保守党领导人的职位。于是又出现了迪斯雷利乐于见到的一个悖论——保守党惩罚本廷克为犹太人说话，却反而把迪斯雷利推上了领导人的位置。不过这在迪斯雷利看来才是正确的：他相信贵族和精英的联合可以产生巨大的能量，而犹太人则是精英中的精英。迪斯雷利不仅仅骄傲地指出知名犹太人士的杰出成就，更是发现犹太人的天才无处不在。第一批耶稣会① 会士都是犹太人，拿破仑的手下名将苏尔特和马塞纳（他称其为"玛拿西"）是犹太人，莫扎特也是犹太人。

迪斯雷利的亲犹太宣传在欧洲大陆就不可能行得通，欧洲的犹太人绝不可能跟着他天马行空的想象力走。尽管如此，19世纪初的犹太学者还是坚决反对将犹太教描绘成中世纪蒙昧主义的遗

---

① 天主教修会。1534年由圣罗耀拉在巴黎大学创立。——译者注

第五章 解 放

风,他们试图努力改变伏尔泰在斯宾诺莎的思想基础上为坚守信仰的犹太教徒塑造的可憎形象,代之以知识型的美好形象。这么做首先必须在拉比学问的精华和世俗学界架设一座桥梁。斯宾诺莎以及受其影响的学者认为,犹太教研究得越深越会令人反感,对于这样的普遍看法,门德尔松根本无力驳斥:他对传统犹太文化的了解还不够深入。比他更为激进的追随者也无意去驳斥这些观点。拿弗他利·赫兹·霍姆伯格和哈特维希·维塞利等人虽然力挺学习希伯来语,却想要摒弃传统的犹太宗教教育,抛弃《托拉》和《塔木德》,拥抱一种自然宗教的形式。

然而在第二代马斯基尔中,有些人既受到启蒙思想影响,又通晓犹太教的学问,他们忠于信仰,同时又精通世俗之道。一名来自德国中部的学校校长伊萨克·马库斯·约斯特(1793—1860)写了一部共9册的以色列历史,该书采取的是一种介于犹太传统和现代世俗之间的折中方法。这是同类著作中第一部在非犹太世界中造成巨大影响的书。不过更重要的还是孜孜不倦埋头苦干、辛勤耕耘的利奥波德·聪茨(Leopold Zunz,1794—1886),他把漫长的一生全部奉献给了犹太学问:更新过时的犹太知识,用现代的"科学"精神将它展示出来。

聪茨和后拿破仑时代的他那些朋友称自己的研究工作为"犹太教科学",这项雄心勃勃的伟大工程始于1819年,不久之前发生的"嗨嗨"骚乱表明,即使在充满现代意识的德国,犹太人要被世人接受是多么艰难。他们成立了犹太文化科学协会,旨在用科学的方式来探索犹太教的本质,展现犹太知识的普适价值。他们有一个机构,主办有关犹太思想和犹太历史讲座,还有一份刊物。他们设想的基础是,犹太人对世界文化有过巨大的贡献,只是后来逐渐式微,陷入狭隘的宗教复古主义,现在必须让犹太学问再次展现生命力,"犹太人必须再一次表现出勇于参与全人类共同事业的决心"。其中的一位创始人伊曼纽尔·沃尔夫在他们办的第一期刊物中写道:"他们必须提高自己,提高自己的行为准则,达到科学的水平……将来若是有一条纽带将全人类联合起来,那么这条纽带必定是科学的纽带,是纯粹理性的纽带。"[43]

这是非常美好的设想,但还是招来了汹涌如潮的批评。首先是一个非常现实的问题。1819 年,德国犹太人尚未完全获得解放,一个人可以追求世俗学问并保持他的犹太人身份到何种程度呢?爱德华·甘斯(1798—1839),犹太文化科学协会最热心的创始人之一,这位才华横溢的年轻人是历史法学专业的讲师,拥有柏林大学的讲师职位,他的课非常精彩,但是他的学术前途受到了犹太教信仰的严重阻碍,其他人也面临同样的问题。"纯粹理性的纽带"尚未产生,对大多数人而言,犹太教让他们作出了太多的牺牲。1824 年 5 月,犹太文化科学协会解散,第二年甘斯接受洗礼,继续谋求教授职位,追求功名。协会的多名优秀成员选择了同样的道路。于是,不少从一开始就对整个活动持怀疑态度的正统犹太人,似有先见之明地点着头说:世俗化的结果总归如此——总会导致信仰的消失。

第五章 解 放

然而聪茨没有放弃。他翻译了大量的犹太文学，尤其是米德拉西和礼拜诗歌，详尽地提出了他对犹太历史的见解，他还为百科全书供稿，遍访各大图书馆搜集材料，却发现自己被梵蒂冈图书馆拒之门外。然而他的学术研究招来了对"犹太科学"的第二种反对声音：这岂不违背真正的犹太教精神吗？实际上聪茨设想的是一部囊括犹太知识历史的大百科全书，在这部百科全书里，比如说犹太文学，它将会和世界其他的伟大文学并列其中，并成为同类中的巨擘。他说他要把犹太写作从神学中解放出来，"提升到历史的角度"，[44] 但是这"历史的角度"包括什么呢？事实上历史的角度就是要像聪茨那样承认犹太人的历史和犹太文学的主题只是世界历史的一个组成部分。和德国其他人一样，聪茨也受到了黑格尔从低到高的发展观影响，不可避免地将这个辩证法应用到了犹太教上。他说，犹太人历史上只有过一个时期，内在精神和外在形式达到了统一，当时他们是世界历史的中心，那就是古代的圣殿时期，此后他们就落入了外邦民族的手中，其内部历史就成了思想史，外部历史就是一部漫长的苦难史。聪茨认为，黑格尔式的世界历史发展高潮终将到来，届时所有历史发展进程都将汇聚在一起——那就是他所理解的弥赛亚时代。等到那个时候，《塔木德》和它所代表的一切都将变得无关紧要。与此同时，犹太人必须表现出他们通过他们新的历史科学，对实现这个过程做出了贡献，他们有义务确保犹太思想遗产经过凝练后成为人类文明社会的共同财富。[45]

从某种程度上来说这是非常美好的愿景，但这不是犹太教。虔信的犹太教徒——也只有他们——否认存在两种知识：圣学知识和世俗知识，在他们看来，知识是唯一的，而且，获取知识的正当途径也是唯一的：发现上帝的真实旨意以便遵从它。因此，"犹太教科学"这门错位的学科，和犹太教信仰背道而驰，和犹太人真正的治学观念更是南辕北辙。正如海以亚拉比在公元4世纪所说："一个人学习律法却无意服从律法，他活在世上还有何意义？"[46]真正的犹太人并不认为犹太历史是世界历史中自成一体的组成部分，与其他民族的历史平行，对他们而言，犹太历史就是全部的历史。他们相信，如果没有以色列，就不会有世界，也不会有历史。上帝曾经创造了许多世界，因为不满意而逐个将其毁灭，如今的这个世界他是为《托拉》而造，为他带来了喜乐。但是如果以色列拒绝了上帝交予他们的《托拉》——在一些《塔木德》学者看来以色列人差不多已经拒绝《托拉》了——那么世界就会回到从前的混沌状态。因此第二圣殿的毁灭和巴尔·科赫巴起义的失败不是犹太历史，而是人类历史的两个篇章，上帝说（根据坦拿记载）："那些犯罪的民有祸了，我已因他们犯的罪，毁了我的殿，烧了我的圣所，将他们流散到世界的百姓中去。"[47]自此以后，犹太人不再书写历史，他们认为已无历史可写，历史的脚步已经停止，唯有弥赛亚降临历史才会继续，中间的过程转瞬就被遗忘，拉比拿单比喻说，就像远嫁的公主一到等待迎娶她的国王的国度，就忘了自己在航海途中经历了怎样的狂风暴雨。

因此，尽管聪茨以"科学"的方式将犹太历史和犹太学识呈现为对世界文化宝库的贡献，这种做法或许给非犹太社会留下了一定的印象，但是"科学"，顾名思义，就是要和犹太教的绝大部分一刀两断。这遭到了 19 世纪正统教的杰出代言人，拉比萨姆松·拉斐尔·希尔施（Rabbi Samson Raphael Hirsch，1808—1888）的无情批判，而且从宗教角度来说，这种批判无从辩驳。这位当了 37 年法兰克福拉比的汉堡犹太人并非一个反启蒙者，首先，他的德语写得非常优美，他为年轻人所作的犹太教信仰介绍，以《论犹太教的十九封信》（1836）的书名发表，非常有说服力。他并不反对世俗教育；相反，他引用拉比迦玛列的话说，《托拉》知识和世俗知识都是理当学习的。完美的"以色列人"，他说，是"既开明又守规的犹太教徒"。[48] 但是，他认为，犹太人利用世俗知识和世俗知识吸收犹太教，这两者之间是有天壤之别的。以色列不是世俗社会，而是神圣社会，因此，凡是涉及犹太社会的科学都必定是一种神学。犹太人的经历和遭遇不可能是世俗历史的一部分，它们是上帝旨意的展现，自然属于神的启示。普通文化和犹太文化之间并无冲突：它们是完全不同的两回事。将二者混为一谈，反而对犹太教有损无益；如果融合犹太历史和世俗历史，就是剥夺犹太教的神性，扼杀它富有生命力的思想，而那才是它的主题。

希尔施用一段措辞激烈、铿锵有力的话，解释了这么做将意味着什么：

摩西和赫西俄德、大卫和萨福、底波拉和提尔泰奥斯、以赛亚和荷马、德尔斐和耶路撒冷、德尔斐神殿的三脚祭坛和饰有基路伯的至圣所、先知和神谕者、诗篇和悲歌——对我们而言,他们都已作古,在墓中安息,他们都是同样的起源,同样的存在意义——人生短暂,一切都是过眼云烟。待到云消雾散时,我们先祖的泪水和叹息不再充盈我们的心田,而是我们的书房。先祖温暖的心跳,已成为我们民族的文学,他们热情的生命气息,已化为我们书架上的纤尘……逝去的先人会因为今天我们文学上的作为而欢欣,而感谢我们这一代人吗?他们会承认谁是他们真正的继承者?是那些还和他们做着同样的祈祷却忘记他们名字的人,还是已忘记如何祈祷却只记得他们名字的人?[49]

同一世纪稍晚时候,尼采说得更加坚决:一个宗教的历史一旦可以用科学的方式加以研究,那么这个宗教就已经死了。

然而,如果按照希尔施的逻辑,犹太人等于又回到了启蒙运动以前的那个起点。他们会时不时地被迫区分两种知识,虽不至于如戈登所言的"在外是人,在家是犹太人",但却是"生意(或娱乐)需要世俗知识,真正理解内涵要靠犹太知识",这将是阻碍犹太人为普通社会所正式接受的一道不可逾越的障碍。那么,是否有什么折中的办法呢?

第五章 解 放

一名加利西亚犹太人就是在努力寻找这样的办法。纳赫曼·科罗赫马尔（1785—1840）是科学运动的最初成员之一，但他并不赞同科学运动关于犹太人的知识同化是容易实现的观点。他也算是黑格尔的信徒，但是受到迈蒙尼德理性主义的影响更多。事实上，他还试图修订迈蒙尼德的《迷途指津》，虽然他非常谨慎，未将其发表出来。最后，他的手稿由聪茨进行整理，1851年在他去世后才出版。科罗赫马尔认为犹太启蒙主义者和冥顽不灵的正统派同样是不可取的，前者使犹太教失去生命力，后者使它变得面目可憎，二者都在19世纪的社会环境中造成许多人背离信仰。深究其中的问题就会发现，这两类犹太人都缺乏犹太历史意识。启蒙主义者认为犹太历史只是小时候学习的历史，长大成人后就要转而学习世俗的、"成年人"的历史。而正统犹太教徒则完全无视历史——正如他说所，"《托拉》中，一切都不分先后"。他的提议是要创建一个犹太人历史哲学体系，他采用了黑格尔的发展观，但他并没有将其改头换面，而是加入了犹太教的元素。他将犹太历史分成产生、发展和衰亡三个阶段，以表明"当衰亡和毁灭实现时，我们当中总会产生新的精神和新的生命；如果我们跌倒，我们还会兴起，我们的思想将会受到激励，我们的神不会抛弃我们"。显然这不仅仅是世俗的历史，它和中世纪类似于命运之轮的历史，或者20世纪中期被阿诺德·汤因比普及的发展和衰落的循环，有着异曲同工之处，只是科罗赫马尔还加入了黑格尔的思想元素：每个循环都有进步——这是人类认识从立足于纯粹自然到最终认同纯粹精神的发展过程。所有民族的历史都在一定程度上体现了这样的过程，但其他民族昙花一现，犹太人却是永恒的，因为他们和"绝对精神"（上帝）之间有着特殊的关系。因此，"犹太教的历史就是意识教育的历史"——有开始、经过和结束。[50]

然而遗憾的是，科罗赫马尔的历史哲学观并不能让正统派犹太教徒满意，原因是他未能，或者说没有将弥赛亚时代纳入他的理论体系中，除非是从某个含糊的隐喻角度来看。非犹太人对他的研究更是没有兴趣。不过，犹太人中还是出了一位历史学家，而且还是一位非常了不起的历史学家，他就是海因里希·格雷茨（Heinrich Graetz，1817—1891），不仅开明的犹太人读他的书，相信他的思想，非犹太人也读他的书——而且在一定程度上接受他的思想。从1856年到1876年，他相继发表11卷《犹太史》，这是19世纪重要的历史著作之一，世界各地推出了各种缩编版，还被翻译成了无数种语言，这部书至今仍具有相当重要的价值。[51]但是从这部书的体系架构来说，它还是犹太的而非世俗的著作：它主要从《托拉》和《托拉》研究的角度来讲述犹太人的历史。而且，作者的历史观也是宗教的历史观。在他看来，犹太人显然不同于其他任何一个民族，他们是一个独特的政治宗教有机体的组成部分，"《托拉》是这个民族的灵魂，圣地是这个民族的身体"。这位犹太代表人物将在世界历史中扮演一个非常重要的戏剧性角色。在该书第四卷的前言里，格雷茨这样描写肩负历史和神圣使命的犹太人："一面是被奴役的犹大，手拄拐杖，肩上背着朝圣者的包袱,神情忧戚地仰望天空,他的四周是牢狱的围墙、各种刑具和发着红光的烙铁;另一面还是同一个人,他身处一个摆满各种语言书籍的书房,容光焕发的面容,探询的目光……他是拥有思想者骄傲的奴隶。"[52]格雷茨参考了各种语言的大量文献,但是他对犹太人的看法却根植于《以赛亚书》第二部分,尤其是"受苦的仆人"这个思想。他认为,犹太人"在寻找有关人类拯救的宗教和道德真理方面,一向富有成效和影响力"。犹太教是(受神意启示的)自创性宗教,从这点来说,它不同于其他的著名宗教,它的"火光"点亮了基督教,它的"种子"结出了伊斯兰教的果子,从它的思想中还可以追寻到经院哲学和新教的源头。[53]不仅如此,犹太人的命运还在继续发展。在格雷茨看来,弥赛亚不是一个人而是一个集体,犹太人就是一个弥赛亚的民族。他和黑格尔一样,也相信完美国家的概念,认为犹太人的最终使命是订立一部宗教国家宪法,这样的宪法将会开启一个黄金时代。

这样介绍格雷茨对他来说并不公平,不过话又说回来,我们很难对他做出公正的评判,因为随着他想用"犹太人的方法"来解决世界问题的热情时增时减,对于犹太人的使命到底是什么,他的思想有很大的起伏。他时而认为犹太人将是实际的世界领袖,时而又觉得犹太人只是道德的楷模。但是无论何种情况,他都将犹太人描绘成优等民族。他虽不是犹太复国主义者,但绝对算得上犹太民族主义者,他在提出犹太人主张时,不像迪斯雷利,以浪漫的悖论引人入胜,而是连犹太人也觉得他咄咄逼人,这不可避免地引起了非犹太人,尤其是德国人的反感。因此,格雷茨的著作,尽管于犹太历史研究而言具有永久性的重要意义,但是对如何在犹太教和世俗世界之间架起桥梁的问题,依然没有做出回答。作为历史,它是有价值的,但是作为哲学,却得不到任何群体的认可。事实上,被它激怒的并非只有德国的民族主义者。格雷茨似乎对犹太教的神秘主义所知甚少,他极其鄙视喀巴拉和哈西德派教徒,当时的哈斯卡拉学生被他称为"思想僵化的波兰《塔木德》主义者",他说意第绪语是滑稽可笑的语言,因此他不可能给广大东方犹太民众传递什么实实在在的信息。可是,受启蒙思想影响的正统派对他也不满。格雷茨起初是希尔施的门徒,1836年,他读了那位拉比的《论犹太教的十九封信》,这本书拯救了这位年轻人的信仰。格雷茨认为自己从根本上来说还是犹太人的思想观念,但是希尔施却认为他的著作"既肤浅又荒诞"。看来他真的是谁也不讨好。

332 假如在如何让犹太文化和世俗文化联系起来的问题上找不到满意的解决方法,那么信奉犹太教是否还能与现代社会保持协调呢?这也是当时人们试图要解决的一个问题。犹太教改革(我们当代的叫法)就是19世纪20年代的产物,那个时候犹太社区首次受到了解放运动和启蒙运动的全面影响。和其他所有试图让犹太教与世界建立新关系的努力一样,这也是一场主要由德国主导的运动。塞森和柏林分别在1810年和1815年进行了最早的改革试验,1818年,汉堡成立了一所改革派会堂。这些都是在当时人

第五章 解 放

们认为新教必胜的背景之下发生的。世界各地的新教国家似乎都出现了繁荣。信奉新教的普鲁士逐渐成为德国势力最强、效率最高的一个王国；英国是世界上第一个工业国，征服了拿破仑，是有史以来最富裕的商业帝国的中心；美国也是新教国家，成为一个正在崛起的西方大国。经过改革的基督教信仰与显示上帝恩惠的繁荣迹象之间的这种联系，难道不是宗教社会学的宝贵一课吗？在天主教国家，尤其是法国，许多政治作家纷纷发声表达了他们对新教即将主宰世界的忧虑，以及天主教应学习新教中最有益于社会的特点的迫切愿望。但是哪些特点是值得学习的呢？焦点都集中在看得见的外部标志上：礼拜仪式。新教礼拜仪式大都庄严而得体，简单而不失隆重，其主要特点是诵读经文使用本国语言，布道论证充分有力。相比之下，天主教依然还是中世纪，实际上是古代的那套令人尴尬的虔诚的礼拜方式：香烛、明灯、古怪的礼服、圣人遗物和雕像，几乎无人能懂的礼拜语言。有人提出，这一切都需要改革。然而这些改革的呼声在权力集中和实行强权的天主教会内部根本无人理会，不仅如此，传统的天主教还不乏有力的捍卫者，如夏多布里昂，他的《基督教真谛》(1802)为新的天主教民粹主义奠定了思想基础。在英国，作为新教堡垒的牛津运动，非但没有为天主教提供指导，不久后反而求助于天主教。实际上，天主教总的来说并没有任何自卑情结，在绝大多数人信奉天主教的重要国家尤其如此。如此一来，这场改革被推迟了150年之久，直到20世纪60年代，罗马才陷入明显的混乱。

对犹太人而言情况又不同了，尤其在德国和其他的"先进"国家。开明的犹太人对传统的礼拜方式感到自惭形秽：沉重累赘的过往、知识内容的缺失、正统教徒喧闹而有失体统的祷告方式。在新教国家，基督徒光顾犹太会堂相当流行，他们看到这样子心中不免产生鄙视和同情。因此，犹太教改革首先要做的就是消除其崇拜形式中的荒唐之处，其目的是要在人们心中唤起一种合理的宗教思想，当时它的口号是"启迪"和"虔诚"，他们还借用了基督教的布道方式。改革家约瑟夫·沃尔夫（1762—1826）是德绍的一名教师和社区秘书，门德尔松的忠实信徒，他就是以德国最杰出的新教徒演说家为榜样。犹太人一向善于学习新事物，很快便掌握了这种布道方式。不久，柏林会堂就以它精彩的布道引得新教牧师也前来聆听学习，双方互相交换意见。[54]他们还引入了管风琴音乐和欧洲风格的合唱，其中前者是德国新教的另一大特点。

到了1819年，也就是在犹太科学协会成立的同年，汉堡会堂开始使用新的祈祷书。美学上的变化扩大到了更多的基本性事务上。如果礼拜方式因为令人难堪就可以改变，那么荒唐、不合时宜的信条为什么就不可以改变？弥赛亚的话题放下不提了，回归圣地的话题也不说了。和马丁·路德的宗教改革一样，犹太教改革的目标也是要净化犹太教，让它焕发新的活力。[55]但遗憾的是，二者之间存在一个重要的区别。路德不会总是环顾左右，效仿别人的做法，不管结果如何，他是被自己内心一股天然的强大力量驱动着，正像他说的，"我别无选择"。他自成一家，他的新型基督教有其特定的信条和特殊的礼拜方式，完全是他的首创和独创。犹太教改革派却没有这么强大的信念支撑，它更多的是被社会理性思想和让它变得更加文明的愿望推动着，它的精神不是宗教的，而是世俗的，它和19世纪从孔德的实证主义到世界语等许多理想主义方案一样，意图是良好的，但却是一种人为的构造。

如果这次改革运动能出现一位像东欧哈西德犹太人中所盛产的宗教奇才，结果可能就会两样。但是他们没有等来马丁·路德那样的人物，勉强算得上一个的是拉比亚伯拉罕·盖格尔（Rabbi Abraham Geiger，1810—1874），他相继成功地领导了布雷斯劳①、法兰克福和柏林三地的改革运动。[56]盖格尔精力充沛，信仰虔诚，学识渊博，是一个非常理智的人，或许理智过头了，因而缺乏自命不凡的胆魄和摧毁旧体制的积极性，而这正是宗教革命者所需要的品质。他在1836年的一封私人书信中写到过，犹太教必须废除所有旧的体制，在一个全新的基础上进行重建。然而在实际行动中他却感到无能为力。他反对用希伯来语进行祈祷，却又无法在礼拜中废除用希伯来语祈祷；他认为割礼是"野蛮的放血行为"，却又反对废除割礼；他一定程度上允许人们不遵守安息日禁忌，却不愿完全废除安息日规定而采纳基督教主日的做法。他略过有关返回锡安等在他看来是过时的历史条件的段落，却又

---

① 当时的德国城市，第二次世界大战后划归波兰，现称弗罗茨瓦夫。——译者注

无法让自己放弃摩西律法的规定。他试图从历史累积的庞大的犹太教信仰体系中提取他所谓的宗教普适元素，这么做在他看来意味着要抛弃必须和世界各地的犹太人团结的必然假设——因此在抗议大马士革暴行的行动中他表现得并不积极。但是随着年岁渐增，和自古以来众多受过良好教育的犹太人一样，他也开始越来越多地受到传统犹太教的吸引，改革的热情也就随之渐渐消退。

如果改革者们能够制定一个明确的信仰纲领并坚持下去，或许会有更大的影响力。但是盖格尔并不是唯一一个找不到信仰的最终支点的人，主要的改革家们意见也不统一。拉比萨穆埃尔·霍尔德海姆（Rabbi Samuel Holdheim，1806—1860）是波兹南人，最后当上了柏林改革派新会众的领导人，起初他是个温和的改革派——只是希望改变吟诵《托拉》的方式，可是渐渐地他走向了极端。盖格尔相信上帝的启示是渐进式的，借此，犹太教的信仰方式必须随着上帝意图的逐渐显明而定期作出调整。霍尔德海姆则是想一下子完全废除圣殿和仪式化的犹太教，《塔木德》的大部分内容也必须废弃："在《塔木德》时代，《塔木德》是正确的；在我这个时代，我是正确的。"他认为传统的犹太教对于犹太人成为四海皆兄弟的大同世界的一部分是个阻碍，而这个大同世界在他看来代表的就是弥赛亚时代。因此他认为，犹太教徒可以不行割礼，一个人的工作职责优先于严守安息日。事实上，在柏林，他不仅彻底改变了礼拜形式，最终还将礼拜时间也改到了星期天。他过世后甚至出现了是否可以将他埋在公墓拉比区的争吵。

第五章 解　放

霍尔德海姆的改革并不是除盖格尔之外唯一的改革运动。法兰克福出现了一个反割礼组织，伦敦的一场改革运动接受《圣经》，拒绝《塔木德》，他们认为前者是上帝的作为，后者是人的作为。随着改革运动延伸到国外，它呈现的形式也越来越多样化。有些团体与正统派依然维持着联系，有些则和他们完全脱离了关系。拉比会议虽然照常举行，但是已经意义不大。新祈祷书的印发又引起了新的争议。不管哪一种形式的改革都充分反映了成千上万犹太有识之士的宗教精神。比如说在英国就有两个教派确立了稳固的地位，一个是倾向于传统意识的改革派犹太教，另一个是比较激进的小团体——自由派犹太教。我们还将看到，在即将成为全球犹太巨鼎第三条腿的美国，保守派和自由派的改革运动也成了一股重要的力量。

但是这次改革运动和"犹太教科学运动"一样，也没有解决犹太问题。它并没有让犹太人正常化，因为它代表的从来都只是一小部分人的声音。它最多提供了接受洗礼和完全同化之外的另一条道路，选择了这条道路的人，他们的信仰，或者说他们的虔信程度，坚固得足以让他们执着于自己的宗教，却不足以让他们有勇气来挑战这个世界。到了 19 世纪 40 年代末，情况更是如此，显然它不可能取代犹太教，即使是在开明的德国。19 世纪末，改革运动起码在有些国家得到了足够的制度支持使它得以继续下去，但那个时候其创造力业已消耗殆尽。传统主义作家约翰·莱曼在 1905 年写道，"今天，改革派已经完全失去了兴趣，很难想象曾经有人视之为毕生的事业，全心全意投入犹太教改革事业，乃至认为自己就是马丁·路德、慈运理或加尔文的缩影"。[57]

希望完全融入现代世界又不愿丢失自己信仰的犹太人之所以找不到可行的方法，是因为他们对表达这种方法的语言无法取得一致的意见。在这个阶段他们有三种语言可供选择：一是犹太教使用的古老的僧侣语言，即希伯来语；二是他们所在国家的语言；三是大多数犹太人实际使用的通俗语言，即意第绪语。或者还有可能是这三种语言的结合体。犹太启蒙运动人士希望复活希伯来语，事实上，"哈斯卡拉"这个他们用来标识自己身份的词，就是希伯来语，意思是知识或理性：他们以此来表示诉诸理性而非启示、视理性为真理之源的决心。他们用希伯来语撰写教育书籍，还创办了一家出版机构。然而他们的计划仍然缺少活力，这存在诸多方面的原因。他们中很少有人擅长用希伯来语写作——他们的领袖门德尔松也只会写一点点希伯来语。他们选择希伯来语不是因为想用它来表达自己的思想，如果是这样的话他们更喜欢使用德语。也不是出于宗教原因而尊重它，而是认为它显得有文化，就像拉丁语和希腊语是基督教欧洲的古代文化遗产一样，希伯来语也是他们的文化遗产。在这个时代，现代语文学研究已经迎来曙光，欧洲各地学者专家都忙着编写语法书，将方言写成书面形式，并赋予它们语法和句法——芬兰语、匈牙利语、罗马尼亚语、爱尔兰语、巴斯克语、加泰隆语等都从地方方言提升到了"现代语言"的地位。马斯基尔希望希伯来语也经历这样一个过程。当然从逻辑上讲,他们应该选择的是意第绪语,这是犹太人实际在使用的语言,但是马斯基尔却厌恶意第绪语,认为它不过是非标准的德语,代表了隔离区和抱残守缺的犹太教中最令他们反感的一切:贫穷、无知、迷信、邪恶。他们说,只有警察才认真地研究意第绪语,因为他们需要知道小偷的黑话。

就这样,马斯基尔让希伯来语复活了。可是用希伯来语来写什么呢?他并没有概念。他们最大的工程就是把德语单词写成希伯来文,出了一部语言混杂的《圣经》。效果倒是不错。许许多多的犹太人,尤其是老一代没有上过世俗学校的犹太人,利用这部《圣经》来学习书面德语。但是这产生了适得其反的效果,希伯来语没有用得更多,而是更少了。犹太人掌握了德语,就掌握了世俗文化,他们对希伯来语的兴趣自然减少或者干脆消失;许多人甚至连犹太教也不要了。即使没有放弃信仰的,也发现希伯来语用处不大,因为礼拜和祈祷书都开始使用本国语言了。

事实上,文学中还是勉强保留了一些希伯来传统,但是马斯基尔们出于意识形态方面的原因认为这也是令人厌恶的。中世纪的一些大学者如迈蒙尼德使用阿拉伯语写作,但是用希伯来语写作的传统还是在信奉伊斯兰教的西班牙保留了下来,后来在文艺复兴时期的意大利,希伯来语再次复兴。17世纪,有些意大利犹太人的希伯来语写得非常漂亮,后来这一传统又出现了一位天才——摩西·海隐·卢查托(Moses Hayyim Luzzatto,1707—1746),这名杰出人士来自来帕多瓦,他的家族是意大利犹太人中最古老、最有名望的家族之一。卢查托自幼聪颖，有最好的老师教他，上过很好的大学。除了精通全部犹太学问，他还学习世俗科学、古典著作、现代意大利语，他拥有非凡的写作才能，既会用非常学术的文风写出深奥的内容，也能用简单的方式向普通读者阐述复杂的问题。他还精通古今的各种语言，其中一本著作用的就是阿拉姆语，即《光明篇》最早版本使用的语言。但是他的惯用语言还是希伯来语，他创作了大量希伯来语诗歌，有宗教的，也有为友人而作的世俗诗歌，遗憾的是前者没有留存下来。他还创作了3部希伯来语诗歌剧，最重要的是，他还写了一部伦理著述《正义之路》，在18世纪末和19世纪大部分时间里，是东欧犹太世界所有希伯来语书籍中影响力最大、读者最多的一本。[58] 那么他是不是就是希伯来语复兴运动的理想先驱呢？对开明的德国犹太人来说，不是的。恰恰相反，他正是他们要谴责、消灭的一类人。

因为卢查托是喀巴拉主义者和神秘主义者，更糟的是，他可能还是个隐秘的沙巴泰信徒。他自己也承认，他喜欢加沙的拿单那些能够解释任何非理性举动、具有强烈影射含义的书。在帕多瓦，他似乎吸引了一批尝试危险思想的青年才俊。威尼斯的拉比们派人抄他的家，搜出他从事魔法的证据。为了躲避争议，他来到阿姆斯特丹，但是在那里他同样被禁止信奉喀巴拉，最后他到了圣地，在阿克拉染上了瘟疫。[59] 因为名字叫摩西，又娶了一个名叫西坡拉的女孩，所以他似乎认定自己就是摩西及其妻子的转世。东方的许多犹太人相信他是摩西转世,至少把他奉为圣徒。然而开明的德国犹太人绝不会相信这种事情,而且,即使不管他自己所主张的身份,他所提出的伦理内容对于马斯基尔来说也是无法接受的。在他的《正义之路》以及后来的《心之知识》这两部书中,他对上帝在这个世上的意图、犹太人的角色、圣约以及大流散,做了精彩的概述,确切地表明犹太人今天在世上的作用,以及他们该如何为自己辩解。他总结了一个不容妥协的人生目标:

> 人生在世就其本质而言就是遵守诫命、敬拜神、抵制诱惑。人不应将尘世的快乐看作比奉献更加重要,因为他有了内心的满足和平安才会全身心地投入这义不容辞的侍奉。他应该全心全意地侍奉当称颂的造物主,他的一切行为,无论大小,都应为着与当称颂的神靠近,都应为着消弭他和主之间的隔阂。[60]

这位作家以希伯来语为工具,提出了一套虽然严峻却合乎逻辑的哲学体系,激励了无数的犹太人,直至今日,这些思想依然是犹太教中鲜活的传统。但是启蒙思想家们却不以为然,因为它非但没有利用希伯来语将原隔离区的犹太人吸引到现代世界中来,帮助他们在现代世界获得体面、受人尊敬的地位,反而起到了相反的作用,它叫犹太人转过身去把目光紧盯上帝——如虔信的犹太人一贯所做的那样。因此就这样来说,这个充满活力的希伯来语传统实际上无法被纳入启蒙运动的宏伟蓝图。他们试图实现希伯来语与德语并举的计划也因此毫无进展，犹太人只是照样学习德语，尽可能融入当地的社会。后来希伯来语竟以惊人之势再次进入犹太人的生活——而且还成了犹太复国主义的工具，这是马斯基尔们始料不及的。在他们看来，犹太复国主义和神秘的弥赛亚主义同样讨厌。

足够讽刺的是，19世纪发展最快，而且完全是自发性发展的犹太语言还是意第绪语。遗憾的是，马斯基尔们几乎不懂意第绪语，德语说写能力是他们进入启蒙状态的凭证。意第绪语不只是犯罪隐语，也不仅仅是不标准的德语。对虔信的犹太人而言，它是一种"临时"语言，因为这是（用犹太人的话来说）非神性、非历史的语言。一旦历史的车轮再次启动，随着弥赛亚时代的逼近，犹太人可能还会恢复使用希伯来语，希伯来语是《托拉》的语言，是宗教仪式、学术和公共事务管理等重要场合使用的语言。但是作为一种临时性语言来说，意第绪语是非常古老的语言，几乎和欧洲的一些语言一样具有悠久的历史。意第绪语最早在犹太人从法国和意大利向德语区的洛赛瑞及亚迁移之时，从德国的城市方言发展而来。古代意第绪语（1250—1500）显示了说德语的犹太人和说迦南语的斯拉夫犹太人之间最早的接触。1500—1700这两百年间出现的是中古意第绪语，越来越接近斯拉夫语，越来越方言化，最后到了18世纪发展成为现代意第绪语。在1810—1860年这半个世纪里，在东欧离散犹太所生活的城市，随着意第绪语报刊杂志的纷纷涌现，和世俗意第绪语图书生意的繁荣，现代意第绪语的书面形式发生了彻底改变，语言学者和语法学家对其进行了梳理，到1908年它已经发展到相当成熟的程度，足以让倡议者在切尔诺夫策举行世界意第绪语大会了。随着东欧犹太人口的增长，使用意第绪语的人越来越多，到了20世纪30年代末，以意第绪语为母语的人达到了1 100万左右。

意第绪语是一门丰富而鲜活的语言，是城市居民闲谈漫聊的生活用语。它的语汇来源有一定的局限，它只有非常少量的动物和鸟类词汇，军事词汇几乎为零，这些不足就借用德语、波兰语和俄罗斯语进行弥补。意第绪语尤其擅长借用外来语：阿拉伯语、希伯来—阿拉姆语，凡是用得到的任何一种语言。另外，它也为其他语言做出了贡献：希伯来语和美式英语。然而意第绪语最大的优点还在于它微妙的表达能力，尤其在描写人物类型和情感时。[61]它是街头智慧的语言，是机智的下层人语言，是表达悲痛、无奈和不幸的语言，它用幽默、强烈的讽刺和迷信安抚人们。它最伟大的实践者艾萨克·巴什维斯·辛格指出，意第绪语是唯一从未被掌权者使用过的语言。

意第绪语是复兴的犹太民族天然的语言，因为它被广泛使用而始终保持鲜活。19世纪后半期，它开始以惊人的速度出产了大量文学作品，包括故事、诗歌、剧本和小说。但是种种原因促使它无法完成肩负的使命。它的角色充满了矛盾。不少拉比认为意第绪语是女性的语言，女性因为智力不足或教育程度不够而学不了希伯来语，才选择意第绪语；德国的马斯基尔则认为它是正统派的语言，使用意第绪语会助长落后、迷信和非理性。比如，在匈牙利庞大的犹太社会，日常交流使用当地语言，意第绪语则是宗教教育用语，犹太男孩必须将希伯来语和阿拉姆语翻译成意第绪语——因此它属于正宗正统教的语言。然而在俄国的栅栏区和奥地利的加利西亚，意第绪语多为世俗化语言。在19世纪后半期，东欧大凡有一定规模的犹太社区都拥有一批无神论者和激进分子，他们把意第绪语作为表达异见的语言，阅读迎合自己观点的意第绪语书刊。但即使在犹太人以说意第绪语为主的东方，也并非所有非宗教事务都使用意第绪语，政治激进分子逐渐趋向于使用德语，后来又转向俄语。其他非政治性的世俗化运动人士则通常像真正的马斯基尔那样，赋予希伯来语极高的地位。提出这个观点的是曾将左拉、福楼拜和莫泊桑译成希伯来语的纳胡姆·斯劳施，他说：

> 在已经获得解放的西方犹太人用寄居国的语言取代希伯来语的时候，在拉比们不信任宗教以外的一切的时候，在有钱的资助人拒绝为进不了上流社会的文学作品提供资助的时候——在所有这些人都置身事外的时候，地方小镇的马斯基尔，"知识分子"，以及波兰作家，这些被人轻看和不为人知的人，常常成为自己信念的殉道者，他们尽自己所能全心全意、体面地维护希伯来语的文学传统——只

第五章 解放

有他们忠于《圣经》语言自最初以来的真正使命。[62]

这无疑是正确的。但是也有不少意第绪语作家是为了自己而怀着同样的英雄主义悲情,至少他们坚守犹太精神的呼声同样强烈。

总之,在19世纪的最初几十年,因为深深植根于历史和信仰,犹太人未来的语言发展前景充满了困惑和迷茫。这只是他们所面临的文化困惑的一个方面,而这种文化困惑又来自犹太人内部日益凸显的宗教困惑,用一句话来概括就是,犹太教是生活的一部分呢,还是它的全部?如果它只是生活的一部分,那么和现代性达成妥协还是有可能的,只是那样的话,犹太人就很有可能渐渐消失在大众社会中。如果它是生活的全部,那么他们只是用知识的隔离墙取代了石头的隔离墙。那样的话,大部分犹太人还是会选择挣脱牢笼,永远弃律法于不顾。在这个严峻选择的强大逻辑面前,我们所说的所有妥协都变得毫无意义。

因此,19世纪上半叶,犹太人最主要的问题是缺少一个大家都认同的计划或统一的领导。其他受压迫或起义的民族可以打着民族主义和独立的旗号全力以赴,而犹太人的反抗却没有明确的目标。或者说,他们知道自己反抗什么——他们所在的对他们充满敌意的社会,即使能够赋予他们完全的公民权利也是百般不情愿,还有隔离区令人窒息的犹太教——但他们不知道自己想要得到什么,尽管如此,犹太人的反抗虽然尚处于朦胧阶段,却是真实存在的,虽然个体缺少共同的目标,但人人都是威猛的勇士,构成了善与恶的巨大力量。至此我们看到的都只是解放运动的一个方面：犹太人从隔离区解放出来后如何适应社会？但是另一个方面也同样重要：社会如何适应解放了的犹太人？

这个巨大的问题，因为犹太社会在过去的1 500年里就是以培养知识分子为目的。虽然他们是服务于上帝《托拉》的僧侣知识分子，但是他们具备普通知识分子的一切特点：不惜以人为代价追求新的思想；尖锐无比的批判精神；巨大的破坏力和创造力。犹太社会全力以赴为他们提供支持。作为这种知识分子的典型代表，社区拉比拥有委任状，被任命为"本区的大人"，他享受精神上的摩西后裔的最高荣誉，是当地犹太人的楷模，是充满个人魅力的贤哲。他毕生钻研深奥的知识，按照自己的理解进行消化吸收。他如愿以偿地得到了当地寡头的财富资助。在这种做法还没有成为西方国家福利的数百年之前，犹太人就资助他们文化事业的发展。有钱的商人娶贤哲的女儿为妻，犹太学校的优秀学生，有人会给他们找一个有钱的新娘以便他继续深造。因而这种由贤哲和商人共同管理社会的制度不是让财富得到了巩固，而是对它进行了重新分配。这种制度还能确保社会可以涌现大量的高级知识分子，让他们享有各种机会追求思想。突然之间，在1800年前后，这台古老而高效的生产知识分子的社会机器开始改变产品品种。它不再将自己培养的知识分子全部倾销给与世隔绝的拉比学术圈，而是将很大一部分，而且越来越多的比例释放出来，贡献给世俗社会。这对世界历史产生了惊天动地的影响。

第五章 解 放

海因里希·海涅（1797—1856）就是这个新现象的代表人物。他出生于杜塞尔多夫的一个商人家庭，若是早50年，他无疑会成为一名拉比或《塔木德》学者，而且毫无疑问是优秀的拉比或学者。然而，他是革命风暴的产儿，16岁的时候，虽然不曾离开出生地一步，却已六度改变国籍。他的家族是已经有些解放的犹太人，母亲佩拉·冯·戈尔登希望他在世俗社会飞黄腾达。拿破仑军队进来时，她梦想儿子走上仕途，成为宫廷侍臣、元帅、政治家，抑或总督；法国人撤退后，母亲转而希望儿子走上经商之路，成为一名腰缠万贯的富商。[63]她让他稍微接受了一些犹太教育，就送他到天主教会中学去上学。海涅在个人、宗教、种族和国家方面都缺乏身份意识。他的犹太名字是海因，小时候叫哈利，后来自己改名海因里希，但是他书上的署名是H.海涅，而且他讨厌把"H"这个音发出来。[64]小时候生活在拿破仑建立的伯格大公国，因此自称他的精神是法国的。然而童年时候对他影响最大的一本书是马丁·路德翻译的《圣经》，没有任何一本书比此书更具有德国特色。1831年，他移居巴黎，从此除了有过两次短暂的停留，再也没有返回德国。但是他从来没有申请法国公民身份，尽管他可以申请。他所有的书都用德语写。他认为德国人虽然大多邪恶，但是思想更加深刻；法国人则生活虚浮，他们的诗歌不过是"喷了香水的凝乳"。[65]

海涅对犹太教信仰模棱两可的态度将会充斥他的许多著作，其实许多书里已经有所显现。[66]他读不懂希伯来语，憎恨自己是犹太人，曾撰文痛斥"贫穷、痛苦和犹太性这三种社会弊病"。1822年，他和"犹太科学协会"有过短暂的联系，但是什么贡献都没有，他不相信这样的犹太教，视之为反人类的力量。第二年，他又写道："我将为犹太人权利和他们的平权热心奔走，我承认，在不可避免的困难时刻，德国的暴民将会听到我的声音响彻德国的啤酒馆和皇宫。但是作为实证宗教天然的敌人，我绝不支持那个最早培养了挑人类毛病的习惯的宗教，这个习惯给我们带来了很大的痛苦。"[67] 但是如果说他拒绝信仰《塔木德》犹太教，那么他也鄙视新的改革派犹太教。改革派就像是"手足病科的医生"，"试图用放血疗法，用理性主义密如蛛网的捆绑，笨手笨脚地治疗长在犹太教这个躯干上的毒瘤，以色列一定会流血至死……我们已不再有力量蓄须、禁食、仇恨、因为仇恨而隐忍；这就是我们改革的动机"。整个运动，他嘲讽说，就是要"将小小的新教变成一家犹太公司，他们用上帝羔羊身上的羊毛做披巾，用圣灵的羽毛做背心，用基督的爱做内裤，他们破产后，后继者就被称为上帝与基督公司"。[68]

但是如果说海涅不喜欢正统派和改革派教徒，那么他对马斯基尔的厌恶可能更是有过之而无不及。在他看来，他们就是朝洗礼奔去的投机分子。他说门德尔松的6个孩子有4个改宗成了基督徒。他女儿多罗特娅的第二任丈夫是弗里德里希·施莱格尔①，

---

① 1772—1829年，德国作家。——译者注

第五章 解 放

她成了保守派天主教徒。他的孙子费利克斯·门德尔松是基督教音乐的著名作曲家。"门德尔松所做的最具犹太特色的一件事就是成了基督徒。"此话不一定出自海涅之口,但他肯定说过:"倘使我有幸成为摩西·门德尔松的孙子,我绝不会用我的天赋为羔羊撒尿谱曲。"[69] 爱德华·甘斯改宗时,海涅指责他是"败类",犯了"重罪""背叛罪",比布尔克还不如(在海涅看来,布尔克是革命事业的大叛徒)。他还写了一首言辞激烈的诗《致叛教者》,专门记录甘斯的受洗。

然而几个月前,在海涅拿到博士学位 3 天后,他自己也皈依新教,成了基督徒。他这么做完全是出于世俗的原因,根据 1822 年 8 月的一项法令,犹太人不得在国家学术岗位任职——这是专门针对甘斯出台的一条法规。10 年后,海涅为自己辩护,说他改信新教是"对社会不公的抗议",那是他的"战争热情,这股热情催动我参与这个激进教会的斗争"。然而这并非实话,因为他还说过,新教精神毫无宗教性可言,"新教就是提香油画里丰满的胴体,它更主要的主题是维纳斯腰间的肌肉,而不是德国修士在维滕贝格教堂大门上所张贴的教义"。他受洗那会儿写信给他的朋友摩西·莫泽说:"我不希望你认为我接受洗礼是好事,请你相信,就算我们的律法允许我们偷盗银匙,我也不会去偷。"[70] 受洗是"进入欧洲文化的入场券"成了他臭名昭著的名言。[71]

那么,既然他自己也这么做,为何还要谴责甘斯呢?这个问题没有令人满意的解释。海涅的内心有一种破坏性的情绪,这种情绪不久在获得解放和脱教后的犹太人中十分普遍：这是一种特别的自我仇恨情绪，他攻击甘斯实际上就是攻击自己。后来他常说后悔受了洗礼，他说，受洗并没有给他带来物质利益。但是在公开场合他也不愿让别人说他是犹太人。1835 年，他谎称自己从未踏入犹太会堂一步。他之所以发表众多反犹言论，除了出于自我仇恨的心理，还因为他想否定自己的犹太性。罗斯柴尔德家族尤其是他的攻击对象，他指责他们为反动强权筹集贷款，这起码是他冠冕堂皇的理由。然而他把最恶毒的攻击留给了詹姆斯·德·罗斯柴尔德男爵和他的妻子，在巴黎这对夫妇给了他极大的帮助。他说他亲眼见到一个股票经纪人对着男爵的尿壶鞠躬，他称他为"巴黎的夏洛克"，他说，"金钱是我们这个时代的上帝，而罗斯柴尔德则是这位上帝的先知"。他说犹太人一度用来抗击罗马的《塔木德》，如今再无需要，因为现在每逢季度结账日，教皇的使节都必须为詹姆斯男爵送来贷款利息。然而这一切都没有妨碍他从罗斯柴尔德家族获得大量资助，也不妨碍他吹嘘他们之间的关系"如同家人"。[72]

事实上，海涅就是指望有钱的犹太人资助他，尽管他并不是拉比的学生而是一个世俗知识分子。父亲的生意一败涂地，而他凭自己的那点本事也混不出什么名堂，所以就一直依靠他的叔父接济。叔父所罗门·海涅是汉堡的一名银行家，欧洲富豪之一。海涅总是缺钱，不管别人给他多少。他甚至不惜屈身接受路易-菲力普政府暗地里提供的每年 4 800 法郎的救济金。不过他通常都是向叔父伸手要钱，而且很不礼貌："你身上最大的优点，"1836年，他写信给叔父说，"是有和我一样的姓。"叔父也怀疑他的能力，"但凡他有一技之长，就不至于需要去写书卖文"。他觉得这个侄子就是个二流子，是职业犹太乞丐。但是出于对古老传统的尊重，他还是掏钱给他。1844年叔父过世时还给海涅留下一笔遗产，但是他有个条件，就是要求诗人不再攻击他和他的家人。钱比海涅预期得要少，所以他和堂兄因为遗嘱问题长期不和。[73]

海涅的惊世之才就是在这种状况下发展起来的。19世纪20年代，他取代拜伦，成为欧洲最受热捧的诗人。1827年，《诗歌集》的发表成了他人生的转折点，诗集中收集了《罗蕾莱》《乘着歌声的翅膀》等著名诗作。德国人开始承认他是继歌德之后最伟大的文豪。他定居巴黎后又被捧为欧洲文化的英雄。他的散文也和诗歌一样才华横溢，受人追捧。他的旅行札记妙趣横生，可以说创立了一种新的法国文学体裁——小品文。他的大部分精力浪费在舌战和人身攻击上，那是他发泄自憎情绪（或任何情绪）的出口，他的夸张之势常常反而引起人们对被讨伐者的同情，但是他的名声逐渐远扬。他感染性病影响到脊椎，在生命的最后10年里只能被困在沙发上。但是他后期的诗作达到了前所未有的高度。不仅如此，他的诗歌更被完美地改编成德国新兴的艺术歌曲，此刻已经席卷欧洲和北美，以致从舒伯特、舒曼开始所有著名作曲家都开始为他谱曲。那个时候，或者说从此以后，海涅的影响无处不在，德国人尤其难以抗拒。他的著作甚至在他生前就已进入德国的教科书。

很多德国人很不愿承认这位犹太人有着和他们一样完美的耳朵。他们妄图证明他身上有"犹太人的浅薄"，并非真的像德国人那样深刻。然而这样的指控无法成立，这种说法显然是错误的。就像一个超级才能潜伏在隔离区多少代人的身上默默地逐渐发展壮大，遗传密码越来越强大，然后突然找到了19世纪初的德语，作为它完美的发泄工具。现在可以这么说：犹太人和德国人在文化上存在一种特殊的关系。德国犹太人是欧洲文化的新生现象。对德国的反犹分子而言，这个现象构成了一个几乎无法忍受的情感问题，这个问题在海涅身上得到了集中体现。他们不能否认他的天才，可是他们无法容忍他用德语来表现他的天才。他幽灵般地出现在德国文坛的最中心，逼得纳粹分子气急败坏，做出了破坏捣乱的幼稚举动。他们封禁他所有的书籍，然而无法删除诗集收集的他的诗歌，只好强制重印并给它们署上"佚名"，连小学生都知道那是谎言。他们没收了他的一尊雕像，拿去当射击练习的靶子，这尊雕像曾经为奥地利皇后伊丽莎白所有。1941年，希特勒亲自下令捣毁蒙马特尔公墓里的海涅墓。然而这些都无济于事。在最近40年里，尤其在德国，与任何一位他们自己的文学人物相比，他的作品受到了更加广泛和热烈的讨论。

在梅特涅的坚持之下，海涅的书生前也被封禁——不是因为他是犹太人，而是因为他具有颠覆性。这又是一个悖论，而且是

第五章 解 放

典型的犹太人悖论。犹太人获得解放后,就受到了双重指控,他们一方面谋求讨好传统社会,试图进入并主导这个社会;另一方面又试图彻底摧毁这个社会。这两项指控都有一定的道理,海涅家族就是典型的例子。他们是全欧洲除罗斯柴尔德家族之外向上流动最快的一个家族——罗斯柴尔德家族获得了6个国家封给他们的头衔。海涅的弟弟古斯塔夫被封爵成为冯·海涅-格尔德恩男爵,另一个弟弟马克西米利安通过婚姻进入了俄国贵族家庭,被称为冯·海涅,外甥成了冯·恩布登男爵,外甥女嫁给了意大利一位亲王,海涅的一位近亲成了米拉王妃,还有一位嫁给了当时的摩纳哥亲王。[74] 而海涅本人则是欧洲文坛新型人物的典型代表:激进的犹太文人,他的才华、名声和知名度让传统知识分子的自信受到了打击。

然而海涅并非毕生都是一名激进分子。他至少在私下里总是认为像他这样的文人有别于那些严肃的政治进步分子。他看不惯他们的清教主义作风,他曾写信给其中一人说:"你们要的是简朴的穿着、有节制的行为和不合时宜的享受;而我们却相反,我们需要美酒佳肴、紫色的斗篷、迷人的芳香、感官的享受和物质的奢华,我们要欢歌笑语的舞蹈、音乐和喜剧。"[75] 同样也是私下里,他的思想随着年龄的增长而变得日趋保守。当他最后长期缠绵病榻(他称之为"我的床褥之墓")之时,他似乎有些回归犹太教信仰,事实上,他坚持这个说法,虽然事实并非如此:"我没有隐瞒我的犹太教信仰,我不是回归,因为我从未离开过。"（1850）。他最后创作的，也是他最伟大的诗作《罗曼采罗》（1851）和《各种作品集》（1854）标志着他回到了宗教主题，有时带有犹太教思想倾向。和从古至今无数才华横溢的犹太人一样，他也开始认识到希腊式知识分子的冒险精神需要健康的体魄和强大的力量，可是年岁和病痛使他只能转向简单的信仰。他写信给一位友人说："我已不再是趣味丰富、营养良好的希腊人，还能冲着忧郁的拿撒勒人微笑，我现在是一个病入膏肓的犹太人，一个形容憔悴的可怜之人，一个不幸的人。"又说："我已厌倦无神论哲学，现在又重拾普通人的谦卑信仰。"[76]

尽管如此，海涅的公众形象还是非常激进，而且在很大程度上一直如此。对世世代代的欧洲知识分子来说，他的一生和他的著作就是奔向自由的诗，尤其对犹太人来说，他将法国的进步传统当作人类进步的现实故事，所有青年才俊，无论男女都应在各自的时代推动人类向前迈进一步或两步。以下这段话几乎是他对信仰的公开声明：

> 自由是新的宗教，是我们这个时代的宗教。基督若不是这个宗教的上帝，那也是这个宗教的大祭司，他的名犹如圣洁的光照进门徒的心坎。不过这个新的宗教，蒙拣选的是法国人民，他们的语言写成了最早的福音书和教条。巴黎是新的耶路撒冷，莱茵河就是分隔自由的圣地和非利士人土地的约旦河。

第五章 解 放

海涅甚至一度还成了圣西门的门徒,确切地说是他自认为是他的门徒。海涅身上有种嬉皮士"花孩儿"的气质:"鲜花和夜莺与革命密切相连,"他写道,并引用圣西门的格言说,"未来属于我们。"海涅从未认真地提出什么革命社会主义的理论,但是在巴黎他和不少试图创建此种理论的人来往,这些人大都是犹太人出身。

※ ※ ※

犹太人之所以一旦参与了社会政治就会势不可挡地出现先投奔自由派后倒向极端左派,主要有四个方面的原因。首先,社会批判是《圣经》的传统,即所谓的"阿摩司综合征"。历来就有能言善辩的犹太人决心要揭露社会不公,表达穷人的疾苦和需求,呼吁当局采取行动改变现状。除了《圣经》传统外,公共福利是《塔木德》传统。公共福利也是来自《圣经》的传统,这是现代国家集体主义的初步形式。19世纪变身为社会主义者、攻击自由资本主义导致财富分配不均的犹太人,正在用当代的语言,来表述一个已有3 000年历史、早已深入人心的犹太原则。

但是,如同迪斯雷利所说的,犹太人也同样非常尊重权威,尊重等级制度和传统秩序,难道不对吗?此话虽然不假,但是有非常重要的限制条件。前面我们看到,犹太人从不认为任何属于人的机构拥有绝对权力,统治权属于托拉,而人代理的权力是有限和临时的,随时可以被收回。犹太教永远也不可能像拉丁基督教那样发展出君权神授的理论来。他们绝对尊重基于伦理的法治，忠实拥护宪政体制，他们在美国和英国就是这样。从这点来看，迪斯雷利说得没错，犹太人是天然的保守党，但他们同时也是专制和暴政、悖理或过时权威的天然死敌。可是他错了，罗斯柴尔德给君主专制政体贷款，其目的不是巩固暴政，而是削弱暴政，尤其是给犹太人争取更好的待遇。19世纪的犹太金钱权力，只要有全面政治方针的，一般都趋于和平，拥护立宪。"和平、紧缩和改革"是自由党人格莱斯顿提出的著名口号，也是罗斯柴尔德家族的座右铭。

不仅如此，迪斯雷利还在一个很重要的方面误解了犹太人的影响。他倾向于认为典型的犹太人是塞法迪。塞法迪的确非常尊重古老的历史习俗，因而符合他心目中的犹太人形象，但是被他的论点有意忽略的阿什克纳齐，要比塞法迪不安分得多，其革新意识、批判甚至颠覆精神也远远超过他们，而且人口也越来越多地超过他们。

这里我们要说的是把解放了的犹太人推向左派怀抱的第二股力量：人口力量。1800—1880年，大致即迪斯雷利生活的年代，塞法迪占犹太总人口的比例从20%下降到了10%，大部分集中在亚非的地中海一带，那里的卫生条件在整个19世纪都还是非常原始落后的。举例说，在阿尔及尔，莫里斯·艾森贝特就其人口进行详细的分析后发现，犹太人口在16世纪最多的时候只有5 000人，到1700年前后上升至高峰，达到了1万~2万人，但是到

1818 年，人口再次降至 5 000 人。[77]1800—1880 年，非洲和亚洲的犹太人口整体是增长了，但只是从 50 万增长到了 75 万。在同一时期的欧洲，犹太总人口从 200 万猛增至 700 万。犹太人，尤其是阿什克纳齐从现代社会的主要特点——人口革命中获得了好处。人口革命最早发生在欧洲，但犹太人超出了欧洲的平均水平。他们结婚更早，男性 15—18 岁、女性 14—16 岁成婚是普遍现象。几乎每个犹太女孩都结婚，而且往往一过青春期就开始生儿育女，她们往往悉心照顾孩子，在社会福利制度的扶持下，犹太人的婴儿死亡率下降的速度超过了欧洲平均水平。犹太人的婚姻更加稳定，寿命也更长。例如，在法兰克福，1855 年的一项调查显示，犹太人的平均寿命是 48 岁零 9 个月，而非犹太人的平均寿命只有 36 岁零 11 个月。[78]东欧的差异更加明显。在俄国的欧洲部分，犹太人的死亡率为 14.2（每年每千人），甚至低于富裕的新教少数族群的死亡率，不到东正教多数族群死亡率（31.8‰）的一半。其结果是，在 1880—1914 年人口增长最快的这段时间里，犹太人数量平均每年增长 2%，远远高于欧洲平均数，使犹太人口总量从 750 万增加到了 1 300 多万。

这些"新"犹太人基本上以阿什克纳齐为主，主要集中在大城市。1800 年，很少有人口过万的犹太社会——全球也仅有三四个。到了 1880 年，华沙有 12.5 万犹太人，维也纳、布达佩斯、敖德萨和柏林有 5 万多犹太人，纽约大致也有这个数量，而且从此时起，欧洲犹太人口有很大的比例流向了美国，尽管如此，人口还是继续增长。到 1914 年，俄国和奥地利这两大中东欧帝国拥有了 800 万犹太人，他们几乎全部生活在城市里。简言之，犹太人口统计体现了欧洲的人口革命和城市化进程，只不过夸张了一点。就像早年人口密集的隔离区强行灌输犹太人的普遍宗教信仰一样，此时新兴城市或城市新区人口拥挤的工业区，传统的犹太生活方式已经难以为继，滋生出了强烈的世俗犹太激进主义。

第三个原因是犹太人的社会不公意识永远不会消停。就像在十六七世纪各地犹太人灵敏的触角能快速捕捉到关于弥赛亚传言的信号，19 世纪也一样，哪里一有风吹草动，发生什么对犹太人不公的事件，就会在犹太人所在的城市中心引起骚动。此时有几百家犹太人报纸可以报道这些暴行，犹太人几乎人人识字。在世俗化的知识界，已经不再会把民族的痛苦和不幸归结于人的罪，不管是古代的还是现代的。1840 年发生在大马士革的血祭诽谤案是犹太人激进化道路上的一座重要里程碑。1840 年 5 月 21 日，15 岁的拉萨尔在他的日记里写下了下面这段话："就连基督徒都惊异于我们的冷血，惊异我们没有起来反抗，宁愿酷刑加身也不愿战死沙场……犹太人若是起来反抗，放火焚烧大马士革的每一个角落，炸毁火药库，和迫害者决一死战，还有哪里的革命比这有更正当的理由？懦弱的人哪，你们不配有更好的命运。"[79] 此类事件让世俗化的犹太青年下定决心，不仅要和发生在犹太人身上的，还要和凡是发生在人类身上的社会不公平现象做斗争，利用日渐增多的政治机会，彻底消灭此类现象。拉萨尔进而成立了

第五章 解 放

德国首个主要工会联合会和德国社会民主党。无数的犹太青年都走上了相同道路。

这一切并非毫无来由。比如，在1858年6月23—24日的晚上，一个名叫埃德加多·摩尔塔拉的6岁男孩被天主教会警察强行带到罗马的慕道会。男孩和父母一起生活在博洛尼亚，他家的一个基督徒佣人做证说5年前她看到男孩生命垂危，就给他施了洗礼。根据教皇国法律，警察和教会有权这么做，孩子的父母毫无办法。此事遭到了全球各地不仅是犹太人，而且还有基督教会神职人员、政治家的一致抗议，但是教皇庇护九世拒绝作出让步，男孩继续被天主教会控制。[80] 这起恶劣事件最后没有得到解决，但是直接导致了法国以色列世界联合会的成立。该联合会成立于1860年，其宗旨是要"捍卫犹太人的公民权利和宗教信仰自由"，其他各地也纷纷设立专门的犹太机构。然而这件事也更加深了犹太人对专制主义的世俗仇恨。

然而犹太人受迫害最深、最严厉的是在沙皇俄国。事实上，沙皇政权对各地的激进分子而言都代表了专制政治最邪恶和最根深蒂固的一面。对于对专制政府深恶痛绝的犹太人而言，这是驱使他们投向左派的第四个，或许是最重要的一个因素。因此，俄国对犹太人实施的令人发指的迫害行为，是现代世界历史的重要组成部分，这里必须进行深入的探讨。首先必须了解的是，沙皇政府从一开始就对犹太人怀有无法消解的敌意。别的专制政府，如奥地利、普鲁士甚至罗马，都对犹太人保持着一种矛盾的复杂心理，有时是保护和利用，有时是剥削和压榨，还时不时地迫害他们一下。然而俄国人就一直把犹太人当成不受欢迎的异客，直至1772—1795年波兰三次遭到欧洲列强的瓜分，他们几乎一直成功地把犹太人挡在国门外面，但是从他们因对波兰土地的贪婪而获得大量犹太人口的那一刻起，沙皇政府就开始将其称为"犹太人问题"，要通过同化或驱逐出境的办法来"解决"。

俄国人所做的是社会工程学的第一项现代课题——把人（这里指犹太人）当作土或者混凝土一样从周围铲除。首先他们把犹太人限制在被称为"栅栏区"的地方。栅栏区于1812年建成，范围包括从波罗的海到黑海的25个省。除非有特别许可，犹太人不得在栅栏区以外地区旅行，更遑论在栅栏区以外地区生活。然后，他们出台了一系列法规，这些法规从1804年开始实施，对犹太人可以在栅栏区的哪些地方居住、他们可以在栅栏区内从事哪些活动做出了规定。最致命的一条是犹太人不得在乡村居住和工作，不得向农民出售酒，这等于摧毁了三分之一犹太人的生计，这些人有的在乡村有租约，有的经营乡村小旅馆（还有三分之一经商，其余的大都是手艺人）。理论上这么做的目的是要迫使犹太人成为土地上的"生产劳动者"，但那里几乎没有可以耕作的土地，所以其真实的意图是强迫犹太人接受洗礼，或者离开俄国。实际上，这种做法导致了犹太人的贫穷，穷人源源不断地涌入栅栏区的城镇。

1827年，尼古拉一世颁布《征兵法令》，导致势态进一步恶化，尼古拉一世是最野蛮的独裁者之一。该法律规定所有 12—25 岁的犹太男性都必须应征入伍，年幼者须进入兵站的军校里学习，在那里有可能被强制洗礼，有时整个班级或连排被迫受洗。同时政府还急于摧毁犹太学堂，当局几次三番地强制犹太儿童进入只用俄语、波兰语和德语授课的国立学校就读，其目的同样是推行洗礼。1840 年成立了"犹太人促进会"，以推动被公众认为是行为不良的准犯罪社会的"道德教育"。犹太宗教书籍受到审查或被销毁，只有维尔纳和基辅的两个犹太印刷机构可以继续经营——3 年后，基辅的犹太人全部被赶走。政府还使出计谋分裂犹太社会，挑起马斯基尔攻击正统派。例如，1841 年，他们让马斯基尔马克斯·利连索尔（1815—1882）负责新的国立犹太学校，正统派称它们实际上是处心积虑的反《塔木德》机构，旨在将他们的儿童献祭给"哈斯卡拉的摩洛神"①。但是利连索尔发现自己无力应付接踵而来的激烈纷争，4 年后潜逃出境，移民到了美国。政府还禁止犹太人穿戴民族服饰，如小圆帽和黑袍，还将他们划分为"有用的犹太人"和"无用的犹太人"，后者的征兵人员配额被提高到 3 倍。

渐渐地，经过一个世纪的积累，有了大量歧视犹太人、监管犹太人活动的法规，有些法规从未真正执行过，不少则因为钱权交易而名存实亡。有钱的父母可以买通其他犹太儿童代替自己的

---

① 《圣经》中提到的腓尼基等地的神灵，信徒以焚化儿童向其献祭。——译者注

孩子入读国立学校或应征入伍,他们可以出钱购买允许他们旅行、到城市生活、从事被禁行业的特许证。这种"解决"犹太人问题的方法反而造成了,确切地说极大地加重了另一个问题:沙俄政府积习难改、让国家腐烂到心的官僚腐败行为。[81]除此之外,政府还经常朝令夕改,政策从来不会持久,而且还总是在开明和压制之间举棋不定。1856年,新的沙皇亚历山大二世上台后有过一段相对宽容的时期,一些长期服役的军人、大学毕业生或"有用"的商人获得了某些权利,但是1863年波兰爆发起义,加之亚历山大遇刺,这段宽容时期随之宣告结束。19世纪70年代还有一段宽容时期,但再次因为亚历山大遇刺而结束——这一次行刺成功了,亚历山大身亡。自此之后,俄国犹太人的处境每况愈下。

在俄罗斯帝国的最后半个世纪,官方的犹太法规是人类的残酷、愚蠢和徒劳的极致体现。《金普森犹太人法令集》(1914—1915)是最晚的注本,全书长达近1 000页。[82]英国历史学家吕西安·沃尔夫(Lucien Wolf)编著的犹太人处境介绍,确定了以下几个事实。[83]犹太人占俄国总人口的二十四分之一,其中有大约95%的人口被迫生活在占俄国疆土二十三分之一的栅栏区,绝大部分人被困在只占疆土面积两千分之一的城镇和犹太小村庄。犹太人的护照上写明他是犹太人,可以在哪里居住。即使在栅栏区内,大部分地区也都禁止犹太人进入,而"合法"区域也常常被蚕食。犹太人不得进入塞瓦斯托波尔和基辅。顿河区被突然划出栅栏区,接着是高加索地区的库班和捷列克,后来雅尔塔疗养地也被划了出去，法令生效时一名患肺病的犹太学生治疗了一半就被驱逐了出去。犹太人若想使用高加索矿泉必须接受军官的审查。有些疗养地虽然"开放"，但是有名额限制，因此，任何一个季节只允许20个犹太家庭进入达尔尼齐亚。栅栏区的其他疗养地犹太人一律不得进入。

有些犹太人群体享有特殊待遇，他们可以在栅栏区以外地区旅行甚至生活，这些人包括退伍军人、大学毕业生、"有用的商人"，还有"从业中的技师、酿酒商和工匠"。但是他们需要特殊证件，获得这些证件非常困难，而且还需要经常更新。但就是这些类别，其范围也渐渐缩小，尤其在1881年之后。这样一来，享受特殊待遇的退伍军人范围一下子缩小到仅限于1874年以前服役的人员，商人也在突然之间被禁止携带文员或仆从，享受特殊待遇的工匠中被剔除出去的有烟草工人、钢琴调音师、屠夫、补鞋工、瓦工、木匠、泥水匠和园艺工。对于女工的限制特别严苛，妓女除外（妓女一旦停止接客很快就会被警察发现，被遣返回隔离区）。[84] 拥有在栅栏区以外地区行医资格的犹太接生婆不得将孩子带在身边，除非其丈夫也同样是"享有特殊待遇的人"。

因俄国的大学设有反犹太名额限制，有些学生只得留学国外来获得学位，但这些学生无权享受特殊待遇。在高加索地区，只有所谓的"山地犹太人"才享有居住权，这些人声称其先祖是公元前597年被尼布甲尼撒国王驱逐到这里来的，但是他们不得前往其他任何地方。居住在栅栏区以外的特权犹太人甚至不可以留宿儿女，除非儿女也是"享受特殊待遇的人"。事实上，特权犹太人在栅栏区以外还面临更多的限制，如果违反规定，初犯罚款，再犯就要被赶出去。法律在这些方面错综复杂，而且总是处于不断的变化之中，立法机构的投票、政府部门的文件、地方政府的法规，以及上上下下官员心血来潮的决定都会改变法律的规定。

执行这些变化不定的法规对所有相关者来说都犹如梦魇，除了那些贪腐的警察和官僚。西方游客吃惊地看到凌晨时分大街上有成群惊恐万状的犹太人被武装警察驱赶，那是夜袭中被赶出来的人。警察可在夜间使用任何武力手段闯入民宅，要求每个居民出示居住权证明，不分年龄、性别。凡不能立即出示者就被带往警局。犹太人经常当着非犹太邻居的面被人羞辱，让人们永远不会忘记他们是与众不同、低人一等的人种，并永远心存迫害犹太人的欲望。即使是在高级宾馆，警察也会拦住疑似"犹太面孔"的人盘问，他们还会把一些外国知名人士也挡在门外，美国驻君士坦丁堡大使奥斯卡·施特劳斯就遭到了这样的待遇。犹太钢琴家可以参加圣彼得堡的鲁宾斯坦国际钢琴大赛，但晚上不得在那座城市过夜。

有时候，警察还组织大规模的"搜捕犹太人行动"。在巴库，警察包围证券交易所，逮捕每个犹太人，将他们带到警察局盘查，要求他们证明自己有合法的居住权。1909年，斯莫伦斯基地区波奇诺克的警察包围全镇，但是只搜出10个"非法居留者"；他们又在林中展开大搜捕，搜出了74人。[85]定居法腐蚀了整个警察

第五章 解 放

队伍,他们向犹太人敲诈勒索,大捞好处。生意萧条时,警察局长们会鼓动基督徒起草请愿书,以犹太人"引起当地社会不满"为由呼吁驱逐犹太人,结果是没钱的遭到驱逐,有钱的遭到勒索。穷人回到栅栏区,成为一个越来越大的社会问题,如在敖德萨,超过30%的人依靠犹太人的慈善救济。

然而定居法只是犹太人苦难的开头。政府要求地方社会按定额提供犹太义务兵员,但是不考虑外来移民。犹太人的征兵额理应不超过4.13%,但是政府却要求他们达到6.2%,最后他们提供了近5.7%,于是官员们抱怨"犹太兵员数额不足"——进而挑起了反犹喧嚣,说犹太人躲避义务兵役。事实上,他们提供的义务兵已经超出了他们应承担份额的20%~35%。[86] 从1886年起,不服义务兵役的家庭须承担法律责任,遭受重罚;若不重金行贿,根本躲不过去。但尽管这是政府强制规定的兵役,他们还是给犹太人的去向限定了很小的范围。犹太人不得在卫兵队、海军、边防或检疫部门、宪兵队、军需部门和文书职系服役。1887年,他们不得入读所有军事学校和参加军队考试,等于被剥夺了晋升军官的资格;1888年被禁止进入军队医务处;1889年被禁止进入军乐队。

犹太人一律不得在莫斯科和圣彼得堡的任何政府机构任职。从理论上说,持有硕士或博士学位的犹太人可以在其他地方担任某些职务,但是根据沃尔夫记述,"如果没有经历过受洗仪式,犹太人几乎不可能符合被政府雇用的所有必备条件"。[87] 国立学校中没有一名犹太教师,大学里也没有犹太教授,只有为数很少的讲师,司法部门也没有犹太人,没有检察官,只有一名法官(是最后一段"宽容"期里任命的)。部门通告禁止任命犹太人担任督察:他们只能当间谍或线人。6个主要地区的城市人口均以犹太人为主,一些城镇也是犹太人占绝大多数,但是他们却不可以参加市政府的选举或竞选公职;在栅栏区,政府可以"任命"他们,但不超过总数的十分之一。犹太人不能参加陪审团,不得进收容所或孤儿院的管理委员会。从1880年起不得当公证员,1890年起不得当出庭律师和事务律师,除非有特别许可——沃尔夫称有15年没有发过一份特别许可。他们不得购买、租用或管理栅栏区村镇直属区域以外的土地,甚至不可以购买土地用于修建公墓。与服兵役一样,他们被指控不愿耕种土地,但实际上这是法规使然,已经建成的仅有的几个犹太农业居住点也遭到了破坏。而且,因为担心犹太人可能会通过第三方交易规避财产法,政府又出台了不少法规,对合作和合资公司进行监管。因此,许多公司甚至禁止犹太人持有他们的股票。根据法律规定,犹太人还不得从事采矿业,进一步设置的法规还试图阻止他们从事黄金、石油、煤炭和其他矿产交易。

除了居住限制,犹太人最痛恨的是教育方面的反犹法规。一些顶尖的教育机构完全排斥犹太人,如圣彼得堡民用工程师学院、军医大学、圣彼得堡电气工程学院、莫斯科农学院、圣彼得堡戏剧学院、哈尔科夫兽医研究所以及各类矿业学院。犹太人入读初中和高中都有名额限制，栅栏区学校不得超过10%，栅栏区以外的学校只有5%的名额，莫斯科和圣彼得堡只有3%的名额。拥有30万学生的2.5万所犹太宗教小学被禁止教授俄语，目的是不让孩子接受初中教育。这些措施导致的一个结果，便是高级中学的犹太学生数量大幅下降，家长想尽一切办法送孩子入学，往往需要贿赂非犹太校长，他们都有固定的收费等级。

因此，沙俄反犹法规的主要成绩是把政府机构的各个部门都腐蚀了。这些法规是过去和将来的奇异混合体——回头看是中世纪的隔离区，向前看是沙俄的奴隶制国家，就是没能"解决"犹太人问题。事实上可以这么说，这些法规通过把犹太人逼上激进的道路，解决了俄国的沙皇专制问题。尽管犹太人四处受到限制，但有些人照样取得了很大的成功。犹太人受到歧视纯粹来自宗教方面的原因，通过受洗他们完全可以避免被人歧视，起码理论上来说是如此。如俄国乐坛的安东·鲁宾斯坦（1829—1894）和其弟尼古拉·鲁宾斯坦（1835—1881），他们的父母是改宗的犹太人，兄弟俩多年领导圣彼得堡和莫斯科音乐学院，是俄罗斯交响乐和歌剧黄金时代的乐坛霸主。即使没有改信基督教的犹太人也在经济快速增长中取得了成功，最主要表现在酿酒、烟草、皮革、纺织品、谷物、银行、货运、铁路等行业，还有石油和采矿——尽管这两个行业是被禁止的。[88]

因此，政府的法规对消减反犹主义没有做出丝毫贡献，反而起到了相反的效果。虽然受过洗和精明的犹太人干得不错，但是这些法规让另一些人陷入贫穷或走上犯罪道路，因此俄国各民族对犹太人的态度是既羡慕又鄙视，他们指责犹太人一边喷着香水一边邋遢肮脏；既是奸商又是乞丐，贪得无厌，同时又食不果腹；既无耻又愚蠢，一半无用，另一半又太"有用"了。俄国人的反犹主义里掺杂了各种要素。沙皇政府除了迫害犹太人，也没有放过其他少数族群，而是更擅长挑起他们之间互相攻击，尤其煽动波兰人、拉脱维亚人、乌克兰人和哥萨克人起来攻击犹太人。实际上，在此时的欧洲，俄国是唯一一个把反犹主义作为政府官方政策来推行的国家。俄国的反犹主义有无数的表现形式，从组织集体迫害事件到捏造并出版《锡安长老会纪要》，无一不有。

　　政府这么做的目的是要尽快、尽可能大幅地减少犹太人口。沙皇政府当时的心态可以从西奥多·赫茨尔（Theodor Herzl）的日记中窥见一斑。1903年，赫茨尔在圣彼得堡拜会了几位政府部长，希望得到他们对他的犹太复国主义计划的支持。当时的财政部部长是谢尔盖·维特伯爵，按沙皇政府的标准算是一位开明自由派人士，他对赫茨尔说：

> 你不得不承认犹太人有足够的理由让人产生敌视。他们身上有着犹太人特有的傲慢，然而大多数犹太人是穷人，而且因为贫穷，所以肮脏邋遢，给人留下了不好的印象，他们还从事各种不堪的行当，如拉皮条、放高利贷。所以你看到即使是犹太人的朋友也难以为他们辩护，而我

第五章 解 放

就是犹太人的朋友。

（对此赫茨尔的评注是："假如这样的话，我们当然也不需要敌人。"）维特抱怨说很多犹太人参加革命。赫茨尔问他："你认为原因何在？"维特说："我相信这是我们政府之过。犹太人受压迫太深，我曾向已故沙皇亚历山大三世建言：'陛下，如果可以把600万或700万的犹太人全部沉入黑海，我绝对表示赞成。但既然这是不可能的，那么我们就必须给他们一条生路。'那么你希望俄国政府做什么呢？"赫茨尔说："些许的鼓励。"维特说："可政府是给了犹太人鼓励啊——移民。还可以做一些，比如说在屁股上踹一脚。"[89]

现代俄国对犹太人的第一次集体迫害发生在1871年的敖德萨，事件主要是希腊商人挑起的。19世纪70年代的社会骚乱事件大都有种族因素在里面，斯拉夫民族主义者的反犹主义尤其激烈。但是1881年亚历山大二世遇刺后，国家反犹主义甚嚣尘上，"在屁股上踹一脚"的事情接二连三地发生。1881年4月29日开始的大规模集体迫害事件是一名狂热的亲斯拉夫人士——内政部长伊格纳季耶夫挑起，或者说是他纵容或策划的。100多个地方爆发迫害事件，持续将近一年，有些事件有大批的暴民参与，卷入的不仅有政府，还有警察和无数的少数民族人群。极左翼也参与了迫害，1881 年 8 月，革命派民意党人①喊着"打倒沙皇，打倒犹太人"[90]的口号煽动乌克兰人杀害犹太人，屠格涅夫、托尔斯泰等著名的自由主义作家却保持沉默。事件发生后，反犹主义法案《五月法》出台，事实上，这些集体迫害事件被用来为这个法规辩护，理由是，罪有应得的犹太人受到暴民袭击，表明这个反社会的少数种群引起了极大公愤，有必要对他们的行为加以限制。当然，政府一开始是鼓励并允许暴民行为的，其无非为了恢复自己日渐式微的声望而找个"软柿子"来捏。纳粹后来也采用了一模一样的手法，即利用暴力事件来立法。因此，1881—1911 年这 31 年里有一长串的反犹事件：1882 年，《五月法》出台；1886—1889 年，限制犹太人进入专业领域，缩减栅栏区面积；1891 年，1 万多犹太人被驱逐出莫斯科；1893—1895 年，大量犹太人被驱逐出栅栏区以外地区；1894—1896 年，推行酒类垄断政策，对犹太人而言这是经济灾难；从 1903 年起，出现一波集体迫害犹太人的恶浪，其间犹太人不仅被抢劫还惨遭杀戮；1905 年，基什尼奥夫有 50 名犹太人被杀，500 人受伤；1905 年，敖德萨发生一起持续 4 天的屠杀事件，400 多名犹太人被杀；在比亚韦斯托克，警察和军队都加入了 1906 年的迫害行动；1908—1911 年，更大规模的驱逐事件发生。

---

① 俄国民意党是俄国民粹派的秘密组织，于 1879 年 8 月从土地和自由社中分裂而来。——译者注

第五章 解 放

因此从1881年起,对俄国犹太群体施加的越来越汹涌的恶性压力,不可避免地导致了这样的结果——俄国犹太人纷纷惊慌逃往西方,于是1881年成了犹太历史上自1648年以来、确切地说自1492年西班牙驱逐犹太人以来最重要的一年,从其影响范围和影响程度来看,绝对也是世界历史上的关键一年。第一波外逃热潮是1881—1882年,此后离开俄国的犹太人平均每年在5万至6万。随着莫斯科驱逐事件的发生,1891年和1892年分别有11万和13.7万犹太人离开俄国,在1905—1906年的集体迫害事件中,有超过20万犹太人离开俄国。犹太人外逃不仅仅发生在俄国,1881—1914年,超过35万犹太人离开奥地利的加利西亚,在犹太人同样受到迫害的罗马尼亚,更多的人移民到别国。然而东欧犹太人的数量并没有因此而减少,1914年,俄国仍有550万犹太人,奥地利帝国仍有250万犹太人,这个运动只是带走了人口自然增长的数量——大约250万,将其转移到了其他国家。这对犹太人和世界都产生了重大影响,在此我们也需要来探讨一下。

在这些移民当中,单是前往美国的人数就超过了200万,所以说,一个最显著的影响是美国形成了一个庞大的城市犹太社会。这是一个前所未有的现象,而且就发生在突然之间,它最终还改变了全世界犹太人力量和影响力的均势。美国原有的犹太社会规模小,发展慢,迟至1820年,美国还只有4 000左右犹太人,最初的13个州中只有7个州给予他们政治上的承认。很难理解这里的犹太社区为什么增长缓慢,我们前面已经了解,美国对犹太人的发展几乎没有设置法律上的障碍。北卡罗来纳州原本禁止所有非新教徒担任公职，1809年，一个名为雅各布·亨利的犹太人发表了著名演说，维护其不可剥夺的权利，即担任本州众议院议员——得到了众议院的支持。马里兰州也禁止非基督徒担任公职，或从事律师职业。另一个犹太人所罗门·埃廷从1797年开始发起运动，坚持不懈地为消除这道障碍而努力。1826年，他的努力终于获得成功后，立即入选巴尔的摩市议会。关于安息日和星期日的分歧，也发生过纠纷。1816年，亚伯拉罕·沃尔夫在宾夕法尼亚州因"在一般称为星期日的主日从事俗务"而被判有罪，他提出上诉，但是输了。不过相较于旧世界困扰犹太人的那些根本性问题和巨大的不公现象，这些就微不足道了。1820年，在佐治亚州萨凡纳的一所新犹太会堂落成典礼上，内科医生雅各布·德·拉·莫塔充满感激地发表布道说："在这个地球上，以色列人在哪里可以享受到更大的恩惠和更多的特权，或者在职业上有更高的地位，在体面的岗位更加受人尊敬？……难道这样的理由还不够让我们欢欣鼓舞吗？"[91]

1826年，埃廷获胜的那年，美国有6 000名犹太人；1840年，发生大马士革事件时有1.5万人；内战前夕达到了15万人。新港或诺福克等老定居点没有发展。新来的犹太人绝大部分说德语，他们来自巴伐利亚、德国北部和波兰的德国犹太人区、波希米亚和匈牙利，贫穷老实，勤劳肯干，许多人起初当小贩，后来渐渐发展，开设商铺或成立小公司。他们有的在纽约州的奥尔巴尼、雪城、布法罗和罗切斯特落脚定居，还有的到了芝加哥和底特律、克利夫兰和密尔沃基。辛辛那提一度成了仅次于纽约的第二大犹太中心，圣路易斯、明尼阿波利斯、路易斯维尔和新奥尔良也都成了犹太人聚居中心，19世纪40年代的淘金热期间，约有1万人去了加利福尼亚州，到内战爆发时，纽约有4万人的犹太社会，费城居于其次。犹太人显然在美国感到了安全，其中的一个表现就是他们的社会积极鼓励更多的犹太人来美国加入他们。亲戚们热情洋溢的来信、口口相传的故事，犹太人刊登在德国当地报纸上的成功故事，无不激励着欧洲移民。1836年，班贝格的达斯·福霍恩这样写道：

> 一名来自巴伐利亚的犹太烘焙工，勤劳肯干，他走遍德国和邻近国家，可是10年里难得找到一份工作，这样下去连生活都难以维持，去年夏天，他去了北美。如今他在寄给父母的家书中称，他一到那里就在彼得斯堡的一家面包房找到了打短工的机会，每周收入40弗洛林，此外还有免费的膳宿和洗衣服务。真是一个自由和繁荣的福地！[92]

在美国，犹太人发现他们可以毫不费力地融入新的生活方式。他们和美国的新教徒一样，也开始实行会众制，建立大量的犹太会堂以符合他们不同的宗教趣味。他们在抗议大马士革事件中开始产生的自我意识，使他们首次作为一个民族团体联合起来。不过大多数时候，他们仍然走自己的路。和其他的少数族群或宗教团体一样，他们也建立了一些乌托邦式或农业垦殖区；和其他团体一样，他们中也有先驱和怪人。美国有个船长致函华盛顿，抱怨圣托马斯号上的副领事，结尾是这么写的："又及，这位 N. 利维是犹太人，他和一名黑人女子同居，两人经常牵着手走在街上，令所有被迫见此情景的美国人都甚感羞愧。"但是利维领事并没有因此而被革职。[93]

更有意思的是末底改·诺亚的情况。诺亚是首位拥有外交身份的犹太人，1815 年，詹姆斯·门罗以"阁下所信奉之宗教是阁下行使领事职责的障碍"为由，罢免了他作为美国驻突尼斯领事的职位。诺亚不甘被罢免，为此专门写了个小册子。他是美国犹太人中的第一个传奇人物，若是晚 100 年，他必定能成为电影界的泰斗。他 1785 年出生于费城，父亲是一名破产的小贩。他先后做过镀金工匠、雕刻师、美国财政部职员、政客、查尔斯顿《城市公报》主编，突尼斯任期结束后（他被控挪用公款）担任纽约《国家鼓动报》主编、纽约治安长官，1824 年任坦慕尼协会会长。

一年以后，他宣布了一个雄心勃勃的计划，要在尼亚加拉河上、布法罗对面的一座岛屿上建立一座"犹太人避难城市"。为了让这个计划获得资金支持，他写信给罗斯柴尔德家族以及其他的犹太银行家、世界各地的拉比和大拉比，提议向全球的每一名犹太人每年征收"3 个谢克尔银币或 1 个西班牙元的人头税"，"由各会区司库负责收取"。他在一份公开声明中宣布这个新的定居点,"一座商业城市",将为世界各地的犹太人提供"因为过去的不宽容行为和政府恶政而被剥夺的和平、舒适和幸福",这些人包括《圣经》派信徒和撒马利亚犹太人、印度和非洲的犹太黑人,还有科钦和马拉巴尔海岸教派的犹太人",他还补充道:美洲大陆的印第安人……极有可能是被亚述王虏为俘囚的以色列失落支派的后裔,他将采取行动让他们认识到自己的处境,最终与他们的弟兄——被拣选的民族复合。诺亚身穿"上好的真丝长袍",脖子上戴着金项链,自称"美国公民、美国驻突尼斯前领事、纽约治安长官、法律顾问,感谢主的恩典,还是以色列的总督和士师"。他遭到了其他报纸主编和欧洲犹太人报纸的嘲笑,计划无果而终。后来他又成立美国印第安人党(一无所知党的前身),组织犹太人抗议大马士革暴行,支持1836年的得克萨斯起义。最后他成了一名法官。[94]

犹太移民的美国特性之一就是在各个问题上都有分歧。如诺亚是北方的反废奴主义者,在南方,美国犹太人就是地道的南方人,他们家中拥有奴隶。查尔斯顿拍卖商雅各布·雅各布斯在他的遗嘱中指示:"在我死后,全部财产留给上述所说的,我的爱妻凯蒂·雅各布斯。我拥有的全部黑人与托比、西皮奥、杰克、珍妮和她的3个孩子彼得、约翰和伊娃,芙洛拉和她的两个孩子蕾切尔和露西,以及我名下的其他奴隶,在我死后都将恢复自由。"一名南方犹太人在他的宗教和尊严遭到侮辱时会做出南方人的反应。1832年,出身萨瓦纳犹太望族的菲利普·米尼斯,在卢丁顿酒吧遭到佐治亚州一名立法人员詹姆士·J. 斯塔克的辱骂，后者叫他"该死的犹太人""该死的以色列人"，还说"让他滚蛋"。两人协商道歉不成，又说要决斗，最后在城市酒店的公共酒吧，斯塔克还在拔枪的时候，米尼斯就开枪打死了他。米尼斯因谋杀罪受到了审讯，但是最后被判无罪——这是让南方决斗者满意的解决方法。[95]

美国犹太人支持自己所在的地方，因此他们在内战期间的立场因州而异不足为奇。7 000 左右的犹太人为北方军队效力，3 000 犹太人为南方军队效力，他们极少联合行动，即使有过，那也是因为他们的权利受到了侵犯而做出的具体反应。内战中发生过一起著名事件，那是 1862 年 12 月 17 日，尤利西斯·S. 格兰特将军在田纳西州发布了一道命令："犹太人作为一个阶层，违反了财政部颁布的各项贸易法规及本部命令，本部特此通知，将其从本地区驱逐出境。"这项驱逐令立即引起了非常强烈的反应，而且反对的不仅仅是犹太人；1863 年 1 月 6 日，在林肯的指示下，格兰特被迫撤回命令。

这段时期美国犹太人传承了德国犹太启蒙运动的风格，自由、乐观、理智、理性、爱国，不虚伪做作，显得非常可敬。犹太移民说的英语常常带有德国口音，但是他们的孩子在公立学校接受教育（星期天上犹太学校），完全融入了当地社会。从 19 世纪 40 年代起，在大卫·爱因霍恩、塞缪尔·赫希、艾萨克·迈耶尔·怀斯和塞缪尔·阿德勒等进步拉比的推动下，改革派犹太教在美国

第五章 解 放

迅速传播，美国犹太社会的著名人士对弥赛亚和锡安没有兴趣；通往救赎的道路，在他们看来，就是要在世界各地传播道德一神论的信息，这和美国宗教的基调完全一致。除此之外，尤其在已成为犹太教主要发展中心的费城，还有一种比较保守的思潮。在费城，来自威斯特伐利亚、精力过人的艾萨克·莱泽尔（1806—1868）拉比，推出了第一部由犹太人翻译的英文版《圣经》，翻译了阿什克纳齐和塞法迪的祈祷书，创办了第一家成功的犹太报纸《西方报》（1843），后来又成立了美国首家犹太出版协会，出版大量的美国犹太教材供学校使用。[96] 但是在美国犹太人的犹太人德商主导阶段，改革派犹太教占据了主导地位。

改革派犹太教最有可能吸引的是成功的犹太富商，这些人现在开始逐渐兴起为美国舞台上的重要人物。如银行家约瑟夫·赛利格曼（1820—1880），格兰特总统曾邀请他出任美国财政部长一职，雅各布·亨利·希夫（1847—1920）于1885年成为库恩—洛布公司的总裁。和三十年战争、拿破仑战争一样，美国内战也让许多犹太银行家、承包商和服装供应商的组织能力和融资能力得到了充分发挥。从19世纪60年代起，犹太人在美国，尤其是在纽约商业界一枝独秀。他们大规模的慈善捐赠为犹太教提供了一个得天独厚的制度框架，同时也让它不可避免地带有强烈的自由倾向。1873年，美国希伯来会众协进会成立，两年后希伯来联合学院创建；1889年，美国拉比中央会议成立。由考夫曼·科勒拉比起草的《匹兹堡纲领》（1885）直到1937年一直是改革派犹太教的正式信条，这个纲领摒弃了《托拉》中"不符合现代文明观念和习惯"的一切规条，废除了饮食禁忌、洁净和服饰方面的古老规定，声明犹太人"不再是一个民族，而是一个宗教社会"，否定复活、天堂和地狱的概念，抛弃回归锡安的思想，将弥赛亚主义表述为现代社会对真理、正义和公义的追求——它将与其他宗教和所有怀有美好愿望的人们一起，共同参与到这个社会中去。[97]

因此在这个大移民潮时代，美国犹太人似乎必然成为新世界宗教信仰的又一个有机部分，然后再不知不觉地渐渐消失在整个社会中。然而，1881年灾难所引发的恐慌却不可逆转地改变了这个前景。在1881—1892年这12年间，犹太人以每年1.9万人的速度抵达美国；在1892—1903年这12年间，每年来美人数猛增至3.7万；在1903—1914年这12年里，平均数上升到了7.6万。这200万犹太难民与迎接他们到来的心情日益紧张的25万已有犹太人，几乎没有共同之处，后者经济富裕、富有教养，他们信奉改革派犹太教，思想美国化。而那些难民，他们绝大部分人说的是意第绪语，信奉的是正统教或哈西德教派，他们思想偏激，受了惊吓，迷信而且极度贫穷。美国犹太人从来没有像现在这样害怕新来者，尤其是这么惊人的数量。他们有充分的理由认为，反犹反应的产生是无法避免了。

迄今为止，美国主流的新教徒社会，和以前的英国一样反天主教徒，但并不反犹太教徒，但是自从内战爆发，当犹太人被认为靠战争大发其财的时候，反犹主义开始逐渐抬头。1876年，新泽西海岸的一家宾馆在报纸上刊文公开宣布不接受犹太人入住，第二年，约瑟夫·赛利格曼本人就在萨拉托加度假地的著名宾馆被拒。犹太商人接着买下了萨拉托加的数家宾馆，最后出现的结果是，整个纽约地区的度假宾馆分成了接受犹太人和不接受犹太人两种。后来这种做法扩大到共济会会馆、乡村俱乐部，一些中小学和大学也像俄国那样开始实行名额限制。

贫穷的阿什克纳齐犹太人大量抵达纽约自然导致这种新的反犹太亚文化快速发展，但更重要的是，这些移民给美国的犹太群体注入了焕发新生命的活力。他们将其从注定朽坏的上流社会的人变成一支崭新而充满活力的自由民族，这个民族在包容的国度里孕育出来，却在城市的楼顶大声宣扬自己的宗教、自己的本性，这个城市，在他们的改造下，已经成了世界最大的犹太城市。这是一座名副其实的"避难之城"，不仅如此——它还是权力的核心，届时将为全球犹太人的利益发挥积极的作用。

然而富裕的纽约犹太人却还没有抓住欧洲犹太人的出逃所带来的机会。如果说和犹太历史上的诸多其他事件一样——比如说1648年的屠杀——此次事件最终也可以解释为上帝计划的一部分，要让他们从苦难当中得胜，那么此时他们尚未意识到类似的悲剧还会再来。公正地说，他们抑制着恐惧的心理，尽自己一切所能来欢迎和接纳来自东方的大批移民。而有些人则具有更加细腻的洞察力。在沃德岛犹太移民救济中心的工作人员中，有一名年轻的女诗人名叫埃玛·拉扎勒斯（Emma Lazarus，1849—1887），爱默生发现了她的才华并对她进行栽培。她对古今的犹太文化燃烧着火一般的浪漫主义热情，她翻译了中世纪伟大诗人犹大·哈勒维的诗歌，翻译海涅的诗歌，她推崇朗费罗令人感动的《新港犹太墓地》一诗，但是不满诗中轻看犹太民族的结尾："灭亡的民族国家将永不复兴。"这是不对的！犹太民族必将复兴！埃玛·拉扎勒斯出身一个古老、富裕的塞法迪家族，但是她从带着历史的负重在美国移民之路上艰难行走的穷苦的阿什克纳齐犹太人身上看到了一支未来的军队——一支将会在美国或以色列——或者两地，重建耶路撒冷的军队。她在《新世纪》杂志上驳斥反犹污蔑，为犹太人辩护（1882），对于美国思想和美国现实对欧洲受压迫穷人的真正意义，她或许比当时任何一个美国人都更加了解。当自由女神像在纽约港入口竖起的时候，她的十四行诗《新巨像》为自由赋予了不朽的声音：

> 把你们那些疲惫困顿的人，
> 你们那渴望自由呼吸的拥挤不堪的人都给我，
> 把那些无家可归饱经风浪的人都送来。
> 在这金色的大门旁，
> 我要为他们把灯举起！

更重要的是，埃玛·拉扎勒斯理解美国对于世界犹太人的意

第五章 解 放

义。今后这些"拥挤不堪"的人难道不会站起来,不会强大起来,从新世界向旧世界伸去有力的援手吗?她的《犹太人的旗帜》是一首犹太复国主义诗歌,她的《致希伯来人书》(1882—1883)预告犹太文明在美国和圣地的共同努力下将会得到复兴。在拥挤在纽约贫民窟的那些"无家可归"的阿什克纳齐犹太人身上,埃玛·拉扎勒斯看到的不仅是生命,还有希望。[98]

当然是生命,其数量之多令人望而生畏。当新来的移民涌入纽约,一座座新式的德式会堂渐渐扩散到曼哈顿上城。难民拥挤在下东区,这里只有 1.5 平方英里,以包厘街、第三大道、凯瑟琳街、第 14 街和东河为界。到了 1910 年,有 54 万犹太人被塞在所谓的"哑铃公寓"里,这些公寓都按照 1879 年市政府规定的式样建造,当时的规定要求楼里建有通风井。每栋楼高 5—8 层,宽 25 英尺,进深 100 英尺,每层楼面 14 个房间,只有一间有自然采光。纽约犹太人最集中的地方是超高密度的第十区,这里分散在超过 46 个街区的 1 196 栋旧式公寓居住着 74 401 人(1893),人口密度相当于每英亩 701.9 人。这里也是缝纫行业的集中地,大部分移民受雇于这个行业,裁剪和缝制成衣,每周工作 70 小时,每间小屋挤着 12 名工人。到了 1888 年,纽约的 241 家制衣公司已经有 234 家是犹太人的公司。到了 1913 年,制衣业成为纽约最大的产业,16 552 家工厂几乎全都是犹太人所有,雇用的工人达 312 245 名。

这就是所谓的血汗劳动,但它同时也是社会阶层向上流动的绝好途径。初来乍到的难民诚惶诚恐,任人摆布。一份意第绪语报纸写道(1884):在我们德国犹太贵族的慈善机构里,你可以看到装饰一新的办公室和精美的办公桌,但是这里的人们却表情严肃紧张。每个人都可怜巴巴地受到犯人一样的盘问,被人看轻,这些不幸的人失去了自尊,颤抖得像片叶子,仿佛在他面前的就是一名俄国官员。[99]20 年后,这种顺服精神不见了,一个完全由犹太人领导的劳工运动诞生,通过四场大规模罢工,巩固了势力。东欧犹太人运用他们手中的缝纫针也走上了通往独立和获得尊严的道路。犹太移民在下东区的平均生活时间只有 15 年,然后他们继续流动,先来到哈林区(曾是富裕的德国犹太人聚居区),接着又来到布朗克斯和华盛顿高地,然后到康尼岛、弗拉特布什、博罗公园和东公园大道。他们的孩子进入大学深造,不少人成了医生和律师,有些成了小企业主,然后渐渐做大生意。曾经的犹太小贩,如今成立了邮购公司,遍布美国各地,其中以朱利叶斯·罗森沃尔德的西尔斯－罗巴克公司为代表。在纽约,犹太人把小规模的商店和作坊渐渐扩大,变成了大型百货公司,来自巴伐利亚的本杰明·布卢明代尔家族,在 1872 年开了一家纺织品商店,到了 1888 年,他们东区商店的雇员达到了 1 000 人。奥特曼兄弟公司的雇员有 1 600 人。伊西多尔和内森·施特劳斯收购了梅西百货公司。其他家族集团创建了金贝儿兄弟公司、施特恩兄弟公司和布鲁克林的亚伯拉罕－施特劳斯公司。到了 20 世纪初,拥有 100 万说意第绪语人口的纽约,有了全球最大的意第绪语媒体,

第五章 解 放

每天发售 60 万份报纸，四大报纸分别是《真理报》（激进，民族主义）、《犹太早报》（正统，保守）、《前进日报》（社会主义）、《犹太日报》（正统，犹太复国主义）。但是不久，纽约的英语新闻出版业也被犹太人控制了，阿瑟·苏兹贝格和阿瑟·奥克斯经营《纽约时报》，多萝西·希夫和 J. 大卫·斯特恩经营《纽约邮报》，后来又相继出现一些著名的犹太出版公司——贺瑞斯·利弗莱创建利弗莱 & 博尼出版公司，乔治·奥本海姆和哈罗德·古因斯伯格创办维京出版社，理查德·利奥·西蒙和林肯·舒斯特创办西蒙-舒斯特公司，贝内特·瑟夫兴办兰登书屋，艾尔弗雷德·诺夫创办诺夫出版公司。此时，曼哈顿和布鲁克林分别有超过 60 万人的犹太社会。布朗克斯的犹太人是总人口的 38%，纽约的总人口中犹太人占了 29%，是至此为止最大的种族。纽约共有 164 万犹太人（1920），当之无愧地成为全球最大的犹太（和说意第绪语的）城市。1880 年，在总人口 5 000 万的美国，犹太人数量只刚刚超过了 25 万；而 40 年以后，在总人口 1 亿 1 500 万的美国，犹太人的数量大幅增至 450 万，增幅达 18 倍。

要让这个庞大的犹太人群体就这样融入并消失在美国社会中是不可能的。这里是全球犹太人的缩影，其中有一些最狂热的信徒信奉的是最严格形式的犹太教。1880 年，在美国 200 多座犹太会堂中，90% 左右是改革派组织，但是随着新来者逐渐发出自己的声音，运用自己的力量，他们的统治地位变得越来越不稳定。1883 年，希伯来联合学院的首届毕业典礼上发生了一个尴尬事件——希伯来联合学院是美国由改革派控制的主要拉比学院——餐桌上出现了虾和其他非犹太食品,宴会厅里顿时一片混乱,许多著名拉比拂袖而去。此事发生后,美国犹太人很快重新结盟。1886年,保守派成立了自己的犹太神学院,正统派也形成了组织框架,甚至到1890年,在533个美国犹太教区中,有316个属于正统派。最后犹太教形成了一个三重格局,保守派居于首位,正统派位居第二,改革派屈居第三。到了1910年,各种形式的犹太教在美国遍地开花。较富裕的改革派会堂,布道者身穿英国国教式样的礼袍,举行英国式的礼拜仪式,还有男女混合的座次、合唱团和管风琴。那一年,新式的以马内利会堂的犹大·马格内斯拉比不无自豪地告诉他的纽约会众说:"一位来自其他城市的著名基督徒律师对我说,星期天上午他在礼拜开始时来到这里竟然没有发现他是到了犹太会堂,直至布道者偶然的一句话暴露了事实。"[100]但5英里以内就可以找到分别让布拉格的马哈拉尔、美名大师托夫或者维尔纳加昂同样备感亲切的集会。那个时候,美国犹太团体所代表的也是完全世俗化的犹太教,尚不能够有力地指明一个方向,遑论领导全世界的犹太人,但是它也开始变得有组织了:1906年,美国犹太人委员会成立。一旦世界各地的犹太人就未来达成多数共识,他们就开始积累人口、金融、经济,以及尤为重要的政治实力。这一切都是1881年悲剧产生的直接结果。

然而1881年悲剧所产生的结果还不止于此。历史就如同慢慢

第五章 解 放

地完成的一场很大的拼图游戏，将一个个拼块分别归置到位。美国犹太人也是其中的一块，下一块就是犹太复国主义思想。1881年事件对这一块也起到了推动作用。在俄国的集体迫害事件发生之前，绝大多数犹太人认为他们的将来无非就是以这样或那样的方式与当地社会同化。然而灾难发生后，一些犹太人开始寻找新的出路。犹太人思考的轴心发生了变化，他们不再像以前那样乐观和自信，而是变得焦虑不安——因此也激发了他们的想象力和创造力。俄国的恐怖事件让犹太人产生了这样的思考：难道不能成立一个理想的犹太社会？在这个社会里，犹太人不仅安全，而且没有痛苦，甚至能受到宽容对待，还能感到自己是受欢迎的，如同在家一样——一个是他们自己而不是别人当家做主的地方。犹太复国主义当然并非一个崭新的思想，早在犹太人被流放巴比伦时就已经存在这样的思想，《诗篇》中是不是就有"我们曾在巴比伦的河边坐下，一追想锡安就哭了"的诗句？[101] 在1 500多年里，每一代犹太人，每一个犹太社会中都会出现一个或两个将锡安视如梦想的人。有的亲回锡安实现个人的梦想：回到提比利亚，回到采法特，回到锡安。有的设想建立小规模的教区或聚居区。然而这些全都是宗教意义上的犹太复国主义者，都是希望通过各种途径加速弥赛亚行动的发生。德国拉比泽维·希尔施·卡利舍（1795—1874）就怀有这样的设想。1836年，这位拉比请求法兰克福的罗斯柴尔德家族出资从阿拉伯人那里购买以色列地——或者至少耶路撒冷，以启动集合进程。1840年，在摩西·蒙蒂菲奥里爵士和阿道夫·克雷米厄成功营救大马士革犹太社会之后，贝尔格莱德附近塞姆林的犹大·阿勒卡莱拉比（1798—1878）提出一个设想——可以将这一次特别行动作为参考模式，照此将世界上更多的犹太人团结起来，使之凝聚成国家的力量，把现代希伯来语作为这个国家的语言，把巴勒斯坦作为未来的弥赛亚王国，他认为，弥赛亚几乎时刻都有可能到来。他写了无数的小册子来宣传这个计划，为了表示诚意，他自己也移居到了以色列地。

从19世纪40年代起，世俗化的犹太人也梦想回到锡安。摩西·赫斯（Moses Hess，1812—1875）从黑格尔主义走向了社会主义，但是不久他就退出了（对他而言）缺失灵魂的集体国际主义运动。和许多犹太人一样，人到中年，他也开始回归根本，只是他重拾犹太教的表现形式是民族主义，而不是宗教。他开始认识到，民族国家是历史发展形成的自然单位，因此受启蒙思想影响的犹太人竭尽全力与社会彻底同化，是背叛自己的本性。1859年，另一个长期处于分裂的古老民族意大利恢复国族认同，这让赫斯备受鼓舞，犹太人为何不能发动自己的民族复兴运动呢？在他的《罗马和耶路撒冷》这部伟大著作中，赫斯提出了犹太人可以建立自己的民族国家的观点。[102] 他的这个观念，既避免马斯基尔矫枉过正的行为——他们是要让犹太人和当地社会同化直至消失，又排斥正统派对世俗世界完全视若无睹的做法。它将促使犹太人，借由自己创建的国家——既反对基督教的迷信，又反对伊斯兰教的东方主义——在现实生活中实现犹太思想，从而成为非犹太人的政治明灯。同时也将使他们实现自身的救赎,不是通过摧毁传统经济职能这种消极方法来实现,而是通过建设理想国的积极行动来达到目标。[103]

但是所有这些犹太复国主义思潮——以及其他种种思想——都是设想在耶路撒冷或耶路撒冷附近建立某种类型的定居点,甚至末底改·诺亚到最后也转变思想,认为他理想中的犹太社区应该是在约旦河沿岸一带,而不是在尼亚加拉河。总有少量的犹太人定期地前往巴勒斯坦,但即使阿勒卡莱也未能在那里真正建立起一处聚居地。然而没有一个初始的殖民过程,新的锡安,无论宗教的还是世俗的,抑或二者兼而有之的,又如何能建立起来呢?犹太人一旦想到殖民化的办法,就自然地想到了英国。英国是19世纪的殖民强国,此时它正走在征服地球表面四分之一面积的道路上,而且英国特别愿意接受犹太人的理想主义,尤其是犹太复国主义思想。前面我们已经了解到,英国著名外长帕默斯顿勋爵积极支持温和的回归巴勒斯坦运动,著名首相本杰明·迪斯雷利更是将目光放得长远,他的小说《阿尔洛伊历险记》描写了主人公探寻如何让耶路撒冷回到犹太人手里。这个主题在他更加具体的犹太小说《坦克雷德》中再次出现,当然,也可以说迪斯雷利不过是有点浪漫情怀和丰富想象力的塞法迪,他实际上是务实地追求自己的政治仕途。但是迪斯雷利很有能耐,真的实现了他那些不切实际的理想。他在印度将一家商业公司变成了一个光华四射的商业帝国,虽然他没有对外宣称犹太复国主义的实际方案，但这些方案是确实存在的。1851年，在海威科姆，他和同事斯坦利勋爵在卡林顿勋爵家的林地里散步，斯坦利后来在日记里写道：

> 天很冷，尽管他通常对天气的影响非常敏感，但此时他的心是火热的，以至于没有意识到这寒冷的气温。为了更好地阐述他的观点，他停下脚步，站立在农场的一侧，解释他的具体计划。他说，（巴勒斯坦）有充足的天然便利条件，那里唯一缺的是劳动力和保护劳动力的措施，土地所有权可以向土耳其购买，钱是现成的，罗斯柴尔德家族和希伯来大资本家们都愿意伸出援手。土耳其帝国已经分崩离析，为了钱，土耳其政府什么都愿意做，唯一要做的就是建立有土地所有权、没有迫害的殖民地。国家地位问题可以留待这些都实现了再说。他还说（犹太）民族对这些想法很有兴趣。能够帮助他落实这些计划的就是下一个弥赛亚，是他的民族真正的救主。

斯坦利补充说："尽管这以后我多次看到他生气或者开心激动，但是他在我面前表现得如此兴奋却是仅此一回。"[104] 迪斯雷利很有可能临终时在病榻上还在想着这个计划，据说他弥留之际还在喃喃自语地说着希伯来语。[105]

迪斯雷利对犹太人和犹太复国主义的同情，不仅体现了他的种族背景，更说明他也传承了英国的亲犹传统。英国的作家从小阅读钦定版《圣经》，对犹太人的过去尤其怀有浓厚的兴趣，而且往往对他们如今的遭遇抱有深深的同情，拜伦的《希伯来歌集》就是一个例子。当然也有作家总是喜欢在小说中把犹太人写成令人讨厌的反社会角色，查尔斯·狄更斯在《雾都孤儿》（1837—1838年连载）中忍不住就这样做了，小说中坏蛋费根被残酷地贴上了"犹太人"的标签，尽管他的犹太人特点并不明显。伦敦的犹太人犯罪率很高，贫穷的阿什克纳齐社区尤其如此。最早被流放至澳大利亚的就有犹太人，1852年这个制度取消时，起码有1 000名犹太人遭到了流放，其中有一个名为艾萨克（"艾奇"）·所罗门斯，人称"篱笆王子"，[106] 据说狄更斯就是以他为原型塑造了费根。但是狄更斯极其痛恨有人说《雾都孤儿》是反犹小说，几乎是为了驳斥这种说法，他在《我们共同的朋友》（1864—1865年连载）中把莱亚先生塑造成他笔下最圣洁的人物之一，称他是"温柔的犹太人，他的民族怀有深深的感恩之心"。

犹太人作为虚构人物出现在小说中是否作者有意为之，有时并不清楚。在维多利亚时代，犹太人常常使人联想到邋遢的红头发，以及拥有这一特征的一些讨厌人物，如《大卫·科波菲尔》里的尤赖亚·希普，安东尼·特罗洛普所作的《巴彻斯特大教堂》中的奥巴蒂安·斯洛普。特罗洛普有时候被批评塑造了坏犹太人的角色，无疑他不喜欢迪斯雷利（在他的政治小说中，迪斯雷利被塑造成达本尼先生），不过狄更斯、萨克雷等许多人都不喜欢迪斯雷利，这也未必是因为种族关系。迪斯雷利以牙还牙，在他的最后一部小说《恩迪米昂》（1881）中对狄更斯和萨克雷大加嘲讽。特罗洛普创作了大量小说，塑造了无数外国人形象（他是19世纪游历最广的小说家），但是仔细阅读他的书就会发现他对犹太人并无偏见，在他多部政治小说中一再出现的马克斯·格斯勒夫人，是一名极其可敬的女子，《妮娜·巴拉塔卡》中的安东·特伦德尔松是令一个颇受特罗洛普同情的犹太人，即便是《如今世道》（1875）中那位富有传奇色彩的金融流氓奥古斯特·梅尔莫特，事实上他也没有说他是犹太人，在特罗洛普的心里，这个人物身世不明，但是他的原型显然是艾伯特·格兰特。格兰特，原名亚伯拉罕·戈特海默，1831年出生于都柏林，是一名商贩的儿子。此人成了基德明斯特议员，是伦敦莱斯特广场的开发商，伦敦不动产信贷公司和动产信贷公司及多家票据欺诈公司的总经理，1899年去世时一文不名。[107]

然而，梅尔莫特的例子具有重要意义，因为当时英国社会在对待犹太人的态度上恰好处于一道分水岭。在19世纪70年代之前，英国受过教育的人士一般都亲犹，但是在这10年里，英国经济普遍下行，个人破产频频发生，社会对犹太人的态度也发生了微妙的变化。从70年代中期开始，许多人认为伦敦大规模的市场操纵行为就是犹太人所为。在欧洲大陆，尤其在法国、德国和奥地利，也同样能感觉到态度的变化，但是那里原本就存在反犹情绪，只不过现在更加激烈了。而在英国，反犹主义是一种新的现象。这种状况引起了亲犹人士的不安,部分人士开始考虑如何解决这个问题,现在,他们也承认这个"犹太人问题"的存在了。其中一个就是考古学家查尔斯·沃伦爵士,他是第一个挖掘出耶路撒冷圣殿墙的人。1875年,也就是梅尔莫特这个人物问世的那一年,沃伦发表《应许之地:或土耳其的保证》一书。主要在英国的帮助之下,圣地的犹太人数量慢慢出现了上升,19世纪40年代超过了1万人。现在沃伦提出了一个大致符合迪斯雷利构想的建议,成立一个英国特许公司,向巴勒斯坦输送移民(作为交换,承担土耳其政府的部分国家债务),"其公开宣称的目的只是渐渐地输入犹太人,这些犹太人最终将占领并治理这个国家"。沃伦认为,大规模的资金和系统、科学化的开发,最终可以让这个国家供养1 500万人口。

同年春季,沃伦的声音得到了《黑森林》杂志一个更具影响力的声音的附和——该杂志开始连载乔治·艾略特的小说《丹尼尔·德龙达》。这本书现在读者甚寡,从艺术性来说即使在当时也被认为是失败之作,但是从其实际作用来看或许是19世纪最有影响力的小说,犹太复国主义的拼图游戏又拼入了重要的一块。乔治·艾略特自从17岁那年读了约瑟夫斯的历史著作后,就热切地关注犹太人的命运,对于《圣经》的评注和批判很有见地,她翻译施特劳斯的《耶稣传》和斯宾诺莎的著作。反犹玩笑令她反感,她说不清楚基督徒对犹太人的敌意是"出于不敬还是因为愚蠢"。1866年,她结识了一名博学的犹太人,大英博物馆图书编目员艾曼纽·多伊奇，后者刚刚在《评论季刊》上发表了一篇向基督徒读者介绍《塔木德》的著名文章，试图在两个宗教之间建立起互相了解的桥梁。他用希伯来语给她上课，并在1869年访问巴勒斯坦后成为一个狂热的犹太复国主义者。"东方！"他从耶路撒冷写信回来："我的疯狂念头终于全部得以实现！"[108]多伊奇死于癌症，在他患病期间，乔治·艾略特经常前往探访，多伊奇被他的热情深深地感动。19世纪70年代初，她开始参加一个任务庞大的读经并参加会堂礼拜的课程，以期创作一部犹太小说。她感到"必须以我的天性和知识所能达到的同情和理解来对待犹太人……我们这些在基督教里被抚养长大的西方人对希伯来人怀有一份特别的亏欠，并且无论我们承认与否，我们和他们之间在宗教或道德情感上都有一种特殊的共鸣"。[109]

小说的创作和连载完成于1876年，这个过程对乔治·艾略特而言是一段巨大的情感经历，她是"含泪"写完这部小说的。书中的精神导师、犹太复国主义空想家名叫末底改，这位生命垂危的学者就是以多伊奇为原型，是"一个穷困潦倒、籍籍无名的人，因为疾病缠身而身体虚弱，死亡步步紧逼，如影相随，他深知自己的状况，却仍然热烈地生活在看不见的过去和将来中"。乔治·艾略特借多伊奇-末底改之口，表达了她的犹太复国主义理想："如果以色列受益，世界也将受益，因为东方的前锋将会有一个社会承传每一个伟大民族心中都深藏的文化和共同情感；将会有一片土地致力于化解各方的仇恨，如同比利时是西方的中立之地，以色列将是东方的中立之地。"这段名言对1914年那代人而言带上了悲哀的讽刺意味，对我们这代人而言更是如此；但对当时而言，它表达了亲犹知识分子的普遍思想，即重建锡安将会给一个野蛮之地带来和平与文明。同时，这种思想也需要一个《坦克雷德》中那样的弥赛亚式人物，乔治·艾略特在其小说的主人公、由末底改指定的丹尼尔·德龙达身上成功地塑造了这样的人物。在故事的结尾，丹尼尔和米拉结为夫妻，准备前往东方，重树"我民的政治存在，为他们重新立国，为他们建立英国人那样的民族中心，尽管他们分散在世界各地"。

乔治·艾略特的小说风靡全球，销量巨大。19世纪的所有小说家中，她是最受知识分子敬重的一个，在英国、欧洲大陆和北美都是如此。对他们所有人而言，尤其是成千上万被同化了的犹太人而言，这个故事第一次向他们展示了重回锡安的希望。迪斯雷利是少数几个没有读过此书的人之一，当有人问他是否看过这本小说时，他回答说："我如果要看小说我就自己写。"但是其他人几乎全都看了。在纽约，它鼓舞了年轻的埃玛·拉扎勒斯；在《大英百科全书》著名的第11版（1911），"犹太复国主义"这一条目里，吕西安·沃尔夫将会这么写，这部小说"让犹太人的民族精神受到了自沙巴泰·泽维以来最强烈的刺激"。[110]这本书在政治圈尤其被广泛阅读，对阿瑟·贝尔福这一代人来说，是这部小说让他们首次知道有犹太人问题的存在。[111]贝尔福认识乔治·艾略特是在1877年，也就是小说出版的第二年。但是大家想要知道的是，谁将是真正的丹尼尔·德龙达？他将会在什么时候出现？的确，这就像是在等待弥赛亚的到来。

1895年1月5日，在巴黎军事学院天寒地冻的庭院里，真正的丹尼尔·德龙达出现了。当时那里正在举行仪式，公开革除阿尔弗雷德·德雷福斯（Alfred Dreyfus）的上尉军职。德雷福斯是在法国陆军总参谋部服役的唯一犹太人，他被指控向德国人泄露机密而受到了审讯，而且——根据后来被证实是伪造的证据——被判罪名成立。在场旁观的有维也纳自由主义日报《新自由报》驻巴黎记者西奥多·赫茨尔（1860—1904），他是少数几个获准进入现场的记者之一，两周之前，他旁听了此案的庭审，目睹德雷福斯被宣判有罪。此刻他站在一旁，看着德雷福斯被带到达拉斯将军面前，达拉斯大声斥责："阿尔弗雷德·德雷福斯，你不配佩枪，我们以法国人民的名义革除你的军职！"德雷福斯当即大声回应："战友们！无辜的人被革职！战友们！无辜的人受到了侮辱！法国万岁——陆军万岁！"随后，一名没有军衔的高级军士撕下他的肩章和纹饰，在膝盖上折断他的军刀。囚犯被押着在大院里游行示众，依然高喊他是无辜的。军事学院外面，人山人海，群情激昂，听到德雷福斯的喊声，人群开始吹起口哨，喊响口号。当赫茨尔离开军事学院的时候，他们开始高喊"处死德雷福斯！处死犹太人！"[112]之后不到6个月，他完成了将启动现代犹太复国主义运动进程的那本书——《犹太国》的草稿。

德雷福斯事件的发生和赫茨尔向犹太复国主义的转变，都见证了犹太历史发展的重要进程,它们又是拼图游戏中的两块,都必须加以详细的探讨。首先,德雷福斯事件以及它所引发的负面情绪,彻底地结束了一个充满幻想的时代,在这个时代里,被同化了的西方犹太人乐观地以为欧洲社会对他们的接受已经如火如荼地开始,而且这个过程即将宣告完成。1871 年,格雷茨几乎是用胜利的口吻结束《犹太史》的第十一卷,即最后一卷:"我比任何前辈都更加幸福,因为我可以怀着喜悦的心情结束我的这部史书,犹太民族终于不仅在文明社会中获得了正义和自由,而且还得到了一定的认可。此时,犹太民族终于有无限的自由可以发挥其才能,这不是出于怜悯,而是经历无尽的苦难后获得的权利。"

这种日益增强的安全感在法国表现得最为明显。在法国,犹太人享受着 1789 年法国大革命留下的自由主义历史遗产,人口数量也相对较少。讽刺的是,1870 年法国战败后丢失了阿尔萨斯－洛林,失去了最大、最不受欢迎的阿尔萨斯聚居区,那里都是说德语的阿什克纳齐犹太人。在德雷福斯事件发生之际,法国犹太人不足 8.6 万,而当时法国的总人口将近 4 000 万。[113] 犹太社会由政府资助的犹太中央议会管理,该机构属于宗教事务部,负责制定拉比选举规则,设定并承担拉比的薪俸。因此法国犹太教带有国家教会的某些特点——它的表现也的确像国教。犹太教的祈祷书上的"为法国祈祷"是这么写的:"以色列和全人类的保护者,全能的神,如果在所有宗教中,我们的宗教你看为最重,因为它乃是你亲手的作为,那么在所有的国家中,法国你最为喜悦，因为它最配得上你的喜悦。"结尾是："愿（法国）不是独享宽容和正义，这样的独享虽是法国的荣耀，却是别国的耻辱。愿多国效法她，让她在和世界分享她的品位、她的语言、她的文学、她的艺术的同时，也让她分享自己的原则，毫无疑问后者更加重要和必要。"[114]

1891年，当J. H. 德雷福斯被立为巴黎大拉比时，他的主旨就是要在"法国精神"和"犹太教基本精神"之间建立联系，尤其是"在两个民族之间建立道德伦理上亲和关系"，因为法国是"现代的被拣选民族"。尼姆的卡恩拉比将法国大革命喻为"我们从埃及的出逃……现代的逾越节"。兰斯的赫尔曼拉比则说法国"受上帝选派为人类的命运指路……向全世界传播正义、平等和博爱这些伟大而美好的思想，这些思想原本是以色列独有的祖先遗训"。与美国的改革派犹太教颇为相似的是，法国犹太教也竭力融入当地的宗教环境。拉比的着装几乎和天主教神父一样，他们甚至考虑将安息日礼拜改到星期天，为儿童举办类似洗礼、初次圣礼的仪式。灵柩上的鲜花，奉献盘，临终探望，唱诗，管风琴，布道——这一切都是仿照基督教的做法。据估计，当时全法国大概只有500人是名副其实的正统派犹太教徒。

犹太平信徒在保持同样低调姿态的同时，还表现出了一种近乎谄媚的爱国主义。他们积极参与角逐法国政府提供的光华四射的奖项：考入精英大学，参加比赛，进入研究院，争夺法国荣誉军团勋章。列昂·哈勒维写道："所有（犹太）人都必须在习俗和

第五章 解 放

语言上变成国家和制度层面的法国人……犹太人只是附加的身份，他们的主要身份是法国人。"[115] 而欧内斯特·克雷缪－福厄这样写道，"让这个社会再也没有犹太人和基督徒之分，除非在祷告的时候！"詹姆斯·达梅斯特泰当上了高等研究院院长后心怀感激地说，以色列文化和法国文化从本质上说是相同的。法国大革命体现的是犹太教的意识形态，这两个对进步怀着坚定信念的被拣选民族，将会加快弥赛亚时代到来的步伐，弥赛亚时代的到来就是"人类正义的全面胜利"。这些人都认为，反犹主义只是从德国来的舶来品，在法国表面上或许有人倾听，但绝无立足之地。

但遗憾的是，事实远非如此。19世纪是一个伪科学种族理论风行的时代，法国也深陷其中。虽然最早的确是德国的语言学者在探索语言起源之时将发端于梵文的雅利安人种或印欧人种与发端于希伯来语族的闪米特人种作了区分，但是将这些观念普及开来的却是法国人，他们把语言和人种的概念混淆了起来。1853年，法国外交官约瑟夫·德·戈比诺伯爵（1816—1882）发表了臭名昭著的《人种不平等论》，称雅利安人是高尚的人种，闪米特（和拉丁）人是腐朽败坏的人种。这篇文章成了德国反犹分子的指导手册，对理查德·瓦格纳等人产生了巨大的影响。思想顽固的博学家欧内斯特·勒南（1823—1892）对法国人也产生了同样影响，他的《闪米特语言通史与比较体系》于1847年获得沃尔奈奖，他还有一部更重要的著作是《耶稣传》（1863）。《耶稣传》是19世纪这100年里法国出版的最成功的书，反教权主义者读了沾沾自喜，天主教徒读了惴惴不安。他认为，"闪米特人种相较于印欧人种是劣等人种"；他笔下的耶稣，这位人文主义英雄，之所以如此富有戏剧性，正是因为他被写成"几乎全无其种族的缺陷……又恰以无限的精致为首要特征"。爱德华·德吕蒙把勒南关于犹太人是劣等民族的理论和图斯内尔认为犹太民族擅长金融诈骗的理论巧妙地结合起来，写成上下两册的《犹太人的法国》(1886)一书，这是所有反犹专著中写得最好、貌似最言之成理的一部，短时间内就有上百个版本出炉，为他成立"反犹联盟"和创办恶毒的反犹日报《自由宣言》(1889)提供了条件。

因此，法国反犹主义的第一个层面就是伪科学的，第二个层面就是嫉妒。既然犹太民族是劣等民族，他们为何如此成功？因为他们欺骗，他们有阴谋。法国中上阶层的犹太儿童往往囊括所有奖项，朱利安·班达将会在若干年后这样写道："在我看来，班达兄弟们在大赛上获奖是导致我们15年后不得不忍受反犹主义的根源之一。不管犹太人意识到与否，这样的成功对于其他法国人来说简直就是侵犯行为。"[116] 天赋异禀的赖纳赫三兄弟：律师兼政治家约瑟夫（1856—1921）、考古学家所罗门（1858—1932）和古典学者西奥多（1860—1928），又是获奖神童三人组。他们在法国人的学术文化竞赛上一次次击败法国人，拿下奖项。但是在1892年，巴拿马丑闻爆发，这是一个涉及金融操控和诈骗的巨大谜案，他们的叔叔雅克·赖纳赫男爵深陷其中。赖纳赫男爵的神秘死亡，或者是自杀，反而加重了法国社会不安，让反犹人士在愤怒之余更感到了满意——原来他们一直在干欺世盗名的勾当！1882年的总联邦银行丑闻和1889年的贴现银行丑闻——两个事件都涉及犹太人——只是这个复杂谜案的序幕，似乎证实了德吕蒙书中的金融阴谋论，几乎每天都为《自由宣言》的"调查记者"提供了发布反犹报道的机会。巴黎是欧洲除伦敦外最大的金融中心，其银行家的花名册上密密麻麻地列着犹太人的名字：多伊奇、班伯格、海涅、李普曼、佩雷尔、埃弗吕西、斯特恩、比绍夫海姆、希尔施，（当然还有）赖纳赫——这足以说明一切！[117]

法国的反犹主义还存在第三层：教权层面。在19世纪的后25年里，罗马天主教会统治集团与法国政府争斗不止，内部混乱不堪。他们对神职人员几乎没有控制权，对修会，尤其是圣母升天会成员更是无权干涉，后者由教皇选派，由教皇撑腰，通过组织大量群众前往罗马及卢尔德等新的奇迹发生地朝圣，意图"复兴法国的基督教"。圣母升天会成立于1847年，是最早采用大公司的做法来进行宗教复兴运动的修会，他们租用专列召集大量人群，创办了一家非常成功的出版社——美好出版社——和发行量巨大的日报《十字架报》（1883）。[118]和之前多明我会和方济各会的修道士一样——在某些方面他们很像——他们也需要对手，他们找到了3个互相关联的对手：新教徒、共济会成员和犹太人。作为极端天主教徒的阴谋论，共济会阴谋的出现远远早于"科学"反犹主义的出现，在法国至少可以追溯到1789年。不少关于共济会的传说和仪式都与犹太教的喀巴拉有关，出现在天主教会大量的小册子和书籍中。而且，因为圣母升天会相信自从16世纪以来许多新教徒都是隐秘的犹太教徒和马拉诺人，所以要把这三类人绑在一起成为一个魔鬼三重组合并不难。1882年，天主教徒的银行机构总联邦银行破产，圣母升天会认定这就是它们的阴谋所致。第二年，他们成立报社以对抗这个阴谋，次年，他们的保护人利奥十三世正式谴责共济会是魔鬼的工作。《十字架报》发誓要与"这三个仇敌"作斗争……这三个仇敌分别是：新教，其目的是要摧毁天主教，即法国的灵魂；犹太教，其目的是要抢夺国家财富，即法国的肉体；还有就是共济会，它是前两者的自然组合，其目的是要同时摧毁法国的灵魂与肉体！[119]

在这个精心策划的仇恨和诽谤大背景下，1881年的俄国事件及其影响，让法国老百姓，尤其是巴黎普通市民，亲身感受到了"犹太人问题"的存在，这让法国固有的犹太社会受到了一记致命打击。在一代人的时间里，法国接收了12万犹太难民，使法国犹太人的人数增加了一倍以上。这些贫穷而又庸碌无为的阿什克纳齐犹太人，显然符合德吕蒙和《十字架报》所宣传的犹太人形象。而且，与此同时还有源源不断地从阿尔萨斯社会来的不甘忍受德国占领的犹太人，包括1871年抵达巴黎但是生意关系还留在米卢斯的德雷福斯家族，这家人是热切得近乎狂热的法国爱国主义者，获得法国陆军部的军衔是阿尔雷勒德·德雷福斯从小的梦想。在陆军总参谋部终于进行了改组，其社会基础得以扩大后，德雷福斯成了选拔进总参谋部任职的首个犹太人，这对他而言是无上的骄傲。但是阿尔萨斯犹太人的爱国情结很有讽刺的意味。19世纪90年代，法国因为战争失利和领土被抢依然耿耿于怀，一方面急切地寻找报复机会收复失地，另一方面又担心德国进一步侵略，因此在这个多疑的国家，凡是和德国稍有关联的人都成了可疑人物，阿尔萨斯的犹太人也不例外。1894年1月，法国与它的新盟友沙俄暗中签订了第一个军事协定，此举让犹太人在法国人眼里变得更为可疑，因为众所周知他们最恨沙皇政权。法国犹太人尽了自己最大努力。在反犹最激烈的沙皇亚历山大三世诞辰那天，全巴黎的犹太会堂都举行专门的祷告会为他祈福，但是这样做丝毫不起作用。犹太人的每一个爱国举动都无一例外地受到了反犹分子的怀疑："他们干得出来，不是吗？"

1894年7月，当时指挥第74步兵团的少校埃斯特哈齐伯爵勾结德国大使馆，次月，这名挥霍无度的赌徒交给大使馆看门人一封信，上面列了一份清单，是他为了换钱准备向德国提供的文件。9月26日，这封信落到了总参谋部"统计科"（反间谍机构的掩护）休伯特·亨利少校手中。尽管总参谋部改组不久，但内部人员依然办事能力低下，管理混乱，统计科尤其如此，这个科室几乎不做任何记录或登记，他们常常伪造安插文件，但是又不做记录，因此真假文件混淆的事情时有发生。有一回卖了个旧保险箱，买主发现里面竟然还有绝密文件，类似事件频频发生。统计科哪怕稍有点儿业务能力也不至于发生德雷福斯事件，因为埃斯特哈齐是个极不专业的间谍。关于这封便笺，所有证据都指向他，几乎没有或者根本没有证据表明这是总参谋部的人干的，有些证据直接就排除了德雷福斯上尉。但是统计科的负责人让－康拉德·桑德赫尔上校虽然也来自阿尔萨斯，但是痛恨德国人，而且是个皈依天主教的反犹分子。当另一个反犹分子亨利上校提出德雷福斯的名字时，桑德赫尔上校拍着脑门惊呼道："我早该想到的！"[120]

尽管如此，陆军部并没有针对德雷福斯的反犹阴谋，所有相关人员都表现出了诚实的行为，只有亨利除外，他甚至还伪造了不利于德雷福斯的证据。挑起这个事端的是德吕蒙和圣母升天会，《自由宣言》率先报道一名犹太军官因叛国罪被秘密逮捕的消息。1894年11月9日，离审判还有几个星期，它就宣称"叛国事件"是"犹太人"干的。《十字架报》也加入了迫害运动。包括五名陆军上将在内的犹太社会领袖惊骇了，他们试图平息此事，当德雷福斯被判有罪并被送往魔鬼岛服刑时，他们相信了，而且感到深深的羞愧，更想让事情快点过去。德雷福斯的家人却坚信他无罪，他们聘请言行谨慎的律师在背地里默默地收集证据，希望为其平反。这是犹太人在遭遇不公时做出的一贯反应。

然而，赫茨尔并非唯一被激怒并做出行动的犹太人。另一人就是来自尼姆的贝尔纳·拉扎尔（Bernard Lazare，1865—1903），一名年轻的象征主义作家，相信犹太人应与当地社会完全同化，甚至还是个无政府主义者。此刻，他首次为犹太人的事情感到不安，他着手调查此事，但是德雷福斯家人的反应很是冷淡。这样的事件竟然没有引起犹太人的公愤,这让他义愤填膺,他写道,这是"过去一贯受迫害而形成的可悲习惯——他们任凭挨打从不反抗,只会躬身自保,只会坐等暴风雨过去,只会装死免得被雷打"。通过自己的调查,他确信德雷福斯是清白的,是受到了诬陷。1896年年底,他在布鲁塞尔发表了一份小册子——《一宗司法错误:德雷福斯案真相》,首次以犹太人的立场提出反犹问题:"因为是犹太人,他遭到了逮捕;因为是犹太人,他被判有罪;因为是犹太人,为他发出的正义的声音、真理的声音得不到倾听。"对拉扎尔而言,德雷福斯是典型的犹太殉道者:

> 他身上不仅体现了这个受压迫民族几百年来的苦难遭遇,更是代表了他们今天的痛苦。通过他,我看到了俄国犹太人在监狱里苦苦煎熬……罗马尼亚犹太人被剥夺了人权,加利西亚犹太人被金融信托机构榨尽血汗,被牧师煽动变得疯狂的农民抢劫财产……阿尔及尔犹太人遭人殴打抢劫,纽约和伦敦贫民窟里的不幸移民在饥饿中死去,对生活的绝望驱使他们所有人来到世界遥远的角落,寻求庇护,他们终将在那里找到正义,这样的正义,也是他们中的精英为全人类提出的主张。[121]

发表小册子后,拉扎尔并没有就此止步,他还恳请犹太知名人士参与此案,谋求重审。他早早地将一个关键人物——著名犹太律师约瑟夫·赖纳赫争取了过来,这让正义的天平开始向犹太社会倾斜,现在事情变得严重了。许多犹太青年起来投身于这场运动,马塞尔·普鲁斯特就是其中一位。"我是第一个德雷福斯派人物,"他写道,"是我去找阿纳托尔·法朗士签字的。"[122]签字就是为"知识分子请愿书"签字,目的是争取著名作家支持这次行动。此举是成功的,因为它吸引了非犹太进步人士对事件的关注。其中一位便是爱弥尔·左拉,当时法国最受欢迎的作家。左拉对事情进行调查后写了一篇长文,为德雷福斯辩护,文章被送到当时的政坛新秀、自由派报纸《震旦报》的负责人乔治·克里孟梭那里,而将这篇文章以《我控诉!》的标题刊登在报纸的头版(1898年1月13日)则是克里孟梭的主意。至此,德雷福斯事件算是真正开始了。4天以后,南特爆发了反犹骚乱,蔓延至南锡、雷恩、波尔多、图尔农、蒙彼利埃、马赛、图卢兹、昂热、勒阿弗、奥尔良以及其他多个城市。在法国本土,这场运动不过是学生和地痞流氓打砸犹太人的商店橱窗,可是在阿尔及尔,骚乱持续了4天,整个犹太社区都遭到了洗劫。带头者没有一个遭到逮捕。

如果德雷福斯事件升级,那恰恰是犹太统治集团所害怕的。但是什么也阻止不了势态的两极分化。当陆军部被要求承认自己犯了错误时,他们统一口径,拒绝认错。当他们中的皮卡尔少校拿出证据指向埃斯特哈齐时,被捕和入狱的却是皮卡尔。左拉也遭到了审讯,被迫逃亡国外。1898年2月,德雷福斯的支持者成立全国性组织"人权联盟",为争取德雷福斯获释而努力。以作家夏尔·莫拉斯为首的德雷福斯的反对者则成立"法兰西祖国联盟"作为回击,以"捍卫陆军部和法国的名誉"。拉扎尔和德吕蒙进行了一场决斗(无人受伤);因为这件事,至少还发生了 32 起决斗,一名犹太人被杀。1898 年 1 月,法国众议院里面,让·饶勒斯在台上发表演讲,台下则是有人抡起拳头打成一片的恐怖场面,外面暴民群情激昂。外交官保罗·康朋从君士坦丁堡回到巴黎时抱怨道:"不管你说什么或做什么,都会被人归为犹太人的敌人或朋友,或是陆军部的敌人或朋友。"[123]

德雷福斯事件震动了法国社会整整 10 年之久,不仅是犹太历史上也是法国历史上,甚至欧洲历史上的重大事件,"知识分子"(intelligentsia)一词由此诞生,他们作为一个独特的阶层,成为欧洲社会的一支主要力量,其中解放了的犹太人是重要的组成部分,有时候还起着主导作用。于是一个新的问题出现了——这不仅仅是法国的问题:谁来领导我们的文化?法国的无产阶级坚决置身事外,暴民都是学生和小资产阶级。"我不得不承认,"克列孟梭坦承道,"工人阶级似乎对这个问题没有兴趣。"[124] 但是对知识阶层来说,这件事成了他们生活中的头等大事。卡朗达什作了一幅餐厅里家具被砸乱、客人在地上对打的漫画,它的题目是:"有人提到了这件事。"巴黎社会,包括贵族阶层和资产阶级,分成了两大阵营,这场冲突一再地出现在文学作品中:普鲁斯特的《让·桑德伊》、左拉的《真理》、阿纳托尔·法朗士的《企鹅岛》

和《贝日莱先生在巴黎》，以及拉夫顿和多奈的剧本，夏尔·莫拉斯、罗歇·马丁·杜伽尔、夏尔·佩吉以及《约翰·巴卢瓦》都描写过这场冲突。[125] 布里萨克公爵、拉罗什富科公爵和吕内公爵，以及于泽斯公爵夫人领导的贵族季刊《巴黎郊区》大力支持反德雷福斯运动，许多作家也加入了他们的行列，如保尔·瓦雷里和莫里斯·巴莱斯；大画家埃德加·德加发现自己和所有的犹太朋友产生了分歧。法兰西祖国联盟（1899）的会员分类显示，70%以上的人拥有很高的教育程度，（依次）由学生、律师、医生、大学教师、艺术家和文人组成，名单中有 87 人是法兰西公学院和研究所的成员，26 人是法兰西学术院的成员（共 40 名成员）。[126] 德雷福斯反对者的社交中心是普鲁斯特的《追忆似水年华》中斯万夫人的原型——马特尔伯爵夫人的沙龙。[127] 他们都坚决相信有个由犹太人、共济会会员和无神论者组成的（神秘的）秘密组织，他们称之为"辛迪加"。波利尼亚克亲王曾经问普鲁斯特："哎，那个老牌的辛迪加如今在干什么？"

站在德雷福斯这一边的有普鲁斯特小说中盖尔芒特公爵夫人的原型——吉纳维芙·施特劳斯夫人主持的沙龙。施特劳斯夫人出生于哈勒维家族——中产阶级上层新教徒犹太家族中最大的一个，她交往的都是艺术、音乐和文人圈子里的人，[128] 她利用自己的沙龙组织了这次知识分子请愿活动。沙龙的主角是赖纳赫，此刻德雷福斯阵营由他负责。他有"一副木头和皮革般的嗓子，"莱昂·都德这样写道，"常常从一把椅子跳到另一把椅子，追逐那些裸着酥胸的女宾，勇猛得像一头洋洋自得的大猩猩。"不过都德的说法颇有成见，普鲁斯特则较为温和："他很滑稽，但是人不错，尽管我们不得不假装他是西塞罗转世。"支持德雷福斯的另一位女主人是圣维克托夫人，被人称为"我们的修订夫人"，还有一位是梅纳德·杜利安夫人（普鲁斯特笔下凡尔杜兰夫人的原型），她在费散德里路主持被称为"德雷福斯运动堡垒"的极左翼沙龙，那个认为是教权集团和军方策划了德雷福斯案的（同样神秘的）亲犹阴谋论就是在这里出炉的。不过有些沙龙的女主人，如敖德农夫人，对两派人士都表示欢迎，她喜欢听他们争吵。当有个拒绝支持德雷福斯的客人进门的对手问她："你怎么对付你的犹太人？"她回答道："我继续留着他们。"[129]

但是在这些社交活动表面的背后，真正的——最终对犹太人来说是悲剧性的——问题开始渐渐显现。德雷福斯事件是一桩简单错案被两边的极端分子利用的典型例子。德吕蒙和圣母升天会对德雷福斯被判罪一事大做文章，借势发起了反犹太人的运动。犹太知识青年和他们不断壮大的激进盟友队伍，开始只是要求正义，最后却要寻求全面的胜利和报复。在此过程中，他们向敌人有力地展示了犹太和亲犹知识分子的力量。在德雷福斯案发生之初，反犹分子一如既往地掌握着全部的好牌，尤其是在出版界。极具讽刺意味的是，正是1881年出台的自由新闻法让德吕蒙那块恶毒的反犹主义招牌变得合法了。这个新闻法原本是为了解除之前不允许批判宗教团体的禁令，目的是让天主教会接受新闻记者的调查。新闻自由，最起码从一开始来说是对犹太人不利的（后来的魏玛共和国时期也是这样）。在德雷福斯事件发生之前，犹太人为了回应《自由宣言》而创办的唯一一份报纸《真实宣言》（1893）遭遇了尴尬的失败。一开始，报界是一边倒的反德雷福斯，除了那些反犹报纸——这些报纸的发行量都在 20 万到 30 万，常见的报纸，《小日报》（110 万份）、《小巴黎人报》（75 万份）和《日报》（50 万份），也都支持既有秩序。[130]

自 1897 年起，随着《震旦报》和女性主义日报《投石党报》的创办，犹太人及其盟友也开始进行反击。一个影响力巨大的案件无疑让他们获得了不可估量的好处，但是他们展现这个好处的能力却是逐渐发展起来的。世俗犹太人作为一个阶层团结起来亮明自己的观点尚属首次。他们借助摄影、电影等新媒介作为宣传工具，拍下了阿尔及尔迫害犹太人事件的连续镜头。[131] 早在 1899 年就有电影制作先驱乔治·梅里爱制作了 11 个短片，展现德雷福斯事件的场景，这些短片每次放映都会在观众中引发打斗。[132] 当中立报刊在他们身后左右摇摆的时候，德雷福斯派开始渐渐地让媒体的天平朝着自己倾斜。在法国以外，他们在各地都占领了明显的舆论优势；在法国国内，他们的媒体力量逐渐增强，政治影响力也越来越大。这一事件从开始到结束都被一些奇怪的意外事件推动着往前，其中最重要的，也是对德雷福斯派而言让事态真正出现转机的，是 1899 年 2 月 16 日法国总统菲利·福尔的突然病故。这位对德雷福斯持强烈反对态度的总统在和情妇玛格丽特·斯

第五章 解 放

坦海尔幽会时突发脑溢血，倒下时紧紧抓住她的头发不放，当时斯坦海尔赤身裸体——是她惊恐的尖叫声让工作人员破门闯入被他上了锁的书房。

此后，反德雷福斯阵营开始做出让步。德雷福斯被人从魔鬼岛带回来，此时的他已经头发花白，还染上了疟疾，几乎丧失了语言能力。法院对他进行了复审，依然判他有罪，但是同意给予特赦。迫于家庭和老资格的犹太当权派的压力，他接受了特赦。这让正从德雷福斯运动中得益的那些人，克列孟梭等激进的政客，犹太和非犹太的新知识分子感到非常气愤。"我们愿意为德雷福斯一死，"夏尔·佩吉愤怒地写道，"可他自己却不愿意。"[133] 他为什么要那么做？他似乎和许多犹太前辈一样已经意识到，将这场官司打到底就是激化和坐实法国的反犹主义，最后还会让它制度化。据都德说，他曾对站在他这边的狂热分子说："自从离开魔鬼岛我就没有过片刻的安宁，"或者"你们都给我闭嘴，不然我就认罪。"[134] 他甚至还带着犹太人的讽刺口吻说："你知道，无风不起浪啊。"但是此时文字和激进左翼联合产生的新力量已经失控，它要继续寻求报复和全面胜利，最后两个目的都达到了。圣母升天会被踢出了法国，左翼在1906年的选举中大获全胜，德雷福斯恢复军职，成了一名将军，皮卡尔当上了战争部部长。现在由德雷福斯支持者控制的政府对教会发起了一场毁灭性的运动。就这样，极端主义者取得了胜利，他们不仅成功地挑起了这个事件，而且还打赢了这场战争。[135]

但是代价还是有的，而付出代价的还是犹太人。反犹主义已经制度化，夏尔·莫拉斯创建的"法兰西祖国联盟"在第一次世界大战结束后变成了一个亲法西斯和反犹运动组织，成为1941—1944年维希政府内最邪恶的元素，我们将会看到，他们协助将成千上万的法国本地或前来避难的犹太人送上死亡之路。德雷福斯支持者的胜利让许多法国人确信，犹太人的阴谋是不争的事实。毋庸赘言，所谓的阴谋论纯属无稽之谈，犹太人也绝无任何阴谋。约瑟夫·赖纳赫不仅证明了当事人的清白，而且还第一个写下了这一事件的完整经过，他在第六卷，即最后一卷里表示了他对支持者过激行为的反对和担忧。[136]这件事也没有谁在幕后策划，最接近幕后主使的是有着超级精英风格的巴黎高等师范学院的图书馆管理员吕西安·赫尔，但他是新教徒圈子而非犹太人圈子里的主要人物。[137]然而，德雷福斯事件让犹太知识分子的力量得以展现，犹太作家此刻信步法国知识界的从容姿态，以及围绕这一事件的大量文学作品十有八九支持德雷福斯的事实，都让总体上认同犹太人观点的法国人产生了不安。在新教徒小说家安德烈·纪德的日记里，1914年1月24日关于其朋友莱昂·布鲁姆的一段文字具有重要的价值。布鲁姆是支持德雷福斯的犹太青年领袖，后来当上了法国总理。这段文字是这么写的：

> 布鲁姆显然打算时刻偏袒、关心犹太人……主要原因是他认为犹太民族是优等民族，他们的命运长期以来受别

人主宰，如今受到召唤要起来主宰别人，他以全力以赴取得胜利为己任……他认为，犹太人的时代即将到来；现在重要的是要承认和确立犹太人在各个领域，在艺术、知识和工业等各个方面的优越性。

接着纪德对在他看来法国文化已被犹太人主宰的现象表示了反对；犹太人难道不能用别的语言写作吗——他们为什么非要用法语来写？

> 今天的法国文学不是法国文学，而是犹太文学……如果说要以它的重要价值作为代价，那么丰富祖国的文学宝库与我何干呢？当法国人缺乏力量，那么他宁可消失也不要让粗蛮人以他的名义来越俎代庖。[138]

这正是赫茨尔所开始担心的论点。犹太人因为大举进入欧洲文化领域并且取得极大的成功而招致越来越多的抵制，事实上正是这方面的忧虑一步步地将赫茨尔逼上犹太复国主义道路，即使那个时候他尚未亲眼目睹德雷福斯在1895年那个彻骨寒冷的早晨被革除军职。因为在他的故乡维也纳，犹太人"入侵"当地文化的现象比法国更为明显，他们遭遇的仇恨也远比在法国更深。他本人也是其中的当事人之一。

赫茨尔是犹太历史上最复杂的人物之一。和迪斯雷利一样，他那戏剧性的浮夸作风掩盖了内心的悲情。有关他的文献资料数量众多,他把自己写过的每一张小纸片,甚至账单和门票都保存了下来。[139] 赫茨尔 1860 年出生于布达佩斯,他的近乎百万富翁的银行家父亲,在 1873 年的大股灾中变得一无所有;他的母亲是德国的人文学家和民族主义者,是个严厉的人,人称"格拉古兄弟①的母亲"。在一个"东方犹太人"成为最恶毒的谩骂的国家,这家人自称塞法迪,事实上他们和其他人一样,也是阿什克纳齐(来自西里西亚)。他只受过一点犹太教育,对希伯来语和意第绪语一无所知,他的受戒礼被称为"坚信礼②",从小就渴望自己完全融入当地社会,他的人生目标就是成为一名成功的剧作家,妻子是石油大亨尤利·纳斯切尔之女,她带来的丰厚妆奁使他成了一名闲暇的文人。他总是穿着考究,蓄着亚述人那种浓密黑亮的大胡子,黑亮的眼睛闪着浪漫的光芒。他和年轻的阿图尔·施尼茨勒走过维也纳城堡剧院时向他夸下海口:"总有一天我会进到那里面去。"然而从外表看起来他一点也不像奥地利剧作家,倒更像是一位拿西,即犹大王子。他的面容,马丁·布伯写道,"被弥赛亚的目光照亮了"。连无神论者马克斯·诺尔道都说那是"神的杰作"。弗朗茨·罗森茨维格说他的脸"表明摩西是真实的人物";

---

① 指提比略·格拉古和盖约·格拉古两兄弟,公元前 2 世纪罗马共和国著名的政治家。——译者注
② 坚信礼(Confirmation),一种基督教仪式。根据基督教教义,孩子在一个月时受洗礼,13 岁时受坚信礼。——译者注

第五章 解放

弗洛伊德称他在遇见赫茨尔之前就梦见过这位奇人。[140] 其他人没有如此夸张，他的表弟劳乌尔·奥尔恩海默说他看上去"像一个受了侮辱的阿拉伯酋长"。

赫茨尔喜欢讲一些好笑的反犹笑话来弥补他的相貌。他从奥斯坦德写信给父母："海滩上维也纳和布达佩斯的犹太人不少，其他度假者都面容可亲。""昨日特雷特尔夫妇家大聚会，"这是他从柏林的来信，"三四十个猥琐的犹太男女，不忍直视。"维也纳的犹太人专爱搞黑色幽默，用反犹话语自嘲。当奥地利首相爱德华·塔弗问加利西亚议员约瑟夫·布洛赫，奥莫茨采邑大主教西奥多·科恩博士是否已经改宗时，布洛赫是这么回答他的："放心吧，首相大人，如果他还是犹太人就不会再叫科恩了。"他们会开玩笑说："反犹主义直到犹太人推了一把才开始成功的。"[141] 有些犹太人有意不生儿育女，为了不让"犹太人问题延续下去"，有些则像赫茨尔一样也考虑受洗改信基督教，"我自己是绝不会去改宗的"，他写道：

> 但是我支持改宗。对我来说就算了，但是对于儿子汉斯，我十分苦恼。我也问过自己，我是否有权利要让他也像我那样过着不幸和黑暗的生活……所以说，一定要让犹太男孩趁早改宗，在他们必须为自己作出考虑之前，在他们有能力反对之前，在他们认为改宗是懦弱的表现之前。他们必须消失在人群中。[142]

但是，犹太人能够消失在人群中吗？在日耳曼世界，尤其在南部，反犹主义依然有着强烈的宗教基础；反犹主义在普通民众中间仍然以"犹太猪"为符号。但是社会等级越高，越世俗，它便越是与文化和种族有关，受洗也不起作用。19世纪德国对犹太人的憎恨又多了一个民族基础，一开始它是反对拿破仑的民族主义运动，第一个重要事件是1817年德国兄弟会在瓦尔特堡举行大型集会，焚烧所谓的"毒害民族文化"的"外国"书籍。[143]这种意识形态在19世纪的德国和奥地利逐渐盛行，认为（良性、有机和自然的）"文化"和（腐化、人为和贫瘠的）"文明"具有重要的区别。每种文化都有灵魂，这种灵魂是由当地的风貌来决定。因此，德国文化与世界的和外来的文明的对立是永恒的。谁来代表文明的原则？为什么是没有自己的国家、没有自己的土地、没有自己的文化的犹太人？它的理由是典型的犹太人无论做什么都不对的观点。他们若是抱着隔离区的犹太教不放，就会被说成异族人；他们若是世俗化，"经过启蒙"，就会被说成外来文明。这种对犹太人的民族排外心理表现为各种形式。它催生了"青年运动"组织，他们在德国的土地上到处漫游，在篝火边弹吉他唱歌，他们拒绝接受犹太人加入，犹太人只得自己组织了一个青年运动。这个排斥犹太人的学生组织控制了在德国社会越来越占据重要地位的学生阶层；他们将犹太人赶出俱乐部——赫茨尔还没来得及自己退出就遭到了"开除"——他们甚至拒绝和犹太人决斗，其理由是犹太人没有"尊严"可以丢失。它还促进了绿党鼻祖环保运动组织的成立，他们反对工业，反对大规模金融（罗斯柴尔德家族），尤其反对不断扩张的大城市——培育世界性犹太人的温床：柏林和维也纳这两个"犹太人的城市"尤其为民众所痛恨。他们将《土地与人民》一书奉为《圣经》，该书的作者是慕尼黑大学教授和博物馆馆长，此人意欲在德国重建类似中世纪的小镇，消灭"无根的"（他最喜欢用这词骂人）无产阶级，尤其是流动工人，更重要的还有犹太人，是他们缔造了大城市，即"日耳曼主义的坟墓"。

民族形式的反犹主义运动纷繁复杂，互相矛盾，互不调和，无处不在。其中有许多小说以农民生活为题材，如威廉·冯·波棱茨的《农夫比特那》（1895）和赫尔曼·罗恩斯的《狼人》（1910），都把犹太人描绘成不择手段赚钱的无良掮客和商人，他们欺骗农民，窃取他们的土地；德国农民联合会是强烈反犹的组织。民族反犹主义还包括以海因里希·冯·特赖奇克为首的一派历史学家，他们指控犹太人的外来侵入破坏了德国"自然的"历史发展进程，首次让反犹主义在学术圈里变得堂皇体面起来。参与反犹运动的还有那些误用达尔文研究成果，创立"社会达尔文主义"的科学家和伪科学家。所谓的社会达尔文主义，就是认为不同人种之间互相竞争，"适者生存"。当时艾尔弗雷德·克虏伯赞助了一个论文奖项，主题是社会达尔文主义在国家政策中的运用，获奖作品均主张推行严厉政策，保护本族人民，如将犹太人等"劣等"民族送到前线充当炮灰。它还包含了一种新的元素，即德国新异教主义。因此，保罗·德·拉加尔德反对基督教——犹太人保罗的错误发明，希望用德国特有的民族宗教取而代之，这种宗教将发起十字军运动驱逐犹太人，让他们随同其国际性的实利主义阴谋从德国的神圣土地上消失，他预言德国人和犹太人之间将爆发一场大决战。另外还有聚集在理查德·瓦格纳周围、从19世纪70年代起主宰德国乐坛的那个音乐圈，吸收了先是戈比诺、后是休斯顿·斯图尔特·张伯伦的人种学说，认为德国异教民族文化是"纯粹"的，而世界性思想受到了犹太教的侵蚀，已经腐败，二者在艺术方面形成强烈的对比。

这些观点的表达方式都蕴含非常可怕的暴力情绪。德·拉加尔德原名波提切尔，他竭力主张对犹太"寄生虫"发动物理上的战争："寄生虫和细菌，我们不可能和他们谈判，他们也无法接受教育，必须尽快彻底地消灭他们。"瓦格纳也主张让犹太人没落。"我认为犹太人种是纯洁的人性以及人类所有高尚品格的天然敌人；德国人必将在他们面前沉沦。犹太教已经开始控制一切，或许我是最后一个知道作为艺术爱好者如何站起来和犹太教对抗的德国人。"这段话出现在他的《宗教与艺术》（1881）一书中，出版的那一年正赶上俄国大规模迫害犹太人引发了一波新的难民潮，大量"东方犹太人"涌入中欧。瓦格纳对反犹主义的强化作用，尤其在中上阶层中影响特别巨大。这不仅是因为他的个人立场，而且还因为他反复地提出这个观点——并援引无数的例子来说明——犹太人正在逐渐"攻克"德国的文化堡垒，尤其是它的

第五章 解 放

音乐，甚至他们所称的"天才"，他坚决认为——贾科莫·梅耶贝尔、门德尔松或海涅——都不是真正有创造力的人，与此同时，一群犹太掮客控制了重要的评论媒体、出版业、剧院和歌剧、画廊和艺术代理机构。瓦格纳的著述让欧根·杜林义愤填膺，后者在19世纪80年代这10年里连续发表多部向犹太人发起种族攻击的书，这些书拥有大量读者。"犹太人问题，"他宣扬说，应该用"屠杀和灭绝"的方法来"解决"。

犹太人四面楚歌，批评来自四面八方：有来自左翼的，也有来自右翼的；有来自贵族的，也有来自民粹主义者的；有来自工厂的，也有来自农田的；有来自学术机构的，也有来自贫民区的；有来自音乐界的，也有来自文学界的，科学界当然是不用说了。面对这些攻击，犹太人该怎么办？犹太性真如海涅尖刻所言的那样，是不可救治的疾病吗？他们无论积极主动还是消极被动都会受到攻击。"你怎样都可以，"阿瑟·显尼支勒写道，"你可以无所谓、麻木不仁或者厚颜无耻，也可以神经过敏、小心翼翼，总是一副受迫害的心情。"[144]根据1881—1882年俄国集体迫害犹太人事件，一名俄国犹太人利奥·平斯克出版了一本书，题为《自我解放》（1882），他在书中指出，让犹太人和其他民族同化是绝对行不通的，因为身为犹太人，你无论如何都会受人攻击："在活人眼里，犹太人是死人；在本地人眼里，他们是异客，是流浪者；在拥有财产的人眼里，他们是乞丐；在穷人眼里，他们是靠剥削别人发财的百万富翁；在爱国者眼里，他们是没有国家的人；在所有阶级的人的眼里，他们是受人憎恨的竞争对手。"[145] 这一点维也纳犹太人比谁都更清楚，正如雅可布·瓦塞尔曼后来非常富有表现力的说法，犹太人对于变化多端的反犹主义毫无办法：

> 你想默默无闻也不行，他们会说，看这懦夫，心里有鬼，就悄悄地躲起来了。你想走到他们当中伸出援手也不行，他们会说：他凭什么可以这样随意给别人压力？你想当他们是战友或同胞、得到他们的信任也不行，他们会说：他是普罗透斯①，会随时变脸。你想帮助他们挣脱奴隶的枷锁也不行，他们会说：他一定觉得这样做有利可图。你想解个毒也不行。[146]

随着反犹思想渗透至政治，在被同化了的犹太人中，越来越深的绝望情绪更是得到了强化。19世纪70年代的金融危机和丑闻、80年代从俄国地区出逃的东方犹太人的大量涌入，让反犹主义火上浇油、愈演愈烈；到了90年代，反犹主义更是堂而皇之地进入议会，反犹法规呼之欲出。1879年，汉堡无政府主义政治手册作家威廉·马尔成立"反犹联盟"，借此将"反犹主义"一词纳入了政治词汇。同年，柏林宫廷传教士阿道夫·施特克尔说服他

---

① 古希腊神话里的海神，善语言，能随心所欲改变自己的面貌。——译者注

那个规模不大的基督教社会主义工人党采用反犹党纲。1882年，首届国际反犹太人大会在德累斯顿召开；卡塞尔(1886)和波鸿(1889)也举行了类似的集会。同时，基督教社会党人和激进人士卡尔·鲁伊格在维也纳一带纠集声势浩大的反犹运动。1886年，德国选出首名官方的反犹议员；到1890年，这样的议员增加到了4名，1893年增加到16名。到1895年，反犹分子几乎成了下议院的多数派，在维也纳，鲁伊格所在的基督教社会党拥有56个席位，而自由党是71个席位，许多德语区城市都有报道称有袭击犹太人和反犹学生阻挠犹太学者讲课的事件发生。

赫茨尔就是在这种咄咄逼人的形势之下，开始放弃他的同化主义立场。早年他有过让犹太人被社会接纳的各种疯狂计划，其中一个便是对犹太人进行社会再教育的庞大计划，其目的是要让犹太人产生他所称的"对荣誉等产生细腻和特别敏感的感情"。另一个计划就是和教皇签订合约，根据这个合约，他将发起一场反对反犹主义的运动，作为"所有犹太人自由、体面地改信基督教的大规模运动"的交换。[147]但是面对日益高涨的反犹仇恨，这些计划不久便无果而终。赫茨尔开始创作剧本《新隔都》，反映新的偏见之墙如何取代了旧的石墙，竖立在犹太人的周围。他逗留法国的经历使他同化的幻想彻底破灭。和其他受过教育的德国犹太人一样，他一向视法国为宽容的堡垒，可事实上，他发现法国的反犹主义也十分猖獗，从他在巴黎的报道可以看出他的焦虑与日俱增。[148]后来就发生了军事学院的可怕一幕。事情无论祸福，赫茨尔总是从戏剧的角度来看待它们，最后让赫茨尔下定决心的是德雷福斯被撤除军职的这出可怕的戏，还有他绝望地独自咏叹自己清白的声音。德雷福斯岂不是新隔都典型的受难者？如果连法国都与犹太人为敌，他还能指望欧洲的哪个地方接受犹太人？似乎是为了印证这一点，法国众议院差点儿就通过（268—208）了禁止犹太人担任公职的反犹动议。

1895年，赫茨尔尚预见不到德雷福斯的支持者将会获得胜利。经过了一个世纪再来回顾这件事，我们现在可以认为19世纪90年代就是欧洲反犹主义浪潮的高峰，这波反犹浪潮是俄国恐怖事件导致的难民潮引发的，并不像当时所表现的那样势不可挡。但是赫茨尔无法预知事件的未来，当时反犹分子似乎胜利在望。1895年5月，鲁伊格当选维也纳市长，犹太人眼看就要被从欧洲各地驱赶出去，为犹太人另谋出路成了当务之急。犹太人必须有一个自己的国家！

1895—1896年冬，赫茨尔完成《犹太国》一书的书稿，阐明他的纲领。1896年1月17日，伦敦《犹太纪事报》首次发表该书摘录。书的篇幅不长，只有86页，它的诉求很简单：

> 我们是一个民族，一个整体。我们曾在各地真诚地尝试融入当地社会，唯希望保持自己的信仰。然而没有人允许我们这么做……我们努力在艺术、在科学上创造成就，为祖国带来荣耀，在商业上做出贡献，为祖国创造财富，

然而仍然徒劳无益……我们被斥为异乡人……唯愿他们能给予我们宁静……但是看来他们不会。

所以，赫茨尔提议授予犹太人对一块适当的土地主权，其面积要足以容纳他们整个民族，在哪里没有关系。可以是阿根廷，富商莫里斯·德·希尔施男爵（1831—1896）已在那里的一些农业垦殖地安置了6 000名犹太人。巴勒斯坦也可以，那里已经有罗斯柴尔德家族出资建立的类似垦殖区。重要的是要获得犹太人的舆论支持，他们相信宣传。1896年2月，《犹太国》首先在维也纳印行成书，后来出现了80个版本，被译成18种语言。[149]

《犹太国》的发表，让丹尼尔·德龙达离开书本，大步踏上了历史舞台。没错，就是一个舞台。赫茨尔不可能扮演迈蒙尼德那样谨慎理性的犹太政治家角色，用智慧的语言默默地改变历史的进程。他给犹太人的世界政治带来了表演艺术的做法，这才是他真正的兴趣所在。在即将上演的以色列人回归应许之地的这出大戏中，他既是演员又是剧团总监；尽管书上的计划纲要直接、简单，但是伟大的细节全部存在他的脑子里和笔记本上。他们将会有一个"占据这片土地"的巨大的"远征运动"，会有一部以威尼斯法律体系为基础的贵族宪法，当选总督将是罗斯柴尔德家族的人，希尔施或可任副总统。将会有像圣马可广场或巴黎皇家宫殿那样富丽堂皇的广场。他还设计了加冕典礼，甚至细化至用他自己的名字命名警卫团——赫茨尔胸甲骑兵团，古犹太区将整体迁移重建,将建设国际性剧院、马戏场、有歌舞表演的咖啡馆、香榭丽舍那样的繁华大街,更重要的是还要有一座国家歌剧院:"男士身穿燕尾服盛装出席,女士衣着极尽奢华……我还会在重大节日训练盛大的游行队伍。"他的大多灵感不是来自别人,正是瓦格纳,那个时候他经常去听瓦格纳作品的音乐会。"只有没有瓦格纳作品演出的晚上,我才怀疑我的想法是否正确。"又一次回归应许之地,他吹嘘道,"摩西的出埃及与之相比,就像忏悔星期二上演的剧本与瓦格纳的歌剧相比!"[150]赫茨尔的伟大计划,多少存在一分迪斯雷利式的幻想,事实上赫茨尔有时甚至还有末底改·诺亚那种高调作秀的味道。

赫茨尔有些戏剧性特点一直伴随着他直到最后。比如,他坚持每一次犹太复国主义会议都必须庄严隆重,即使是上午11点钟,代表们也都必须穿晚礼服盛装出席。以犹太复国主义代表的身份正式拜见要人时,他对行头非常讲究:精心护理的高顶礼帽、白色的手套、无可挑剔的大礼服,而且,他还要求随行的犹太人也都必须和他一样。他之所以如此就是为了消除隔离区犹太人悲哀可怜、穿着工作服、拖着脚走路的旧形象。他总是有条不紊、一丝不苟地筹备各种会议,但是随着工作量的明显增加,他的戏剧表演热情逐渐消失,他生活和个性中的悲剧性色彩也越来越明显。

赫茨尔原以为犹太国的建立方式还是会像在巴比伦流放时期那样,由上层的犹太富人为其他犹太人做出最好的选择,然后推行下去。然而他发现这种做法现在行不通了。在已经步入文明社会的欧洲，各地的犹太当权派都反对他的计划。正统派拉比或是指责他，或是对他不予理会。对改革派拉比而言，他放弃接受同化，视之为行不通的道路，等于否定了他们所代表的一切。富人对此不屑一顾，或者怀有深深的敌意。罗斯柴尔德勋爵，这位犹太世界的最重要人物，根本不愿见他，而且更糟糕的是，他是公开表示拒绝的。在巴黎，已经在巴勒斯坦经营着九个农垦区的埃德蒙·德·罗斯柴尔德虽然接待了他（1896年7月19日），但是他坦率地说，赫茨尔这些华而不实的计划在他看来不仅没有实现的可能，反而会影响已经取得的实质性进展。他一再强调："人不可以眼高手低。"希尔施男爵也见了他，但是认为他不过是一个无知的空论家，他对赫茨尔说，犹太人的移民计划需要的是好的农业劳动者："我们的一切苦难都是因为犹太人心气太高，我们的知识分子太多了！"然而知识分子也不喜欢赫茨尔，尤其是在这位预言者的家乡维也纳。有个笑话说："我们犹太人等待犹太国两千年了，非要让我遇上吗？"赫茨尔自己所在的《新自由报》尤其反对，掌握报社财政大权的莫里茨·贝内迪克特（1849—1920）气愤地警告说："任何个人都无权擅自引发这种雪崩式的灾难，这是一个巨大的道德责任。没等我们建成犹太国，我们连现有的国家都会失去。"[151]

但是也有例外：比如维也纳犹太学生领袖纳坦·比恩鲍姆，实际上"犹太复国主义"（Zonism）一词就是他在1893年创造的。还有英帝国阿什克纳齐的首席拉比赫尔曼·阿德勒,他将赫茨尔比作德龙达(当时赫茨尔并未看过此书),维也纳首席拉比莫里茨·古德曼虽然对赫茨尔的计划表示怀疑,却对他说:"或许你就是蒙召的一位。"最重要的是赫茨尔得到了哲学家马克斯·诺尔道(Max Nordau,1849—1923)的支持,1892年诺尔道发表切中时弊的《堕落论》(英文版1895年在伦敦出版),引起了巨大的轰动,在他看来,反犹主义就是时弊的症状之一,他对赫茨尔说:"如果你疯了,那么我们一起疯——相信我!"[152]诺尔道指出,为了避免和土耳其政府对立,应该用"家园"来代替"犹太国"的说法,最终让英语里产生了"民族家园"一词——从如果要让计划得到接受,这个区别很重要。早期犹太复国主义中许多具有实际意义的计划也是诺尔道起草的。

尽管如此,赫茨尔还是很快就发现,犹太教的活力不在于西方的精英,而在于那些"拥挤不堪"而又贫穷的东方犹太人,对于这部分人,他在刚开始发动运动的时候一无所知。他第一次意识到这一点,是在伦敦东区对犹太穷人和难民发表演讲的时候,他们称他为"小民的代言人","我坐在讲台上……五味杂陈,我耳闻目睹我的传奇故事在这里诞生"。在东欧的穷人中,他一下子就成了神话般的人物,戴维·本·古里安(1886—1973)回忆道,他10岁在波兰王国的时候,听到这样的谣传:"弥赛亚已降临世界,他是一个高大英俊、学识渊博的维也纳人,而且至少还是博士。"和西方精明的中产阶级犹太人不同的是,东方犹太人没有选择,无法将自己当成俄国人甚或波兰人,他只知道自己是犹太人,除了犹太人什么都不是——他们的俄国主人绝不会让他们忘记这一点——而就在此时,赫茨尔为他们带来的是能让他们成为某个地方真正公民的唯一希望。对当时还是柏林二年级学生的哈伊姆·魏茨曼(Chaim Weizmann,1874—1952)而言,赫茨尔的提议犹如"晴空的一道闪电"。索非亚的首席拉比甚至宣布赫茨尔就是弥赛亚。消息传出后,赫茨尔发现经常有衣衫褴褛、心情激动的犹太人远道前来求见,这令他追求时尚的妻子很不高兴,久而久之,她连犹太复国主义这个词都听不得。然而正是这些人后来成了复国主义军团的步兵、军士和军官,赫茨尔把他们称作他的"乞丐部队"。

这支"部队"第一次集结是在1897年8月29日,地点是巴塞尔城市赌场音乐厅。[153]这次会议自诩为第一届犹太复国主义者大会,与会的有来自16个国家的代表,这些人大多是生活贫困的穷人,赫茨尔不得不自掏腰包资助这次大会,但他还是要求他们必须好好打扮:"开幕式上必须穿黑色正装,戴白色领带。"当天他们穿戴整齐地高喊犹太人的古老口号"国王万岁"向他致意。许多有影响力的犹太人都有意淡化这次会议——《新自由报》压根儿拒绝报道此事,还故意着重报道在牛津召开的、讨论女自行车手合理着装的犹太裁缝会议。但是赫茨尔清楚自己在做什么:他为他的首届会议招来了来自26家媒体的记者。当1898年第二届会议在瓦格纳令人振奋的《唐豪瑟》序曲中拉开序幕的时候,这个大会已然是一个正式的机构，除了他的台柱诺尔道（他是拟写政策文件的）外，他还吸引了一些得力的助手，有来自科隆的木材商、后来接替他的位置成为该组织领导人的丹尼尔·沃尔夫松，自1898年大会起还有魏茨曼。这些人和赫茨尔不同的是，他们都非常了解东方犹太人。沃尔夫松为复国主义旗帜选择了蓝和白这两种颜色，这是"我们祈祷巾的颜色"。他们了解犹太群众内部的宗教和政治动向，魏茨曼已经开始遭受来自犹太学生运动内部社会主义反对派的强烈攻击，他还击说："普列汉诺夫先生，你不是沙皇。"[154] 他们的想法是要让赫茨尔置身于犹太人内部派系斗争的激流之外。"他不懂犹太人眼前的事，"俄国犹太复国主义者梅纳赫姆·色乌什金写道，"因此他相信，犹太复国主义运动只有外部阻力，没有内部阻力。我们不应让他知道真相，这样他才能保持强有力的信仰。"[155]

最后照例接管这场运动的职业政客和组织者，嘲笑赫茨尔的牌子是"披着长大衣的犹太复国主义"。然而这是拼图游戏的关键一块。正如赫茨尔意识到的那样，犹太复国主义很容易变成又一场污迹斑斑的国际运动，在世纪之交，这样的运动不计其数。为了让这场运动得到别人的尊重和认真的对待，私人层面的高级别外交是必需的，而这正是他所擅长的。渐渐地，他得到了欧洲所有重要人物的接见，他结交土耳其、奥地利、德国和俄国的大人物。他有勤快记日记的习惯，记录了这些会面的精彩细节。[156] 甚至反犹分子也成了可利用的对象，为了赶走"他们的"犹太人，

第五章 解 放

他们往往愿意伸出援手,帮助成立复国主义项目。对犹太人充满恶意的俄国内政大臣、集体迫害事件的策划者文策尔·冯·普列维对赫茨尔说:"您这是向已经改宗的人说教,多此一举……我们非常希望看到独立犹太国的成立,它能够吸收数百万的犹太人。当然我们不想失去全部的犹太人,我们希望留下高智商人士,比如赫茨尔博士您就是最杰出的例子,但是我们不要那些智力低下、几乎不名一文的犹太人。"[157]德国皇帝也支持犹太人第二次"出埃及":"我全力支持犹太人回归巴勒斯坦,他们走得越早越好。"威廉二世在君士坦丁堡为赫茨尔向苏丹说情,后来苏丹在耶路撒冷正式会见他,对他表示支持。这对赫茨尔而言是一个重要时刻:他坚决要求他的代表团在炎热的正午穿着正式的晚礼服,还仔细地检查他们的靴子、领巾、衬衣、手套、套装和帽子——其中一个人不得不换上一顶更好的礼帽,沃尔夫松不得不换掉袖口脏兮兮的衬衣。但是即使德国皇帝提高了赫茨尔的国际地位,但依然不能说服土耳其人给犹太人一个民族家园。而此时德国人又在积极寻求和土耳其人结盟,自然放弃了这个计划。

现在就剩英国了,赫茨尔恰当地称其为支撑犹太复国主义运动杠杆的"阿基米德支点"。英国的政治精英显示了足够的诚意,不少人读了《坦克雷德》,读过《丹尼尔·德龙达》的更是不在少数。而且,俄国犹太难民大量涌入引起了人们对反犹主义及移民配额受影响的担忧。1902年,政府成立皇家移民委员会,罗斯柴尔德勋爵成为委员会成员之一。赫茨尔被要求前往英国做证,现在罗斯柴尔德终于同意见他了，几天前他们悄悄地见了一面，目的是确保赫茨尔不会发表强化拒绝犹太难民入境呼声的言论。罗斯柴尔德从激烈的敌对态度到友好的中立立场的转变，对赫茨尔而言是重大的胜利。作为交换，他非常乐意地告诉委员会（1902年7月7日），英国应该接收更多的犹太移民，但是难民问题的最终解决办法是"承认犹太人是一个民族，让他们自己来寻找一个得到法律承认的家园"。[158]

赫茨尔此次现身英国使他有机会接触了一些政府高层，尤其是殖民地大臣约瑟夫·张伯伦和外交大臣兰斯多恩侯爵。二位原则上都支持建立犹太人家园。但是在哪里建立家园呢？他们讨论了塞浦路斯，后来又提到了埃及边境上的阿里什。赫茨尔认为可以考虑"在巴勒斯坦附近找个地方，成为犹太人的聚合点"，他写了一份文件提交给英国内阁，首次提出一个虽然危险但是强有力的观点："英国一下子可以获得一千万隐蔽但是忠心的臣民，他们活跃在世界各地的各行各业。"但是埃及人表示反对，调查结果显示不令人满意。然后张伯伦从东非回来后出了一个新的主意——乌干达。"我一看到它，"他说，"就想，'这正是赫茨尔博士要的土地。不过当然了，他心有所系，想去的是巴勒斯坦附近的地方。'"事实上，赫茨尔对此刻正在俄国发生新一轮更加血腥的屠犹事件感到非常震惊，倒也愿意接受乌干达。因此兰斯多恩写了一封信：

第五章 解 放

"如果可以找到一个（犹太殖民）信托①和委员会都认为合适而且英国政府也认可的地点，兰斯多恩勋爵将愿意为有条件地建立犹太定居地出谋划策，这些条件能让定居地人员遵守其民族习俗。"这是一个突破性的转机，等于一个初步的犹太国得到了外交上的承认。赫茨尔的一个精明举动激发了一位正在冉冉升起的年轻的自由党政治家戴维·劳合·乔治的兴趣：让他的律师事务所为垦殖地草拟宪章。他在第六届犹太复国主义大会上宣读兰斯多恩的信，与会者"对英国表现出来的大度颇为惊讶"。但是许多代表认为这是对犹太复国主义的背叛，俄国人退出了。赫茨尔最后总结道，"巴勒斯坦是我们民族可以落脚的唯一一块土地"。[159] 在第七届大会（1905）上，乌干达遭到正式否决。

但那个时候赫茨尔已经英年早逝，享年44岁。他的个人生活非常不幸，10年艰苦卓绝的忙碌和艰辛压垮了他的身体，也毁掉了他的婚姻，他留下的家产少得可怜。妻子茱莉亚只比他多活了3年，女儿波林染上海洛因，1930年死于吸毒过量。儿子汉斯接受弗洛伊德的精神治疗，没多久也自杀身亡。另一个女儿特露德在纳粹集中营里活活饿死，她的儿子斯蒂芬也在1946年自杀身亡，赫茨尔没有留下一个后代。但犹太复国主义就是他的子孙后代。生前的最后几个月，他对斯蒂芬·茨威格说："我错在开始得

---

① 赫茨尔于20世纪初成立的一个财政机构，旨在在巴勒斯坦地区推广犹太复国主义。——译者注

太晚了……你不知道我想到失去的那些年心里有多么痛苦。"[160]事实上,到赫茨尔过世之时,犹太复国主义运动已经有了稳固的基础,英国是其强有力的支持者。他从1895年开始发动犹太复国主义运动,比与之对立的阿拉伯民族主义运动早了将近20年,后来证明这对事件的发展具有绝对的决定性作用。因此可以说,不早不晚就在那个时候促使犹太复国主义运动启动的德雷福斯案,也是神意的作为——就像1648年和1881年的灾难一样。

尽管如此,在赫茨尔辞世之时,犹太复国主义仍然只是犹太宗教和世俗历史洪流中的一股涓涓细流,其主要的对手就是全然的冷漠。但是也有活跃的敌人。直到第二次世界大战之前,各地绝大多数拉比,改革派的、保守派的或正统派的,都强烈反对世俗的犹太复国主义运动。在西方,这些人认可被同化了的世俗犹太人的观点,认为这场运动是对他们固有地位的威胁,会使人怀疑他们作为公民对国家的忠诚。但是在犹太复国主义运动拥有拥护者最多的东方,尤其是俄国,宗教势力的反对非常强烈,甚至达到了疯狂的程度,它将对以色列国的最终诞生产生重要影响。犹太复国主义的大部分创始成员不仅是西方人,(在正统派的眼里)还是无神论者。第一届犹太复国主义大会召开前夕,赫茨尔和诺尔道一道参加了安息日礼拜,那是他们成年后第一次参加礼拜——还得有人教他们如何祝祷。[161] 正统派最清楚这些,他们中大多数人认为世俗的犹太复国主义会招致和启蒙运动一样的各种反对,不仅如此,它还要面临一个更强大的反对声音,那就是,它是对最重要、最神圣的犹太教信仰的亵渎和歪曲。说宗教意义上和世俗意义上的犹太复国主义是一枚硬币的两面并无道理。对怀有宗教情感的犹太人而言，返回锡安是上帝以犹太人为试验实施全人类计划的一个步骤，它与犹太复国主义毫无关系，后者是用人类的办法（建立世俗国家）来解决人类的问题（犹太人不被世人接受和没有家园的问题）。

到 19 世纪末，中东欧的虔诚犹太教徒明显分成三种传统。第一个是美名大师托夫的哈西德传承；第二个是道德主义传承，此传承以立陶宛的正统派贤哲的著述为基础，经过伊斯雷尔·撒兰特（1810—1883）的发扬，由犹太学校传播开来；第三个就是萨姆森·希尔施的"文明托拉"传承，他们以自己拥有的现代知识为武器攻击世俗化运动，（用希尔施的话来说）致力于"将时代提高到托拉的水平，而不是将托拉降格到时代的水平"。希尔施的儿子和孙子一辈向世人证明，接受世俗教育不一定就会失去犹太教信仰，他们还帮助组织了以色列正教运动。该组织寻求建立一个全球性的托拉组织，协调各方犹太宗教势力，反对世俗化。促成他们成立这个组织的原因是，为俄国集体迫害受害者募集的救援基金落入了世俗人员之手，被他们用于排斥虔诚派犹太教徒。但是这三个派系都强烈反对犹太复国主义运动，尤其反对它日甚一日地要为全体犹太人代言的主张。[162]

东欧的贤哲强烈反对任何可能会让犹太复国主义者获益的行为，甚至包括对以色列地的访问。其中，卢布林的撒督（1823—

1900）写了一段非常典型的话：

> 耶路撒冷是最神圣的所在，是以色列的心之所向……然而我却生怕我启程前往耶路撒冷会被视为对犹太复国主义活动的支持。我祈求我主，我的灵祈盼他的言语应许我，救赎的日子将要来临。我悉心留意期盼受膏者的到来，纵有300铁鞭抽打，我自屹立不动。因为犹太复国主义者，我绝不上耶路撒冷。[163]

正统派的观点是，撒旦用迫害的方式引诱以色列不成，本已绝望，可现在又获准以更加微妙的方式进行尝试，除了启蒙运动的一切罪恶外，还包括将圣地纳入他邪恶的偶像崇拜计划里。犹太复国主义远比假弥赛亚事件更加恶劣——这完全是假的，是撒旦的宗教。更有人说，这个世俗的犹太国将会唤起民众的无神论思想，这和上帝要求摩西走寡头统治道路的精神背道而驰："你去招聚以色列的长老"（《出埃及记》3）；"上帝保佑，"考那斯的两名贤哲写道，"但愿民众不会对涉及公众普遍需求的会议或观点说三道四。"[164]1912年5月11日，正统派贤哲在卡托维兹成立正教党运动，协调应对犹太复国主义主张的反抗活动。的确，也有正统派犹太人相信可以利用犹太复国主义，让它为宗教目的服务。亚伯拉罕·艾萨克·库克拉比（1865—1935）就是这么认为的，他说，这种新的"以色列民族精神"可以用来敦促犹太人站在爱国的立场遵守《托拉》，传扬《托拉》。在犹太复国主义者的支持下，他最终当上了耶路撒冷的首席拉比。但是对大多数原本就在以色列地的虔诚犹太人来说，他们一听到犹太复国主义就惶恐不安。"那些弃绝独一无二真神及其神圣《托拉》的罪恶之人，"约瑟夫·海隐·索南菲尔德拉比（1848—1932）写道，"如此大张旗鼓地宣称他们有能力加快以色列民的救赎，聚集分在各地的人们，这在圣地造成了巨大的恐慌。"当赫茨尔来到圣地时，他又写道，"罪恶也跟着他一同来了，我们尚不知如何来对付这些以色列的毁灭者，愿上帝怜悯我们。"[165] 虔诚的犹太教徒对犹太复国主义计划的广泛反对，虽然还称不上是全面的反对，不可避免地将使其更加坚定地投入世俗激进分子的怀抱。

然而绝大多数世俗犹太人对犹太复国主义也并无兴趣，对有些人而言更是如临大敌。在俄国，迫害犹太人的运动还在继续，而且更加穷凶极恶，犹太人想要逃离俄国的愿望与日俱增，不管他们是正统派还是世俗派，不管他们是不是犹太复国主义者，巴勒斯坦都是他们的一个出路。但是在受了启蒙的欧洲犹太人中，19世纪90年代反犹浪潮引发的恐慌已经开始消退。德雷福斯支持者在法国大获全胜再次证实了这个观点，即至少在法国，犹太人不仅获得了安全感，更是获得了机会和政治文化上越来越大的影响力。在德国也是一样，反犹热情已逐渐降温，至少在表面上如此，大多数犹太知识分子再次达成共识，犹太人和当地社会同化是可行的。的确，就是在第一次世界大战爆发前夕，德国犹太人向"祖国"表示忠诚的心情最为迫切，德国和犹太人之间的文化渊源也最显著。

事实上，尽管德国长期保持着恶毒的反犹传统——尽管犹太人被称为"犹太猪"——犹太人还是在德国感到非常自在。德国社会尊重和崇敬学者，而且在某些方面，它的价值观就是犹太人权威政体的价值观。犹太人从犹太学校毕业可以很自然地融入德国的大学，此时他们无论是研究还是学术成就都处于黄金时期。犹太人非常珍惜一个能够公平评定学术成就并对之予以极大尊重的国家渐次向他们开放的机会，德国犹太人非常努力，不久他们开始拿走新的诺贝尔奖：两个医学和生理学奖，四个化学奖，两个物理学奖，都是因第一次世界大战前取得的研究成果而获奖。[166]费迪南·尤利乌斯·柯恩创建了细菌学，保罗·埃利希是化学疗法的先驱，弗朗茨·博厄斯开创了文化人类学学科。德国的犹太人都是工作狂和急性子，爱德华·德弗里恩特这样描写他的朋友费利克斯·门德尔松："他在母亲的调教下养成了连轴转的工作习惯，这让其他人难以忍受"，他总是在看表。[167]古斯塔夫·马勒常常是从家里一路跑到他在维也纳歌剧院的办公室；为了节省时间，他一进家门就吹起贝多芬第八交响曲开头几小节的口哨，宣告他已回来，午饭可以上了。

犹太人知识分子不仅习惯和德国人相同，思想也和德国人一样。许多德国犹太人都非常赞同政治家加布里尔·里塞尔（1806—1863）的说法，后者坚称："如果我们不是德国人，那么我们就是

第五章 解 放

没有祖国的人。"参与公共事务的犹太人,不管是像拉萨尔这样的社会主义者,还是像爱德华·拉斯克(1829—1884)和路德维希·班贝格(1823—1899)那样的自由党领袖,都感到犹太人的理性精神和现代德国的自由目标有着深深的联系,都在耐心地探索如何用理性的方法来解决所有的社会问题。有才华的德国犹太人无不从康德和黑格尔那里汲取营养,获得快乐。

犹太宗教思想家尤其如此。第一次世界大战前的德意志帝国正处于基督教神学大复兴前夕,犹太作家被这股巨大的力量裹挟着向前走。马尔堡大学的哲学教授赫尔曼·科恩(Hermann Cohen,1842—1918)可以说是迈蒙尼德的最后一位追随者,他有力地提出这样的观点:犹太教是第一个具有他所称的"理性宗教"之基本思想的宗教,只是它没有统一公式。一个国家一旦知识发展到一定程度,就会愿意接受"理性宗教"。他认为,在所有现代国家中,德国是理性和宗教情感最容易调和的国家,那也正是因为拥有唯心主义哲学的德国及其对纯粹宗教和伦理人道主义的尊崇,在某种程度上是对犹太历史的重复。他否定德国文化和犹太世界主义之间所谓的冲突,认为这是源自无知的无稽之谈。他反对特赖奇克教授将犹太人与德国人进行逐一比较的那些论据,并驳斥他说的"犹太人是我们的不幸"这句名言是违背真理的谎言。事实上,德国精神蕴含了犹太人的理想,这些理想是新教改革取得成功的原因。新型的现代宗教人士,基督教新教徒也好,开明犹太教徒也好,归根结底都来自犹太人《圣经》中所蕴含的宗教理想和力量。因此，和反教权理性主义者的观点——世俗启蒙运动是不得人心的法国精神——恰恰相反，德国犹太人对《圣经》的伦理解读使之成为人类进步的工具而非障碍。[168]

科恩的演讲再次点燃了弗朗茨·罗森茨维格（1886—1929）对犹太教信仰的热情，使他变成现代最伟大的犹太神学家之一，他早前就差点儿皈依犹太教。他和与自己同龄的堂兄尤金·罗森斯托克-胡絮关于改宗问题展开了一场异常激烈的笔战，他的堂兄已经改信新教。他们两人在第一次世界大战前几年"关于犹太教和基督教的通信"反映了犹太教思想流派和新教思想流派之间的密切关联，以及犹太人怎样才能在德国哲学的思想假设中前进。[169] 即使是攻击基督教并强调犹太教全然不同于基督教的德国犹太思想家们，如利奥·拜克（1873—1956），也能在德国的参照范围内前进。1905 年，拜克发表《犹太教的本质》，对新教神学家阿道夫·冯·哈纳克的《基督教的本质》（1900）做出了精彩的回应，他在回应中辩论称，犹太教是理性的宗教，基督教却是浪漫的非理性宗教。圣保罗是元恶；但是马丁·路德不也说过："凡信基督的人必是没有理性的人；不然他无法受信仰的支配，因为理性与信仰势不两立。"然而对基督教的这种批评显然可以在德国的怀疑主义中找到根源和盟友，尼采已经为攻击圣保罗准备好了指导原则（圣保罗不经意间成了德国几代反犹分子最喜欢的攻击目标）。神学辩论实际上显示了犹太人能够自由自在地漫步在德国的精神世界里，他们发现这是一个巨大的思想舞台。

第五章 解 放

第一次世界大战之前,即那场摧毁身心的、将人类所有问题都变得更加复杂和危险的全球性灾难发生之前,能干的犹太人以惊人的数量融入充满竞争的大众生活。他们在德语区的贡献最多样、最引人瞩目。从他们的成就来看,我们不禁会认为,这些杰出的犹太人内心都觉得德国是犹太优秀人才安家立业的理想之地。难道德国不是自信满满地渴望成为世界文化的领袖吗?难道犹太人不能发挥重要作用,甚至最重要的作用,帮助德国实现这个面向所有人的挑战吗?难道这不是犹太人的古训——犹太人是"照亮外邦人的光"真正、现代和世俗的含义吗?

犹太人似乎从各个方面帮助德国担当起世界领袖角色。此时的德国不仅是世界领先的知识大国,更是世界领先的工业国,在德国推动的人类进步事业中,还有谁能比犹太人将这两方面的特性更好地结合起来?这两方面都是犹太人的强项,因为漫长的痛苦历史告诉他们,任何时候都不能忘记,敏锐的思想可以创造和引导经济实力。瓦尔特·拉特瑙(1867—1922)就是敏锐地嗅到其中机会的人。他接替其父亲的位置,成为德国通用电气总公司的掌门人,后来在担任德国外交部长的短暂任期内惨遭暗杀。他不仅是德国重要的实业家,更是德国最受热议的政治、社会和经济作家之一——他的论文集多达五卷——此外他还是一个特立独行的空想家。他和其他人一样深受德国反犹主义之害,"在每一位德国犹太人的青年时期,"他写道,"都会有这样一个终生难忘的痛苦时刻——第一次清醒地认识到自己生来就是一个二等公民,无论多少才情和成就都无法让他从这种境况中解放出来。"[170] 然而拉特瑙并不绝望，他对同化深信不疑。他认为，德国反犹主义从本质上来说就是贵族阶层的创造，随着贵族阶层领导地位的终结——它必将为新的工人阶级统治所取代——反犹主义也将消失，[171] 紧接着就是最后的彻底同化。犹太人与当地社会同化反过来又可以使金融和实业中的犹太因素以美国的方式，或者更好的方式，为新的富裕社会做出重大的贡献，在这个新的富裕社会里，无产者将会消失，自由和宽容之风将会盛行。

而对于拉特瑙之辈而言，洗礼和犹太复国主义都不是解决问题的方法，而是逃避责任的懦夫行为。犹太人应该坚定地表明自己的人文主义和日耳曼主义信念，应该在各个领域都表现出作为一个德国人的担当。勇敢不是犹太人的性格特点，那么就让它成为一个！在决斗中，犹太学生比异教的容克贵族更加暴烈，他们成了被人恐惧的对象，以至于异教学生的俱乐部不得不编造出意识形态和种族方面的理由，拒绝接受他们的挑战。他们参加训练，参加竞技。在奥运会刚恢复的20年里，德国犹太人在花剑和佩剑项目中夺得13块金牌和3块银牌。德国女子击剑冠军海伦·梅耶是两块金牌的得主，人称"金发海伦"。事实上犹太人进不了军官队伍，但是他们依然尽力而为。1914—1918年，犹太男子奔赴前线，获得了31 500多枚铁十字勋章，然而在他们祖父所说的意第绪语中甚至都没有"战争"这个单词。[172]

然而在第一次世界大战前的最后一代犹太人对德国产生身份

第五章 解 放

认同的时候，欧洲正在如火如荼地进行着一场朝着很不一样的方向发展的文化和科学革命，而犹太人被认为是这场革命的掌舵人。军事上的军备竞赛让欧洲日渐分化和兴奋，与此同时进行的文化上的"军备竞赛"却让整个社会都产生了分化。对艺术、文化生活的各个方面都产生影响的现代化运动声势日渐浩大，已然势不可挡。传统和保守势力，尽管并非坚不可摧，却仍在负隅顽抗，在1914年前的最后10年里，随着现代主义的要求充分显现，抵制行动变得越发气势汹汹。犹太人和其他人一样，也分成两派，参与了这场冲突。虔诚的犹太人，不管是正统派还是哈西德派，在抵制艺术和科学变革方面，是欧洲最保守，甚至是反动的势力。但是在非犹太教世界，没有人注意到他们，甚至知道他们的存在，或许只是当他们是一件传统的家具。在他们眼里，犹太人和犹太性无论何时何地都支持现代主义，哪怕是以最极端的形式。

不可否认的是，欧洲犹太人获得解放后走出隔离区融入文化艺术的主流，大大加快了正不顾一切向欧洲奔来的变革的步伐。犹太人天生就是反对偶像崇拜的专家，他们像先知那样驾轻就熟、凶狠痛快地砸毁、推倒传统模式的一切偶像。他们打入传统上排斥或禁止犹太人进入的领域，而且很快就成为主要推动力。

比如，犹太人有着比欧洲其他民族要古老得多的音乐传统。音乐历来是犹太人礼拜仪式的一个组成部分，领唱者是犹太地方社会几乎与拉比齐名的中心人物。但是犹太音乐家，除了改宗的几个，对欧洲音乐的发展没有发挥任何作用，因此在19世纪中期的那几十年里,犹太作曲家和演奏家大举进军音乐界是一个非常奇特的现象,因而备受瞩目。犹太教并不是问题。有些音乐家已经改信基督教,如门德尔松,有些则是被同化、在宗教上没有倾向的犹太人,如雅克·奥芬巴赫(1819—1880)。少数的几个则是忠实或恪守教规的犹太教信徒,如雅克·阿莱维①(1799—1862)和贾科莫·梅耶贝尔(1791—1864),但是音乐界已经注意到他们的犹太性和影响力,他们不仅是作曲家,还是乐团、学会、歌剧院、音乐剧场的指挥。而且,一般人认为还有更多的音乐家都有犹太人血统。1839年在法兰克福罗斯柴尔德家族的那场著名婚礼上出场的罗西尼,普遍认为他是犹太人。维也纳著名音乐世家的创始人约翰·施特劳斯,他的父亲就是受过洗礼的犹太人,在布达佩斯经营一家小旅馆,甚至瓦格纳也担心自己可能是犹太人(不过没有根据)。还有人怀疑音乐上的突破性创新主要是犹太人做出的。

1860—1914年,民众对改革创新的抵抗情绪日益增强,尤其是在维也纳,这里是欧洲的音乐中心,民众对待音乐的态度极其严肃。正如一位音乐史学家所言,音乐风格的变化节奏越来越快,能够欣赏音乐的民众数量也越来越多,导致"艺术家和民众之间

---

① 阿莱维的《犹太女》(1835)创造了新的法国歌剧形式。女儿吉纳维芙嫁给他的得意门生乔治·比才,后来成为著名的沙龙女主人。他的侄子卢多维克·阿莱维是法国最红歌剧、比才的《卡门》的剧本作者。他的侄孙是著名的历史学家埃利·阿莱维。参见米尔娜·切斯的《埃利·阿莱维:一个知识分子的传记》(哥伦比亚,1980)。——原注

第五章 解 放

的关系由通常的紧张变成了病态"。[173] 音乐家有意挑战民众口味，民众则时而做出强烈反应，犹太人的反传统元素让音乐家的挑战和民众的反应都更加走向极端。1897年，当马勒被任命为宫廷歌剧院总监时，维也纳愤怒了。维也纳宫廷歌剧院总监可能是德国乐坛最重要的职位，马勒凭借实力获得了这个职位：他是德国最重要的音乐指挥家之一，歌剧院在他任职的10年里推出的各类精彩纷呈的辉煌之作，足以证明他担任此职当之无愧。但是为了获得担任这个职务的资格，他不得不改信天主教，这在痛恨他的音乐创新的那些人眼里，不但没有帮他除去犹太人的污名，反而让大家的注意力集中到了这上面。"他从来不曾欺骗过自己，"他妻子写道，"他知道人们不会忘记他是犹太人……他也不指望人们会忘记这一点……他从未否认自己的犹太血统；相反，他总是强调自己是犹太人。"[174]

马勒在维也纳音乐界的领导地位引起了激烈的争论，一些恶意的阴谋最终迫使他离开欧洲，去了纽约。这一切都还是在没有他的交响曲挑战民众的情况下发生的，他的交响曲在他生前很少演奏，或者说从未演奏过。在阿诺尔德·勋伯格（1874—1951）身上又是另外一种情况。勋柏格是出生在维也纳的犹太人，但是作为天主教徒被抚养长大。他在18岁时改信新教（1933年又回归犹太教）引起了轩然大波。1909年，他的第11号作品——第一钢琴曲完全抛弃了传统的调性。两年后，主要在马勒的举荐之下，他在维也纳皇家音乐学院获得一个低微的职位，这引起了奥地利议会的强烈不满。他们的理由是，这里是维也纳，它是欧洲的音乐之都，是世界文化王冠的守护者——难道要把它交给一个轻视他人的犹太人吗，管他是曾经的犹太人还是曾经的天主教徒？这种文化上的不满情绪比反犹主义本身更为厉害；或者更确切地说，它将原本从不表露此类情绪的人也变成了反犹分子，至少眼下就是如此。引发这种情绪的正是反传统的犹太人。1913年2月，当勋伯格的大型传统清唱剧《古雷之歌》上演时，观众给了它长达15分钟的掌声。次月，同样在维也纳，他的《第一室内交响曲》（第9号作品），以及随后他的非犹太学生阿尔班·贝尔格的《阿尔滕贝格歌曲》却引发了一场恶性骚乱事件，警方不得不介入。首先是马勒，然后是勋伯格，他们都是犹太人，这些人教坏了像贝尔格那样年轻的雅利安作曲家——就是这理由。

当艺术创新与情色沾上关系时，它再次掀起了波澜。这正是莱昂·巴克斯特（1866—1924）给俄罗斯芭蕾舞团注入的元素，俄罗斯芭蕾舞团主要由犹太人创建。巴克斯特的父亲是一名行商，他背着全部家当从格罗德诺一路做生意来到圣彼得堡，后来在克里米亚战争中靠做军服发家。巴克斯特一头红发，他怀有深深的犹太情结，相信大多数著名画家——如伦勃朗、雷斯达尔等都有犹太血统，他的定制信笺上印着大卫星。他因一幅参赛作品《圣母为基督哭泣》而被圣彼得堡艺术学院开除，画上是一群立陶宛隔离区的犹太人，以此强调基督及其母亲的犹太性，气得评委直接在他的画上狠狠地打上两道红杠。[175]

第五章 解 放

巴克斯特是帕芙洛娃和尼金斯基的服装设计师,将尼金斯基引荐给佳吉列夫的也是巴克斯特。剧团组建之时一个名为加布里埃尔·阿斯特吕克的犹太人提供了资金,后来又由沙皇的宫廷犹太人冈茨堡男爵出资。巴克斯特除了设计场景和戏服,还设计芭蕾舞剧。他将强烈的男女情色带入他的冒险活动中,通过遮和抑的手法和面纱的运用将其表现得更加强烈。1909 年 5 月 19 日,他的芭蕾舞剧《埃及艳后》在巴黎夏特莱大剧院上演,他在该历史剧的首演上述说:"尼罗河两岸巨大的神庙、柱子、闷热的天气。东方的香气,美女如云,个个身材曼妙。"他让典型的犹太美女伊达·鲁宾斯坦担当主角,演出开始,鲁宾斯坦除去面纱,身着巴克斯特亲手设计的戏服在他亲手设计的场景中隆重登场。用谢尔盖·里法的话来说:"俄罗斯芭蕾舞团一开始吸引巴黎的是油画。"[176] 鲁宾斯坦双腿修长,闪米特人的轮廓,东方人的形象,用阿诺德·哈斯克尔的话来说是"巴斯克特的活油画"。[177] 次年他创作《舍赫拉查德》,这是俄罗斯芭蕾舞团经典中的经典,表现后宫美妾与身强力壮的黑奴发生不伦关系,纵情声色的故事,最后在血腥的复仇中结束。这是整个这段时期欧洲遭遇的最大的文化冲击。

如果说巴克斯特的感官趣味属于犹太性,那么他对色彩的感觉也是犹太性的,他关于色彩的道德理论更是具有犹太性。他说他利用了某些色彩的宗教意味(有妓女的蓝色和淫乱女子的蓝色)让观众产生他想要的情感。[178] 他将这个理念传授给他的得意门生马克·夏加尔（1887—1985）——他有段时间在圣彼得堡办过学校，夏加尔的祖父是犹太仪式的屠夫。犹太艺术家的到来又一次成了一个奇特的现象。虽说数百年来犹太艺术作品中表现了不少动物（尽管人物表现很少）：《托拉》经幔上的狮子，犹太钱币上的猫头鹰，迦百农会堂柱顶的兽，建于 5 世纪的突尼斯纳罗会堂喷泉基座边缘的鸟；东欧的木结构会堂也有动物雕刻——事实上犹太木雕师是现代犹太造型艺术家的先驱。有一本意第绪语的民间装饰书籍，1920 年在维帖布斯克出版，很像夏加尔本人的动物寓言集。但是在 20 世纪初，敬虔犹太教徒反对艺术家描绘活物形象的态度依然非常坚决。当年轻的哈伊姆·苏蒂纳（1893—1943）——其父是信奉哈西德教的穷苦裁缝——凭着记忆画了斯米洛维奇拉比的一幅画像时，遭到了父亲的一顿鞭打。夏加尔的父亲，一名靠搬运鲱鱼为生的工人，当儿子开始跟着肖像画家耶胡达·培恩学画时虽然不至于打他，但是他将 5 卢布的学费狠狠地掷在地上表示不满。[179] 因此在当时艺术家们想要脱离宗教背景的愿望非常强烈，想要离开俄国的愿望也同样强烈。夏加尔因为无特许证就进入圣彼得堡在牢里待了数星期；巴克斯特晚至 1912 年仍然不得进入圣彼得堡（尽管其父亲是"享有特权的犹太人"），那时他已享誉世界。

412　　就这样，犹太画家到了巴黎，而且随即就表现出了他们的反传统精神，成了艺术冒险的先锋。夏加尔 1910 年来到巴黎，住在离沃日拉尔路不远的艺术家聚集地著名的木制"蜂房"里，这里接待过莱热、亚历山大·阿尔奇片科等众多名人,他在这里遇见了犹太雕塑家奥西普·扎德金(1890—1967)和雅克·利普契兹(1891—1973)。莫依斯·基斯林(1891—1953)也在巴黎。这些艺术家都是来自波兰或俄国的阿什克纳齐,但是也有塞法迪人:罗马尼亚艺术家朱勒·帕斯金(1885—1930)和来自里窝那的意大利艺术家阿美迪欧·莫蒂里安尼(1884—1920),后来苏蒂纳来后就和莫蒂里安尼共享一张单人小床,三人轮流睡在上面。这时候已经有犹太人活跃在艺术前沿:卡米耶·毕沙罗(1830—1903)和他儿子吕西安(1863—1944),还有将印象派绘画带到德国的马克思·利伯曼(1847—1935)。但是这些年轻的犹太新人都是狂野不羁之辈,除了夏加尔毕生向往新锡安,其他人都几乎无视他们的宗教传承。苏蒂纳后来甚至否认自己是犹太人,否认自己出生在维尔纳,他在遗嘱中留了100法郎给拉比的孩子们,让他们买糖果,并让他们在他的坟墓上跳舞。但是他们都有着一股犹太人特有的冲劲,那就是勇往直前、义无反顾地投入新的文化领域中。

并非犹太人有拥抱现代主义的普遍倾向。犹太人并不具备全球性的眼光,更不用说向世界推行现代主义计划。一位文化史学家甚至写道,把现代主义归因于犹太人是"反犹主义的偏见或亲犹主义的狭隘"。[180] 犹太人在自己的专业领域是确定无疑的创新者,但是在其他各个方面他们往往是非常保守的,因此画作一度震惊德国的马克思·利伯曼——他的《小耶稣在圣殿讲道》(1879)

表现耶稣是一名犹太男孩——吹嘘他是"彻头彻尾的资产阶级"。他住在父母原来生活的房子里,"我准时吃饭、喝酒、睡觉、散步和工作,准得就像教堂的钟"。[181] 西格蒙德·弗洛伊德(1856—1939)或许是最有创新精神的犹太人,他厌恶几乎一切形式的"现代主义",尤其鄙视现代艺术,指责那些创作者"视力有先天缺陷"。[182] 他喜欢自己收集的古代埃及、中国、希腊和罗马的雕像,他坐在书桌前,周围摆满了这些东西,就像亚伯拉罕和他的神像,但是这些雕像没有一个是早于文艺复兴时期的东西。和利伯曼一样,弗洛伊德每天、每星期、每月,甚至每年都有严格的生活规律,因此,早上 8 点至下午 1 点接待病人,1 点至 2 点是午餐时间,这是正餐,必须准时,下午 2 点至 3 点是保健散步(天气不好时以及晚年他在宽敞的家庭公寓各处散步),接着是下午 3 点到 4 点的诊疗时间,然后接待病人,晚餐后再次保健散步,然后写作到凌晨 1 点。每个星期的日程也同样有规律:每隔一周的星期二参加"圣约之子会"①的会议;星期三是他的专业团体;星期四和星期六晚上到大学讲课,星期六上课结束后进行唯一一次娱乐活动——4 个人玩塔罗克纸牌,星期天上午探望母亲。[183] 门徒想要见他需要预约,不然就在他经常散步经过的某个地方等他。他不让他的女儿接受教育或出去工作,而是把她们留在家里

---

① 犹太人服务组织,1843 年成立于纽约市,在世界许多国家设有男、女及青年分支组织。——译者注

培养成淑女，让她们做女红、画水彩画、弹钢琴，弗洛伊德采用家长制的做法管理他的大家庭，并没有将自己的理论放在家庭和家人身上实践。弗洛伊德是长子，母亲非常强势，他和母亲两人对他的5个妹妹颐指气使，后来他的妻子也对他百依百顺。生活上她为他包办一切，甚至帮他挤好牙膏，就像旧时期的贴身仆人。他从不和妻子探讨他的想法，妻子私下里总说："女人都会有这些问题，但是不需要用什么精神分析来克服这些问题。过了更年期，她们就会更安静、更顺从了。"他的思想也不用在孩子身上，他让儿子跟家庭医生学习了解性知识。他自己的行为总是极其正派。[184]

这里探讨弗洛伊德不仅因为他具有巨大的内在重要性，更是因为他的研究工作一再地呼应了犹太精神和犹太历史中的许多伟大主题。事实上，他身上有最典型的犹太人特征。弗洛伊德不是一个有信仰的人，更不用说他会相信《托拉》。他认为所有的宗教都是集体的癔症，他的全部作品都倾向于表示宗教信仰（及其他信仰）完全是人类的发明。关于他对希伯来语和意第绪语的掌握，证据有些出入，[185]他接受的不是犹太教，而是欧洲的古典教育和科学教育；他的德语写得非常好，他的写作风格为他赢得了歌德奖。但是他的父母均是来自信仰哈西德派的加利西亚，他母亲来自布罗迪，一个信奉极端哈西德派的城市。他的几个孩子中没有一人改宗或与非犹太人结婚（儿子欧内斯特还成了犹太复国主义者）。他本人一向同情犹太人，他在生前的最后10年都宣称自己既不是奥地利人也不是德国人，而是犹太人。他认识赫茨尔，而且对他心怀敬意，他的著作译成希伯来语或意第绪语时，他从不收取版税。他的传记作家欧内斯特·琼斯写道，他"认为自己是地地道道的犹太人……他很少有朋友不是犹太人"。[186] 当他的研究发现影响了他的声望时，他求助的是"圣约之子会"，正如他后来解释的那样："在我遭遇孤立的时候，我的内心渴望出现一群经过特别挑选的、思想高超的人，他们不会在意我曾经的恣意妄为，愿意友好地接纳我……你们原是犹太人对我来说只会更好，因为我原本也是犹太人。我一向认为，否认这一点不仅无耻而且绝对愚蠢。"[187]

然而，弗洛伊德回归本源并不只是为了寻求安慰。他认为犹太精神具有伟大的力量。"如果不把儿子作为犹太人来培养，"他对马克斯·格拉夫说，"你就夺走了他获取力量的来源，这是其他任何东西都无法取代的。"但是犹太人不仅拥有无限的力量——这是备受弗洛伊德欣赏的一个品质，而且还非常重视思想，这在他看来更为重要，"我们通过思想保持团结，"他写道，"因为思想，我们的民族才能延续到今天。"他相信犹太人的权威政体，即思想的最高权威，并说雅布奈学院"于我而言一向是我们犹太历史最有意义的一种表现"。[188]

弗洛伊德精神分析法的横空出世，让他从内科医生到心理治疗师的身份发生转变，这有点类似改宗的味道，而且是犹太人改宗的那种味道。他在35岁左右之前是一名医学家，后来突然之间就对传统医学失去了兴趣。犹太人的传统向来是人到中年开始显出对神秘事物的兴趣。迈蒙尼德虽然是个理性主义者，但是他也同意这样的观点：他也是到中年以后才治疗精神病例。36 岁被认为是一个关键年龄，如美名大师托夫 36 岁那年开始出道。实际上，欧内斯特·琼斯将 1887 年年末，即弗洛伊德 31 岁那年，至 1892 年《一例成功的催眠治疗》的发表——那年他正好 36 岁，确定为他的"蛰伏期"。不过弗洛伊德本人却将这个时间往后挪了 3 年，他相信科学发现就是突然发生的奇迹。他说应该在自己做了一个至关重要的梦的房子里竖一块大理石板，石板上应该这么写："西格蒙德·弗洛伊德博士于 1895 年 7 月 24 日在这里揭开了梦的秘密。"琼斯认为弗洛伊德在做出这个发现之前先有性格上的变化。现在我们知道，从这时候起，弗洛伊德就在完全重新诠释人类应该如何看待自己。按琼斯的话来说，他是在探索"人为何如此这一宏大问题"的答案，"人的内在本质的奥秘"这一终极目标。[189]

这从本质来说也是宗教探索。和所有新宗教创始人的做法一样，弗洛伊德也很快就疏远了以前的同人。"他在新的事业中每走一步都会让他的同事觉得更加陌生了一些。他们已看不出他在医学研究上扎扎实实、硕果累累的那些年和他新的兴趣和方法之间有任何关联。"[190]思想的火花渐渐绽放，形成一套全新的信仰。"起初只是精神病理学中一条小小的线索，"他的同事汉斯·萨克斯写道，"但是在一个具有独创精神的人专注执着、孜孜不倦的努力之下,这几个小小的线索渐渐发展,最终形成心理学、人类文明,乃至所有有机体发展的一个基本概念。"[191]

毋庸置疑,弗洛伊德具有宗教创始人,或者说异教创始人般的劲头。"因为我原本是犹太人,"他说,"我可以不受许多偏见的影响,若是别人,这些偏见就会影响他们发挥才能。"他又这样说,"我经常感受到自己已经继承了我们的先辈为保卫他们的圣殿所具备的那种蔑视一切的全部激情;因而,我可以为一个伟大的历史时刻心甘情愿地献出我的一生。"他曾对友人威廉·菲利斯吐露,他不是科学家、实验家,甚至也不是观察者,而是一个行动者:"从性格上说,我只是一个征服者、一个冒险家……我有此类人身上所具有的那种好奇心、胆魄和坚忍的意志。"[192] 在他的心里,是摩西创立了犹太教,而不是亚伯拉罕,他深深折服于这位伟大的立法者,位于罗马的米开朗琪罗的摩西雕像尤其让他痴迷:"1913 年 9 月那孤独的 3 个星期里,我每天都来到教堂,在雕像前面仔细地观察、测量、描绘,直至我对它有了真正的理解。"[193] 他还将自己比作约瑟,那个做梦的人、说预言的人,总是喜欢说,会解梦的人都成了亚历山大大帝最重要的谋士。

弗洛伊德从犹太教中汲取了许多元素。他的释梦技巧从某些方面来说类似于《光明篇》中使用的方法。[194] 他(在给荣格的信中)所称的"我的神秘主义中最神秘的本质",更重要的还有他对数字的含义及数字预测的兴趣,都来自他的朋友菲利斯。[195] 他相信甚至惧怕类似"分身"(Doppelganger)的概念,"我是躲着你的",他写信给一个叫阿瑟·施尼茨勒的人说,令后者非常吃惊,"因为我不想遇见面容和我酷似的人。"他有极度的死亡焦虑(Todesangst)。[196]如果说弗洛伊德学说从某种程度上说是一种迷信,如果说它具有加沙拿单那样的救世喀巴拉的自圆性——能够容纳不符合预期出现的事件——这一点也不奇怪,因为它来自同样的背景:西方的科学更多的是表面而不是实质。但是弗洛伊德学说中的犹太元素主要不是哈西德派的,而是摩西的。弗洛伊德想要创建一个新的准宗教的律法体系,一个隐含一切力量的、意味着永恒的律法体系。用他自己的话来说,"真理掌握在我们手里"——没有一位宗教领袖比他更加武断。[197]

这个新学说的犹太性还表现在另外两个重要方面上。首先,它的《托拉》、它的重要文献就是弗洛伊德自己的著述和案例,它们就像《圣经》一样,是神化的短篇故事。用故事来表达一个主题,这是犹太圣哲的典型手法,它在哈西德主义中再次兴起,弗洛伊德又赋予了它科学和世俗地位,它在当时是,从某种程度上今天依然是,弗洛伊德之所以对人们产生巨大影响力的关键所在。谈到他写于1901年的《朵拉:歇斯底里案例分析的片段》时,他不无自豪地说:"这是我写的最微妙的书,将会产生非同寻常的惊人影响力。"[198]正如史蒂文·马库斯所指出的那样,弗洛伊德一向坚决否认他写作中的文学意图,"如果我只是一个为了写故事而编出一种精神状态的文人,而不是作为医学工作者对其进行分析,"他圆滑地说,"那么我得考虑我是不是有病了,但是我绝不会这样想。"又说,"我还是觉得奇怪,我写的病历竟然读起来像小说,甚至有人说它们缺乏科学性。"[199]事实上,凡是他准备发表的案例,无论形式和文风他都大费周章,这和同时代其他的医生兼作家,如阿瑟·柯南·道尔、萨默塞特·毛姆所做的没有两样——只是弗洛伊德还在其中加入了《列王纪上》作者那样对真理的确信、自命不凡的语气和最基本的信仰,朵拉、鼠人、小汉斯、施雷伯和狼人这5人的病例是他所揭示的理论的核心和精髓。

其次,弗洛伊德学说的传播者和实践者主要是犹太人。常常有人称他的学说来源于他给维也纳的犹太贵妇进行的精神治疗,这不是事实。但是约瑟夫·布洛伊尔,弗洛伊德的"施洗者约翰"——如果他有这样一位先驱者的话[200]——是一名犹太人,最早的精神分析学家也都是犹太人。荣格对于弗洛伊德的意义在于,他是他所能吸引到的第一位重要的非犹太追随者。正因为如此,在1910年于纽伦堡召开的第二届精神分析大会上,他力排众议,推举荣格为终身主席:

> 你们中大多数是犹太人,因此无法为这个新的学说争取来朋友。在当今时代,犹太人必须满足于当个铺路者的角色。我要和普通科学世界建立联系,这是至关重要的。如今我年事已高,也厌倦了无休止地被人攻击。我们大家都身处危险……这位瑞士人(荣格)将会拯救我们——拯救我,也拯救你们所有人。[201]

第五章 解 放

对于公义的确证，弗洛伊德采取了和摩西一样的做法。犹太人的另一个传统——对多头领导和不同观点的包容——没有引起他的兴趣。小汉斯的父亲马克斯·格拉夫说，弗洛伊德书房里的气氛就是"宗教大本营"的那种味道，病人是"门徒"，而弗洛伊德自己，虽然他在个人生活中是一个心地善良、体贴周到的人，但是"在推行自己的观点时态度强硬，毫不留情"。[202] 和哈西德派圣哲一样，他也有一个小小的议事庭，成立于 1902 年，在这个议事庭上，他绝不容有人对他提出强烈反对。最早的成员之一，也是最杰出的成员之一的阿尔弗雷德·阿德勒（1870—1937），曾经大胆地提出不同意见，他不是被当成一个提出批评意见的同事来对待，而是被当成异端，被当成"变节者"。格拉夫说："这是一场审判，罪名就是异端邪说……弗洛伊德就像一个教会头领，驱逐了阿德勒，不让他进入正式的教会。就在短短的几年时间里，我经历了教会历史的全部发展过程。"后来还经常用到"天条"，尤其是在荣格这件事上——荣格是最大的"异端创始人"。和荣格决裂让弗洛伊德尤为痛心，因为用琼斯的话来说，荣格和他的关系就像"约书亚之于摩西"，他"一谈到荣格就喜笑颜开：'这是我心爱的儿子，我对他非常满意'"。"如果我建立的帝国有一天失去了父亲，"他写道，"那么必须是荣格来继承这一切。"[203]

发现和驱逐"异端分子"的过程总是充满了仇恨。正如萨克斯所言，弗洛伊德的心"坚硬锋利如钢铁，一个深切的仇恨者"。他骂《儿童性生活》一书的作者亚伯特·莫尔是有着"讼棍般的智商和道德的畜生",(将他赶出书房时)说他"把房间熏得跟魔鬼本人一样臭"。阿德勒是"垃圾","满身的恶毒和卑鄙";"我养大了一个小人"。另一个"门徒"威廉·斯泰克尔是"天文学家头上的一只虱子"——这是弗洛伊德从海涅(另一个仇恨者)那里窃取的骂人话。荣格成了"异端分子""神秘主义者","荣格分子"成了弗洛伊德词汇中最损人的一个。对于曾经的支持者,街上遇到他们,他佯装不认识,新版的书中也不再提到他们,或者称其为"原精神分析师"。荣格写给弗洛伊德的信件也"丢失"了许多年。[204] 在这些激烈的争吵中,弗洛伊德再次引用海涅的话:"人必须原谅他的敌人,但是要在他被绞死之后。"绞刑的证据倒是不缺,但是没有原谅。1937年,当阿德勒客死阿伯丁时,当时已80多岁的弗洛伊德写信给阿诺尔德·茨威格说:"我不理解你对阿德勒的同情。一个从维也纳郊区出来的犹太男孩死于阿伯丁,这本身就是一段非同寻常的履历。"[205]

如果说弗洛伊德身上有以斯拉那样容不得异说的狭隘心理,以及权威政体那些典型的毛病,那么他身上还有一些英雄主义的美德:捍卫他视为真理的东西时无所畏惧的勇气,追求真理时充满激情的勤奋探索,毕生孜孜不倦的努力直到生命的最后一刻,还有面对死亡时显示的高贵尊严——他拒绝使用吗啡缓解慢慢折磨着他的癌症病痛:"我宁愿忍着病痛思考,也不愿让自己无法清醒地思考。"[206] 阿瑟·库斯勒在他临终时看望他,看到的是一个"身材瘦小脆弱"的圣哲,身上有着"希伯来族长一般坚不可摧的

第五章 解 放

生命力"。[207] 弗洛伊德传承的是非理性主义的犹太传统，这是纳奇曼奈或美名大师托夫的传统，而不是迈蒙尼德的传统。但是，或许是因为如此，他成了20世纪知识结构体系的中心支柱，这个结构体系本身从很大程度上来说就是一座非理性主义的大厦。换个比喻来说，他给了人类一面新的镜子，从来没有人如此彻底和不可逆转地改变人们看待自己的方式，甚至谈论自己的方式，因为他改变了"内省"一词的内涵。

如果说弗洛伊德改变了人类看待自己的方式，那么阿尔伯特·爱因斯坦（1879—1955）是改变了人类看待宇宙的方式。爱因斯坦正是因为这个而成了20世纪的中心支柱，或许21世纪仍然是，因为历史表明，新的科学定律的伟大发现，如伽利略、牛顿或达尔文，将会持续影响社会很长时间。爱因斯坦是来自乌尔姆的犹太人，父亲经营一家电化学工厂。他在位于伯尔尼的瑞士专利局上班，狭义相对论（1905）和广义相对论（1915）就是在那里提出的。他和弗洛伊德一样，最重要的发现是在第一次世界大战之前完成的；此后他一直坚持不懈却徒劳地在探索可以容纳量子物理学的广义场论，他对量子物理学的提出也起到了关键的作用。[208]

爱因斯坦似乎从来都不是普通意义上的虔诚犹太人，在这一点上他有点像弗洛伊德，但和弗洛伊德不同的是，他不认为人类对上帝的信仰是一种幻觉；相反，他试图重新定义信仰的概念。从学问的角度来说，他完全继承了迈蒙尼德和斯宾诺莎的理性主义传统。他是一个极其严谨的实证派科学家，提出理论就是为了让精确的验证成为可能,而且坚持他的观点必须验证后才有效——这和弗洛伊德的武断几乎完全相反。但是他也做好了准备,承认不可验证的真理是存在的,从这一点来说他比弗洛伊德更加实事求是。弗洛伊德一边否定神秘真理的存在,一边却允许自己根本就是个神秘主义者。爱因斯坦自始至终是一个理性主义者,但他并不否认有一个神秘领域存在。他认为"这种奥秘"——在他看来是精神的而非实体的——"站在真正的艺术和真正的科学摇篮上",越过"最深奥的理性和最灿烂的美",还有我们所不能洞察的真理存在,这种真理"只能以其最原始的形式为我们所感受到"。他认为,这样的认识才是真正的宗教情感,"在这个意义上,而且也只是在这个意义上,我才是一个具有深挚的宗教情感的人"。[209]

最后一个声明其实就是对迈蒙尼德观点的重申,即感知真理有两种互补的方式:理性和启示。但是,就否定启示这点而言,爱因斯坦更接近于斯宾诺莎,他非常仰慕后者。他确实说过,形成一个伟大的科学概念,直觉的思考是必需的,就是在浩大的理论概括过程中先要贸然地跨出一步。[210]在这一点上他与法国犹太哲学家亨利·柏格森(1859—1941)有许多共同之处,后者也强调科学(以及时间和物质的互动)中的确存在神秘和直觉的因素。[211]不过在爱因斯坦的观点和著作中,一旦直觉孕育了思想的要素,接下来就是科学和理性的事了。"我想知道上帝是如何创造这个世界的",他说——这几乎是一个神秘主义的目标。但是知识必须通过数学表述来获得,通过天文学来求证。从某种意义上来说,爱因斯坦所做的正是喀巴拉主义者所尝试的——用数字来描述宇宙,只不过后者的数字是直觉、是魔法,是无法求证的,而爱因斯坦的数字经过理性的思考,可以通过天文望远镜来求证。从某种意义上说也有魔法——他竟然不可思议地发现了宇宙的奥秘:宇宙并非人类假定的那样混沌无序,而是在时空法则的作用下有序地运行着。这些法则或许时不时地需要修正,就如他修正牛顿定律,但基本上在人类智力可达的范围之内。他说:"'奇迹'就藏在这里,随着我们知识的进步,它藏得越来越深。"[212]

爱因斯坦相信宏观世界和微观世界受同样的法则支配,将会有一个支配所有电磁场的统一理论,而他的广义相对论最终只是其中的一部分,届时用几页方程式就可以准确地描述物质世界的各种物理关系。他觉得自己与斯宾诺莎有很深的缘分,后者也同样"绝对相信各种现象之间存在偶然的依存关系,然而那个时候试图认识自然现象之间的偶然关系,成功的可能性仍然非常有限"。他比斯宾诺莎晚了300年,或许可以有所成就。这是一种非常犹太式的探索,因为驱动它的是一个强大的需求——寻找关于概括一切的宇宙真理法则,即科学的《托拉》。与普遍性理论相对的是不确定性,这是一个让犹太人尤为厌恶的感念,因为它似乎推翻了所有的伦理,或者历史、政治和律法的确定性。[213]因此爱因斯坦40年的探索,终究没有得出最后的结论。迈蒙尼德在他的法典、注释和《迷途指津》中,试图将庞大的犹太教遗产浓缩成一部清晰合理的中等规模的知识体系——犹太知识大全，爱因斯坦也和他一样，追求极致的简单化——用一部科学知识大全来帮助人类清楚地了解宇宙。[214]

事实上，爱因斯坦的成就止步于相对论的确立。相对论已经多次得到证实，在过去60多年或者更长时间一直是人类科学知识宝库的重要组成部分。然而在大部分人的心里，它带来的不是简单化，而是复杂化，因为相对性和相对主义常常被混为一谈，尤其涉及道德的相对主义时。爱因斯坦和弗洛伊德联手出击，至少在大众的理解中，给了犹太-基督教伦理的绝对确定性一记毁灭性的打击，而无论如何，爱因斯坦对这种伦理深信不疑。[215]许多思想阴暗者又把这笔沉重的债记到了犹太人账上。相对论面世后，许多知识分子开始不再关注科学发现了。犹太作家兼哲学家莱昂内尔·特里林（1905—1975）注意到了这个影响：

> 我们大多数人被这种思维模式所抛弃——这种思维模式已经习以为常地被说成现代特有的成就——这必然伤及我们知识分子的自尊。对于此种羞辱，我们一致同意保持沉默；但我们可否提出这样的疑问……它真的将质疑和疏离这样的重要元素带进我们的思维生活了吗？质疑和疏离是由当今思想财富形成的任何一个观点中都必须考虑到的元素。[216]

第五章 解 放

因此，这场发生在世纪之交的狂热的知识分子运动和文化创新活动——犹太人被认为在其中发挥了主要作用——不仅引发了进步分子和保守分子之间剑拔弩张的对立，而且还导致了普遍的迷惘和焦虑。新的犹太世俗知识分子对此有同样强烈的感受，尽管他们的作品对造成这个局面功不可没。追寻准确的记忆是普鲁斯特代表作《追忆似水年华》的原动力之一。在弗兰兹·卡夫卡（1883—1924）的作品中，弥漫着一种莫名的错位感。"我现在在这儿，"他的一部短篇小说是这样结尾的，"除此一无所知，除此一无所能。我的小船没有舵手，只能随着吹向死亡最底层的风行驶。"[217] 勋伯格也有同样的感受，他用了一个奇怪的比喻来总结他的一生："我犹如坠入热水翻滚的汪洋大海，不会游泳……我用尽所能划动手脚……从没放弃……可是在汪洋中，我又怎么能放弃呢？"[218] 表现主义诗人雅可布·冯·霍迪斯（原名汉斯·戴维森）在1910年写了一首题为"世界末日"的短诗，这首诗不仅反映而且还加深了当时的这种迷惘情绪，它在德国一时间成了名声最响也最臭的一首诗歌，诗人在表现派领袖库尔特·希勒尔（自称是希勒尔拉比的后裔）主办的诗歌晚会上朗诵了这首诗，它的开头是这样的，"帽子从市民的尖头上飞走了"，顿时为拥护者和反对者总结了现代主义，让后者感到出离愤怒，这在现在看来是令人费解的。[219] 1914年，这位年轻的诗人精神失常，紧接着几乎整个欧洲都陷入疯狂，沉浸在毁灭的狂舞之中。在这之后，犹太人的未来和境遇都发生了戏剧性改变。

第六章　大屠杀

423　　1914年11月9日，英国首相赫伯特·阿斯奎思在伦敦市政厅的一次演讲中宣称："土耳其帝国正在自取灭亡。"德国对土耳其的示好导致德皇威廉二世放弃了对犹太复国主义的积极支持，这种示好最终获得了成功。苏丹已经将自己托付于德国的胜利，即将对英国发动一场圣战。阿斯奎思希望阻止大英帝国内的一亿穆斯林臣民参与圣战。因此他的演讲，让英国做出了最终将肢解奥斯曼帝国的保证。[1]但是，他发表的这次演讲无意之间为犹太复国主义的国家拼图提供了关键的一块。因为如果推翻了土耳其在巴勒斯坦及其他地方的统治，那么犹太人的民族家园便可以畅通无阻地填补上这处真空。

　　那个时候如果出现德国若在这场正在开始的可怕战争中战败，犹太人将会从中获得好处的想法，大多数犹太人可能会觉得荒诞不经。犹太人的死敌是沙俄，而德国军队此时正在试图摧毁它。正因如此，伦敦东区的犹太人并不情愿参军与德国人为敌。每个人都会把犹太文化领袖和德国联系起来。除了极左派的和平主义者之外,所有说德语的主要犹太知识分子,以马克思·利伯曼为首,签署了一份支持德国战争目标的请愿书——爱因斯坦几乎是唯一拒绝签署的人。

当德国军队在坦嫩贝格击败俄国军队并推进至波兰王国的时候,犹太人把他们当成救星一般迎接。其中就有泽埃夫·多夫·贝京,一位未来以色列总理①的父亲。除了希伯来语和意第绪语以外,他宁愿说德语,也不愿说被他称为"反犹主义的语言"的波兰语。他告诉小贝京和他的姐姐(后来的哈尔珀林夫人):"你们看,德国人就要来了,那是一种不同的文化,它跟俄国不一样。"俄国军队撤退时包围了整个犹太社区,用皮鞭驱赶他们前往西伯利亚。贝京目睹哥萨克人烧毁了犹太人的村庄。德国人到达的时候,哈尔珀林夫人后来回忆说,他们"对待犹太人好极了……他们给每个孩子发糖果和饼干。他们是与众不同的德国人,一段与众不同的时期"。[2]

即使在巴勒斯坦的犹太人定居区,德语一般来说都是通用语。很多居民希望犹太学校用德语教学,而不是希伯来语。它毫无争议地被采纳成为犹太复国主义大会的官方语言。犹太复国主义者的德国办事处将自己视为这场世界性运动的总部,其成员正呼吁

---

① 梅纳赫姆·贝京(1913—1992),1977 年至 1983 年任以色列总理。——译者注

德国除了保护伊斯兰教信徒以外,也能成为犹太人的保护国。许多人相信,正是在萨洛尼卡的大型犹太社区的帮助推动下,土耳其才参战并站在了德国一边。[3]

然而,观察力比较敏锐的人们意识到了英国人决定瓜分奥斯曼帝国残余部分具有的重大意义。其中一人就是哈伊姆·魏茨曼,自从赫茨尔去世后,他就成为犹太复国主义运动在西方最能发挥实际作用的倡议者。"现在时机到了,"他在阿斯奎思演讲后心满意足地写道,"可以公开表达——向世界指明犹太人对巴勒斯坦的态度了。"魏茨曼是犹太人历史上最杰出和最重要的人物之一。作为犹太复国主义领袖,他在应对世界各国政治家方面得心应手,与赫茨尔不相上下,但除此之外,他还代表了东方犹太民众——他自己就是其中一员。他的家乡,莫托利的普里佩特沼泽镇,完全保留了传统风韵。他的父亲以砍伐原木并使其顺流而下漂至波罗的海为业,能背诵卡罗的法典,最喜欢的书籍是《迷途指津》。是真的,在他们家的墙壁上,迈蒙尼德肖像的旁边就是希尔施男爵①的肖像,只是"回归"被视为宗教性质的:当地的拉比告诉魏茨曼:"人们必须做很多,学很多,了解很多,承受很多,然后才配得上那个。"[4]

无疑,仅仅为了接受现代教育,魏茨曼就不得不承受很多。

---

① 莫里斯·德·希尔施(1831—1896),德国犹太金融家和慈善家,犹太垦殖协会的创建者。——译者注

他的家乡没有报纸。他的小学校长,一名秘密的马斯基尔,不得不以传授先知书为掩护,偷偷带来一本关于自然科学的希伯来语教科书。还有沙皇政府,它的入学规定限制文法学校分配给犹太人的名额最多是10%,即使是在一半以上人口是犹太人的城镇。政府采取各种手段阻止犹太人进入大学。魏茨曼后来写道:"年复一年,当人们读到从圣彼得堡流传来的难懂圣谕时,人们产生的感想是,庞大的俄罗斯帝国——这一整套笨重的机器被创造出来的唯一目的就是编造和扩展用于限制其犹太臣民存在的法规条例。"所以教育涉及"无休止的欺诈、诓骗和羞辱"。[5] 魏茨曼学会了极大的忍耐和不懈的坚持,还有孜孜不倦的努力,他设法进入了柏林理工大学——欧洲最好的三所理科学校之一,后来他又去了瑞士,在瑞士的弗赖堡获得了化学博士学位(1899)。

他来到英国曼彻斯特大学教授生物化学,不过正是在英国,魏茨曼找到了他的人生目标:利用大英帝国的存在及其统治阶层的善意,建立犹太人的民族家园。1910年,魏茨曼成为一名英国公民,他对英国人的评价始终是宽容和公正,热爱自由和正义。他在他们的心中一点一滴地存入自己的情感储蓄,然后整取出一份可观的红利。1914年之前的几年,他着手结交他们。他认识了C. P. 斯科特,自由党《曼彻斯特卫报》有影响力的编辑,又通过他认识了兰开夏郡的议员,如保守党领袖阿瑟·贝尔福(Arthur Balfour),以及温斯顿·丘吉尔。斯科特还把他介绍给自己最亲密的政治伙伴劳合·乔治。所有这些人都成为犹太复国主义坚定的支持者。

魏茨曼还意外地寻到了一位盟友，自由党议员赫伯特·塞缪尔（Herbert Samuel）。他一度是某个犹太机构的成员，该机构当时是反犹太复国主义者的天下，有时还对犹太复国主义充满恶意。他的父亲创建了非常成功的塞缪尔—蒙塔古银行公司，他在公司里的嫡亲表兄埃德温·蒙塔古同样身处政界，是最重要的反犹太复国主义者。塞缪尔上过巴利奥尔学院，那里是无神论的老巢，他不得不向他的母亲承认自己在那儿失去了原先的信仰。但他表面顺从，继续向犹太会堂交纳会费，骄傲地自称为一名犹太人。因此，1909年进入内阁的时候，他是第一位入阁的犹太人。另外，他曾经在犹太白教堂区从事政治工作，目睹那里贫穷堕落的可怕场景之后，他成为一名犹太复国主义者。1911年，他被马可尼案件[①]牵连并在此过程中亲身体验到了反犹主义的残酷，即便是在宽容的英国，这坚定了他成为犹太复国主义者的决心。

塞缪尔冷淡、沉默、矜持；他对自己的观点讳莫如深。即使魏茨曼也不知道他是一个犹太复国主义者。可他已经私下构思了一个对土耳其的介入加以利用的计划，阿斯奎思发表演讲的当天，塞缪尔就前往外交部拜访外交大臣爱德华·格雷爵士，在那儿他们进行了一次关键的谈话。给犹太人一个民族家园如何？格

[①] 马可尼丑闻，发生于1912年的英国政坛丑闻（文中1911年疑为作者笔误），政府多名高官被指控以不正当方式利用政府关于马可尼公司的意向信息谋取利益。——译者注

第六章 大屠杀

雷说"他一直对这个计划怀有一种强烈深沉的感情……如果时机出现,(他就)愿意为此效劳"。他们讨论了细节问题。塞缪尔提醒说民族家园那片区域不可能包括"贝鲁特和大马士革,因为那两个地方有大量无法被同化的非犹太人口"。因此,他补充说,"如果叙利亚的剩余部分被法国吞并将是极大的有利条件,因为对这个国家来说,跟一个欧洲强国做邻居会远远好于跟土耳其为邻"。这个计划将英法的瓜分具体化,英国得到巴勒斯坦,法国得到叙利亚—黎巴嫩,划分的依据后来写入了在凡尔赛生效的"赛克斯—皮科秘密协定"。但那还不意味着犹太人会得到他们的家园。当天晚些时候,塞缪尔转悠到财政部,争取时任财政大臣的劳合·乔治的帮助。他"对我说他非常渴望在那儿建立一个犹太人国家"。[6]

就这样,魏茨曼和塞缪尔发起了这场运动。具有费边主义①倾向的《新政治家》在请求英国成为安置一处犹太民族家园的保护国时主张:"犹太复国主义者的希望突然之间从理想变成了一个现实的政治问题。"[7]实际上,需要走的路还很长。当塞缪尔将自己的计划提交内阁却遭到他那位反犹太复国主义的表兄蒙塔古激烈抵制的时候,客厅里的反犹分子阿斯奎思就在一边饶有兴趣地冷眼旁观。那位首相在给自己的女朋友维尼夏·斯坦利的每日一信中转述了他们的会面。"(塞缪尔)认为,"他写道(1915年1月28日):

---

① 简单来说就是渐进社会主义,是社会主义思潮的一支。——译者注

> 我们可以在这块还不是很有希望的领土上安置三四百万犹太人，这对那些留下的人（我猜包括他自己）会产生良好的影响……那读起来简直像是一本经过现代修订的新版《坦克雷德》。我承认我对这个给我们招揽责任的提议不感兴趣。不过看到赫伯特·塞缪尔那井然有序、条理清晰的头脑里竟然会出现这种近乎抒情的爆发，那应该是迪齐（迪斯雷利）最喜欢的格言——"种族就是一切"①——的奇妙例证。[8]

1915年3月13日，他再次提到了塞缪尔关于巴勒斯坦"近乎狂热的备忘录"，"分散世界各地的犹太人可以适时地从世界各地大批地回到那里，在适当的时候实现地方自治（多么有吸引力的社区）。说来也怪，这项提议仅有的另一个坚定支持者是劳合·乔治，都不用我说，他根本就不在乎什么犹太人"——只希望将"不可知论、无神论的法国人"挡在"圣地"外面。4天后，首相告诉斯坦利小姐"蒙塔古表兄"或他的叫法"亚述人"，已经用"辛辣的备忘录"发动回击了，他在里面指责"赫伯特表弟"连自己计划的一句话都没本事翻译成希伯来语，那就是"一个相当冒昧和近乎亵渎神明的企图，想要抢在神力之前召集犹太人"。阿

---

① 出自苏格兰解剖学家、动物学家、人种学者和医生罗伯特·诺克斯的《人种论》。——译者注

斯奎思承认他那些正在争论的犹太同事所用的措辞"相当令我吃惊"。[9]战争大臣基奇纳勋爵,唯一去过那儿的大臣说,"巴勒斯坦对于我们没有丝毫价值",这证实了他的疑虑。

但是,事情正朝着有利于犹太复国主义者的方向稳步发展。基奇纳被迫把军需大臣的职位让与劳合·乔治,使劳合·乔治与此时正在致力于战争努力的魏茨曼建立了直接的工作接触。后来,基奇纳在前往俄罗斯的航程中溺亡,劳合·乔治完全接管了陆军部。这标志着向地中海东部的资源转移开始,使英国人更有可能征服巴勒斯坦。魏茨曼发现自己更容易见到政府的资深成员了。1916年8月18日,他在外交部说服了罗伯特·塞西尔勋爵,后者记录道:

> 他的话非常有道理,即使在这个国家,一个犹太人也总得解释自己存在的理由,他既不算英国人,也不算犹太人,在其他国家同样如此,而且还要严重得多……他说的一句话或许可以说明他给我留下了怎样的印象。他说:"我不浪漫,但是犹太人必须始终保持浪漫,因为对他们来说,现实太糟糕了。"

塞西尔声明打动自己的是"他这种非同寻常的感人态度——能够让人忘记他相当令人反感甚至龌龊的外表"。[10]4个月之后,阿斯奎思被迫下台,劳合·乔治成为首相,他任命贝尔福担任自己的外交大臣。

此举具有决定性意义。阿斯奎思对劳合·乔治的认识大错特错。他既是一个亲犹太主义者，也是一个犹太复国主义者。他在任性放纵的时期也曾公然抨击罗斯柴尔德家族，不过他对第一代罗斯柴尔德勋爵印象深刻，战争爆发后便将他和其他金融家召集到财政部。"罗斯柴尔德勋爵，"他开口道，"我们曾经有些政治上的不愉快。""劳合·乔治先生，现在没时间回想那些事儿了。我能帮上什么忙？"过后，劳合·乔治说："只有这个老犹太人讲道理。"[11] 魏茨曼发现他和劳合·乔治"以这支小民族为共同基础产生了共鸣"。这位新首相是个热情的威尔士爱国者，而塞缪尔在推行他的计划时总是会强调巴勒斯坦是"威尔士大小的国家"。劳合·乔治也是一个《圣经》说教者，另一个对犹太复国主义者有利的要点。他记录道："魏茨曼博士谈论巴勒斯坦的时候，他会一直谈到地名，那些地名对我来说比西线的地名还熟悉。"[12]

贝尔福是同样重要的盟友，因为他谦卑的态度后面潜藏着钢铁般的意志，那是战胜外交部官员和同事的犹豫不决时亟须的品质。一旦对一种情况确信不疑，贝尔福就是一个坚定不移的人，他是被魏茨曼策反的最重要的一员。这两个人先是在1906年选举期间长谈了一次，当时贝尔福因为魏茨曼拒绝乌干达而责骂他。"贝尔福先生，试想一下，我给你巴黎，代替伦敦，您会接受吗？""可是，魏茨曼博士，我们有伦敦。""那没错，可是我们有耶路撒冷的时候，伦敦还是一片沼泽。"[13] 1914年12月12日，他

第六章 大屠杀

们进行了一次深入并具有决定意义的谈话,这次谈话值得回顾是因为它显示了魏茨曼作为一名说客的本领。魏茨曼拿出犹太复国主义行动方案之后,贝尔福告诉他说,在他看来,犹太人这个问题"始终都无法解决,直到这儿的犹太人完全被同化或者巴勒斯坦存在一个正常的犹太社会"。他带着捉弄意味地补充道,他曾在1912年与声名狼藉的反犹分子科西马·瓦格纳讨论过这个,而她同意了!"是的,"魏茨曼回答,"让我告诉你她到底是怎么说的——犹太人正在接管德国文化、科学和工业。但是,"他接着说:

> 被大多数非犹太人忽视和构成犹太人悲剧症结的关键一点是,那些犹太人将精力和智慧奉献给德国人的时候将自己当成了德国人,他们正在让德国而不是让正在被他们抛弃的犹太人富裕起来……他们必须隐藏自己的犹太教,才能被允许任由德国人使用自己的智慧和能力。德国的强大有他们不小的功劳。这其中最大的悲剧是,我们不认为他们是犹太人,瓦格纳女士也不认为他们是德国人,所以我们就成为最受剥削和最遭误解的民族。

贝尔福被感动得流出眼泪,他握住魏茨曼的手说"一个伟大和受难的民族走的这条路已经为他照亮了"。[14]

贝尔福就此成为犹太复国主义者的坚定盟友,他在外交部争取让英国做出明确和公开的承诺。后面发生的事情堪称天遂人愿。

1917年1月，英国军队开始进攻巴勒斯坦。同一个月，沙皇政权崩溃，于是全世界犹太人全心全意支持协约国阵线的一个最大障碍消除了。临时总理克伦斯基废除了俄国的反犹法规。月底，德国开始实施无限制潜艇战，致使美国无可避免地加入了协约国一方。美国政府几乎是自动成为巴勒斯坦犹太民族家园的有力支持者。但绊脚石依然存在。法国厌恶犹太人的这个想法，更何况让新教的英国而不是天主教（和无神论者）的法国进入耶路撒冷。据谈判保护国秘密条约的马克·赛克斯爵士说，他的谈判对象乔治·皮科"提到了巴黎的大屠杀"——德雷福斯仍然令人记忆犹新——而且似乎"很难正常对待这个议题"。阿拉伯人或代表他们的那些政府部门也表示反对。不过阿拉伯人的行动已经迟了，他们对战争努力已经做不出什么实质性贡献了，而且他们的"阿拉伯起义"毫不起眼；此外，领导起义的T. E. 劳伦斯上校也赞同英国保护国和犹太民族家园计划。最难对付的对手倒是来自反犹太复国主义的犹太人，尤其是蒙塔古，时任印度事务大臣，职位重要并且与此有关联。这一点将会产生重要的影响。

　　作出承诺的形式是作为外交大臣的贝尔福写给英国犹太社会领袖罗斯柴尔德勋爵的一封信，就双方此前的文稿达成了一致。沃尔特，第二代罗斯柴尔德勋爵，与他那位在1915年年初去世的伟大父亲不同，他被选中参与这件犹太人历史上最具决定性的事件是不可思议的。的确，与他的父亲不同，他已经多多少少成为一名犹太复国主义者。但是他有语言缺陷和很多其他的顾忌，他把所有的精力都放在默默进行的有史以来最丰富的个人收藏上面，而不是公共和社会事务。他在特林的雷恩宅邸曾经是查理二世送给内尔·格温的礼物，他在此收集了 225 万只蛾子和蝴蝶、30 万张鸟皮、20 万颗鸟蛋，以及其他很多物种，包括 144 只活的巨型陆龟，其中一只是世界上最大的陆龟，已经有 150 岁了。他发表了超过 1 200 篇科学论文（和著作），发现了 5 000 个新物种，其中 250 个以他的名字命名，包括一种长颈鹿、象、豪猪、岩袋鼠、极乐鸟、鹦哥、突眼蝇，还有一种蛔虫。谁都不知道，甚至是他为数不多的至交也不知道，他的财产还不间断地被一名无耻的贵妇及其丈夫剥夺，他们勒索敲诈了他 40 多年。[15]

但是，罗斯柴尔德得到了魏茨曼等人的充分指点，1917 年 7 月 18 日，他把英国需要做出哪些承诺的初稿交给贝尔福，其中包括三个重要组成部分。第一是巴勒斯坦整体作为犹太民族家园的重建；第二是犹太人的移民权利不受限制；第三是犹太人内部自治。这些提供了犹太复国主义者能够合理希望的一切。魏茨曼直到临死那天还相信，要不是蒙塔古的反对，他们本可以实现全部三点："丝毫不用怀疑，若不是外来干涉——完全是因为犹太人！——那份草案本可以在 8 月初就被（战时内阁）接受，基本上就按照我们提交的样子。"[16] 结果却是，这封信直到 10 月 31 日才被内阁通过，而且已经经过了实质性的改动。[17] 它不再将巴勒斯坦与民族家园等同，它没有提及犹太人不受限制的移民权利或内部自治，它还保障了阿拉伯人的权益。它的签署日期是 1917

年11月2日,而且主要段落载明:"陛下的政府赞成在巴勒斯坦为犹太民族建立民族家园,而且将尽最大努力促进该目标的实现,但必须清楚理解的是,不可以有任何侵害巴勒斯坦现有非犹太人社区的民事和宗教权利,或者犹太人在其他所有国家享有的权利和政治地位的行为。"赛克斯带着这份文本从做出决定的内阁走出来的时候说:"魏茨曼博士,是个男孩儿。"仔细阅读一番之后,魏茨曼评论说:"我一开始就没想要男孩儿。这不是我期望的。"[18]

《贝尔福宣言》同样是这幅拼图的关键一块,因为若是没有它,这个犹太国家绝不可能出现。幸亏有赫茨尔和魏茨曼,犹太人才能及时跟上潮流。全世界的民族主义和民族统一主义正在迎来胜利。协约国为其统治下的民族所困扰,它们要求即将到来的胜利与和平应该在严格按照由人数——不论人种、语言或种族——决定的民意基础上保障他们的领土权利。犹太人对巴勒斯坦提出了一个基于历史的浪漫要求,但那是非常古老的历史,按照凡尔赛协议的适用标准,他们实际上什么也没有。这份宣言发表出来的时候,居住在巴勒斯坦的犹太人人口是8.5万~10万,而那里的总人口是60万。其余几乎全是阿拉伯人。如果阿拉伯人在战时能够作为整体通过外交途径适当地组织起来——如果巴勒斯坦的阿拉伯人真要组织起来的话——毋庸置疑,这份宣言绝不可能得到发表。甚至只要过了12个月,那就是不可能的事了。事实上,魏茨曼带领犹太复国主义者抓住了这个稍纵即逝而且注定不会再出现的好机会。幸亏有《坦克雷德》和《丹尼尔·德龙达》,他得以成功地呼唤起英国统治阶层的浪漫天性，因此收到了或许是一个强国最后的恩惠礼物，这份礼物完全有悖于精打细算的时代精神。

在伦敦，劳合·乔治和贝尔福认为他们至少利用人类历史上最丑恶的战争得到了某种好处：给犹太人一个家园。魏茨曼与这位首相在停战日一同吃午餐的时候发现，他正在含泪阅读《诗篇》。劳合·乔治后来经常会对他说，巴勒斯坦是"战争时唯一有趣的地方"。[19] 但是，伦敦开明的官老爷做出承诺是一回事，巴勒斯坦现场的那些人履行承诺又是另一回事。艾伦比将军就在宣言发布的一个月之后占领了耶路撒冷，他怀着崇高的谦卑步行进入了这座圣城。1918 年，魏茨曼去见他的时候，他发现这位将军很友好，但被军事和行政问题搞得不知所措。"可是现在什么也做不了。我们得小心谨慎，不能伤到百姓的敏感脆弱之处。"大多数英国高级军官对那份宣言一无所知。一两个是支持犹太人的，有些是反犹分子，有的支持阿拉伯人，期待他们在适当的时候跳出来屠杀犹太人。他们把当地的犹太人看作俄国来的垃圾。温德姆·迪兹爵士将军交给魏茨曼一些打印纸张："你最好仔细读读这一切。它以后会给你带来一大堆麻烦。"那是一份《锡安长老会纪要》。在高加索为沙皇尼古拉二世提供服务的英国军事代表团把这份文件带了回来。巴勒斯坦的英国军官似乎人手一份。[20]

尽管如此，英国还是取得了进展，在和平谈判期间落实了巴勒斯坦的托管问题。[21] 建立犹太民族家园的工作开始进行。英国接管的时候，巴勒斯坦处于以下的状况。那儿的犹太人分为两大类型。一类是由学者和贤哲构成的宗教社区，他们自古以来就生活在那里，但是在19世纪他们的人口有了稳步增长。他们居住在耶路撒冷的犹太区，靠世界各地的犹太人捐献的慈善资金过活。他们的生活圈子对《贝尔福宣言》茫然不解，可他们一直满腹牢骚和要求。魏茨曼去见他们的时候，他们要求他说服艾伦比，派一艘船去的里雅斯特，因为那里有最好的桃金娘，这样他们就能体面地庆祝住棚节了。[22]这让他备感恼火，但他们有他们优先考虑的事情，就像他有自己优先考虑的事情一样，而且《托拉》——没有它，民族家园毫无意义——本来就是关于严格的仪式的；确实可以看出，"仪式主义"在犹太教绝非一个贬义词。

还有一类是农业移民，他们是在诸如蒙特菲奥里这样的慈善家的帮助下定居下来的。有的是近乎拥有所有权的殖民地，比如埃德蒙·德·罗斯柴尔德创建和提供补贴的那些。俄国1881年的大屠杀引发了犹太人向巴勒斯坦的第一次大规模迁徙，该事件被称为第一次圣地移民潮（First Aliyah①），罗斯柴尔德将新来者纳入自己的羽翼之下。他为被称作莫沙夫的新定居点和村庄提供行政人员、学校和医生。它们包括犹地亚的埃克龙、盖代拉、里雄莱锡安和佩塔提克瓦（重建），加利利的罗什平纳和耶苏德马阿

---

① Aliyah，通常译为阿利亚，原意为"上行""登阶"，指当一个人愿意成为犹太人时，他会被邀请登上讲经台读经文。后来演变为"回归以色列"的意思。自1880年代起到1948年以色列建国，共有五波阿利亚运动。——编者注

第六章　大屠杀

拉，以及撒马利亚的济赫龙雅各布。1896 年，罗斯柴尔德又增加了梅图拉和俄国犹太复国主义者居住的贝尔图维亚。在这一阶段，为定居点提供资助的金额累计达 170 万英镑，只有 10 万英镑来自罗斯柴尔德自己的钱袋。他没时间关注被他看作政治煽动者的赫茨尔，或者魏茨曼这样的俄国人，对他来说，他们都是傻瓜。他告诉犹太复国主义者的一个代表团，包括诺尔道在内："这些是我的殖民地，对于它们，我愿意怎么做就怎么做。"[23] 不过，1900 年，他还是把一切都交给了新成立的犹太垦殖协会，只是继续提供资金。类似雷霍沃特和哈代拉这样的定居点村庄可追溯至 19 世纪 90 年代，塔沃尔村、亚夫内埃勒、梅纳海米亚和基尼烈可追溯至 20 世纪初。并非所有的定居点都是农业形式，工厂开始出现。雅法、海法和耶路撒冷当地增建了新的犹太区。

从 1904 年开始，在俄国更可怕的大屠杀余波之中，规模更大的第二次圣地移民潮开始了。这次移民潮带来了 4 万多名移民，其中一些定居在（1909）雅法的新园林城郊，那座城市后来成为大城市特拉维夫。同年，以年轻人为主的新居民在代加尼亚建起了第一个基布兹（"集体合作社"），结束了被他们视为耻辱的局面——阿拉伯雇佣劳工承担实际工作而犹太人只做管理农场的工头。沃尔夫松任命阿瑟·鲁平（1876—1943）负责犹太复国主义运动的巴勒斯坦办事处，在后者的指导下，犹太复国主义者开始了系统化的定居过程。自发形成的集体农场基布兹是犹太复国主义者倡议和资助的主要形式，数量最终超过 200 所。另外还

· 657 ·

有"工人的莫沙夫"（moshav ovdim），农业村庄的成员拥有个人所有的资产，只是合作购买设备，还有"集体莫沙夫"（moshav shitufi），成员只拥有他们的房屋，以集体形式耕种土地。鲁平出身于普鲁士犹太人，是一个经过培训的社会学家、经济学家和统计学家，他把这种深沉却不可或缺的综合素质，外加勤勤恳恳、持之以恒和对犹太人缺点的严肃认识，带到将犹太复国主义理念转化为现实的事业中。与其他所有人相比，他负责更多的是这个新家园的螺母和螺栓、面包和黄油等具体细节。

  保护新移民区不受强盗劫掠也是一个问题。第二次圣地移民潮中的青年人有的参加过反抗俄国大屠杀的犹太自卫团体；1909年，他们建立了舒梅林协会或民防团。当时拍摄的照片显示，他们挎着子弹袋和卡宾枪，蹬着俄式靴子，裹着阿拉伯头巾，看起来像是上过大学的哥萨克酋长。还有其他一些东西是必要的，群龙无首，而一个人的出现满足了这种需要：弗拉基米尔·亚博京斯基（Vladimir Jabotinsky，1880—1940）。与赫茨尔一样，他是一名作家和戏剧爱好者，他来自那座最浪漫的犹太城市——敖德萨。这座黑海岸边富裕的粮食出口港在犹太人的历史上具有特殊的地位。诚然，它位于俄罗斯，却具有强烈的国际性及近乎地中海的风情，拥有温暖的南方气息。亚博京斯基就很有代表性，会说俄语、德语、英语、法语和意第绪语，当然还会希伯来语。同

第六章　大屠杀

大多数敖德萨犹太人一样——托洛茨基①是另一个代表人物——他还是个了不起的演说家。到了 20 世纪，敖德萨有大约 17 万名犹太人，占据城市人口的三分之一，因此既是最凶残的反犹主义中心，也是犹太文化的中心。不过，那里的犹太文化是世俗性质的，敖德萨是第一个由马斯基尔管理的犹太社区。正统的拉比憎恶此地，他们警告虔诚的犹太人不要踏足那个地方，他们说那里吸引了俄国犹太区的废物，已经变成了另一个所多玛。据说："地狱之火在敖德萨周围燃起，距离长达 10 帕勒桑②。"那座城市孕育了许多第一批犹太复国主义者，如《自我解放》的作者列奥·平斯克、早期犹太复国主义运动的主要哲学家阿哈德·哈阿姆。那里的犹太新闻界影响力大且态度强硬，亚博京斯基作为激进和有干劲的犹太复国主义者，很快便从中脱颖而出。他还是敖德萨自卫队的活跃成员。

第一次世界大战爆发的时候，亚博京斯基被莫斯科的一份报纸任命为流动记者，奔赴中东。土耳其人正把巴勒斯坦的犹太人当作潜在的叛徒对待，他们的恐怖统治使超过 8.5 万的犹太人口降低至不足 6 万。亚历山大城有 1 万名犹太难民，他们的居住环境肮脏恶劣，却由于内部纷争而四分五裂。阿什克纳齐和塞法迪坚持各开各的施食处。来自特拉维夫那所新赫茨尔学校的学生们

---

① 列夫·达维多维奇·托洛茨基（1879—1940），俄国无产阶级革命家，十月革命直接领导人。——译者注
② 古代波斯的距离单位。——译者注

根本不合作，除非用希伯来语跟他们说话。亚博京斯基，对他最适合的描述是具有诗人气质的活动家，跟邓南遮①非常相像，他认为需要一支军队，既可以团结犹太人，也可以唤起他们摆脱对虐待的逆来顺受。他找到了志同道合的约瑟夫·特伦佩尔多（1880—1920），一名参加过日俄战争的独臂英雄士兵。这两个意志坚定的人顶着英国官方的巨大阻力，为那场战争成功地做出了犹太人特殊的军事贡献：第一支锡安骡马队，然后是3个营的皇家火枪团，第38营（伦敦东区）、第39营（美国志愿者）和从伊休夫本地征募的第40营。[24]亚博京斯基在第38营服役，并指挥了约旦河的渡河行动。但让他沮丧和忧心的是，巴勒斯坦的犹太复国主义当权派对保留犹太军团并没有表现出特别的热情，因此英国人干脆将其解散了。于是他组建了一支秘密自卫组织，该组织后来成为哈加纳，是一支强大军队的萌芽。[25]

当地阿拉伯人对犹太民族家园事业显而易见且日益增长的敌意加剧了亚博京斯基的担忧。由赫茨尔本人领导的犹太复国主义者一贯倾向于低估阿拉伯人。第一次到访伦敦的时候，赫茨尔相信了十分了解巴勒斯坦的霍尔曼·亨特的预言："阿拉伯人就是些劈柴挑水的人。甚至不用撵走他们，因为他们可以为犹太人提供非常有用的服务。"[26]实际上，阿拉伯人正跟犹太人一样，发展

---

① 加布里埃尔·邓南遮（1863—1938），意大利诗人、记者、小说家、戏剧家和冒险家。——译者注

出了民族主义精神,主要的区别在于他们在20年后才开始自己组织起来。犹太人的民族主义或者说犹太复国主义是欧洲民族主义运动的一部分,该运动是19世纪的独特现象。相比之下,阿拉伯人是20世纪亚非民族主义的一部分。他们的民族主义运动实质上始于1911年,当时被称为青年阿拉伯协会的秘密团体在巴黎成立。该组织仿效青年土耳其党,而且跟它一样,从一开始就强烈反对犹太复国主义。战后,法国——正如我们所见——从一开始就厌恶英国人的托管,于是在凡尔赛谈判期间就在幕后搞反对的小动作,并允许青年阿拉伯协会在大马士革设立总部,作为反英国和反犹太复国主义的活动中心。[27]

少数犹太复国主义者已经预见到,利用巴勒斯坦解决"犹太人问题"可能转而会制造出"阿拉伯人问题"。1891年,在赫茨尔发起其运动的6年以前,去过以色列地的阿哈德·哈阿姆就撰写了一篇名为《来自以色列的真理》的文章。他提出了警告,他说,犹太复国主义者认为阿拉伯人是意识不到正在发生什么的愚蠢野蛮人,这是大错特错的。实际上:

> 阿拉伯人,跟所有的闪族人一样,头脑敏锐,非常狡猾……(阿拉伯人)看穿了我们在该地区的行动和目的,但他们保持了沉默,因为他们暂时还不担心未来有什么危险。但是,如果我们的人在巴勒斯坦的活动发展到让这支本地民族感受到威胁的程度,他们就再也不会轻易让

步了。应对一支我们想要定居在他们中间的外族必须多么小心啊！向他们表达善意和尊重是多么有必要！……假如阿拉伯人判定其对手的行动是在压迫他们或剥夺他们的权益，那么即使他们默不作声，等待时机，他们的心里也一定在积蓄怒火。[28]

这种警告很大程度上被忽略了。定居点的规模抬高了地价，犹太移民和机构发现跟阿拉伯人讨价还价很难："我们的殖民工作需要的每德南①土地都（不得不）在公开市场上购买"，魏茨曼抱怨，"随着我们工作的推进，价格涨到高得离谱的地步。我们每一步的进展都会提高那片特定区域的剩余土地价值，阿拉伯地主不失时机地大赚一笔。我们发现我们不得不用犹太人的黄金铺满巴勒斯坦的土地。"[29]因此，犹太人往往将阿拉伯人看作贪婪的业主——或者，甚至是无知的劳工。一想到这一点，还有阿拉伯人从犹太复国主义获益的许多其他方面，他们就打消了自己的负疚感。但是，一般说来，他们忽视了阿拉伯人，只把他们当成人情风物的一部分。阿哈德·哈阿姆迟至1920年还记录道："从巴勒斯坦殖民进程开始至今，我们一直把阿拉伯人当作不存在。"

阿拉伯的军队为两边作战并被双方争取，阿拉伯民族主义最终在战争期间活跃起来。就协约国而言，他们在战时需要人家的

---

① 土耳其和某些近东国家使用的土地丈量单位。——译者注

支持，就给无数的民族开出了许多远期支票。和平到来的时候，一些支票却无法兑现，尤其是阿拉伯人，他们发现自己收到的是一张空头支票。代替建立一个阿拉伯大国的是，他们成了被保护者。在叙利亚和黎巴嫩，他们的保护国是法国，在巴勒斯坦、外约旦和伊拉克，他们的保护国是英国。在面对和争取那个备受瞩目的"和平"时，唯一捞到好处的阿拉伯宗族是阿拉伯半岛的沙特王室。哈希姆家族族长埃米尔·费萨尔得到了英国支持，对于外约旦的情况心满意足。他对犹太定居点怀有好感，认为那将会提高阿拉伯人的生活水平。1919年3月3日，"我们阿拉伯人，"他给费利克斯·弗兰克福特①写信时说，"尤其是我们当中受过教育的人，对犹太复国主义运动怀有最深切的同情……我们会向犹太人致以最衷心的问候，欢迎回家。"[30]

但费萨尔过高估计了阿拉伯温和派准备与犹太人合作的人数和勇气。事实上，英国人在战争期间就得到了警告，如果关于犹太家园的传言被证明是真的，那么他们一定是自找麻烦："在政治上，"赛克斯最好的阿拉伯情报提供人写道，"一个巴勒斯坦的犹太国家对近东地区的持久和平来说意味着永久的风险。"[31] 英国主管负责的当权派，艾伦比、参谋长博尔斯将军、耶路撒冷总督罗纳德·斯托尔斯爵士，对此了解得很清楚，因此他们极力

---

① 费利克斯·弗兰克福特（1882—1965），美国著名法学家，曾担任美国最高法院大法官。——译者注

打压民族家园这个想法。对于《贝尔福宣言》，命令是这么说的："必须得到极为机密的处置，绝不能以任何形式发表。"一段时间内，他们甚至提议立费萨尔为巴勒斯坦的国王。[32] 但这与英国当局力图安抚阿拉伯人这一事实——因此旋即被一些犹太人指责为反犹主义——没什么区别。战后从埃及返回巴勒斯坦的犹太难民，还有更多从乌克兰逃离白俄屠杀的人到达，标志着已经到了阿拉伯人，用阿哈德·哈阿姆的话说，开始感受到威胁的程度了。1920年3月初，加利利发生了一系列阿拉伯人对犹太人定居点的袭击事件，在其中一次袭击中，特伦佩尔多遇害；耶路撒冷随后也发生了阿拉伯人骚乱。首次让自己的自卫队行动起来的亚博京斯基被逮捕，同时被捕的还有其他哈加纳成员，经过军事法庭的审判，他被判处15年劳役。阿拉伯人的骚乱者也被判有罪并入狱，其中包括哈吉·阿明·侯赛尼，逃离了该地区的他被缺席判处10年监禁。

在暴动之后的一片哗然声中，劳合·乔治犯了一个致命的错误。犹太人声称英国军队在保护犹太人生命和财产方面毫无用处，力图安抚他们的劳合·乔治派出了塞缪尔担任高级专员。欣喜的犹太人宣布胜利，他们在塞缪尔刚刚到达的时候就用抱怨和要求把他淹没了。魏茨曼暴跳如雷。"塞缪尔先生会感到非常厌恶的，"他给巴勒斯坦犹太复国主义办事处的埃杜博士写信说，"然后就会拒绝帮助犹太人社区，就像其他人那样，那样我们的最佳时机就落空了。"[33] 其实那还不是真正的问题。塞缪尔并不介意犹太人的纠缠。他介意的是阿拉伯人不公的指责，因为他是个犹太人。塞缪尔总是试图做到两全其美。他想做一个不信上帝的犹太人，他想做一个不参与任何犹太复国主义组织的犹太人。现在他想在不得罪阿拉伯人的情况下安排犹太民族家园。这种事情不可能办得到。犹太复国主义者固有的完整观念是，巴勒斯坦的阿拉伯人别指望在犹太人定居的主要地区享有全部权利。但是，《贝尔福宣言》特意提出保障"现有非犹太社区"的民事和宗教权利，而塞缪尔对此的理解就是阿拉伯人必须享有平等的权利和机会。他的确将这个说法视作他的使命原则。"务实的犹太复国主义，"他写道，"是满足这个基本条件的犹太复国主义。"[34]塞缪尔相信自己能够捋顺这个怪圈。他不信仰耶和华，他的《圣经》是莫利勋爵那部灾难性的著作《论妥协》。

因此，正如犹太人很快发现的那样，他不是来平息事态的，而是来兴师问罪的。甚至在他作为高级专员抵达之前，他就把"阿拉伯人问题"定义为"主要考虑"。他批评犹太复国主义者没有意识到"阿拉伯民族主义运动的力量和价值"，那是"实实在在的，可不是虚张声势"。如果有谁需要被安抚，那也是阿拉伯人："把高压政策当作唯一选择，那在原则上是错误的，在实践中也可能被证明是失败的。"犹太人必须做出"巨大的牺牲"。1921年8月10日，他给魏茨曼写信称，"除非十分小心地驾驶，否则犹太复国主义这条船就会触上阿拉伯人的礁石失事"。他告诉巴勒斯坦的犹太领袖们："你们是在自己招引大屠杀，只要你们忽视阿拉伯人,大屠杀就会发生。你们对他们不理不睬……在达成谅解方面,你们什么也没做。你们就知道怎么向政府抗议……犹太复国主义在取得居民同意方面一件事都还没做,若是没有这种同意,移民将是不可能完成的。"[35]

从某种意义上说,这是个非常好的建议。可对犹太复国主义者来说,困难在于,在 20 世纪 20 年代初那段混乱时期,他们发现努力支撑定居点都非常困难,完全没有精力和财力向阿拉伯人做出姿态。无论如何,虽然提供给他们这样的建议,但塞缪尔的其他行动排除了接受这个建议的可能。他信仰平等,奉行不偏不倚。他没有领会到,正如犹太人和反犹分子之间没有平等的空间一样,你不可能在犹太移民和根本不欢迎他们的那些阿拉伯人之间做到不偏不倚。他的第一步行动就是赦免 1920 年的骚乱者,此举的目的是释放亚博京斯基。但平等就意味着宽恕率先发动骚乱的阿拉伯极端分子。

接下来,轮到塞缪尔犯下一个致命的错误了。英国人在与阿拉伯人打交道时遇到的一个困难是,他们没有官方领袖,费萨尔国王的诏书出了约旦就没用了。于是他们创造了耶路撒冷大穆夫提这个头衔。1921 年 3 月,该头衔的现拥有者,一家本地望族的族长去世了。他的弟弟就是臭名昭著的骚乱者哈吉·阿明·侯赛尼,如今得到赦免,并且重回政治舞台。任命一名新穆夫提的程序是,由当地虔诚的阿拉伯穆斯林选举团选出三名候选人,由政府从中批准一人。哈吉·阿明那时只有 25 岁左右,无论是年龄还是学识都没资格担任这个职位。自从《贝尔福宣言》发表以后，他一直是激烈的反英分子。他毕生都对犹太人怀有强烈的仇恨。除了他的 10 年判决之外，他还被警方档案列为危险的煽动者。选举团的大部分人是温和派，果然，哈吉·阿明的选票数量垫底，只获得 8 票。一位温和又有学问的人，谢赫·希萨姆·丁，被选了上去，于是塞缪尔高兴地批准了他的任命。随后，侯赛尼家族和民族主义极端势力——带头发动 1920 年骚乱的那些人——掀起了一场恶意的诋毁运动。他们把抨击选举团的海报在耶路撒冷贴得铺天盖地："那些可恶的叛徒，你们都知道是谁，已经勾结犹太人选出了他们那伙儿指定的穆夫提。"[36]

不幸的是，英国官员里有一位曾经的建筑师、罗纳德·斯托尔斯爵士的助理，名叫埃内斯特·T. 里奇蒙，他为高级专员担任穆斯林事务顾问。他是一名激烈的反犹太复国主义者，秘书长吉尔贝·克莱登爵士把他叫作"犹太复国主义组织的对头"。"他公然敌视犹太复国主义政策，几乎不加掩饰地公然敌视陛下政府的犹太人政策，"殖民地部门的一份秘密备忘录叙述，"政府……的秘书处拒绝接纳里奇蒙先生这样极端偏袒的人员将大有益处。"[37]正是里奇蒙，说服那位温和的族长退职，然后让塞缪尔确信，考虑到这次煽动事件，让哈吉·阿明成为大穆夫提将是对阿拉伯人的一次友好表态。1921 年 4 月 11 日，塞缪尔见到了那位年轻人并且相信了"他的家族势力和他本人将会致力于稳定的保证"。3 个星期后，雅法和其他地方发生骚乱，43 名犹太人在骚乱中遇害。[38]

在人们看来只是英国在一块无足轻重的保护领地上任命的一个级别不高的职位，竟然成为那个世纪最具悲剧性和决定性的错误之一。即便阿拉伯领导人通情达理，犹太人—阿拉伯人在巴勒斯坦的合作协议是否可行尚不清楚。但一旦哈吉·阿明成为大穆夫提，那就是绝对不可能了。塞缪尔先是判断失误，又错上加错地推动组建最高穆斯林委员会，该组织迅速被那位穆夫提及其同伙控制，变成了一个恐怖的专制工具。更糟糕的是，他鼓励巴勒斯坦的阿拉伯人与他们的街坊邻居交流，推行泛阿拉伯主义。于是这位穆夫提就可以传播泛阿拉伯运动，包括他强烈的反犹太复国主义。他是一个善于言辞的刽子手和刽子手的组织者，他的大多数受害者是自己的阿拉伯同胞。他的主要目标是在巴勒斯坦的阿拉伯世界压制温和派，而且他完全成功了。他成为英国在中东地区的重要对手，时机到来，他便与纳粹携手，坚决支持希特勒的"最终解决方案"。但是，他那失衡人格的大部分受害者是普通的巴勒斯坦阿拉伯人。根据历史学家埃利·凯杜里的充分观察，"1947年以前，操纵巴勒斯坦人政治方略的正是侯赛尼家族，他们彻底毁了巴勒斯坦人"。[39]

这位大穆夫提的阴暗成就就是在犹太人和阿拉伯领导阶层之间扯开了一道此后再也没能弥合的裂痕。他掌权的前一年，在1920年的圣雷莫会议上，英国托管和《贝尔福宣言》正式被确定为凡尔赛体系的一部分，阿拉伯人和犹太人代表团在皇家酒店同

第六章 大屠杀

坐一张桌子，庆祝这一事件。到了 1939 年 2 月，试图解决阿拉伯人—犹太人分歧的三方会议在伦敦召开时，阿拉伯人拒绝在任何情况下与犹太人坐在一起。[40] 这就是那位穆夫提干的坏事，而且从长远来看，未能与犹太人直接谈判，迫使他们开始采取单边行动，导致阿拉伯人失去了自己在巴勒斯坦的位置。

不管怎样，犹太人和阿拉伯人之间存在固有的利益冲突，这种冲突指出的方向不是两个民族在其中都享有权益的统一国家，而是某种形式的分割。如果这一事实从一开始就得到认可，那么得到合理解决的机会将会大得多。遗憾的是，托管是诞生于凡尔赛的成果，那段时间大家普遍认为普适理念和人类兄弟般的关系可以克服更为古老而原始上的不和。为什么阿拉伯人和犹太人不能在英国的亲切目光下和国际联盟的终极监督下一同和谐发展呢？但是阿拉伯人和犹太人并不处于平等的层面上。阿拉伯人已经建立了几个国家；很快还会有更多国家。犹太人什么也没有。犹太复国主义的一条原则就是必须成立一个让犹太人觉得安全的国家。如果他们不能从某种根本程度上控制这个国家，他们怎么可能觉得安全？而那就意味着单一制而非二元制；只能犹太人统治，权力不能分享。

这是《贝尔福宣言》中暗示的，正如殖民大臣温斯顿·丘吉尔于 1921 年 6 月 22 日向帝国内阁会议解释的那样。加拿大总理阿瑟·米恩问他："根据贝尔福先生的保证，您会如何定义我们关于巴勒斯坦的责任？"丘吉尔："我们会尽全力地做出最真诚的努力,为犹太人提供自行建立民族家园的机会。"米恩:"让他们掌控政府?"丘吉尔:"如果历经多年,他们在那个地区占据多数,他们自然会接管政府。"米恩:"按照与阿拉伯人的比例?"丘吉尔:"按照与阿拉伯人的比例。我们做出了平等的承诺,我们不会让阿拉伯人离开他们的土地或者侵犯他们的政治和社会权利。"[41]

由此看来,巴勒斯坦的未来完全取决于犹太移民问题。那是犹太复国主义的另一条原则,所有犹太人都应该自由地回到这个民族家园。英国政府最初接受了这一点,或者不如说把它当成理所当然的。在以巴勒斯坦作为民族家园的所有早期讨论中,假设都是没有足够的犹太人愿意去那儿,而不是数量太多。正如劳合·乔治所说,"人为限制犹太移民好让犹太人一直是少数民族的念头从没进入过从事制定这项政策的所有人的头脑里。那会被视作不公平和正对我们有好感的这个民族的欺诈"。[42]

不管怎样,移民很快就成了问题。这是阿拉伯人抵抗越来越集中的焦点。这也不奇怪,因为犹太人反对英国人想要在他们尚处于少数民族地位时发展代议制机构的打算。正如亚博京斯基所说:"我们担心,我们不想在这里要一个正常的体制,因为巴勒斯坦的局势并不正常。它的大多数'选民'尚未返回这个地区。"[43]巧合的是,这种不讨好的主张并未经受得住考验,因为阿拉伯人出于自己的原因,同样决定(1922年8月)不配合英国的政策。可是他们从一开始就知道犹太移民是犹太人最终政治力量的关键,所以他们煽动的目的就在于阻止移民。塞缪尔被这个策略欺骗了。

第六章 大屠杀

他上任之后,对阿拉伯人做出的姿态之一是允许《巴勒斯坦报》再次面世,这份极端主义的阿拉伯日报 1914 年因为"煽动民族仇恨"而被土耳其人停刊。这项举动、对那位大穆夫提的任命及类似行为直接导致了 1921 年 5 月被恐惧犹太人"占领"煽动起来的大屠杀。塞缪尔对骚乱的回应是暂时完全中止犹太人移民。从波兰和乌克兰大屠杀逃离出来的 3 船犹太人被送回伊斯坦布尔。塞缪尔坚称,像他自己说的那样,"大规模移民不可行",必须"得到明确的承认"。他告诉戴维·埃杜,他不会弄出"第二个爱尔兰",而且"犹太复国主义政策不能强制推行"。[44] 这激起了犹太人的诸多激烈反应。埃杜骂塞缪尔是"犹大"。鲁平说他已经沦为"他们眼中犹太人事业的叛徒"。1921 年 7 月,魏茨曼向丘吉尔抱怨,"战时承诺的犹太民族家园现在已经变成了阿拉伯民族家园。"[45]

这句话是夸大其词了。20 世纪 20 年代,犹太民族家园只是发展缓慢,但英国人对移民的限制并非主要阻碍因素。经过第一年的磨难后,塞缪尔就以一个成功的行政官员的形象出现。他的继任者,普卢默勋爵(1925—1928),表现得甚至更好。现代公共服务系统被创建起来,法律和秩序发挥作用,巴勒斯坦人多个世纪以来第一次开始享受适度的繁荣。犹太人本应顺应这一环境的东风,让 1917 年声明后得以出现的伊休夫实现快速发展,但是他们没有。原因何在?

一个原因是犹太领袖们自己都分成了两拨,双方各有目标和方法。魏茨曼是一个很有耐心的人,他一直认为犹太复国主义国家的建立需要很长一段时间,而且基础打得越坚实,这个国家才更有可能生存和繁荣。他对英国托管这段漫长时间内的工作表示满意。他希望看到在巴勒斯坦首先出现的是本身很出色并且可以延续下去的社会、文化、教育和经济体系。正如他说的:"纳哈尔、德加尼亚、大学、鲁滕贝格电气工厂、死海特许经营,对我来说,它们的政治意味远远大于主要政府和主要政治党派的所有承诺。"[46]

其他犹太领袖各有不同的优先考虑。20世纪20年代,以色列主要的新生政治力量是戴维·本-古里安(David Ben-Gurion)。对他来说,最要紧的是这个犹太复国主义社会及其将要建立的国家的政治和经济性质。他来自波兰王国的普翁斯克,与数以千计聪明、年轻的东方犹太人一样,他认为"犹太人问题"永远无法在一个资本主义框架内得到解决。犹太人自身必须回到他们的集体主义根源。早期的社会主义犹太复国主义者纳赫曼·瑟尔金(1868—1924)坚持认为犹太人是一支拥有自己命运的离散民族,不过也主张只能在一个合作性质和集体主义的国家内实现这种命运。因此,民族家园必须从一开始就是社会主义的。本-古里安支持这种主张。他的父亲阿维格多·格里宁是坚定的犹太复国主义者,他让自己的儿子在一所现代化希伯来学校接受教育,还找来私人教师教授他世俗学科。本-古里安在各个时期都自称马克思主义者,但是对他来说,由于自身教养的结果,生活的教科书不是《资本论》,而是《圣经》——尽管他把它当作一部世俗历史和指南来看。他还是一名犹太神童,不过他是那种将惊人的意志、激情和活力投入行动而非研究的人。14岁时,他组织了一个犹太复国主义青年团体。17岁时,他成为犹太复国主义工人组织犹太复国工人党的活跃分子。20岁时,他移民到以色列地,是该党中央委员会成员,也是1906年10月该党第一份政治纲领的制定者之一。

青年时期的本-古里安奔波于国际舞台。他在萨洛尼卡、伊斯坦布尔和埃及的犹太社区居住过。第一次世界大战期间,他大部分时间待在纽约,组织引导潜在移民前往巴勒斯坦的拓荒先锋机构,不过他也在犹太军团服过役。但所有这些活动都始终不变地遵循三个显著原则。第一,犹太人必须把返回那片土地作为首要任务;"移居那片土地是唯一真正的犹太复国主义,其他一切都是自欺欺人、空话连篇,或者仅仅是一种娱乐消遣"。[47]第二,新社区的构建目的必须是在社会主义的框架内促进这一过程。第三,犹太复国主义社会的文化纽带必须是希伯来语。

本-古里安从未偏离这三条原则。但他寻求实现它们的政治工具是多样化的,这将成为犹太复国主义者的特色。在过去的一个世纪里,犹太复国主义的政治党派始终在经历变迁,在此我们不再赘述。本-古里安尤其是一名众所周知的党派缔造者和分裂者。1919年,他召开了工人联合会成立大会。10年后(1930),他将其与犹太复国工人党某政治派别合并,组建了犹太复国主义工人党。比较连贯持久的是犹太复国主义工会运动,建立了犹太工人总工会,1921年,他成为该组织的总书记。他把这个组织变成远远超越工会联盟的某种存在。按照他的原则,他把它打造成为一个移民机构、拥有并资助农业和工业项目的积极倡导者,后来又成为土地和产权的主要所有者、犹太复国主义—社会主义机构的中流砥柱。事实上正是在20世纪20年代,本-古里安为后来的犹太复国主义国家建立了基本的制度特色。但这些耗费了他的时间和精力,虽然他所有努力的最终目的都是加速移民进程,可直接结果并非如此。虽然基础设施正在成形,居住于其中的人却迟迟没有到来。

那就是亚博京斯基最关心的事情。他绝对优先考虑的是尽可能早地让尽可能多的犹太人进入巴勒斯坦,那样的话,他们可以在政治上和军事上被组织起来,才能接管这个国家。当然,像魏茨曼说的那样,推进具体的教育和经济项目是没错。但人的数量是第一位的。像本-古里安坚持的那样,定居这片土地,也没错。但人的数量是第一位的。魏茨曼和本-古里安坚决主张他们应该区分不同类型的移民,这种观点遭到了亚博京斯基的嘲笑。本-古里安想要愿意从事繁重体力劳动的拓荒者,从而完全摆脱对阿拉伯劳动力的依赖。他和魏茨曼都敌视犹太复国主义的宗教派别,那些人于1902年建立了米兹拉希("精神中心")党,并于1920年将他们的活动转移至巴勒斯坦。米兹拉希开始兴建他们自己的学校和机构网络,与世俗的犹太复国主义者并行发展,并开展了他们自己的移民运动。在魏茨曼看来，米兹拉希正在助长错误类型的犹太移民：从贫民窟来的犹太人，尤其是从波兰来的，他们不想在土地上劳作，只想住在特拉维夫，开设资本家的商号，而且要是他们还精明的话，还会从事土地投机生意。

1922年，一贯支持犹太复国主义的丘吉尔结束了移民禁令。然而他在同年发布的白皮书中首次坚称，移民虽然不能受限但必须考虑"该地区当时的经济容量来吸纳新来的人"。实际上，这就意味着犹太人只要能够出示2 500美元，就可以得到居住签证，而魏茨曼争论的正是这一点，结果是米兹拉希式的资本家移民占据了主导地位。亚博京斯基觉得这只是次要问题。人的数量是第一位的。看到魏茨曼和英国政府按照他们自己的步调处理问题，以确保犹太人的巴勒斯坦是一个拓荒者的国家，即使那需要花费上百年才能建立，他并不满意。他想要快速的发展，回顾起来，必须得说，对于丑陋的现实，他的直觉要比其他那两位都要强烈。

亚博京斯基根本不准备接受英国的移民管理。他希望这方面成为犹太决策者的唯一关注点，在他看来，决策者应该把逐步设立国家制度作为当务之急。1923年，他据此离开了犹太复国主义执行委员会，两年后建立了犹太复国修正主义联盟，以便利用犹太资本的全部资源"在最短的时间内把最多的犹太人"带到巴勒斯坦。他在东欧吸引了数量庞大的追随者，尤其是在波兰，那里的修正主义青年激进派贝塔尔——年轻的梅纳赫姆·贝京成为该组织的组织者——身穿制服，接受操练并学习射击。他们的目标是以一种迅速和不可抗拒的意志行动实现犹太国家的建立。

实际上，这3位犹太领袖全都过高地估计了20世纪20年代犹太人移民巴勒斯坦的实际意愿。在战后紧接着的动乱过去之后，尤其是波兰和乌克兰的大屠杀，犹太人跟其他所有人一样，分享了10年的繁荣，乘船前往海法的迫切愿望降低了下来。1920年和1921年的骚乱让他们望而却步。20世纪20年代，巴勒斯坦的犹太人口确实翻了一番，达到16万。农业聚居地的数量同样如此，截至这个10年快结束的时候，110处农业聚居地雇用了3.7万名犹太工人，耕种土地17.5万英亩。但是移民的总人数只有10万，其中25%并没有留下。因此净移民数每年只有8 000。甚至在1927年，20年代的繁荣顶峰，只有2 713人来到这里，5 000多人离开。1929年，世界经济的分水岭年度，到达和离开的人数大致持平。

在这个过程中，大好机会被错失，悲剧正在酝酿。风平浪静的年份，巴勒斯坦相对开放，犹太人不会来。从1929年开始，他们在欧洲各地的经济和政治地位，更重要的是，还有他们的安全状况开始恶化。但是随着他们前往巴勒斯坦的渴望增强，进入那里的障碍也随之增多。1929年又发生了一起大屠杀，超过150名犹太人在屠杀中丧生。英国的反应一如既往，就是收紧移民。工党殖民大臣帕斯菲尔德勋爵毫无同情心，他的1930年白皮书是英国国家文件中第一份明明白白反犹太复国主义的信号。他的妻子，贝亚特丽斯·韦布告诉魏茨曼："我不明白为什么犹太人对他们民

第六章 大屠杀

族在巴勒斯坦被杀了几十个人这么大惊小怪。伦敦每个星期都有那么多人死于交通事故，没人会关心。"[48] 英国首相拉姆齐·麦克唐纳比较善解人意。多亏了他，移民恢复了。

如今好几十万越发惊恐的犹太人想要进入巴勒斯坦。然而与每一波犹太移民潮相伴随的都是阿拉伯人更加暴力的抵触浪潮。亚博京斯基认为每年3万人才算令人满意。1934年，这个目标被超过了，那一年有4万人到来。第二年，这个数字增长超过50%，达到6.2万。随后的1936年4月，爆发了一场大规模的阿拉伯人起义，英国人第一次开始面对托管崩溃的糟糕现实。1937年7月7日，皮尔勋爵领导的委员会提交报告，建议将犹太移民的名额减少至每年1.2万个，而且对土地交易也要设定限制条件。不过该报告也提出了三路划分。沿海一带，加利利和伊茨雷埃勒谷地应该成立一个犹太国家。朱迪亚山脉、内盖夫和埃弗拉伊姆应该成立一个阿拉伯国家。英国将在从耶路撒冷经过利达和赖姆莱到雅法一带行使托管。阿拉伯人愤怒地拒绝了这个建议，1937年再次发动起义。次年，在开罗召开的泛阿拉伯会议采纳了一项方针，所有阿拉伯国家和团体据此承诺采取国际行动，阻止犹太复国主义国家进一步发展。英国放弃了划分计划，1939年年初，在阿拉伯人从一开始就表现得不抱希望的伦敦三方会议失败之后，《贝尔福宣言》也被悄无声息地抛弃了。5月，一份新的白皮书公布，明确要求5年内还可以准许进入7.5万人，此后若是不经阿拉伯人的同意，再也不许移民。与此同时，巴勒斯坦应该开始逐步独

445

立。迄今为止，巴勒斯坦有50万名犹太人。但阿拉伯人依然占据大多数。因此如果英国的方案得以实施，阿拉伯人将掌控新诞生的国家，现有的犹太人将被驱逐出去。

这一系列不幸事件相应地给犹太复国主义运动内部带来了压力，因为各个派系在如何应对这些事件方面存在分歧。1931年，在米兹拉希的煽动下，魏茨曼被赶下了世界犹太复国主义大会主席的职位。同年，巴勒斯坦犹太复国主义者代表大会的选举中形成了三大派系，犹太复国主义工人党占据了71个席位中的31个，修正主义占据16席，米兹拉希得到5个席位。分歧延伸到了军队：修正主义者和米兹拉希，还有其他非社会主义的犹太复国主义者，脱离了哈加纳，组建了一支与其竞争的力量——伊尔贡。

存在于犹太复国主义工人党与修正主义者之间的根本性裂痕从出现开始就对犹太复国主义的政治局势产生了决定性的影响，而这条裂痕正在谩骂声中加深扩大。修正主义者谴责犹太复国主义工人党与英国人沆瀣一气，背叛了犹太人的事业。修正主义者则被痛斥为"法西斯"。本-古里安把亚博京斯基叫作"弗拉基米尔·希特勒"。1933年6月16日，犹太事务局政治部主任哈伊姆·阿尔洛索罗夫在特拉维夫海岸被谋杀；该机构是1929年为协调全世界所有犹太人的努力而成立。他是一名态度激烈的工党复国主义者，因此修正主义极端分子立即受到怀疑。其中两人，修正主义极端组织铁腕联盟成员亚伯拉罕·斯塔夫斯基和泽维·罗森布拉特被捕并被控谋杀。该组织的理论家阿巴·阿希梅厄被控共同犯罪。斯塔夫斯基在一名证人的做证下被判有罪，被判处绞刑，但上诉后被无罪释放，因为根据旧有的土耳其法律，死刑案件中只有一个证人是不充分的。这项罪行从未告破，它在双方的记忆里持续引发了长达半个世纪的怨恨。对工党来说，修正主义者不会停止谋杀。对修正主义者来说，工党已经堕落到使用外邦人由来已久的迫害伎俩，血祭诽谤。

这种分歧背后是犹太人在处理方式方面存在的真实而苦恼的困境。一些人本以为有了《贝尔福宣言》，犹太人问题从此就可以得到解决，然而到头来，它仅仅是提出了一套全新的不可能选择。世界各地的犹太理想主义者请求他们的领袖向阿拉伯人妥协。到了1938年，最伟大的在世犹太人阿尔伯特·爱因斯坦依然是从乌托邦的角度看待民族家园的："比起建立一个犹太人国家，我宁愿看到在和平共存的基础上与阿拉伯人达成合理的协议……我对犹太教本质的认识与一个有边界、军队和一定世俗权力的犹太国家相抵触，无论它多么低调。我担心犹太教将遭受内部损害——尤其是来自我们自己阶层内部的狭隘民族主义发展的损害。"[49] 其他人对这种损害同样担忧。可他们更担忧受到冲击的犹太人没有避难国可以投奔。阿拉伯人怎会允许建立这样的国家呢？亚博京斯基主张犹太人必须假设阿拉伯的民族主义情绪与他们自己的一样强烈和顽固。因此：

梦想我们与阿拉伯人之间达成自愿协议是不可能

的……现在不可能,在可以预见的未来也不可能……每个民族,不管文明还是原始,都把自己的土地看成自己的民族家园,他们都希望作为唯一的土地主人,永远地待在这儿。这样的民族永远不会欣然同意接受新的土地主人,甚至是合伙人。每个本地民族都会与外来移民斗争,只要有摆脱他们的希望。所以他们会做出反应,(巴勒斯坦的)阿拉伯人将会做出反应,只要他们心中有阻止巴勒斯坦变成以色列地的一线希望。

447 他得出结论,只有一道"由犹太人的刺刀铸成的钢铁之墙",才能迫使阿拉伯人接受这种无从避免的情况。[50]

1923 年,亚博京斯基发表了这项严酷声明。他那犹太人承受不起理想主义的主张在此后的 20 年间得到了越来越强的逻辑支持。那不只是为犹太人的巴勒斯坦配备一道由刺刀铸成的钢铁之墙以确保其安全的问题,还是欧洲的犹太人在一个正在变得越来越近乎于到处都充满敌意的世界上究竟能否生存的问题。

因为《凡尔赛和约》不仅让巴勒斯坦的犹太人感到痛苦失望。1914—1918 年的那场战争是"结束所有战争的战争",将会废除过时的现实政治,开创一个公正时代,扫除世代相袭的旧帝国,赋予所有民族它们应该分得的自治权利。犹太人在巴勒斯坦的民族家园就是这个理想主义方案的一部分。不过对大多数欧洲犹太人来说,同样重要的是,这份和平条约向他们提供了保证,让他

第六章 大屠杀

们在欧洲离散期间享有完整的公民权。在迪斯雷利的推动下，主要国家在 1878 年的柏林会议上第一次尝试保障犹太人的最低权利。但该条约的条款一直被回避，尤其是在罗马尼亚。第二次更加彻底的尝试是在凡尔赛做出的。克伦斯基的临时政府已经赋予俄国犹太人完整的权利。在所有被和平体系建立、扩大或缩小的国家——波兰、罗马尼亚、匈牙利、奥地利、捷克斯洛伐克、南斯拉夫、土耳其、希腊、立陶宛、拉脱维亚和爱沙尼亚——向包括犹太人在内的被列出的少数民族赋予权利的条款在凡尔赛被写入条约。于是理论上，在类似伍德罗·威尔逊总统和劳合·乔治这些设计条约的人心中，犹太人无疑是主要受益人之一：他们在巴勒斯坦得到了他们的民族家园，如果他们选择留在他们定居的地方，他们也享有完整和有保障的公民权。

结果证明，《凡尔赛条约》是这场最严重的犹太人悲剧的关键环节。因为它是不用刀剑的契约。它重新绘制了欧洲地图，对年代久远的争端强加新的解决方案，却根本没有切实的执行手段。它随后引发了 20 年不断升级的不稳定局面，它本身的条款引起的可怕仇恨占据了主导地位。在这种不满、断断续续的暴力事件，以及不确定性的气氛中，犹太人的地位非但没有改善，反而变得更加没有保障了。就像困难时期总会发生的那样，犹太社区往往会成为一切不安和敌对的焦点。犹太人对此已经习惯了。若仅限于此，他们还能免于成为当地特定的仇恨目标。但如今又出现了一种敌意动机——犹太人对布尔什维克主义的认同。

对此，犹太人要承担一定责任；确切地说，是一个特定政治类型的犹太人要承担责任，他们是 19 世纪下半叶激进的政治活动中涌现出来的犹太人：非犹犹太人，这些人作为犹太人，却完全拒绝犹太人的存在。这些人都是社会主义者，在短暂的一段时间内，他们在欧洲和犹太人历史中至关重要。他们中间最具代表性的是罗莎·卢森堡（Rosa Luxemburg，1871—1919）。她来自波兰王国的扎莫希奇，她是不折不扣的犹太人。她的祖先起码可追溯至 20 世纪的拉比，她的母亲是拉比的女儿和姐妹，总是没完没了地向她引用《圣经》。而且更没什么理由，她对犹太教或意第绪文化从未表示出一丁点兴趣（尽管她喜欢意第绪笑话）。按照犹太社会主义历史学家罗伯特·威斯特里奇所指出的，她对社会公正不同寻常的热情和对辩证法的迷恋似乎是由一代代拉比学问孕育出来的。[51] 但在其他所有方面，她都是一个极端的马斯基尔。她对犹太民众一无所知。她的父亲是一名富裕的木材商，把她送进了华沙一所贵族学院，里面主要是俄国官员的孩子。18 岁时，她偷渡出境，前往苏黎世完成学业。1898 年，为了得到德国国籍，她与一名德国画家建立了一段婚姻关系。后来，她将自己的整个生命都投入了革命政治活动。

如果有可能避免，罗莎·卢森堡从不提及她的犹太人身份。她试图忽略加诸她身上的反犹攻击，但这经常很困难，因为德国报刊上会出现关于她的最丑恶的讽刺画。此外，拥有工人阶级背景的德国工会会员和社会主义者对她的攻击都带有一种强烈的反犹色彩。他们不喜欢她那种有智力优越感的论调,还有她对"工人们"想要什么的自以为是的断言。她对此毫不在意。"对马克思的追随者来说,"她写道,"就像对于工人阶级一样,犹太人的问题本身并不存在。"对犹太人的攻击,在她看来,只局限于"俄国南部和比萨拉比亚偏远的小村庄里面——换句话说,革命运动薄弱或者不存在的地方"。对那些声称她同情针对犹太人的暴行的人,她无动于衷。"为什么你们要专门拿出你们犹太人的苦难?"她写道,"我对普图马约可怜的印度受害者、非洲的黑人……同样感到惋惜,我无法在内心为犹太贫民窟找到一个专门的角落。"[52]

罗莎·卢森堡在道德和情感上的扭曲是试图迫使人采纳一种思想结构而不允许人们从实际行为方式中逐步发展出思想的知识分子的典型特征。东欧的犹太人并非资本主义制度的人为产物。他们是真实的人,有自己的语言、宗教和文化。他们的悲哀同样足够真实,他们承受迫害只是因为他们是犹太人。他们甚至拥有自己的社会主义政党——创建于1897年的"崩得"(立陶宛、波兰和俄国犹太总工会的缩写)。"崩得"积极地开展运动,为犹太人争取完整的公民权。但在"社会主义国家"实现后犹太人是否应该获得一个自治国家的问题上,"崩得"分子产生了分歧。他们对犹太复国主义同样感到困惑,而且由于移民,他们的队伍始终在减员,所以他们往往会把自己的队伍圈限在一道意第绪民族文化的防御工事中。

对犹太文化独特性的坚持让他们尤其为那些犹太社会主义者

所厌恶，比如完全否认犹太人一切社会或文化特质的罗莎·卢森堡。这些人激烈地批判"崩得"分子的主张。他们对各个犹太政治组织的敌意发展成为革命左派的正统观念。

对我们来说，如今很难回到那些非常聪明又受过良好教育却相信这种理论的犹太人的头脑里看一看。但是他们中数以千计的人就是相信了。他们痛恨自己的犹太人身份，摆脱它在道德上最能被接受的方式就是为革命斗争。它为他们的革命斗争提供了一种独特的澎湃激情，因为他们相信，斗争的成功将会让他们从犹太人负担中得到个人解放，还会让全人类从专制中得到解放。

首先正是在俄国，犹太人被等同于革命暴力的现象最为醒目突出。虽然1917年10月在那儿建立布尔什维克政府专政的起义缔造者列宁不是犹太人，但执行代表是列昂·托洛茨基（1879—1940），原名列夫·达维多维奇·布龙斯坦。他的父亲就是一名乌克兰农民，可托洛茨基本人是敖德萨世界主义的产物（他上的学校是路德教会办的）。他宣称犹太教和反犹主义对他的成长都没产生什么影响。可影响显然是有的：在1903年俄国社会民主工党代表大会上（在伦敦举行），他对犹太崩得分子的穷追猛打就有些不正常，近乎仇恨，他们把这些人撵出会场，从而为布尔什维克的胜利铺平了道路。他抨击赫茨尔是"无耻的冒险家"，一个"令人厌恶的人"。

对犹太人来说，这场革命的直接后果和长远的、本地区域和世界范围的后果全都令人震惊。试图摧毁苏维埃政权的白俄军队把所有的犹太人都当作敌人。在乌克兰,内战演变成为犹太人历史上最大规模的屠杀。出现了超过 1 000 起涉及杀害犹太人的独立事件,波及了乌克兰 700 多个社区和俄国数百个社区。6 万至 7 万名犹太人遇害。[53]在东欧其他地方,类似这种把犹太人等同于布尔什维克的现象直接导致对无辜犹太社区的凶残袭击。在波兰和贝拉·库恩政权倒台后的匈牙利,袭击尤其血腥。整个 20 世纪 20 年代,袭击在罗马尼亚断断续续地发生。在这三个国家,本国的共产党很大程度上是由非犹犹太人创建并掌管的,而每一次付出代价的都是贫民窟和村庄里不关心政治并遵守教规的传统犹太人。

为这一切增加了悲惨的更具讽刺意味的是,俄国的普通犹太人并未从革命中得到好处。恰恰相反。他们本已从克伦斯基临时政府那里获益不少,得到了完整的选举权和公民权,包括组建自己的政党和文化团体的权利。在乌克兰,他们参加了临时政府;由一名犹太人负责单独的犹太事务部;他们本会受到《凡尔赛条约》少数民族条款的保护。在立陶宛,这些少数民族的保障实施得很不错,那里的大型犹太社区也许是两次大战间隙东欧最令人感到满意的犹太社区。

借助于十月革命的爆发,《锡安长老会纪要》迅速传播,甚至在反犹主义只是客厅而非街头现象的英国都一度产生了破坏力极强的影响。《泰晤士报》驻俄罗斯的通讯记者罗伯特·威尔顿和《晨邮报》的维克托·马斯登全都激烈地反布尔什维克,而且同样倾向于反犹。两人认可被他们视为真实的《锡安长老会纪要》的说法。1919 年 11 月 27 日,《泰晤士报》以"犹太人和布尔什维克主义"为题登载了一封信,包括一份来自"韦拉克斯"的投稿:"犹太教的本质……最重要的是一种种族自豪感,对他们的优越性的一种信仰,相信他们最终会胜利,深信犹太人的智慧胜过基督徒的智慧,简言之,就是一种与天生的信念相一致的态度,这种信念就是犹太人是被选中的民族,总有一天注定会成为人类的统治者和立法者。"《犹太世界》发表评论:"韦拉克斯的信件标志着一个邪恶的新时代开始了……我们再也不能说这个热爱《圣经》超过一切的国家没有反犹主义了。"[54] 次年年初,《晨邮报》的编辑 H. A. 格温为以《锡安长老会纪要》为基础的佚名书籍《世界动荡的原因》写了一篇序言。它们可能是真的,也可能不是真的,他写道:"它们主要关注的事实是,虽然包括那些内容的书籍是 1905 年出版的,但犹太布尔什维克如今正在几乎分毫不差地实施《锡安长老会纪要》中概述的计划。"他强调"目前布尔什维克政府中 95% 以上是犹太人"。这份出版物列出了其中 50 名成员的一份名单,包括他们的"假名"和"真名",并声称这些人里面只有 6 个俄国人、1 个德国人,剩下的都是犹太人。[55] 1920 年 5 月 8 日,《泰晤士报》基于《锡安长老会纪要》是真实的假设,发表了一篇题为"犹太危险"的文章。文章问道,英国"逃过了德式秩序,难道要落入犹太秩序"?

犹太人终生的朋友丘吉尔对英国海军武官在俄国首都被杀大

为震惊。犹太人是世界上最不一般的民族,他写道,他们对宗教的贡献"价值胜过其他所有知识和其他所有学说"。但是如今,他说,"这个令人惊奇的民族已经创建了另外一套道德和哲学体系,这一套体系充斥的恨与基督教饱含的爱程度相仿"。[56]曾经被关进布尔什维克监狱的维克托·马斯登带着可怕的传言回来了。"我们用问题让马斯登先生应接不暇,"《晨邮报》报道,"问他谁要为他遭受的迫害负责……他用三个字回答:'犹太人'。"[57]《泰晤士报》的那位威尔顿出版了一本书,宣称布尔什维克已经在莫斯科竖起了一尊加略人犹大的塑像。[58]不过最后又是《泰晤士报》,在1921年8月发表的一系列文章中首次证实《锡安长老会纪要》是伪造的。此后,英国人的反犹主义浪潮迅速平息,宛若它的迅速涌起。贝洛克利用这次恐慌创作了一本书《犹太人》,宣称布尔什维克的革命首次在英国掀起了真正的反犹主义。但是等到这本书1922年2月面世的时候,已经错过时机,所以反响冷淡。

但是法国的状况又是一回事,因为反犹主义在那儿根深蒂固,是其自身的一种民族文化,而且它还将结出苦果。德雷福斯案件的重大胜利给法国犹太人造成了一种最终获得接纳的错觉,这种错觉体现在法国犹太人为改名提出的法律请求数量显著减少:1803—1942年整个阶段只有377例。[59]法国的犹太意见领袖强调对犹太人的仇恨是外来的、德国式的、引进的:"种族主义和反犹主义是一种叛国行为。"犹太退伍军人们出版的小册子提出,"它们来自国外。它们是那些渴望内战并希望重启对外战争的人引进的"。[60]1906年,在德雷福斯案件胜利的高潮时期,以色列人联盟宣告反犹主义"已经死去"。然而仅仅过了两年,莫拉斯①的法兰西行动和同样反犹的出售保王党报纸的两个团体成立。1911年,出售保王党报纸的人在法兰西喜剧院组织了反对戏剧《我死后》上映的暴力示威;戏剧作者是年轻时做过逃兵的亨利·伯恩斯坦,骚乱的结果是这场戏不得不被舍弃。[61]与英国不同,反犹煽动者在法国似乎一直都拥有天然的拥护者。他们急不可耐地要利用布尔什维克恐慌和许多法文版《锡安长老会纪要》的出现引发的虚假宣传。法国反犹主义的焦点从犹太人作为"金钱权力"的角色转移至他们作为社会颠覆分子的角色。

犹太社会主义者,如莱昂·布卢姆(Léon Blum),从不尝试反驳这种观点。布卢姆以犹太人作为社会革命者的弥赛亚角色为荣。犹太人的"集体冲动",他写道,"将他们引向革命;他们的批判能力(我使用的是这个词语的最高意义)推动他们摧毁不再符合实际或无法被理性证明合理的每种思想、每种传统形式"。在犹太人漫长悲伤的历史上,他认为,"正义必将到来的思想"支撑着他们,他们的信念是,世界总有一天会"被理性管理,一条法规胜过所有人,因此每个人都各得其所。那难道不是社会主义的精神吗?那是这个民族古老的精神"。[62]布卢姆在1901年写下了这些话。这些话在战后的背景下变得更加危险。然而两次大战间

---

① 查尔斯·莫拉斯(1868—1952),法国作家,法兰西学院院士。——译者注

隙法国犹太人中间最为著名的人物布卢姆仍然坚称引领社会主义进程是犹太人的任务。他似乎认为甚至犹太富人都会参与这个进程。实际上,虽然反犹的右翼把布卢姆看作犹太激进主义的化身,可也有很多左翼辱骂他是犹太资产阶级的潜伏特务。巴黎三分之一的银行家是犹太人,所以不管谁当权,左翼最喜欢的论断是犹太人控制了政府财政。"他们与银行业和商业的长期联系",让·饶勒斯①说,"让他们尤其擅长资本主义犯罪方式。"[63]战后的几年,社会主义左翼成为法国共产党,一个反犹群体,尽管隐讳,可还是参与了林林总总起劲的毁谤攻击,其中大多数是冲着布卢姆个人去的。事实上,布卢姆及法国地位最重要的犹太人始终低估了法国不管是右翼还是左翼的反犹主义,然而对于整个事态并没有什么影响。

然而在美国,布尔什维克的上台及其与激进犹太人的联系却造成了最严重的后果。在法国,犹太人虽然受到来自右翼和左翼的抨击,但这个国家在整个20世纪20年代甚至20世纪30年代始终在慷慨地接纳犹太难民。可是在美国,布尔什维克恐慌实际上终止了无限制移民政策,该政策在1881—1914年一直是东欧犹太人的救星并使得大量美国犹太人出现。即使在战前,实施移民限额的企图也一直存在,不过成功地受到了美国犹太人委员会的抵制;该组织成立于1906年,目的就是要与这个或其他的威胁做

---

① 让·饶勒斯(1859—1914),法国社会主义领导人。——译者注

斗争。但战争结束了美国民主扩展的极端自由主义阶段，它甚至开始了一段持续 10 年的仇外时期。1915 年，为了控制少数群体，包括（所谓）挑战了美国社会和道德规范的犹太人，三 K 党重建。同年，麦迪逊·格兰特①创作了一本书，名为《伟大种族的消逝》，这本书由于声称美国优越的种族血统正被无限制的移民破坏，尤其是东欧的犹太人，一时间落得声名狼藉。美国介入战争后颁布的反间谍法（1917）和惩治叛乱法（1918），作用就是把外国人与叛国罪联系起来。

俄国的布尔什维克化让美国的反犹活动进一步合法化。于是，民主党的司法部部长米切尔·帕尔默针对被他称为"出生在国外的颠覆分子和煽动者"发动了 1919—1920 年的"红色恐慌"。他声称"有组织地鼓吹托洛茨基学说的这些人中有 6 万人在美国"，托洛茨基本人就是"不光彩的外国人……纽约市所知的最低下的那种人"。米切尔和他的盟友散布的资料大多是反犹的。一份名单显示，31 名苏联高级领导，除了列宁，都是犹太人；另一份分析了彼得格勒苏维埃成员，显示 388 人只有 16 人是俄国人，剩下的都是犹太人，其中 265 人来自纽约下东区。第三份档案显示推翻沙皇政府的决定实际上是 1916 年 2 月 14 日由一群纽约犹太人做出的，包括百万富翁雅各布·席夫。[64]

---

① 麦迪逊·格兰特（1865—1937），美国律师，主要以作为优生学家和环境保护主义者的工作而闻名。——译者注

第六章 大屠杀

结果就是 1921 年移民限额法的出台，该法案规定任何一年接收移民的数量都不能超过美国 1910 年实有少数民族存量的 3%。1924 年约翰逊－里德法案将这个数值降低至 2%，将基准年份前溯至 1890 年。最终效果要达到减少总移民数量至每年 15.4 万，缩减波兰、俄国和罗马尼亚几乎完全是犹太人的配额，降至总数 8 879。法案有效地中断了犹太人向美国的大规模移民。其后，犹太人的组织不得不奋力抗争，防止这些配额被完全取消。1933—1941 年艰难的 9 年间，他们设法让 15.7 万名德国犹太人进入美国，他们将之视为一种胜利，而这个数字大概只与 1906 年一年内进入美国的人数相当。

两次大战期间的美国犹太社会不该被看作身处四面楚歌之中。到了 1925 年，它的总人数超过 450 万，正快速成为世界上规模最大、最富有和最具影响力的犹太社会。犹太教是美国的第三大宗教。犹太人不仅受到接纳，还正在成为美国精英的一部分，并已经为塑造美国母体做出了决定性贡献。他们从来不具备财政影响力，而在一些欧洲国家他们不时地还具备这种影响力，因为在 20 世纪 20 年代之前，美国经济的规模已经如此庞大，以至于没有一个群体，无论多么大的群体，能够在其中占据主导位置。但在银行、股票经纪、房地产、零售、分销和娱乐行业，犹太人扮演了强有力的角色。犹太家庭满怀热忱地抓住了美国向他们敞开的机会，让他们的孩子获得更高水平的教育，让越来越多的犹太人有可能在各行各业获得成功，这一点或许更重要。虽然几所大学,尤其是常春藤联盟,对犹太人实施配额限制。但实际上犹太人高等教育的拓展并没有人数上的限制。及至20世纪30年代初,纽约市大学生将近50%是犹太人,犹太大学生在全国的总数量是10.5万,超过大学注册总人数的9%。

因此,从古至今破天荒地,犹太人能够为全社会的利益施展创造性的立法才能了,他们的这种才能是历经如此漫长的拉比传统培养出来的。1916年,历经4个月的提名斗争,路易斯·布兰代斯(Louis Brandeis,1856—1941)成为最高法院第一位犹太成员。他还是一名神童,来自布拉格一个犹太开明家庭,是家中最小的孩子。他在哈佛大学法学院获得了那里有记录以来最高的分数,40岁之前的业务就为他带来了超过两百万美元的财产。美国犹太人的特点是,精英们只要认为其切实可行,总会认为接受犹太复国主义才足够可靠,因此布兰代斯成为美国最主要的犹太复国主义者。但更重要的是他对改变美国法律体系的方向所做的努力。甚至在加入最高法院之前,他就在《马勒诉俄勒冈州案》(1908)中撰写了"布兰代斯意见书",他在意见书中为州法律限制女性工作时间做出辩护。在这份意见书中,他主要依靠的不是已有判例,而是关于法律合意性的一般道德和社会论据,包括超过1 000页的统计数据。这件事体现了开明权威政体者具备的创造性解释的哲学思想及用以支撑它的勤奋精神。

身为最高法院法官的布兰代斯可以将"社会学法学"的原则推向美国联邦法律哲学的中心,从而还可以在符合宪法的情况下将法院变成富有创造性的立法机构。作为接受过正统教育并将美国的公共精神视为雅典和耶路撒冷相结合的开明犹太人——一位现代的斐洛，千真万确！——他认为最高法院不仅应该支持宗教的多元化，还应该支持经济制度的多元化，甚至意见的多元化。他认为这个观点是正确的，他裁定《惠特尼诉加利福尼亚州案》（1927），"阻止思想、希望或想象是很危险的，恐惧造成镇压，镇压造成仇恨，仇恨是对稳定政府的威胁，安全之路存在于自由探讨假设的冤情和提议的解决办法的机会，而且对恶议进行适当的纠正是好事"。[65]

1939年，高等法院里出现了他的一位重要效仿者，费利克斯·法兰克福特（Felix Frankfurter，1882—1965）。他12岁就移民至下东区，从纽约市立大学升学至哈佛大学，把他职业生涯的大部分时间用于在现代世俗背景下辩论犹太律法的一个中心问题——如何平衡个人自由需要和公共需求。在向国旗行礼的问题上，法兰克福特站在国家一边反对持有异议的少数派（耶和华见证会）："历史上属于最被轻视和最受迫害的少数派那些人不可能对受我们宪法保障的自由无动于衷……但是作为法官，我们既不是犹太人，也不是非犹太人；既不是天主教徒，也不是不可知论者……作为最高法院的一员，我没有理由把自己对政策的个人见解写入宪法，无论我多么深沉地珍视它们。"这令人欣慰地反映了美国犹太人作为联邦一分子的成熟。[66]

不过，美国犹太人不仅仅参与了对现有体系的基础改造，如

462　法律体系，还参与引进和输送新的体系。巴黎和维也纳的犹太音乐家，从哈莱维到奥芬巴赫再到施特劳斯家族，已经为舞台创立了全新的音乐演出范畴，还有使其成为可能的剧院、歌剧院，以及管弦乐队。同样的人才组合很快就在纽约站稳了脚跟。1863 年，奥斯卡·哈默斯坦一世（1847—1919）到达那里，先是在一家雪茄工厂工作（与其他无数犹太人一样）。20 年后，他的儿子奥斯卡·哈默斯坦二世（1895—1960），作为剧作家，在创作美国"音乐剧"，一种综合戏剧的新形式方面，继续发挥重要作用。从《罗丝·玛丽》（1924）和《沙漠之歌》（1926）开始，他与另一个纽约人杰罗姆·科恩（1885—1945）一同创作了美国音乐的典范《演艺船》（1927），之后 40 岁出头的他与理查德·罗杰斯（1902—1979）合作，用《俄克拉荷马》（1943）、《旋转木马》（1945）、《南太平洋》（1949）、《国王与我》（1951）和《音乐之声》（1959）将这种或许是所有美国艺术形式中最具特色的体裁推上新的巅峰。这些美国音乐作家走上创作的道路五花八门。罗杰斯就读于哥伦比亚大学音乐艺术学院。欧文·柏林（出生于 1888 年），一位俄国领唱者的儿子，1893 年来到纽约，找到了一个歌唱侍者的工作，没受过音乐训练，从未学过识乐谱。乔治·格什温（1898—1937）一开始是在一家音乐出版社作雇佣钢琴师。这些人共同拥有的是惊人的勤奋和全新的理念。科恩为 104 部舞台演出和电影写了 1 000 多首歌曲，包括《老人河》和《烟雾弥漫你的眼》。柏林也创作了 1 000 多首歌曲，为《礼帽》《飞燕金枪》等配乐。他的"亚历山

第六章 大屠杀

大的爵士乐队"(1911)实际上开创了爵士时代。13年之后,格什温的《蓝色狂想曲》经保罗·怀特曼管弦乐队的演奏,让爵士乐登上了大雅之堂。弗里德里克·勒韦的《窈窕淑女》、弗兰克·勒瑟的《红男绿女》、哈罗德·阿伦的《绿野仙踪》和莱昂纳德·伯恩斯坦的《西区故事》同样遵循了在严格的票房保障下不断创新的传统。[67]

美国犹太人还把他们在演艺理念和演艺组织方面的才华带入正在发展中的新兴技术。1926年,戴维·萨尔诺夫(1891—1971)创建了第一家无线电集团——美国全国广播公司,作为美国无线电公司的服务部门;1930年,他成为后者的董事长。与此同时,威廉·佩利(出生于1901年)正在合并竞争对手哥伦比亚广播公司。时机一到,他们二人便推出黑白电视,然后是彩色电视。犹太人还为这些革新式的媒体提供了不少第一代表演人才:席德·西泽和埃迪·坎特、米尔顿·伯尔、艾尔·乔森和杰克·本尼、沃尔特·温切尔和戴维·萨斯坎德。[68]百老汇音乐剧、无线电和电视都是犹太人离散历史中一条基本原理的例子:犹太人在商业和文化方面开启一片崭新的领域,在其他同行有机会占领该领域,建立行会或行业壁垒并拒绝他们入内之前就在一张白纸上留下他们的印记。

不过最突出的例子是电影产业,这个行业几乎完全是由犹太人创建起来的。这能否算是他们在塑造现代时期方面最重要的贡献确实尚存争议。因为如果说爱因斯坦建立了20世纪的宇宙学,弗洛伊德建立了20世纪独具特色的心理学,那么为这个世纪提供全民流行文化的正是电影。不过其中有些讽刺意味,犹太人没有发明电影。1888年,托马斯·爱迪生开发出第一台能用的电影摄影机,即活动电影放映机①,但他并不打算把它用于娱乐业。他说,它将是"宣传理性的最重要工具",是为了文明民主而设计的,要展示世界的本来面目,彰显与"东方神秘传说"截然相反的现实主义道德力量。[69]如此一项理性主义运动很有可能吸引犹太先驱的兴趣。实际上,他们把它变成了截然不同的东西。因为爱迪生的电影构想行不通。受过教育的中产阶级对此等闲视之。在刚开始的10年间,它基本上没取得什么进展。

于是,19世纪90年代末,贫穷的犹太移民把电影院与游乐场——他们为跟自己一样的人创造出来的另一种设施——结合起来。1890年,纽约没有一家游乐场。到了1900年,游乐场超过1 000家,其中50家已经有了5分钱电影院。8年后,单单纽约就有400家5分钱电影院,而且它们正在传播至所有的北方城市。它们只收5分钱,吸引了最贫穷的城市贫民。当时为他们制作的数百部电影短片都是默片。那就是一个有利条件。因为大多数常来的观众几乎不会英语。它完全是一种移民艺术形式。所以这正是适合犹太企业的理想环境。

---

① 爱迪生发明的活动电影摄影机可装上胶片,供一人观赏,因此摄影机与放映机实为一体。——译者注

第六章 大屠杀

起初，犹太人并没有涉足发明和创新领域。他们只是拥有5分钱电影院、游乐场、剧院。电影制作的整个流程和早期短片大多是由出生在美国的新教徒完成。在费城这个重要的犹太人中心从事经营的西格蒙德·卢布林是个例外，他或许本可以把那里变成这个行业的中心。但是当剧院老板们开始为了给他们的移民观众制作想看的短片而转入制作时，卢布林已经与其他专利拥有者合作，成立了一家大型的专利公司，从电影制作者那里抽取不菲的专利费。正是在那时，犹太人率领这个行业走上了一条新的"出埃及"之路，离开盎格鲁－撒克逊裔新教徒占统治地位的东北部"埃及"，来到"应许之地"加利福尼亚。洛杉矶有阳光、宽松的法律，还可以迅速逃进墨西哥躲避专利公司的律师们。[70] 刚到加利福尼亚，犹太人在合理化改革方面的本事就有了用武之地。1912年，那里有超过100家小制作公司。它们迅速合并成为8家大公司。其中环球、二十世纪福克斯、派拉蒙、华纳兄弟、米高梅和哥伦比亚基本上是犹太人创建的，而且犹太人在另外两家公司联美和雷电华同样扮演了重要的角色。[71]

几乎所有这些犹太电影人都符合一种模式：他们都是移民或者移民的下一代，他们贫穷，有的还是赤贫，许多人来自有12或12个以上孩子的家庭。他们中的第一位，卡尔·莱姆勒（1867—1939），来自劳普海姆的移民，是家里13个孩子中的第10个。他从事过文职工作，做过记账员和服装店经理，后来开设了一家5分钱电影院并将其变成连锁影院，开创了电影发行业，之后于

1912年成立了第一家大型电影公司——环球影业。马库斯·洛伊（1872—1927）出生在下东区，是一名移民服务生的儿子。他6岁卖报纸，12岁辍学从事印刷行业，然后是皮草行业，18岁成为个体皮草经纪，到了30岁已经破产两次，成立了一家院线并将其整合为米高梅。威廉·福克斯（1879—1952）出生在匈牙利，家里有12个兄弟姐妹，童年时从纽约的城堡花园移民站过关入境。他11岁辍学进入服装行业，自己创业但业务不断萎缩，随后改行经营布鲁克林的游乐场直到建立一家电影院线。路易·B.梅耶（1885—1957）出生在俄国，是一位希伯来学者的儿子，也是童年时期从城堡花园进入美国的，8岁开始从事废品买卖，19岁有了自己的废品生意，22岁开了一条院线，1915年，制作了第一部A级大片《一个国家的诞生》。华纳兄弟来自波兰贫穷的鞋匠家庭，家里有9个孩子。他们卖过肉和冰激凌，修过自行车，在游乐场招揽过顾客，做过巡回主持人。1904年，他们购买了一台电影放映机，自己主持演出，让他们的姐妹罗丝弹钢琴，让12岁的杰克唱高音。他们在好莱坞实现了进入有声电影的突破。联美的共同创始人约瑟夫·申克经营过一家游乐场。萨姆·戈尔德温做过铁匠的助手和手套推销员。另一名下东区人，哈里·科恩，当过电车售票员，后来从事歌舞杂耍表演。杰西·拉斯基是个短号号手。萨姆·卡茨是个小邮递员，但10多岁的时候就拥有了3家5分钱电影院。多尔·沙里在一家犹太人度假村做过服务生。来自拉比家庭的阿道夫·朱克做过皮草推销员。达里尔·扎纳克也是

第六章 大屠杀

一样,用一种新的皮草搭扣赚到了自己的第一笔钱。不是所有的先行者都能保住财产和自己成立的电影公司。有的人破产;福克斯和申克甚至进了监狱。

这些人不起眼,他们的顾客也不起眼。纽约的银行过了很久才拿正眼看他们。他们的第一位大出资人是加利福尼亚的移民同胞 A. P. 詹尼尼,他的意大利银行最终成为世界上最大的银行——美国银行。他们的身后是数百年的贫困,所以他们看上去就是那个样子。他们身材矮小,正如电影历史学家菲利普·弗伦奇所说:"在电影大亨们聚会时,人们在离地 5 英尺半的高度挥舞镰刀不会伤及很多人的,有的人没准儿都听不到嗖嗖的声响。"[72] 带着穷人跟着自己在物质和文化方面力争上游的强烈愿望驱使着他们。朱克吹嘘自己把无产阶级的游乐场变成了中产阶级的宫殿:"谁为你们清扫了肮脏的 5 分钱游乐场?谁为你们安装了豪华的座椅?"戈尔德温将自己的文化目标定义为把"建立在艺术和高雅的坚实基座上的画面"。他们的新电影院文化并非没有传统犹太人的特征,尤其是在批判式幽默方面。马克斯兄弟提供了不起眼的人看待传统世界的视角,更确切地说,是犹太人一贯看待主流社会的方式。不论是在《动物饼干》中审视盎格鲁-撒克逊裔新教徒社会,在《歌声俪影》中审视其文化,在《趾高气扬》中审视其校园,还是在《大商店》中审视其商业或者在《鸭羹》中审视其政治,它们都展现出一种对现有制度的令人不安的入侵。它们搅乱了平静,让"正常人"陷入困惑。[73]

但是，一般说来，好莱坞的统治者不想对社会多加搅乱。20世纪30年代，为来自德国电影业的犹太流散者提供了一处安全港的同时，他们还试图对其施加一种顺从的精神。那是他们的民族同化形式。正如犹太人在18世纪对零售业进行了合理化改革并在19世纪开设了第一家大商场一样，他们都是为顾客提供服务。"如果观众不喜欢一部电影，"戈尔德温说，"他们肯定有充足的理由，公众从不出错。"[74]因此他们极为重视市场。这里也有一种讽刺。电影是古典希腊时代之后第一种向全体民众展现自我的文化形式，就像所有居住在城邦的人都可以被纳入竞技场、剧院、学园或戏院一样，现在所有美国人差不多可以同时看电影。1929年，印第安纳州曼西的一份研究发现，那里的9家电影院每周上座数是总人口的3倍。[75]后来演变为电视形式的电影是向20世纪末期消费社会迈出的巨大一步，它比其他所有体系都更为迫切地为普通工人带来一种对更好生活的憧憬。因此，与司法部长帕尔默和麦迪逊·格兰特料想的相反，对美国生活方式的概念进行程式化、美化和大众化的正是好莱坞的犹太人。

美国的方式自然有其比较黑暗的一面。两次大战之间，美国犹太人开始贴近他们的民族形象。他们还成为这种形象中更令人反感的特征的一部分。正如百老汇的音乐剧和好莱坞的电影一样，犯罪，尤其是种类日新月异的犯罪，是大胆的犹太人有可能涉足的领域，他们一开始不会遇到非犹太人的正经阻碍。在欧洲，犹太人经常被人与贫穷有关的一些犯罪联系起来，如买卖赃物、扒

第六章　大屠杀

窃和不严重的诈骗。他们还发展出需要高度组织和远程网络的犯罪模式，如白奴贸易。19世纪末叶，这项生意随着犹太人极高的出生率从东欧做到了拉丁美洲，而且被标上了强烈的犹太特色。数量惊人的犹太娼妓遵守安息日、犹太节日和饮食教规。在阿根廷，她们甚至有自己的犹太会堂。此外，正因为犹太人在这个行当地位突出，正统的犹太机构竭力想要在世界各地消灭它并为这个目标建立了专门团体。[76] 纽约的犹太罪犯，除了犹太人常见类型的犯罪之外，主要集中在勒索保护费、纵火和给马匹投毒。同样，犹太社会做出的反应是掀起预防犯罪的运动，包括建立感化学校。[77] 对于小打小闹的犹太人犯罪，这种努力效果显著。其实如果没有禁酒令，犹太人的罪犯群体本可以在20世纪20年代末叶缩减至一小撮而已。

然而非法酒类生意为机灵的犹太人提供了非常诱人的机遇，他们为这种生意寻找借口并组织筹划。犹太人罪犯很少使用暴力。正如犹太社会学权威阿瑟·鲁平所言："基督徒用他们的双手犯罪，犹太人用他们的头脑犯罪。"典型的、赫赫有名的犹太罪犯"油拇指"雅各布·古齐克（1887—1956）是阿尔·卡彭①的记账员和会计。另一位是阿诺德·罗特施泰因（1882—1928），大公司

---

① 阿尔·卡彭（1899—1947），20世纪20—30年代最有影响力的黑手党老大，绰号"疤脸"，1925—1931年掌权芝加哥黑手党，使其成为最成功的犯罪集团。——译者注

犯罪的先行者，被描绘成达蒙·鲁尼恩①小说中的"智囊"、司各特·菲茨杰拉德的《了不起的盖茨比》中的梅耶·沃夫希姆。然后还有梅耶·兰斯基，他建立了一个在自己生前就覆灭的赌博帝国，他在1971年申请以色列公民身份时被拒。

可是随着这些向社会上层流动的犹太罪犯的崛起，他们发觉自己同样在使用暴力。被称为"法官"的路易·莱普克·布哈尔特（1897—1944）被联邦调查局称为"美国最危险的罪犯"；1944年，他协助组织辛迪加或者说谋杀有限公司，1944年因谋杀罪在新新监狱被处决。根据布哈尔特的指示，辛迪加杀手谋杀了违抗指令要去杀害托马斯·E.杜威②的私彩组织者"荷兰舒尔茨"阿瑟·弗莱根海默（1900—1935）；而且辛迪加还要为"巴格西"本杰明·西格尔（1905—1947）的死亡负责，后者曾为其在拉斯维加斯组建组织，后来与他们决裂。最终，以"萨米紫"塞缪尔·科恩为首的犹太人组织了臭名昭著的底特律紫帮，后者掌控了这座城市的贫民窟，直到被黑手党接管。不过试图比较犹太人和意大利人在美国的犯罪情况没什么用处。虽然声名狼藉的犹太罪犯举办正统葬礼的人数多得惊人，但与黑手党在西西里不同，有组织的犹太人犯罪并非对特定社会环境的反应，而且绝不会享有丝毫的公共认可。因此，它已被证明为一种暂时

---

① 达蒙·鲁尼恩（1884—1946），美国记者及短篇小说家。——译者注
② 托马斯·E.杜威（1902—1971），美国政治家，1943年到1955年担任纽约州州长，1944年和1948年两度作为共和党候选人参选美国总统。——译者注

的现象。[78]

如果说犹太社会对犹太人犯罪，特别是白奴生意，做出羞耻和厌恶的反应，并尽其所能地对自己人中间的犯罪分子进行再教育，那么还有很多美国犹太人，无论好坏，他们对具有犹太倾向的观念一概厌恶，竭尽全力地彻底拒绝犹太特殊主义。不只是再也不去犹太会堂和再也不遵守律法的问题，而是有意识地努力不再认为自己是犹太人的问题。甚至布兰代斯都在1910年抨击"倾向于保持出身不同的生活习惯或思考习惯"是不受欢迎的，"不符合兄弟情谊的美国理想"，强调犹太人身份就是"不忠"。[79]但这样的努力，比如布兰代斯的情况，常常会在反犹经历突然而至的影响下失败。于是，他最后又走向了相反的极端："要做好的美国人，"他说，"我们必须做更好的犹太人，要做更好的犹太人，我们必须成为犹太复国主义者。"[80]有的犹太人会在这两个极点之间不安地漂移不定。著名的例子是伯纳德·巴鲁赫（1870—1965），一个约瑟式的人物。他曾为历届总统提供意见，并且被认为刚好在市场崩盘之前清空股票从而在1929年大发横财，现在我们知道那不是真的。[81]查尔斯·库格林神父，底特律反犹广播的神父，曾经称他为"美国的代总统、华尔街的无冕之王"。巴鲁赫竭尽全力想要摆脱犹太人的形象。得益于他妻子是新教徒的有利条件，他一度进入了《社会名人录》，而这份名录当时还禁止登载席夫、古根海姆、塞利格曼和沃伯格家族的人物。他在非犹太人的阿迪朗达克聚居地度假。但这根弦随时都会被扯动，告诉他：到此为止,再难寸进。1912年,他受到了侮辱,他的女儿贝尔那时莫名其妙地被曼哈顿布里尔利学校拒绝录取,虽然她已经通过了入学考试。"那是我人生中最痛苦的打击,"他写道,"因为它伤害了我的孩子,并让我此后多年的整个人生备感难过怨愤。"尽管在养马方面成就斐然,但他自己历经激烈斗争才得以被选入上流社会的奥克兰高尔夫球俱乐部,才能得到贝尔蒙特公园跑道围场的入场资格。他从没能进入大学俱乐部或大都会俱乐部。[82] 即使在美国,一个犹太人,无论他多么富有、多么有影响力、多么有人脉有关系,都会被推回自己的队列;正是这种甚于其他一切的现象让他们这个社会保持团结。

不过一些极端民族同化主义者的确也在设法摆脱他们的犹太人身份,至少要让他们自己觉得满意。沃尔特·李普曼(Walter Lippmann,1889—1974),报纸评论家,在他那个年代跟巴鲁赫一样有影响力,毕生都在融入周围的环境。他的父母,来自德国的富裕服装厂主,送他进入上流社会的萨克斯男子学校。这家人会去埃马努埃利犹太会堂,他们拒绝承认懂意第绪语,他们的目标是避免成为他们说的那种"东方人"。成群结队的东方犹太移民让他们感到惊恐。《美国希伯来人》说出了他们的担忧,其中写道:"我们所有人都觉察到我们不只对那些教友有亏欠……还对我们自己有亏欠,我们将会被我们的外邦邻居视为对我们这些教友兄弟的天然资助者。"在哈佛大学,被著名的"黄金海岸"俱乐部排除在外让李普曼暂时成为社会主义者。但他很快判定反犹主义很大程度上是犹太人把自己弄得"太招摇"而招致的惩罚，那是他最喜欢用的批评字眼。他写道："相比于对待其他民族，对于犹太人的错误，我个人的态度要严厉得多。"[83] 他抨击犹太复国主义者"双重效忠"，抨击"我们美国大城市里富有、粗俗和自负的犹太人"，说他们"或许是降临在犹太民族身上的最大灾难"。[84]

李普曼是有教养的自由主义者，他只想（在他看来）避免被归类为犹太人。一方面，他无法让自己认同哈佛大学针对犹太人的限额，因为本不应该"有基于种族、信仰、肤色、阶级或地区的入学考试"。另一方面，他赞同犹太人超过新生数量的 15% 将是"灾难性的"。他认为解决方法是马萨诸塞州的犹太人能有一所他们自己的大学，而哈佛大学可以从更广泛的地区招收学生，从而稀释犹太人的比例。"我认为犹太人不是无辜的受害者。"他写道，他们有"很多令人忧虑的个人习惯和社会习惯，这些习惯是经由一段苦难历史挑选出来的，又得到了一种伪善神学的强化"。非犹太人的"个人举止和生活习惯""明显比犹太人普遍的举止和习惯优越"。[85] 李普曼无法得到被他看重的所有社会奖励，这样的现实激发出了这种犹太人自我仇视心理。他加入了纽约的河流俱乐部和华盛顿的大都会俱乐部，却无法进入连线和尼克博克俱乐部。

他们否认身份或克制由于身份引起的自然情感，或许这些犹太人最不幸的地方在于对他们由于身份遭受的苦难近乎固执地视而不见。半个世纪以来，李普曼也许是所有美国评论员中最聪明的——在所有议题上，除了那些对犹太人有影响的议题之外。与法国的布卢姆一样，他认为希特勒的反犹立场并不重要，只把他归类于德意志民族主义者。1933年5月，纳粹烧毁犹太人书籍之后，他说，迫害犹太人，"满足那些觉得必须征服什么人的纳粹的欲望……是一根保护欧洲的避雷针"。不能用革命的恐怖评价法国，不能用3K党评价新教徒，或者就此而言，"不能用他们的暴发户评价犹太人"，因而不能用纳粹的反犹主义评价德国。他把希特勒的一次演讲说成"有政治家风范"，"一个真正文明的民族的真实声音"。[86] 不过对纳粹和犹太人发表这两番评论之后，他在此后悲惨不幸的12年间对这个话题保持了沉默，对死亡集中营只字未提。视而不见的另一种形式是罗莎·卢森堡的解决方式；杰出的剧作家莉莲·海尔曼（Lillian Hellman，1905—1984）就采用了这种方式，她的戏剧《双姝怨》（1934）和《小狐狸》（1939）是那个10年间百老汇著名的成功兼丑闻作品。她歪曲了自己的犹太人道主义，（跟成千上万犹太知识分子的做法一样），以至于根据后面发生的事件来看，她的反纳粹剧本《守望莱茵河》（1941）看待犹太人困境的视角非常古怪。面对本民族的命运，她不允许自己对正义的热爱在愤怒的抗议中寻找到它自然的表达。于是它被扭曲成一种用拉比的固执来捍卫的铁石心肠的正统意识形态。避免面对犹太人现实状况的需要导致她用虚构改编真实。只是在1955年，她接触了《安妮日记》的编剧工作，而这部电影实际上从这个悲剧中删除了犹太人的元素。

第六章 大屠杀

美国犹太社会的这些困惑、分歧和迟钝，尤其是存在于知识分子中间的，有助于解释美国犹太人为何如此反常地无法影响两次大战之间的欧洲事态，甚至无法控制美国国内的舆论，尽管他们这时已经开始有了相当地位。美国的反犹主义，正如民意调查显示，在整个20世纪30年代稳步抬头，到1944年达到顶峰；民意调查还显示（如1938年），70%~85%的国民反对为帮助犹太难民而增加配额。民意调查专家埃尔莫·罗珀警告说："反犹主义已经蔓延到全国各地，在城市中心尤其凶猛。"[87]

我们现在必须把德国的事件放在欧洲和美国的这种背景之下来讨论。德国是欧洲最强大的经济、军事和文化强国，它在1933—1945年对犹太人的攻击是现代犹太人历史上的重要事件。它在很多方面仍然是个神秘事件：不是被数量触目惊心的文件证明的事实，而是动机。德国是世界上受教育情况最好的国家，是第一个实现成年人全民识字的国家。1870—1933年，德国的大学在几乎每个学科上都是世界上最优秀的。为什么这样一个高度文明的国家会对犹太人实施规模庞大、组织有序却毫无意义的暴行呢？受害者的身份让这种神秘色彩更加浓重。19世纪，德国和犹太人的命运紧密交织。如同弗里茨·斯特恩①指出的，1870—1914年，德国人突然之间发展成为一个有影响力的活跃强国，与此同时，犹太人同样突然之间发展成为一个有影响力的活跃民族。[88] 二者

---

① 弗里茨·斯特恩（1926—2016），出生在德国的美国历史学家。——译者注

在极大程度上是相互扶持的。它们共同拥有的很多特征当中就有对学问近乎狂热的挚爱。有才干的犹太人喜爱德国，因为它是世界上最好的工作地点。现代犹太文化的框架基本上是日耳曼式的。不过反过来，正如魏茨曼在他跟贝尔福的那次著名谈话中指出的那样，犹太人为德国付出他们最出色的一切努力，造就了它的伟大。比如，从其建国到1933年，德国获得的诺贝尔奖超过其他国家，约占奖项总数的30%；在德国获得的奖项里，犹太人贡献了将近三分之一，在医学上，贡献了一半。[89]所以德国攻击犹太人不只是大规模谋杀；从真正的意义上来说，那还是大规模弑亲。怎么会发生这样的事情呢？

试图提出的解释已经充斥了所有的图书馆，但最后它们似乎始终都不够充分。这项历史上最重大的罪行从某种程度上来说，依然迷雾重重。但仍然可以归纳出其中主要的组成部分。最重要的可能是第一次世界大战，它对德意志民族产生了令人震惊的影响。就在他们向伟大攀登并即将抵达巅峰的时候，他们自信地踏入第一次世界大战。经历可怕的牺牲之后，他们最终输掉了这场战争。悲痛和愤怒令人发疯；对替罪羊的需要刻不容缓。

战争还有第二个影响。它改变了德国的处世方式。战前的德国是欧洲最守法的国家。民众暴力闻所未闻，这不是德国的作风。虽然反犹主义无处不在，但对犹太人的身体暴力从未也不可能发生在德国，更不必说反犹骚乱。战争改变了一切。它让人们习惯了无处不在的暴力，然而在德国它还激发出一种绝望的暴力。

第六章 大屠杀

1918年的停战协议并没有为中东欧带来和平。它只为两次巨大、公开的战端中间带来20年的间隔，但在那20年间，暴力在不同程度上成为主要的政治裁决方式。左翼和右翼全都使用暴力。犹太人在所有这些靠武力推翻现有秩序的企图中都表现突出。巴伐利亚的共产主义运动不仅仅包括犹太政客，如艾斯纳，还有犹太作家和知识分子，如古斯塔夫·兰道尔、恩斯特·托勒和埃里希·米萨姆。右翼的回应则是组织退伍军人的私人武装——自由军团。

犹太极端主义者，如罗莎·卢森堡和艾斯纳，完全是被谋杀的。犹太对手"被处理掉"的现象不再稀奇。1919—1922年4年间，德国发生了376起政治谋杀，除了22起之外，针对的都是左翼人物，其中很多是犹太人。一位是外交部部长沃尔特·拉特诺。法庭会对那些退役的暴徒从轻发落，甚至几乎没有人受到审判；被判处4个月以上刑期的就更少了。[90]1922年，德高望重的犹太作家马克西米利安·哈登差点儿被两名反犹分子打死，法庭却认为他"不爱国的文章"构成了"可减轻处罚的情节"。

正是在这种激进退役军人暴力横行的背景下，阿道夫·希特勒出现了。他是奥地利人，1889年出生在奥地利—巴伐利亚交界处，是一个小官员的儿子。他住在林茨，后来又居住于卡尔·卢埃格尔掌管的维也纳。他有一份卓越的战争履历，还遭受过毒气的严重伤害。希特勒后来在《我的奋斗》（1924）中宣布他是从青年时期才逐渐意识到"犹太人问题"的，可证据很明显，他的父亲是个反犹分子，因此他的整个童年和青年都在接触反犹理念。犹太人成为而且始终是他毕生的执念。他的个人激情，更重要的是他超常的意志力，在德国针对犹太人的战争中处于首要地位。没有他，这场战争本不会发生。另外，如果没有德国内部让他唾手可得的破坏性因素，他也不会造成多大的危害。他有创造政治活力的非凡本领，能够结合两种力量来源，创造出一加一大于二的效果来。就这样，他将德国工人党，与退役的暴徒群体紧密结合起来，为其提供一个反犹的平台，将其改造为一个群众性政党，纳粹党，包括其军事派别冲锋队。冲锋队为他自己的集会提供保护，驱散其对手的集会。接着，他把战争的两种影响——对替罪羊的需要和对暴力的崇尚结合起来，将结果聚焦在犹太人身上："如果在战争初期或整个战争期间，这些希伯来蝎子有1.2万人或1.5万人被投进毒气中，就像我们来自各行各业最好的几十万名工人不得不在前线忍受的那样，那么数百万人的牺牲就不会白费。"[91]

希特勒的反犹主义由所有老一套因素组成，从基督徒的"犹太猪"到伪科学的人种理论。但他的反犹主义在两个方面与众不同。首先，对他来说，它是对这个世界的完整阐述，是一种世界观。虽然德国其他的政治团体也涉及反犹主义，甚至对其极为重视，但纳粹是将其作为自己计划的中心和目标（虽然他们会根据自己的听众改变侧重点）。其次，希特勒是奥地利人，但他选择成为泛日耳曼主义者，1914年加入了德国军队，而不是奥地利军队；所以他的反犹主义结合了德国和奥地利模式。战后的德国到处都是德裔俄国难民、波罗的海德国人、前沙皇旧式反犹团体成员，如黑色百人团、黄衫军、俄罗斯人民联盟。他们无不强调犹太人和布尔什维克的联系,这一点成为希特勒思想体系的核心部分。阿尔弗雷德·罗森贝格,一个波罗的海德国人,成为纳粹的首席理论家。俄国人格特鲁德·冯·塞德利茨让希特勒得到了(1920)《民族观察报》并将其转变为反犹日报。[92]相对于其他一切威胁,近现代的德国,尤其是普鲁士,一直对俄国的威胁更为担心。希特勒如今可以把这种威胁置于貌似合理的反犹背景中。不过他还将其与自己在维也纳接受的那种反犹主义混合起来。那种反犹主义主要集中在对东方犹太人——一支败坏日耳曼血统的黑皮肤下等人种——的恐惧上。希特勒尤其对两个主题感兴趣,他把这两个主题与东方犹太人联系起来:犹太人以维也纳为中心经营的白奴贸易——道德改革家就是这么断言的——和当时尚且没有抗生素可以实施治疗的梅毒的传播。希特勒相信并讲授犹太式的布尔什维克主义不仅对德国产生了直接的政治和军事威胁,还通过各种接触产生更深远的生物学威胁,尤其是与犹太民族成员的性接触。[93]

希特勒反犹主义的性学方面可能是最为重要的,尤其是在他自己的追随者当中。它将原本只不过是怀有偏见的人转变成为可以采取任何行动的盲信狂热者,无论这些行为多么没有理性和多么残酷。如同中世纪的反犹分子把犹太人看作非人类、魔鬼或一种动物(因此有了"犹太猪")一样,纳粹极端主义者吸收了希特勒近似"科学"的措辞,开始将犹太人视作细菌或者一种特别危险的害虫。不说别的,这种方式能够将所有犹太人归在一起,而不必考虑他们的具体情况和观念。拥有教授职位,能写无可挑剔的德文,参加了整场战争并荣获铁十字勋章,这样的犹太人也只是同犹太—布尔什维克人民委员一样危险的种族污染者。一个被同化的犹太人就像穿土耳其长袍的老拉比一样,肯定携带这种细菌,而且威胁更大,因为他更有可能传染或"亵渎"(如希特勒所说)雅利安女性。他对自己的追随者的灌输程度在1943年4月他的司法部部长提拉克写给他的一封信中可见一斑:

> 一个纯种的犹太女人在生完孩子后把她的奶水出售给了一名女医生,并且隐瞒她是犹太人的事实。德国血统的婴儿就在诊所里被喂了这种奶水。被告被控欺诈。奶水购买者已经遭受了损害,因为犹太女人的奶水不能当作德国孩子的食物……但是,为了不让不明内情的父母承受不必要的忧虑,尚未提出正式的起诉。我将就这个案子在种族卫生方面的问题与帝国卫生部部长进行探讨。[94]

如果要问:这样的胡言乱语是怎么在一个像德国这样受过高等教育的国家成为广泛共识的,答案是希特勒在获得知识分子对他的观点的支持方面从未遇到任何困难,即使有时候是转弯抹角的。弗洛伊德及其学说的"丑闻"是纳粹得到这种待遇的重要旁证,因为(人们认为)他的学说解除了性关系混乱中的道德负疚,因此会助长这种混乱。由此弗洛伊德让犹太人得到了更多染指雅利安女性的机会。此时，荣格可以帮上希特勒的忙，他在弗洛伊德—犹太精神学说和其他学说之间划出了一条界限：

> 当然不能认为弗洛伊德或阿德勒就是欧洲人普遍正当的代表……犹太人作为相对的流浪者从未创造出，估计也绝不会创造出，一种自己的文化形态，因为他们的一切本能和才能都依赖于一支基本上已经达到文明的主体民族……以我之见，把犹太人的范畴应用于基督徒德国人和斯拉夫人是医学心理学的巨大错误，他们的范畴甚至无法对所有犹太人有效。按照这种方式，条顿人最珍贵的秘密，他们灵魂中根深蒂固的创造性意识被解释为一个平淡无奇的幼稚水池，而我的警告之语在过去几十年内都被怀疑是反犹主义……受到全世界惊讶瞩目的国家社会主义的强势现象能够教会他们更明事理吗？[95]

人们发现，科学家中同样有人认为爱因斯坦的成果是没有价值的"犹太物理学"。

确实，总的来说，德国的院校不但没有成为希特勒主义的阻碍，反而对其大行其道起到了推波助澜的作用。纳粹取得胜利的关键因素是19世纪最后10年成长起来的这代教师受到了民族反犹主义的感染，而且到了20世纪20年代，他们已经成为资深教师。[96]他们使用的教科书同样反映出这种影响。通过鼓吹用灵丹妙药和"精神复兴"而非持怀疑态度的经验论实现民族救亡,大学的学者们对纳粹势力的兴起同样立下了功劳。[97]最重要的是,希特勒在大学生中取得了最大成功,他们成为他的开路先锋。在纳粹发展的每个阶段,学生的支持都领先于普通选民的支持。纳粹最开始就是通过学生的兄弟会发挥影响的,1919年,这些兄弟会采纳了"艾泽纳赫决议"①,在种族和宗教层面排斥犹太人。[98]随着影响力的增加,他们又通过学生联盟——20世纪20年代主导学生生活的大学圈子运动——发挥作用。最终,临近这个10年结束时,他们建立了自己的学生党派。纳粹的成功是由于狂热的年轻人自发地把全部时间投入到有组织的活动,投入到该党派的平等主义和激进计划中。[99]不过,纳粹和学生之间的一条重要纽带就是利用暴力示威反对犹太人。学生们率先组织了集体抵制和大规模请愿,要求将犹太人从公务员和专业人员,尤其是教学行业赶出去,而且这些行动形式很快就演变为现实中的暴力。1922年,学生骚乱的威胁导致柏林大学取消为被杀害的瓦尔特·拉特瑙②举行追悼会。这在战前是不可想象的,而且最可怕的还不是暴力威胁,而是大学领导们对此低头折节的懦弱。1927年,对犹

---

① 1920年,德国兄弟会在艾泽纳赫召开大会,把他们的种族排斥扩展至所有嫁给犹太人或有色人种的成员。——译者注
② 瓦尔特·拉特瑙(1867—1922),德国犹太实业家、作家和政治家,魏玛共和国外长。——译者注

第六章　大屠杀

太学生和被迫放弃讲座课程的犹太教授的袭击数量增加，以至于到了政府以德意志学生自治团体支持暴力为由撤销了对它的承认。但此举无济于事，大学自身并没有采取什么果断行动来控制这些学生暴徒。教授们并不支持纳粹，但是他们反对魏玛共和国①，反对民主政治，而且最重要的是，他们明知学生行为有错却不敢反抗——预示着这个国家后来更普遍的懦弱。结果，纳粹在接管这个国家之前的两三年就已经有效地控制了校园。

助长纳粹主义的现实暴力风潮本身就得到了媒体甚嚣尘上的语言和图像暴力的支持。人们时不时争辩称，讽刺作品，即使是最粗鲁的那种，都是自由社会的健康标志，不应该对其加以限制。犹太人的历史不支持这种观点。与其他群体相比，犹太人一直更为经常地成为这种攻击对象，而且他们从漫长苦痛的经验中体会到，文字暴力经常是血腥暴力的前奏。按照德国人的标准，魏玛共和国是极端自由主义的社会，自由主义的作用之一就是废除出版界的大多数限制。就像巴勒斯坦的极端主义者利用了塞缪尔的自由主义一样，纳粹也醉心于魏玛共和国对侮辱开具的许可证。反犹主义长期以来都存在色情的一面，尤其是在德国和奥地利；"犹太猪"的主题本身就经常成为这方面的征兆。只是希特勒将关于性和种族亵渎问题的强调与魏玛共和国的放任相结合，创

---

① 指1918年至1933年间采用共和宪政政体的德国，在第一次世界大战后成立。1933年，阿道夫·希特勒及纳粹党上台执政后结束。由于这段时间施行的宪法是在魏玛召开的国民议会上通过的，因而得名。——译者注

造出一种特别恶毒的反犹宣传形式,典型的代表是由中弗兰科尼亚的纳粹老板尤利乌斯·施特赖歇尔经营的《冲锋报》周刊。它帮助散播和强化反犹暴力长期存在的主要根源之一:一种即犹太人并非人类的观念,因而无权享有我们本能就会给予一个人的保护。虽然这样的出版物绝非独一无二,但它为用图像攻击犹太人定下了越发肆无忌惮的基调。按照魏玛共和国的法律,起诉告发极端困难,因为施特赖歇尔享受州议会及后来的国民议会代表的豁免权。1927年,它似乎还只能卖出1.3万份(唯一可靠的发行数据),但到了纳粹爬上权力顶峰的最后阶段,它已经赢得了全国的读者。[100]

不幸的是,媒体暴力并非单方面的。就在纳粹组织街头暴行并协同酝酿全国范围的暴行时,自由主义者制造出了大量的口头暴行,其中大多来自犹太人。讽刺是犹太人的天性。海涅在德国铸就出一个有力而且经常恶毒的榜样,为后来的许多犹太作家提供了灵感。1899—1936年,维也纳作家卡尔·克劳斯(1874—1936),跟海涅一样受过洗,经营了一份名为《火炬》的期刊,树立了过分讽刺的新标准,其中大多是针对犹太人的,如赫茨尔和弗洛伊德。"精神分析,"他写道,"是最新型的犹太疾病","无意识是人类思想的隔都"。他在戳中痛处方面的恶毒本领广受赞誉并在魏玛德国受到效仿,并以极端挑衅的形式被运用,尤其是库尔特·图霍夫斯基(1890—1935)和杂志《世界舞台》。它的销量同样不大,只有1.6万份(1931),但因为蓄意攻击思想健全的

第六章 大屠杀

德国人看重的一切而引发了巨大的争论。图霍夫斯基1929年的著作《德国，关于德国的一切》攻击司法制度、教会、警察、兴登堡①、社会民主党人和工会领袖，里面还有一幅精彩的蒙太奇照片，照片上是德国的将军，题为"动物们在看着你"。[101]

从一开始，左翼的这种媒体暴力就给了反犹分子可乘之机。纳粹的坚定支持者卡尔·格雷克在他的小册子《圣经中的反犹主义》（1920）中娴熟地利用了《世界舞台》。犹太人攻击军队尤其危险。犹太退役军人协会根据官方数据指出，参战和牺牲、受伤和授勋的犹太人数量与犹太人人口比例非常一致，但是却有许多人认为犹太人逃避服役，甚至在军队背后捣鬼，希特勒和纳粹分子都认同这个说法，而且坚持不懈加以宣传。对贵族军官阶层批判最激烈的讽刺画家乔治·格罗斯②其实是一名非犹太人；但他跟犹太艺术家和作家往来密切，因此被说成"受到了唆使"。图霍夫斯基则是文字版的格罗斯。他的许多说法就是要故意激起人们的满腔愤怒："德国军队没什么秘密是我不愿欣然交给外国势力的"，他写道。[102] 但是被激怒的民众，尤其是如果他们还不善言辞并且无法以言辞回击的话，就会进行身体上的报复，或者投票给可以回击的那些人；图霍夫斯基和他的讽刺作家同行不止激怒了职业

---

① 保罗·冯·兴登堡（1847—1934），德国陆军元帅、政治家、军事家，从1925年起担任德国总统，1933年任命希特勒为政府总理。——译者注
② 乔治·格罗斯（1893—1959），德国表现主义艺术家，新客观现实派的代表人物。——译者注

军官，还触怒了无数阵亡士兵的家属。反犹主义和民族主义的出版机构就是要确保图霍夫斯基伤害他人感情的更多抨击得到最广泛的流传。

一些犹太人竭力还击强加在自己身上的不爱国和布尔什维克形象。由此，犹太儿童被培养成了工匠和农民。[103] 20世纪20年代，一名柏林律师，前陆军上尉马克斯·瑙曼博士，组建了德意志犹太民族主义者联盟。另外还有右翼的犹太青年组织同志会和前线犹太老兵全国联盟。但是，瑙曼犯了一个错误，他赞扬希特勒是能够恢复德国繁荣的政治天才，试图以此最大化地消除他对犹太人的仇恨，他们所有人都幻想自己能够跟纳粹打交道。[104] 没什么证据显示他们所做的一切真的能让犹太人更受欢迎。

所有爱国的德国犹太人不得不应对的不可战胜的困难其实是魏玛共和国本身。魏玛共和国是失败的产物，不可分割地与失败联系在一起，而且在大多数德国人心中，它与犹太人有关系，它是犹太人共和国。从头至尾，它都是犹太人背负的重担。可是除了一开始之外，犹太人在魏玛政坛上的作用微不足道。拉特瑙和1923年及1928年担任财政部部长的鲁道夫·希法亭是魏玛共和国第一批也是最后一批有点影响力的犹太政治家。犹太人的确在德国共产党的创建中起了作用。1932年，该党提名500名候选人，当选的100人中无一是犹太人。[105] 社会民主党由非犹太人的工人阶级工会会员管理，他们大多对犹太左翼人士非常反感，认为他们是不讨人喜欢的中产阶级知识分子。魏玛共和国的现行政体是比例代表制，非常有利于纳粹这样的极端主义党派，而在像英国那种得票最多者当选的制度下，它们绝无可能合法掌权。因此像图霍夫斯基这样的犹太讽刺作家对魏玛共和国的猛烈攻击不亚于他对纳粹的攻击。

但是，身份认同是个问题，而身份认同的根基是文化。犹太人的敌人指责他们绑架了德国文化，将其变成一种全然陌生的新东西，这种新东西被他们称为文化布尔什维克主义。文化盗窃的概念影响力巨大而且极度危险，一些犹太作家已经对此提出了警告。犹太人使用德语，用卡夫卡的话来说，是"篡夺外国人的财产，他们不是学而是偷，他们学得（相对）很快，但是即使挑不出一处语言上的毛病，那也仍然是别人的财产"。甚至在战前，莫里茨·戈尔德施泰因就在《艺术守护人》的一篇名为"德国犹太文坛"文章中警告，犹太人实际上正在接管一个民族的文化，而这个民族拒绝给予他们这样的权力。[106] 随着魏玛共和国的建立，犹太人在德国文化生活中表现得越发突出，主要原因是与他们有关联的先进思想此时开始获得认可。例如，1920 年，印象派画家马克斯·利伯曼当选普鲁士艺术学院历史上第一位犹太人院长。

然而，魏玛共和国见证了犹太人接管德国文化的观念是错误的。事实上，20 世纪 20 年代，德国人才济济，空前绝后。德国一直拥有杰出的音乐和强大的文学，如今又在视觉艺术领域一马当先。甚至，柏林一度成为世界文化之都，由此，柏林也备受反犹分子憎恶。沃尔夫冈·卡普，上一个版本的希特勒，1920 年在柏林发动了一次失败的政变，他的口号是："柏林变成什么样儿了？犹太人的游乐场。"[107] 犹太人在魏玛文化中举足轻重，没有他们，就不会出现这种文化奇观。可是他们并未处于支配地位，在一些领域，尤其是绘画和建筑方面，他们的贡献相对较小。虽然犹太小说家不少，如阿尔弗雷德·德布林、弗朗茨·韦尔弗、阿诺尔德·茨威格、薇姬·鲍姆、利翁·福伊希特万格、阿尔弗雷德·诺伊曼和布鲁诺·弗兰克，但托马斯·曼这样的领军人物并非犹太人。犹太人毫无疑问为世界和德国的音乐界做出了巨大贡献，他们中有令人印象深刻的神童表演家，如亚莎·海菲兹和弗拉基米尔·霍洛维茨，还有老牌大师，如阿图尔·施纳贝尔和阿图尔·鲁宾斯坦。柏林最重要的两位指挥，奥托·克伦佩勒和布鲁诺·瓦尔特，都是犹太人。库尔特·魏尔为布雷赫特的《三便士歌剧》（1928）作曲，该剧登台第一年就在欧洲各地演出超过4 000次。他们有阿诺德·申贝格及其学派，不过他最出名的两名学生，贝格和韦伯恩，都不是犹太人。不过，德国音乐在这段时期如此丰富多彩，以至于犹太音乐家虽有数量和天才，却也只是它的组成部分之一。1929年柏林音乐节的主角是理查德·施特劳斯、托斯卡尼尼、卡萨尔斯、乔治·塞尔、科尔托、蒂博、富特旺勒、布鲁诺·瓦尔特、克伦佩雷尔和吉利。那证明了什么呢？只能证明音乐是世界性的，还有柏林人真是幸运。

犹太人无疑是20世纪20年代德国电影业大获成功的主要原因。战争期间，英国、法国和后来美国的进口都被禁止。为了填充德国的 2 000 家和奥地利的 1 000 家电影院，德国制片公司从 1913 年的 30 家跃增至 6 年后的 250 家，而且战后，德语电影成为欧洲的主宰。1921 年，它制作了 246 部故事片，跟美国旗鼓相当；1925 年，它的制片产量（228 部）是英国和法国加起来的两倍。[108]犹太人对满足德语电影的数量和质量要求都发挥了最重要的作用。《卡里加里博士的小屋》由汉斯·雅诺维茨和卡尔·迈耶编剧，由艾里奇·鲍默任制片人。《大都会》由弗里茨·朗执导。这只是其中的两部最有影响力的电影。导演如恩斯特·刘别谦、比利·怀尔德、马克斯·奥菲尔斯和亚历山大·柯尔达，演员如彼得·洛、伊丽莎白·伯格纳、波拉·尼格里和康拉德·维德，是创造了德国电影业黄金时代的众多犹太人才中的一部分，而且在希特勒崛起之后，他们带领了一批人分别前往好莱坞、伦敦和巴黎。不可否认，德国电影具有强烈的犹太元素，而且朗和 G. W. 帕布斯特都着迷于魔像的概念。[109]但是总体来说，20 世纪 20 年代的德国电影业光辉灿烂、大胆创新，但谈不上有政治和文化上的担当，而且它对德国人关于犹太人的文化多疑症起了什么作用，如今已很难辨明。

受到犹太人影响最大的领域是戏剧界，尤其是在柏林。剧作家如卡尔·施特恩海姆、阿尔图尔·施尼茨勒、恩斯特·托勒尔、埃尔温·皮斯卡托、沃尔特·哈森克勒费尔、费伦茨·莫尔纳和卡尔·楚克迈尔，以及有影响力的制片人，如马克斯·莱因哈特，有时似乎主宰了舞台，而那时的戏剧舞台倾向于流行的左翼、亲共和主义者、实验性和性解放。但它肯定没有革命性,而且它属于世界,而非犹太人。

魏玛时期唯一在某种程度上符合文化布尔什维克主义反犹成见的是法兰克福社会研究所(1923)。该研究所的理论家以西奥多·阿多诺、马克斯·霍克海默尔、赫伯特·马库塞、埃里希·弗罗姆和弗朗茨·诺伊曼为首,宣扬一种文化重于现实政治的人本主义思想。不过在当时,德国人几乎从未听说过法兰克福学派。这一点尤其适用于它最著名的成员,沃尔特·本雅明(Walter Benjamin,1892—1940),他发现自己的思想很难用可发表的形式明确表达出来;除了几篇文章和随笔、博士论文、一本格言书和几封关于德国文化兴起的有注释的信件之外,生前发表作品相对较少。1955年,他毕生的作品才被阿多尔诺整理完成并出版。

本雅明是德国现代思想家里面最具有犹太性的一位,虽然他自己并没有宗教信仰。但是,正如他的好朋友,历史学家格肖姆·肖勒姆指出,他的思想围绕着两个基本的犹太概念:启示——通过神圣文字启示的真理——和救赎。[110]本雅明一直在寻找一种弥赛亚的力量。1914年之前,这种力量是青年:他是古斯塔夫·维内肯开创的以犹太人为主的激进青年运动的领袖。可是,1914年维内肯转变并表现出爱国精神之后,本雅明对他进行了抨击,战后他转而将文学当作弥赛亚。某些杰出的文字,他认为,比如《托拉》,一定要仔细阅读,用注释的方式探索道德救赎的关键。他把喀巴拉的一条核心原则应用于文学：文字是神圣的，这和《托拉》的文字与上帝存在有形的联系是一样的。由于神和人类的语言之间有此联系，因此人类被赋予了完成创造过程的责任，方式主要是通过文字（称名）和系统性地阐述想法。他创造了短语"语言的创造性全能"，并且表明探索文字不仅仅是发现它们的表面意思，还要找出它们的内在含义和结构。[111] 因此，本雅明属于非理性和诺斯替犹太传统，就像弗洛伊德，探测存在于外表底下深入、神秘和诠释人生的意义。被他最早用于文学随后用于历史的这种方法，后来成了通用的技巧，比如，被克洛德·列维－施特劳斯用于人类学，被诺姆·乔姆斯基用于语言学。诺斯替主义是最有害的非理性主义形式，尤其是对知识分子而言，而且本雅明试验性发展出来这种诺斯替主义的特殊变种扩展到了结构主义，从20世纪50年代开始成为知识界的一股主要力量。

本雅明认为，在历史的连续性上"炸开"（他最喜欢用的一个词）"承载现在的过去"很重要，用实现启蒙和社会民主的目标取代革命很重要：又名弥赛亚事件的革命活动发生时，时间停止，进入静止期。本雅明在自己的《历史哲学论纲》中主张，政治不仅是控制现在，从而控制未来真实发生的激烈斗争，还是控制历史记录的智力斗争。他用一句引人注目的话坚称"要是（法西斯）敌人获胜，即使死者也会失去安全"。[112] 大多数的知识形式是相对主义的、资产阶级的产物，必须经过重铸才能确保成为无产阶级或不属于任何阶级的真理。这些深刻见解具有才华和破坏性，讽刺的是，尽管本雅明将它们看作科学历史唯物主义，但它们实际上却是犹太人非理性主义的产物——他的故事是具有强烈精神信仰却不再信仰上帝的人如何发现用独创性的替代品代替宗教教条的古老故事。

此外，就本雅明的情况来说，他对宗教的拒绝并不彻底。他的作品充斥着对时间和命运甚至罪恶和恶魔的奇思怪想。没有宗教的框架，他就失去了方向，自己也觉得怅然若失。希特勒崛起后，他逃到了巴黎。在巴黎的双叟咖啡馆，他画了一份被他称为他自己的人生图解，一座绝望的迷宫；如他的性格一般，他又丢失了迷宫。[113]1939年底，他想要进入西班牙，但被困在了法国—西班牙边界。他最要好的一位朋友已经自杀，自杀的还有图霍夫斯基和其他很多犹太知识分子，而且在他生命的最后阶段，本雅明似乎已经将自杀看成通过死亡救赎的一种方式，看成基督—弥赛亚。不管怎样，他自杀了，被安葬在波特博眺望大海的公墓中。不过没有人出席他当时的葬礼，而且当汉娜·阿伦特在1940年晚些时候来此寻找他的坟墓时，它已不知所终，此后也一直无法得到确认——一种最终的、无意识的异化和混淆的姿态，一种象征性的暗示，即新时代的犹太知识分子（正如我们已经提过的）在那个时代跟其他人一样凄凉绝望、漂泊无定。不过虽然本雅明从长远看来是魏玛文化革新者中最具影响力的人，但在当时的德国，几乎没几个人听说过他。

德意志民族主义者当时谴责犹太人掌控魏玛文化完全是阴谋

论吗？也不尽然。犹太人经营着重要的报纸和出版公司。虽然德国出版业的大部分和柏林、慕尼黑、汉堡及其他重要城市发行量最大的报纸确实都在非犹太人的手中，但类似《柏林日报》《福斯报》和《法兰克福汇报》这样的犹太自由主义报纸却拥有最杰出的评论家和最广泛的文化影响力。犹太出版公司，如库尔特·沃尔夫、卡里埃和 S. 菲舍尔都是最有声望的出版公司。戏剧、音乐、艺术和图书评论家中有很大比例的犹太人；而且犹太人经营着重要的美术馆及其他文化交易中心。他们看起来大权在握、引领潮流和名声在外。他们的影响力实际上被人与激起人们嫉妒、懊丧和愤怒的左翼知识分子势力混为一谈。谴责犹太人的文化独裁是希特勒发动运动实现真正独裁的一件重要武器。

同样，没有大萧条，纳粹绝不可能掌权；大萧条对德国的打击比其他国家都要沉重，除了美国之外。这次危机的低谷于 1932 年夏季出现在这两个国家，而直到 1933 年它们才现出复苏的曙光。在这两个国家，选民都把惊人的高失业率归咎于政治当权派：美国的共和党、德国的魏玛共和国。1932 年 11 月，这两个国家在间隔不到两天的时间内都举行了投票，实际上各自的结果都是更换政府。这里面有一种盲目、残酷的运气成分。11 月 6 日，德国选民将 33.1% 的选票投给了纳粹（距离此前 7 月的百分比有所下降）。两天后，F. D. 罗斯福在美国获得压倒性的胜利，在这次选举中，犹太人在投票时一改一向支持共和党（和社会主义者）的传统，将 85% ~ 90% 的选票投给了民主党。同样是渴求改变的愤怒情绪,在美国,把权力交予一个很快就被希特勒认定支持犹太人的人物手中,在德国则导致了选举僵局,1933年1月30日,僵局被打破,希特勒成为总理。

一个反犹政权攫取了德国的权力,虽然当时还没有什么事情是不可避免发生的,不过一旦希特勒巩固了他个人和党派的独裁统治——从1933年2月至3月,只用了8周时间——一场针对犹太人的系统性攻击在所难免。特别是犹太作家、艺术家和知识分子知道他会对他们下手,所以大多火速地离开了这个国家。严格来说,纳粹针对犹太人的政策只不过是让德国回到了传统的国家反犹主义。1920年,该党的政策规定剥夺犹太人的德国公民权,包括担任公职和投票的权利;犹太人将变成"客人",1914年之后进入德国的犹太人将会被驱逐;另外还有没收犹太人财产的含糊威胁。[114]可是在他自己的很多演讲和《我的奋斗》之中,希特勒威胁和承诺要对犹太人使用暴力。1922年,在与约瑟夫·黑尔少校的私人谈话中,他更进了一步。如果他赢得权力,他说,"消灭犹太人将是我的首要任务……一旦针对犹太人的仇恨和斗争真正被激发起来,他们的抵抗势必会迅速瓦解。他们无法保护自己,没人会站出来保护他们"。他对黑尔少校解释自己的理念,所有的革命,比如他自己的革命,都需要有一个敌意的焦点来发泄"广大群众的仇恨情绪"。他选择了犹太人,不仅是出于个人信念,也是出于理性的政治算计:"针对犹太人的战争,不仅必将受到普遍的欢迎,而且还必将取得胜利。"与黑尔的这番交谈尤其能说明问

第六章　大屠杀

题，因为它表明了希特勒反犹动机的双重性——既有情感上的厌恶，又有冷静的论证。他与黑尔讨论的不只是他的理论阐述，还有他的愤怒情绪：

> 我要竖起绞刑架，比如在慕尼黑的马利亚广场，数量越多越好，只要交通状况允许。然后把犹太人一个接一个绞死，还要让他们吊在那儿，直到发臭……只要放下来一个，下一个就得补上他的位置，而且一直要持续到慕尼黑的最后一个犹太人被消灭。其他的城市也要如法炮制，直到德国除掉最后一个犹太人。[115]

希特勒的双重性表现为用来针对犹太人的两种暴力形式：大屠杀中随性、高度情绪化、不受控制的暴力，以及通过法律和警察力量显示出的冷静、系统化、合法化和规范化的国家暴力。随着希特勒逐步接近权力和越发娴熟地利用夺权所需的策略，他把情绪化的因素推至幕后，开始强调合法化。人们对魏玛共和国的主要抱怨之一就是街头法纪缺失的政治状态。希特勒对很多德国人的主要吸引力之一就是承诺结束这种状态。但是在掌权之前，希特勒就早已调动各种手段，显露出他反犹特征的两个方面。一方面是党派的街头暴徒，尤其是褐衫党（冲锋队），到1932年底，他们的人数超过50万人，他们习惯性地在街上暴打犹太人，有时甚至杀害他们。另一方面是精锐的党卫军，他们管理警察力量和集中营，操纵复杂的国家暴力机器对付犹太人。

希特勒当政的 12 年始终贯穿着这种双重性。一直到最后，犹太人既是个人突发性的鲁莽暴力行为的受害者，也是大工业基础上系统性国家暴行的受害者。在前 6 年的和平时期，二者之间还经常出现摇摆。一旦战争的黑暗和寂静压来，后者便以巨大的规模占据了主导地位。的确，希特勒是个经常逢事必有反应的即兴表演家和天才谋略家，而且他的迫害范围之广，形式之多，以至于发展出了一种自己的势头，但还是始终存在一种具有决定性的总体策略和控制能力，这恰恰是出自他自己而非其他任何人的头脑，也恰恰体现了他的反犹本性。大屠杀是有计划的，是希特勒制订的计划。那是整个这段恐怖过程唯一合理的推论。

希特勒刚开始掌权的时候，他的反犹太政策受到两种因素的约束。他需要迅速重建德国经济。那意味着要避免随即没收富裕犹太群体和驱逐他们导致的混乱。他希望尽快重整军备。那意味着要避免出现大规模暴行的场面，好让国际舆论打消顾虑。因此，希特勒采取了 14 世纪和 15 世纪西班牙用来对付犹太人的办法。推动和鼓励个体暴力行为，然后以此为借口提出针对犹太人的正式、合法的措施。希特勒在他的双重目标上都有代理人。他的宣传部部长约瑟夫·戈培尔（Joseph Goebbels），是他煽动民心的维森特·费雷尔。党卫军头目海因里希·希姆莱（Heinrich Himmler），是他冷酷无情的托尔克马达。在戈培尔的演讲和媒体的推动下，希特勒掌权后不久，褐衫党和党员们对犹太人的袭击及对犹太人生意的抵制和恐吓便开始了。希特勒放出风说他不赞成这些所谓的"个人行动"。但他对这些行为不加处罚,并放任这些行为在1935年夏季达到高潮。接着,在一次重要演讲中,他利用它们来证明9月15日提出的纽伦堡法案的合理性。这些法案通过剥夺犹太人的基本权利并开启将他们与其他人口隔离的进程,有效地执行了纳粹1920年的最初计划。它是中世纪制度最恶劣的一次借尸还魂。但是这个丑恶却似曾相识的行为,让大多数犹太人(和世界上的其他人)受到了蒙蔽,相信纽伦堡体系会让犹太人在纳粹德国得到某种即使卑微低下却合法、稳定的法律地位。他们忽视了希特勒在同一次演讲中附带的警告,那就是如果为"分散的世俗解决方案"所做的这些安排失败,那么可能有必要通过一项法律,"将这个问题交给国家社会党来最终解决"。[116]

实际上,实施这一备选方案的工具已经在准备了。就在希特勒掌权7个星期后,希姆莱已经在达豪启动了他的第一座集中营,而且希特勒从那时起就把用来镇压的警察机构的控制权收拢到自己手中,这种情况在其他地方绝无仅有。

在纽伦堡法案的基石上,限制犹太人活动的法规作为上层建筑不断加盖并逐步建造起来。到了1938年秋季,犹太人的经济权利已经被摧毁。德国经济再次具备了雄厚实力,德国如今已经重新武装起来。超过20万名犹太人逃离德国,但德奥合并后又纳入了同样数量的奥地利犹太人。于是"犹太人问题"依然没有得到解决,希特勒准备进行下一步行动:将这个问题国际化。尽管犹太人在德国的力量已经被摧毁,但犹太人在国外的力量,尤其是那些向他开战的力量,成为在他的演讲中重要性日益提升的主题。1938年11月9日,一个犹太人,赫舍尔·格林斯潘,在巴黎刺杀了一位纳粹外交官,此时的新局面戏剧性地投其所好,为希特勒利用他的双重手段和他的两位代理人推进下一步行动提供了借口。当天夜里,戈培尔在慕尼黑纳粹领导会议上表示,反犹报复骚乱已经开始。依照他的建议,希特勒此前已经决定,如果骚乱事态扩大,也不必阻止。这被理解为党要组织骚乱。随后就是"水晶之夜"。党员们砸毁并洗劫犹太人的商店。冲锋队派出小队,烧毁了所有的犹太会堂。党卫军晚上11点零5分得到消息。希姆莱记录:"命令是宣传部下达的,我怀疑权欲熏心——我早就注意到了——又脑袋空空的戈培尔趁着国外的政治局势非常严峻的时候发动了这次行动……我就此事询问元首的时候,我觉得他对这些事件一无所知。"[117] 不到两小时,他下令出动自己的所有警察和党卫军部队,阻止大规模抢劫,并把两万名犹太人送进了集中营。

毫无疑问,对重大事件始终发布口头命令的希特勒给戈培尔和希姆莱下达的命令相互矛盾,那是他一贯的做法。但是这一事件既有计划又有混乱之处。按照希特勒的打算,要利用这个事件对犹太人进一步采取措施。他们得为这次骚乱承担责任,而且被处以10亿马克(大约4亿美元)的罚款。但是大部分损失得由保险公司承担。由此产生了很多法律后果。犹太人向法院提出的损失赔偿主张被司法部的一条特别法令撤销。指控26名党员杀害犹太人的案件也被撤销。其余 4 名强奸犹太女性的人不得不被开除，因为"理想主义"和"自私自利"的犯罪行为有所区别。[118] 在希特勒看来，最气恼的是，大屠杀是不受欢迎的，不仅在国外，最主要的是在德国也不受欢迎。

因此他改变了策略。虽然戈培尔还在继续他的反犹宣传，但从此之后他不再被委任为反犹暴行中的执行角色。那项权力现在几乎完全交给了希姆莱。跟以往一样，"愤怒"被用作新一轮针对犹太人采取法律手段的借口。但是这一次，整个过程被搞得非常官僚化。每一步行动都是经验丰富的官员，而不是党派理论家，在事前经过深思熟虑设想出来的，每一步都是合法化和体制化的。正如研究大屠杀最重要的历史学家劳尔·希尔贝格所表明的，正是这种政策的官僚化，它才有可能达到庞大的规模，将大屠杀转变为种族灭绝行为。

政策的官僚化还确保了德国政府几乎每个部门，还有大多数平民曾在某个时候卷入反对犹太人的活动。希特勒针对犹太人的战争成了全民行动。为了贯彻这项政策，首先必须确定犹太人的身份，然后剥夺他们的财产，最后再把他们集中起来。身份认定要求医学专业人士和教会同时参与。纳粹发现，通过种族实际上很难界定一名犹太人。他们不得不求助宗教标准。他们 1933 年 4 月 11 日的基本法令——当时是为将犹太人赶出行政部门而制定——对"非雅利安血统的人"的界定是父母、祖父母或外祖父母中有一人信奉犹太教。但此举导致意见出现分歧。1935 年，该党首席医务官瓦格纳博士、德国医学工作者协会秘书布洛梅博士和种族政治办公室头目格罗辛博士之间举行了一场医学会议,决定四分之一血统的犹太人是德国人,一半血统的犹太人仍然是犹太人,因为(布洛梅说)"在一半血统的犹太人中间,犹太基因显然占主导地位"。但是,行政部门不愿接受这项定义。他们以宗教或婚姻关系来界定半犹太人。行政部门的人自行其是,因为他们实际上制定了详细的法规,包括1935年11月14日的德意志帝国公民法。前海关官员伯恩哈德·勒泽纳博士在内政部草拟了大约27条种族法令,可以用来精细地区分征税货物。申请各种各样的工作都得出示雅利安血统的确切证明。一名党卫军军官需要出示可追溯至1750年的血统证明,即使政府部门的低级文员也需要7份证明文件。唯一拥有1875—1876年以前出生记录的教会就这样被牵扯了进来。家族调查员作为一种新职业应运而生。拥有部分犹太人血统的人群中第三种人——混血儿——被区分出来,他们又被分为第一和第二等级。随着混血儿被界定,重新分类或"解放"的需要大大增加,而且与沙皇俄国一样,这种制度很快就引发出各种裙带关系和腐败。希特勒总理府的一名官员很讨希特勒喜欢,他是第二等级的混血儿,1938年的圣诞夜,他收到了元首送给他的私人圣诞礼物——"解放书",当时他和家人们正围坐在圣诞树旁边。[119]

此外,剥夺犹太人财产或者所谓的雅利安化将很大一部分商业团体卷进了这个体制。从1935年8月开始,包括希姆莱和施

第六章 大屠杀

特赖歇尔在内并以全部国家资源为后盾的抵制委员会向犹太人施加压力,迫使他们售出全部资产并降低售价,以便吸引德国人迅速前去收购。银行在这个过程中也扮演了重要角色,它们在每个阶段都能获利,而且结果经常是将业务据为己有。德国商业就是在这个过程中受到腐化并参与了最终解决方案,它不只是一个从邪恶法律中牟利的问题。希特勒的双重手段被用于每个阶段。让犹太人失去财产的不仅是法律还有暴行。奥地利信贷银行的一名高层人员被冲锋队带走并从一辆行进的车上被扔了下来,另一位则在冲锋队搜查他的房屋时被踢死,之后,法本公司和德意志银行吞并了这家银行及其附属企业。路易·罗斯柴尔德男爵被警察逮捕并被扣为人质,直到其家族同意以最低价格交出他们的资产。后来,德累斯顿银行给希姆莱的参谋长写信,感谢警方帮助压低价格。[120]

将犹太人集中起来并与其他人群隔离,再让他们接受完全不同的管理体制,这个过程也有德国人的全民参与。这是一个非常复杂和难以操作的过程,它要求数以万计的官僚要有几乎不亚于最后的屠杀过程本身的冷酷无情。而且,所有德国人对此都心知肚明。有的反犹条例并未发表公布,但犹太人在生活的方方面面受到了有区别的恶劣对待是有目共睹的。"水晶之夜"过后,关于性和婚姻的法律越来越严厉并得到了野蛮执行。犹太人被发现与雅利安人"亲近"必然会被送进集中营。这个雅利安人可能也会被送到那儿,接受3个月的"再教育"。与此同时,1938年11月,

488

犹太人被赶出了所有的学校，火车、等候室和餐馆都实施隔离制度。犹太人被移送到被隔离住宅区的进程也开始了。这些行动有的是依照复杂的法规做出的，有的则毫无法律依据。自始至终，希特勒针对犹太人的战争就扑朔迷离地结合了合法和非法、体制和纯粹暴力。比如，从1938年12月开始，希姆莱为了降低犹太人的流动性，推动集中进程，便擅用职权，直截了当地吊销了所有犹太人的驾照。犹太人被剥夺了财产，便大量涌入大城市。犹太人的救济机构同样贫困潦倒，无力应对。于是，按照1939年3月的一条法规，没有工作的犹太人要被送去强制劳动。

因此，在1939年9月战争打响之前，许多最终的恐怖已有先兆，而且实施这些恐怖的体制已经初具雏形。尽管如此，战争还是在两个重要方面产生了影响。首先，它改变了希特勒对迫害犹太人进行道德合理化的侧重点。这种道德合理化，虽然可能粗略简陋，但却是大屠杀的重要环节，因为它被戈培尔公开使用，以此确保德国民众的默许和冷淡，被希姆莱用来激发操作这台镇压机器本身的那些人员的热情。在战争爆发之前一直有观点认为，既然犹太人已经世世代代地致力于欺骗德国民众，那么他们对自己的财产就不享有道德权利，剥夺他们财产的措施只不过是一种简单的补偿行为，让他们的财富物归原主——还给帝国。随着战争的爆发，又出现了一种新的观点。希特勒一直坚称，如果战争到来，那肯定是活跃于国际舞台的那些犹太人干的好事；因此，当战争真的到来时，他就把随后出现的所有牺牲全部归咎到犹太人身上。这种观点的结论暗示，犹太人对他们的生命也不享有道德权利。的确，他在很多场合都说过战争将促成"犹太人问题"的"最终解决"。

从中我们得出了战争的第二个后果。1933—1939年的执政经验让希特勒改进了自己普及反犹主义的观点。虽然抽象地将仇恨对准某个焦点很有用处，但他已经认识到针对全体犹太人的公开、普遍和身体暴力对于德国民众来说是不能接受的，至少是在和平时期。但是，战争造成了一种独有的紧迫感，而且它还能为许多活动罩上面纱。实施种族灭绝正需要这样的环境。因此非但不是犹太人发动了战争，而是希特勒为了消灭犹太人而主观促成了战争。他要消灭的不只是德国犹太人，还有所有欧洲犹太人，因此为他一直以来的主张提供一个国际性的最终解决方案也成了一个国际问题。战争不仅是必需的，它要为实施这场行动提供必需的借口和幌子，而且它还得包括针对波兰和俄国的战争，这样希特勒就能够把手伸到欧洲犹太人的主要来源地。

因此随着战争第一个阶段的开始，犹太人承受的压力迅速增加。从1939年9月开始，他们不得在晚上8点之前上街。接着他们的行动又被限制在所有区域的特定时间和所有时间的特定区域。他们被禁止乘坐很多种公共交通工具，除了在某些不方便的时间之外或者无论何时。他们不能拥有电话，后来还被禁止使用电话：电话亭被标上了"禁止犹太人使用"。犹太人特殊的身份证件可回溯至1938年8月，而且随着战争的到来，它们成为新的剥夺体制的基础。定量配给卡被盖上了"J"的印戳以便被用于各种形式的剥夺。从 1939 年 12 月开始,犹太人的配给量被削减,与此同时,犹太人还被限定了特定的购物时间。希特勒的执念之一就是,第一次世界大战战败就是由犹太人的勾当导致本国食品经常短缺造成的。他下定决心,这一次,犹太人不应该多吃一口不必要的食物,粮食部在他的反犹政策中也发挥了重要作用。实际上那里的官僚们逐步实施了比原计划更为严苛的措施,目的就是饿死犹太人。

与此同时,很多犹太人正因过度劳累而死去。他们被排除在德国劳动法的保护性条款之外。德国雇主们利用了这一点,取消了犹太人的假日薪水。1940 年年初,犹太人的所有津贴都被依法取消。1941 年 10 月,一部单独适用于犹太人的劳动法出台,允许雇主,比如,让 14 岁的犹太男孩儿不限时间地工作。犹太人被剥夺了防护服装,焊工被剥夺了护目镜和手套。从 1941 年 9 月起,6 岁以上的所有犹太人都要佩戴一枚巴掌大小、黄底黑色的大卫之星,中间还有"Jude"(犹大)的字样。正是这样一套身份识别系统,任何人都可以轻易检查犹太人是否违反了这些数不清的规定,整个德意志民族都变成了警察部门和这场迫害的参与者,还让犹太人自己失去了生活的信心。

战争大幕的揭开还为希特勒奉上了半个波兰和超过 200 万的波兰犹太人。而且,波兰是一个被占领国,他在那儿基本上可以为所欲为。希特勒式的双重性再次得到了运用。首先是"自发的"

第六章 大屠杀

个人袭击,不过其规模和残忍程度远胜德国。于是,50多名犹太人在波兰的一座犹太会堂被枪杀。党卫军举办了鞭打狂欢:1940年早些时候,在纳谢尔斯克,1 600名犹太人被鞭打了一整夜。反感党卫军的德国军队记录下了这些事件,其中有些记录留存了下来。[121]这些暴力事件导致人们要求"有序"的解决方案,而这些方案反而成为系统性的迫害。

1939年9月19日,希特勒决定将波兰大部并入德国,将60万犹太人从那儿迁入被称为"总督府"的波兰残余地区,并将那里的所有犹太人集中到铁路沿线的便利地点居住。另外,他还下令将所有的德国犹太人转移到那儿。此举让德国的铁路系统,即帝国铁路,发挥了作用,帝国铁路当时拥有50万名职员和90万名体力劳动者。没有铁路,那场大屠杀就没有可能发生。借助被他们称作"专列"的遣送火车和专员——这些人协调遣送计划和战争的其他行动计划——帝国铁路不遗余力地把犹太人精准运送到党卫军希望他们去的地方。装载犹太人的这些列车享有高于一切的优先权。1942年7月,266师在俄国发动攻势并强制禁止铁路的其他一切用途时,党卫军依然每天运行一列火车,将5 000名犹太人运送到特雷布林卡,每周还有两班火车运送5 000人到贝乌热茨。即使在伏尔加格勒恐慌最盛的时期,希姆莱还给交通部部长写信说:"如果要我尽快完成这些事,就必须有更多火车来运输……帮我搞到更多火车!"这位部长帮了他的忙。对火车因素的研究也许比其他所有研究都能更好地显示希特勒的犹太人政策在他的总体方案中的重要性,以及普通德国人在多大程度上帮助他推动这项政策走到了最后。[122]

一旦犹太人被隔离、调动和集中在总督府,被希特勒称为(1940年10月2日)"大型波兰劳动营"的强制劳动计划就可以正式开始了。这是最终解决方案和大屠杀本身的第一部分,因为劳累致死是这套系统运转的基础。弗里茨·绍克尔,劳动力分配办公室的头目,下令"以最低的开销和最大的程度"来剥削犹太人。[123] 劳工被迫每周7天从早干到晚,穿着破布,吃着面包、稀汤、土豆和时而才有的肉屑。第一项主要奴工作业是1940年2月沿东部新边境修建庞大的反坦克堑壕。[124] 从那时开始,这套系统扩展到各个工业领域。工人可以通过电话"订购",用货运列车运送,就像原材料一样。就这样,法本公司得到了从拉文斯布吕克运到达豪的250名荷兰犹太女子,还是那些货运列车,把200名波兰女人退回达豪。[125] 奴工经常被迫跑步行动,"奥斯威辛小跑",甚至是在搬运东西的时候,比如重达100磅的成袋混凝土。在靠近希特勒家乡林茨的毛特豪森,希姆莱在一座市政府采石场附近修建了一座劳动营,劳工们的工具只有镐和斧头,他们还要背着沉重的花岗岩石块经过186级陡峭狭窄的台阶,从采石场走到集中营。他们的存活时间是6周到3个月,而且还不包括意外死亡、自杀和被刑罚致死。[126]

毫无疑问,强制劳动是谋杀的一种形式,而且纳粹当局也是如此认为的。"通过劳动消灭"的说法在1942年9月14日和18

第六章 大屠杀

日司法部部长乔治·提拉克博士与戈培尔和希姆莱的讨论中反复出现。[127]鲁道夫·霍斯，1940年5月至1943年12月任奥斯威辛指挥官，后任指挥整个反犹计划的国家安全部办公室主任，他做证说，到1944年为止，德国军事工业有40万名奴隶在工作。"在劳动环境特别恶劣的企业里，"他说，"每个月有五分之一的人死去，或者因为失去劳动能力被企业送回集中营，准备消灭。"所以说，德国企业是最终解决方案这一方面的自愿参与者。这些劳工没有名字——只有被刺在身体上的编号。如果一个人死了，工厂经理不必说明死因：他只会申请一名代替者。霍斯做证说，争取犹太奴工的要求一直都是公司方面提出来的："集中营没时间向企业提供劳工。相反，只会在公司对（这样的）囚犯有要求时，囚犯才会被送去公司。"[128]所有相关企业对于正在发生的事情都一清二楚，而且知道的也并不仅仅限于级别非常高的经理和那些参与奴工事务具体操作的人。他们前往集中营的次数也是数不清的。而能体现他们看法的书面记录，也只有很少部分被保留了下来。例如，1942年7月30日，一名法本公司雇员参观了奥斯威辛奴工的工作后，用很多德国人都会用的那种开玩笑的讽刺口吻给一名法兰克福的同事写信道："犹太民族正在这儿发挥你能想象到的最特别的作用。这种人的饮食和待遇符合我们的目标。显然，他们基本从不会有体重增加的记录。他们若是稍有什么要去'换换空气'的动作，子弹就会嗖嗖地飞过，以及很多人已经因为'中暑'消失，都是千真万确的事实。"[129]

但是饿死和累死犹太人的速度对于希特勒来说还不够快。本着与黑尔少校进行的那番谈话的精神,他决定还是要进行大屠杀。希特勒很少签署什么命令;涉及犹太人的命令更少。关于犹太人政策,希特勒写过的最长信件可以追溯至 1933 年春天,那封信是回复兴登堡要求反犹太法令豁免退伍老兵的。[130] 有关缺少书面命令的原因,其中一种说法认为最终解决方案是希姆莱的行为,而希特勒对此不仅没有下令,甚至都不知道发生了什么。[131] 但是这种说法站不住脚。[132] 第三帝国的行政机构虽然经常混乱无序,但其核心原则清清楚楚:所有关键决策都出自希特勒。犹太人政策尤其如此,那是他关注的中心和毕生事业的动力。显然,他是所有纳粹领导中最执迷和最顽固反犹的。即使施特赖歇尔,在他看来,都上了犹太人的当:"他把犹太人理想化了。"1941 年 12 月,希特勒坚称,"犹太人比施特赖歇尔描述得更下贱、更凶残、更邪恶"。[133] 希特勒接受了形式最极端的反犹阴谋论,相信犹太人生性邪恶,简直就是恶魔的化身和象征。[134] 在他的整个事业历程中,他都是从启示录的角度看待"犹太人问题",而且大屠杀就是他的观点的逻辑结果。虽然他启动大屠杀的命令是口头的,但希姆莱和其他人总会根据惯例,将其作为他们不可违抗的权威来引用:"元首的愿望""元首的意志""经过元首的同意""这是我的命令,也是元首的愿望"。

最终解决方案的决定性日期几乎可以肯定是 1939 年 9 月 1 日;那一天,战争开始了。那一年的 1 月 30 日,希特勒清楚地陈述了

第六章 大屠杀

他会对战争做何反应:"如果欧洲内外那些国际金融犹太人再一次成功地让这些国家陷入另一场世界大战,结果不会是世界的布尔什维克化及犹太人由此获得胜利,而是犹太民族在欧洲的灭绝。"他将这场战争视为种族灭绝的许可证,而且他设置了精确进程,就在战争爆发那一天开启。第一份试验性谋杀的计划是在希特勒的总理府构思的,而且1939年9月1日的最初命令是用希特勒的个人信纸发布的:这份命令批准杀死无法治愈的精神病。这项计划的代号T-4取自总理府的地址——动物园街4号,而且从一开始,它就具备种族灭绝计划的特征:党卫军参与,委婉说法,欺骗。值得注意的是,第一个被任命主持这项安乐死计划的人,党卫军副指挥莱昂纳德·孔廷医生,在要求得到希特勒的书面命令之后被解职了。另一位党卫军医生,菲利普·博伊哈勒,接受了口头命令,顶替了他的位置。[135]

党卫军试验了多种毒气,包括一氧化碳和品名为齐克隆-B的氰基杀虫剂。1939年晚些时候,第一间毒气室建成于勃兰登堡的一处杀戮中心;希特勒的医生,卡尔·勃兰特见证了对4名疯子的杀戮测试。他向希特勒作了汇报,后者下令只使用一氧化碳。其他5座杀戮中心随后装备齐全。这种毒气室被称作"浴室",受害者会被编成20或30人一组,被告知他们要去洗澡。他们被密闭在毒气室里,之后负责的医生向他们释放毒气。后来在大规模灭绝的集中营里使用的同样是这套基本流程。该计划杀害了80 000—100 000人,但1941年8月由于教会的抗议被叫停——

他们唯一一次阻止希特勒杀人。可此时,这种方式还是被用来杀害集中营里病重无法工作的人。于是,安乐死计划被并入了最终解决方案,在方式、装备和专业人员方面都具有连续性。[136]

应该强调的是,虽然整个 1940 年和 1941 年春季,在波兰大批杀害犹太人的行为一直在进行,但大规模灭绝阶段并未真正开始,直到 1941 年 6 月 22 日,希特勒入侵苏联。此举意在摧毁犹太—布尔什维克阴谋的中心,让希特勒把手伸向那时苏联境内的 500 万犹太人。杀戮通过两种方式实现:机动的杀戮部队和固定的中心或死亡集中营。这种机动杀戮系统可以追溯至 1940 年 7 月 22 日,当时希特勒首次向军队提出了涉及大规模灭绝的全面战争的想法。实际上,自从党卫军杀戮部队为了战术接受军队指挥开始,军队就深入参与了最终解决方案。1941 年 3 月 3 日,约德尔将军的战争日记首篇就记录了希特勒的决定,在即将到来的苏联战役中,党卫军—警察部队将被送上前线部队区域,以便"清除"那些"犹太—布尔什维克知识分子"。[137]

494   这就是别动队的由来,即机动的杀戮队伍。他们接受莱因哈德·海德里希麾下的帝国中央保安局(RSHA)的指挥,指挥系统是希特勒—希姆莱—海德里希。这样的队伍有 4 支,A、B、C 和 D,每支队伍多达 500～900 人,被一一对应地分派给入侵俄国的 4 组集团军群。他们的军官来自党卫军、盖世太保和警察,高军衔的比例很高,包括很多知识分子和律师。指挥 D 队的奥托·奥伦多夫拥有 3 所大学的学位和法学博士头衔。恩斯特·比贝尔施泰因，C 队的指挥官之一，是新教牧师、神学家和教会官员。

1941—1942 年，苏联境内的犹太人有 400 万生活在被德军侵占的地区。其中 250 万人在德国人到来前就逃走了。余下的 90% 集中在城市，导致别动队能够更加方便地杀死他们。这支谋杀队伍直接跟在军队后面行动，在城市居民还没来得及知道是怎么回事之前就对犹太人进行围捕。在杀戮扫荡的初期，4 支队伍在 1941 年 10 月中旬至 12 月上旬的不同日期报告称他们已经分别杀了 12.5 万人、4.5 万人、7.5 万人和 5.5 万人。不过很多犹太人被落在了后方区域，所以杀戮分队被派去抓捕和杀害他们。军队会合作地将犹太人移交给他们，把犹太人称作"游击队员"或"多余的吃货"来安慰自己的良知。有时候，军队自己就会杀犹太人。为了给自己省事儿，他们和党卫军都鼓励屠杀。犹太人几乎没有抵抗。俄国市民很合作，不过一位当地市长因为试图"帮助犹太人"被枪毙的一幕被记录了下来。[138] 人数相当少的刽子手团队就处理掉了庞大的人数。在里加，一名军官和 21 个人就杀了 10 600 名犹太人。在基辅，C 队的两个小分遣队杀了 3 万多人。1941 年年底，第二次扫荡开始并持续了 1942 年全年，这次杀了 90 万人以上。大多数犹太人是在城镇外的壕沟里被枪杀的，壕沟随后变成坟墓。第二次扫荡期间，先是要挖万人坑。刽子手们在犹太人的脖子后面开枪，或者使用"沙丁鱼方式"。按照这种方式，第一层要求他们自己躺在坟墓底部，然后被从上射杀。第二层躺在第一层尸体上面，头对着脚。摆上 5 层或 6 层，然后，这处坟墓就会被填满。

有的犹太人藏在地板下和地窖里，他们被手榴弹炸了出来或者被活活烧死。有的犹太姑娘为了活命献上了自己；她们在夜晚被享用后却依然在次日早上被杀掉。有的犹太人只是受了伤，还能活上几小时，甚至几天。期间发生了很多虐待成性的行为。但甚至在这些经过挑选的刽子手当中，也有人不太情愿屠杀这么多没有抵抗能力的人——任何一组在一次实际的杀戮行动中都不会有一个人丧生。希姆莱只去视察了这项工作一次，1941年8月中旬，他亲眼目睹了100名犹太人被枪杀，这次视察有据可查。希姆莱发现自己无法在每次枪声响起的时候都看得下去，指挥官责备他说："领袖，那只是100人。"希姆莱说："你这话是什么意思？""看看执行命令的那些人的眼睛。他们多么深受震动啊！这些人的余生都被毁了。我们在这儿训练的是哪种追随者呢？精神病还是野蛮人？"希姆莱随后向那些人发表了讲话，号召他们遵守"党的最高道德法则"。[139]

为了避免射击时杀人者和被杀者之间的个人接触产生的影响，这支队伍尝试了其他方法。炸药的使用被证明是灾难性的。后来他们引入了机动毒气车，而且很快就给各支部队送去了两辆车。同时，固定的中心——死亡集中营——的使用为这些机动杀人行动提供了补充。他们建成并装备了其中6座集中营：被并入帝国的波兰境内的海乌姆诺和奥斯威辛；波兰总督府的特雷布林卡、索比布尔、马伊达内克和贝乌热茨。从某种意义上来说，作为一种特殊类别，"死亡集中营"这个词会让人产生误解。共有1 634座集中营及其附属区和超过900座劳动营,[140]它们全都是死亡集中营,数量庞大的犹太人因为饥饿和劳累过度死在里面,或者因为微不足道的过错或者经常根本毫无原因地就被执行了死刑。然而这6座集中营是以工业规模的大屠杀为目的,经过了慎重的规划或扩建。

在别动队行动的同时,1941年6月,希特勒似乎已经下令在固定的中心实施大灭绝。不过如我们所见,大规模的毒气杀戮早就在进行;1941年3月,希姆莱已经指示奥斯威辛的指挥官霍斯为此扩大集中营的规模。希姆莱告诉他,奥斯威辛是经过挑选的,因为它铁路交通便利,隔离于人口中心之外。不久之后,希姆莱指示卢布林的党卫军警察头目奥迪罗·格洛博奇尼克建设马伊达内克,于是这位官员成为一张杀戮网络的头目;这张网包括其他两座死亡集中营,贝乌热茨和索比布尔。指挥系统如下:希特勒的命令被传达给希姆莱,再从他那儿下达至各集中营指挥官。不过,赫尔曼·戈林,作为这项4年计划的头目,从事在行政层面安排国家各个官僚机构合作的事宜。这一点很重要,说明虽然大屠杀的执行机构是党卫军,但这项罪行总的说来是涉及德国政府、武装部队、产业及其党派的所有阶层的国家行为。就像希尔贝格所说:"这些阶层的合作如此彻底,以至于我们可能真的要说他们已经融入了一台毁灭的机器。"[141]

戈林向海德里希——作为帝国中央保安局局长和秘密警察头目,是国家和党派的交叉点——委派了负责协调的任务,并于

1941 年 7 月 31 日送交给他一份书面命令：

> 为补充 1939 年 1 月 24 日交派给你的任务，亦即根据现况以最佳方式进行移民和疏散来解决犹太人问题，本人兹在此指示你，就组织、物资及财务等事项做好一切必要准备，以便彻底解决德国势力范围内欧洲犹太人问题。以上行动所需的条件，若触及其他中央机构的权力，他们必须协助参与。[142]

海德里希转而向帝国中央保安局负责"犹太人事务和疏散事务"的官员阿道夫·艾希曼下达了命令。此人对大屠杀负有全面行政责任，而希姆莱通过他的集中营指挥官行使执行责任。正是艾希曼实际草拟了 1941 年 7 月 31 日由戈林签署的那份命令。但与此同时，希特勒又给海德里希下达了一份口头命令并转告艾希曼："我刚从领袖那里回来：元首现在已经下令从身体上消灭犹太人。"[143]

大屠杀机器的建设持续了 1941 年的整个夏季和秋季。汉堡的两名平民来到奥斯威辛，指导那里的工作人员如何使用齐克隆 -B，那里优选的杀戮方式。9 月，在奥斯威辛 II 区，第一次毒杀在 250 名犹太病号和 600 名俄国战俘身上实施。接着，这项工作从奥斯威辛主要的杀人中心比克瑙开始。第一座死亡集中营在罗兹附近的海乌姆诺建成，1941 年 12 月 8 日开始运转，使用机动卡车用

第六章 大屠杀

过的废气。帝国中央保安局关于这场杀戮的会议本计划次日在柏林郊区万湖的一栋别墅召开。但会议因为珍珠港事件被推迟，直到1942年1月20日才召开。到了那时，纳粹高层已经出现了一定程度的忧虑迹象。苏联的继续存在和美国的参战，一定让他们很多人确信德国不可能赢了。会议重申了最终解决方案的目标并协调了将其贯彻到底的手段。午餐期间，当侍者分发白兰地的时候，几个出席者都催促要加快速度。正是从这一点来看，大屠杀的迫切被列到了首位，甚至超过了战争行动本身，反映出希特勒下定决心，无论战争的结果如何，欧洲的犹太人都不得幸存。

万湖会议之后是迅速的行动。贝乌热茨第二个月就投入运转。索比布尔的建设从3月开始。与此同时，马伊达内克和特雷布林卡被改造成为死亡中心。戈培尔在听取了主管总督府集中营的格洛博奇尼克的简短汇报后写道（1942年3月27日）："判决正报应在犹太人身上，（他们）野蛮……元首关于他们掀起一场新的世界大战的预言开始以一种最糟糕的方式应验。"[144]

不过这是戈培尔在自己的日记中的倾诉。而在实际命令中，即使是在非常有限的传播渠道，对种族灭绝的叙述始终都以委婉的代称表示。即使是在万湖会议上，海德里希也用了代称。所有犹太人，他说，将被"疏散到东方"并组成劳动队伍。大多数人会"通过自然减少的方式消失"，而那些有能力重建犹太民族的强硬分子将会得到"相应处理"。最后这个意为"被杀掉"的短语在别动队的报告中已经屡见不鲜了。官方对谋杀的委婉说法有很多，它们被那些参与行动的人使用，也被行动之外的无数人清楚地了解：秘密警察措施，按照秘密警察的方式彻底检查，行动，特别行动，特别处理，送到东方，重新安置，适当的处置，净化，重大净化行动，传达特别措施，清除，解决，清理，释放，结束，移民，流浪，走散，失踪。

为了尽可能减少他们对自己所作所为的严重程度的介怀，委婉用法被认为是必不可少的，甚至是在专业的屠杀者之间也是这样。欧洲国家大约有 8 861 800 犹太人直接或间接地处于纳粹的控制之中。据估算，纳粹杀害了其中 5 933 900 人，或者说 67%。波兰被杀的人数最多，330 万人，超过 90%。波罗的海诸国、德国和奥地利达到了同样的比例，波希米亚和摩拉维亚保护国[①]、斯洛伐克、希腊和荷兰超过 70%。白俄罗斯、乌克兰、比利时、南斯拉夫、罗马尼亚和挪威，犹太人被杀的比例超过 50%。[145] 6 大死亡集中营构成了主要的杀戮区域，奥斯威辛杀害了 200 多万人，马伊达内克 138 万，特雷布林卡 80 万，贝乌热茨 60 万，海乌姆诺 34 万，索比布尔 25 万。它们的毒气室工作速度极为可怕。特雷布林卡有 10 间毒气室，每间一次可容纳 200 人。霍斯夸耀说他在奥斯威辛的毒气室每间可以装下 2 000 人。使用齐克隆-B 气体晶体，奥斯威辛的 5 间毒气室每 24 小时可以杀害 6 万名男女和儿童。霍斯说，1944 年夏季，单单匈牙利犹太人他就杀害了 40

---

① 纳粹德国在捷克斯洛伐克西部建立的傀儡政权。——译者注

第六章 大屠杀

万（还有其他群体），总共"至少"有250万人（犹太人和非犹太人）在奥斯威辛被毒气毒死并焚烧，另外还有50万人死于饥饿和疾病。1942年、1943年和1944年的多个月份，纳粹每周都会残忍地杀死10万多人，主要是犹太人。[146]

如此规模的暴行实施于文明的欧洲，虽然是在战争期间，虽然是在德国军队的防卫屏障之后，但它仍然提出了很多问题，不仅是关于犹太人本身，还关于德国人、他们的盟友、同伙和被征服地区的行为，关于英国人和美国人。让我们依次审视每个问题。

德国人知道并默许了这种种族灭绝。他们光是党卫军就有90万人，另外还有与铁路有关的120万人。火车泄露了秘密，大多数德国人知道那些巨大、拥挤的火车在黑暗中嘎吱嘎吱地行进几小时意味着什么，就像一个人记下的言语所显示："那些该死的犹太人，他们甚至晚上都不让人睡觉！"[147]德国人是谋杀的受益者。从受害人那里偷来的数以万计的男女手表、钢笔和自动铅笔在军队中分发；仅仅6周，从奥斯威辛被毒杀的人中收集的222 269套男士西装和衬衣、192 652套女装和99 922套儿童服装就在德国国内分发。[148]收到东西的人大致都知道这些东西从何而来。德国人对于犹太人正在遭受的境遇几乎毫无异议，也几乎从未帮助过犹太人逃走。但例外还是有的。在柏林，就在希特勒帝国的中心，这个城市的16万名犹太人中的几千人设法转入地下，变作所谓的"U型潜水艇"，逃过劫难。而每个逃脱的事件都意味着来自非犹裔德国人的某种放任和协助。[149]其中一例是学者汉斯·希舍尔，1942 年 2 月变作"潜水艇"。他搬进了自己的情妇玛丽亚·冯·马尔灿伯爵夫人的公寓，后者是忠实的纳粹、陆军元帅沃尔特·冯·赖谢瑙的小姨子。她为他设计了一张可以爬进里面的箱状床，还钻出了可以呼吸的孔洞。她每天给他送一杯清水和一份咳嗽遏抑剂。一天，她回到自己的公寓，听到希舍尔正在和另一名"潜水艇"维利·比绍夫放声高唱："以色列啊，你要听！耶和华我们的神是独一的主。"[150]

奥地利人比德国人还要恶劣。他们在大屠杀中发挥的作用远远超出他们的人数比例。不只是希特勒，就连艾希曼和盖世太保的头目恩斯特·卡尔滕布伦纳都是奥地利人。在荷兰指挥杀害犹太人的是两名奥地利人，阿图尔·赛斯－英夸特和汉内斯·劳特尔。在南斯拉夫，5 090 名战犯中有 2 499 人是奥地利人。奥地利人在机动杀戮部队中占有重要地位。他们为党卫军的灭绝部队提供了三分之一的人员。6 大死亡集中营中有 4 座是奥地利人控制的，杀害了 600 万犹太受害者中的将近一半。[151] 奥地利人反犹情绪之激烈远胜德国人。梅纳什·毛特纳，第一次世界大战的残疾老兵，装了一条木腿，摔倒在维也纳结冰的人行道上，在那儿躺了 3 小时，向路人求助却是徒劳。他们看到他犹太人的星形标志便拒绝了。[152]

罗马尼亚人不比奥地利人好多少；而且在某些方面更恶劣。战前在罗马尼亚的 75.7 万名犹太人，他们所受的待遇是全世界最差的。罗马尼亚政府在希特勒的反犹政策上亦步亦趋，虽说效率远远不及,但恶毒程度有过之而无不及。从 1940 年 8 月开始,法律剥夺了犹太人的财产和工作,让他们承担没有报酬的强制劳动。还有屠杀——1941 年 1 月,170 名犹太人在布加勒斯特被杀。罗马尼亚人在入侵苏联的过程中扮演了重要的角色,这场入侵对他们来说也是一场针对犹太人的战争。他们在比萨拉比亚杀了 20 万名犹太人。犹太人被装进运送家畜的卡车,没有食物和水,没有特定目的地地四处转移。或者,他们被迫脱掉衣服急行军,有的实际上什么都没穿,其他人只有报纸遮体。与别动队 D 在苏联南部合作的罗马尼亚军队,他们的残暴和杀完人却不掩埋尸体的行为甚至让德国人都感到愤慨。1941 年 10 月 23 日,罗马尼亚人在敖德萨的军队总部被一枚地雷摧毁后,在那里实施了一次大屠杀。第二天,他们把成群的犹太人赶进 4 间大型仓库,向他们泼洒汽油,把他们点着:2 万~3 万人因此被烧死。经德国人的同意,他们从乌克兰争取到了德涅斯特河左岸地区,作为他们对最终解决方案的贡献的奖励。这片杀戮区域,217 757 名犹太人被处决(据估算 13 万人来自苏联,87 757 来自罗马尼亚),罗马尼亚人自己就处死了 138 957 人。[153] 继德国人和奥地利人之后,罗马尼亚人是杀害犹太人的最大刽子手。他们更倾向于实施殴打和折磨,或者强奸,军官们比手下更残忍,因为他们为了放荡纵欲会挑选出最漂亮的犹太姑娘。他们还更唯利是图,枪杀完犹太人,他们会把尸体卖给当地农民,那些农民会剥光尸体的衣服。他们还愿意卖掉活的犹太人,如果得到的钱足够多的话。但是从 1944

年开始,他们的态度没那么肆无忌惮了,因为他们意识到同盟国会赢得胜利。[154]

法国一部分有影响力的人提出了的意见,表示愿意积极参与希特勒的最终解决方案。他们从未对 1906 年德雷福斯支持者的胜利释怀,对犹太人的仇恨又被 1936 年布卢姆人民阵线政府加深。与德国一样,反犹分子包括大量知识分子,尤其是作家。他们当中有一位医生——F. L. 德图什(F. L. Destouches)——用笔名塞利纳(Céline)写作。他的反犹檄文《大屠杀,小伎俩》(1937)使用了自己的真名,在战争前夕和期间产生了很大影响,文章宣称法国已经成为被犹太人占领的国家(就像一个被强奸的女人),而且希特勒政权的入侵将是一次解放。这本离奇的书复活了一种根深蒂固的观念,那就是英国人与犹太人结成了邪恶的同盟,要摧毁法国。德雷福斯案件期间,用夸张的英国发音"哦,是的"这个短语就是反犹的政治口号,而且在《大屠杀,小伎俩》这本书里,塞利纳列出了英国人—犹太人世界阴谋集团的口号:"再见砰!嚎!耶!天啊!国王万岁!劳合家万岁!塔于尔万岁!城市万岁!辛普森夫人万岁!《圣经》万岁!上帝的妓院!世界是犹太人的妓院!"[155]法国号召摧毁犹太人的反犹政治组织不下10 个,其中有的是纳粹政府资助的。幸运的是,他们无法达成一个共同的策略。但维希政府采纳反犹政策之后,他们的机会来了。1938 年,达基耶尔·德·佩莱普瓦成立了法国反犹联谊会,1942 年 5 月,他成为维希政府犹太人问题专员。[156]大多数法国人拒绝与最终解决方案的政策合作，但愿意合作的人倒是比德国人还热心。就这样，希特勒设法杀害了 9 万名（26%）法国犹太人，并且在法国当局的协助下，将 7.5 万名犹太人驱逐出法国，其中只有 2 500 人幸存。[157] 个人仇恨在法国战时的反犹主义中占有很大成分。1940 年，维希和德国当局就收到了 300 万至 500 万封告发特定个人（并不全是犹太人）的匿名诽谤信。[158]

希特勒发现他的意大利盟友不太合作。从教皇国末期以来，意大利的犹太社会已经成为欧洲融合程度最高的社会之一。正如国王维托里奥·埃马努埃莱三世对赫茨尔所说的（1904）："犹太人可以占据任何职位，他们确实……犹太人对我们来说，就是完全的意大利人。"[159] 意大利的犹太社区也是世界上最古老的社会之一。贝尼托·墨索里尼喜欢开玩笑说犹太人"掳奸完萨宾妇女之后还会为她们提供衣服"。① 犹太人已经诞生了两位意大利总理和一位国防部长；他们有大学教师，还有将军和舰队司令，数量众多。[160] 墨索里尼本人终生都在亲犹太主义和反犹主义之间摇摆不定。正是一群犹太人促使他转变立场，介入第一次世界大战。1919 年，战斗法西斯的最初创始人里面有 5 个是犹太人，犹太人在这场法西斯运动的每个分支都表现积极。《法西斯百科全书》里关于反犹主义的学术文章是一名犹太学者写的。墨索里尼的传记

---

① 拉丁人和萨宾人同为古罗马文明的创建者。两大部族曾冲突不断，相传有一次拉丁人劫掠了大批萨宾妇女为妻，于是萨宾人进攻罗马进行报复，已为人妻母的萨宾妇女苦劝丈夫与父兄和好，最终促成两个部族的融合。——译者注

作者马格利特·萨尔法蒂,还有他的财政部长吉多·容格,都是犹太人。希特勒掌权之后,墨索里尼以犹太人的欧洲保护者自居,并被斯蒂芬·茨威格称赞为"美好的墨索里尼"。[161]

一旦这位领袖中了希特勒的咒语,他的反犹一面就会压倒一切,但那并没有深刻的情感根源。法西斯党和政府内部虽有一股明确的反犹潮流,但并非主流,与维希政权相比,影响力小得多,而且似乎根本没得到什么普遍支持。意大利为了回应德国的压力,在1938年出台了种族法律,而且战争爆发后,一些犹太人被扣留在集中营。但是直到1943年意大利投降,意大利的一半已被交由德国军队控制,希姆莱才得以将其纳入最终解决方案。9月24日,他向罗马的党卫军头目赫伯特·卡普勒发出指令,称所有犹太人,无论年龄或性别,都要被逮捕并被送到德国。但德国驻罗马大使没提供任何帮助,他还同意自己的意大利情妇把一家犹太人藏在她的家中,军事指挥官、陆军元帅凯塞林说他需要犹太人修建防御工事。卡普勒则利用他的命令来敲诈犹太社会。就在德国大使馆发生了一场可憎的中世纪场景,他在那儿见了两名带头人,丹特·阿尔曼西和乌戈·福阿,要求在36小时内得到50千克黄金;要么就杀掉200个犹太人。两人请求支付里拉,但卡普勒冷笑:"那个我想要多少就印多少。"黄金在4天内被送到了这位盖世太保手中。教皇庇护十二世主动提出需要多少,他就提供多少,但到那时候,黄金已经募集够了,很多非犹太人,尤其是教区牧师,都提供了捐助。比较严重的损失是社区图书馆里最具有价值的犹太卷宗,被拿去扩充了阿尔弗雷德·罗森堡的个人收藏。

希姆莱想要的是杀死活着的犹太人,而不是财宝,他对卡普勒大发雷霆,并派出了他的逮捕专家,特奥多尔·丹内克尔,带着由44名党卫军组成的一队刽子手,去执行犹太人行动;此人在巴黎和索非亚执行过同样的任务。德国驻梵蒂冈大使向下令罗马神职人员开放避难所的教皇事先示警。梵蒂冈庇护了477名犹太人,而且还有4 238人在女修道院和修道院避难。这次突袭失败了。卡普勒报告称:"行动期间,人群中反犹的那些人不见踪影,只有一大群人有时候还试图阻止警察追踪犹太人。"但行动还是抓住了1 007名犹太人,他们被直接送到了奥斯威辛,除了16人幸存之外,全部被害。[162]其他意大利城镇也发生了袭击,不过同样遭遇了意大利人的大力阻挠。一位著名的幸存者是十足的学究伯纳德·贝伦松,他是一个立陶宛拉比家族的后代,该家族在世俗年代就成为意大利文艺复兴绘画方面的世界著名权威。当地警察用暗语向他通风报信:"博士,德国人想去您的别墅,可我们不确定到底在哪儿。您能为明早的拜访给我们指指方向吗?"在德国占领的余下时间里,意大利人把他藏了起来。[163]

在其他欧洲国家,党卫军几乎或完全没得到什么帮助。但这并不一定意味着围捕犹太人的失败。在被占领的希腊,无须当地人的任何帮助,他们就把人口多达6万的古老的萨洛尼卡犹太社会杀得只剩2 000人。在比利时,尽管受到当地人的阻挠,他们还是杀了6.5万名犹太人中的4万人,而且几乎荡平了安特卫普著名的钻石交易区。党卫军在荷兰花费的气力尤其凶猛和不懈,虽然荷兰人甚至举行了大罢工来保护犹太人,可总共还是失去了14万人中的10.5万人。芬兰人,德国的盟友,拒绝交出他们的2 000名犹太人。丹麦人成功地用船把他们几乎整个犹太社会的5 000人送到了瑞典。另外,为数众多的匈牙利犹太人,最后的牺牲品,损失惨重:21 747人在匈牙利被杀害,596 260人被驱逐出境,其中只有116 500人幸存。[164]

匈牙利人的大屠杀发生在同盟国已经完全取得了空中优势并且快速推进之际。它以尖锐、实际的方式提出了一个问题:同盟国可曾采取过什么有效措施拯救欧洲犹太人?苏联人距离大屠杀最近,却在任何方面都从没表现出一丁点帮助犹太人的意愿。正相反:在布达佩斯设法拯救犹太人性命的瑞典外交官和人道主义者拉乌尔·瓦伦贝格,在红军到来的时候却失踪了,瑞典人则被告知:"苏维埃军事当局已经采取措施保护拉乌尔·瓦伦贝格先生及其财物"。从此,再也没有人见过他。[165]

英国和美国政府理论上同情犹太人,实际上却受到了惊吓,生怕任何积极支持犹太人的政策会刺激希特勒大规模驱逐犹太人,而他们自己倒是出于道义又不得不接纳。对纳粹来说,迁移出境始终是最终解决方案的一个组成部分,虽然综合证据来看,希特勒下定决心要杀死犹太人,而不是把他们送走,但如果他们给了他这个机会,他完全有能力修改他的政策来让同盟国难堪。1942

年12月13日，戈培尔在他的日记中写道："我相信英国人和美国人会很高兴我们正在消灭犹太乌合之众。"虽然这并不真实。但是英美两国都没有准备接收大量难民，以此拯救犹太人的性命。20世纪30年代，在所有欧洲大国里面，英国是最不反犹的。奥斯瓦尔德·莫斯利爵士1932年发起的黑衫党运动失败了，很大程度是因为它抨击犹太人。但是，政府担心大量犹太人移民入境必然会导致普遍的反犹主义。他们也不准备改变1939年在白皮书里为巴勒斯坦设定的移民限制。温斯顿·丘吉尔，始终是一个犹太复国主义者，倾向于接纳更多犹太人。但他的外交大臣安东尼·艾登，主张开放巴勒斯坦将让英国失去那里的所有阿拉伯盟友并破坏英国在中东的军事地位。纽约犹太人领袖斯蒂芬·怀斯拉比在华盛顿（1943年3月27日）请求他支持一份英美向德国的请愿，让犹太人离开被占领的欧洲，艾登告诉他这个想法"根本不可能"。但他私下承认："希特勒可能很愿意接受我们所有的这种要求。"[166] 外交部反对接纳犹太人，甚至对犹太人涉及此事提出的要求深感不满。"部里大量的时间，"一名高级官员记录道，"都被浪费在处理这些哀号的犹太人身上了。"[167]

美国无疑有能力接纳大量犹太难民。实际上，在战争期间，只有2.1万人被准许入境，只是限额法案允许数量的10%。造成这种现象的原因是公众的敌意。所有的爱国团体，从美国退伍军人协会到海外战争退伍军人协会，全都号召全面禁止移民。战争期间的反犹主义比美国历史上的任何时候都要高涨。民意调查显示，

1938—1945年，人口中35%～40%支持反犹法律。1942年，根据民意调查，犹太人被视为仅次于日本人和德国人之后对美国的最大威胁，超过其他所有群体。比如，1942—1944年，纽约华盛顿高地的所有犹太会堂都遭到了亵渎。[168]从1942年5月开始，灭绝计划的消息就流传了出来，那时波兰犹太劳工联盟为伦敦的波兰全国委员会的两名犹太成员搞到了经过核实的报告。这份报告包括关于海乌姆诺毒气车的描述和70万名犹太人已遇害的数字。《波士顿环球报》在头条刊登了"波兰犹太人大屠杀超过70万人"，可正文内容却被插在第12页。《纽约时报》称之为"或许是历史上最大规模的屠杀"，却只提供了两英寸的版面。[169]总之，大屠杀的新闻缺乏报道，而且常常被埋没在战时恐怖故事的无尽喧嚣之中。但是在美国还是有一股强大的势力抗拒承认大屠杀的事实，甚至在美军已经攻进集中营地区之后。詹姆斯·阿吉①在《国家》杂志上撰文，拒绝观看有关暴行的电影，谴责它们都是宣传。家乡的人们拒绝相信他们看到的，甚至拒绝看他们的照片，这让美国大兵们大为恼火。[170]

　　采取行动的主要障碍是F. D. 罗斯福本人。他既是态度温和的反犹分子，同时又孤陋寡闻。当卡萨布兰卡会议提出这个议题的时候，他谈论说"德国人对德国犹太人心怀抱怨可以理解，换

---

① 詹姆斯·阿吉（1909—1955），美国小说家、记者、诗人、编剧和电影评论家。——译者注

句话说,虽然他们的人数只占一小部分,可德国的律师、医生、学校教师、大学教授一半以上是犹太人"(实际数字是16.3%、10.9%、2.6%和0.5%)。[171] 罗斯福似乎完全受到了国内政治考虑的引导。反正他得到了犹太人将近90%的选票,不觉得还有什么采取行动的动力。甚至是在有组织种族灭绝的全部真相昭然若揭之后,这位总统在14个月的时间里也什么都没做。1943年4月,英美关于这个问题的会议在百慕大群岛姗姗来迟地召开,但罗斯福对此毫无兴趣,因此会议什么结果也没达成。甚至会议还特别警告"不要采取什么手段让希特勒放出潜在的难民"。[172] 最后,战时难民事务委员会成立。该委员会几乎没从政府那里得到什么帮助,90%的资金来自犹太人。但它还是设法拯救了20万名犹太人,还有2万名非犹太人。

　　轰炸毒气室的问题是在1944年初夏提出来的,当时消灭匈牙利犹太人的行动正在进行当中。丘吉尔尤其感到震惊,急于采取行动。这场杀戮,他记录道,"或是整个世界有史以来最大、最可怕的罪行"。1944年7月7日,他指示艾登:"尽快从空军那里调用资源,如需我的支持请告知。"[173] 行动计划是行得通的。1944年7月7日至11月20日,距离奥斯威辛47英里的一座炼油设施遭到了不下10次袭击(在此之前,大屠杀已经完成,希姆莱下令销毁死亡机器)。8月20日,127架空中堡垒轰炸了毒气室东边不到5英里的奥斯威辛厂区。[174] 轰炸是否救了犹太人的性命无法得到证实。党卫军还在狂热地坚持杀害犹太人,无视任何客观和军事阻碍，行动确实值得一试。但丘吉尔是两国政府里唯一真正的支持者。两国空军都讨厌不针对摧毁敌军或战争潜力的军事行动，美国陆军部甚至连可行性都不审查就拒绝了这个计划。

到了此时，我们要说到艰难和重要的一点。拒绝为专门解救犹太人的行动而调动军队符合战争的总方针。两国政府已经认定，并经过各自犹太社会的同意，迅速和彻底地击败希特勒才是帮助犹太人的最佳方式。这是美国庞大而有影响力的犹太社会为何没有优先考虑轰炸事宜的一个原因。但是一旦赢得战争的胜利被认可为首要目标，那么就得从这个角度来看待最终解决方案了。而且，对纳粹的战争资源调配来说，该方案从头到尾都是一种自我伤害。在德国一边，它招致了理性看待战争的所有人的反对，无论是军队将领还是产业领袖。它占用了数以万计的军事人员。它经常让铁路系统瘫痪，甚至是在最关键的战斗期间。最重要的是，它杀害了超过300万高生产力的工人。这些人很多都技术娴熟。而且，知道了自己可能命运的犹太战时工人会拼命地设法让自己对战争资源供给来说是不可或缺的。大量的证据显示，所有那些与生产有关的德国人都力图留住他们的犹太员工。从许多个例子中只援引一个，在被占领的苏联，战争工厂的组织者报告称：

> 几乎无法解决找到专业管理者的问题。之前几乎所有的老板都是犹太人。所有企业都被苏联国家接管了。布尔什维克人民委员已经失踪。受托管理的乌克兰人没能力，

第六章 大屠杀

> 不可靠，消极怠工……真正的专家和负责人是犹太人，大多数是之前的老板或工程师……他们会拼尽全力，榨取出生产的最后一点价值，而且到目前为止基本不要报酬，不过他们自然是希望能变得不可或缺。[175]

但是，当然，所有这些犹太人都遇害了。因此大屠杀是希特勒输掉这场战争的因素之一。英国和美国政府知道这一点。

如果犹太人发起过一次抵抗运动，同盟国的算计结果或许会有所不同。但一次也没有。原因很多。犹太人被迫害了1 500年，已经从漫长的经验里学会了，反抗会丢掉性命，根本救不了他们。他们的历史、他们的神学、他们的民俗、他们的社会结构，甚至他们的词汇，都训练他们谈判、付钱、请愿、抗议，而不是反抗。还有，犹太社会，尤其是在东欧，已经被世世代代的大迁徙浇灭了热血，最有抱负的人都去了美国。最充满活力、最富有冒险精神，尤其是最好斗的，已经去了巴勒斯坦。最出类拔萃的人才流失一直持续到战争甚至战争期间。亚博京斯基曾经预测过大屠杀。但身着制服、受过训练，甚至持有武器的波兰犹太团体组建的目的不是抵抗希特勒，而是为了把犹太人送往巴勒斯坦。比如，战争爆发时，梅纳赫姆·贝京正护送一队1 000人的非法移民穿越罗马尼亚边境，前往中东。因此他也出来了。[176]那也合情合理，正在抗争的犹太人想要在以色列地站住脚，他们在那儿有一丝机会，而不是在毫无希望的欧洲。

留下的绝大多数犹太人极为虔诚，容易受骗和自我欺骗。他们的历史告诉他们，所有的迫害，无论多么残酷，都会有尽头；所有的压迫者，无论多么苛刻，提出的要求最终都是有限度的和可以满足的。他们的策略总是倾向于拯救"剩下的人"。4 000年的时间，犹太人从未面对过，或者从未想象过，会有这样一个对手，不是要他们的部分或大部分财产，而是他们的一切；不仅要几个人或许多人的性命，而是全部，直到最后一个婴儿。谁能想象出如此的怪物？与基督徒不同，犹太人不相信有披着人皮的恶魔。

507　　纳粹恰恰是无情地利用了犹太人的社会学和心理学，把反抗的可能性降至最低。在德国，他们利用每座城市的犹太教区，每个地区的地区协会，以及整个国家的帝国协会，让犹太官员自己去做最终解决方案的准备工作：准备名单，报告死亡和出生，传达新规定，建立向盖世太保开放的专用银行账户，把犹太人集中在特定的居住区，准备遣送的图纸和地图。在被占领的国家，正是犹太人委员会模式，不知不觉地帮助纳粹完成了最终解决方案。这样的犹太人委员会大约组织了1 000个，涉及1万人。它们主要是由战前虔诚的会众人员组成。在被苏联占领的地区，在德国人到来之前，所有最勇敢的社区领袖都已经被枪毙了。德国人利用犹太人委员会找出实际或潜在的麻烦制造者，然后立刻杀掉他们。于是，犹太人的领导阶层趋于顺从、胆怯和阿谀奉承。纳粹先是利用他们剥夺犹太人所有的贵重物品，然后组织犹太人进行强迫劳动,最后再把他们遣送到杀戮中心。反过来,他们得到了比自己的同胞更多的特权和权力。[177]

这种体系最丑恶和最可怕之处从波兰最大的贫民窟就可见一斑,尤其是罗兹和华沙。罗兹贫民窟挤了 20 万名犹太人,居住密度是每个房间 5.8 人。这里本身就是一个死亡中心,4.5 万人因为疾病和饥饿死在里面。华沙贫民窟有不下 44.5 万名犹太人,居住密度是每个房间 7.2 人;在那儿,不到 20 个月,就有 8.3 万人死于饥饿和疾病。犹太人被集中在贫民窟,然后被拉出来塞进死亡火车。贫民窟内部相当严酷,由哈伊姆·莫迪凯·罗姆科夫斯基这样的人管理,罗兹贫民窟这位趾高气扬的独裁者甚至把自己的头像都印在了邮票上。他们的权力由没有武装的犹太警察(华沙贫民窟有 2 000 名)强行实施,受到波兰警察的监督,而且每个人都会被有武装的德国秘密警察和党卫军监视。贫民窟并非完全不开化。犹太人的社会服务部门会竭尽全力地利用他们的贫瘠资源。秘密的犹太学校被组建。华沙、罗兹、沃尔纳和科夫诺甚至有管弦乐队,不过官方只允许他们演奏犹太作曲家的音乐。那里还有秘密印刷和传阅的报纸。罗兹贫民窟,说是一处中世纪类型的机构倒更适合,还有一部编年史。[178] 不过,德国人心里对贫民窟和其中犹太当权者的作用从未产生过任何怀疑。它能尽力为战争资源供应做出贡献(罗兹有 117 座小型战争工厂,比亚韦斯托克有 20 座),然后当遣送集中营的命令下达时,它可以确保这个过程有序进行。

为了把抵抗压制在最低限度，德国人在这个过程的每个阶段都撒了谎，编织出精心设计的骗局。他们始终坚称，遣送就是前往工作地点。他们还打印了盖着瓦尔德塞邮戳的明信片，让集中营的犯人寄回家，上面写着："我很好。我在工作，很健康。"在前往特雷布林卡的运输途中，他们修建了一座假车站，里面有售票处、手绘的钟表和一块指示牌，牌子上写着："中转至比亚韦斯托克。"死刑室被伪装成浴室，门上还有红十字标志。有时候，党卫军会让囚犯组成的管弦乐队在犹太人排队进入"浴室"的时候演奏音乐。这些伪装一直被维系到最后。在一位遇难者的衣服里面发现了一张字条，上面写着："经过漫长的旅程，我们到了这个地方，门口的标牌是'浴室'。人们在外边领肥皂和毛巾。谁知道他们要对我们做什么？"[179]1942年8月18日，在贝乌热茨，一名党卫军消毒专家，库尔特·格施泰因，听到一名党卫军军官在赤裸的男女和儿童被推进死刑室的时候反复念叨："没什么会伤到你们。只要深呼吸，你们的肺就会变强。这办法是为了防止传染病。这是很好的消毒剂。"[180]

骗局经常奏效，因为犹太人希望被欺骗，他们需要拥有希望。党卫军熟练地在贫民窟里散布谣言说只有一部分犹太人会被要求遣送，成功地让犹太人领导阶层接受了只有最大限度的合作才有最大生存机会的谎话。贫民窟的犹太人不愿意相信灭绝集中营的存在。1942年初，两名犹太青年从海乌姆诺逃了出来，描述了他们在那儿看到的场景，人们还认为他们是自己遭遇了什么精

第六章 大屠杀

神错乱,他们的说法都是从地下刊物上看来的。直到 4 月,从贝乌热茨传来的说法证实了海乌姆诺的事情,华沙的犹太人才相信了这架死亡机器的存在。7 月,华沙贫民窟的首领亚当·捷尼亚科夫意识到自己甚至无法拯救孩子,便吞服了氰化物,留下一张纸条:"我无能为力。我的心在悲痛和怜悯中颤抖。我再也无法忍受这一切了。我的行为将向所有人证明,什么才是应该做的正确的事情。"[181] 但即使事已至此,很多犹太人还是紧攥着只有一部分人会死的希望。雅各布·根斯,沃尔纳贫民窟的首领,在公众集会上说:"他们问我要一千个犹太人,我给了他们。因为如果我们犹太人不自己送上,德国人就会来强行带走他们。那样的话,他们就不会带走一千个人,而是好几千人。交出几百人,我能救下一千人。交出一千人,我能救下一万人。"[182]

犹太人的宗教教育倾向于鼓励被动性。哈西德派犹太人是最愿意将自己的命运当成上帝的旨意接受的。他们会引用《圣经》:"你的性命必悬悬无定,你昼夜恐惧,自料性命难保。"[183] 他们会裹着祈祷披肩,背诵着《圣经》诗篇,踏上死亡列车。他们信仰为了上帝的荣耀而殉难。如果机缘巧合或上帝仁慈,他们幸免于难,那就是奇迹。哈西德派关于个人性命奇妙般幸免于难的一整套传奇故事在大屠杀期间逐渐形成。[184] 一名社区领袖记下:"真正虔诚的人已经变得更加虔诚,因为他们在一切事上都看到了上帝的手。"负责在释放毒气之后清理奥斯威辛死刑室的犹太特遣队的一名成员证实,他看到一群从匈牙利和波兰来的虔诚犹太人，他们设法搞到了一些白兰地，在进毒气室之前载歌载舞，因为他们知道他们即将见到弥赛亚。另外，比较世俗的犹太人也会在恐惧中找到欢乐，接受了上帝的旨意。一名荷兰犹太妇女埃蒂·伊勒桑在奥斯威辛写下的日记值得注意，展现出延续于大屠杀中的约伯传统："有时候，我站在营中的某个角落，我的双脚长在了您的地上，我的双眼仰望您的天国，泪水流下我的面庞，感激的……泪水。"[185]

随着隔离区逐渐被清空，一些犹太人确实决心反抗，不过政治分歧导致迟迟无法达成一致计划。在华沙，打着修建防空洞的幌子，犹太人修建了连接下水管道系统的防空壕。24 岁的莫迪凯·阿涅莱维奇带领他们，招收了 750 名战士，设法搞到了 9 支步枪、59 支手枪和一些手榴弹。1943 年 4 月 19 日，纳粹决定派出武装党卫军摧毁这个隔离区。那时候，贫民窟里面仅剩 6 万名犹太人。在随后主要发生在地下的殊死搏斗中，他们杀死了 16 名德国人，打伤 85 人。5 月 8 日，阿涅莱维奇牺牲，但剩下的人又坚持了 8 天，而在此之前，数千名犹太人已经死在了废墟之中。一些欧洲国家，拥有装备精良的军队，尚且不曾抵抗纳粹这么长的时间。[186]

1944 年 10 月 7 日，甚至在奥斯威辛内部都发生了一次起义。在克虏伯工厂工作的犹太人把炸药偷运了进去；懂行的苏联战俘把炸药制成手榴弹和炸弹。这次起义是由火葬场 III 和 IV 的犹太特遣队实施的。他们成功地炸了火葬场 III，杀了 3 名党卫军人员。

第六章 大屠杀

大约250名犹太人被守卫屠杀,但还是有27人逃脱了。4名带进炸药的犹太姑娘被折磨了好几个星期,但什么信息也没透露。萝扎·罗博陶被折磨致死,她留下的最后一句话是:"要坚强和勇敢。"其中两人熬过了折磨,然后被吊在奥斯威辛所有女人的前面,其中一个死时大喊"报仇!"[187]

但是一般来说,在灭绝过程的任何阶段根本没有发生抵抗。德国人总是以压倒性的力量突然下手。犹太人在恐惧与绝望中麻木不仁。"隔离区被一支人数众多的党卫军分遣队包围,"一名杜布诺(乌克兰)的目击者写道:

> 人数是乌克兰民兵的3倍。接着架设在贫民窟里面和四周的聚光电灯都亮了……人们被驱赶出来,仓促之间连床上的小孩儿都被落下了。女人们在街道上呼喊自己的孩子,孩子们在呼喊自己的父母。那没能阻止党卫军沿路驱赶他们加快脚步,还会殴打他们,直到他们到达正在等候的货运火车。一节节车厢都被塞满,女人和孩子的哭喊声,鞭子和步枪射击的嗖嗖声,不断回荡。[188]

很多犹太人死在了火车上,幸存者到达之后就直接被推进了死刑室。库尔特·格施泰因注意到,1942年8月的一个清晨,一辆装载6 700名犹太人的火车抵达奥斯威辛。火车到达时就已经死了1 450人。他看到200名手持皮鞭的乌克兰人打开货运火车的车门,命令活着的人出来,把他们打翻在地。扬声器大喊让他们脱光。所有女人的头发都被粗暴地剪下。接着,这一批人被赤条条地赶进毒气室,他们被告知那儿是"消毒浴室"。[189] 任何人都没有半点反抗的机会。他们能做的最多的就是撕碎贴身藏着的皱巴巴的可怜美元,好让纳粹没法儿使用它们——他们最后的、唯一的抗议动作。[190]

没有犹太人能够从希特勒的大灾难中幸免。捷克斯洛伐克的特莱西恩施塔特集中营全是老人,是用来维持犹太人只是被"重新安置"的假象的。往这里送的都是所谓享有特权的犹太人、一级铁十字勋章及更高荣誉的获得者,所以50%是残疾的退伍老兵。然而,1945年5月9日,这座集中营落入同盟国手中时,被送到这里的141 184人只有16 832人还活着:超过8.8万名这样的老人和勇士,已经被毒气毒死。[191] 没有犹太人能够因为年老而免于一死。德奥合并之后,弗洛伊德垂垂老矣,因为癌症而奄奄一息,被朋友们从纳粹那里赎了出来,送到了英国。他没有想到,或者说谁都没有想到,他那4名上了年纪的姐妹被留在维也纳会有危险。可她们还是被卷入了纳粹的大网:81岁的阿道芬在特莱西恩施塔特遇难,80岁的保利娜和82岁的玛丽在特雷布林卡遇难,84岁的罗丝在奥斯威辛遇难。

没有犹太人能够因为幼小而免于一死。所有女人在抵达死亡集中营的时候都会被剃光毛发,她们的头发会被打包送去德国。如果还在吃奶的婴儿妨碍了剃发,守卫甚至会把婴儿的头在墙上撞碎。纽伦堡审判的一名证人做证说："只有亲眼见到的人才能相信德国人干这些事儿的时候是多么高兴；他们只撞了三四下就杀死了一个孩子是多么高兴；才能相信他们把尸体塞进母亲的怀抱时是多么心满意足！"[192] 在特雷布林卡，大多数婴儿一到达就被从母亲那儿抢走，被杀害，跟病人和残疾人一起，被扔进一条沟里。有时候，那条沟里还会传来微弱的哭声，那儿的守卫佩戴红十字臂章，那儿被称为医务室。

撞碎婴儿的头颅反映出反犹暴力双重性的持续程度，秘密、系统的杀戮过程与突然、自发的无法形容的残酷行为并存其中。犹太人死于丧尽天良的人类已知的各种方式。在毛特豪森采石场，一名有副好嗓子的意大利犹太人被迫站在已连接炸药的石头顶上，然后就在他唱着"万福马利亚"的时候被炸死了。数百名荷兰犹太人被迫从能够俯瞰采石场的悬崖上跳崖摔死，那座悬崖被称为伞兵墙。[193] 成千上万的犹太人因为在集中营里犯了微不足道的过错而被鞭打致死：留了一枚硬币或者结婚戒指，没把犹太人的标记从被害者的衣服上取下来，有一片外边面包店的面包，未经允许就喝水，抽烟，敬礼不规范。甚至还有人被砍头。库尔特·弗朗茨，特雷布林卡的副指挥官，豢养了一群凶猛的恶犬，用来把犹太人撕咬致死。有时候，守卫会用手里的任何东西杀人。贝乌热茨的一名目击证人做证，关于刚到集中营的"一个非常年轻的男孩儿"：

>他是健康、强壮和年轻的榜样。我们吃惊于他开朗的样子。他四处张望,非常愉快地说:"有人从这儿逃走过吗?"这就够了。一名守卫无意中听到了他的话,于是这个男孩儿被折磨死了。他被剥光衣服,大头朝下地吊在绞刑架上;他在那儿吊了 3 小时。他很强壮,还活着。他们把他放下来,扔在地上,用棍子往他的喉咙里捅沙子,直到他咽气。[194]

512　最后,随着帝国的崩溃,先是希姆莱,然后是他的集中营指挥官,都失去了控制力,最终解决方案系统性方面瓦解或者说被抛弃,双重性合并成为一种无情的力量:欲望,直到可能的最后一刻都要杀死剩下所有犹太人的欲望。犹太特遣队、隔离区领袖,包括罗姆科夫斯基,还有犹太警察和党卫军的犹太密探——全部被杀。随着前方兵败如山倒,党卫军固执地竭尽全力带上一队队犹太人行军离开,以便在腾出手的时候杀死他们。在第三帝国大厦将倾不可挽回之后的很长一段时间,他们还在狂热地恪守大屠杀刽子手的职责,这是人类历史上最可怕的奇事之一。杀人者有一次起义。在毛特豪森的卫星集中营埃本塞,也是德国人手中的最后一座集中营,党卫军拒绝残杀 3 万名犹太人,后者不愿意排队走进要被炸毁的隧道。然而,一些杀戮甚至在集中营被解放之后还在持续。1945 年 4 月 15 日,英国坦克占领贝尔森,但因为要继续前进行动,留下匈牙利党卫军守卫"部分接受指挥"48 小时。可就在这段时间,他们还因为从厨房拿走土豆皮这样的过错枪毙了 72 名犹太人。[195]

就这样,将近 600 万犹太人遇难。2 000 年的反犹仇恨,所有的群体、异教徒、基督徒以及世俗的人,迷信的人和理性的人,民众和学者,都被希特勒裹进了一股不可抗拒的可怕力量,然后被他独特的干劲和意志所驱动,碾过欧洲犹太人无助的躯体。难民营里还有 25 万名犹太人,幸存者分散在各个地方。但是,东欧著名的阿什克纳齐犹太人实际上已经被摧毁。一次种族灭绝的行动实实在在地得到了贯彻。随着集中营被打开,这场浩劫的完整画面为人所知,一些犹太人天真地盼望义愤填膺的人类能够理解这种罪行的严重性,用振聋发聩的声音说:这就够了。反犹主义必须终结。我们必须彻彻底底地把它终结,在这种巨大的愤怒下面画一条横线,重新开启一段历史。

但那并非人类社会运转的方式。尤其是那也并非反犹冲动运转的方式。它千变万化,耗尽了旧的模样,就会呈现出新的面貌。大屠杀的主要影响是把反犹仇恨的焦点从中东欧转移到了中东。让一些阿拉伯领袖担忧的是,希特勒的解决方案事实上并不是最终的。比如,1942 年 5 月 6 日,那位大穆夫提就向保加利亚政府抗议称犹太人正从那儿前往巴勒斯坦。他说,他们应该被送回波兰,"被强壮有力的守卫看管起来"。[196]

即使是在欧洲,人们对那些茫然无措的幸存者经常产生的情绪是厌恶而非同情。他们的衣不蔽体、他们在凶暴对待中养成的习惯,激起了新一波的反犹主义浪潮。顺从于厌恶情绪的人里面就有巴顿将军,他负责的犹太难民比其他所有指挥官都要多。他把"犹太类型难民"称为"没有半点我们这个时代文化和社会教养的劣等人"。他说,普通人不可能"在短短4年时间就堕落到这些人表现出的丢脸水平。"[197]对这些可怜的幸存者表现出更强烈敌意的是他们从那儿被带走的国家,尤其是波兰。犹太难民们知道等待他们的会是什么。他们竭尽全力地抵制被遣送回国。一名从芝加哥来的美国犹太士兵不得不让幸存者上了开往波兰的货运火车,他叙述道:"人们跪倒在我的面前,撕开衬衫嘶喊:'现在就杀了我吧!'他们会说,'你们不如现在就杀了我吧,回到波兰我怎么都是个死。'"[198]在有些情况下,他们被证实是正确的。在波兰,1945年8月,克拉科夫爆发反犹骚乱并蔓延至索斯诺维茨和卢布林。从纳粹集中营回到克拉科夫的卢巴·青德尔描述了8月第一个安息日她所在的犹太会堂受到的一次袭击:"他们大叫着说我们犯下了祭祀杀人罪。他们开始冲我们开火,暴打我们。我的丈夫就坐在我的旁边。他倒下了,满脸是子弹。"她试图逃到西方,却被巴顿的军队拦截。华沙的英国大使汇报称所有长着犹太人外表的人在波兰都有危险。战争结束之后的头7个月期间,波兰发生了350起反犹谋杀事件。[199]

尽管如此,大屠杀还是以其十足的严重性,在两个重要的方面让国际社会对于反犹暴力的反应方式发生了一种质的变化。人们普遍同意惩罚和赔偿必不可少,而且一定程度上这两项都要实施。1945 年 11 月 20 日，战争罪行的审判在纽伦堡开始，起诉书的主要罪状是最终解决方案。对纳粹领导的第一次审判在 1946 年 10 月 1 日结束，正赶上赎罪日，12 名被告被判处死刑，3 名被判终身监禁，4 名被判处有期徒刑，还有 3 名被无罪释放。接下来是对纳粹罪犯的 12 场重要审判，被称为纽伦堡后续诉讼，其中 4 场诉讼的主要罪状是策划和实施最终解决方案。在这 12 场诉讼中，177 名纳粹分子被定罪，12 名被判处死刑，25 人终身监禁，其余都被判长期监禁。在三大西方占领区各自还有很多场审判，几乎全都涉及针对犹太人的暴行。1945—1951 年，总共有 5 025 名纳粹分子被定罪，806 人被判处死刑。但是只有 486 起案件的死刑判决得到了执行。此外，1951 年 1 月，美国驻德国高级专员通过了一项赦免法令，导致美国人手中的很多德国高级战犯被提前释放。联合国战争罪行调查委员会准备了 36 529 名"战犯"的名单（包括日本人），其中大多与反犹暴行有关。战后的头 3 年，同盟国 8 个国家对名单上的 3 470 人进行了附加审判，其中 952 人被判处死刑，1 905 人被判入狱。

许许多多国内战争罪行审判几乎在被卷入战争的所有国家进行，大约有 15 万人被控告，超过 10 万人被定罪，其中很多人是因为反犹罪行受到惩罚。成千上万参与最终解决方案的纳粹分子和他们的同伙消失在古拉格群岛。1945 年，德国法庭重新开始运转之后，它们也开始审判战犯，而且在最开始的 25 年间判处 12 人死刑，98 人终身监禁，6 000 人有期徒刑。[200] 随着 1948 年以色列建国，它也（正如我们将要看到的）能够参与这个报应的过程了。对纳粹战犯的追捕和传讯一直持续到大屠杀结束之后 40 多年的 20 世纪 80 年代末，而且可能还要再持续 10 年，一直到参与犯罪的所有人死去或极为年老。没人能说正义得到了伸张。最终解决方案的一些高层执行者失踪了，在平静或至少是躲藏中过着自己的生活。其他人得到或被执行的判决与他们的罪行没什么关系。但同样，人们对那些犯下有史以来最严重罪行的人加以惩罚，没人能怀疑这种努力的规模宏大和坚持不懈。

确保对受害者提供赔偿的斗争造成了同样复杂的结果。1945 年 9 月 20 日，哈伊姆·魏茨曼代表犹太事务局向 4 个占领国提出赔偿要求。这次要求毫无结果，主要是因为一般性和平条约尚未谈判或签署。西方三大国已经从被没收的纳粹资产出售收益中为犹太受害者预留了款项。但他们必须进行个人索赔，于是一项出于好意的项目变成了一笔官僚糊涂账。截至 1953 年，只有 1.1 万项索赔得到了处理，赔付金额 8 300 万美元。与此同时，1951 年 1 月，以色列总理戴维·本－古里安曾经向联邦德国政府提出了 15 亿美元集体索赔，根据是以色列接受了来自德国的 50 万名难民，该数字是按照人均 3 000 美元计算得出的。此举意味着与德国人直接谈判，这让很多集中营的幸存者觉得非常难以接受。但本－古里安凭借他的口号："不能让杀害我们人民的刽子手同时成为他们财产的继承人！"获得了大多数人的支持。双方在 8.45 亿美元的数额上达成一致，偿还期 14 年，虽然阿拉伯国家试图阻止协议的生效,但该协议还是从 1953 年 3 月开始生效,1965 年正式付清。此外,它还为联邦弥偿法的通过做了准备,对个人受害者或他们的受抚养者赔偿生命或肢体损失、健康损害,以及职业、专业、养老金或保险损失。它继而对自由的丧失作出了赔偿,赔偿标准是受害者被囚禁、被迫居住在贫民窟或佩戴犹太人星形标志,每天 1 美元。失去家庭经济支柱的人可以得到抚恤金,前公务员可以得到理论上的晋升,而且就连教育损失也可以得到赔偿。受害者还可以对财产损失提出要求。这份全面的解决方案由将近 5 000 名法官、公务员和办事员执行,截至 1973 年,他们已经处理了 427.6 万项要求中的 95% 以上。在长达 25 年时间里,它消耗了联邦预算 5% 左右。在本书写作期间,大约 250 亿美元已经支付,而且到 20 世纪末,这个数字将会超过 300 亿美元。[201] 这些补偿未必见得慷慨,甚至充分,却大大超过了魏茨曼或本-古里安曾经的预期,而且代表了联邦政府方面偿还德国罪行的真诚意愿。

其余的赔款情况非常不尽如人意。参与奴工计划的德国工业企业家没有一个承认对其残暴的后果负有哪怕最微小的道德责任的。在对自己受到的刑事指控和民事诉讼辩护时,他们声称在全面战争环境下,强迫劳动的程序并不违法。他们完全拒绝赔偿,自始至终都表现出惊人的卑劣和傲慢。弗里德里希·弗利克公然声称:"认识我这些被告同伴和我自己的很多人里面没人愿意相信我们对人类犯了罪,再说没什么证据能让我们信服自己是战犯。"[202] 弗利克从未支付过 1 个马克,1972 年,他以 90 岁高龄去世的时候,身家超过 10 亿美元。德国公司总共只支付了 1 300 万美元,不到 1.5 万名犹太人分到了这笔钱。奥斯威辛的法本公司奴工每人得到了 1 700 美元,蔼益吉-德律风根公司的奴工得到了 500 美元或者更少。那些劳累致死的人,他们的家人什么都没得到。[203] 民主德国政府甚至从不费心回应赔偿要求。罗马尼亚也没有任何回应。

奥地利的行为最恶劣。虽然绝大多数奥地利人支持德奥合并,虽然 700 万奥地利人中居然有 55 万人是纳粹党员,虽然奥地利人一直与德国人并肩战斗并且(正如我们提到过的)杀害了将近一半的犹太遇难者,但同盟国 1943 年 11 月的莫斯科宣言却将奥地利归类为"第一个受到希特勒政权侵略的自由国家"。奥地利因此得以在战后的波茨坦会议上被免除赔偿责任。如此这般得到了法律的赦免,另外为了逃避道德责任和主张自己的受害人地位,奥地利所有政党订立了攻守同盟。正如奥地利社会民主党所说(1946):"应该做出赔偿的不是奥地利,奥地利应该得到赔偿。"奥地利虽然在同盟国的压力下通过了一项战犯法案,但在 1963 年以前甚至都没成立实施这项法案的起诉机关。即使成立了起诉机关,很多人还被裁决获得赦免,而那些确实进行过的审判一般都会做出无罪释放的判决。要求赔偿的犹太人被告知要向德国申请,除非他们能真正确定他们之前的财产就在奥地利本国;只有极少数人得到了 1 000 美元左右的赔偿。

第六章 大屠杀

基督教会做出了精神赔偿的努力，虽说姗姗来迟但仍然值得欢迎。天主教和路德教的反犹主义很多个世纪以来在仇恨犹太人方面贻害不浅，结果导致了希特勒主义。两个教会都在战争中表现不佳。尤其是教皇庇护十二世，明知最终解决方案的存在却从未予以谴责。为犹太人说话的只有一两个声音。柏林圣黑德维希天主教堂的伯恩哈德·利希滕贝格尔神父，1941年公开为犹太人祈祷。他的公寓遭到搜查，一份尚未发表的布道笔记被发现，他打算在布道时告诉会众不应相信犹太人有一个杀死所有德国人的阴谋。为此他被判刑两年，刑满后被送到了达豪集中营。类似的情况似乎只有一例。1943年10月16日，在罗马发生的针对犹太人袭击的目击者中有来自德国巴登并担任庇护十二世告解神父的耶稣会神父奥古斯丁·贝亚（Augustin Bea）。20年之后，在第二次梵蒂冈会议上，作为基督教会统一秘书处的领袖，他得到了机会，宣布彻底废除针对犹太人的指控。他负责制定这次会议的教令草案《关于犹太人》并将其扩展为《教会对非基督宗教态度宣言》，包括印度教、佛教和伊斯兰教，以及犹太教，他成功地引导会议于1965年11月正式通过了这份草案。这是一份勉勉强强的文件，没有贝亚希望的那样直截了当，没有对教会迫害犹太人作出道歉，也没有适当承认犹太教为基督教做出的贡献。关键的一段是这样说的："虽然当时犹太当局及其追随者促使了基督的死亡，但在基督受难时所发生的一切，不应不加辨别地归咎于当时的全体犹太人，或今日的犹太人。教会虽然是天主的新子民，但不应视犹太人为天主所摈弃及斥责,那好像是由《圣经》所得结论似的。"[204] 这算不上什么。但也聊胜于无。考虑到它引发的强烈反对,它或许甚至可以被视为了不起了。此外,它是更加广泛的过程的一部分,借由这个过程,文明世界正试图打压对反犹主义的制度支持。

那是好事。但是犹太人已经领悟到,文明世界,无论如何定义,都不可信。犹太人从大屠杀中得到的巨大教训是,让自己得到一处永久的、自成一体的,以及最重要的有独立主权的庇护所绝对有必要,如果有必要,全世界的犹太人都可以找到躲避敌人的安全之所。第一次世界大战使犹太复国主义国家成为可能。第二次世界大战使其成为必要。它让绝大多数犹太人相信,必须建立并巩固这样一个国家,不管他们自己或其他所有人需要付出什么样的代价。

第七章 锡安

519　　大屠杀和新锡安之间存在有机的联系。600万犹太人被杀是促成以色列这个国家建立的最主要因素。这一点符合通过受难救赎的信念，而这个信念是犹太人古老而强大的历史动力。数以千计虔诚的犹太人在被赶进毒气室的时候唱着他们的信经，因为他们相信犹太人承受的惩罚是上帝的作为，而且本身就证明他选中了他们，希特勒和党卫军只是这个过程的代理人罢了。按照先知阿摩司所说，上帝说了："在地上万族中，我只认识你们；因此，我必追讨你们的一切罪孽。"[1] 奥斯威辛的苦难不是单纯的事件。它们是道德立法，它们是计划的一部分，它们证实了即将到来的荣耀。此外，上帝对犹太人不止感到愤怒，他还感到悲哀，他跟他们一同哭泣，他跟他们一同走进毒气室，正如他跟他们一同被流放一样。[2]

那是从宗教和形而上的角度来解释因果关系，但这种关系也可以从历史的角度来解释。以色列的建立是犹太人苦难的结果。

第七章 锡 安

我们已经用拼图游戏做比喻,展示了必不可少的每一块拼图是如何各就各位的。就像我们已经看到的,1648年的东方大屠杀导致犹太社会重返英国,并且前往美国,从而及时地形成世界上最有影响力的犹太社会,这也是以色列得以建立的地缘政治背景中不可或缺的一部分。同样,1881年的大屠杀也引发了奔向同一目标的一系列事件。这些事件制造出的移民潮是德雷福斯事件发生的背景,该事件直接促使赫茨尔创立了现代犹太复国主义(锡安主义)。在俄国压迫下兴起的犹太人运动营造出一种紧张的格局,1917年,《贝尔福宣言》从这种格局中应运而生,为了实施《贝尔福宣言》,英属巴勒斯坦托管地建立,而希特勒对犹太人的迫害是促成犹太复国主义国家建立的一系列灾难的最后一环。

即使在第二次世界大战之前,希特勒的反犹政策已经在不经意间大大巩固了巴勒斯坦的犹太社会。虽然希特勒最终将这个犹太国家视为潜在的敌人,"第二梵蒂冈""犹太共产国际""全世界犹太人的新权力基础"。[3]但是在20世纪30年代,纳粹曾一度积极协助德国犹太人移民巴勒斯坦。因此抵达这个民族家园的不仅仅是6万名犹太人,还有这些德国犹太人的资产,它们在建设那里的工商业基础设施方面发挥了重要作用。战争为它带来的不只是希特勒视犹太人为主要敌人并对他们实施毫无保留的身体攻击,还有犹太人跟随同盟国对希特勒实施反击的机会,正是战争,激活了犹太复国主义计划的最后阶段。从1939年战争爆发开始,尽早建立以色列国家就成为犹太复国主义者高于一切的目标,并且逐步传播到全世界大部分犹太社会。犹太复国主义者实现目标的阻力依然巨大。光打败希特勒是不够的，还必须消除同盟国三大战胜国的所有反对意见，英国、美国和苏联。让我们来挨个看一看。

最初，英国最重要，因为它是占有此地的强国。此外，1939年的白皮书政策实际上否定了《贝尔福宣言》，为巴勒斯坦规划出一个并不由犹太人主导的未来。犹太人是英国的战时盟友，但同时他们不得不颠覆英国的巴勒斯坦政策。本-古里安认为这些目标并行不悖："没有白皮书，我们也一样反对希特勒，没有希特勒，我们一样反对白皮书。"[4] 如果英国人允许犹太人作为目标一致的部队参战，那么他是对的，因为此举可在后来决定巴勒斯坦进程时派上用场。英国的军事、外交和殖民地当局都对这个想法怀有敌意恰恰是因为这个原因。的确，1942年下半年阿拉曼战役获得胜利，德国在中东的威胁解除之后，那里的英国总部就对犹太人的所有军事活动投以怀疑目光。但是犹太人拥有一位强有力的保护者：丘吉尔。他对魏茨曼用现有的小规模犹太部队组建一支犹太战斗部队的方案青睐有加。英国军方对这个计划再三阻挠，但丘吉尔最终还是达到了目的。1944年7月12日，他在给陆军大臣的备忘录里写道："我喜欢犹太人的这个想法，他们正在对付在中欧杀害他们同胞的人。跟他们不和的是德国人……我无法想象，这么一支有牺牲精神的民族分散在世界各地，此时正承受其他民族不曾经历的苦难，为什么他们连想要得到一面旗帜都要被拒绝。"[5] 两个月以后，多达2.5万人的犹太旅成立。没有丘吉尔，

第七章 锡 安

犹太人绝对做不到这一点，而且这次组建阶段的协作经验对以色列人 4 年后的成功至关重要。

英国人仍然不打算完全改变他们的巴勒斯坦政策。推翻希特勒让他们民穷财尽，致使他们中东油田的重要性有增无减；他们不打算放任犹太移民而使阿拉伯世界决然翻脸的程度。他们也不准备撤出巴勒斯坦，除非他们撤走后还能和阿拉伯人保持交情。因此他们制止犹太非法移民靠岸，如果有人非法移民，他们就设法逮捕他们并将其遣送出境。1940 年 11 月，搭载了 1 700 名被遣送人员并准备驶往毛里求斯的"祖国"号遭到了哈加纳的蓄意破坏。这条船在海法湾沉没，250 名难民溺水身亡。1942 年 2 月，来自罗马尼亚的难民船"斯特鲁玛"号的靠岸请求被英国拒绝，之后被土耳其人拦截，沉没于黑海，770 人溺水丧生。

这些悲惨的事件并未动摇英国的决心，他们在整个战争期间，甚至战后 2.5 万名犹太人身处难民营的时候，依然坚持限制移民。1945 年，理论上亲犹太复国主义者的英国工党掌权之后，情况依然如故。新任外交大臣欧内斯特·贝文屈从于外交官和将军们的主张。那个时候，英国依然统治着地球表面的四分之一。它在巴勒斯坦的人数有 10 万人，而犹太人在那儿的人数只有 60 万人。犹太复国主义者应该没什么实质性的获胜理由。但 18 个月之后，贝文放手了。正如伊夫林·沃（Evelyn Waugh）[①] 在他关于耶路撒冷的

[①] 伊夫林·沃（1903—1966），英国小说、传记和游记作家，多产（接下页）

一本书中对英国的所作所为发表了辛辣的评论:"出于卑劣的动机:懦弱、懒惰和吝啬,我们听任托管统治圣地。艾伦比在威廉二世曾经傲慢骑马的地方步行进军,可如今覆盖那幅场景的可悲景象是,一支装备齐全的大军,在战争中几乎毫发未损,面对一小股持枪歹徒却要落荒而逃。"[6] 这又是如何发生的呢?

答案在于犹太人对塑造现代世界的另一项贡献:科学地利用恐惧,摧毁开明统治者的意志。虽然它在此后 40 年间变得司空见惯,但在 1945 年还是新鲜事物。它或者可以称之为大屠杀的副产品,因为即使孤注一掷的犹太人,若非大屠杀这般规模的浩劫,也不会被逼迫至使用这种方式的地步。最高明的实践者是梅纳赫姆·贝京(Menachem Begin),波兰青年运动贝塔尔的前负责人。他是被大屠杀激发出的悲痛的化身。他的家乡布列斯特—立陶夫斯克 70% 人口是犹太人。1939 年,那里还有 3 万多犹太人。到了 1944 年,幸存的只有 10 个人,贝京的家人大多遇害。犹太人甚至被禁止埋葬死者。他的父亲就是这么死的,他在犹太人墓地给一个朋友挖掘坟墓,当场被枪杀。[7] 但贝京天生就是顽强的求生者和复仇者。在立陶宛被捕后,他是为数不多能够毫不屈服地挺过苏联的内务人民委员部(NKVD)审问的人,最后,审问他的人暴怒地说:"我再也不想看见你。"贝京后来评论说:"是我的信仰在抵抗他的信仰。我有需要为之奋斗的东西,哪怕是在审

(接上页)的记者和书籍评论家。——译者注

第七章 锡 安

讯室。"[8] 贝京被送到在北极圈巴伦支海附近一座劳工营,修建科特拉斯—沃尔库塔铁路。他再一次挺过去了,得益于一次面向波兰人的赦免,他作为波兰军队中的一名列兵,步行穿过中亚,跋涉前往耶路撒冷。1943 年 12 月,他接手了修正派的军队伊尔贡。两个月之后,他向英国的管理宣战。

关于英国,犹太人分成三派。魏茨曼依然相信英国的善意。本-古里安尽管怀疑,但希望首先打赢战争。即使战后,他对反抗和恐怖行动也做出了明确区分,这一点在哈加纳的政策中得到了反映。另外,一些极端主义者脱离了伊尔贡,由亚伯拉罕·斯特恩(Avraham Stern)领导,被称为斯特恩帮。他不服从亚博京斯基在战争爆发时与英国达成的停火指示,1942 年 2 月,斯特恩被杀害。但他的同伴在伊扎克·沙米尔和内森·耶林-莫尔的领导下,继续对英国发动无限制作战。贝京走了第三条路。他认为哈加纳太被动,斯特恩帮粗鲁、凶残又无知。被他当作敌人的并非英国,而是英国在巴勒斯坦的管理。他想要羞辱这种管理;使其难以运转,成本高昂、不起作用。他有 600 名活跃的特工,但他拒绝实施暗杀,只是炸毁了英国刑事调查局的办公室、移民局大楼、所得税中心以及类似目标。

三派犹太积极分子之间的关系始终紧张,还经常彼此怨恨。这一点随后产生了严重的政治后果。1944 年 11 月 6 日,斯特恩帮杀害了英国中东事务大臣莫因勋爵。哈加纳大为震惊和愤怒,针对斯特恩分子和伊尔贡发起了所谓的"捕猎季"行动,逮捕了他们中的一些人并将他们投入地下监狱。更糟糕的是,他把700个人员或机构的名单交给了英国刑事调查局。犹太复国主义当权派提供的信息导致至少300人,或许多达1 000人遭到逮捕。逃脱的贝京谴责哈加纳还实施严刑逼供,并且发出挑衅声明:"我们会报复你们的,该隐。"但他非常精明,他不想陷入与哈加纳的战争。就在与英国人及其犹太同伙斗争的这几个月里,他创建了一支几乎坚不可摧的地下武装力量。他认为哈加纳为了摆脱英国人,必须加入他的队伍。事实证明,他是对的。1945年10月1日,本-古里安没有跟魏茨曼商议,就给哈加纳的指挥官摩西·斯内发了一份加密电报,命令他针对英军发起行动。[9]一个团结一致的"犹太抵抗运动"组织形成了,它在10月31日夜间开始发动袭击,炸毁了铁路。

即便如此,分歧依然存在。哈加纳不想实施任何形式的恐怖行动,它只会在貌似可以称为军事行动的行动中使用武力。贝京一直拒绝像斯特恩分子在1946年4月26日将6名英国伞兵残忍地杀死在床上那样的杀戮行为。当时和后来,他都拒绝"恐怖分子"的标签。不过他甘冒道德和身体上的风险。当初若是没有约书亚,又怎能获得应许之地呢?《约书亚记》难道就不是令人不安地记录了以色列人为了征服神命赐予他们的这块土地,甘愿冒多大的危险的吗?

在有助于促使英国退出的两次事件中,贝京都是领军人物。1946年6月29日,英国人对犹太事务局发动了一次黎明突袭,大约 2 718 名犹太人被捕。此举的目的是推出一个比较温和的犹太人领导人物。结果却以失败告终,甚至,由于伊尔贡毫发无伤,此举反倒加强了贝京的地位。他说服哈加纳在英国部分机关所在的大卫王酒店实施爆炸,他们一致商定的目标是羞辱,而非杀人。但出现大规模杀伤的风险巨大。魏茨曼听说了这次密谋,以辞职和把辞职原因公之于世相威胁。[10]哈加纳通知贝京取消行动,但他拒绝了。1946 年 7 月 22 日,午餐时分,比预定计划提前 6 分钟,大约 700 磅高爆炸药炸毁了那家酒店的一栋翼楼,造成 28 名英国人、41 名阿拉伯人、17 名犹太人和其他 5 人丧生。按计划应该有一名 16 岁的女学生打电话示警。可是关于后来发生的事情,证据是互相矛盾的。贝京始终坚称已经做出充分警示,将死亡责任归咎于英国当局。他只为伤亡的犹太人感到痛惜。[11]可是,这样的恐怖行动,安装炸药的那些人必须对所有死者负责,这是犹太当权派的意见,哈加纳指挥官摩西·斯内被迫辞职。"抵抗运动"解散,其组成部分各归各位。虽然如此,这次暴行,与其他事件相结合,还是取得了效果。英国政府提议将该地区一分为三,但是遭到了犹太人和阿拉伯人的共同反对。于是,1947 年 2 月 14 日,英国外交大臣贝文宣布他要将整个巴勒斯坦问题移交给联合国处置。

但那并不一定意味着英国会迅速撤走,所以恐怖行动仍在继续。另一件也是贝京主使的事件起到了决定性作用。他反对斯特恩分子的暗杀,但坚持认为伊尔贡对英军惩处伊尔贡成员拥有以其人之道还治其人之身的道德权利。英国绞死或鞭打犹太人，伊尔贡就如法炮制。1947年4月，3名伊尔贡成员因为袭击阿卡监狱要塞导致251名囚犯脱逃而受审。贝京威胁称，如果这3人被定罪并绞死，他就会实施报复。7月29日，他们被定罪并绞死。几个小时之后，两名英国中士克利福德·马丁和默文·佩斯为此被俘，按照贝京的指示，他们被伊尔贡的行动总指挥吉迪·帕格林绞死，他还炸毁了他们的尸体。对无辜的马丁和佩斯实施的可怕谋杀让许多犹太人惊骇不已。犹太事务局称此举为"一群罪犯对两名无辜者的卑鄙谋杀"。[12]（事情甚至比当时看来的更严重，因为35年之后才发现马丁的母亲是犹太人。）这件事在英国引发了不可遏止的愤怒情绪。德比郡的一座犹太会堂被烧毁，伦敦、利物浦、格拉斯哥和曼彻斯特发生了反犹骚乱——这是13世纪以来英国发生的第一次反犹骚乱。这些事件转而使英国的政策发生了决定性转变。英国曾经以为，任何分治方案都要由自己来监督和执行；否则，阿拉伯国家的军队完全会介入并灭绝犹太人。如今他们决定尽可能迅速地抽身，把局面留给阿拉伯人和犹太人。[13]于是，贝京的策略成功了，但其中蕴含着可怕的风险。

风险的大小一定程度上取决于两个超级大国，美国和苏联。在两种情况下，犹太复国主义者受益于所谓的运气或天意，看你怎么想了。首先是1945年4月12日罗斯福的逝世。与伊本·沙特国王在雅尔塔会议后的会面让罗斯福在生前的最后几周转变为反犹太复国主义者，亲犹太复国主义的总统助理戴维·奈尔斯后来声称："如果罗斯福活着，我对以色列能否建国深表怀疑。"[14]
罗斯福的继任者哈里·S.杜鲁门对犹太复国主义作出了直截了当的承诺，半是出于情感，半是出于算计。他同情犹太难民，认为巴勒斯坦的犹太人是弱势群体。另外，对于犹太人的选票，他没有罗斯福那样笃定。对于即将在1948年举行的选举，他需要得到诸如纽约、宾夕法尼亚和伊利诺伊这些摇摆州的犹太组织的支持。英国刚宣布放弃托管，杜鲁门就开始推动成立一个犹太国家。1947年5月，巴勒斯坦问题被提交联合国。特别委员会受命提交一份方案，它交出了两份方案。少数派建议成立一个由两个民族组成的联邦国家。多数派提出了一份新的分治方案：一个犹太国家，一个阿拉伯国家，外加耶路撒冷国际区。1947年11月29日，借助于杜鲁门的强有力支持，该方案以33票赞成13票反对和10票弃权在联合国大会上获得通过。

苏联和阿拉伯国家基本上得到了"国际左翼"的支持，后来开始相信以色列建国是资本主义—帝国主义的阴谋。但事实证明，正好相反。美国国务院和英国外交部都不想要一个犹太国家。他们预见到如果在这个地区成立一个犹太国家，对于西方来说，那不啻一场灾难。英国陆军部同样表示强烈反对。美国国防部也是一样，国防部长詹姆斯·福雷斯特猛烈抨击犹太游说团体："在这个国家，没有团体可以获准影响我们的政策以至于危及国家安全的地步。"[15]英美的石油公司反对成立这个新国家的情绪更为激烈。石油利益的代表，加利福尼亚－得克萨斯石油公司的马克斯·索恩伯格，称杜鲁门已经"毁灭了美国的道德威望"，并且摧毁了"阿拉伯人对理想的信心"。[16] 不管在英国还是在美国，推动以色列建国都无法带来巨大的经济利益。以色列在这两个国家绝大多数的朋友是左派。

以色列的诞生和存在，恰当的时机绝对重要。尽管对外向反犹太复国主义的转变尚需更长的时间，不过决定性时刻在1948年秋季到来。然而这个时候，以色列的存在已经安全了。随着冷战压力的增加，战后理想主义的思想倾向解体，杜鲁门被迫更注意听取五角大楼和国务院的意见，美国的政策也在发生转变。如果英国再推迟一年撤退，美国就不会那么急切于看到以色列的成立，俄国反对则几乎是肯定的。所以，对于整个事业来说，恐怖行动对英国政策造成的影响也许是决定性的。以色列从1947—1948年短暂开启几个月的历史机缘的窗口中间钻了过去。那同样是运气或者说是天意。

然而，如果说英国提早撤退的缘由是贝京的冷酷，那么让这个国家得以存在下来的则是本－古里安。他不得不做出一系列决定，而每个决定都可能给巴勒斯坦的犹太人带来灾祸。联合国分治投票的结果一出来，阿拉伯人就下定决心摧毁所有的犹太定居点，而且立即对他们发动袭击。阿拉伯联盟秘书长阿扎姆·帕夏在广播中称："那将是一场灭绝战争和一场最重大的屠杀。"[17] 犹太指挥官们充满信心，但他们的资源实在匮乏。截至1947年底，哈加纳拥有步枪17 600支、斯特恩式轻机枪2 700支、机关枪大

第七章 锡 安

约 1 000 挺,各阶段受训人员 2 万名至 4.3 万名,几乎没有装甲武器、重炮和飞机。[18] 阿拉伯人集结了颇具规模的解放军,不过指挥权分散。他们还有阿拉伯国家的正规军:1 万名埃及人、7 000 名叙利亚人、3 000 名伊拉克人,还有多达 4 500 人的外约旦阿拉伯军团,是一支拥有英国军官的强大军队。截至 1948 年 3 月,超过 1 200 名犹太人在阿拉伯人的袭击中丧生,其中一半是平民。捷克的武器开始抵达,第二个月就被部署下去。英国的托管定于 5 月 15 日结束。但 4 月初,本-古里安就做出了或许是他人生中最艰难的决定。他下令哈加纳转入攻势,将各个犹太飞地全部连接起来,尽可能巩固联合国方案中划分给以色列的领土。这场豪赌几乎大获全胜。犹太人占领了海法,打开了通向太巴列和加利利东部的线路,夺取了塞费德、雅法和阿卡。他们奠定了以色列国的核心,实际上他们在建国之前就已经赢得了战争的胜利。[19]

5 月 14 日,星期五,本-古里安在特拉维夫博物馆高声宣读了独立宣言。"根据我们民族的固有权利,"他说,"以及联合国大会的决议,我们特此宣布在巴勒斯坦建立一个犹太人的国家,它的名字是以色列国。"临时政府立刻组建。当晚,埃及开始实施空袭。次日,剩余的英国人离开,与此同时,阿拉伯军队入侵。但是他们收效甚微,除了一点:阿卜杜拉国王的阿拉伯军团占领了耶路撒冷老城;5 月 28 日,犹太人放弃了那里。此举意味着犹太人在这座圣城以东的定居点全都撤离。以色列人在其他方面取得了进一步的进展。

6月11日，双方达成一个月的停火。停火期间，阿拉伯国家大力加强了它们的部队力量。但以色列人不仅从捷克，还从法国，争取到了大量重型装备，法国提供装备主要是为了激怒英国人。7月9日，硝烟再起，以色列人很快就明显掌控住局势。他们拿下了利达、赖姆莱和拿撒勒，占领了超过分治边界的大片地区。10天之内，阿拉伯人同意第二次停火。但暴力事件偶有发生，10月中旬，为了打开通向内盖夫定居点的道路，以色列人发动攻击。本次攻势以夺取贝尔谢巴作为结束。到这一年结束的时候，以色列军队人数多达10万人，装备齐全，它已经在该地区建立了此后从未失去的军事主权。1949年1月12日，停战谈判在罗得岛召开，以色列与埃及（2月14日）、黎巴嫩（3月23日）、外约旦（4月3日）和叙利亚（7月20日）签署了停战协议。伊拉克根本未签署协议，而且这5个阿拉伯国家依然与以色列处于形式上的战争状态。

1947—1948年的事件造就了以色列，也造成了持续至今的阿拉伯—以色列问题。这个问题有两大方面，难民和边界，两方面最好单独考虑。根据联合国数据，巴勒斯坦托管时期的65.6万名阿拉伯居民逃离以色列控制的领地：28万人前往约旦河西岸，7万人前往外约旦，10万人前往黎巴嫩，4 000人前往伊拉克，7.5万人前往叙利亚，7 000人前往埃及，还有19万人去了加沙地带（以色列人估计的总数要低得多，5.5万～60万人）。他们离开的原因有四个：为了避免在冲突中丧生，因为管理已经瘫痪，因

第七章 锡安

为阿拉伯电台广播命令他们离开、误导或恐吓他们，还有就是，1948年4月9日伊尔贡—斯特恩帮在亚辛村实施的屠杀，让他们受到惊吓并选择逃离。

最后一个原因值得审视，因为它与以色列国的道德凭据有关。从1920年至那个时候，犹太人一直克制不对阿拉伯定居点实施恐怖袭击，尽管阿拉伯人数不清的恐怖袭击有时会引发严厉的报复。1947—1948年冬季战争开始时，亚辛村，一座人数不足1 000人的阿拉伯采石村庄，就与附近的耶路撒冷郊区吉瓦特扫罗达成了互不侵犯的协议。但是附近的两处犹太定居点被占领和摧毁令犹太人复仇心切。斯特恩帮提议摧毁亚辛村，给阿拉伯人一个教训。伊尔贡高官耶胡达·拉皮多特证实："明确的目标是瓦解阿拉伯人的士气，提振耶路撒冷犹太社区不断受挫的士气，尤其是因为最近落入阿拉伯人手中的犹太人尸首遭到了亵渎。"[20]贝京虽然同意行动，不过说必须使用广播宣传车给村民投降的机会，避免流血事件发生。当地的哈加纳指挥官也勉强表示同意，但提出了更多条件。突袭行动由80名伊尔贡成员和40名斯特恩分子实施。广播宣传车掉进了沟里，完全没派上用场。阿拉伯人选择战斗，而且实际上他们更强大，武装更优越。伊尔贡成员和斯特恩分子不得不要求增派一支配备一挺重机枪和一门2英寸迫击炮的正规排，正是靠这些才消灭了阿拉伯人的抵抗。

就在此时，突袭部队进入村庄后就失去了控制，跟他们在一起的哈加纳密探将后面的情况形容为"无组织的屠杀"。突袭者押了 23 个人前往采石场并枪杀了他们。一名阿拉伯目击者说还有 93 人在村庄内被杀，不过其他的描述认为被杀人数高达 250 人。尚未了解这次战斗的细节，贝京就本着《约书亚记》的精神发出了当日命令："接受我对这次辉煌的征服行动的祝贺……就像在亚辛村，然后是每个地方，我们将攻击并摧毁敌人。上帝，上帝，你选择了我们来征服。"[21] 这次暴行的消息以夸张的形式飞快传播，无疑在此后两个月造成许多阿拉伯人逃离。没有证据显示这种效果是经过设计的，但结合其他因素，它将这个新国家的阿拉伯人口降至区区 16 万人。那就非常方便了。

另外，犹太人或被鼓动或被迫从阿拉伯国家逃离，那里的有些犹太社区已经存在了 2 500 年之久。1945 年，居住在阿拉伯世界的犹太人超过 50 万人。从 1948 年 5 月 15 日战争爆发至 1967 年底，绝大多数犹太人已经来到以色列避难：252 642 人来自摩洛哥，13 118 人来自阿尔及利亚，46 255 人来自突尼斯，34 265 人来自利比亚，37 867 人来自埃及，4 000 人来自黎巴嫩，4 500 人来自叙利亚，3 912 人来自亚丁，124 647 人来自伊拉克，还有 46 447 人来自也门。总计 567 653 人，来自阿拉伯国家的犹太难民总数并不比从以色列离开的阿拉伯难民数量少多少。[22] 接纳和对待难民的差别完全是政策问题。以色列政府把有组织地重新安置所有难民当作民族家园政策的一部分。而阿拉伯政府则在联合国的协助下，让阿拉伯难民待在难民营，等待遥遥无期的重新征服巴勒斯坦。因此，作为自然增长的结果，20 世纪 80 年代末，阿拉伯

第七章 锡安

难民的数量比 40 年前还要多。

对难民态度的巨大反差源于谈判态度的根本性差异。两千年来，犹太人一直是受压迫的少数派，从未拥有过武力的选择。因此他们不得不习惯于谈判，经常只是为了勉强的生存，而且他们几乎总是处于非常弱势的地位。几个世纪以来，他们不仅仅发展出了谈判技巧，还发展出了谈判哲学。他们会在毫无胜算的情况下谈判，而且已经学会接受谈判地位，无论是多么卑微和低下的地位，因为他们明白，通过进一步的谈判和自己的努力，这种地位会在后来得到改善。与武力相比，和解高于一切已经融入了他们的骨髓。即使是在证据已经无可辩驳的情况下，他们仍然难以相信希特勒的滔天罪恶，这就是原因：他们很难理解一个人根本不想和他们和解，而只想取他们的性命。

相比之下，阿拉伯人是征服的种族，它的宗教著作鼓舞和表明反对向其他民族——受到轻视的契约民——妥协的立场。为了最终解决而谈判，这个概念对于他们来说，是对原则的一种背叛。停火、休战，或许必不可少，能够接受，因为它保留了之后使用武力的选择。但是签订条约对于他们来说，似乎是一种投降。那就是他们为什么不想重新安置难民，因为那意味着对道德资本的最终处置。就像开罗广播电台所说："难民是阿拉伯与以色列斗争的基石。难民是阿拉伯人和阿拉伯民族主义的武器。"[23] 因此，他们没有讨论余地地拒绝了 1950 年联合国的重新安置方案。随后 25 年，他们甚至拒绝了以色列再三提出的赔偿建议。对于难民本人及其子孙来说,结果是灾难性的。这也是阿拉伯国家不稳定的根源之一。20世纪60年代,它差点儿摧毁了约旦。20世纪70年代和80年代,它实际上摧毁了黎巴嫩微妙的平衡结构。

不同的谈判态度在确定以色列边界问题上产生了更为重要的影响。犹太人看待自己重新创建的国家可能有三种方式:作为民族家园,作为应许之地,作为犹太复国主义的国家。第一种可以被迅速排除掉。如果所有犹太人想要的只是一个可以安全无虞的地方,那么它可以在任何地方:如阿根廷、乌干达、马达加斯加,都是过去某个时段被提议过的。但是情况很快就显而易见,几乎没有犹太人对这样的规划感兴趣。唯一有那么点儿实际吸引力的是阿里什提议,原因正是它靠近巴勒斯坦。

所以我们可以继续讨论第二种看法:应许之地。不管以哪种方式,这一点对所有世俗和宗教的犹太人都存在理论上的吸引力,除了坚持认为返回锡安必须是弥赛亚进程一部分的虔诚犹太人和已经被同化而无意于返回任何地方的犹太人之外。但是,这片土地到底是什么?正如我们已经注意到的,上帝将这片土地交给亚伯拉罕的时候并未对其做出任何明确的定义。[24] 那么它包括以色列人实际占领的领地吗?如果包括,又是在什么时期的领地呢?实际上存在两个圣殿时期,大卫王朝和马加比王朝。有的犹太复国主义者(过去和现在)将这个国家看作第三圣殿。但它继承的是哪一个国家呢?大卫的王国(不是所罗门的)包括了叙利亚。马加比王朝还一度统治过广阔的区域。这两个圣殿时期在其全盛

第七章 锡安

时期都是小型帝国，管辖的臣民有的只是半犹太人，有的完全不是犹太人。它们肯定不能作为犹太复国主义国家的典范，后者的主要目的是为犹太人提供民族家园。另外，对于古代受自己支配的那些巴勒斯坦地区，犹太人的要求具有一种强烈的情感信念。在犹太复国主义者1919年提交巴黎和会的方案中就能找到这样的表述。它要求给予犹太人从拉法到赛达的整段海岸，还有约旦河两岸，东部边界延伸至大马士革—安曼—汉志铁路以西。[25]不出所料，这份方案被拒绝了，但其主张一直被保留在亚博京斯基的修正派的计划中。

接下来我们再来看看犹太复国主义国家这种身份，犹太人实际上能够得到、定居、发展和保卫的领地。这种经验主义的态度是犹太复国主义主要团体采用的态度，实际上也成为这个国家本身的政策。这是一种明智的态度，因为它为犹太人的谈判技巧提供了最宽泛的可能性。因此犹太领袖们会说，他们愿意接受环绕被犹太人占领的地区且本身连贯和可以保卫的任何边界。所以在托管期间及之后的每个阶段，犹太人都是可以变通的，乐意接受向他们提出的任何合理的分治方案。1937年7月，皮尔委员会分治方案只给了他们从梅图拉到阿富拉的加利利地区，还有从加沙以北20英里的地点到阿卡的海岸地带，后者还被通向英国掌控的耶路撒冷周边飞地的通道阻断。[26]犹太人虽不情愿，但也接受了。得到巴勒斯坦四分之三面积的阿拉伯人却毫无商量余地地拒绝了。

1947年，联合国再次提出一份分治方案时，定居点已经发生了变化,这份方案对此做出了反应。它没有把当时主要是阿拉伯人的阿卡和加利利西部划分给犹太人,而是将几乎整个内盖夫和死海的部分地区增加到犹太人的部分。尽管皮尔只给了犹太人巴勒斯坦的20%,联合国此时却给了他们50%。但从任何定义来看,它都不是应许之地,因为不包括犹地亚和撒马利亚、整个西岸地区,以及最重要的耶路撒冷。但是犹太人,无论多么不情愿,还是接受了。多年来担任外交部部长的前牛津大学学者阿巴·埃班(Abba Eban)是这个新国家的主要谈判代表,他清晰地解释了他们的经验主义哲学。犹太人同意放弃对他们具有宗教和历史意义的地区,他说,因为从犹太国家成为"具体的政治前景"那一刻——也就是说,国际联盟托管,"它的发展过程内部就存在一种分治主义的暗示"。犹太复国主义的定居政策"基于避免与目前人口现实产生任何冲突的观念。该观念要将犹太人安置在并未被阿拉伯人牢固占有的地方"。由于阿拉伯定居地延续了古代以色列的定居地点,所以现代犹太人可以前往古代非利士人的海岸平原和伊茨雷埃勒谷地,那里是阿拉伯人由于疟疾而回避的地方。"犹太人定居的原则",埃班说,"始终是经验主义和符合时代的,从不是宗教性和历史性的。"所以,在联合国的谈判中:

> 我们提出将特定区域列入我们分治边界内的所有要求都是基于历史联系的一般前提,而并非以古代的联系为基础。由于希伯伦都是阿拉伯人,我们没有对其提出要求。

第七章 锡 安

由于贝尔谢巴几乎空空荡荡,我们才提出了有成效的要求。犹太复国主义的中心论点是,以色列地存在建立一个人口稠密的犹太社会的足够空间,而不必让阿拉伯人背井离乡,甚至不必干扰他们根深蒂固的社会凝聚力。[27]

这种哲学让犹太人接受了联合国的分治方案,即使据此划定边界的国家将极为难以管理和保卫。但阿拉伯人又一次拒绝了这份提供给他们一个巴勒斯坦国家的方案,根本没有任何商量余地,而且立即诉诸武力裁决。随后的战争结果,还有以色列人1948年6月至11月期间的战利品,让这个以色列国家最终占领了巴勒斯坦的80%,边界尽管还是不便,但已经能够让一个国家适合管理并且能够防御。最后,巴勒斯坦的阿拉伯人完全没了国家:只有加沙地带,以及由约旦管理的西岸地区。

虽然之前的经验是阿拉伯人不愿意谈判,但以色列人还是试图在1949年停战方针的基础上达成关于永久边界协议。这意味着将放弃一部分领地。如果以色列能够以此换得事情的最终解决,那也是可以接受的。但是这样的交易从来没有机会提出来。阿拉伯人拒绝与以色列人直接谈判。经过联合国巴勒斯坦调解委员会的多次谈判,很显然,阿拉伯人坚持要让以色列退回1947年联合国分治界线之后(那是他们之前从不予接受或认可的),而且甚至不会以承认这个新国家作为回报。以色列将停战视为和平的前奏,相反,阿拉伯人只将其看作停火和在他们方便的时候发动战争的序幕。此外，阿拉伯国家不愿意遵守各项停战协议条款。在这些停战协议幌子下，他们对以色列平民发动游击突袭，实施恐怖攻击，对以色列的经济进行有组织地抵制和封锁活动。对于阿拉伯人来说，停战是以其他方式延续战争。因此从真正意义上来看，从1947年11月至今，以色列一直与大多数阿拉伯邻国处于战争状态。

这种状态导致需要从根本上重新评估这个犹太复国主义国家的性质。世俗拓荒者将其看作和平主义者和集体主义者的乌托邦，宗教先驱者将其看作神圣的神权政体，如今两拨人同样不得不投入精力建设一个戒备森严的国家。从某种意义上来说，这种发展是自然而然的。这些现代定居者不得不一直在周边建造隔离栅栏，以抵御阿拉伯人的劫掠。在几次战争之间，这些措施逐渐变得越来越周密和专业。不过从1949年开始，尽管缓慢和不情愿，但不得不承认的是，安全必须是整个国家长期以来、高于一切的优先考虑对象。以色列人不仅设计出越来越周密的内部安全措施，以应对阿拉伯人越来越老练的恐怖行动，还不得不采用对外防御的多极标准：他们的武装部队必须能够同时应付来自所有阿拉伯国家的攻击。这些考虑因素决定了这个新国家的预算，它们还主导了这个国家的对外关系。

的确，建国之初的30年，1948—1978年，以色列始终而且有时是应接不暇地在为生存而战。停战被证明毫无用处。在最初的7年间，超过1 300名以色列人在阿拉伯人的突袭中丧生，以

第七章 锡 安

色列针对恐怖分子基地的报复性袭击日益激烈。1951年7月20日,硕果仅存的阿拉伯温和派,约旦的阿卜杜拉国王遇刺身亡。1952年7月23日,军人集团驱逐了埃及君主,进而导致(1954年2月25日)致力于摧毁以色列的贾迈勒·阿卜杜勒·纳赛尔(Gamal Abdul Nasser)的民粹主义独裁。1953年2月,苏联与以色列断绝了关系。从1955年9月开始,随着埃及与捷克武器协议的签署,华约集团开始向阿拉伯军队提供数量不断增长的现代武器。得到了新盟友提供的保证,纳赛尔总统着手实施扼杀和灭绝以色列的计划。虽然1951年9月,联合国安理会对这种行为进行了谴责,但埃及始终拒绝向以色列船只提供苏伊士运河的使用权。从1956年开始,纳赛尔还拒绝以色列船只驶入亚喀巴湾。4月份,他与沙特阿拉伯和也门签署了一份军事协定,7月份,他没收了苏伊士运河,10月25日,他与约旦和叙利亚组建了联合军事指挥。感觉到脖子上的套索渐渐收紧,10月29日,以色列先发制人,空降伞兵,夺取西奈的米特拉山口。在随后发生的短暂战斗中,连同登陆运河区的英法军队,以色列占领了西奈全境,拿下了加沙,挫败了阿拉伯突击队员的活动,打通了通向亚喀巴的海洋线路。[28]

尽管其军事意义被英法的干涉掩盖,但第二次中东战争证明了以色列保卫自身安全的能力,即使面对的是新式苏联武器。战争结束后的协议同样毫无结果。以色列同意从西奈撤军,条件是埃及不再重新武装西奈,联合国部队可以构建防护性的缓冲地带。

无论多么不尽如人意，这份协议还是持续了 10 年之久。但突袭和恐怖行动持续不断。叙利亚也被华约集团武装起来了。1967 年，重新整顿和装备军队的纳赛尔决定卷土重来。5 月 15 日，他重新武装西奈，派驻 10 万人和装甲部队，命令联合国部队离开（联合国部队照办了）。5 月 22 日，他对以色列船舶关闭蒂朗海峡，再次封锁亚喀巴。8 天后，约旦国王侯赛因在开罗签署了一份军事协定，形势迫在眉睫。同一天，伊拉克军队在约旦就位。于是 6 月 5 日，以色列人被迫再次先发制人。当天上午，他们几乎将整个埃及空军摧毁在地面上。约旦和叙利亚对以色列的成功产生误解，正式站在埃及一边参战。作为回应，以色列认为自己有权解除第一次中东战争留下的（对它来说）最恶劣的异常状态。6 月 7 日，以色列占领老城，然后夺取整个耶路撒冷，将其设为首都。次日结束之前，它已经占领了整个左岸。此后两天，它猛攻叙利亚戈兰高地，在距离大马士革仅 30 英里的地方安营扎寨。与此同时，它再次占领西奈全境。作为第三次中东战争的战果，以色列第一次获得了可防御的边界，还有首都和一份著名的历史遗产。[29]

但是这次卓越的胜利并未带来安全。恰恰相反，它诱发了一种虚幻的信心和对固定防线的错误依赖，如苏伊士运河以东所谓的巴勒夫防线。逢公关必赢、逢战争必输的纳赛尔去世，继任者是他那位更难对付的同僚——安瓦尔·萨达特（Anwar Sadat）。为了提高自己行动的自由度，1972 年 7 月，萨达特赶走了埃及的苏联军事顾问，不过此举不会断绝埃及的苏联装备。他放弃了纳赛尔与其他阿拉伯强国缔结的蔚为壮观的政治军事联盟,安于秘密的部署协调。迄今为止,以色列军队理论上还很弱小。因此以色列在1948年4月、1956年10月和1967年6月认为自己必须先发制人,利用所有战术优势,出其不意地实施打击。如今,它认为自己强大了,可正是萨达特,与叙利亚人配合,毫无预兆地在1973年赎罪日(10月6日)发动攻击,反而收到了完全出其不意的效果。

埃及人和叙利亚人都突破了以色列防线。阿拉伯的反坦克和防空导弹实现了出其不意的技术效果,重创以色列的飞机和装甲部队。在这个国家存在的25年里,以色列第一次要面对重大挫败甚至第二场大屠杀的可能。不过10月9日,叙利亚人进军受阻;次日,为了回应以色列绝望的恳求,美国总统理查德·尼克松开始向它紧急空运先进武器。两天后,以色列军队开始大胆地对埃及还以颜色,越境进入运河西岸,造成切断西奈所有埃及先遣部队供给的威胁。此次行动是战争的转折点,就像1967年10月24日停火生效那次一样具有决定性,以色列即刻反败为胜。[30]

以色列接受停火的意愿更多的是受到政治和心理而非军事因素的影响。四场战争,每一场都完全不对等。阿拉伯国家可以承受输掉很多场战争的后果,但以色列无法承受输掉一场战争的后果。以色列人的一次胜利无法赢得和平,但以色列人的一次失败就意味着灭顶之灾。以色列始终将埃及视为最危险的敌人,最有可能将对手一击倒地的敌人。但埃及也是以色列的对手中最具假想性的一个。它的民众并非真正的阿拉伯人，它要奋斗实现的是自身在中东的领导地位，它要赢得声望，而非出于深层次的情感牵扯。以色列占领的埃及领土，无论多么有用（1967—1973年，那儿开发了一处产量巨大的油田），也不属于犹太人的历史遗产。出于这些原因，与埃及实现和平是有可能的。其中的阻碍是埃及受损的军事荣誉感。但1973年的初期成就可以弥合这种伤害，时机和宣传可以让它看起来比实际上的战果更加辉煌。

另外还有一个障碍。以色列从建国以来一直由工党占主导的联合政府执政，其在边界问题上的灵活性从阿巴·埃班的话语中总结出来的实用主义哲学中可见一斑。但反对派保留了亚博京斯基在边界问题上毫不妥协的传统。与埃及实现和平需要以色列在领土方面做出实际的和潜在的巨大牺牲，那相应地需要达成一种国家共识，反对派会拒绝接受。因此，1977年5月，劳动党联盟在选举中失败，首次将权力移交给以贝京的利库德为组织形式的修正派，这种变化以民主社会常见的一种悖论形式，使得和平更有可能出现。贝京，正是由于他反对妥协的承诺，才有资格采取用土地换安全这种本-古里安以后的劳动党领袖无人敢于采取的方式。

萨达特，阿卜杜拉之后第一位阿拉伯现实主义者，他认识到了这个关键点。1977年11月9日，利库德胜选后不到6个月，他就提出和平条款谈判。和平的过程漫长、复杂和艰辛。这个过程由吉米·卡特总统监督，由慷慨的美国纳税人提供财政担保，

第七章 锡安

后者是必不可少的要素。它如马拉松一般持续了13天，从1978年9月5日开始，地点在美国总统的避暑胜地——戴维营，也就是贝京极具特色称呼的"豪华集中营"。将达成的共识具体化并在一份详细的条约中体现的过程又需要6个月。

本次达成的妥协是真实的，因此它延续了下去。埃及承认以色列的存在权，严格保证以色列南部边境，实际上退出了军事制衡，因而首次为以色列提供了某种程度的真正安全。作为交换，以色列交出了西奈，包括其中的油田、空军基地和定居点，而这一切对它具有深刻的情感意义。它还答应通过谈判可以放弃西岸大部分地区，甚至在耶路撒冷做出让步，换取与巴勒斯坦人和其他阿拉伯国家的补充条约。但上述这些牺牲到头来也无法实现。戴维营为巴勒斯坦的阿拉伯人提供了1947年联合国分治方案以来的最好机会。他们再一次，甚至都没试图谈判，就放弃了这次机会。那给以色列留下了犹地亚和撒马利亚，虽然还是作为"占领区"，而不是国际上承认的永久业权。这份条约，就像历史上类似的妥协一样，同样要求签署人做出重大牺牲。它让贝京失去了自己最长久的一些政治伙伴，它让萨达特，这个以色列最危险狡诈和最勇敢慷慨的对手，失去了自己的生命。[31]

从历史背景来看，以色列和埃及的和平协定的重要性不可估量，不仅是就其本身而言，还在于它的时机。从20世纪20年代开始，阿拉伯的经济和外交影响力来源一直是波斯湾和伊拉克北部油田。20世纪70年代后半段，这种石油影响力邃然增强。20

537　世纪 60 年代，石油需求的增长速度快于供给。1973 年，中东石油国家回应第四次中东战争的政治行动又从根本上加强了这种趋势。石油价格上涨 3 倍，从每桶 3 美元上涨至每桶 10 美元。截至 1977 年底，价格已经涨到了每桶 12.68 美元；1979—1980 年，价格再次上涨 3 倍，1980 年底达到每桶 38.63 美元。随着阿拉伯石油收益增长 10 倍以上，油价革命让阿拉伯可以斥巨资购买武器并为反以色列的恐怖活动提供资金，它还增加了阿拉伯对西方和第三世界国家的外交影响力。比如，法国为伊拉克修建了一座先进的核反应堆，它迅速发展的战争潜力迫使以色列在 1981 年 6 月 7 日用空袭轰炸的形式将其摧毁。在阿拉伯国家压力下，一些第三世界国家与以色列断绝了外交关系。阿拉伯人在联合国的影响力显著提升。结果，1975 年，联合国大会通过了一份将犹太复国主义等同于种族主义的决议。那位穆夫提的继任者，亚西尔·阿拉法特，阿拉伯巴勒斯坦解放组织的领导人，得到了联合国和到目前为止依然对以色列表示友好的很多国家给予的政府首脑地位。以色列真正的危险是被赶进一个过去由南非单独占据的国际隔都。

　　在这样的背景下，埃及的和平协定及其在双方全面贯彻的客观事实是以色列在国际舞台上保持地位的重要支撑力。如果巴勒斯坦人此时认真谈判，那么毫无疑问，以色列将被迫放弃西岸大部分地区。但是机会在对徒劳的恐怖活动的偏好中错失，机会的窗口关闭了。从 1981 年到 1985 年，随着供求逐渐平衡，石油价格缓慢走低。到了 1986 年 1 月，价格是每桶 25 美元，同年 4 月，

第七章 锡 安

价格降至 10 美元关口以下,考虑到通货膨胀,比第四次中东战争之前还要低。经济和外交影响力的天平再次开始倒向以色列一边。到了这个阶段,20 世纪 80 年代末期,以色列已经占有西岸长达 20 年,它的边界尽管有些地方是"临时"的,但已经开始具有长久性的气象。

阿拉伯人拒绝谈判的潜在假设是认为时间是站在他们一边,而非以色列一边,还有他们喜欢引用中世纪的十字军国家作为例证,做出误导性的类比,事实上,这两点都被以色列头 40 年的存在证明是毫无根据的。以色列已经成为戒备森严的成功国家,虽然还保留着谈判的灵活性和开国元勋的经验主义,但已无须牺牲基本的目标或自由。时间已经证明,它并未站在阿拉伯人一边,而是站在以色列人一边。此外,阿拉伯人始终偏爱战争选择的这一事实甚至促使以色列的经验主义者都习惯从以色列历史边界的角度思考问题了。1951—1952 年官方《政府年鉴》记录:"这个国家建立在以色列地的一小部分上。"许多犹太人把以色列的连番胜利看成对更广阔区域的道德托管。对于虔诚的犹太人来说,它是上帝之手,对于世俗犹太人来说,它是天定命运的一种形式。1968 年,塞法迪首席拉比主张,不返还刚占领的领土是一种宗教义务。同年,基布兹达蒂代表宗教集体为独立日吟诵:"拓展我们土地的边界,就像您应许我们的祖先那样,从幼发拉底河到埃及河。建立您的圣城,耶路撒冷,以色列的首都;您的圣殿将在那儿被建起,如同所罗门的年代。"巴尔伊兰大学校长哈罗德·菲施博士坚称"只有一个民族,它的土地是被托付和立过约的,那就是犹太民族。暂时的人口变化不会改变这个基本事实,这是犹太人信仰的基石。就像一个妻子不能有两个丈夫,一块土地也不能被两个主权国家所有"。[32] 1967 年的胜利还导致了被称为"以色列地"的多党运动,主张只代表以色列公民的以色列国不具备放弃已征服的应许之地任何部分的道德权威,因为那是整个犹太民族的财产,必须为最终的集合或阿利亚(移居圣地)保留下来。犹太复国主义的这种新形式引用赫茨尔、本-古里安和亚博京斯基的论据,主张犹太世界不过只有五分之一定居在以色列。犹太复国主义的最终目标一定是整个民族的回归;所以需要完整的土地才能容纳他们。[33]

这当然是一种夸张的意识形态政治,实际上一直受到以色列的抵制。从另一个角度看,以色列国在某些方面本质上是理想主义的。它将接纳所有想要移民定居以色列的犹太人作为不可推卸的责任,这是建国的主要目的。最早的 1897 年巴塞尔计划、1922 年托管授权第 6 条、1948 年 5 月 14 日的独立宣言,还有 1950 年正式实施的回归法,全都是这样主张的。[34] 回归法 4B 款规定犹太人是"生母是犹太人,或者已经皈依犹太教并且非其他宗教成员"。但在实践中确定谁是犹太人并不容易。从撒马利亚人那个年代开始,它就是犹太人历史上最棘手的问题之一。随着世俗主义的发展,它变得更加困难了。在现代欧洲,犹太人的定义经常不是由他们自己做出的,而是出自反犹分子。卡尔·卢埃格尔曾经说:"我说谁是犹太人,谁就是犹太人。"大多数现代犹太人认为犹太人就是自认为是犹太人的人。可是对于司法机关来说,那可不顶用。《哈拉哈》律法坚持宗教因素。这就意味着在以色列,异族通婚的后代,母亲不是犹太人的话,那么他虽然是以色列公民,说希伯来语,在犹太历史的精神中接受教育,在以色列军队服役,但如果不经过皈依的特定程序,在法律上都不能被称为犹太人。另外,《哈拉哈》律法主张即使改宗后的犹太人依然是犹太人。无力确定犹太人的纯粹世俗定义造成了内阁危机和诉讼纷争。一个天生的犹太人,奥斯瓦尔德·鲁费森,已经改宗加入加尔默罗修会,成为"达尼埃尔兄弟",试图按照回归法移民入境,这个案子被送上了最高法院(《鲁费森诉内政部案》,1962)。法官西尔伯格(代表多数派)认为回归法是世俗的法律规定。为了实现这部法律的目的,犹太人的定义不应取决于《哈拉哈》,而应从普遍理解的角度出发:"在我看来,这个问题的答案清晰鲜明——已经成为基督徒的犹太人不能被认为是犹太人。"[35]

但绝大多数情况下不存在定义问题。从建国以来,以色列一直对想要移民定居以色列的犹太人开放。它不仅接收了来自阿拉伯国家的难民,还接纳了所有想来到这里的欧洲犹难民。建国之后三年半的时间,68.5万名移民涌入以色列,使其人口翻了一番,其中30.4万人来自欧洲。1955—1957年是第二次移民大潮(16万人),1961—1964年是第三次(21.5万人)。第三次中东战争再次刺激了移民数字。1948—1970年的22年间,将近60

万名欧洲犹太人抵达以色列,与来自阿拉伯世界的移民人数持平。人数最多的来自罗马尼亚(229 779 人),其次是波兰(156 011 人),不过来自匈牙利(24 255 人)、捷克斯洛伐克(20 572 人)、保加利亚(48 642 人)、法国(26 295 人)、英国(14 006 人)和德国(11 522 人)的移民也占了很大份额。另外有 58 288 名犹太人来自土耳其,超过 6 万人来自伊朗,大约 2 万人来自印度。苏联一直是准移民的大型储备库,但实际上从那儿前来的人数取决于苏联政策的变动。1948—1970 年,只有 21 391 名犹太人从苏联到达以色列,但在 1971—1974 年的 4 年间,超过 10 万人被放了出来。[36]

最初 25 年,以色列的人口从一开始的 65 万人增长至远远超过 300 万人,主要是因为移民。接收新来的人,为他们安排住房、提供教育和就业成为仅次于基本安全的优先考虑事项,是以色列预算中仅次于国防的最大项目。把犹太人从所谓"有压力的地区"带出来有时需要特别的努力,比如就在 1949 年 6 月至 1950 年 6 月这一年里,以色列通过海运和空运将 4.3 万名犹太人带离了也门;20 世纪 80 年代中叶,他们将 2 万名法拉沙犹太人从埃塞俄比亚秘密空运了出来。

军队和希伯来语是这个新民族共同体融合过程中最重要的两件工具。由于阿拉伯人毫不妥协,以色列国防军继基布兹之后,成为这个犹太复国主义国家最具特色的产物,在彻底改变世界对犹太人的看法方面发挥了最大影响力。它还成为一种让移民子弟在社会内部实现情感平等的方式。对希伯来语的认可是更为卓越的成就。在19世纪末叶以前，根本没人将希伯来语当作自己的第一语言。作为一种口头语言，它其实在《圣经》时代末期就已经被阿拉姆语取代了（除了用于礼拜仪式之外）。当然，它依然是犹太教主要的书面语言。在耶路撒冷相遇的犹太学者们发现，他们可以彼此说希伯来语，只是阿什克纳齐和塞法迪的不同发音造成了理解上的困难。这个犹太复国主义国家本可以不费力地说德语或意第绪语，但二者被证明非常失败。1881年，前往巴勒斯坦的埃利泽·本·耶胡达（Eliezer ben Yehuda，1858—1922）通过他强有力的运动，使得采用希伯来语成为可能。当他和自己的妻子——原名德博拉·约纳斯——抵达雅法的时候，他坚持从此以后彼此只说希伯来语。他们是这个地区（甚至是世界上）第一个说希伯来语的家庭，而本·耶胡达的长子本·锡安是从古代以来第一个说希伯来语的孩子。希伯来语作为一种现代语言能够成功——其他很多语言的复兴运动，如爱尔兰语，都失败了——部分是因为使用希伯来语的犹太教总在无比详细地探讨实际问题：工作、住房、做饭、照明与取暖、旅行和居住。当然，虽然它的主要力量是作为祈祷语言，但它也是一种行为语言。一旦人们迫使自己说这种语言，他们会发现它能非常迅速地满足日常生活需要，而且很快就能展现出一种有机的发展能力。托管期间，英国人决定（1919）赋予其与英语和阿拉伯语同等地位，戏剧性地帮助它以政府官方语言的形式发展起来。来自德语的竞争被希特勒摧毁了；20 世纪 30 年代末叶有超过 1 000 万犹太人使用的意第绪语则因为 1945 年之后来自阿拉伯国家的大量塞法迪移民而失去竞争力。希伯来语发挥作用，因为新的军队使用它。军队发挥作用，因为它使用了希伯来语。因此，以色列人与所有现代语言社会学法则背道而驰，使得这次复兴成为一个自我持续的过程。

这个过程中出现了一些强横的行为，尤其是在名字方面。当然，自从亚伯拉罕时代以来，犹太人一直习惯于为了突出宗教、爱国或文化因素而改名。本·耶胡达开始了新的希伯来语实践，改掉了自己的名字佩雷尔曼。前三次圣地移民潮的很多移民者在开始学习希伯来语的同时也纷纷效仿。就这样，戴维·格伦或格林变成了戴维·本－古里安。后来又出现一种强制性的环境氛围，其中不无辛辣的讽刺。19 世纪，德国和奥地利统治下的犹太人被迫将他们的名字条顿化。希特勒反其道而行之，1938 年，德国犹太人禁止改姓，他们被迫恢复犹太姓氏。至于名字，犹太人被限定使用"官方犹太名字"，185 个男性名字，91 个女性名字。这些名字不包括德国非犹太人喜欢的某些《圣经》里的名字，比如露丝、米丽娅姆、约瑟夫和戴维。使用禁用名字的犹太人必须加上另外名字，男性是以色列，女性是萨拉。法国维希政权和挪威吉斯林政权通过了类似法律。但是这一切都没能妨碍本－古里安，他对希伯来语有力甚至火药味十足的支持是确保其取得成功的因素之一。听说一艘以色列船去了南非访问，它的船长是一个名叫维什涅韦斯基的人，他规定，从那以后"以代表身份派往国外的官员必须使用希伯来姓氏"。[37]

以色列执政当局以本-古里安为榜样。摩西·沙雷特改掉了自己的姓谢尔托克，埃利亚胡·以拉他是从爱泼斯坦改过来的，列维·埃什科尔改自舒科尼克。希伯来命名委员会组建，制定希伯来姓氏名单，还有改名规则，如波特努瓦改为波拉特，泰特尔鲍姆改为阿戈思，容格改为埃莱梅，诺维克改为哈达什，沃尔夫森改为本·泽夫。存心不良的奥地利官僚的恶意行为被抹除，因克迪厄（跛足）被改成阿迪尔（强壮），隆纳（说谎的人）被改成阿米蒂（说真话的人）。名字也进行了希伯来化，如珀尔变成了马加利特。比起改姓，犹太人表现出的改名意愿没那么强烈。戈尔迪·迈尔森，1959年成为外交部部长的时候，根据以色列外交部的惯例，把姓改成了梅厄，但她拒绝变成泽哈瓦，只是把戈尔迪改成了果尔达。希伯来名字的需求导致人们翻遍《圣经》寻找新名字。于是，伊加尔、亚里夫、亚埃尔、阿夫纳、阿维塔勒和哈吉特开始流行，甚至还有奥姆里和泽鲁巴维尔。另外还有生造的名字：巴尔富拉源于贝尔福，海尔兹利亚源于赫茨尔。据犹太名字方面的权威专家本齐奥布·卡加诺夫拉比称，这次《圣经》复兴导致很多犹太禁忌被故意违背，尤其是禁止使用《圣经》中亚伯拉罕之前的名字。以色列人违反了这一点，把他们的孩子叫作尤瓦尔、阿达、皮莱格，特别是尼姆罗德，《塔木德》中被用来指代整个人类历史上的五大恶人之一。其他流行起来的"邪恶"名字有雷摩、狄莱拉、阿塔莉娅、齐普尔。贝京本人的名字就是梅纳赫姆，在《圣经》里被说成："他行耶和华眼中看为恶的事。"

希伯来语不仅仅是一种凝聚力，它还让以色列人避免生出语言问题，那是许许多多国家的祸根，尤其在新国家。鉴于以色列人之间存在很多其他的根本分歧，这一点倒很幸运。1942年底，在华沙贫民窟，犹太政治党派对于如何反抗纳粹开展了激烈的辩论，这表明了意识形态上存在的深刻分歧，这些（还有更多）分歧也都普遍存在于以色列。拥有总工会派别和哈加纳军队的工党（有时候被称作以色列工人党）和化身为自由运动、加哈勒及最终的利库德修正主义者之间的基本分歧因为1933年阿尔洛索罗夫的被杀及其余波而恶化。第一次中东战争期间那件令人震惊的事件导致这些分歧进一步加剧。本-古里安一直担心拒绝联合国分治边界的贝京会以战争形式开疆拓土，如果伊尔贡被允许作为独立军队行动的话。1948年6月1日，贝京同意将伊尔贡与国家军队合并，但他保留了自己的武器供应。第一次停火时，伊尔贡的军火船只"奥尔陶尔纳"号到达特拉维夫，可政府拒绝接收船内货物。本-古里安对内阁说："不会有两个国家，不会有两支军队……我们必须决定是否把权力交给贝京，或者告诉他停止分裂活动。如果他不让步，我们就开火。"[38] 内阁指示国防部长执行国家法律。战斗在海滩上爆发，贝京攀爬上船，保护自己的军火。在里茨饭店指挥行动的哈加纳专业武装帕尔马赫的总司令伊加尔·阿隆及其副手伊扎克·拉宾决定炮轰这条船，将其击沉。贝京被迫游上岸，14名伊尔贡成员丧生，此次行动有效地终结了这个组织。贝京把工党联盟称为"罪犯、暴君、叛徒和弑亲者的政府"。[39]本-古里安则干脆把贝京叫作"希特勒"。

从那之后,直到1977年,管理以色列的都是工党及其盟友。拥有基布兹、总工会、哈加纳,以及在犹太事务局内部的优势,他们在托管时期就组成了当权派。独立之后,他们继续组成当权派,控制武装部队、行政部门,并通过工会持股控制以色列的工业。以色列人继承了托管时期英国政治、宪法和法律的诸多制度。但在一个方面,它与英国截然不同。它从东欧社会主义政党借鉴了党建国家的概念。在这方面,它更像苏联。对于英式的议会民主制来说,职业政客和职业公务员的区别极为明显,这种区别在以色列人中间却几乎不存在。出身帕尔马赫指挥部的阿隆成为部长和副总理。拉宾是以色列国防军参谋长,后来成为总理。其他两位以色列国防军首脑,哈伊姆·巴尔-列夫和戴维·埃拉扎尔也是通过工党运动崭露头角的。摩西·达扬,以色列国防军最著名的指挥官,出身以色列工人党的青年运动,在本-古里安手下掌管国防部机构的希蒙·佩雷斯也是如此,最后他本人也成为总理。一个人可以依次成为国会成员、将军、内阁部长、大使和国家电台的领导。以色列是党国体制,尽管从不是一党制国家。最重要的决定未必出自内阁。公务员任命通常是基于政党分肥制,这种制度会将他们按照选举实力进行分配。每个政党都倾向于决定谁任职,谁做什么,谁会在它控制的部里得到晋升。工人运动总的说来组成了工农移民综合体,包含大部分军工产业、住宅建设、健康保险和分配。它通过自身组织，在广泛的职能领域中占据主导地位，那些领域一般说来本应该是政府职能：劳资关系、教育、公共卫生和移民。其中大多是沿袭托管时期移居这片土地的方式。[40] 独立之后，以色列的组织形式具有一些前殖民地第三世界国家的典型缺陷，这些国家凭借强大的民族主义运动的反抗活动，甚至恐怖活动的方式成立，然后变身成为政权。

这种多党结构保留了民主制度。但政党在不断渗透、分裂、重组，重新给自己命名，组成临时的联盟。1947年至1977年，以色列工人党的选票从未低于32.5%，但也从未高于40%。结果是，在工党运动执政的整体结构中存在一种高度的不稳定性，每次选举之后，经常还在选举之间，都要经历艰难的联合谈判。除了1953—1955年为给摩西·沙雷特让路而短暂离任之外，本－古里安在1948—1963年一直担任总理。他最专断的很多解职和任命——比如，对于将军——都是对内部政治策略做出的反应。本－古里安认为国防部长平哈斯·拉冯应该为在埃及代价昂贵的情报惨败负责，党内和公众因素促使他对其进行了长期的压制。党派是利益和意识形态的实体。它们会相应地招收成员，尤其是在移民中。这就要回过头来说到两次大战之间的那段时期，当时土地移居基本上还是政党的职能。20世纪30年代初叶，关于稀缺土地的分配达成了一份党际协议。独立之后，对于所有具有农业倾向的人来说，土地实在充足，于是党内干部会去临时难民营巡防招人。还有建立在民族—宗教的基础上的非官方的瓜分，比如，罗马尼亚人、保加利亚人和南斯拉夫人会去世俗党派（主要是以色列工人党），北非人会去宗教团体，组成联合政府的成员米兹拉希。得益于以色列工人党也门代表的本领，该政党实际上独占了也门移民，不过被米兹拉希抗议过一次之后，它的份额降至60%~65%。以色列工人党和米兹拉希还在10万名摩洛哥移民问题上达成协议，以色列工人党在阿特拉斯南部地区组织移民出境，米兹拉希在阿特拉斯北部地区组织。1955年，一些厌恶被霸占和被灌输的摩洛哥人发起了一次反抗，才让这种安排大白于天下。[41]

魏茨曼对犹太复国主义政治的这些方面都感到憎恶。这个国家建立的时候，他担任了首位总统，但在按照美国的方式落实总统权力的斗争中失败了。因此他所在的位置并不能对抗党派，捍卫国家公共利益。所以这项工作被留给了本－古里安，公平而论，他还是试图与政党制度做斗争的。终其一生，他都是专业的党派活动家，直到最后，他都是好斗的政治巨头。但是作为总理，他竭尽全力地想要实现政党和国家的分离，让这个国家摆脱政党控制，他与工党运动组织（其中大多是他自己创建的）在政策、任命，尤其是弊病调查方面进行斗争。他把总理办公室、国防部、军队和学校从政党手里抢了过来。但他在医疗体系上遭遇了失败，后者实际上还保留在总工会手里。最后，他对自己的政治伙伴感到厌恶，便组建了自己的新党（1965）；新党失败后，他愤然退出政治，回到他在斯代博克的基布兹，自我放逐。[42]

与赫茨尔、魏茨曼，甚至亚博京斯基不同，本－古里安没把自己看成欧洲人，他把自己看作中东犹太人。他信任出生在以色列并有拓荒者血统的本地犹太人，那些人会把以色列从欧洲殖民地变成真正的亚洲国家，尽管是与众不同的亚洲国家。他是怀揣严肃启示的摩西，为他的民族送上血与泪、辛劳和汗水。"这不是一个国家，还不是。"1969年，他说道：

> 它是一支依然在沙漠流亡并渴望埃及的"肉锅"的民族。它无法被当作一个国家，直到定居内盖夫和加利利，直到数百万犹太人移民到以色列，直到道德标准对于政治的伦理实践来说必不可少，直到犹太复国主义的高尚价值经久不衰。这不是一群乌合之众，也不是一个国家。它是一支依然被拴在往昔流亡路上的民族——得到救赎，但尚未完成。[43]

但生机勃勃的工党运动精神依然保留着欧洲的社会主义印记。该党派由一群把基布兹当作周末别墅的城市知识分子组成，他们接受过大学教育，是文化方面的中产阶级。对于工人，尤其是亚非的塞法迪移民，它表现出一副善意屈尊的面孔，耐心向他们解释什么对他们有好处，简直就像罗莎·卢森堡曾经试图向德国无产阶级发表讲演那般。他们是这个新国家天然的贵族，或者也许人们应该称呼他们为世俗权威。渐渐地，政府和反对派之间出现

第七章 锡安

了一种富有启发性的衣着差异，工党政治家喜欢穿朴素随意的开领衬衫，贝京的利库德则得意于时髦的套装和领带。同样，社会主义知识分子的衣着和本能的平民主义者之间也有所不同。

本-古里安退休之后，工党运动对欧洲资本——一种递耗资产——的依赖变得更加明显。相比之下，从阿拉伯领地新来的人会倾向于反对派。这一点要追溯至战争之间的时期。亚博京斯基一直都在吸引黎凡特塞法迪犹太人的追随，他学会了说拉迪诺语，他支持希伯来语中的塞法迪发音。贝京轻而易举地遵循了这项传统。作为波兰犹太人，少数残余分子之一，他与被人从阿拉伯土地上粗暴逐出的犹太人之间有一种境遇方面的天然亲近感。跟他们一样，他觉得无须为身在以色列而道歉，他跟他们一样仇恨阿拉伯人。根据受难的道德权利，他同样把犹太人的利益置于其他考虑之上。与东方犹太人一样，他认为阿拉伯人可以选择给或不给以色列存在权是对死者的侮辱。"我们的存在权，"他坚称，"是将近4000年前，人类文明曙光微露之时，我们列祖的神赋予我们的。那是在犹太人的血液中代代相传并且已经神圣化的权利，为了那个权利，我们已经付出了在万国的史册上无可比拟的代价。"[44] 与工党当权派完全相反的是，他和东方犹太人有一个共同的宝贵特点：完全没有任何负罪感。

工党对政权的掌控极为牢固，只是在缓慢地松动。贝京肯定是历史上唯一连输八届选举还能保住位子的党首。不过在相继掌权的列维·埃什科尔（1963—1969）、果尔达·梅厄（1969—

1974）、伊扎克·拉宾（1974—1977）这几任总理的领导下，工党的竞选支持率逐渐下滑。它对本－古里安的警告置若罔闻，拒绝将党派与国家分离，不出意料，在其长期统治即将结束的时候，果然被爆出了几件重大丑闻。于是，在 1977 年 5 月的选举中，工党终于失去了最高权力。它失去了原来 15% 的选票，只得到了 32 个席位。贝京的利库德得到了 43 个席位，他没遇到什么实际困难就组建了联合政府。1981 年，他又赢得了下一届选举。他退休后，1984 年，利库德与工党运动打成平手，两党之间达成协议，组成工党—利库德联合政府，交替担任总理，管理国家。于是以色列人终于算是实现了两党制。

从根本上说，以色列政治党派之间的分歧即便是因为曾经暴力事件变得多么根深蒂固和剑拔弩张，但涉及到的只是世俗事务，因此最终总能让位于务实的妥协。更严重的分歧存在于这个犹太复国主义国家的世俗主义和犹太教本身的宗教狂热之间。这个问题并不新鲜。在所有犹太社会，律法的要求和世界的要求都会产生冲突。只要犹太人可以负责他们自己的事情，这些冲突就会在公开的争斗中浮出水面。这就是为什么很多虔诚的犹太人认为犹太人生活在非犹太人的统治下会更好，但那又会让他们将身家完全托付给非犹太人的善意，现代的经验表明，那是不可倚仗的。新锡安的构想是对 19 世纪反犹主义的回应，直接诞生于大屠杀的余波之中。它不是犹太神权政体的蓝图，而是犹太人生存的政治和军事工具。简言之，情况跟先知撒母耳那个年代基本一

第七章 锡安

样。当时,以色列人处于被非利士人灭绝的危险之中,他们为了生存而求助于君主政体。撒母耳既悲且忧地接受了这种改变,因为他清楚地看到,君主政体,也就是我们所说的国家,与律法统治之间存在不可调和的矛盾。最后,他被证明是对的。律法受到挑战,上帝震怒,接踵而来的是流放巴比伦。第二圣殿时期遇到了一模一样的困难,同样灭亡了。所以犹太人开始离散。犹太教的真谛就是,结束这种流亡的将是在上帝安排的美好时间里发生的一次超自然事件,而不是一份由人设计的政治解决方案。犹太复国主义国家其实就是新的扫罗,说它是现代形式的弥赛亚不仅错误,还是对上帝的亵渎。正如著名犹太学者格肖姆·肖勒姆提出的警告,它只会再造出一个假弥赛亚:"犹太复国主义理想是一回事,弥赛亚理想是另一回事,二者不会交汇,除非是大规模集会上使用的浮夸措辞,那经常会给我们的年轻人灌输必然失败的一种新的沙巴泰主义风气。"[45]大多数犹太复国主义者是非宗教甚至反宗教人士,的确,他们借助了犹太教作为工具。他们别无选择。没有犹太教,没有犹太人作为一支由信仰而团结的民族观念,犹太复国主义什么都不是,只是一个古怪的派别。他们还求助了《圣经》,他们从中提取了各种各样的政治寓意、运动辞令,以及吸引年轻人的理想主义口号,本-古里安将其作为军事战略的指导。但那只不过是东欧形式的犹太启蒙。犹太复国主义无处安放上帝本身。对于犹太复国主义者来说,犹太教只是一种国家力量和文化的方便来源,《圣经》不过是一本国家之书。那就是为什么大多数虔诚的犹太人从一开始就对犹太复国主义投以怀疑的目光或彻底的敌视，一些人（正如我们提到的）甚至认为它是撒旦的工作。

但是就像撒母耳同意给扫罗涂膏油一样，虔诚的犹太人也不得不承认犹太复国主义的存在，不得不表明对它的态度。存在着几种思潮，每种都会随着时间而改进。所有的思潮都是正统的。犹太教改革派在巴勒斯坦定居和以色列建国的过程中没有发挥作用。直到1958年，耶路撒冷才修建了第一座改革派的犹太会堂。但正统派对犹太复国主义的接受程度不尽相同。就像犹太复国主义者利用犹太教建立他们的国家一样，一些虔诚的犹太人也认为犹太复国主义的国家精神也可以被用来将犹太人带回犹太教。在犹太复国主义者支持下被任命为欧洲首席拉比的亚伯拉罕·艾萨克·库克（Abraham Isaac Kook，1865—1935）认为，只要恪守教规的犹太人自己组织起来，犹太人中间新的爱国精神就能推动对《托拉》的遵守。所以在第十届犹太复国主义大会（1911）决定支持世俗派而不是托拉派之后，第一个宗教政治党派米兹拉希（Mizrachi）出现了，在犹太复国主义内部为《托拉》而奋斗。于是，在整个托管期间，它都与犹太复国主义者合作，从建国开始就是政府内部的合作者。它在避免以色列的世俗犹太人和宗教犹太人彻底决裂方面起到了重要作用，但它更多地倾向于两大阵营之间的中间人，而非宗教力量本身。

作为对米兹拉希"背叛"的回应，1912年，正统派贤哲发起

第七章 锡安

了正教运动。该运动在英国接管巴勒斯坦之前并未形成组织，也不活跃。在土耳其统治时期，通过宗教领袖将权力委托于少数派的古老制度被保留了下来，这自然有利于正统派。但根据1922年托管授权第4条，英国将所有犹太人的政治代表地位交给了犹太复国主义者。他们的全国委员会牢牢地掌控在世俗者的手中，只是把自己工作中的宗教方面提取出来，交给米兹拉希。作为回应，1923年，正教组织发动了一场大规模的运动，由"托拉圣贤委员会"领导，该委员会的分支机构训练遵守教规的犹太人，运用他们的选票支持其候选人。就这样，第二个宗教党派发展起来。它在东欧极为强大，有自己的出版社和游说团体，而且一直强烈地反对犹太复国主义者。但在希特勒崛起导致移民签证出现恐慌性需求之后，它被迫在巴勒斯坦妥协。签证全都要通过犹太复国主义者的犹太事务局，后者同样控制了为新定居点提供经费的中央资金。就像以色列人面临非利士人，现实就是正教组织不知道如何在面对希特勒主义时保住自己的原则。《贝尔福宣言》难道不是神命的逃脱方式吗？1937年，该组织其中一位领袖，伊萨克·布罗伊尔（Issac Breuer），著名拉比希尔施的孙子，向圣贤委员会提出了一个正式的问题：《贝尔福宣言》是给犹太人下达了建设一个国家的神命任务，还是一个"撒旦的诡计"？他们无法给出一致的答案，于是在大屠杀背景下，他自己想出了一个答案，大屠杀让人有了更加令人信服的理由与犹太复国主义妥协。布罗伊尔最终的论点是，这个国家是上天送给可怜的以色列人的礼物，倘若它按照《托拉》的指导发展，可能就是"救赎的开端"。这个论点成了正教思想体系的基础。[46]

因此在建国之际，正教组织要求这个国家应该以《托拉》为法律基础。这一要求被拒绝了。1947年4月29日，犹太事务局给正教组织写信："国家的建立需要得到联合国的批准，如果不能保证其所有公民的信仰自由，如果不能明确它的意图不是为了建立神权国家，那么就不可能得到联合国的批准。"这个国家必须是世俗的国家。另外，事务局同意在安息日、饮食律法和婚姻方面向宗教观点让步，允许学校有充分的宗教自由。这次妥协让正教组织在建国初期就加入临时政务会成为可能，而且作为宗教联合阵线的一员，它还是1949—1952年执政联盟的一部分。正教组织的观点陈述如下（1952年10月10日）：

> 世界是为了以色列人的缘故而建立。维护并履行《托拉》是以色列人的责任和骄傲。以色列人注定要居住并因此维护《托拉》的地方是以色列。这意味着世界存在的理由是在以色列土地上建立的《托拉》政权。这个理想的基础已经奠定。如今已有犹太人居住在他们的家乡，履行《托拉》。但大业尚未完成，因为以色列人尚未全部居住在他们的土地上，（甚至尚未）全部履行《托拉》。[47]

简言之，正教组织发誓要利用犹太复国主义完成犹太人的集

第七章 锡安

合，并将集合的结果转变为神权政体。

正如米兹拉希的妥协促成了正教组织的妥协，正教组织的妥协进而造就了自称圣城守护者（Guardians of the City）的严格主义组织。它是1935年从正教组织脱离出来的一个派别，坚决反对建国，抵制选举和其他一切国家活动，宣布宁可让耶路撒冷国际化，也不愿让它被犹太叛教者管理。这个组织规模相对较小，在世俗人员看来完全是个极端组织。但犹太人的整部历史昭示，严格的少数派通常会成为得意的多数派。而且，就像犹太教本身，它的成员表现出有说服力的逻辑一致性（姑且承认他们的首要前提）。犹太人是"命运受超自然神命控制的民族……不依赖于正常的政治、经济及物质上的成功或失败"。犹太人的国家"与其他所有国家都不一样"，不受制于"导致其他国家兴亡"的因素。[48]因此，建立犹太复国主义国家不是犹太人重新进入历史，不是第三联邦，而是一次更加危险的新流亡的开始，因为"通过恶人的成功来诱惑，如今已有完备的许可"。他们时常引用一群匈牙利拉比的一番话，这些拉比在到达奥斯威辛时承认来自上帝的惩罚是正义的，因为他们反对犹太复国主义不力。带着犹太复国主义面具的人假装代表以色列民族，其实是在焚烧犹太人的灵魂，而希特勒的焚尸炉只焚烧他们的身体，却能将他们的灵魂释放获得永生。他们同样谴责第二次中东战争和第三次中东战争是精心策划的，用迷人的成功引诱犹太人投向犹太复国主义，从而踏入永恒的毁灭。而且这样的胜利，作为撒旦的工作，只会以巨大的失败

告终。守护者拒绝犹太复国主义的"拯救和保护",也拒绝其战争和战利品:

> 我们不赞成任何仇恨或敌意,尤其是以任何形式针对任何民族、国家或语言的冲突或战争,因为我们神圣的《托拉》没有在我们流亡时如此指示我们,实际上恰恰相反。如果借由我们的诸多罪过,我们看起来似乎参与了这些反叛(上帝)者的命运,上天不容!我们能做的一切就是向当受称颂的上帝祈祷,或许他可以将我们从他们的命运中豁免并拯救我们。

守护者们自认为是"以利亚的时候""未曾向巴力屈膝的"或向"耶洗别所供养侍奉"的先知屈膝的"余数"。犹太复国主义是在"背叛万王之王",他们的神学里就有暗示,这个犹太国家一定会在比大屠杀更可怕的灾难中灭亡。

因此这个世俗犹太复国主义国家从建立伊始就面对来自宗教的三方反对:来自联合政府内部、来自联合政府外部却在犹太复国主义共识之内,以及来自共识之外却在国家内部。反对的形式从幼稚的到暴力的,五花八门:在信件上倒贴邮票,在地址中省略"以色列";撕碎身份证;抵制选举;示威;全面骚乱。以色列国就像它的希腊和罗马前任一样,尤其在耶路撒冷,也面对一部分人,哪怕是政府一个无足轻重的小小决定都会意想不到地让这

第七章 锡 安

些人义愤填膺。但是一般说来,宗教力量会在国会内部,尤其是在内阁,通过激烈的讨价还价来表达自己。以色列的前四任政府遭遇了不下五次由宗教问题引发的内阁危机:1949 年是因为进口禁忌食品;1950 年 2 月是关于临时难民营中也门儿童的宗教教育问题;1951 年 10 月和 1952 年 9 月是关于来自正统家庭的女性征兵问题;还有 1953 年 5 月的学校问题。以色列建国之初的 40 年间,这种模式持续存在,证明比起意识形态、防卫或外交事务,宗教才是联合政府内部更为重大的分歧源头。

犹太人的宗教是丰富严格的道德神学,所以冲突领域非常广泛。因此,被赋予了法律和宪法地位的安息日有 39 类主要的和很多次要的禁忌活动,包括骑马和乘车旅行、写字、演奏乐器、打电话,开灯或接触钱。此外,还有一条最常用的犹太教法规说"公然亵渎安息日的每个人,在各个方面都像非犹太人,他碰过的酒不能喝,他烤的面包视同非犹太人烤的面包,他做的饭菜视同非犹太人做的饭菜"。[49] 所以,安息日法规及其连锁反应给武装军队、行政部门和工农业大型公共和集体部门提出了严峻的问题。基布兹和电视节目里面出现了关于安息日挤奶的激烈论战,人们大量立法,为细则争执。于是,海法有公共汽车在跑,特拉维夫就没有;特拉维夫的咖啡馆营业,海法就不营业;耶路撒冷全都禁止。关于以色列航空在安息日飞行还出现过一次内阁危机。政府内部关于在国有航线上供应非犹太食品甚至产生了更加旷日持久的争斗,饮食法规是政治争议的沃土。酒店和餐馆需要拉比出具的"合格证书"。按照1962年的一条法律,养猪场被取缔,除非是在拿撒勒附近的基督徒阿拉伯地区或用于科学用途;1985年,关于禁止猪肉产品销售和经销的立法硝烟再起。政府和拉比们同样查验了来自印度尼西亚东部的野猪的证书,饲养者称这种野猪是有蹄、反刍的哺乳动物。内阁还出现了关于验尸和在神圣之地安葬的争吵。

教育呈现出无比的复杂性。托管时期有四种犹太学校:综合性犹太复国主义学校(世俗)、总工会学校(世俗—集体)、米兹拉希学校(托拉—世俗)和正教组织学校(只有托拉)。1953年统一教育法案将这些学校合并成两类:政府世俗学校和政府宗教学校。将其学校撤出体制的正教组织却发现,如果未能在世俗科目上投入充足的时间,就会失去政府的补助。世俗主义者抱怨说正教组织的学校每周32课时中有18课时是《圣经》《塔木德》和希伯来语(比起男孩子,女孩儿《圣经》学得比较多,《塔木德》比较少),牺牲了科学、地理和历史。宗教人士则抱怨国立学校32课时中只有8个课时是宗教课程,其中3个还是希伯来语课,而且《圣经》采用的是世俗的教学方式,被当作神话,除了一部分被当作早期犹太复国主义的历史之外。[50]20世纪50年代末,为了促进世俗学校里的"犹太人意识"和宗教学校里的"以色列国家意识",内阁出台了一份混乱的折中方案,造成了更多的麻烦。[51]1959年,3个地方出现骚乱,反对在正统东方人的孩子中进行世俗宣传,其中一位拉比愤恨地抱怨:

第七章 锡 安

> （他们）培养极其缺乏智慧的青年，给他们穿上骄傲的外衣，而将拥有智慧的长者弃入尘土。他们在学校教导孩子，在这里——在以色列的土地上！——无须遵守《托拉》的诫命。当孩子们从学校回到家，父母让他祈祷，他却回答说老师说没有必要或者教员说那是荒唐之举。拉比来请孩子们过安息日，他们不听，因为俱乐部正在组织足球赛，或者汽车正等着带他们去海滩……如果拉比哭泣着恳求，他们就当面嘲笑他，因为那是他们教员的指示……《托拉》的贤哲们被推进角落，孩子们平步青云，因为他们手里握有党员证。[52]

正统派还对很多机构违反性别隔离的古老规定而表示愤恨。正统派中心区域附近出现了反对舞厅和男女混浴的愤怒场面。在女性征兵问题上，圣贤委员会指责说这是冒死也要违抗的法规。这是宗教势力得胜的多场争斗之一。

关于婚姻的中心议题，他们也得胜了。世俗的以色列国不得不放弃世俗婚姻制度。按照1953年的拉比法院裁决（婚姻和离婚）法案第1条款和第2条款的规定，它甚至将正统派法规强加于世俗的婚姻。国会的世俗主义成员投票支持这项法律是因为，若非如此，以色列就会逐步分裂成两个彼此不通婚的社会。但这项法律导致了疑难案件的出现，产生了旷日持久的诉讼，不仅涉及非犹太人和世俗化的犹太人，还有改革派的拉比及其皈依者，因为正统派拉比独享认可皈依的权力，他们不会接受改革派的皈依者。正统派的婚姻和离婚专家规定各类犹太移民要接受最严格的审查，这在他们看来是完全合法的行为。就这样，1952 年，本尼以色列人（来自孟买的犹太人）中的 6 000 个离婚案件经审查被判定为无效（虽然最终生效）；1984 年，来自埃塞俄比亚的法拉沙犹太人的婚姻遭到质疑。

关于再婚和离婚也存在许多激烈的争论。《申命记》25:5 有夫兄弟婚（levirate marriage）的规定，要求无子女的寡妇与亡夫兄弟结合，除非被亡夫兄弟拒绝。但如果亡夫的兄弟未成年，那么寡嫂必须等他成年。如果他因为聋哑而无法说出"我不愿意娶她"，那她就不能再婚。1967 年阿什杜德真的就发生过这种情况；而且，那位聋哑人也已经结婚了。所以拉比安排了一次重婚典礼，并监督他们次日离婚。[53] 婚姻中的一方若是拒绝离婚也会出现麻烦。如果是女方拒绝，离婚会很难，但如果是男方拒绝，那离婚就是不可能的了。比如，在 1969 年的一个案件中，丈夫因为 6 起强暴猥亵和 3 起强奸犯罪，被判处 14 年有期徒刑。妻子起诉离婚被丈夫拒绝，按照拉比法律，这对夫妻依然维持婚姻关系，因而妻子在以色列得不到民事救济。对于这种情况，前宗教事务部长泽尔哈·瓦哈夫提格拉比持宽松的观点："我们的法律体系始终支持我们的民族，其中或有一些荆棘偶尔会刺痛个人。我们考虑的不是某个个人，而是整个民族。"[54]

这种观点或许可以说得更好听一些，但是它道出了实情：犹太教是完美主义者的宗教，这也是这个新国家分歧的焦点。它有因自身缺点而产生的力量。因为它寻求创建一个模范社会，所以假设信奉者都是精英。因此对于一个像以色列这样的新国家来说，它从多方面来说都是一种理想的宗教，尽管它的律法在建国前大约 3 200 年就在形成。由于犹太教独特的延续性，它的许多最古老的规定仍然有效，并且被虔诚的人遵守。它们体现的常常是宗教真理的形式，而非内容，但必须再次强调的是，"仪式主义"对犹太人来说并非贬义词。正如巴尔伊兰大学校长哈罗德·菲施博士所言：

> 源于新教徒的传统，英语中的"仪式"一词带有贬义。在希伯来语中，这个词是"教令"，无论涉及的是人与人的关系，还是人与上帝的关系，这些教令具有同样的道德力量。将所谓的仪式诫命具体化的正是法典的后半部分，这些诫命在所有恰当的评价中同伦理诫命一样不可或缺。[55]

仪式精神的本质是一丝不苟的奉行，而这同样是犹太教的力量，尤其适合一个新国家。所有国家都需要借助往日的威严来体现自己的神圣。1945 年之后，数以百计甚至更多的国家独立，它们不得不借用从前殖民统治者的制度和传统，或者根据基本上未有记载的过去发明制度和传统。以色列很幸运，因为它的过去最悠久、最丰富，有长篇累牍的编年史，由于完整连续而历久弥新。我们已经注意到，犹太人的著史天赋在约瑟夫斯的年代至19世纪这段时间消弭无踪了。犹太复国主义国家一旦建立，它不仅仅要通过历史体现出来，最重要的是，还要在考古学上体现出来。政治家和将军们，如本-古里安、摩西·达扬和伊盖尔·亚丁，还有成千上万的普通民众，都成了或业余或专业的充满热情的考古学家。以色列人深入研究古代的痴迷达到了顶点。

那是创建一个不可分割的国家的重要因素。但它与一种宗教的生命力相比却微不足道，这个宗教造就了犹太民族，它今天的看守者可以将历代拉比一直追溯到摩西。犹太人能够存在至今，正是因为他们对仪式的一丝不苟，正是因为他们为了这些仪式可以奋不顾身。对严格奉行仪式表示尊重并以此作为这个犹太复国主义社会的主要特征，不仅是正确的，而且是合理的。

犹太人对圣殿山的态度就是一个明显的例子：1967年第三次中东战争期间，勇气和天意最终将它，还有老城的其余部分，归还给了他们。恢复1948年耶路撒冷犹太人被赶走的古老犹太区是一个容易的决定。但圣殿是个问题，它在古代就被彻底摧毁。但是连迈蒙尼德这样的权威都裁定称，尽管圣殿已经被摧毁，但它的遗址依然神圣，永远不变。舍金纳（神的显现）从未离开，那就是犹太人为何总要在遗址附近，尤其在传统上被认为离至圣所西端最近的哭墙（西墙）下祈祷。但是，因为圣殿遗址依然是一个神圣的地方，所以它同样要求犹太人在真正进入里面之前进行

第七章 锡安

仪式上的洁净。圣殿周边的洁净规则是最严格的。除了大祭司之外,至圣所禁止任何人入内,即使是大祭司,也只能在一年一度的赎罪日进入。由于圣殿区被等同于摩西在旷野里的圣所周围的"以色列营",所以《民数记》对洁净的规定同样适用于它。[56]在这卷书中,上帝向摩西说明了不洁净的原因及相应的对策。触碰了死尸、坟墓或人骨或者与这些同处一个屋顶下的人就会不洁净。然后书中补充道:"要为这不洁净的人拿些(母牛)烧成的除罪灰放在器皿里,倒上活水。必当有一个洁净的人拿牛膝草蘸在这水中,把水洒在帐篷上,和一切器皿并帐篷内的众人身上,又洒在摸了骨头,或摸了被杀的,或摸了自死的,或摸了坟墓的那人身上。"[57]

母牛必须是"没有残疾、未曾负轭、纯红的"。最重要的是,为了避免污秽,这个过程最关键的一步要由亚伦的继承人以利亚撒完成。混合物制成后要存放在"洁净的地方"备用。当局坚持要用珍贵而稀少的母牛:只要有两根毛不是红色的,它的灰就没有效果。至于当时烧了多少头母牛,他们也不能达成一致。有人说是 7 头,有人说是 9 头。圣殿被毁之后,准备新灰再无可能。留下的一份存货显然是在迟至阿摩拉时代被用来洁净那些接触过死人的人,用完后就再也没法儿洁净了,直到弥赛亚到来焚烧第 10 头母牛,准备新的混合物。因为洁净规则过去和现在都是如此严格,尤其是关于死人的,所以拉比们在这一点上是一致的,即所有犹太人如今都是仪式上不洁净的。而且,因为没有灰可以用于洁净，所以就没有犹太人可以进入圣殿山。[58]

关于红母牛的规定被认为是"哈加法"——没有合理解释但因是神明确无误的命令而必须严格遵守的犹太法令——的经典例子。非犹太人总是嘲笑犹太人也正是因为这一类规则。这也是犹太人无论身处怎样的逆境都要坚持遵守，从而让他们保持了独特的犹太人身份的规则。所以，至少从1520年开始，犹太人就在哭墙祈祷，却从未越过它。1948年，耶路撒冷的犹太区陷落之后，阿拉伯人阻止犹太人使用哭墙，甚至不让他们从远处遥望。这种限制持续了19年之久。随着1967年老城被夺回，西墙再次向他们开放，那一年五旬节的第一天，同时有25万正统派犹太人试图在那儿祈祷。当时，墙前的整片区域都被打扫干净，修成广场，铺上精美的路面。但是无论如何犹太人还是不能进入圣殿山。拉比们提出各种各样机智的理由想让犹太人至少能进入部分区域。但最后拉比们达成共识，整个遗址都禁止真正相信犹太教的人入内。[59]于是最高拉比院和宗教部张贴通告，禁止犹太人上圣殿山，违者以"剪除"（失去永生）论处。数千名犹太人无视警告，被认为证明了拉比的无能。大量虔诚的犹太人遵守着这条规则，虽然他们强烈地渴望进入这个地区，这一点至少同样值得注意。

耶路撒冷的拉比在这个问题上采取强硬态度还有一个间接原因。他们要给普通犹太人的心里将犹太复国主义的军事胜利，如夺回老城，与弥赛亚理想的实现等同起来的思想泼盆冷水。关于重建圣殿的提议也存在同样的争议。任何类似计划无疑都遭到了

第七章 锡安

整个穆斯林世界的强烈反对,因为圣殿的台地被两座历史极为悠久、艺术价值极高的伊斯兰建筑占据。不过拉比们还是以他们一贯的缜密细致对这个想法进行了充分论证。难道犹太人第一次,也就是从巴比伦流亡回来时,不是也按照神命重建了圣殿?如今大流散结束,难道不可以此为先例再次重建圣殿?结论是不可以:这个先例只适用于大多数犹太人"住在那地"时,而这种情况尚未发生。但在以斯拉年代,即使从巴比伦返回的犹太人数量比现在还少,圣殿不是也重建了吗?的确如此,但是现在神命尚未下达;第三圣殿将以上帝直接干预的超自然方式建立。可这种论点不是曾经被用来反对犹太复国主义,而且被事实证明毫无根据吗?而且第一圣殿,无疑是由所罗门修建的,也被归于上帝。这是没错;可是大卫时代无法修建圣殿是因为他是一个战士;必须等到和平的所罗门时代才行。所以现在:在最终的和平到来之前,第三圣殿不能兴建。即便那时,也需要一位真正的先知对这件事做出启示,即便不是因为别的,耶和华用手给大卫画出来的样式也已经丢失了。[60] 是的,它们是丢了:但《以西结书》中有第三圣殿的样式。也许有;但是撇开技术性的讨论不说,这一代人既没有恢复圣殿及其礼拜方式的准备,也没有这样的意愿:那需要一种宗教觉醒。完全没错,要让人民产生宗教觉醒,还有什么是比重建圣殿更好的办法呢?[61] 他们就这样一直争论下去,直到大多数人得出结论,认为现在时机未到。甚至举行一次逾越节羊羔祭祀仪式的提议都不予考虑了,因为祭坛的确切位置已经无处可寻，现代祭司的世系证明存疑，（尤其是）人们对祭祀服装所知甚少，无法准确再现。[62]

圣殿及围绕它展开的争论代表的是这个宗教的过往，这种过往是以色列新社会一种生动的黏合力量。不过一段世俗的过往同样存在，犹太复国主义国家的建立就是为了逃脱那段过往。大屠杀就是它的象征，事实上不仅仅是一种象征，还是让建国过程笼上阴影的可怕现实，这个现实有充分的理由继续成为这个国家集体记忆中的突出事实。一直以来，犹太教关注的不仅是律法，还有律法的目的（就人类而言）：正义。因为犹太人，还有非犹太社会不会把他们的犯罪者绳之以法，犹太人的流散历史中一个不断循环往复的可悲特点是，犹太人因为身为犹太人而遭受伤害和非犹太社会未能让作恶者得到正义的审判。这个犹太国家至少在某种程度上是对最大不公的回应。它的职能之一就是成为惩戒的工具，向世界表明犹太人终于可以进行反击，用自己的律法来惩罚让他们遭受不公的人。大屠杀这样的滔天罪行，只有我们前面讲到的纽伦堡审判及欧洲各个国家运转的其他司法机器显然不够。早在1944年，当时由未来总理摩西·沙雷特（Moshe Sharett）掌管的犹太事务局政治处的调查部门就开始搜集关于纳粹战犯的资料。建国后，追踪犯人并把他们带回来审判成为几家以色列机构的部分职责，有的还是秘密机构。这种努力并不局限于以色列人。很多国家的和国际的犹太机构，包括世界犹太人大会，都参与其中。此外还有幸存者本人。1946年，38岁的捷克犹太人西蒙·维森塔尔（Simon Wiesenthal），在布痕瓦尔德和毛特豪森等多座集中营待了 5 年的幸存者，与其他 30 名集中营狱友一同成立了犹太人历史文献中心。该中心最后长期落户维也纳，专门致力于验明尚未接受审判和判刑的纳粹战犯的身份。深入研究大屠杀既是为了惩罚作恶者，也是出于学术和教育目的。到了 20 世纪 80 年代，仅美国和加拿大的大学就开设了 93 门关于大屠杀的研究课程，还有 6 家完全致力于这项课题的研究中心。比如，洛杉矶的维森塔尔大屠杀研究中心借助最新技术，用 40 英寸高和 23 英寸宽的弧形屏幕、3 台电影放映机和一个特殊的宽银幕电影镜头、18 台幻灯机和五声道音效，全部与中央电脑相连以便同步控制，营造出所谓的"多屏幕、多声道的大屠杀视听体验"。在反犹分子开始顽固地力图证明大屠杀根本从未发生过或只是被荒谬地夸大时，用这种戏剧性的方式将这个事件重现出来似乎并不过分。[63]

不过，大屠杀文献的主要目标依然是为了正义。维森塔尔（Wiesenthal）本人就将 1 100 多名纳粹分子送上法庭宣判。他为以色列政府对希姆莱的直接下属、大屠杀的行政执行人阿道夫·艾希曼（Adolf Eichmann）的身份确认、逮捕、审判和判决提供了大部分资料。1960 年 5 月，艾希曼在阿根廷被以色列特工逮捕并秘密带回以色列，依照 1950 年的《纳粹和勾结纳粹（惩罚）法》，因 15 项罪名被起诉。[64] 鉴于众多原因，审判艾希曼对于以色列人和整个犹太民族来说都是一件具有实际和象征意义的重大事件。它用最引人瞩目的方式宣告杀害犹太人可以不受惩处的时代已经结束，他们在世界上的任何地方都无处藏身。976 名外国记者和 166 名以色列记者对其进行了报道，控诉涵盖整个大屠杀及导致大屠杀的事件，由于控诉的性质，这场审判成为对无数人进行的大屠杀事实教育。但它同时也在最情感化的领域精确展示了以色列的司法。

艾希曼被捕后的第一反应就是供认了自己的身份和罪行，并承认犹太人有权惩罚他。1960 年 6 月 3 日，他说："如果这么做可以让赎罪行为更有意义，那么我愿意被公开绞死。"[65] 后来，他变得不太配合，采用纽伦堡的辩护套路，称他只是执行其他人命令的机器上的小齿轮。结果控方遭遇了激烈、狡猾、顽固及或许卑鄙的辩护。国会通过了一项法律，允许外国人（德国律师罗伯特·塞尔瓦蒂乌斯博士）为艾希曼辩护，由以色列政府提供经费（30 000 美元）。审判是一个旷日持久、事无巨细的过程。1961 年 12 月 11 日下达的判决书尽力维护和主张该法庭的管辖权及其审判被告的权力——无论他被捕时处于何种环境，并且坚持认为调查结果具有真实根据。压倒性的证据使得裁决不可避免。12 月 15 日，艾希曼被判处死刑，1962 年 5 月 29 日，他的上诉被驳回。伊扎克·本－兹维总统（Yitzhak ben-Zvi）收到要求减刑的陈情书，用了一天时间独自思考。以色列此前（或此后）从未处死过任何人，国内外的很多犹太人都想要绕开那条绞索。但绝大多数人相信判决是正义的，总统在这个案子中找不到任何减轻处罚的情节。拉姆拉监狱的一个房间被专门改建为死刑执行室，地板上切开了一扇活板门，上面是一座绞刑架，1962年5月31日临近午夜时分，艾希曼被执行死刑，他的尸体被火化，骨灰被撒进大海。[66]

艾希曼事件展现了以色列人的高效、公正和坚定，对驱除最终解决方案这个幽灵起到了一定的作用，它是以色列历史上必不可少的一个章节。不过大屠杀依然是以色列民族意识中起决定作用的事实。1983年5月，以色列调查公司史密斯研究中心发起了一次以色列人对大屠杀态度的全面调查。调查显示，大多数以色列人（83%）把它看成他们看待世界方式的主要因素。该中心主管哈诺赫·史密斯描述："以色列人的心中承受着大屠杀的巨大创伤，即使是第二代和第三代人。"大屠杀的观点确实直奔以色列的中心目的。绝大多数人（91%）认为西方领导人知道大屠杀却没有采取行动拯救犹太人；比例略低的人（87%）赞同这个观点："我们从大屠杀中学到的是，犹太人不能依靠非犹太人。"大约61%的人认为大屠杀是以色列建立的主要因素，62%的人相信以色列的存在不会让大屠杀重演。[67]

因此，正如受法老奴役的集体记忆占据了以色列的早期社会，大屠杀则塑造了这个新国家。这个国家不可避免地弥漫着一种失落感。希特勒消灭了全部犹太人的三分之一，尤其是犹太教从中汲取出独特力量的那些虔诚和贫穷的人。从世俗角度看，损失显而易见。19世纪和20世纪初叶，从古老贫民窟涌出的思想解放的人才极大地丰富了这个世界，已经证明他们是欧洲和北美现代文明的主要创造力。这种人才供应一直持续到希特勒永远地摧毁了它的源头。人们永远也无法知道这个世界因此牺牲掉了什么。以色列的损失是毁灭性的。在个人层面，这么多公民几乎失去了所有的亲人和童年伙伴；在集体层面，本可以参与国家建设的三分之一的人不在了；或许最重要还是精神层面的损失。犹太教认为人的生命价值最高，甚至艾希曼被剥夺生命前，以色列全民都进行了长期不安的讨论，这种对生命的珍视使得如此大规模的杀戮，尤其是受到上帝特别关爱的穷人和虔信者的被害，成了一件难以理解的事情。陈述这个问题甚至还需要再写一部《约伯记》。著名犹太神学家亚伯拉罕·约书亚·赫舍尔（1907—1973）很幸运，他就在灾难发生的前6周离开了波兰。提到此事，他写道，"我从撒旦的祭坛之火中得救，祭火灭绝了数百万条人命，彰显了罪恶的荣耀，被它吞噬的还有其他很多很多，包括如此之多的人所代表的上帝形象、众多的人对上帝能够给予公义和怜悯的信心，以及将近两千年里人们心中产生和珍藏的诸多与《圣经》相关的秘密和力量"。[68] 为什么会发生这样的事情？新的锡安是带着一个没有回答或许也无法回答的问题诞生的。

然而从大屠杀开始之前，犹太人的国际地位在某些方面还是得到了根本性改善。犹太人的民族国家建立了，当然那并没有结束他们的流散。如何才能让它结束呢？流散，就像阿瑟·科恩所述，不是一个世俗的民族国家就能纠正的历史意外；确切地说，它是一个形而上学的概念，是"没有得到救赎的历史系数"。[69]

第七章 锡 安

多数犹太人仍然在这个国家以外。自从巴比伦流散以来，一直如此。第三圣殿时期跟第二圣殿时期一样，仅仅拥有大约四分之一的犹太人。随着以色列走过第四个十年，这个比例没有出现根本性变化的迹象。尽管如此，世俗锡安的实现还是为世界上的犹太人提供了2 000年来从未有过的一颗充满活力的跳动心脏。它为全球社区提供了一个中心，那是古老虔诚的居住地和回归的概念从未提供过的，无论它们多么受到珍视。建设以色列等同于20世纪的重建圣殿。与大希律王统治下的圣殿一样，它也有不尽如人意的方面。但它就在那儿。以色列已经存在，你可以去那里，你可以分享它，这个事实为离散的犹太人提供了焕然一新的维度。它让你关心，有时让你焦虑，还经常让你骄傲。一旦以色列建立，并且证明它可以保卫自己，证明自身的合法性，流散犹太人就再也不会有人因为身为犹太人而感到羞耻了。

这一点很重要，因为即便临近20世纪，流散犹太人依然保持着它的特点：贫富两极分化，各色人等多得令人困惑。20世纪30年代末，犹太人总人口接近1 800万人。截至20世纪80年代中叶，大屠杀的损失并未得到弥补。犹太人总计1350万人，其中大约350万人居住在以色列。最大的犹太社会在美国（575万人），加上加拿大（31万人）、阿根廷（25万人）、巴西（13万人）和墨西哥（4万人）重要的犹太社区，还有十几个规模较小的群体，意味着如今全世界犹太人将近一半（660万人）在美洲。仅次于美国和以色列的第三大犹太社会在苏联，有大约175万人。匈牙利（7.5 万人）和罗马尼亚（3 万人）依然有相当庞大的犹太社会，东欧总共有 13 万人。西欧犹太人的数量略多于 125 万人，主要的社区在法国（67 万人）、英国（36 万人）、联邦德国（4.2 万人）、比利时（4.1 万人）、意大利（3.5 万人）、荷兰（2.8 万人）和瑞士（2.1 万人）。在非洲，除了南非共和国（10.5 万人）之外，如今几乎没有犹太人，只有摩洛哥（1.7 万人）和埃塞俄比亚（大概 5 000 人）有已经萎缩的犹太社区。在亚洲，伊朗仍然有大约 3.5 万名犹太人，土耳其有 2.1 万人。澳大利亚和新西兰的犹太社会加起来还能再有 7.5 万人。[70]

其中一些社会的历史、构成和起源极为复杂。比如，在印度，20 世纪 40 年代末叶有大约 2.6 万名犹太人，由三大类型组成。大约 1.3 万人是所谓的本尼以色列人（意为以色列之子），他们居住在西海岸的孟买一带。这些犹太人已经遗失了他们的记录和书籍，只保留下一段关于他们移民过程的经久不变的口述历史，这段历史直到 1937 年才形成书面形式。[71] 他们的故事是，在神显者安条克（公元前 175—前 163 年）迫害期间，他们逃出了加利利。他们的船在距离孟买以南约 30 英里的海岸失事，只有 7 家人幸存。虽然他们没有宗教书籍，而且很快就忘记了希伯来语，但他们始终过安息日和一些犹太节日，遵循割礼和犹太饮食，牢记《施玛篇》。他们说马拉地语，采用印度的种姓制度，分成果阿（白人）和卡拉（黑人），这说明可能有两拨移民。然后还有科钦犹太人，一度有大约 2 500 人，居住在沿西海岸再往南 650 英里的地方。

第七章 锡安

他们算是有一份依据文件，还有两块记录特权的铜板，铭刻着古泰米尔文，现在可以追溯至公元 974 年至 1020 年。既然如此，移民肯定分为几个阶层，黑皮肤的科钦犹太人是最早的，16 世纪初叶加入的是白皮肤的犹太人，来自西班牙、葡萄牙，可能还有欧洲（以及中东）的其他地方。黑皮肤和白皮肤的科钦犹太人都有分支，第三大群体是棕色犹太人，是犹太人和被他们纳为妾的奴隶所生的低种姓后代。三大科钦犹太人不在一起礼拜。另外还有来自巴格达的大约 2 000 名塞法迪犹太人，他们是在 1820—1830 年这 10 年间来到印度的，是 20 世纪 30 年代到来的最后一拨欧洲犹太难民。后面这两类人会为了宗教（并非社会）目的彼此交往，但他们都不去本尼以色列人和科钦犹太人的犹太会堂。所有白皮肤的犹太人和许多黑皮肤的犹太人说英语，他们在英国的统治下繁荣兴旺，以杰出的表现在军队服役，当上了公务员、商人、商店老板和工匠，上了孟买大学，学习希伯来语，把犹太经典翻译成马拉地语，毕业后成为工程师、律师、教师和科学家。1937 年，他们中有一人成为孟买市长，那儿是所有犹太群体在印度的中心。但他们不太适应独立后的印度，随着以色列建国，他们大多选择移民，以至于到了 20 世纪 80 年代，1.5 万名本尼以色列人所剩无几，科钦海岸只有 250 名犹太人。[72]

这样的群体竟然能够延续下来，证明的不是犹太教的劝服能力，而是它顽强的适应能力，即使是在最不利的环境下。但无法否认的是，20 世纪的大灾难事件几乎将数十个犹太社会摧毁殆尽，其中很多社会十分古老。

20世纪40年代末至50年代,整个阿拉伯世界历史悠久的塞法迪社会缩减至战前规模的一小部分或者完全消失。在欧洲大片地区,幸存或在大屠杀灾难后返回的犹太人又有一部分选择移民,尤其是移民前往以色列。在萨洛尼卡,说拉迪诺语的人,1939年多达6万人,20世纪80年代只有1 500人。维也纳数量庞大、富有创造力的犹太人,也许是最有才华的犹太人,从20万人缩减至不足8 000人,甚至赫茨尔本人安葬在该城市多布尔公墓的遗体也在1949年迁出并被重新安葬在耶路撒冷。阿姆斯特丹的犹太人,20世纪30年代将近7万人,40年后仅有1.2万人。安特卫普的犹太人将这座城市变成了西方的钻石中心,虽然他们还在继续从事这一行业,但这座城市的犹太人已经从5.5万人下降至20世纪80年代的13 500人左右。古老的法兰克福犹太人,曾经在金融界赫赫有名,数量从1933年的26 158人下降至20世纪70年代的4 350人。20世纪20年代,由将近17.5万名犹太人造就的世界文化之都柏林,20世纪70年代只有大约5 500名犹太人(外加东柏林的850人)。最荒凉的真空地带是波兰,截至20世纪80年代,战前13 500人的犹太人口已经下降至大约5 000人。那里数十座曾经拥有大量犹太会堂和图书馆的城镇,再也难觅犹太人的身影。

不过犹太社会依然在延续,甚至发展。意大利犹太人凭借非凡的韧性在纳粹年代幸存。德国占领快结束时剩下的2.9万人在

第七章 锡 安

战后慢慢增长至3.2万人；不过这也要归因于从北部和东部到达意大利的移民。1965年，耶路撒冷希伯来大学的研究显示，意大利社会，与其他先进国家的社会一样，人口状况脆弱。相比总体人口的18.3‰，意大利犹太人的出生率只有11.4‰。生育率和结婚率同样低得多，只有死亡率和平均年龄（男41岁，女33岁）较高。[73] 在罗马，直到1880年，犹太社会的核心依然存在于特拉斯泰韦雷的古老贫民窟地区，从罗马古老的国王时期开始，那儿的犹太人就从事捡破烂和流动叫卖，竭力维持着朝不保夕的生活。这里的犹太富人与最穷的人几乎比邻而居，就像他们一直以来的做法一样。30个大家族，圣殿派，他们的祖先可以追溯至1900年前的提图斯皇帝时期，当时他们是在圣殿被毁后被锁链锁着押到罗马的。那座壮观的教堂轮流以利用、迫害和保护的态度对待他们，罗马犹太人就居住在它的阴影之下。他们力图既反抗它，又与它和谐相处，于是他们最重要的那座犹太会堂——位于台伯滨河路，就在古老贫民窟的大门外——是意大利巴洛克教堂风格的恢宏运用。1986年4月，教皇约翰·保罗二世在那儿成为第一位出席犹太会堂礼拜的教皇，与罗马的首席拉比轮流朗读《诗篇》。他对犹太会众说："你们是我们亲爱的兄弟，某种程度上来说，你们是我们的兄长。"他的意图良好，而且强调"兄长"有点儿太贴切了。

在法国，战后一段时期无可否认地见证了人口数量和密度的增长。法国战前的犹太人口是34万人，纳粹及其维希盟友杀害了其中 9 万人；法国根基牢固和高度同化的本地社会在某种程度上为大量驱逐难民提供了合作，这种认识为这场悲剧平添怨恨。但在战后 30 年间，从伊斯兰世界大量涌入的塞法迪移民至少弥补了这种损失：2.5 万人来自埃及，6.5 万人来自摩洛哥，8 万人来自突尼斯，12 万人来自阿尔及利亚，以及来自叙利亚、黎巴嫩和土耳其的犹太人，人数相对较少却依然可观。结果，法国犹太人的数量翻了不止一番，超过 67 万，成为世界上第四大犹太社会。

这种规模巨大的人口扩张势必伴随深刻的文化变迁。法国犹太人一直是最主张民族同化的，尤其是法国大革命使其几乎完全认同共和制度以来。维希政府统治时期很多法国人行为败坏，导致人们有些丧失信心，其中一项指标是法国犹太人在 1945—1957 年改名的人数是 1803—1942 年整个时期的 6 倍。[74] 即便如此，人数也不多，极端同化依然是法国犹太人的突出特征，即使是在战后时期。类似雷蒙·阿隆等作家站在了法国当代文化的中心，安静、低调及非常老练的犹太中高阶层输送出了著名的总理，比如第四共和国的勒内·梅耶和皮埃尔·孟戴斯－弗朗斯，第五共和国的米歇尔·德勃雷和洛朗·法比尤斯。不过，从非洲涌入的塞法迪犹太人极大地加强了法国犹太人的犹太性。他们大多或许会讲法语，不过能够阅读希伯来语的比例很高。19 世纪的法国犹太人有一个"三代理论"："祖父相信，父亲怀疑，儿子否认。祖父用希伯来语祈祷，父亲用法语读祈祷文，儿子根本不祈祷。祖父过所有节日，父亲过赎罪日，儿子什么节日都不过。祖父依然是犹太人,父亲被同化,儿子已经成为纯粹的自然神论者……如果他没有变成无神论者、傅立叶空想社会主义者或圣西门空想社会主义者的话。"[75] 在战后的法国,这种理论不再奏效。儿子如今可能宁可回归祖父的宗教,把父亲孤零零地留在他的不可知论里面。阿尔及利亚犹太人涌入,在南部复兴了已经或正在消亡的中世纪社会。比如,1970 年,著名作曲家达律斯·米约为普罗旺斯地区艾克斯的一座新犹太会堂放下基石——原来的犹太会堂在战时被卖掉并被改成新教教堂。[76] 新犹太会堂不是宗教和世俗的犹太性复兴的唯一标志。20 世纪 60 年代和 70 年代,古老的世界以色列联盟的领导人倾向于成为对国内外犹太事业采取激进态度的虔信犹太人,遵守律法和学习希伯来语的犹太人比例相较过去要高得多。法国反犹运动持续不息的余波,尽管比 20 世纪 30 年代微弱,却让犹太人的战斗性趋于加强。等到它发现了议会形式,正如 20 世纪 50 年代的布热德分子或 80 年代的国民阵线,犹太组织便做出了强有力的反应,维护犹太人的坚定信念。1980 年 10 月 3 日,科佩尔尼克街的自由主义犹太会堂遭遇炸弹袭击,它是当时据说是为促进犹太复兴服务的几座犹太会堂之一。法国犹太人即使正被非洲移民扩充,但本身依然鲜明地抵制犹太复国主义:法国犹太人实际上不会有人去以色列居住。但他们本身还是支持以色列 1956 年、1967 年、1973 年,还有 20 世纪 80 年代的挣扎求生。如果认为法国政府做出了不利于犹太人和以色列人利益的政策,他们就会激烈反对。他们第一次在法国组建了犹太人游说团体，而且在 1981 年选举时，犹太人的选票是替换掉管理法国 23 年的戴高乐主义右翼政权的重要因素。全新的、更加积极和显眼的犹太权势集团在法国出现，它意识到了自己的人数力量和活力，可能将在 20 世纪 90 年代形成遍及流散犹太人的意见方面扮演更加举足轻重的角色。

在流散犹太人中，强有力的法国声音受人欢迎，尤其是在德国声音由于希特勒的时代而近乎沉寂之后。近几十年来，尤其是随着意第绪语的衰落，流散的声音定然是英语。1646 年犹太人返回英国的确具有某种程度的重要性，那就是如今全世界超过一半的犹太人说英语，85 万人在英联邦国家（外加南非），将近 600 万人在美国。现代犹太复国主义的诞生、《贝尔福宣言》和托管，犹太人历史上真正的英国时刻随之到来，也随之成为过往。英国犹太人成为且依旧是主要犹太人当中最稳定、最满足和遭受威胁最少的。20 世纪 30 年代，它接纳了 9 万名难民，使它的数量达到了最高，从临近第一次世界大战前的大约 30 万人扩充至第二次世界大战末期的远超 40 万人。可是，与意大利犹太人一样，脆弱的人口状况在 20 世纪 60 年代和 70 年代变得越发明显。比如，1961—1965 年，英国犹太会堂的平均结婚率是 4.0‰，而全国的平均率是 7.5‰。犹太人的总数从 1967 年的 41 万人下滑至 20 世纪 70 年代的不足 40 万人，80 年代后半叶可能降至不足 35 万人。现代的英国犹太人不缺活力。犹太企业在金融界一如既往地活跃，在娱乐、房地产、服装鞋类和零售行业举足轻重。它创建了格拉

第七章 锡安

纳达电视这样的全国机构。西夫家族把成功企业马克斯－斯潘塞百货公司打造成为战后英国商业界最经久不衰（和最大众化）的成就，温斯托克勋爵把通用电气改造为英国最大的公司。犹太人在书刊报纸出版行业表现积极。他们出版了最好的流散犹太人期刊《犹太纪事》。他们越来越多地坐进了上议院的席位（虽然只是少数）。20世纪80年代中叶，坐进英国内阁的犹太人一度不下5位。但这种令人印象深刻的活力并未体现在生儿育女上，也没有凝聚成流散犹太人中或者对犹太复国主义产生作用的首要影响力。在这方面，英国犹太人表现得，或许是不得不表现得跟英国一样：把火炬传给了美国。

在犹太人的历史上，美国犹太人在19世纪末叶和20世纪的扩展及巩固与以色列的建国同样重要，从某些方面来看，甚至更加重要。因为，如果说犹太复国主义的成就为疲惫的流散犹太人提供了永远敞开的庇护所，用主权决定和捍卫他们的命运，那么美国犹太人的发展则获得了全然不同的权力，让犹太人在塑造世界上最强大国家的政策方面发挥重要的、合法的和永久的作用。这不是宫廷犹太人那种不堪一击的影响力，而是民主游说和人口形势带来的结果。20世纪70年代末叶，美国的犹太人口是5 780 960。这个比例只占美国总人口的2.7%，但他们不成比例地集中在城市地区，尤其是在大城市，众所周知，比起小城镇、村庄和乡村地区，大城市能够发挥更大的文化、社会、经济，甚至政治影响力。临近20世纪末叶，犹太人依然是大城市居民。特拉维夫－雅法有 39.4 万人，巴黎有超过 30 万人，莫斯科有 28.5 万人，大伦敦有 28 万人，耶路撒冷有 27.2 万人，基辅有 21 万人，列宁格勒有 16.5 万人，蒙特利尔有 11.5 万人，多伦多有 11.5 万人。但美国犹太人集中在城市的现象最明显。大都会纽约有 1 99.8 万名犹太人，目前为止都是世界上犹太人数量最多的城市。数量第二的是拥有 45.5 万名犹太人的洛杉矶。接下来是费城（29.5 万人）、芝加哥（25.3 万人）、迈阿密（22.5 万人）、波士顿（17 万人）和华盛顿特区（16 万人）。犹太人口超过 1 万人的美国城市共有 69 座。在重要的州也有一种人口集中现象。在纽约州，犹太人有 2 143 485 人，占人口的 12%。这个比例，新泽西是 6%，佛罗里达是 4.6%，马里兰是 4.5%，马萨诸塞是 4.4%，宾夕法尼亚是 3.6%，加利福尼亚是 3.1%，伊利诺伊是 2.4%。在美国所有重要的少数种族的投票中，犹太人的投票是最有组织性的、最容易响应领袖指引的，也是最有可能有效运用自身力量的。

但是，犹太选民，无论多么经验老到，他们的直接政治影响力可能还是被夸大了。从 1932 年开始，犹太人把绝大多数选票投给了民主党，有时比例高达 85%~90%。没有明显的证据能够证明，犹太人对民主党的总统或政策产生了与此相应的决定性影响。事实上，20 世纪 60 年代和 70 年代，犹太选民始终忠实地支持民主党似乎越来越多的是基于情感和历史，而非该群体的利益。20 世纪 80 年代，稍微让选举专家们感到惊讶的是，大多数犹太人依然投票给民主党，不过票数已经降至 60% 左右。在 1984 年的选举中，他们是唯一给予民主党候选人多数支持的宗教群体（除了无神论者之外）和唯一的少数种族群体（除了黑人之外）。犹太人投票的原因不是为了公共经济或对外政策，而是对穷人和弱势群体尚存同情之心。[77] 截至 20 世纪的最后 25 年，"犹太游说团体"的概念在美国政治中已经在某种程度上变成了传说。

犹太公民与美国整体之间的关系变化则完全是另一回事，而且重要得多：犹太少数种族成了美国社会的核心成分。整个 20 世纪，美国犹太人始终在充分利用美国向他们敞开的机会大门，上大学，成为医生、律师、教师、各类专业人员、政客和公务员，在金融和商业行业一如既往地表现得风生水起。他们通常在私营企业界，印刷、出版、广播和娱乐业，还有精神生活方面，尤其如鱼得水。他们在某些领域独占鳌头，如小说创作。他们在各个地方都为数众多，事业成功。后来，慢慢地，20 世纪后半叶，与更早期的盎格鲁-撒克逊裔新教徒精英一样，这个成功精英阶层的文化影响无处不在、普遍深入。犹太人在美国社会不再是游说团体。他们成为这个自然有机体自身的一部分，一只手臂，还是一支有力的手臂。他们不仅从美国主体外部向内经营，而且开始从内部向外经营。由于他们拥有民主、宽容和自由主义的历史传统，他们一定程度上在美国扮演了辉格党在英国曾经扮演的角色：通过为那些不太幸运的人提供开明服务以此为其特权寻找道德合理性的精英。简言之，他们不再是追求权利的少数派，而是授予权利的多数派的一部分；他们的政治活动在不知不觉中已经从影响领导权转变为行使领导权。

568　　因此,在美国文化中明确区分出犹太因素变得很困难。它们已经成为其中不可或缺、和谐统一的一部分。识别出所谓回应犹太人利益的美国政策甚至更加困难。这样的利益一般会变得与美国整体利益越发相连相通。这种原则对以色列的情况发挥了强有力的作用。无须再劝说美国领导人为以色列的生存权做担保。那是理所当然的。以色列是自由民主的孤独前哨,在普遍无视这种价值观的地区支撑法治和行为的文明标准。以色列得到美国的支持是自然和必然的,唯一的争论是如何最明智地提供支持。到了20世纪80年代,世界的现实如此,以色列依然是美国在中东地区最可靠的盟友、美国最值得信赖的伙伴,即使没有美国犹太社会的存在。

　　但美国的犹太社会确实存在,而且它在流散犹太人中取得了独特地位,凭借的不仅是它的规模,还有它的特性。它是一个完全同化的社会,却依然保留着犹太人的意识。它的成员认为自己既是完全的美国人又是犹太人。犹太人的历史上从未存在过这样的现象。美国发展和构成的独特环境使其成为可能。犹太人,永远的"外人和寄居的人",最终在一个所有人都是外人的国家找到了自己的永久居所。由于所有人都是外人,所有人都有类似的居住权,一直到所有人都可以同样平等地称其为家乡。还有,美国是第一个能让犹太人居住其间并发现他们的宗教和宗教仪式具有优势的地方,因为所有灌输公民道德的宗教都得到了礼遇。不仅

第七章 锡安

如此,最重要的是,美国还以自己无所不包的宗教为荣,或许可以称之为民主法律,一部世俗的《托拉》,是犹太人可以出色遵守胜任的。出于这一切原因,把美国犹太社会看作流散犹太人的一部分或许是一种误导。美国犹太人觉得自己是美国人,尤胜以色列的犹太人觉得自己是以色列人。有必要创造一个新词来定义他们的身份,因为除了以色列的犹太人和严格意义上的流散犹太人以外,美国犹太人开始形成全新的犹太巨鼎的第三条腿,整个民族的安全和未来同样要由它来支撑。三条腿分别是流散犹太人、已经集合的犹太人(以色列人),还有在美国已经成为国家主人的犹太人。

俄国犹太人与美国犹太人截然相反。在美国,犹太人促使自己成为国家的主人;而在俄国,国家是他们的主人。研究犹太人的历史,我们学到的一课是,反犹主义腐化了人及其所在的社会。它腐化了多明我会修士,也同样腐化了贪婪的国王,它让纳粹国家变成一个痛苦呻吟的腐败社会。但它对俄国的腐化作用之明显,是任何地方都无法比拟的。如前所述,沙皇的反犹法律让轻微的腐败行为无处不在。从长远来看,更重要的是它对国家权力机关的道德腐蚀。因为在折磨犹太人的过程中,沙皇俄国变成一个习惯于封闭、压迫和高度官僚化的控制系统。它控制国内运动和犹太人的住处,控制他们上学的权利还有他们在学校的学习内容,控制他们进入行业或机构的权利、出售劳动力的权利、创业或开公司的权利、礼拜的权利、加入组织的权利,还有从事其他各种数不清的活动的权利。这套系统运用骇人听闻、无处不在的控制手段,掌控一个不受欢迎、社会地位低下的少数种族的生活,残酷侵犯他们的家园和家庭。

※ ※ ※

南非的发展是利用大规模资本将原始经济转变为现代经济的杰出例子。19 世纪 60 年代,金伯利发现钻石矿区,20 年后,兰德发现金矿,南非开启了内部矿产财富的大门,在此之前,它还是个闭塞的乡村地区。改变南非命运的是矿业融资公司,这是一种新的金融机构,它可以集中所有权并在高科技深井开采方面募集和调动巨额资金。这种机构原本是由英国人塞西尔·罗得山发明的。但犹太人一直对宝石(尤其是钻石)和金银行业有所涉足,他们在南非的深层矿井和募集资金采矿的金融体系中都发挥了重要作用。[78] 阿尔弗雷德·拜特、巴尼·巴纳托、路易·科恩、利昂内尔·菲利普、朱利叶斯·韦纳、索利·乔尔、阿道夫·格尔茨、乔治·阿尔布和阿贝·贝利等人将南非变成了世界上最庞大、最富裕的矿业经济体。以埃内斯特·奥本海默为首的第二代矿业金融家巩固并拓展了这一成就。[79]

犹太人在兰德的日进斗金(有时会亏本)勾起了强烈的嫉妒和愤恨。批评的声音中就有左翼辩论家,1899 年布尔战争爆发时前往南非为《曼彻斯特卫报》报道战争的 J. A. 霍布森(J. A.

Hobson）。霍布森认为犹太人"几乎毫无社会道德",拥有"精于算计的超群智力,这是他们的民族遗产",因而能够"利用所在社会的每个空子、每件蠢事和每项缺点"。[80] 在南非,在他看来无处不在的犹太人的活动让他感到震惊和愤怒。他写道,官方数据显示约翰内斯堡只有 7 000 名犹太人,但"店面和商号、市场、酒馆、时髦市郊住宅'门阶'足以证明那支被拣选民族的大量存在"。尤其令他感到气愤的是,他发现,证券交易所赎罪日关门。1900 年,他出版了一本书《南非战争:前因后果》,将战争归咎于"一小撮国际金融家,主要是德国血统的犹太人"。"为了让由矿主和投机者组成的小型国际寡头组织在比勒陀利亚掌权",英国军队浴血奋战,牺牲在沙场。"新的耶路撒冷,"他厌恶地写道,"不是汉堡,不是维也纳,不是法兰克福,而是约翰内斯堡。"[81]

霍布森对战争根源的解释是错误的。这场冲突,可以预见,是矿主们的灾难。至于犹太人,整部现代史都能证明他们无论是性格使然还是出于利益的考虑都非常爱好和平,尤其是他们以金融家的身份出现时。可是,同其他阴谋论者一样,霍布森对事实不感兴趣,他感兴趣的只是自己的概念是否吸引人。两年后,他把自己的理论扩写成一本著名的书——《帝国主义研究》,揭示国际金融资本是殖民地和战争背后的主要力量。"帝国主义的经济寄生虫"这一章是他的理论核心,其中包括以下关键段落:

> 那些大企业——银行业、经纪业、票据贴现、融资贷

款、企业推广——构成了国际资本主义的中枢神经。它们被各组织之间最牢固的纽带连接,彼此始终保持最密切和最快捷的联系,它们位于各个国家商业资本的正中心。就欧洲而言,主要被背后拥有几百年金融经验的特殊种族控制,因此这些企业处于能够左右国家政策的独特地位。除非经过他们的同意或者通过他们的机构,否则大规模资本不可能迅速形成方向性。有没有人认真地想过,如果罗斯柴尔德家族及其集团坚决反对,那么任何一个欧洲国家可以承受一场大战吗,可以发放一笔巨额国债吗?[82]

※　※　※

阿拉伯人公开出版《锡安长老会纪要》这本小册子。从20世纪20年代以后,这本小册子已经以无数不同的版本发表,在阿拉伯世界广为流传。从沙特阿拉伯的费萨尔国王到埃及的纳赛尔总统,诸多阿拉伯领导人手里都有这本小册子。纳赛尔显然是相信了,1957年,他对一名印度记者说:"这书你必须看看,我给你一本。它确凿无疑地证明,300名犹太复国主义者,相互之间全都认识,他们掌控着欧洲大陆的命运,而且他们就从自己的随从中选择继任者。"[83]这本书让纳赛尔大为触动,以至于1967年前后,他的兄弟又出版了一种阿拉伯版本。阿拉伯学校的教科书和阿拉伯军队的培训资料就有这本小册子的节选和概述。[84] 1972

第七章 锡 安

年，它的另外一个版本还出现在贝鲁特图书畅销榜的榜首位置。

应该补充的是，这些版本都是为阿拉伯读者专门编辑的，还在巴勒斯坦问题的前因后果中介绍了那些长老。《锡安长老会纪要》并非战后阿拉伯世界唯一继续流传的反犹作品。1890 年在开罗以《自由号角声中无辜者的哭泣》为题目出版的血祭诽谤资料，到了 1962 年，作为阿拉伯联合共和国①政府所谓的《塔木德人牲》的官方出版物重新浮出水面。[85]血祭毁谤的确会在阿拉伯世界的报纸上定期重现。[86]但《锡安长老会纪要》依然是最热门的，而且不只是在阿拉伯伊斯兰教国家。1967 年，它在巴基斯坦出版，1979 年，阿亚图拉·霍梅尼（Ayatollah Khomeini）上台以后，伊朗政府及其大使馆也对其广泛利用。1984 年 5 月，他那份印制了《锡安长老会纪要》摘录的出版物《伊玛目》谴责英国特遣部队在福克兰遵照锡安长老的建议犯下暴行。[87]霍梅尼的宣传通常把犹太复国主义（犹太人）描绘成撒旦散发的能量，说它已经"到处活动了很多个世纪，对人类社会和价值观犯下了令人难以置信的滔天罪行"。霍梅尼遵循中世纪的路线，即犹太人是劣等人或非人类，甚至反人类，因此是一种可以消灭的生物品种。但他的反犹主义思路混乱，总是在简单的反犹太教、伊斯兰教宗派主义（统治敌国伊拉克的逊尼派穆斯林不仅自己是魔鬼，而且还是犹太复国主义的傀儡）和对"大撒旦"美国的仇恨之间徘徊。他发现很

---

① 埃及的旧称。——译者注

难判定是撒旦通过犹太人操纵华盛顿，还是反过来。

犹太人历史上的一个重要教训就是，反复的口头诽谤迟早会有暴力行为的跟随。几个世纪以来，一次又一次，反犹作品掀起它们的可怕浪头，再以犹太人的流血达到高潮。虽然希特勒的最终解决方案残暴程度独一无二，不过19世纪的反犹理论依然对此有所预兆。

对世俗锡安的需求在其历史的最初40年有增无减。建立世俗锡安是为了接收欧洲反犹主义受害者，为了在大屠杀的余波中安置受到严重打击的幸存者。它还要负责接纳那些被赶出来的阿拉伯犹太人。单单已经付诸实现的这些目标就能够证明它存在的正当性。

以色列国还需要实现一个更加严峻的目标。它是全世界处于危险当中的犹太人的主权避难所。它是已经在其国境内集合的犹太人的守护者。它是大屠杀不会再次发生的唯一有形保障。它得到了美国可靠的保护承诺，但一个主权国家最后一定要依靠自己的防御能力。因此以色列不得不掌握某种手段，可以对潜在的攻击者施以其难以承受的破坏，无论对手多么强大。如果大卫不得不遭遇歌利亚，那么他必须有一把甩石的机弦。第二次世界大战期间，犹太科学家在制造出第一批核武器方面发挥了关键作用。他们这样做，是因为担心希特勒会率先研制出原子弹。20世纪70年代末和80年代，他们打造出了核能力，这种能力的存在虽然秘而不宣，但在它将发挥最大作用的消息渠道里，大家都心知肚明。

第七章 锡　安

这样,以色列就有能力来完成形势赋予它的第二大新任务。

可是,用这种残酷的腔调总结犹太人的历史是错误的。犹太人的历史呈现出来的是高潮和灾难的交替。它可以被视为耐心的研究、富有成效的勤奋和团体惯例的连续统一体,其中大多是没有记录的。快乐沉寂的时候,悲伤就会发出声音。历史学家必须记住这一点。4 000年以来,犹太人证明自己不仅是伟大的幸存者,而且得心应手地适应社会——在各个社会之间,他们被命运推来搡去——和不断创造他们可以给予的舒适的人类物质条件。让贫穷变得富足,让财富人性化,或者让不幸变成创新的理由,在这些方面没有人能比犹太人更有创造力。这种能力源于充分和精妙的道德哲学,正因为它被看作能够为共同拥有它的人解决问题,所以这种道德哲学千百年来几乎毫无变化。古往今来,无数犹太人在犹太教的负担下呻吟。但他们还是会继续背负着它,因为在他们的心里,他们知道,是它在背负他们。犹太人是幸存者,因为他们拥有幸存的法则。

因此历史学家还必须记住,犹太教始终要比它的信徒总和重要。犹太教创造了犹太人,而不是犹太人创造了犹太教。正如哲学家莱昂·罗特所说:"先有犹太教。它不是一个作品,而是一份计划,犹太人就是实施这个计划的工具。"[88]犹太人的历史不仅是具体事实的记录,还是抽象概念的记录。犹太人相信自己是被创造出来并受命成为非犹太人的光,他们已经竭尽自己最大的能力去服从。无论是从宗教角度或世俗角度考虑,他们的成果都卓越非凡。犹太人为世界提供了伦理一神论，或许可以被描述为对神学的理性运用。在比较世俗的时代，他们将合理化原则运用至人类活动的所有领域，经常超前于人类的其他种族。因而，他们散发出来的光亮既给人启迪，又令人不安，因为它揭示出关于人类精神及提升精神的方式的痛苦真相。犹太人是著名的说真话的人，那也是他们招致如此仇恨的一个原因。先知会被畏惧，有时会被尊崇，但他们何时会被喜爱呢？但先知定会预言，犹太人也会坚持追求他们眼中的真理，不管它通向何方。犹太人的历史，要说有什么作用的话，那就是它教导我们，人类的存在确实有一个目的，我们不只是如野兽那般只是要经历生死才来到这个世上。为了继续给造物赋予意义，犹太人会从《约书亚记》杰出的第1章中重复三次的训谕中得到安慰："你当刚强壮胆！不要惧怕，也不要惊惶，因为你无论往哪里去，耶和华你的神必与你同在。"[89]

结　语

　　约瑟夫斯在《犹太古史》中将亚伯拉罕描述为"一个非常睿智的人","比他那个年代的其他人怀有更高的善念",因此他"决定彻底改变当时所有人对神的看法"。总结犹太人 4 000 年历史的一个办法是,可以提出这样的问题:如果亚伯拉罕不是一个非常睿智的人,或者如果他一直居住在乌尔并自己保守住更高的善念,如果没有出现这支独特的犹太民族,那么人类将会怎样?没有犹太人的世界肯定是个截然不同的世界。人类或许最终也会产生犹太人所有的思想,但是我们不能确定。所有伟大的智慧概念发现一经提出,似乎都显而易见,似乎都必然如此,但它仍需要一位特别的天才第一次提出系统的阐述。犹太人就有这种天赋。因为犹太人,我们才有法律面前——不管是神的律法还是人的法律——人人平等的观念,才有生命神圣和人有尊严的观念,才有个人良知和个人救赎的观念,才有集体良知和社会责任的观念,才有和平是抽象的理想、爱是正义的基础的观念，以及其他种种构成人类心灵基本道德框架的观念。如果没有犹太人，这个世界就会空洞许多。

最重要的是，犹太人教会了我们如何对未知进行合理化解释。结果就是一神论和信奉一神论的三大宗教。我们几乎无法想象，如果没有这些宗教，这个世界将会怎样。对未知的理智洞察力也不会停留在一神论的概念上。一神论本身的确可以被视作引导人们通向把神完全撇开道路上的一座里程碑。犹太人先是把偶像众神合理化为一个至高无上的存在；然后开始踏上让他合理化消失的过程。用历史的终极眼光来看，亚伯拉罕和摩西可能看上去都不及斯宾诺莎重要。因为犹太人对人类的影响千变万化。在古代，他们是伟大的宗教和道德创新者。在黑暗时代和欧洲中世纪早期，他们依然是传递稀有知识技术的先进民族。渐渐地，他们被推下了先锋的位置，落到了后面，直到18世纪末叶，他们在人类的文明队列中一直被视作衰败、蒙昧的落后分子。但是接下来令人吃惊的是，他们的创造力第二次爆发。突破了他们的贫民窟，他们再次传递人类思想，这一次是在世俗的世界。现代世界的精神结构同样有很多是犹太人构成的。

犹太人不只是创新者。他们还是人类生存环境的标本和缩影。他们似乎以一种突出、清晰的方式呈现出所有无法避免的人类困境。他们是典型的"外人和寄居的人"。但是，身处这颗星球的我们难道不是如此？我们拥有的只是一辈子的租住权。犹太人是无

结 语

家可归和脆弱的人类的象征。但是整个地球不过就是一座临时的难民营吗？犹太人是追求完美的狂热的理想主义者，与此同时又是渴望"肉锅"和安全的脆弱的男男女女。他们想要遵守上帝那些不可能做到的律法，他们还想要生存。古代的犹太王国中存在一种困境，想要将神权政体的美德和能够保卫自己国家的实际需求结合起来。在我们这个时代，这种困境再次以以色列的形式出现，以色列的成立是为了实现人道主义理想，可人们在实践中发现它只能冷酷无情，才能在敌意环伺的世界上生存。但这一点难道不是影响所有人类社会的老问题吗？我们全都想要建设耶路撒冷，我们全都想要回到平原诸城。犹太人的角色似乎把人类这些共同的经历集中起来并戏剧化地呈现出来，把他们注定的命运变成通用的寓意。但是如果犹太人扮演了这个角色，又是谁为他们写下的剧本呢？

历史学家应该有意识地在事件中寻找天意模式。这些事件实在太容易被发现了，因为我们是轻信的生物，生来就是要相信，具有容易生成和重新排列数据以适应所有玄奥计划的强大想象力。而过度怀疑会导致严重程度不下于轻信的曲解。历史学家应该考虑各种形式的证据，包括那些是或者看上去是形而上学的证据。如果最早的犹太人能够与我们一起探究他们子孙的历史，他们会发现其中没什么可奇怪的。他们一直知道，犹太社会受命担任整个人类的试点项目。犹太人的困境、戏剧性事件和灾难，应该是具有代表性的，非同一般的，但那似乎只对他们才是自然而然的。犹太人在1 000多年以来招致了如此空前且实在莫名的仇恨，令人遗憾却在所难免。最重要的是，犹太人竟然还存在，在其他那些古代民族或转变或消失在历史的记忆深处之后，这完全不出所料。不然它会怎么样呢？上帝颁布律法，犹太人遵守律法。历史学家可能会说：没有天意那种东西。也许没有。但处于如此历史变迁之中的人类信念，如果足够强大和顽强，本身就是一种力量，能够推动事件的铰链，移动它们。犹太人怀着如此巨大的热情、如此万众一心地相信他们是一个特殊的民族，长此以往他们也就真的成了一个特殊的民族。他们确实担当着一个角色，因为他们为自己写下了剧本。也许，那里面就存放着犹太人历史故事的内核。

术语表

哈加达（Aggadah）：相对于法典本身（哈拉哈），指犹太法典《塔木德》中的非法典部分及米德拉西、轶事、民俗故事、传说，等等。

阿利亚（Aliyah）："升起"；移居以色列；被召唤至犹太会堂读经文。

当地人（Am Ha-arez）：字面意思"此地的民"；意为"当地人"，有时含贬义，表示无知；大众；所有民众。

阿摩拉（Amoraim）：3 世纪至 6 世纪编集《革马拉》的犹太学者。

阿什克纳齐（Ashkenazi）：德系犹太人；西欧、中欧和东欧犹太人，与塞法迪犹太人相对应。

圣名拉比（Ba'al shem）："主的圣名"；懂得如何使用"圣名"力量的喀巴拉学者；学者，通常是哈西德派教徒。

"小"（Bar）：人名中"儿子"（阿拉姆语）的意思，与"Ben"（希伯来语）同义。

受戒礼（Bar-mitzvah）：年满 13 岁的犹太男孩儿成年的受戒礼。

拉比法庭（Bet din）：犹太教法庭。

科恩（Cohen）：犹太祭司或亚伦后裔。

保守犹太教（Conservative Judaism）：用来指在修改摩西律法以适应现代需要的同时规避犹太教改革派大规模变革的美国犹太教派。

改宗者（Conversos）：中世纪和文艺复兴时期西班牙词语，指改信基督教的犹太人及其后裔。

法官（Dayyan）：拉比法庭的法官。

流散犹太人（Diaspora）：离散和居住在以色列地以外的犹太人的总称。

以色列地（Erez Israel）：以色列的土地；应许之地；巴勒斯坦。

犹太宗主（Exilarch）：巴比伦王国的犹太人世俗首领。

加路特（Galut）：流亡者；流亡群体。

加昂（Gaon）：巴比伦学术团体的负责人。

革马拉（Gemara）：阿摩拉的法则等，对《密西拿》加以补充，成为《塔木德》的一部分。

犹太会堂贮藏室（Genizah）：宗教文献的保存地点；通常指代福斯塔特（开罗老城区）的那座犹太会堂贮藏室。

离婚文（Get）：犹太人的休书。

魔像（Golem）：被魔法赋予生命的傀儡。

哈加纳（Haganah）：英国统治时期的犹太防卫军队，后成为以色列军队的组建基础。

哈拉哈（Halakhah）：相对于哈加达，拉比教义被普遍接受的规则和《塔木德》中涉及律法的部分。

光明节（Hanukkah）：纪念马加比家族战胜希腊异教徒的节日。

哈西德派教徒（Hasidim）：犹太教虔敬派教徒，具有强烈的神秘主义色彩，通常居住于东欧。

哈斯卡拉运动（Haskalah）：18世纪欧洲的犹太启蒙运动。其信徒被称为"马斯基尔"。

领唱者（Hazzan）：礼拜仪式中带领祈祷的人。

宗教学校（Heder 或 cheder）：犹太宗教学校。

绝罚（Herem）：开除教籍。

总工会（Histadrut）：以色列工会。

伊尔贡（Irgun）：1931—1949年，犹太复国主义运动期间的地下军事派别。

喀巴拉（Kabbalah）：犹太神秘主义。"实用性喀巴拉"是一种魔法。

《圣经》派信徒（Karaite）：18世纪的犹太教派成员，拒绝口头律法和《圣经》之后的拉比教义，只坚信《圣经》。

婚约（Ketubbah）：犹太婚约。

基布兹（Kibbutz）：犹太人定居点，通常是农场，产权共有。

祁福式（Kiddush）：在安息日或节日宴席前夕，用葡萄酒祈福。

国会（Knesset）：以色列国会。

洁食（Kosher）：符合犹太饮食教规（kashrut）的食品。

夫兄弟婚（Levirate marriage）：没有子女的寡妇必须转嫁给亡夫的兄弟（《申命记》25:5）。

大传教士（Maggid）：广受欢迎的哈西德派传教士。

马拉诺人（Marranos）：秘密信奉犹太教的犹太人，起源于被迫改宗的西班牙和葡萄牙犹太人。

马斯基尔（Maskil）：犹太启蒙运动或哈斯卡拉运动的成员。

马所拉（Masoretic）：根据《圣经》公认的拼写和发音传统写成的文本。

枝形大烛台（Menorah）：圣殿中使用的七扦枝大烛台；光明节使用的八扦枝大烛台。

门柱圣卷（Mezuzah）：犹太家庭挂于门柱上的《托拉》经文。

米德拉西（Midrash）：讲解《圣经》的布道书。

法定人数（Minyan）：犹太教祈祷会的法定人数，为10个成年犹太人。

密西拿（Mishnah）：根据犹太口传律法编写的法典。

穆汉（Mohel）：割礼执行人。

莫沙夫（Moshav）：以色列小佃农的居民合作点。

纳吉德（Nagid）：中世纪时犹太社会的首领。

拿西（Nasi）：犹太教公会的大法官；犹太王子；犹太人族长希勒尔的后裔。

口传律法（Oral Law）：相对于成典的《托拉》或《圣经》，最早的书面形式见于《密西拿》。

犹太教正统派（Orhodox Judaism）：严格遵守律法的传统犹太教。

犹太区（Pale）：沙皇俄国时期划给犹太人供他们永久居住的25个省。

帕尔玛（Palmah）：哈加纳卫军中的全日制部队。

帕那斯（Parnas）：犹太会堂的主要官员，或指经选举产生的平民领袖。

辩经（Pilpul）：有关《塔木德》的辩论，常常很较真。

皮尤（Piyyut）：用希伯来语写的祈祷诗。

普林节（Purim）：犹太节日，纪念以斯帖皇后拯救波斯犹太人脱离危难。

拉比（Rabbi）：意为"老师"，指宗教导师。

犹太教改革派（Reform Judaism）：犹太教中主张改革律法以适应现代需要的一派。

释疑解答（Responsum）：有关律法问题的解答。

修正派（Revisionist）：从犹太复国主义运动脱离出来的一个派别，由亚博京斯基领导。

岁首节（Rosh Ha-Shanah）：犹太人的新年。

犹太教公会（Sanhedrin）：第二犹太共和国时期由宗教学者组成的最高法院。

乞丐（Schnorrer）：职业乞讨者。

安息日（Shabbat）：犹太节日，从星期五黄昏开始至星期六天黑。

沙巴泰门徒（Shabbetean）：假弥赛亚沙巴泰·泽维的门徒。

职业媒人（Shadchan）：婚姻牵线人，其促成的婚配称"shidduch"。

司事（Shammos）：犹太会堂的司事。

假发（Sheitl）：正统犹太教女子在公众场合戴的假发。

舍金纳（Shekhinah）：原意为"居留"，指上帝的临在。

施玛篇（Shema）：犹太教徒申述信仰的祷文。

外族姑娘（Shiksa）：犹太人对非犹太族的年轻姑娘的称呼。

羊角号（Shofar）：礼拜仪式上使用的号角。

屠宰员（Shohet）：宗教仪式上屠宰牲口的人。

犹太小镇（Shtetl）：位于东欧的犹太小镇。

舒尔汉·阿路赫（Shulhan Arukh）：由约瑟夫·卡罗编纂的著名犹太法典。

西都尔（Siddur）：犹太教所用的祈祷书。

住棚节（Sukkot）：犹太节日，纪念犹太人出埃及时的流浪生活。

披巾（Tallit）：犹太教男子晨祷时用的披巾。

坦拿（Tannaim）：对犹太教口传律法集《密西拿》编注者的称呼。

塔古姆（Targum）：希伯来圣经的阿拉姆文译本。

经文护符匣（Tefillin）：犹太教徒祈祷时系在手臂或前额上的小匣子。

托拉（Torah）：《摩西五经》；犹太律法和教义的总称。

托塞夫塔（Tosefta）：编撰者对《密西拿》的讲解集。

犹太神学院（Yeshivah）：培养拉比的犹太高等学校，其院长称"rosh yeshivah"。

伊休夫（Yishuv）：定居点；以色列建国前的犹太社区。

赎罪日（Yom Kippur）：犹太人的赎罪日。

圣贤（Zaddik）：哈西德派的领袖或圣人。

佐哈尔（Zohar）：又译《光明篇》，犹太教喀巴拉密教文献，是对《摩西五经》的诠注。

注 释

第一章

[1] For a description and plan of the tombs, see L. H. Vincent *et al.*, *Hebron: Le Haram El-Khalil. Sépulture des Patriarches* (Paris 1923); *Encyclopaedia Judaica*, xi 671.

[2] G. L. Strange, *Palestine Under the Moslems* (London 1890), 309ff.

[3] E. Sarna, *Understanding Genesis* (London 1967), 168ff.

[4] Herbert Han, updated by H. D. Hummel, *The Old Testament in Modern Research* (London 1970); R. Grant, *A Short History of the Interpretation of the Bible* (New York 1963).

[5] English translation published Edinburgh 1885; New York 1957.

[6] M. Noth, *The History of Israel* (2nd edn, London 1960); A. Alt, *Essays on Old Testament History and Religion* (New York 1968).

[7] G. Mendenhall and M. Greenberg, 'Method in the Study of Early Hebrew History', in J. Ph. Hyatt (ed.), *The Bible in Modern Scholarship* (Nashville, New York 1964), 15—43.

[8] See W. F. Albright, *Archaeology and the Religion of Israel* (3rd edn, Baltimore 1953)

and *Yahweh and the Gods of Canaan* (London 1968); Kathleen Kenyon, *Archaeology in the Holy Land* (4th edn, London 1979) and *The Bible and Recent Archaeology* (London 1978).

[9] Deuteronomy 4:19.

[10] R. D. Barnett, *Illustrations of Old Testament History* (London 1966), ch. 1, 'The Babylonian Legend of the Flood'.

[11] Genesis 11:31.

[12] L. Woolley et al., *Ur Excavations* (British Museum, London, 1954—); L. Woolley, *The Sumerians* (London 1954).

[13] M. E. L. Mallowan, 'Noah's Flood Reconsidered', *Iraq* 26 (1964).

[14] W. G. Lambert and A. R. Millard, *Atrahasis: The Babylonian Story of the Flood* (London 1970); E. Sollberger, *The Babylonian Legend of the Flood* (3rd edn, London 1971).

[15] *Cambridge Ancient History*, I i (3rd edn 1970), 353ff.

[16] Genesis 9:18.

[17] *Encyclopaedia Judaica*, v 330; Michael Grant, *A History of Ancient Israel* (London 1984), 32.

[18] For a summary of the calculations, see R. K. Harrison, *Introduction to the New Testament* (London 1970).

[19] See Kenyon, *Archaeology of the Holy Land* (London 1960), for the concordance between the Middle Bronze Age tombs outside Jericho and the Cave of Machpelah; Nelson Glueck, 'The Age of Abraham in the Negev', *Biblical Archaeologist* 18 (1955).

[20] A. Parrot, *Mari, une ville perdue* (Paris 1935).

[21] D. H. Gordon, 'Biblical Customs and the Nuzi Tablets', *Biblical Archaeologist* 3

(1940).

[22] P. Matthiae, 'Ebla à l' Époque d'Akkad', *Académie des inscriptions et belles-lettres, compte-rendu* (Paris 1976).

[23] A. Malamat, 'King Lists of the Old Babylonian Period and Biblical Genealogies', *Journal of the American Oriental Society* 88 (1968); 'Northern Canaan and the Mari Texts', in J. A. Sanders (ed.), *Near Eastern Archaeology in the Twentieth Century* (Garden City, NY 1970), 167—177; and 'Mari', *Biblical Archaeologist*, 34 (1971).

[24] Genesis 23:29—34.

[25] Quoted in R. K. Harrison, *Introduction to the Old Testament* (London 1970).

[26] C. H. Gordon, 'Abraham of Ur', in D. Winton Thomas (ed.), *Hebrew and Semitic Studies Presented to G. R. Driver* (Oxford 1962), 77—84; E. A. Speiser, *Genesis, Anchor Bible* (Garden City, NY 1964). See also M. Grunberg, 'Another Look at Rachel's Theft of the Terraphin', *Journal of Biblical Literature* 81 (1962).

[27] Kenyon, *The Bible and Recent Archaeology*, 7—24.

[28] J.-R. Kupper, *Les Nomades de Mésopotamie au temps des rois de Mari* (Paris 1957); I. J. Gelb, 'The Early History of the West Semitic Peoples', *Journal of Cuneiform Studies*, 15 (1961).

[29] E. A. Speiser, 'The Biblical Idea of History in its Common Near Eastern Setting', in Judah Goldin (ed.), *The Jewish Experience* (Yale 1976).

[30] Genesis 26:16.

[31] Genesis 16:12.

[32] J. L. Myers, *The Linguistic and Literary Form of the Book of Ruth* (London 1955); Albright, *Yahweh and the Gods of Canaan*, 1—25; S. Daiches, *The Song of Deborah* (London 1926).

[33] S. W. Baron, *Social and Religious History of the Jews* (2nd edn, New York 1952), i I 44. Grant, *A History of Ancient Israel*, 32ff.

[34] Joshua 24:2.

[35] Isaiah 29:22.

[36] Speiser, *op. cit*.

[37] G. E. Wright, 'How Did Early Israel Differ from Her Neighbours?', *Biblical Archaeology* 6 (1943), Baron, *op. cit*., i I 48.

[38] Genesis 22:2 says 'thine only son Isaac', meaning of course by Sarah.

[39] *Encyclopaedia Judaica*, ii 480—486; Philo, *De Abrahamo*, 177—199, 200—207; Maimonides, *Guide of the Perplexed*, 3:24; Nahmanides, *Works*, ed. C. B. Chavel (London 1959), i 125—126.

[40] *Fear and Trembling* (trans.), Penguin Classics (Harmondsworth 1985).

[41] Ernst Simon in *Conservative Judaism* 12 (Spring 1958).

[42] Genesis 22:14.

[43] *Ibid*., 22:18.

[44] This theme is ingeniously discussed in Dan Jacobson, *The Story of the Stories: The Chosen People and its God* (London 1982).

[45] Abot 6:10 (baraita, Kinyan Torah); quoted in Samuel Belkin, *In His Image: The Jewish Philosophy of Man as Expressed in the Rabbinical Tradition* (London 1961).

[46] Midrash Tehillim 24:3.

[47] Leviticus 25:23; I Chronicles 29:15; Psalms 39:12.

[48] Genesis 15:1—6.

[49] Genesis 17:8.

[50] W.D.Davies, *The Territorial Dimensions of Judaism* (Berkeley 1982), 9—17.

[51] Gerhard von Rad, *The Problem of the Hexateuch and Other Essays* (trans., Edinburgh 1966); J. A. Sanders, *Torah and Canon* (Philadelphia 1972).

[52] In Genesis 32:28 and 35:10.

[53] In Genesis 37:1.

[54] Genesis 29:30; 35:16—18; 48:5—6.

[55] Genesis 25:13—16; 22:20—24; 10:16—30; 36:10—13.

[56] W. F. Albright, 'The Song of Deborah in the Light of Archaeology', *Bulletin of the American School of Oriental Research*, 62 (1936); H. M. Orlinsky, 'The Tribal System of Israel and Related Groups in the Period of Judges', *Oriens Antiquus*, 1 (1962).

[57] O. Eissfeld in *Cambridge Ancient History*, II ii ch. xxxiv, 'The Hebrew Kingdom', 537ff.

[58] Genesis 14:18—20; 17:1; 21:33.

[59] For Shechem, see W. Harrelson, B. W. Anderson and G. E. Wright, 'Shechem, "Navel of the Land"', in *Biblical Archaeologist*, 20 (1957).

[60] Genesis 48:22.

[61] Joshua 8:30—35.

[62] *Cambridge Ancient History*, II ii 314—317.

[63] Baron, *op. cit.*, i I 22.

[64] Genesis 41:39.

[65] *Encyclopaedia Judaica*, x 205.

[66] Exodus 1:11.

[67] *Cambridge Ancient History*, II ii 321—322.

[68] H. H. Ben Sasson (ed.), *A History of the Jewish People* (trans., Harvard 1976), 42ff.

[69]   I Kings 1:6 refers to 'the 480th year after the children of Israel were come out of the land of Egypt, in the fourth year of Solomon's reign over Israel⋯.' Solomon's reign is the first in Israel's history for which we have absolute dating.

[70]   B. Couroyer, 'La résidence Ramesside du Delta et la Rames Biblique', *Revue biblique* 53 (1946).

[71]   Ben Sasson, *op. cit.*, 44; *Cambridge Ancient History*, II ii 322—323.

[72]   Deuteronomy 4:23—24; Exodus 19:4—6.

[73]   Exodus 4:10ff.

[74]   Exodus 18:14—24.

[75]   Sifra 45d; *Encyclopaedia Judaica*, xii 568.

[76]   Eusebius (died c. 359 AD) summarized much of this tradition in his Praeparatio Evangelica, 9:26—27 etc.

[77]   Josephus, *Contra Apion*, 2:154.

[78]   Philo, *Questiones et Solutiones in Gesesin*, 4:152; *De Providentia*, 111.

[79]   Numenius, *Fragments* (ed. E. A. Leemans, 1937), 19, 32.

[80]   Reproduced in Josephus, *Contra Apion*, 1:228ff; Theodore Reinach, *Textes d'auteurs grecs et romains rélatifs au Judaisme* (Paris 1895).

[81]   Marx to Engels, 10 May 1861; 30 July 1862: *Marx-Engels Works*, vol. xxx, 165, 259.

[82]   *Moses and Monotheism* (London 1939).

[83]   Exodus 1:9—10.

[84]   C.J.Gadd, *Ideas of Divine Rule in the Ancient Near East* (London 1948).

[85]   Speiser, *op. cit.*

[86]   Enid B. Mellor (ed.), *The Making of the Old Testament* (Cambridge 1972).

[87]   For examples of codes see James B. Pritchard (ed.), *Ancient Near Eastern Texts*

Relating to the Old Testament (3rd edn, Princeton 1969).

[88] Moshe Greenberg, 'Some Postulates of Biblical Criminal Law', in Goldin, *op. cit.*

[89] Deuteronomy 22:22—23; Leviticus 20:10.

[90] Exodus 21:22ff.

[91] Exodus 21:29; See A. van Selms, 'The Goring Ox in Babylonian and Biblical Law', *Archiv Orientali* 18 (1950).

[92] Deuteronomy 24:16; 5:9; Exodus 20:5. There are, however, examples of the law of talion applying in the Biblical narratives, for example Saul's sons. Joshua 7; II Samuel 21.

[93] Deuteronomy 25:3; E. A. Hoebel: *The Law of Primitive Man* (Harvard 1954); G. R. Driver and J. C. Miles, *The Babylonian Laws*, 2 vols (Oxford 1952); W. Kornfeld, 'L'Adultère dans l'orient antique', *Revue biblique* 57 (1950).

[94] J. J. Stamm and M. E. Andrew, *The Ten Commandments in Recent Research* (New York 1967).

[95] Pritchard, *Ancient Near Eastern Texts*, 35.

[96] G. Mendenhall, *Biblical Archaeology* 17 (1954).

[97] Set out conveniently, with Biblical text references, in *Encyclopaedia Judaica*, v 763—782.

[98] Exodus 21:1 to 22:16; O. Eissfeldt in *Cambridge Ancient History*, II ii ch. xxxiv, 563: see J. P. M. Smith, *The Origin and History of Hebrew Law* (Chicago 1960).

[99] A. van Selms, *Marriage and Family Life in Ugaritic Literature* (New York 1954).

[100] D. R. Mace, *Hebrew Marriage* (New York 1953).

[101] Roland de Vaux, *Ancient Israel: Its Life and Institutions* (trans., New York 1961),

46—47.

[102] J. M. Sasson, 'Circumcision in the Ancient Near East', *Journal of Biblical Literature*, 85 (1966).

[103] Exodus 4:25; Joshua 5:2—3.

[104] Baron, *op. cit.*, i I 6—7.

[105] Ezekiel 20:12.

[106] Leviticus 17:14; Genesis 9:4; Genesis 38:24. See I. M. Price, 'Swine in Old Testament Taboos', *Journal of Biblical Literature* 44(1925).

[107] I Kings 22:11.

[108] II Kings 2:23.

[109] A. H. Godbey, 'Incense and Poison Ordeals in the Ancient Orient', *American Journal of Semitic Languages*, 46 (1929—30).

[110] See examples with references in George Fohrer, *History of Israelite Religion* (trans., London 1973), 233.

[111] Von Rad, *op. cit.*, 'Some Aspects of the Old Testament World View'.

[112] Exodus 34: 13—16.

[113] This was the view of the Mishraic sage Simeon ben Assai; Sifra on Leviticus 19:18.

[114] *Contra Apionem* (Loeb Classic 1951), ii 165.

[115] Berakot 2, 2.

[116] *De Specialibus legibus* (Loeb Classics 1950), iv 237.

[117] Belkin, *op. cit.*, 15—18.

[118] I Corinthians 1:19—20.

[119] For a discussion of the site of Mt Sinai, see *Cambridge Ancient History*, II ii 324ff.

[120] Baron, *op. cit.*, i I 48—49.

[121] *Ibid.*, i I 23.

[122] Cf. W. F. Albright, 'Exploring in Sinai with the University of California Expedition', *Bulletin of the American School of Oriental Research*, 109 (1948).

[123] *Cambridge Ancient History*, II ii 327.

[124] Exodus 17:8—13.

[125] Numbers 27:15—21; Deuteronomy 34:9.

[126] Joshua 6:16—20.

[127] Joshua 6:21, 26; Kathleen Kenyon, *Digging Up Jericho* (London 1957).

[128] Joshua 9:27.

[129] James B. Pritchard, *Gibeon, Where the Sun Stood Still: The Discovery of a Biblical City* (Princeton 1962).

[130] Joshua 10:9—13.

[131] Joshua 11:4—11.

[132] Yigael Yadin, *Hazor: The Rediscovery of a Great City of the Bible* (London 1975).

[133] Joshua 24:13.

[134] W. F. Albright, *From the Stone Age to Christianity* (Baltimore 1946), 194, 212, and *Archaeology and the Religion of Israel* (3rd edn, Baltimore 1953), 3, 102.

[135] Baron, *op. cit.*, II 55.

[136] Judges 4:8.

[137] Judges 3:15—30.

[138] Judges 4:17—21.

[139] Judges 11:1—3.

[140] Judges 11:37.

[141] Judges 16:28.

[142]　See A. van Selms in *Journal of Near Eastern Studies*, 9 (1950).

[143]　Judges 12:5—6.

[144]　I Samuel 21:13—14.

[145]　II Samuel 23:20—21.

[146]　Judges 9.

[147]　Joshua 24:8, 13; Judges 11:17ff.; II Samuel 7:23; Numbers 33:50ff.

[148]　Deuteronomy 9:4ff.; see also 18:9—14, 29:22ff. and Psalms 44:3.

[149]　T. Dothan, 'Archaeological Reflections on the Philistine Problem', *Antiquity and Survival* 2, 2/3 (1957).

[150]　J. A. Montgomery, 'Archival Data in the Book of Kings', *Journal of Biblical Literature*, 53 (1934).

[151]　I Samuel 10:5.

[152]　II Kings 3:15.

[153]　Isaiah 28:7.

[154]　I Samuel 2:19.

[155]　I Samuel 15:22.

[156]　I Samuel 7:16—17.

[157]　I Samuel 10:17; 12:1—25.

[158]　I Samuel 10:25.

[159]　S. Mowinckel, 'General Oriental and Specific Israelite Elements in the Israelite Conception of the Sacral Kingdom', *Numen*, iv (1959).

[160]　I Samuel 8:22.

[161]　I Samuel 5:3.

[162]　I Samuel 14:52.

[163] I Samuel 17:39.

[164] I Samuel 16:18.

[165] *Cambridge Ancient History*, II ii 579—580.

[166] II Samuel 20:1.

[167] Albright, *Archaeology and the Religion of Israel*, 158ff.

[168] II Samuel 5:8.

[169] Kathleen Kenyon, *Royal Cities of the Old Testament* (London 1971)and *Digging Up Jerusalem* (London 1974); *Encyclopaedia Judaica*, ix 1379—1382.

[170] Belkin, *op. cit.*, 117.

[171] I Kings 5:3.

[172] De Vaux, *op. cit.*, 253—265.

[173] I Kings 2:3—4.

[174] II Samuel 18:7.

[175] I Kings 5:13—16.

[176] I Kings 9:15.

[177] Kenyon, *The Bible and Recent Archaeology*, ch. 4, 'Palestine in the Time of David and Solomon', 44—66.

[178] *Cambridge Ancient History*, II ii 589.

[179] Kenyon, *Royal Cities*.

[180] I Kings 4:7—19.

[181] I Kings 11:1.

[182] See Nelson Glueck's findings in the *Bulletin of the American School of Oriental Research* (1938—40); I Kings 9:26.

[183] I Kings 7:1—12.

[184] Kenyon, *Royal Cities*.

[185] Joan Comay, *The Temple of Jerusalem, with the History of the Temple Mount* (London 1975).

[186] Haran, *Temples and Temple Service*, 28f.

[187] Numbers 10:35—36.

[188] De Vaux, *op. cit.*, 305ff.

[189] I Kings 12:4.

[190] I Kings 12:14.

[191] I Kings 22:34—37.

[192] Deuteronomy 27:17.

[193] I Kings 17: 3—4.

[194] I Kings 21:25—26.

[195] II Kings 2:23—24.

[196] Grant, *History of Ancient Israel*, ch. 11, 'Northern Prophets and History', 122—134.

[197] II Kings 10.

[198] I Kings 21:19—20.

[199] Amos 5:21—4.

[200] Amos 7:10—13:

[201] Baba Batra 9a; Shalom Spiegel, 'Amos V. Amaziah', in Goldin, *op. cit.*

[202] II Kings 7:23—24.

[203] For textual analysis of Hosea, see Encyclopaedia Judaica, viii 1010—1025.

[204] Hosea 8:7; 10:13.

[205] Hosea 4:11.

[206] Hosea 5:9; 4:5; 9:7. See Grant, *History of Ancient Israel*, 129ff.

[207] Hosea 6:1—2.

[208] II Kings 11:15—17.

[209] II Chronicles 32:3—5.

[210] Kenyon, *Royal Cities*.

[211] II Kings 19:35; Herodotus, *Histories*, book II:141.

[212] II Kings 18:21.

[213] II Kings 23:21—23.

[214] *Encyclopaedia Judaica*, ix 44—71; O. Eissfeldt, *The Old Testament, an Introduction* (London 1965), 301—330.

[215] Grant, *History of Ancient Israel*, 148—149.

[216] Isaiah 21:11; 22:13; 38:1; 5:8; 3:15.

[217] Isaiah 1:18; 6:3; 2:4; 35:1.

[218] Isaiah 7:14; 11:6; 9:6.

[219] H. H. Rowley, *The Faith of Israel* (London 1953), 122; Isaiah 42:1—4; 49:1—6, etc.

[220] II Kings 3:27; Psalms 89:6—9; Genesis 20:1ff.; 12:10ff.; Exodus 7:8ff.

[221] Isaiah 44:6.

[222] Fohrer, *op. cit.*, 172ff., 324—325, 290; see also N. W. Snaith, 'The Advent of Monotheism in Israel', *Annual of Leeds Univ. Oriental Society*, v (1963—5).

[223] J. P. Hyatt, Jeremiah, *Prophet of Courage and Hope* (New York 1958).

[224] Jeremiah 5:23; 5:31.

[225] Jeremiah 20:14; 15:18; 11:19.

[226] II Kings 24:14ff.

[227] II Kings 25:18ff.

[228] Jeremiah 44:28.

第二章

[1] For Ezekiel, see G. von Rad, *Old Testament Theology* II (1965), 220—237; *Encyclopaedia Judaica*, vi 1078—1098.

[2] Ezekiel 1:3

[3] Ezekiel 37:1—10

[4] Ezekiel 18:1ff

[5] Deuteronomy 6:6—8

[6] Isaiah 40:4; see also 10:33; 14:12; 26:5—6; 29:18; 47:8—9.

[7] I Samuel 2:1—10.

[8] S. W. Baron, *Social and Religious History of the Jews* ((2nd edn, New York 1952), i I 22.

[9] B. Porten, *Archives from Elephantine: The Life of an Ancient Jewish Military Colony* (New York 1968).

[10] W. D. Davies, *The Territorial Dimensions of Judaism* (Berkeley 1982), 70.

[11] For Cyrus' religious beliefs and consequences see W. D. Davies and Louis Finkelstein (eds), *Cambridge History of Judaism* (Cambridge 1984), i 281ff.

[12] Quoted in *ibid.*, 287.

[13] Isaiah 45:1

[14] Ezra 1:1—4

[15] Ezra 4:1ff

[16] *Cambridge History of Judaism*, 70—74, 135—136

[17] Nehemiah 4:18

[18] *Cambridge History of Judaism*, 344

[19] *Ibid.*, 398—400.

[20] Nehemiah 10:28

[21] Judges 8:14

[22] Baron, *op. cit.*, i I, footnote 8, 323.

[23] *Contra Alpionem*, 1:37

[24] R. K. Harrison, *Introduction to the Old Testament* (1970)

[25] Deuteronomy 4:2, also 12:32

[26] I Chronicles 2:5

[27] Sanhedrein 12:10

[28] C. D. Ginsburg, *Introduction to the Maseretico-Critical Edition of the Hebrew Bible* (1966 edn by H. M. Orlinsky); H. B. Swete, *An Introduction to the Old Testament in Greek* (London 1968); F. G. Kenyon, *Our Bible and the Ancient Manuscripts* (London 1965); M. Gaster, *The Samaritans: Their History, Doctrine and Literature* (London 1925); Harrison, *op. cit.*; *Encyclopaedia Judaica*, iv 814—36; V 1396ff.

[29] Joshua 8:29; 4:20

[30] Psalms 3, 5, 6, 7, 9—10, 13, 17, 22, 25—28, 31, 35, 36,38, 39, 41, 42, 43, 51, 52, 54—57, 59, 61, 63, 64, 69, 71, 77, 86, 88, 102, 120, 123, 130, 140—143

[31] Proverbs 22:17 to 23:11

[32] For Job see especially H. H. Rowley, 'The Book of Job and its Meaning', in *From Moses to Qumran: Studies in the Old Testament* (London 1963) and his *Submission in Suffering and Other Essays* (London 1951); Harrison, *op. cit.*; E. F. Sutcliffe,

Providence and Suffering in the Old and New Testaments (London 1955); for the literature on the Book of Job, see C. Kuhl in *Theological Review*, 21(1953).

[33]　Ecclesiasticus 24:3—10

[34]　I Corinthians 1:19—27; see Gerhard von Rad, *Problems of the Hexateuch and Other Essays* (trans., Edinburgh 1966).

[35]　I Maccabees 9:27.

[36]　Zechariah 13:3ff.

[37]　Ecclesiasticus 24:33; Enid B. Mellor (ed.), *The Making of the Old Testament* (Cambridge 1972).

[38]　Roland de Vaux, *Ancient Israel: Its Life and Institutions* (trans.,New York 1961), 343—344; for earliest references, see *Encyclopaedia Judaica*, XV 579—581.

[39]　Ezra 2:64—65; pop. of Jerusalem in Pseudo-Hecateus, quoted by Josephus: *Contra Apionem*, 1:197; *Encyclopaedia Judaica*, xiii 870.

[40]　Daniel 7:7.

[41]　Ecclesiastes 5:8ff.; 6; see Martin Hengel, *Judaism and Hellenism* (trans., 2 vols, London 1974), i 14—31.

[42]　Davies, *op. cit.*, 61; Harrison, *op. cit.*

[43]　Jonah 4:11. See Michael Grant, *A History of Ancient Israel* (London,1984), 194—195.

[44]　Hengel, *op. cit.*, i 65—69; ii 46, notes 59—61.

[45]　*Ibid.*, i 55—57.

[46]　E. Bickermann, *From Ezra to the Last of the Maccabees: The Foundations of Post-Biblical Judaism* (New York 1962); Hengel, *op. cit.*, i 270.

[47]　Jad. 4:6 (first century AD).

[48] Isocrates, *Panegyr*, 4:50; H. C. Baldry, *The Unity of Mankind in Greek Thought* (Cambridge 1966), 69ff.

[49] Sota 49b; quoted Hengel, *op. cit.*, i 76; see also *ibid.*, 300ff.

[50] II Maccabees 4:12—14.

[51] H. H. Ben Sasson (ed.), *A History of the Jewish People* (trans., Harvard 1976), 202ff.

[52] Sukk, 56b.

[53] Ezra 7:26.

[54] II Maccabees 13:3ff.; Josephus, *Antiquities*, 12:384.

[55] I Maccabees 13:45.

[56] I Maccabees 13:51. For details of the crisis, see Ben Sasson, *op.cit.*, 202—216.

[57] Hengel, *op. cit.*, 291ff.

[58] E. Ebner, *Elementary Education in Ancient Israel during the Tannaitic Period* (New York 1956).

[59] Deuteronomy 31:19.

[60] Josephus, *Antiquities*, 13:280.

[61] *Ibid.*, 13:300.

[62] Sanhedrin 19a; Sot. 47a; Kid. 66a.

[63] Josephus, *Antiquities*, 14:380.

[64] For Herod see Stewart Perowne, *The Life and Times of Herod the Great* (London 1956); F. O. Busch, *The Five Herods* (New York 1958).

[65] *Encyclopaedia Judaica*, xiii 871.

[66] Deuteronomy 16:16; Exodus 23:17.

[67] For Herod's Temple, see Joan Comay, *The Temple of Jerusalem, with the History of the Temple Mount* (London 1975); Kathleen Kenyon, *Digging Up Jerusalem* (London

1974); *Encyclopaedia Judaica*, viii 383—385; XV 961ff.

[68] *Antiquities*, 15:380—425, *Wars*, 5:184—247.

[69] Josephus, *Wars*, 4:262; 5:17; *Antiquities*, 16:14.

[70] Josephus, *Wars*, 6:282.

[71] For Greeks and Jews, see Hengel, *op. cit.*, esp. 310ff.; W. W. Tarn and G. T. Griffith, *Hellenist Civilization* (3rd edn, London 1952).

[72] Thanksgiving Psalm from Qumran Cave One; cf. *Encyclopaedia Judaica*, iii 179ff.

[73] Daniel 12:1—2.

[74] Enoch 1—5; 37—71. See H. H. Rowley, *The Relevance of Apocalyptic* (London 1947).

[75] Numbers 25:7—17.

[76] Josephus, *War*, 2:118.

[77] See, for instance, S. G. F. Brandon, *Jesus and the Zealots* (London 1967) and *The Trial of Jesus of Nazareth* (London 1968); W. R. Farmer, *Maccabees, Zealots and Josephus* (London 1956).

[78] A. Dupont-Sommer, *The Jewish Sect of Qumran and the Essenes* (New York 1954); H. A. Butler, *Man and Society in the Qumran Community* (London 1959).

[79] Ben Sasson, *op. cit.*, 253—254; C. F. Kraeling, *John the Baptist* (London 1951).

[80] Isaiah 40:3.

[81] II Samuel 7; 23:1—5; 22:44—51.

[82] For instance, Psalm 18; Amos 9:11—12; Hosea 11:10; Ezekiel 37:15ff.

[83] Acts of the Apostles 5:34—40.

[84] M. Hooker, *Jesus and the Servant* (London 1959).

[85] John Bowker, *Jesus and the Pharisees* (Cambridge 1983), esp. 1—20.

[86] G. F. Moore, *Judaism in the First Centuries of the Christian Era* (London 1927) i 72—82; Bowker, *op. cit.*, 32—33.

[87] Pes. 66a; Suk. 20a; see *Encyclopaedia Judaica*, viii 282—285.

[88] Shab. 31a.

[89] Mark 7:14—15; Bowker, *op. cit.*, 44ff.

[90] E. Bamel (ed.), *The Trial of Jesus* (London 1970), esp. 'The Problem of the Historicity of the Sanhedrin Trial'.

[91] J. Blinzner, 'The Jewish Punishment of Stoning in the New Testament Period', and E. Bammel, 'Crucifixion as a punishment in Palestine', in E. Bammel, *op. cit.*, 147—161 and 162—165.

[92] *Encyclopaedia Judaica*, X 12—13 and bibliography; H. Cohn, *The Death of Jesus* (New York 1971); S. G. F. Brandon, *The Trial of Jesus of Nazareth* (London 1968).

[93] By, for example, E. R. Goodenough, 'Paul and the Hellenization of Christianity', in J. Neusner (ed.), Religions in Antiquity (Leiden 1968), 22—68.

[94] Samuel Sandmel, *Judaism and Christian Beginnings* (Oxford 1978), 308—336.

[95] E. P. Sanders, *Paul and Palestinian Judaism* (London 1977), 555—556.

[96] Mark 14:24—28.

[97] Galatians 3:29; Romans 4:12—25.

[98] Paul to the Colssians, 3:9—11.

[99] Acts of the Apostles, 7:28—60.

[100] Acts 15:5ff.; Galatians 2:6—9.

[101] J. N. Sevenster, *The Roots of Pagan Anti-Semitism in the Ancient World* (Leiden 1975), 89ff.

[102] Quoted in *ibid.*, 90.

[103]　*Cotra Apionem*, 1:71

[104]　Diodorus, Bibliotheca, 34:1, 1ff.; quoted in *Encyclopaedia Judaica*, iii 87ff.

[105]　Wisdom of Solomon 12:3—11.

[106]　Sevenster, *op. cit.*, 8—11.

[107]　Josephus, *Antiquities*, 14:187, 190ff.

[108]　*Ibid.*, 19:286ff.

[109]　Quoted in *Encyclopaedia Judaica*, iii 90.

[110]　Tacitus, *Histories*, 5:13.

[111]　Ben Sasson, *op. cit.*, 296ff.

[112]　Shaye J. D. Cohen, *Josephus in Galilee and Rome: His Vita and Development as a Historian* (Leiden 1979), appendix 1, 243ff.; 253ff.

[113]　Listed in *ibid.*, 3—23.

[114]　*Ibid.*, 238—241.

[115]　*Ibid.*, 181.

[116]　For analysis of Josephus' account, see *ibid.*, 230ff.

[117]　Josephus, *Wars*, 2:408, 433.

[118]　Yigael Yadin, *Masada: Herod's Fortress and the Zealots' Last Stand* (London 1966).

[119]　For Tacitus' anti-Semitism, see *Histories*, 5:1—13; *Annals*, 15:44; see also Juvenal's poem, *Saturae*, 14:96ff.

[120]　Cassius Dio, *Roman History*, book 69.

[121]　Eusebius, *Ecclesiastical History*, 4:6, 2; Numbers 24:17.

[122]　Jerusalem Talmud, Ta'an 4:7, 68d; quoted *Encyclopaedia Judaica*, ii 488—492.

[123]　For Akiva see L. Finkelstein, *Akiva, Scholar, Saint and Martyr* (New York, 1962 edn).

On the question of his joining the revolt see Chaim Raphael, *A Coat of Many Colours* (London, 1979), 190—198.

[124] Ta'an 4:68d; *Encyclopaedia Judaica*, vi 603.

[125] Yigael Yadin, *Finds from the Bar Kokhba Period in the Cave Letters* (New York 1963).

[126] Cassius Dio, *Roman History*, book 69.

[127] Quoted in Comay, *op. cit.*; Kenyon, *Digging Up Jerusalem*.

[128] S. G. Wilson, *Luke and the Law* (Cambridge 1983), 103—106.

[129] S. G. F. Brandon, *The Fall of Jerusalem and the Christian Church* (2nd edn, London 1957).

[130] Barnabas Lindars, *Jesus Son of Man: A Fresh Examination of the Son of Man Sayings in the Gospels in the Light of Recent Research of Judaism* (London 1983).

[131] See, for instance, Geza Vermes, *Jesus and the World of Judaism* (London 1984).

[132] Franz Mussner, *Tractate on the Jews: The Significance of Judaism for Christian Faith* (trans., Philadelphia 1984), 180ff.

[133] 4 Q Fl 1:8, quoted in Mussner, *ibid.*, 185; John 8:37—44.

[134] Matthew 27:24ff.

[135] E. Hennecke and W. Schneemelcher, *New Testament Apocrypha* (Philadelphia 1965), 1:179ff.

[136] Ecclesiasticus 36:7.

[137] Wayne A. Meeks, *The First Urban Christians* (Yale 1984).

[138] Philo's *Complete Works*, ed. and trans. F. H. Colson and G. H. Whitaker, are in 12 vols (Cambridge 1953—63); E. R. Goodenough, *Introduction to Philo Judaeus* (London 2nd edn 1962).

[139] Aboth Derabbi Nathan B, 31.

[140] G. Bader, *Jewish Spiritual Heroes* (New York 1940), i 411—436.

[141] Rachel Wischnitzen, *The Messianic Theme in the Paintings of the Dura Synagogue* (Chicago 1948).

[142] C. Hollis and Ronald Brownrigg, *Holy Places* (London 1969); Moshe Perelman and Yaacov Yanni, *Historical Sites in Israel* (London 1964).

[143] For the full list of subjects covered, see *Encyclopaedia Judaica*, XV 751.

[144] *Ibid.*, 1283—1285.

[145] Leviticus Rabbah 34,3; Philo, Leg. All. 3:69; De Pot. 19—20; Taanit 11a; Yer. Nedarim 9,1 (41b); quoted in Samuel Belkin, *In His Image: The Jewish Philosophy of Man as Expressed in the Rabbinical Tradition* (London 1961).

[146] Sanhedrin 4,5

[147] Hilkot Rozeah 1, 4.

[148] Sifra on Leviticus 22:6; Mekilta on Exodus 22:6; quoted in Belkin, *op. cit.*

[149] Deuteronomy 17:15; Philo, Spec. Leg., 4:157, quoted in Belkin, *op. cit.*

[150] Abot 4, 8.

[151] Berakot 55a.

[152] Yer. Shabbat 3d.

[153] Horayot 3, 7—8, quoted in Belkin, *op. cit.*

[154] Baba Kamma 8, 1.

[155] Baba Bathra 2b; Baba Metziah 108b; Baba Bathra 6b, 21a. Quoted in Belkin, *op. cit.*

[156] Belkin, *op. cit.*, 134ff.

[157] Philo, *De Sacr.* Ab., 121—125.

[158] Proverbs 3:17.

[159] Psalms 29:11; Tractatus Uksin 3:12; quoted in Meyer Waxman, *Judaism, Religion and Ethics* (New York 1958).

[160] Isaiah 52:7.

[161] Quoted in Waxman, *op. cit.*, 187—190.

[162] Contra Apionem, ii 177—178.

[163] Kiddushim 71a.

[164] Ben Sasson, *op. cit.*, 373—382.

[165] F. Holmes Duddon, *The Life and Times of St Ambrose*, 2 vols (Oxford 1935).

[166] Charles C. Torrey, *The Jewish Foundation of Islam* (Yale, new edn 1967).

第三章

[1] A. Adler (ed.), *The Itinerary of Benjamin of Tudela* (London 1840—1, reprinted New York 1927).

[2] Andrew Sharf, *Byzantine Jewry from Justinian to the Fourth Crusade* (London 1971), 21.

[3] Ibid., 25—26.

[4] Quoted in *ibid.*, 136.

[5] Cecil Roth, *Personalities and Events in Jewish History* (Philadelphia 1961), 'The Jew as European'.

[6] *Ibid.*, 40—44.

[7] Irving A. Agus, *Urban Civilization in Pre-Crusade Europe*, 2 vols (Leiden 1965), i 9.

[8] Fritz M. Heichelheim, *An Ancient Economic History*, 2 vols (trans., Leiden 1965), i 104—156.

[9] For example, I Samuel 22:2; II Kings 4:1; Isaiah 50:1; Ezekiel 22:12;Nehemiah 5:7; 12:13.

[10] BM 5:11, 75b; Yad, Malveh 4:2; BM 5:2; BM 64b; BM 5:10, 75b; Tosef, BM 6:17.

[11] BM 65a, 68b, 104b, 61b; Tosef, BM 5:22, 5:23; Sanh.:3; BM 61b, 71a etc. *Encyclopaedia Judaica*, xii 244—256; xvi 27—33.

[12] Philo, De Virtutibus, 82.

[13] Mekhilta of R. Ishmael on Exodus 22:25; Mak, 24a; BM 70b.

[14] Tos. to BM 70b.

[15] Responsa Maharik 118, 132.

[16] Bat Ye'or, *The Dhimmi: Jews and Christians Under Islam* (London 1985) 45—55.

[17] S. Katz, *The Jews in the Visigothic Kingdoms of Spain and Gaul* (Cambridge 1937).

[18] Proverbs 8:22ff.; Ecclesiastes 1:1—5, 26; 15:1; 24:1ff.; 34:8.

[19] Avot 3:14; Lev. R. 19:1; ARN 31:91; II Moses 2; 14, 51.

[20] Proverbs 8:14.

[21] Sifre, Deuteronomy 41; Ex. Rabbah 30, 10; Tanhumah, Mishpatim 2; Philo, *Spec. Leg.*, iii 1—7. Quoted in Samuel Belkin, *In His Image: The Jewish Philosophy of Man as Expressed in the Rabbinical Tradition* (London 1961). E. R. Goodenough: *The Politics of Philo Judaeus* (Yale 1938), 16ff.

[22] S. D. Goitein, *A Mediterranean Society* (California 1971), ii The Community, 205—206.

[23] *Ibid.*, 198—199.

[24] Quoted in Mark R. Cohen, *Jewish Self-Government in Medieval Egypt* (Princeton 1980), 7—9.

[25] *Ibid.*, 94ff.

[26] Goitein, *op. cit.*, iii The Family, 3—5.

[27] *Ibid.*, i 1—28, and S. D. Goitein, *Studies in Islamic History* (Leiden 1966), 279—295; *Encyclopaedia Judaica*, vii 404—407; xiv 948—949.

[28] S. D. Goitein, *Letters of Medieval Jewish Traders* (Princeton 1973), 227—229.

[29] Genesis 37:35; letter quoted in Goitein, *Letters of Medieval Jewish Traders*, 207.

[30] 'Moses Maimonides', in Alexander Marx, *Studies in Jewish History and Booklore* (New York 1969), 42.

[31] Quoted Marx, *ibid.* 38.

[32] *Ibid.*, 31.

[33] *Ibid.*, 32—33.

[34] Goodenough, *op. cit.*, 8—19.

[35] 'Maimonides and the Scholars of Southern France', in *ibid.*, 48—62.

[36] Arthur Hyman, 'Maimonides' Thirteen Principles', in Alexander Altmann (ed.), *Jewish Medieval and Renaissance Studies* (Harvard 1967), 119—144.

[37] Erwin I. J. Rosenthal, 'Maimonides' Conception of State and Society', in *Studia Semitica*, 2 vols (Cambridge 1971), i 275ff.

[38] *Guide of the Perplexed*, 3:27; Hyman, *op. cit.*

[39] Cecil Roth, 'The People and the Book', in *Personalities and Events in Jewish History*, 172ff.

[40] Isadore Twersky, 'Some Non-Halakhic Aspects of the Mishneh Torah', in Altmann, *op. cit.*, 95—118.

[41] Marx, *op. cit.*, 38—41.

[42] Guide of the Perplexed, 2:45; Alexander Altmann, 'Maimonides and Thomas Aquinas: Natural of Divine Prophecy', in *Essays in Jewish Intellectual History*

[43] Ecclesiastes 7:24.

[44] 'Free Will and Predestination in Saadia, Bahya and Maimonides', in Altmann, *op. cit.*

[45] Quoted in H. H. Ben Sasson (ed.), *A History of the Jewish People* (trans., Harvard 1976), 545.

[46] Shir Hasherim Rabbah 2:14; quoted in *ibid.*

[47] Quoted in Beryl Smalley, *The Study of the Bible in the Middle Ages* (Oxford 1952), 78.

[48] Norman Golb, 'Aspects of the Historical Background of Jewish Life in Medieval Egypt', in Altmann, *op. cit.*, 1—18.

[49] Samuel Rosenblatt (ed.), *The Highways to Perfection of Abraham Maimonides* (New York 1927), i Introduction.

[50] S. D. Goitein, 'Abraham Maimonides and his Pietist Circle', in Altmann, *op. cit.*, 145—164.

[51] Some scholars think Philo himself was a mystic and dealer in symbols. Cf. E. R. Goodenough, *Jewish Symbols in the Graeco-Roman Period*, 12 vols (New York, 1953—68).

[52] For kabbalah, see G. Scholem's article in the *Encyclopaedia Judaica*, X 489—653, and his *Major Trends in Jewish Mysticism* (New York 1965).

[53] 'Moses Narboni's "Epistle on Shi'ur Qoma"', in Altmann, *op. cit.*, 228—231; G. Scholem, *Jewish Gnosticism, Merkabah Mysticism and Talmudic Tradition* (2nd edn, New York 1965), 36—42.

[54] R. Kaiser, *Life and Times of Jehudah Halevi* (New York 1949).

[55] Goitein, *A Mediterranean Society*, ii The Community, 241—245; 255—264.

[56] *Ibid.*, iii The Family, 17—35.

[57] *Ibid.*, 46.

[58] Meyer Waxman, *Judaism: Religion and Ethics* (New York 1958), 'Marriage', 113ff.

[59] Goitein, *A Mediterranean Society*, iii 209—211.

[60] Waxman, *op. cit.*, 118 footnote.

[61] Goitein, *A Mediterranean Society*, iii 50.

[62] Malachi 2:16.

[63] Goitein, *A Mediterranean Society*, iii 260ff.

[64] Yevamot, 14, 1.

[65] Goitein, *A Mediterranean Society*, iii 352.

[66] *Ibid.*, ii 211.

[67] *Ibid.*, 148—160.

[68] Waxman, *op. cit.*, 32—36.

[69] *Ibid.*, 108ff.; Goitein, *A Mediterranean Society*, ii 225.

[70] Waxman, *op. cit.*, 112.

[71] Mattenot Aniyim 9:3; quoted in Israel S. Chipkin, 'Judaism and Social Welfare', in Louis Finkelstein (ed.), *The Jews*, 2 vols (London 1961), i 1043—1076.

[72] Baba Batra 8a.

[73] Quoted in Goitein, *A Mediterranean Society*, ii 142.

[74] Baba Batra 110a; Pesahim 113a; quoted in Chipkin, op. cit., 1067.

[75] Goitein, *A Mediterranean Society*, ii 138—142, and appendices A, B, C.

[76] *Ibid.*, ii 287.

[77] *Ibid.*, ii 279.

[78]   B. Blumenkranz, *Juifs et Chrétiens dans le monde occidental* 430—1096 (Paris 1960).

[79]   Quoted in Cecil Roth, 'The Medieval Conception of "The Unbelieving Jew"', in *Personalities and Events*.

[80]   A. M. Haberman (ed.), *Massacres of Germany and France* (Jerusalem 1946).

[81]   *Ibid.*, 94; quoted in Ben-Sasson, *op. cit.*

[82]   Cecil Roth, *The Jews of Medieval Oxford* (Oxford 1951), 83.

[83]   Nikolaus Pevsner and John Harris, *The Buildings of England: Lincolnshire* (Harmondsworth 1964), 158—159.

[84]   V. D. Lipman, *The Jews of Medieval Norwich* (London 1967).

[85]   Cecil Roth, *Intellectual Activities of Medieval English Jewry* (British Academy, London 1949), 65, gives list of doctors.

[86]   Lipman, *op. cit.*, ch. 6, 95—112.

[87]   Augustus Jessop and M. R. James (eds), *The Life and Miracles of St William of Norwich by Thomas of Monmouth* (Cambridge 1896).

[88]   Lipman, *op. cit.*, 54.

[89]   Roth, *Personalities and Events*, 62—66, and his *The Ritual Murder Libel and the Jews* (London 1935); see also G. I. Langmuir, *Speculum* (1972), 459—482.

[90]   Ralph de Diceto, Imagines Historiarum, ii 78, quoted in Lipman, *op. cit.*

[91]   Roth, *Personalities and Events*, 61—62.

[92]   Lipman, *op. cit.*, 59—64.

[93]   Roth's book on ritual murder prints the refutation by Pope Clement XIV in 1759.

[94]   Richard W. Emery, *The Jews of Perpignan* (New York 1959), ch.4.

[95]   M. D. Davis, Shetaroth: *Hebrew Deeds of English Jews Before 1290* (London 1888), 298ff, quoted in Lipman, *op. cit.*, 88; Lipman prints a number of debtbonds and quit-

deeds, 187ff.

[96] Quoted in Lipman, *op. cit.*

[97] *Ibid.*, 68.

[98] H. G. Richardson, *English Jewry under the Angevin Kings* (London 1960), 247—253; 127—173.

[99] J. W. F. Hill, *Medieval Lincoln* (London 1948), 217—222.

[100] Richardson, *op. cit.*, 184—186: M. Adler, *Jews of Medieval England* (London 1939).

[101] *Ibid.*, 313—333.

[102] Solomon Grayzel, *The Church and the Jews in the Thirteenth Century* (New York, new edn 1966), 108.

[103] 'The People and the Book', in Cecil Roth, *Personalities and Events*, 174—175.

[104] 'The Medieval University and the Jew', in *ibid.*, 91ff.

[105] Translated, 1933, *My Life as German and Jew*.

[106] Jeremy Cohen, *The Friars and the Jews: The Evolution of Medieval Anti-Semitism* (Cornell 1982), 14.

[107] *Ibid.*, 242.

[108] Pierre Mandonnet, *St Dominic and His Work* (trans., St Louis 1944), 61.

[109] Cohen, *op. cit.*, 13.

[110] A. G. Little, 'Friar Henry of Wadstone and the Jews', *Collecteana franciscana* 11 (Manchester 1922), 150—157; quoted in Cohen, *op. cit.*

[111] Quoted in Ben Sasson, op. cit.

[112] *Encyclopaedia Judaica*, iv 1063—1068; P. Ziegler, *The Black Death* (London 1969).

[113] See map in *Encyclopaedia Judaica*, iv 1066, for towns where atrocities occurred.

[114] Hyam Maccoby (ed. and trans.), *Judaism on Trial: Jewish-Christian Disputations in*

the Middle Ages (New Jersey 1982).

[115] Quoted in Grayzel, *op. cit.*, 241, note 96.

[116] Quoted in Maccoby, *op. cit.*, 32.

[117] *Ibid.*, 25ff.

[118] Quoted in Ben Sasson, *op. cit.*, 557—558.

[119] Maccoby, *op. cit.*, 54.

[120] Cecil Roth, 'The Disputation at Barcelona', *Harvard Theological Review*, xliii (1950).

[121] Martin A. Cohen, 'Reflections on the Text and Context of the Disputation at Barcelona', *Hebrew Union College Annual* (1964); Y. Baer, *A History of the Jews in Christian Spain*, 2 vols (trans., Philadelphia 1961—6), i 150—162.

[122] Maccoby, *op. cit.*, 50.

[123] Quoted in Gershom Scholem, Sabbatai Sevi: *The Mystical Messiah* 1626—76 (trans., London 1973), 12.

[124] Peter Lineham, *Spanish Church and Society* (London 1983).

[125] M. M. Gorce, *St Vincent Ferrer* (Paris 1935).

[126] For Tortosa, see Maccoby, *op. cit.*; A. Pacios Lopez, *La Disputa de Tortosa*, 2 vols (Madrid 1957).

[127] Quoted in Maccoby, *op. cit.*, 84.

[128] *Ibid.*, 86.

[129] A. Farinelli, *Marrano: storia di un vituperio* (Milan 1925), 36.

[130] Quoted in Haim Beinart, *Conversos on Trial: The Inquisition in Ciudad Real* (Jerusalem 1981), 3.

[131] Quoted in *Ibid.*, 3, footnote 4.

[132] Quoted in *ibid.*, 6.

[133] Baer, *op. cit.*, ii 292.

[134] Quoted in Beinart, *op. cit.*, 66.

[135] *Ibid.*, 10—19.

[136] *Ibid.*, 34, footnote 40; H. C. Lea, *A History of the Inquisition in Spain*, 4 vols (New York 1906—7), vol. i for origins.

[137] For detailed figures see Elkan Nathan Adler, *Auto da Fé and Jew* (Oxford 1908), esp. ch. viii, 39ff.

[138] Beinart, *op. cit.*, 36—42.

[139] Lea, *op. cit.*, i 178.

[140] G. A. Bergenroth (ed.), *Calendar of Letters···from Simancas* (London 1861), i Henry VII, xxxivff.; quoted in Beinart, *op. cit.*, 28.

[141] Quoted in Baer, *op. cit.*, ii 382.

[142] Beinart, *op. cit.*, 130—135; 204—231. See also his *Records of the Trials of the Spanish Inquisition in Ciudad Real*, 3 vols (Jerusalem 1974—80).

[143] Lea, *op. cit.*, iii 83ff.

[144] Beinart, *op. cit.*, 194.

[145] For distinctions see H. J. Zimmels, *Askenazim and Sephardim* (New York 1958).

[146] M. Kaiserling, *Christopher Columbus and the Participation of the Jews in the Portuguese and Spanish Discoveries* (London 1907); Cecil Roth, 'Who Was Columbus?', in *Personalities and Events*, 192ff.

[147] Cecil Roth, 'The Jewish Ancestry of Michel de Montaigne', in *Personalities and Events*, 212ff., prints his family tree on p. 324. See also Chaim Raphael, 'The Sephardi Diaspora' in *The Road from Babylon: The Story of Sephardi and Oriental*

Jews (London 1985), 127—158.

[148] Leon Poliakov, *Les Banquiers juifs et le Saint Siège du xiii au xvii siècles* (Paris 1965), 80—84, 147—156.

[149] Isaiah Shachar, *The Judensau: A Medieval Anti-Jewish Motif and its History* (London 1974).

[150] H. C. J. Duijker and N. H. Frijda, *National Character and National Stereotypes* (Amsterdam 1960); see also H. Fiscg, *The Dual Image* (New York 1971).

第四章

[1] G. K. Anderson, *The Legend of the Wandering Jew* (London 1965); S. W. Baron, *Social and Religious History of the Jews* (2nd edn, New York, 1952), 11 177—182; *Encyclopaedia Judaica*, xvi 259—263.

[2] Quoted in Lionel Kochan, *The Jew and his History* (London 1977), 39; see also Arthur A. Cohen, *The Natural and Supernatural Jew* (London 1967), 12ff.

[3] *Encyclopaedia Judaica*, viii 1203—1205.

[4] Cecil Roth, *Jewish Communities: Venice* (Philadelphia 1930), 49ff.

[5] Cecil Roth, 'The Origin of the Ghetto', in *Personalities and Events in Jewish History* (Philadelphia 1961), 226ff.

[6] Roth, Venice, 106—107.

[7] *Ibid.*, 46.

[8] Simhah Luzzatto, *Essay on the Jews of Venice* (trans., Jerusalem 1950), 122—123.

[9] Esther 2:3.

[10] Quoted in H. H. Ben Sasson (ed.), *A History of the Jewish People* (trans., Harvard

1976), 691.

[11] J. Bloch, *Venetian Printers of Hebrew Books* (London 1932), 5—16; *Encyclopaedia Judaica*, v 197; xvi 101; iv 1195—1197.

[12] Quoted in Cecil Roth, 'The Background of Shylock', in *Personalities and Events*, 237ff.

[13] Quoted in *ibid*., 250.

[14] *Ibid*., 288—289.

[15] Israel Adler, 'The Rise of Art Music in the Italian Ghetto', in Alexander Altmann (ed.), *Jewish Medieval and Renaissance Studies* (Harvard 1967), 321—364.

[16] Roth, *Personalities and Events*, 1—3.

[17] Alexander Marx, 'A Jewish Cause Celebre in Sixteenth Century Italy', *Studies in Jewish History and Booklore* (New York 1969), 107—154.

[18] Cecil Roth, 'The Amazing Abraham Colorni', in *Personalities and Events*, 296ff.

[19] Cecil Roth, 'A Community of Slaves', in *Personalities and Events*, 112ff.

[20] Quoted in *ibid*., 114—115.

[21] W. L. Gundersheimer, "Erasmus, Humanism and the Christian Kabbalah', *Journal of the Warburg and Courtauld Institute*, 26 (1963), 38—52.

[22] Quoted in Jonathan I. Israel, *European Jewry in the Age of Mercantilism* (Oxford 1985), 15.

[23] Cf. W. Linden (ed.), *Luther's Kampfschriften gegen das Judentum* (Berlin 1936).

[24] Baron, *op. cit*., xiii 281—290.

[25] Israel, *op. cit*., 13.

[26] *Ibid*., 16.

[27] K. R. Stow, *Catholic Thought and Papal Jewry Policy* 1555—1593 (New York,1977).

[28] Brian Pulhan, *The Jews of Europe and the Inquisition of Venice 1550—1670* (Oxford 1983), ch. 2.

[29] *Ibid.*, 21.

[30] See, for instance, H. R. Trevor-Roper, *Religion, the Reformation and Social Change* (London 1967).

[31] Manasseh ben Israel, 'The Hope of Israel' (London 1652), printed in Lucien Wolf (ed.), *Manasseh ben Israel's Mission to Oliver Cromwell* (London 1901), 50—51.

[32] Quoted in Ben Sasson, *op. cit.*, 391.

[33] Quoted in *Encyclopaedia Judaica*, xii 244—256.

[34] Deuteronomy 7:13.

[35] Deuteronomy 15:6.

[36] Psalms 34:10.

[37] Quoted in Werner Sombart, *The Jews and Modern Capitalism* (trans., London 1913), 36.

[38] Ben Sasson, *op. cit.*, 670—679.

[39] Israel, *op. cit.*, 27—30.

[40] Erhard Oestreich, *Neostoicism and the Early Modern State* (Cambridge 1982), 45—56; Israel, *op. cit.*, 38.

[41] Roth, *Venice*, 305—306; Benjamin Ravid, *Economics and Toleration in Seventeenth Century Venice* (Jerusalem 1978), 30—33; Israel, *op. cit.*, 47—48.

[42] H. I. Bloom, *The Economic Activities of the Jews of Amsterdam in the Seventeenth and Eighteenth Centuries* (London 1937).

[43] O. Muneles, *The Prague Ghetto in the Renaissance Period* (London 1965).

[44] Israel, *op. cit.*, 96; 88—90; 102ff.; 117.

[45] S. Stern, *Court Jew* (London 1950).

[46] For Oppenheimer see Israel, *op. cit.*, 123ff.; Stern, *op. cit.*; M. Grunwald, *Samuel Oppenheimer und sein Kreis* (Frankfurt 1913); *Encyclopaedia Judaica*, xii 1431—1433.

[47] Quoted in *Encyclopaedia Judaica*, iii 402—405.

[48] Israel, *op. cit.*, 121.

[49] B. D. Weinryb, *The Jews of Poland: A Social and Economic History of the Jewish Community in Poland from 1100 to 1880* (Philadelphia 1972), 192—199; *Encyclopaedia Judaica*, v 480—484.

[50] See Gerhard Scholem, 'Zohar: Manuscripts and Editions', *Encyclopaedia Judaica*, xvi 211—212.

[51] For Luria see Gerhard Scholem, *Major Trends in Jewish Mysticism* (New York 1965), 244—286, 405—415; and *Sabbatai Sevi: The Mystical Messiah 1626—76* (trans., London 1973), 28—44.

[52] Quoted in Scholem, *Sabbatai Sevi*, 18.

[53] For Reubeni and Molcho, see Roth, *Venice*, 72ff.

[54] R. J. Z. Werblowski, *Joseph Cro, Lawyer and Mystic* (Oxford 1962).

[55] Quoted in H. H. Ben Sasson, 'Messianic Movements', *Encyclopaedia Judaica*, xi 1426.

[56] Isaiah 28:15—18; 34:14; Habakkuk 3:5; Chronicles 21:1; Leviticus 16:8. J. Trachtenberg, *The Devial and the Jews* (Philadelphia 1943).

[57] J. Trachtenberg, *Jewish Magic and Superstition* (New York, 1939).

[58] Psalms 139: 14—16.

[59] Roth, *Personalities and Events*, 78ff.

[60]　Quoted by Ben Sasson, *Encyclopaedia Judaica*, xi 1425—1426.

[61]　Scholem, *Sabbatai Sevi*, 3ff.

[62]　Quoted in *ibid*.

[63]　Quoted in Scholem, *Encyclopaedia Judaica*, xiv 1235.

[64]　Cecil Roth, *Essays and Portraits in Anglo-Jewish History* (London 1962), 139—64; *Encyclopaedia Judaica* vi 1159—1160.

[65]　For his life see Cecil Roth, *Life of Manasseh ben Israel* (London 1934).

[66]　'Jewish Physicians in Medieval England', Roth, *Essays and Portraits*, 46—51; Lucien Wolf, *The Middle Ages of Anglo-Jewish History* 1290—1656 (London 1888).

[67]　P. M. Handover, *The Second Cecil* (London 1959), ch. xiii, 'The Vile Jew'.

[68]　Cecil Roth, 'Philosemitism in England', *Essays and Portraits*. 10—21.

[69]　For this episode see Cecil Roth, 'The Mystery of the Resettlement', *in Essays and Portraits*, 86—107.

[70]　Joseph J. Blau and S. W. Baron, *The Jews in the United States 1790—1840: A Documentary History*, 3 vols (New York 1963), i, Introduction, xviiiff.

[71]　Quoted in *ibid*., xxi.

[72]　*Ibid*., xxixff.

[73]　Quoted in Israel, *op. cit*., 134.

[74]　*Ibid*., 129.

[75]　Quoted in *ibid*.

[76]　*Ibid*., 130; O. K. Rabinowicz, *Sir Solomon de Medina* (London 1974).

[77]　For the Salvadors, J. Picciotto, *Sketches of Anglo-Jewish History* (London 1956), 109—115, 153—156; for Gideon, A. M. Hyamson, *Sephardim of England* (London 1951), 128—133.

[78] The book is translated as *The Jews and Modern Capitalism* (London 1913).

[79] Alexander Marx, *Studies in Jewish History and Booklore* (New York 1969), 'Some Jewish Book Collectors', 198—237.

[80] Commentary to Mishnah Sanhedrin, x 1, quoted in Kochan, *op. cit.*, 20.

[81] *Ibid.*, 55—57; M. A. Meyer (ed.), *Ideas of Jewish History* (New York 1974), 117ff.; S. W. Baron, 'Azariah dei Rossi's Historical Method', *History and Jewish Historians* (Philadelphia 1964), 205—239.

[82] Byron L. Sherwin, *Mystical Theology and Social Dessent: The Life and Works of Judah Loew of Prague* (New York 1983).

[83] For the biography, see R. Kayser, *Spinoza: Portrait of a Spiritual Hero* (New York 1968); R. Willies (ed.), *Benedict de Spinoza: Life, Correspondence and Ethics* (London 1870).

[84] Text from Willies, *op. cit.*, 34—35, and *Encyclopaedia Judaica*, xv 275—284.

[85] Willies, *op. cit.*, 35.

[86] Quoted in *ibid.*, 72.

[87] L. Strauss, *Spinoza's Critique of Religion* (trans., New York 1965).

[88] For documents, see *Chronicon Spinozanum*, 3 vols (Leiden 1921—3), i 278—282.

[89] Jonathan Bennet, *A Study of Spinoza's Ethics* (Cambridge 1984), 32ff.

[90] Quoted in *ibid.*, 34.

[91] For an appreciation of Spinoza's thought see Bertrand Russell, *History of Western Philosophy* (London 1946), book iii, part 1, ch. 10.

[92] Deuteronomy 21:18—20; Sanhedrin 8, 5; 71a; Yebamoth 12, 1—2; quoted by Samuel Belkin, *In His Image: The Jewish Philosophy of Man as Expressed in the Rabbinical Tradition* (London 1961).

[93] J. R. Mintz, *In Praise of Ba' al Shem Tov* (New York 1970); *Encyclopaedia Judaica*, ix 1049ff.; Martin Buber, *Origins and Meaning of Hasidism* (London 1960).

[94] R. Schatz, 'Contemplative Prayers in Hasidism', in Studies in *Mysticism and Religion Presented to Gershom G. Scholem* (Jerusalem 1967), 209ff.

[95] Quoted in *ibid.*, 213.

[96] *Ibid.*, 216.

[97] L. Ginzburg, *The Gaon, Rabbi Elijah* (London 1920).

[98] Quoted in *Encyclopaedia Judaica*, vi 653.

[99] Arthur A. Cohen, *The Natural and Supernatural Jew* (London 1967), 20ff.

[100] Quoted in *ibid.*, 24.

[101] Isaac Eisenstein Barzilay, 'The Background of the Berlin Haskalah', in Joseph L. Blaud *et al.* (eds): *Essays on Jewish Life and Thought* (New York 1959).

[102] Quoted in Cohen, *op. cit.*

[103] Alexander Altmann, *Essays in Jewish Intellectual History* (Brandeis 1981), and *Moses Me$$$delssohn: A Biographical Study* (University of Alabama 1973).

[104] Quoted in Altmann, *Essays*.

[105] Cohen, *op. cit.*, 27—29.

[106] Quoted in *Encylopaedia Judaica*, vi 153.

[107] Blau and Baron, *op. cit.*, xxii-xxiii.

[108] Roth, *Personalities and Events*, 256—270.

[109] See B. C. Kaganoff, *A Dictionary of Jewish Names and their History* (London 1977).

[110] Herzberg, *The French Enlightenment and the Jews* (New York 1968).

[111] Z, Sjakowski, *Jews and the French Revolutions of 1789, 1830 and 1848* (New York 1970).

[112] Quoted in Cecil Roth, 'Lord Geroge Gordon's Conversation to Judaism', in *Essays and Portraits*, 193—194.

[113] Quoted in *ibid.*, 205.

[114] Cecil Roth, *A History of the Great Synagogue* (London 1950), 214ff.

[115] Quoted in *Encyclopaedia Judaica*, viii 1390—1432.

[116] Quoted in Ben Sasson, *History of the Jewish People*, 745; see Herzberg, *op. cit.*

[117] Quoted in Ben Sasson, *History of the Jewish People*.

[118] See R. Anchel, *Napoléon et les Juifs* (Paris 1928).

[119] F. Pietri, *Napoléon et les Israelites* ((Paris 1965), 84—115.

第五章

[1] Quoted in M. C. N. Salbstein, *The Emancipation of the Jews in Britain* (New Jersey 1982), 98.

[2] Quoted in W. F. Moneypenny, *Life of Benjamin Disraeli*, 6 vols (London 1910), i 22.

[3] Emile Marmorstein, *Heaven at Bay: The Jewish Kulturkampf in the Holy Land* (Oxford 1969), 32.

[4] Quoted in H. H. Ben Sasson (ed.), *A History of the Jewish People* (trans., Harvard 1976), 826.

[5] *Erstlingswerk* (Leipzig 1894), 233; quoted in Marmorstein, *op. cit.*

[6] The best is Bertrand Gille, *Histoire de la Maison Rothschild*, 2 vols (Geneva 1965—7).

[7] Quoted in Miriam Rothschild, *Dear Lord Rothschild: Birds, Butterflies and History* (London and Philadelphia 1983), 295—296.

[8]　*Ibid.*, 301.

[9]　David Landes, *Bankers and Pashas* (London 1958), ch. 1.

[10]　Harold Pollins, *Economic History of the Jews in England* (East Brunswick 1982), 95—96.

[11]　S. D. Chapman, *The Foundation of the English Rothschilds*, 1793—1811 (London 1977), 20ff.

[12]　See Edward Herries, *Memoirs of the Public Life of John S. Herries* (London 1880); Gille, *op. cit.*, i 45ff.; F. Crouzet, *L'Économie Britannique et le blocus continental 1806—13* (Paris 1958), 842.

[13]　Gille, *op. cit.*, i 458.

[14]　Pollins, *op. cit.*; K. Helleiner, *The Imperial Loans* (Oxford 1965).

[15]　Gille, *op. cit.*, ii 571; see Pollins, *op. cit.*, 245, table 5.

[16]　G. Storey, *Reuters* (London 1951); F. Giles, *Prince of Journalists* (London 1962); Ronald Palin, *Rothschild Relish* (London 1970), quoted in Pollins, *op. cit.*

[17]　Miriam Rothschild, *op. cit.*, 9.

[18]　Cecil Roth, *The Magnificent Rothschilds* (London 1939), 21.

[19]　L. H. Jenks, *The Migration of British Capital to 1875* (London 1963).

[20]　Salbstein, *op. cit.*

[21]　Quoted in *ibid.*, 165.

[22]　Gille, *op. cit.*, ii 591—616.

[23]　Richard Davis, *The English Rothschilds* (London 1983).

[24]　For details, see Roth, *op. cit.*

[25]　Miriam Rothschild, *op. cit.*, 298.

[26]　*Ibid.*, 33.

[27] For an account of 1st Lord Rothschild, *see ibid.*, 30—50.

[28] *Ibid.*, 40.

[29] Quoted in Roth, *op. cit.*

[30] Quoted in Salbstein, *op. cit.*, 44.

[31] Cecil Roth, *Essays and Portraits in Anglo-Jewish Histroy* (London 1962), 18—20.

[32] Geoffrey Finlayson, *The Seventh Earl of Shaftesbury* (London 1981), 112—116, 154—159 etc.

[33] Quoted in Ronald Sanders, *op. cit.*, 5.

[34] L. Loewe, *The Damascus Affair* (New York 1940).

[35] For Montefiore, see Lucien Wolf, *Sir Moses Montefiore* (London 1885).

[36] Roth, *Essays and Protraits*, 19—20.

[37] Robert Blake, *Disraeli's Grand Tour: Benjamin Disraeli and the Holy Land,* 1830—1 (London 1982), 107ff.

[38] Daien Schwarz, *Disraeli's Fiction* (London 1979), 99—100.

[39] 'Benjamin Disraeli, Marrano Englishman', in Salbstein, *op. cit.*, 97—114.

[40] This was the view of Judah Halevi; see H. J. Zimmels, *Ashkenazim and Sephardim* (New York 1959).

[41] Quoted in Blake, *op. cit.*, 126.

[42] Quoted in Salbstein, *op. cit.*

[43] M. A. Meyer, *The Origins of the Modern Jew* (New York 1968); Wolf's article 'On the Concept of a Science of Judaism' (1822) is in *Leo Baeck Institute Yearbook II* (London 1957).

[44] Quoted in Lionel Kocham, *The Jew and his History* (London 1977), 66.

[45] Arthur A. Cohen, *The Natural and Supernatural Jew* (London 1967), 46.

[46] Quoted in Kocham, *op. cit.*, 66.

[47] Babylon Talmud, Berakhoth 3a, quoted in *ibid*.

[48] For Hirsch's writings see I. Grunfeld (ed.), *Judaism Eternal*, 2 vols (London 1956).

[49] *Ibid.*, i 133—135, quoted in Kocham, *op. cit.*

[50] Kochan, *op. cit.*, 79—80; Cohen, *op. cit.*, 34; N. Rotenstreich, *Jewish Philosophy in Modern Times* (New York 1968), 136—148.

[51] The English translation, by P. Bloch, is in 6 vols (London 1892—8) and 5 vols (London 1919).

[52] Quoted in Kochan, *op. cit.*

[53] H. Graetz, *Historic Parallels in Jewish History* (London 1887).

[54] Alexander Altmann, 'The New Style of Preaching in Nineteenth Century German Jewry', in *Essays in Jewish Intellectual History* (Brandeis 1981)..

[55] W. D. Plaut, *Rise of Reform Judaism* (London 1963); D. Philipson, *Reform Movement in Judaism* (New York 1967).

[56] M. Weiner (ed.), *Abraham Geiger and Liberal Judaism* (New York 1962).

[57] Quoted by Marmorstein, *op. cit.*, 36.

[58] English translation by M. M. Kaplan (2nd edn, London 1964).

[59] S. Ginxburg, *The Life and Works of M. H. Luzzatto* (London 1931).

[60] Quoted in Marmorstein, *op. cit.*, who gives a summary of Luzzatto's teaching, 5—11.

[61] See Leo Rosen, *The Joys of Yiddish* (Harmondsworth 1971), xviff.

[62] *The Renaissance of Hebrew Literature, 1743—1885* (New York 1909), quoted in Marmorstein, *op. cit.*

[63] Laura Hofrichter, *Heinrich Heine* (trans., Oxford 1963), 1—2.

[64] Jeffrey L. Sammons, *Heinrich Heine: A Modern Biography* (Princeton 1979), 40.

[65] *Ibid.*, 171.

[66] The most important is S. S. Prawer, *Heine's Jewish Comedy: A Study of his Portraits of Jews and Judaism* (Oxford 1983).

[67] Heine to Moses Moser, 23 August 1823; quoted in Sammons, *op. cit.*

[68] Heine to Immanuel Wohlwill, 1 April 1823; quoted in *ibid.*

[69] Heine to Ferdinand Lassalle, 11 February 1846, quoted in *ibid.*

[70] Heine to Moser, 14 December 1825, quoted in Hofrichter, *op. cit.*, 44.

[71] Ernst Elster (ed.), *Heines samtliche Werke*, 7 vols (Leipzig and Vienna 1887—90), vii 407.

[72] Sammons, *op. cit.*, 249—250.

[73] *Ibid.*, 288.

[74] *Ibid.*, 25—26.

[75] *Ibid.*, 166.

[76] *Ibid.*, 308.

[77] Quoted by S. W. Baron, 'Population', *Encyclopaedia Judaica*, xiii 866—903.

[78] Quoted in Ben Sasson, *op. cit.*

[79] Paul Lindau (ed.), *Ferdinand Lassalles Tagebuch* (Breslau 1891), 160—161; quoted in Wistrich, *op. cit.*

[80] A. F. Day, *The Mortara Mystery* (London 1930).

[81] For Jews under the Tsars see J. Frumkin *et al.* (eds), *Russian Jewry 1860—1917* (London 1966); S. W. Baron, *The Russian Jew under Tsars and Soviets* (New York 1964).

[82] See Alexis Goldenweiser, 'Legal Status of Jews in Russia', in Frumkin, *op. cit.*

[83] Lucien Wolf (ed.), *Legal Sufferings of the Jews in Russia* (London 1912).

[84] *Ibid.*, 41.

[85] *Ibid.* 44—46, 71—76.

[86] *Ibid.*, 2—6.

[87] *Ibid.*, 9.

[88] I. M. Dijur, 'Jews in the Russian Economy', in Frumkin, *op. cit.*, 120—143.

[89] Quoted in Amos Elon, *Herzl* (London 1976).

[90] Quoted in Ben Sasson, *op. cit.*

[91] Joseph L. Blau and S. W. Baron, *The Jews in the United States 1790—1840: A Documentary History*, 3 vols (New York 1963), ii 576.

[92] *Ibid.*, iii 809.

[93] *Ibid.*, ii 327.

[94] A. B. Makover, *Mordecai M. Noah* (New York 1917); I. Goldberg, *Major Noah: American Jewish Pioneer* (New York 1937); text of his proclamation in Blau and Baron, *op. cit.*, iii 898—899.

[95] *Ibid.*, 176—181.

[96] For Leeser, see Murray Friedman, *Jewish Life in Philadelphia 1830—1940* (Philadelphia 1984).

[97] Text in full in *Encyclopaedia Judaica*, xiii 570—571.

[98] H. E. Jacobs, *The World of Emma Lazarus* (New York 1949); E. Merriam, *Emma Lazarus: Woman with a Torch* (New York 1956).

[99] *Encyclopaedia Judaica*, xii 1092.

[100] Richard Siegel and Carl Rheins (eds), *The Jewish Almanack* (New York 1980), 509.

[101] Psalms 137:1.

[102] Moses Hess, *Rome and Jerusalem* (trans., New York 1918).

[103] Cohen, *op. cit.*, 57—59; for Hess, see also Isaiah Berlin, *The Life and Opinions of Moses Hess* (Cambridge 1959).

[104] J. R. Vincent (ed.), *Disraeli, Derby and the Conservative Party: The Political Journals of Lord Stanley* (London 1978), 32—33.

[105] J. A. Gere and John Sparrow (eds), *Geoffrey Madan's Notebooks* (Oxford 1984).

[106] J. J. Tobias, *The Prince of Fences: The Life and Crimes of Ikey Solomons* (London 1974).

[107] L. Hyman, *The Jews of Ireland, London and Jerusalem* (London 1972), 103—104.

[108] Emily Strangford, *Literary Remains of the Late Emanuel Deutsch* (New York 1974).

[109] Gordon S. Haight, *George Eliot* (Oxford 1968), 487.

[110] *Encyclopaedia Britannica* (London 1911), xxviii 987.

[111] For the influence of George Eliot, see Ronald Sanders, *The High Walls of Jerusalem: A History of the Balfour Declaration and the Birth of the British Mandate for Palestine* (New York 1984), 14ff.

[112] Guy Chapman, *The Dreyfus Case* (London 1955), 99.

[113] For French Jewry during the Dreyfus case see Michael R. Marrus, *The Politics of Assimilation: The French Jewish Community at the Time of the Dreyfus Affair* (Oxford 1971).

[114] Quoted in *ibid.*, 118.

[115] Léon Halévy, *Résumé de l'histoire des juifs modernes* (Paris 1828), 325—326; quoted in Marrus, *op. cit.*, 90.

[116] Julien Benda, *La Jeunesse d'un clerc* (Paris 1936), 43; quoted in Marrus, *op. cit.*

[117] Herbert Feis, *Europe the World's Banker 1870—1914* (New York 1965), 33ff.

[118] For the church see R. P. Lecanuet, *L'église de la France sur la Troisième république*

((Paris 1930), 231—233; Robert L. Hoffman, *More Than a Trial: The Struggle over Captain Dreyfus* (New York 1980), 82ff.

[119] La Croix, 13 November 1896, quoted in Pierre Sorin, *La Croix et les Juifs 1880—1899* (Paris 1967), 117.

[120] Chapman, *op. cit.*, 59.

[121] *L'Aurore*, 7 June 1899; quoted in Marrus, *op. cit.*, who has a chapter on Lazare, 164—195; B. Hagani, *Bernard Lazare* (Paris 1919).

[122] George D. Painter, *Marcel Proust*, 2 vols (London 1977), i 210.

[123] Paul Cambon, *Correspondence*, 2 vols (Paris 1945), i 436.

[124] Quoted in Chapman, *op. cit.*, 199.

[125] Christophe Charles, 'Champ littéraire et champ du pouvoir: les écrivains et l'affaire Dreyfus', *Annales*, 32 (1977).

[126] Jean-Pierre Rioux, *Nationalisme et conservatisme: la Ligue de la Patrie française 1899—1904* (Paris 1977), 20—30; quoted in Marrus, *op. cit.*, 148—149.

[127] Painter, *op. cit.*, i 220.

[128] Alain Silvera, *Daniel Halévy and his Times* (Cornell 1966).

[129] Painter, *op. cit.*, i 214ff.

[130] Janine Ponty, 'La Presse quotidienne et l'Affaire Dreyfus en 1898—99', *Revue d'histoire moderne et contemporaine*, 21 (1974).

[131] Found in a scrapbook compiled for Drumont and now (along with a mass of other Dreyfus case material) in the Houghton Library at Harvard.

[132] Frederick Busi, 'The Dreyfus Affair and the French Cinema', *Weiner Library Bulletin*, 39—40 (1976).

[133] Painter, *op. cit.*, i 226.

[134] *Ibid.*, 233.

[135] R. D. Mandell, 'The Affair and the Fair: Some Observations on the Closing Stages of the Dreyfus Case', *Journal of Modern History* (September 1967); Douglas Johnson, *France and the Dreyfus Affair* (London 1966).

[136] Joseph Reinach, *Histoire de l' Affaire Dreyfus*, 6 vols plus index (Paris 1901—8).

[137] Chapman, *op. cit.*, 359; Charles Andler, *La Vie de Lucien Herr* (Paris 1932).

[138] André Gide, *Journals 1899—1949* (trans., Harmondsworth 1978), 194ff.

[139] Of the many books on Herzl, I have chiefly followed Elon, *op. cit.*

[140] *Ibid.*, 9.

[141] Quoted in *ibid.*, 66.

[142] *Ibid.*, 115.

[143] For the rise of völkisch anti-Semitism, see George L. Mosse, *The Crisis in German Ideology* (London 1966).

[144] Quoted in Elon, *op. cit.*, 64.

[145] First English translation, *Autoemancipation: An Admonition to his Brethren by a Russian Jew* (New York 1906).

[146] Quoted in Walter Laqueur, *Weimar: A Cultural History 1918—1933* (London 1974).

[147] Elon, *op. cit.*, 114.

[148] Pierre van Passen, 'Paris 1891—5: A Study of the Transition in Theodor Herzl's Life', in Meyer W. Weisgal (ed.), *Theodor Herzl, Memorial* (New York 1929).

[149] *Der Judenstaat: Versuch einer modernen Loesung der juedischen Frage* (Vienna 1896); H. Abrahami and A. Bein, *The Editions of the Jewish State by Theodor Herzl* (New York 1970).

[150] Elon, *op. cit.*, 142—147.

[151] *Ibid.*, 175ff.

[152] For Nordau see A. and M. Nordau, *Max Nordau* (trans., London 1943).

[153] I had the privilege of addressing an international congress of Zionists and Christians from this same platform in August 1985.

[154] Chaim Weizmann, *Trial and Error* (London 1949), 71.

[155] Elon, *op. cit.*, 186.

[156] His *Tagebücher*, trans. Harry Zohn, ed. R. Patai, were published New York 1960.

[157] Elon, *op. cit.*, 379—380.

[158] Sanders, *op. cit.*, 29—30.

[159] *Ibid.*, 37—38.

[160] Elon, *op. cit.*, 405—406, 397.

[161] *Ibid.*, 237.

[162] Marmorstein, *op. cit.* 60—70.

[163] Quoted in I. Domb, *Transformations* (London 1958), 192—195.

[164] Quoted in Marmorstein, *op. cit.*, 71—72.

[165] Quoted in *ibid.*, 79—80.

[166] T. Levitan, *The Laureates: Jewish Winners of the Nobel Prize* (New York 1906); see list of Jewish Nobel prizewinners in *Encyclopaedia Judaica*, xii 1201—1202.

[167] Federick V. Grunfeld, *Prophets Wthout Honour* (London 1979), 10.

[168] For Cohen see Cohen, op. cit., 70ff.; Alexander Altmann, 'Theology in Twentieth-century Jewry', in *Essays in Jewish Intellectual History*.

[169] For Rosenzweig and Rosenstock-Huessy see Altmann, *op. cit*, and N. N. Glatzer (ed.), *Franz Rosenzweig: His Life and Thought* (2nd edn, New York 1961).

[170] Quoted in Grunfeld, *op. cit.*, 17.

[171] Hartmut Pogge von Strandmann (ed.), *Walter Rathenau: Notes and Diaries 1907—22* (Oxford 1985), 98—99.

[172] Quoted in Grunfeld, *op. cit.*

[173] Charles Rosen, *Schoenberg* (London 1976), 16—17.

[174] Alma Mahler, *Gustav Mahler: Memories and Letters* (trans., New York 1946), 90.

[175] Charles Spencer, *Léon Bakst* (London 1973).

[176] Serge Lifar, *A History of the Russian Ballet* (London 1954).

[177] Quoted in Spencer, *op. cit.*, 127.

[178] For Bakst's moral theory of colour see Mary Franton Roberts, *The New Russian Stage* (New York 1915).

[179] Sidney Alexander, *Marc Chargall* (London 1978).

[180] Peter Gay, Freud, *Jews and Other Germans* (Oxford 1978), 21.

[181] *Ibid.*, 101ff.

[182] Letter to Karl Abraham, quoted in Jack J. Spector, *The Aesthetics of Freud* (London 1977), 22.

[183] Paul Roazen, *Freud and his Followers* (London 1976), 192—193.

[184] *Ibid.*, 75ff.; for Freud and his wife see letter from his daughter Matilda Freud Hollitscher to Ernest Jones, 30 March 1952, in the Jones archives, and Theodor Reik, 'Years of Maturity', *Psychoanalysis*, iv I (1955).

[185] David Bakan, *Sigmund Freud and the Jewish Mystical Tradition* (Princeton 1958), 51—52; Sigmund Freud, Preface to *Totem and Taboo* (1913).

[186] Ernest Jones, *Life and Work of Sigmund Freud*, 3 vols (New York 1953—7), i 22, 184.

[187] 'On Being of the B'nai B'rith', *Commentary* (March 1946).

[188] Max Graf, 'Reminiscences of Sigmund Freud', *Psychoanalytic Quarterly*, xi (1942); Jacob Meotliz, 'The Last Days of Sigmund Freud', *Jewish Frontier* (September 1951); quoted in Bakan, *op. cit.*

[189] Jones, op. cit., i 25, 35. For Freud's own account, see M. Bonaparte, A. Freud and E. Kris (eds and trans.), *Freud, Origins of Psychoanalysis: Letters to Wilhelm Fliess, Drafts and Notes* 1887—1902 (New York 1954), 322; Bakan, *op. cit.*

[190] E. Stengel, 'A Revaluation of Freud's book "On Aphasia"', *International Journal of Psychoanalysis* (1954).

[191] H. Sachs, *Freud, Master and Friend* (Harvard 1944), 99—100; quoted in Bakan, *op. cit.*

[192] Jones, *op. cit.*, i 348.

[193] *Ibid.*, ii 367; Sigmund Freud, 'The Moses of Michelangelo', *Collected Papers*, iv 251—287.

[194] Bakan, *op. cit.*, 246—270.

[195] Robert S. Steele, *Freud and Jung: Conflicts of Interpretation* (London 1982); W. McGuire (ed.), *Freud-Jung Letters* (Princeton 1974), 220.

[196] Max Schur, *Freud Living and Dying* (London 1972), 337.

[197] Jones, *op. cit.*, ii 148.

[198] Steven Marcus, *Freud and the Culture of Psychoanalysis* (London 1984), 50—53.

[199] Quoted in *ibid.*, 83.

[200] For Breuer, see Sigmund Freud, 'Origins and Development of Psychoanalysis', *American Journal of Psychology*, xxi (1910), 181; Roazen, *op. cit.*, 93—99.

[201] Fritz Wittels, *Sigmund Freud* (New York 1924), 140; quoted in Bakan, *op. cit.*

[202] Quoted in Roazen, *op. cit.*, 197.

[203]　Jones, *op. cit.*, ii 33.

[204]　For Freud's rows, see Roazen, *op. cit.*, 194ff., 204ff., 220ff., 234ff. etc.

[205]　Jones, *op. cit.*, iii 208.

[206]　*Ibid.*, iii 245.

[207]　Arthur Koestler, *The Invisible Writing* (London 1955).

[208]　For Einstein's contribution to quantum theory see Max Jammer, 'Einstein and Quantum Physics', in Gerald Holton and Yehuda Elkana (eds), *Albert Einstein: Historical and Cultural Perspectives* (Princeton 1982), 59—76.

[209]　'What I Believe', *Forum and Century* 84 (1930); quoted in Uriel Tal, 'Ethics in Einstein's Life and Thought', in Holton and Elkana, *op. cit.*, 297—318.

[210]　Einstein, *Physics and Reality* (New York 1936).

[211]　Henri Bergson, *Two Sources of Morality and Religion* (trans., London 1935).

[212]　Einstein to Solovine, 30 March 1952, quoted in Yehuda Elkana, 'The Myth of Simplicity', in Holton and Elkana, *op. cit.*, 242.

[213]　Milic Capek, *The Philosophical Impact of Contemporary Physics* (Princeton 1961), 335ff.; see also William James, 'The Dilemma of Determinism', in *The Will to Believe* (London 1917).

[214]　Yehuda Elkana, *op. cit.*

[215]　For this, see my *Modern Times: The World from the Twenties to the Eighties* (New York 1983), ch. 1, 'A Relativistic World'.

[216]　Lionel Trilling, *Mind in the Modern World* (New York 1973), 13—14.

[217]　'The Hunter Graccus'. *Graccus or graculus* is Latin for jackdaw, Czech kavka, and Kafka's father, whom he hated, had a jackdaw sign over his shop. See Lionel Trilling, *Prefaces to the Experience of Literature* (Oxford 1981), 118—122.

[218] Quoted in Rosen, *op. cit.*, 10.

[219] Grunfeld, *op. cit.*, 23—24.

第六章

[1] Asquith speech in *The Times*, 10 November 1914.

[2] Interview with Mrs Halperin in Eric Silver, *Begin* (London 1984), 5, 9.

[3] Ronald Sanders, *The High Walls of Jerusalem: A History of the Balfour Declaration and the Birth of the British Mandate for Palestine* (New York 1984), 315ff.

[4] Chaim Weizmann, *Trial and Error* (London 1949), 15—25.

[5] *Ibid.*, 29, 44.

[6] Sanders, *op. cit.*, 64—69.

[7] *New Statesman*, 21 November 1914, article signed A.M.H. (Albert Montefiore Hyamson).

[8] Michael and Eleanor Brock (eds), *H. H. Asquith: Letters to Venetia Stanley* (Oxford 1952), 406—407.

[9] *Ibid.*, 477—478; 485.

[10] Quoted in Sanders, *op. cit.*, 313—314.

[11] Miriam Rothschild, *Dear Lord Rothschild: Birds, Butterflies and History* (London and Philadelphia 1983), 45.

[12] Sanders, *op. cit.*, 69, 133.

[13] Weizmann, *op. cit.*, 144; doubts have been cast on this story; see Sanders, *op. cit.*, 94—96.

[14] Quoted in Sanders, *op. cit.*

[15] For the collections see Miriam Rothschild, *op. cit.*

[16] Weizmann, *op. cit.*, 257.

[17] Montagu was not present at the war cabinet of 31 October 1917; see Sanders, *op. cit.*, 594—596, which also gives text of the final letter.

[18] Weizmann, *op. cit.*, 262.

[19] *Ibid.*, 298; Sanders, *op. cit.*, 481.

[20] Weizmann, *op. cit.*, 273—274.

[21] Text of the mandate in David Lloyd George, *The Truth About the Peace Treaties*, 2 vols (London 1938), ii 1194—1201.

[22] Weizmann, *op. cit.*, 288.

[23] *Ibid.*, 67.

[24] Vladimir Jabotinsky, *The Story of the Jewish Legion* (trans., Jerusalem 1945); P. Lipovetski, *Joseph Trumpeldor* (trans., London 1953).

[25] Yigal Allon, *The Making of Israel's Army* (New York 1970); J. B. Schechtman, *The Vladimir Jabotinsky Story*, 2 vols (New York 1956—61).

[26] Amos Elon, *Herzl* (London 1976), 179.

[27] Neil Caplan, *Palestine Jewry and the Arab Question 1917—25* (London 1978), 74, 169ff.

[28] Quoted in S. Clement Leslie, *The Rift in Israel: Religious Authority and Secular Democracy* (London 1971), 32.

[29] Weizmann, *op. cit.*, 316.

[30] *Ibid.*, 307—308.

[31] Sanders, *op. cit.*, 569—570, for full text of message.

[32] Elie Kedourie, 'Sir Herbert Samuel and the Government of Palestine', in *The*

Chatham House Version and Other Middle East Studies (London 1970), 57.

[33] 8 June 1920; *Letters and Papers of Chaim Weizmann* (New Brunswick 1977), xi 355.

[34] Quoted in Kedourie, *op. cit.*, 55—56.

[35] Quoted in Neil Caplan, 'The Yishuv, Sir Herbert Samuel and the Arab Question in Palestine 1921—5', in Elie Kedourie and Sylvia G. Haim (eds), *Zionism and Arabism in Palestine and Israel* (London 1982), 19—20.

[36] Kedourie, *op. cit.*, 60—62.

[37] Quoted in *ibid.*, 65.

[38] Bernard Wasserstein, 'Herbert Samuel and the Palestine Problem', *English Historical Review*, 91 (1976).

[39] Kedourie, *op. cit.*, 69.

[40] Weizmann, *op. cit.*, 325, 494.

[41] Lloyd George, *Peace Treaties*, 1123ff.

[42] *Ibid.*, 1139.

[43] Caplan, 'The Yishuv', 31.

[44] Quoted in Wasserstein, *op. cit.*, 767.

[45] Quoted in R. H. S. Crossman, *A Nation Reborn* (London 1960), 127.

[46] Weizmann, *op. cit.*, 418.

[47] Quoted in *Encyclopaedia Judaica*, iv 506.

[48] Weizmann, *op. cit.*, 411.

[49] Quoted in Leslie, *op. cit.* (1938 interview).

[50] 'On the Iron Wall', 1923; quoted in Silver, *op. cit.*, 12.

[51] Robert S. Wistrich, *Revolutionary Jews from Marx to Trotsky* (London 1976), 77ff.; see also J. P. Nettl, *Rosa Luxemburg*, 2 vols (London 1966).

[52] Letter to Mathilee Wurm, 16 February 1917, quoted in *ibid*.

[53] See K. Pindson (ed.), *Essays in Anti-Semitism* (2nd edn, New York 1946), 121—144. *The Encyclopaedia Judaica*, xiv 459, gives the figure as 60 000; H. H. Ben Sasson (ed.), *A History of the Jewish People* (trans., Harvard 1976), gives 75 000; the Soviet figure is 180 000—200 000.

[54] Quoted in Leon Poliakov, *History of Anti-Semitism*, vol. iv, Suicidal Europe, 1870—1933 (Oxford 1985), 209.

[55] *The Cause of World Unrest*, 10, 13, 131—132.

[56] *Illustrated Sunday Herald*, 8 February 1920, quoted in Poliakov, *op. cit.*

[57] *Morning Post*, 6 October 1921, quoted in Poliakov, *op. cit.*

[58] Robert Wilson, *The Last Days of the Romanovs* (London 1920), 148.

[59] P. Lévy, *Les Noms des Israélites en France* (Paris 1960), 75—76.

[60] Quoted in Paul J. Kingston, *Anti-Semitism in France during the 1930s: Organization, Personalities and Propaganda* (Hull 1983), 4.

[61] Paul Hyman, *From Dreyfus to Vichy: The Remaking of French Jewry* (Columbia 1979), 35.

[62] Léon Blum, *Nouvelles Conversations de Goethe avec Eckermann* (Paris 1901), quoted in Wistrich, *op. cit.*

[63] Harvey Goldberg, 'Jean Jaurès on the Jewish Question', *Jewish Social Studies* (April 1958).

[64] A. Mitchell Palmer, 'The Case Against the Reds', Forum, February 1920; Poliakov, op. cit., 231—232.

[65] For Brandeis' legal philosophy, see Philippa Strum, *Louis D. Brandeis: Justice for the People* (Harvard 1985).

[66] *West Virginia State Board of Education v. Barnette* (1943).

[67] G. Saleski, *Famous Musicians of Jewish Origin* (New York 1949).

[68] T. Levitan, *Jews in American Life* (New York 1969), 96—99, 199—203, 245—246.

[69] Quoted in Lary May, *Screening Out the Past: The Birth of Mass Culture and the Motion-Picture Industry* (Oxford 1980).

[70] See Philip French, *The Movie Moguls* (London 1967).

[71] *Ibid.*, 21.

[72] French, *op. cit.*, 28.

[73] Raymond Durgnat, *The Crazy Mirror: Hollywood Comedy and the American Image* (London 1969), 150—161; 78—83.

[74] May, *op. cit.*, 171.

[75] Helen and Robert Lynd, *Middletown* (New York 1929).

[76] Edward J. Bristow, *Prostitution and Prejudice: The Jewish Fight Against White Slavery 1870—1939* (New York 1984).

[77] Jenna Weissman Joselit, *Our Gang: Jewish Crime and the New York Jewish Community 1900—1940* (New York 1983).

[78] For Jewish gangsters see Albert Fried, *The Rise and Fall of the Jewish Gangster in America* (New York 1980).

[79] Melvin Urofsky, *American Zionism: From Herzl to the Holocaust* (New York 1975), 127.

[80] Quoted in Ronald Steel, *Walter Lippmann and the American Century* (London 1980), 187.

[81] James Grant, *Bernard Baruch: The Adventures of a Wall Street Legend* (New York 1983), 223ff., shows that he merely salvaged most of his fortune after the market

broke; he was never worth more than between $10 million and $15 million.

[82] *Ibid.*, 107—109.

[83] Steel, *op. cit.*, 189.

[84] 'Public Opinion and the American Jew', *American Hebrew*, 14 April 1922.

[85] Quoted in Steel, *op. cit.*, 194.

[86] Quoted in *ibid.*, 330—331.

[87] New York Times, 11 April 1945; for polls see Davis S. Wyman, The Abandonment of the Jews: America and the Holocaust 1941—45 (New York 1984), 8—9.

[88] Fritz Stern, 'Einstein's Germany', in Holton and Elkana, *op. cit.*, 322ff.

[89] *Ibid.*, 324—325.

[90] E. J. Gumpel produced a statistical survey of these murders and sentences, *Vier Jahre politisches Mord* (Berlin 1922), quoted in Grunfeld, *op. cit.*

[91] *Mein Kampf* (1962 edn), 772.

[92] Walter Laqueur, *Russia and Germany: A Century of Conflict* (London 1962), 109ff.; Poliakov, *op. cit.*, iv 174.

[93] Robert Wistrich, *Hitler's Apocalypse: Jews and the Nazi Legacy* (London 1986), 14—19.

[94] Quoted in Raul Hilberg, *The Destruction of the European Jews* (rev. edn, New York 1985), i 20—21.

[95] *Zentralblatt für Psychotherapie*, vii (1934); quoted in Grunfeld, *op. cit.*

[96] Fritz Stern, *The Politics of Cultural Despair* (Berkeley 1961), 291.

[97] Fritz K. Ringer, *The Decline of the German Mandarins: The German Academic Community 1890—1933* (Harvard 1969), 446.

[98] George L. Mosse, *The Crisis in German Ideology* (London 1966), 196.

[99] Michael S. Steinberg, *Sabres and Brownshirts: The German Students' Path to National Socialism, 1918—35* (Chicago 1977), 6—7; P.G. J. Pulzer, *The Rise of Political Anti-Semitism in Germany and Austria* (New York 1964), 285ff.

[100] Dennis E. Showalter, *Little Man, What Now? Der Stürmer in the Weimar Republic* (Hamden, Connecticut 1983).

[101] Istvan Deak, *Weimar Germany's Left-wing Intellectuals: A Political History of the Weltbühne and its Circle* (Berkeley 1968); Harold L.Poor, *Kurt Tucholsky and the Ordeal of Germany 1914—35* (New York 1968).

[102] Quoted in Walter Laqueur, Weimar: *A Cultural History 1918—1933* (London 1974), 45.

[103] Mosse, *op. cit.*, 144.

[104] Donald L. Niewyk, *The Jews in Weimar Germany* (Manchester 1981), has a chapter on this subject, 'The Jew as German Chauvinist', 165—177.

[105] Laqueur, *Weimar*, 72.

[106] *Ibid.*, 75ff.

[107] Mosse, *op. cit.*, 242.

[108] Roger Manvell and Heinrich Fraenkel, *The German Cinema* (London 1971), 7ff.

[109] Laqueur, *op. cit.*, 234ff.

[110] Gershom Scholem, *Walter Benjamin: The Story of a Friendship* (London 1982); *Jews and Judaism in Crisis* (New York 1976), 193.

[111] Richard Wolin, *Walter Benjamin: An Aesthetic of Redemption* (New York 1982), 40—43.

[112] Walter Benjamin, *Illuminations* (trans., New York 1969), 255: Wolin,*op. cit.*, 50ff.

[113] Terry Eagleton, *Walter Benjamin, or Towards a Revolutionary Criticism* (London

1981).

[114] Hilberg, *op. cit.*, i 30ff.

[115] *Institut für Zeitgeschichte*, Munich; quoted in Wistrich, *Hitler's Apocalypse*, 31—32.

[116] Max Domarus (ed.), *Hitler: Reden und Proklamationen 1932—45* (Würzburg 1962), i 537.

[117] Hilberg, *op. cit.*, i 39.

[118] *Ibid.*, 46, footnote 1.

[119] *Ibid.*, 69—75.

[120] *Ibid.*, 96—107.

[121] *Ibid.*, 190—191.

[122] *Ibid.*, ii 416; Lucy S. Davidowicz, *The War Against the Jews, 1933—45* (London 1975), 141; Martin Gilbert, *The Holocaust* (New York 1986), 526.

[123] Benjamin Ferencz, *Less than Slaves: Jewish Forced Labour and the Quest for Compensation* (Harvard 1979), 25.

[124] Hilberg, *op. cit.*, i 254.

[125] Ferencz, *op. cit.*, 28.

[126] Robert H. Abzug, *Inside the Vicious Heart: Americans and the Liberation of Nazi Concentration Camps* (Oxford 1985), 106.

[127] Ferencz, *op. cit.*, 22.

[128] *Ibid.*, appendix 3, 202ff.; Höss affidavit, 12 March 1947.

[129] Ferencz, *op. cit.*, 19.

[130] Hilberg, *op. cit.*, i 87.

[131] David Irving, *Hitler's War* (London 1977).

[132] Gerald Fleming, *Hitler and the Final Solution* (Berkeley 1984), refutes it.

[133] H. R. Trevor-Roper (ed.), Hitler's Table Talk 1941—44 (London 1973), 154.

[134] Wistrich, *Hitler's Apocalypse*, 37; and see his ch. 6, 'Hitler and the Final Solution', 108ff.

[135] Davidowicz, *op. cit.*, 132.

[136] *Ibid.*, 134; Alexander Mitscherlich and Fred Mielke, *Doctors of Infamy: The Story of the Nazi Medical Crimes* (New York 1949), 114.

[137] Hilberg, *op. cit.*, i 281.

[138] *Ibid.*, 308.

[139] *Ibid.*, 332—333.

[140] The camps were listed by the German government, *Bundesgestzblatt*, 24 September 1977, pp. 1787—1852; the figure of 900 labour camps was given by Höss.

[141] Hilberg, *op. cit.*, i 56.

[142] Davidowicz, *op. cit.*, 130.

[143] Jochen von Lang, *Eichmann Interrogated* (New York 1973), 74—75.

[144] Louis P. Lochner (ed.), The Goebbels Diaries 1942—43 (New York 1948).

[145] Figures taken from Davidowicz, *op. cit.*, appendix B, 402f.

[146] The basic evidence for Nazi killings comes from *Trials of Major War Criminals before the International Military Tribunal*, 44 vols (Nuremberg 1947), *Nazi Conspiracy and Aggression*, 8 vols plus supplement (Washington DC 1946), and *Trials of War Criminals before the Nuremberg Military Tribunals under Control Council Law No. 10*, 15 vols (Washington DC).

[147] Luba Krugman Gurdus, *The Death Train* (New York 1979); Martin Gilbert, *Final Journey* (London 1979), 70.

[148] Hilberg, *op. cit.*, i 581; Gilbert, *Final Journey*, 78.

[149] For case histories see Leonard Gross, *The Last Jews in Berlin* (London 1983).

[150] *Ibid*.

[151] Austria's anti-Jewish war-record is summarized in Howard M. Sacher, *Diaspora* (New York 1985), 30ff.

[152] Hilberg, *op. cit.*, ii 457—458.

[153] Figures from Julius S. Fischer, *Transnistria, the Forgotten Cemetery* (South Brunswick 1969), 134—137.

[154] Davidowicz, *op. cit.*, 383—386.

[155] *Bagatelle pour un massacre* (Paris 1937), 126; for Céline see Paul J. Kingston, *Anti-Semitism in France during the 1930s* (Hull 1983), 131—132.

[156] Jean Laloum, *La France Antis mite de Darquier de Pellepoix* (Paris 1979).

[157] M. R. Marrus and R. O. Paxton, *Vichy France and the Jews* (New York 1981), 343.

[158] André Halimi, *La Délation sous l' occupation* (Paris 1983).

[159] Herzl's diary, 23 January 1904; Cecil Roth, *The History of the Jews of Italy* (Philadelphia 1946), 474—475.

[160] Meir Michaelis, *Mussolini and the Jews* (Oxford 1978), 52.

[161] *Ibid*., 11ff., 408; Gaetano Salvemini, *Prelude to World War II* (London 1953), 478.

[162] Michaelis, *op. cit.*, 353—368.

[163] Oral History Collection, *The Reminiscences of Walter Lippmann*, 248—250; Meryl Secrest, *Being Bernard Berenson* (New York 1979).

[164] Holocaust statistics vary. I have taken the Hungarian figures from Monty Noam Penkower, *The Jews Were Expendable: Free World Diplomacy and the Holocaust* (Chicago 1983), 214. See the set of figures, and sources, in *Encyclopaedia Judaica*, viii 889—890.

[165] F. E. Werbell and Thurston Clarke, *Lost Hero: The Mystery of Raoul Wallenberg* (New York 1982); Alvar Alsterdal, 'The Wallenberg Mystery', *Soviet Jewish Affairs*, February 1983.

[166] David S. Wyman, *The Abandonment of the Jews: America and the Holocaust, 1941—5* (New York 1984), 97.

[167] Penkower, *op. cit.*, 193.

[168] Charles Stember (ed.), Jews in the Mind of America (New York 1966), 53—62; Wyman, *op. cit.*, 10—11.

[169] Boston Globe, 26 June 1942; *New York Times*, 27 June 1942. The *Times* had an extensive summary of the report on 2 July, however.

[170] *Nation*, 19 May 1945; Abzug, *op. cit.*, 136—137.

[171] Wyman, *op. cit.*, 313 and footnote.

[172] *Ibid.*, 112ff.

[173] Penkower, *op. cit.*, 193.

[174] Wyman, *op. cit.*, 299.

[175] Hilberg, *op. cit.*, i 358.

[176] For Betar see Marcus, *Social and Political History of the Jews in Poland 1919—38*, 271—273; Silver, *op. cit.*, 19ff.

[177] Hilberg, *op. cit.*, i 186—187.

[178] About one-third of it has been published: Lucjan Dobroszynski (ed.), *The Chronicle of the Lodz Ghetto*, 1941—44 (Yale 1984).

[179] Penkower, *op. cit.*, 292, 337—338, note 10.

[180] Gilbert, The Holocaust, 426—427.

[181] Davidowicz, *op. cit.*, 301.

[182]   *Ibid.*, 289.

[183]   Deuteronomy 28:66—67.

[184]   Yaffa Eliach (ed.), *Hasidic Tales of the Holocaust* (Oxford 1983).

[185]   Arnold J. Pomerans (trans.), *Etty: A Diary, 1941—3* (London 1983).

[186]   For Warsaw, see Yisrael Gutman, *The Jews of Warsaw, 1939—43: Ghetto, Underground, Revolt* (trans., Brighton 1982); Hilberg, *op. cit.*, ii 511—512.

[187]   See 'Rose Robota, Heroine of the Auschwitz Underground', in Yuri Suhl (ed.), *They Fought Back* (New York 1975); Philip Muller, *Auschwitz Inferno: The Testimony of a Sonderskommando* (London 1979), 143—160.

[188]   Ferencz, *op. cit.*, 21.

[189]   *Ibid.*, 20.

[190]   Gilbert, *The Holocaust*, 461.

[191]   Hilberg, *op. cit.*, ii 438.

[192]   Gilbert, *The Holocaust*, 457.

[193]   Abzug, *op. cit.*, 106.

[194]   Gilbert, *The Holocaust*, 419.

[195]   *Ibid.*, 808, 793.

[196]   International Military Tribunal Nuremberg, Document NG-2757, quoted in Gilbert, *The Holocaust*, 578.

[197]   Abzug, *op. cit.*, 152ff.

[198]   *Ibid.*, 160.

[199]   Gilbert, *The Holocaust*, 816ff.

[200]   For statistics of war trials, see *Encyclopaedia Judaica*, xvi 288—302.

[201]   For a useful summary, see Howard Sachar, *op. cit.*, 7—13.

[202] Quoted in Ferencz, *op. cit*., Introduction, xi.

[203] *Ibid*., 189.

[204] The Council debates are summarized in Bea's own book, *The Church and the Jewish People* (London 1966), which gives the text of the Declaration in appendix I, 147—153.

第七章

[1] Amos 3:2..

[2] Arthur A. Cohen, *The Natural and Supernatural Jew* (London 1967),180—182.

[3] Robert Wistrich, *Hitler's Apocalypse: Jews and the Nazi Legacy* (London 1986), 162ff.

[4] Quoted in H. H. Ben Sasson (ed.), *A History of the Jewish People* (trans., Harvard 1976), 1040.

[5] Churchill to Sir Edward Grigg, 12 July 1944; Monty Noam Penkower, *The Jews Were Expendable: Free World Diplomacy and the Holocaust* (Chicago 1983), ch. 1, 'The Struggle for an Allied Jewish Fighting Force', 3ff.

[6] Evelyn Waugh, *The Holy Places* (London 1952), 2.

[7] Eric Silver, *Begin* (London 1984), 8.

[8] Menachem Begin, *White Nights* (New York 1977).

[9] Michael Bar-Zohar, *Ben Gurion: A Biography* (London 1978), 129.

[10] Thurston Clarke, *By Blood and Fire* (London 1981), 116.

[11] Silver, *op. cit*., 67—72.

[12] Nicholas Bethell, *The Palestine Triangle: The Struggle Between the British, the Jews and the Arabs* (London 1979), 261ff.

[13] Michael J. Cohen, *Palestine and the Great Powers* (Princeton 1982), 270—276, for the British decision to withdraw.

[14] Alfred Steinberg, *The Man from Missouri: The Life and Times of Harry S. Truman* (New York 1952), 301.

[15] *The Forrestal Diaries* (New York 1951), 324, 344, 348.

[16] *Petroleum Times*, June 1948.

[17] Rony E. Gabbay, *A Political Study of the Arab-Jewish Conflict* (Geneva 1959), 92—93.

[18] Edward Luttwak and Dan Horowitz, *The Israeli Army* (New York 1975), 23ff.

[19] For the course of the fighting see Edgar O'Ballance, *The Arab-Israeli War 1948* (London 1956).

[20] Jabotinsky Archives; quoted in Silver, *op. cit.*, 90.

[21] For an account of the Deir Yassin affair, see *ibid.*, 88—95.

[22] See maps and figures on the provenance and distribution of Arab and Jewish refugees in Martin Gilbert, *The Arab-Israel Conflict: Its History in Maps* (London 1974), 49, 50.

[23] Cairo Radio, 19 July 1957.

[24] Genesis 15:1—6; 12:1—3.

[25] Gilbert, *op. cit.*, 11, for map of 1919 proposal. See also maps in *Encyclopaedia Judaica*, ix 315—316.

[26] Gilbert, *op. cit.*, 24, for map of Peel proposal.

[27] Quoted in W. D. Davies, *The Territorial Dimension in Judaism* (Berkeley 1982), 114—115; see also Ben Halpern, *The Idea of the Jewish State* (2nd edn, Harvard 1969), 41ff.

[28] For the Sinai War see Chaim Herzog, *The Arab-Israeli Wars* (London 1982).

[29] For the Six Day War see Terence Prittie, *Israel: Miracle in the Desert* (2nd edn, London 1968).

[30] For the Yom Kippur War see Herzog, *op. cit.*

[31] For the Israel-Egypt peace negotiations see two eye-witness accounts, Moshe Dayan, *Breakthrough* (London 1981); Ezer Weizman, *The Battle for Peace* (New York 1981).

[32] Quoted in S. Clement Leslie, *The Rift in Israel: Religious Authority and Secular Democracy* (London 1971), 63ff.

[33] Amos Perlmutter, *Israel: the Partitioned State: A Political History since 1900* (New York 1985), ch. 7; R. J. Isaacs, *Israel Divided: Ideological Politics in the Jewish State* (Baltimore 1976), 66ff.

[34] Text of the Law of Return (as amended 1954, 1970) is given in Philip S. Alexander, *Textual Sources for the Study of Judaism* (Manchester 1984), 166—167.

[35] For this ruling see ibid., 168—171.

[36] For immigrants from Europe see map in Gilbert, *op. cit.*, 51; detailed immigration figures up to 1970 are in *Encyclopaedia Judaica*, ix, 534—546.

[37] B. C. Kaganoff, *A Dictionary of Jewish Names and their History* (London 1977).

[38] Bar-Zohar, *op. cit.*, 171—172.

[39] Silver, *op. cit.*, 99—108.

[40] Dan Horowitz and Moshe Lissak, *Origins of the Israeli Polity: Palestine Under the Mandate* (Chicago 1978).

[41] Emile Marmorstein, Heaven at Bay: The Jewish Kulturkampf in the Holy Land (Oxford 1969), 142—143.

[42] For Ben Gurion's struggles see Perlmutter, *op. cit.*, 15—17, 131—135.

[43] Quoted in *ibid.*, 145.

[44] Speech in the Knesset, 20 June 1977.

[45] 'With Gershom Scholem: An Interview', in W. J. Dannhauser (ed.),*Gershom Scholem: Jews and Judaism in Crisis* (New York 1976).

[46] Marmorstein, *op. cit.*, 80—89.

[47] *Ibid.*, 108ff.

[48] I. Domb, *Transformations* (London 1958).

[49] Solomon Granzfried, *Kissor Shulan' Arukh*, ch. 72, paras 1—2.

[50] Leslie, *op. cit.*, 52ff.

[51] Z. E. Kurzweil, *Modern Trends in Jewish Education* (London 1964), 257ff.

[52] Quoted in Marmorstein, *op. cit.*, 144.

[53] Case quoted in Chaim Bermant, *On the Other Hand* (London 1982), 55.

[54] Quoted in *ibid.*, 56.

[55] Quoted in Leslie, *op. cit.*, 62.

[56] Numbers 5:2—3.

[57] Numbers 19:17—18.

[58] N. H. Snaith, *Leviticus and Numbers* (London 1967), 270—274.

[59] Immanuel Jacobovits, *The Timely and the Timeless* (London 1977), 291.

[60] I Chronicles 28:19.

[61] For the arguments, see Jacobovits, *op. cit.*, 292—294.

[62] *Encyclopaedia Judaica*, XV 994.

[63] Such as Richard Harwood, *Did Six Million Really Die?* (New York 1974) and Arthur Butz, *The Hoax of the Twentieth Century* (New York 1977).

[64] For the charges see Moshe Pearlman, *The Capture and Trial of Adolf Eichmann*

(London 1963), appendix 633—643.

[65] *Ibid*., 85.

[66] *Ibid*., 627.

[67] Hanoch Smith, 'Israeli Reflections on the Holocaust', *Public Opinion* (December—January 1984).

[68] Quoted in John C. Merkle, *The Genesis of Faith: The Depth Theology of Abraham Joshua Herschel* (New York 1985), 11.

[69] Cohen, *op. cit*., 6—7.

[70] See the useful map, 'World Jewish Population 1984', in Howard Sachar, *Diaspora* (New York 1985), 485—486.

[71] H. S. Kehimkan, *History of the Bene Israel of India* (Tel Aviv 1937).

[72] For Indian Jews see Schifra Strizower, *The Children of Israel: The Bene Israel of Bombay* (Oxford 1971) and *Exotic Jewish Communities* (London 1962).

[73] Quoted in *Encyclopaedia Judaica*, ix 1138—1139.

[74] P. Lévy, *Les Noms des Isra lites en France* (Paris 1960), 75—76.

[75] Quoted in P. Girard, *Les Juifs de France de 1789 à 1860* (Paris 1976), 172.

[76] Domenique Schnapper, *Jewish Institutions in France* (trans., Chicago 1982), 167, note 22.

[77] Irving Kristol, 'The Political Dilemma of America Jews', *Commentary* (July 1984); Milton Himmelfarb, 'Another Look at the Jewish Vote', *Commentary* (December 1985).

[78] D. M. Schreuder, *The Scramble for Southern Africa, 1877—1895* (Oxford 1980), 181ff.; Freda Troup, *South Africa: An Historical Introduction* (London 1972), 153ff.

[79] For the Jewish pioneers see Geoffrey Wheatcroft, *The Randlords: The Men Who*

Made South Africa (London 1985), 51ff., 202ff. For the second generation see Theodore Gregory, *Ernest Oppenheimer and the Economic Development of Southern Africa* (New York 1977).

[80] Quoted in Wheatcroft, *op. cit.*, 205 footnote.

[81] J. A. Hobson, *The War in South Africa: Its Cause and Effects* (London 1900), esp. part II, ch. 1, 'For Whom Are We Fighting?'

[82] J. A. Hobson, *Imperialism: A Study* (London 1902), 64.

[83] R. K. Karanjia, *Arab Dawn* (Bombay 1958); quoted in Wistrich, *Hitler's Apocalypse*, 177. See Y. Harkabi's important compilation, *Arab Attitudes to Israel* (Jerusalem 1976).

[84] For instance *The Palestine Problem* (1964) published by the Jordanian Ministry of Education, and a handbook under a similar title put out by the Indoctrination Directorate of the United Arab Republic Armed Forces.

[85] *Encyclopaedia Judaica*, iii 138, 147.

[86] D. F. Green (ed.), *Arab Thelogians on Jews and Israel* (3rd edn, Geneva 1976), 92—93.

[87] Wistrich, *Hitler's Apocalypse*, 181.

[88] Leon Roth, *Judaism: A Portrait* (London 1960).

[89] Joshua 1:9.

索 引

（以下页码为原书页码，即本书页边码）

A

Aaron (brother of Moses)，亚伦（摩西之兄）28

Aaron of York，约克的亚伦 212—213

Abbasid dynasty，阿拔斯王朝 176

Abd al-Rahman III，阿卜杜·拉赫曼三世 177

Abimelech (king)，亚比米勒王 14—15

Abimelech (son of Gideon)，亚比米勒（基甸之子）49

Abrabanel, Isaac，阿巴伯内尔，以撒 248

Abracadabra，阿布拉卡达布拉（魔术师表演时的念词）264

Abraham 亚伯拉罕，3，4—5，10，12—13，13—14，22；他的时代，10—11；希伯来宗教创始人，16—20

Abraham ben David，亚伯拉罕·本·大卫 198

Absalom，押沙龙 54，60

Aden, immigration to Israel from，从亚丁移民至以色列 529

Adler, Alfred，阿德勒，阿尔弗雷德 417—418

Adler, Hermann, 阿德勒, 赫尔曼 398

Adler, Samuel, 阿德勒, 塞缪尔 369

Adler, Victor, 阿德勒, 维克多 354

advertising, Jews and, 犹太人和广告宣传, 285

Aelia Capitolina (Jerusalem, q.v.), 埃利亚-卡皮托利纳（即耶路撒冷，参见该条）143

Aggadah, 哈加达 152

Agudah, 正教组织 548—549, 551

Agudath Yisra'el, 以色列正教运动 403

Ahab, 亚哈 65—66, 66—67, 68

Ahad Ha'Am, 阿哈德·哈阿姆 433, 434, 435

Aharonim, 后学者 153

Ahimeir, Abba, 阿希梅厄, 阿巴 446

Akiva ben Joseph, Rabbi, 阿基瓦·本·约瑟夫, 拉比 90, 141—142, 142, 152, 155, 174, 179

Albo, Joseph, 阿尔博, 约瑟 222

Albright, W. F., 奥尔布赖特, W. F. 7, 11

Alexander II, Tsar, 亚历山大二世, 俄国沙皇 359

Alexander the Great, 亚历山大大帝 97, 101

Alexander Jannaeus, 亚历山大·詹尼亚斯 107, 108—109

Alexandria, 亚历山大城 99, 120, 132, 135—136, 147, 205

Alfasi, Isaac, 阿尔法西, 以撒 153

Alfonso de Espina, Fra, 阿方索·德·埃斯皮纳, 方济各会弟兄 225—226

Algeria, immigration to Israel from, 从阿尔及利亚移民至以色列 529

Aliyah, First and Second, 圣地移民潮, 第一次和第二次 432

Alkalai, Rabbi Judah，阿勒卡莱，犹大，拉比 374

Alliance Israélite Universelle，世界以色列联盟 357，564

Allon, Yigal，阿隆，伊加尔 543

Almohad dynasty，穆瓦希德王朝 178

Almoravid dynasty，穆拉比德王朝 178

Alt, A.，阿尔特，A. 6

Amarna Letters，阿马尔奈文书 22—23

Amaziah，亚玛谢 69

Ambrose, Bishop, of Milan，安布罗斯，米兰大主教 164

American Jewish Committee，美国犹太人委员会 374

Americas, Jews in，犹太人在美洲 249—250，560；另见 United States

Amin, Idi，阿明，伊迪 578—579

amoraim，阿摩拉 151

Amos，《阿摩司书》68—69，89，92，519

Amsterdam，阿姆斯特丹 252—253，289，562

Anabaptism，再洗礼派 244

Ancona，安科纳 239，243—244

Ani Ma'amin，我信（迈蒙尼德的 13 条教则）162

Anielewicz, Mordecai，阿涅莱维奇，莫迪凯 509

Anti-Semitic League，反犹联盟 395

anti-Semitism，反犹主义：古代对犹太人的迫害，26，37，133—136，140；基督教的反犹主义 146，165，206—207，211；中世纪西班牙的反犹主义，177，217—229 各处；斐洛对反犹主义的态度，188；伊斯兰教的反犹主义，204—205；中世纪欧洲的反犹主义（另见前面的西班牙），207—217 各处，231—232；

井里投毒的指控，216—217；隔离犹太人，参见 ghettos；现代早期欧洲的反犹主义，242—245，254，258—260，275；世俗知识分子，309—310；19 世纪中期欧洲的反犹主义，317，344—345，348—354，357—365，377，382—390，392—395，404，455—456，569；美国的反犹主义，370，459—460，470，504；并非资本主义的职能，448—449；20 世纪初期欧洲的反犹主义，456—459；纳粹德国的反犹主义，参见 Holocaust 和 Hitler

Antioch，安条克 113，132

Antigonus (nephew of Hyrcanus II)，安提柯（西卡努斯二世的侄子）110，111

Antiochus IV Epiphanes，神显者安条克四世 102，103，134

Antiochus V Eupator，安条克五世 104—105

Antiochus VII Sidetes，来自锡德的安条克七世 134

Antipater，安提帕特 109

Antwerp，安特卫普 502，562

apocalyptic texts，启示文学作品 120—122，195—196，220—221

Apocrypha，次经 90—91，152

Apollonius Molon，阿波罗尼乌斯·摩隆 135

Aqaba, Gulf of，亚喀巴湾 533，534

Arabia，阿拉伯 435；犹太人在阿拉伯，166—167；另见 Yemen

Arabs，阿拉伯人：阿拉伯人在第一次世界大战，429—435；英国托管时期阿拉伯人对犹太人的态度，430，434—441，521，526；民族主义，434，435；阿拉伯人反对皮尔的分治方案，445；阿拉伯人反对联合国的分治方案，526，532；独立后的阿以战争，527—528；巴勒斯坦难民，528—530；阿拉伯人继续对以作战，532—533；阿拉伯人反对戴维营提议，536；油价，536—537；阿拉伯人在联合国的影响增加，537；阿拉伯人依然拒绝和以色列谈判，537；反犹主

义,576—579

Arafat, Yasser,阿拉法特,亚西尔 537

archaeology,考古 7,9,11—12,44,47,139,554

Archelaus,亚基老 118

Arenda system,租赁制度 259

Argentina, Jews in,犹太人在阿根廷 396,560

Aristeas, Letter of,《阿里斯狄亚书简》117

Aristotle,亚里士多德 102

Ark (of the convenant),约柜 41—42,57,58—59,63

Arlosoroff, Chaim,阿尔洛索罗夫,哈伊姆 446

Armenia, Jews in,犹太人在亚美尼亚 250

Artaxerxes,亚达薛西 117

artists, Jewish,犹太艺术家 411—412

arts, Jews and the,犹太人和艺术 408—412

Ascalon,亚实基伦 50,113

asceticism,苦行主义 155

Ashdod,亚实 50

Asquith, H. H.,阿斯奎思,H. H. 432,426—427

Assumptionists,圣母升天会 383,385,388,390

Assyria,亚述 8,50,69—70,73,77

Astruk ha-Levi, Rabbi,阿斯特鲁科·哈勒维拉比 223

Atonement, Day of,赎罪日 83

Attalus,阿塔罗斯 97

Augsburg, Peace of,《奥格斯堡和约》243

Augustine, St，圣奥古斯丁 165

Augustus, Emperor，奥古斯都皇帝 117

Auschwitz，奥斯威辛 491—492，495，496，497—498，505，509，509—510

Australia and New Zealand, Jews in，犹太人在澳大利亚和新西兰 561

Austria, Jews in，犹太人在奥地利 305，313，356，447，497，499，516

Averroes，阿威罗伊 188

Avicenna，阿维森纳 188

B

Baader-Meinhof gang，巴德尔 – 迈因霍夫团伙 579—580

Baal，巴力 67，68，72

ba'al shem，美名大师 264，265，295

Ba'al Shem Tov (Israel ben Eliezer)，美名大师托夫（以色列·本·以利撒）295

Babel, Isaac，巴贝尔，艾萨克 454—455

Babylon, Babylonia，巴比伦，巴比伦王国 9，77—79；犹太人流亡到巴比伦；，78，81—85；从巴比伦回归，85—87，96—97；巴比伦的犹太社团，134—151，153，162—163，171，181—183

Baeck, Leo，拜克，利奥 406

Baer, Dov，巴尔，多夫 参见 Dov Baer

Baghdad，巴格达 176

Bakst, Leon，巴克斯特，莱昂 410

Balfour, A. J.，贝尔福，A. J. 319，379，425，427，428，429，431

Balfour Declaration，《贝尔福宣言》429—430，436，437，439—440，445，548

索 引

ballet，芭蕾舞 410—411

Bamberger, Ludwig，班贝格，路德维希 405

Baniyas，巴尼亚斯 113

Bank of America，美国银行 465

Bank of England，英格兰银行 283

Banks，银行 参见 money

Bar Kokhba, Simon，巴尔·科赫巴，西门 141—142

Bar-Lev, Haim，巴尔－列夫，哈伊姆 543

Barbados, Jews in，犹太人在巴巴多斯 249

Baron, Salo，巴伦，萨洛 16，41，42

Barruel, Abbé，巴吕埃尔神父 310

Barsauma，巴·扫马 165

Baruch，巴录 91

Baruch, Bernard，巴鲁赫，伯纳德 467—468

Bassevi von Treuenberg, Jacob，巴塞维·冯·特鲁恩伯格，雅各 253，254

Bauer, Bruno，鲍威尔，布鲁诺 350—351

Bauer, Otto，鲍威尔，奥托 354

Bea, Augustin，贝亚，奥古斯丁 517

Bebel, August，贝贝尔，奥古斯特 352

Be'er Toviyyah，贝尔图维亚 432

Begin, Menachem，贝京，梅纳赫姆 444，506，521—524，528，529，536，542，542—543，545—546，580

Begin, Ze'ev Dov，贝京，泽埃夫·多夫 423—424

Beinart, Heim，贝纳特，哈伊姆 224

Belgium，比利时：犹太人在比利时，497，502，561；安特卫普，562

Belloc, Hilaire，贝洛克，伊莱尔 456，457

Belson，贝尔森 512

Belzec，贝乌热茨 490，495，497，498，508，511

Ben Gurion, David，本 - 古里安，戴维，441—443，541；他的三条原则，442；他和第二次世界大战，520，522；抵抗英国，522，523；他和以色列国的建立，526—527；反对贝京，542—543；他和战后赔偿，514—515；以色列总理，544—545；其他提及之处：399，446

Ben Sira，便西拉 参见 Ecclesiasticus

Benaiah，比拿雅 48

Benda, Julien，班达，朱利安 382

Bene Israel，本尼以色列人 552，561，562

Benedict XIII, Pope，本笃十三世，教宗 213

Benjamin, Walter，本雅明，沃尔特 480—481

Benjamin of Tudela，图德拉的本杰明 151，169—170，176

Bentinck, Lord George，本廷克，乔治，勋爵 318，325

Berbers，柏柏尔人 178

Berenson, Bernard，贝伦松，伯纳德 502

Bergson, Henri，柏格森，亨利 419

Berlin，柏林 356，478，562；柏林会议，447

Berlin, Irving，柏林，欧文 462

Bernal, Ralph，伯纳尔，拉尔夫 313

Bernardino de Fletre，贝尔纳迪诺·德·弗莱彻 216

Bernardino of Siena，锡耶纳的贝尔纳迪诺 216

索 引

Bernstein, Eduard，伯恩斯坦，爱德华 449

Bertinoro, Obadiah ben Abraham Yare of，贝尔蒂诺罗，贝尔蒂诺罗的俄巴底亚·本·亚伯拉罕·雅尔 266

Bet She'arim，贝特舍阿里姆 151，152

Betar (Jewish youth movement)，贝塔尔（犹太青年运动）444

Betar (town in Judaean hills)，贝塔尔城（犹地亚山区城市）141

Beth-Shemesh，贝特谢梅什 47

Bethel，伯特利 64，68—69，78

Bevin, Ernest，贝文，欧内斯特 521，524

Bialystok，比亚韦斯托克 508

Bible,《圣经》：作为历史记录，4，5—15，91—93；历史事件在《圣经》中的年代，9，11，50；《圣经》中的女性，15—16；《圣经》中的个体描写，15；《圣经》是神学表述，讲述人与上帝的关系，16—20；《圣经》将成就视为美德的标记，24；《圣经》中生动的细节描写，48；正典，得到公认的版本，87—91，95—96，149；对犹太人的批判，206；《圣经》中提到的魔鬼，264；现代早期对《圣经》的批判，291；另见《圣经》各卷

Birnbaum, Nathan，比恩鲍姆，纳坦 398

Black Death，黑死病 216—217

Blum, Léon，布卢姆，莱昂 458—459

Boas, Franz，博厄斯，弗朗茨 405

Bohemia, Jews in，犹太人在波西米亚 253

Bolshevism, Jews identified with，犹太人对布尔什维克主义的认同 448—460，472

Bomberg, Daniel，邦伯格，丹尼尔 236

Books，书籍 190，287—288

· 949 ·

Börne, Ludwig，伯尔内，路德维希 349，350

Boston，波士顿 566

Brandeis, Louis，布兰代斯，路易斯 460—461，467

Braun, Adolf，布劳恩，阿道夫 354

Brazil, Jews in，犹太人在巴西 249，560

Breuer, Issac，布罗伊尔，伊萨克 548

Brit Habirionim，铁腕联盟 446

Britain, England 英国，英格兰：直至 18 世纪英国的犹太人，208—210，211—213，216，274—275，276—278，282—283，307，308，312—313；19 世纪在英国的犹太人，317—322，335，376—377；英国和犹太复国主义，参见 Zionism；巴勒斯坦的托管，参见 Palestine；第二次世界大战，503，505—506，520—521；从英国移民至以色列，539；战后英国的犹太人，561，565—566

broadcasting，广播 462—463

Budapest，布达佩斯 256，356

Bulgaria, immigration to Israel from，从保加利亚移民至以色列 539

Bund, the，崩得 449—450，453

Byblos，比布鲁斯 13，98，113

Byzantine empire，拜占庭帝国 166，205

C

Caesarea，凯撒里亚 113，136，151

Cairo，开罗 183，202；Fustat，福斯塔特 179，184，202，204

calendar, Jewish，犹太历法 149，151，163

California,加利福尼亚 366

Caligula, Emperor,卡里古拉皇帝 136

Calvin, Jean,加尔文,让 242—243

Camp David,戴维营 536

Canaan,迦南 6,10,19,21—23,42—43,44—45,49

Canada, Jews in,犹太人在加拿大 560;蒙特利尔和多伦多,566

Canticles (Megillot),所罗门之歌(节日五书卷)90

Cantonist Decrees,征兵法令 358

Capernaum,迦百农 152

Capitalism,资本主义 245—247,284,287,352—353

Carlyle, Thomas,卡莱尔,托马斯 94

Caro, Joseph,卡洛,约瑟夫 153,263—367,263,288

Carolingians,加洛林王朝 205

Carter, Jimmy,卡特,吉米 536

cathedocracy,权威政体 149,168,179,180

Caucasus, Jews in,犹太人在高加索 360

Cecil, Lord Robert,塞西尔,罗伯特,勋爵 427

celibacy,禁欲 155

Céline,塞利纳 500

Central Conference of American Rabbis,美国拉比中央会议 369

Chagall, Marc,夏加尔,马克 411,412

Chaldeans,迦勒底人 10

Chamberlain, Joseph,张伯伦,约瑟夫 401

Charles IV, Emperor,查理四世,皇帝 217

Charles V, Emperor，查理五世，皇帝 243

Charles VI, Emperor，查理六世，皇帝 287—288

Charles II, King，查理二世，皇帝 278

Chateaubriand, Vicomte de，夏多布里昂子爵 332

Chelmno，海乌姆诺 495，496，498，508

Chesterton, G. K.，切斯特顿，G. K. 456

Chicago，芝加哥 566

Child, Sir Josiah，蔡尔德，乔赛亚，爵士 285

China, Jews in，犹太人在中国 562

Chmielnicki, Bogdan，赫梅尔尼茨基，博格丹 259

Christiani, Pablo，克里斯蒂亚尼，巴勃罗 218

Christians, Christianity 基督徒，基督教：早期，125，128—133，143—147，162；基督教和犹太教，参见 Judaism；憎恨和迫害犹太人，146—147，164—165，174，206—229，240，242—245；教条的神学，161—162；在罗马帝国后期基督教被确立为国教，164；基督徒和土耳其人，239—240；犹太人在19世纪改信基督教，312—313；犹太人采用基督教的崇拜方式，333；另见 Jesus Christ, Protestantism, Roman Catholic Church

Chronicles,《历代志》89

Chrysostom, St John，金口若望 165

Churchill, Lord Randolph，丘吉尔，伦道夫，勋爵 319

Churchill, Winston，丘吉尔，温斯顿 425，440，443，457，503，505，520—521

Cinema，电影业 参见 film industry

circumcision，割礼 37，83，133—134

Cistercian order，西多会 212

索 引

Ciudad Real，雷阿尔城 224—225，228

Claudius, Emperor，克劳狄乌斯皇帝 135—136

Clemenceau, Georges，克列孟梭，乔治 386，387

Clement VI, Pope，克雷芒六世，教宗 217

Cochin Jews，科钦犹太人 561，562

Codex Alexandrinus，亚历山大抄本 91

Codex Sinaiticus，西奈山抄本 91

Codex Vaticanus，梵蒂冈抄本 91

Cohen, Rabbi Abraham，亚伯拉罕·柯恩拉比 238—239

Cohen, Arthur，科恩，阿瑟 560

Cohen, Hermann，科恩，赫尔曼 405—406

Cohen, Mordecai Zemah，科恩，末底改·泽马 253

Cohn, Ferdinand Julius，柯恩，费迪南·尤利乌斯 405

Cohn, Harry，科恩，哈里 464

Colon, Rabbi Joseph，科隆，约瑟夫，拉比 174

Colorni, Abraham，科洛尔尼，亚伯拉罕 239

Columbus, Christopher，哥伦布，克里斯托弗 230

concentration camps, death camps，集中营，死亡集中营 485，490，493，495，504，508—512

Constantine, Emperor，君士坦丁大帝 164

Constantinople，君士坦丁堡 169—170，239，240

Conversos，改宗者 参见 marranos

Córdoba，科尔多瓦 177，178

Corinthians, First Epistle to，《哥林多前书》95

· 953 ·

Counter-Reformation，反教改运动 243，244—245，246—247

courts, Jewish，犹太法庭 156—157

Cracow，克拉科夫 231，250，513

Crémieux, Adolphe，克雷米厄，阿道夫 322

crime, in USA，美国的犯罪情况 466—467

Cromwell, Oliver，克伦威尔，奥利弗 276—277

Crusades，十字军 205，207—208，210

Cypros，塞浦斯城堡 114

Cyrus the Great，居鲁士大帝 84，85

Czechoslovakia，捷克斯洛伐克 447，539，570

D

Dachau，达豪集中营 485

Damascus，大马士革 61，66，113，132，322，357

Daniel，《但以理书》89，95，97，121

Daniel Deronda (Eliot)，《丹尼尔·德龙达》（艾略特著）378—379

Darius，大流士 86

David, King，大卫王 3，48，50，54—61

Dayan, Moshe，达扬，摩西 543

d'Holbach, Baron，霍尔巴赫男爵 309

Dead Sea Scrolls，死海古卷 91，145

Deborah, Song of Deborah，底波拉，底波拉的歌 15—16，21，46，89

Decalogue, Ten Commandments，十诫 34—35

索　引

Decapolis，低加波利 108

Defoe, Daniel，笛福，丹尼尔 285

Deganya，代加尼亚 432

Deir Yassin，亚辛村 528—529

Denmark, Jews in，犹太人在丹麦 502

Depression, Great，大萧条 482

Deutero-Isaiah，第二以赛亚书 74，76，85，331

Deuteronomy，《申命记》8，27，34，35，36，129，173，248—249

Deutsch, Emmanuel，多伊奇，艾曼纽 378

dhimmis，契约民 175，204

Dickens, Charles，狄更斯，查尔斯 376—377

Diderot, Denis，狄德罗，丹尼斯 309

Dio Cassius，狄奥·卡西乌斯 140—141，142

Disraeli, Benjamin，迪斯雷利，本杰明 311，317—318，318，320—321，323—325，355，375—376，377，376

Divorce，离婚 128，201

Dohm, Christian Wilhelm von，多姆，克里斯蒂安·威廉·冯 302—303

Dominican order，多明我会 192，211，215—216，217，218

Donin, Nicholas，多宁，尼古拉斯 217—218

Dov Baer，多夫·巴尔 297

Dreyfus affair，德雷福斯事件 379—380，384—390，395—396，402，404，457—458

Drumont, Edouard，德吕蒙，爱德华 382，385，388

Dühring, Eugen，杜林，欧根 394

Dura Europus，杜拉欧罗普斯 151

· 955 ·

E

Eban, Abba，埃班，阿巴 531—532

Ebionites，伊便尼派 144

Ebla (Tell Mardikh)，埃勃拉（今泰勒马尔迪赫丘）12

Eblon, King，伊矶伦，国王 45—46

Ecclesiastes，《传道书》89，90，93，97—98，249

Ecclesiasticus (Wisdom of Ben Sira)，《德训篇》(《便西拉智慧书》) 90—91，95，146，249

Edison, Thomas，爱迪生，托马斯 463

Eden, Anthony，艾登，安东尼 503

Edom，以东 3

Education，教育：古代的教育，106；以色列的教育 551—552

Edward I, King，爱德华一世，国王 213，276，277

Egypt (ancient)，埃及（古代），11，14，22，24—25，30—31，36，73，101，132；从埃及出走，参见 Israel；被巴比伦击败，77

Egypt (in Graeco-Roman period)，埃及（希腊—罗马时代），101，132；亚历山大城，99，120，132，135—136，147

Egypt (in Middle Ages)，埃及（中世纪）205；另见 Cairo

Egypt (modern state)，埃及（现代国家）：与以色列的关系，527—528，533—536；巴勒斯坦的阿拉伯人移民至埃及，528；从埃及移民至以色列，529

Ehrenburg, Ilya，爱伦堡，伊里亚 570

Enrich, Paul，埃利希，保罗 405

Ehud，以笏 46

Eichmann, Adolf，艾希曼，阿道夫 496，499，558，578

Einhorn, David，爱因霍恩，大卫 369

Einsatzgruppen，别动队 494

Einstein, Albert，爱因斯坦，阿尔伯特 418—420，423，446

Eisenbeth, Maurice，艾森贝特，莫里斯 356

Eisner, Kurt，艾斯纳，库尔特 450

Ekron (Philistine city)，以革伦（非利士城市）50

Ekron (Zionist colony)，埃克龙（犹太复国主义殖民地）432

Elam，埃兰 32

Elath, Eliahu，以拉他，埃利亚胡 541

Elazar, David，埃拉扎尔，戴维 543

Eliezer ben Yehuda，埃利泽·本·耶胡达 540，541

Eliezer ben Yose，埃利泽·本·约斯 179

Elijah，以利亚 38，66—67，68

Elijah ben Solomon Zalman，以利亚·本·所罗门·扎尔曼 297—298

Eliot, George，艾略特，乔治 378—379

Elisha，以利沙 38，51，67—68

Elisha ben Avuyah，以利沙·本·阿布亚 150

Encyclopaedia Britannica，《大英百科全书》379

Engels, Friedrich，恩格斯，弗里德里希 348，350

England，英格兰 参见 Britain

enlightenment, the，启蒙运动 298—300，303，304—305，306，308—309

Enoch，以诺 121，124，195

Ephraim Solomon ben Aaron，以法莲·所罗门·本·亚伦 253

Ephron the Hittite,赫人以弗仑 5

Erasmus,伊拉斯谟 146,241

Esau and Jacob,以扫和雅各 13

Esdras,《以斯得拉书》90—91

Eshkol, Levi,埃什科尔,列维 541,546

Essenes,艾赛尼派 98,122,123,126

Esther,《以斯帖记》89,90,236

Estonia,爱沙尼亚 447

Ethiopia, Jews in,犹太人在埃塞俄比亚 540,552,561

Etting, Solomon,埃廷,所罗门 366

eucharist,圣餐 144

Eusebius,尤西比乌斯 22

excommunication,逐出教会 221

exilarchs,犹太宗主 162—163,181

Exodus (biblical book, see also Exodus under Israel),《出埃及记》(《圣经》的一卷;另见 Israel 一条中的"从埃及出走") 23,25—26,27,28,34,35,39,42,173

Ezekiel,以西结 81—82,89

Ezra,以斯拉 85,86,87,89,96,103

F

Facchinetti, Giovanni Antonio,法契内蒂,乔瓦尼·安东尼奥 245

Falasha Jews,法拉沙犹太人 540,552

Falcon, Fernan,法尔孔,费尔南 228

Falk, Samuel Jacob Hayyim，法尔克，塞缪尔·雅各布·海依姆 274—275

Farben (IG)，法本公司 491—492，516

Farissol, Abraham，法理索尔，亚伯拉罕 248

fasting，禁食 155

Fatah, Al-，青年阿拉伯协会 434

Feisal, Emir，费萨尔，埃米尔 435

Ferdinand II, Emperor，费迪南二世，皇帝 254，255

Ferdinand I, King, of Aragon，费迪南一世，国王阿拉贡 222

Ferdinand II, King, of Aragon，费迪南二世，国王阿拉贡 226，227

Ferrer, Vicente，费雷尔，维森特 222—223

Feuchtwanger, Leon，福伊希特万格，利翁 258

film industry, cinema，电影业 463—466，478—479

Final Solution，最终解决方案 参见 Holocaust

Finance，金融 见 money

Finland, Jews in，犹太人在芬兰 502

First World War，第一次世界大战 423—424，433—434，471

Fisch, Harold，菲施，哈罗德 553

Flick, Friedrich，弗利克，弗里德里希 515

Flood, Deluge，大洪水 8—10

Florus, Gessius，弗洛鲁斯，格西乌斯 136

Forrestal, James，福雷斯特，詹姆斯 525

Fourier, François，傅立叶，弗朗索瓦 349

Fox, William，福克斯，威廉 464

France，法国：犹太人在大革命之前的法国，208，211，213，217—218，252，255，

306；大革命，启蒙运动，拿破仑，306—307，307—308，308—310，313；犹太人获得与基督徒平等的权利，313；犹太人在19世纪后期的法国，380—384；反犹主义和德雷福斯案件，参见 Dreyfus；第二次世界大战，500；从法国移民至以色列，539；犹太人在战后的法国 561，563—565，566

Franciscan order，方济各会 211，215—216，217，218

Frank, Jacob，弗兰克，雅各布 273—274

Frankfurt，法兰克福 253，254，356，562

Frankfurt Institution for Social Research，法兰克福社会研究所 479

Frankfurter, Felix，弗兰克福特，费利克斯 461

Franzos, Karl Emil，弗兰佐斯，卡尔·埃米尔 312

Frederick the Great，腓特烈大帝 300，304—305

Freemasonry，共济会 383—384

French Revolution，法国大革命 306，308

Freud, Sigmund，弗洛伊德，西格蒙德 29，391，412—418，473—474，511

Fustat (Cairo)，福斯塔特（开罗）179，184，202，204

G

Gallus, Cestius，加卢斯，卡斯提乌斯 137

Gamal，杰马勒 98

Gamaliel the Elder，迦玛列长老 125，151

Gamaliel II, Rabbi，迦玛列二世，拉比 146，150

Gans, Eduard，甘斯，爱德华 326，342—343

gaons (geonim)，加昂 153

索 引

Gath，迦特 50

Gaza，迦萨，加沙 13，50，98，534；加沙地带 528，532

Gederah，盖代拉 432

Geiger, Rabbi Abraham，盖格尔，亚伯拉罕，拉比 333—334

Genesis，《创世记》7—8，10—15

genizah，贮藏室 184

Genoa，热那亚 239

George III, King，乔治三世，国王 308

Georgia, Jews in，犹太人在格鲁吉亚 250

Gerald of Wales，威尔士的杰拉尔德 206—207

Gerizim, Mount，基利心山 107，165—166

Germany，德国：犹太人在 19 世纪前的德国，230，230—231，231—232，242—243，253，254—256，299，304—305；犹太人在 1815—1914 年的德国，313，326，344—345，392—393，404—408；第一次世界大战，423—424；纳粹时期的德国，参见 Holocaust, Nazis；从德国移民至以色列，539；犹太人在联邦德国，561，562

Gerónimo de Santa Fé，赫罗尼莫·德·桑特菲 222—223

Gershwin, George，格什温，乔治 462

Gezer，基色 60—61，61

Ghettos，隔离区 232，235—238，241，287，295；威尼斯的隔离区，235，237—238；天主教国家的隔离区，243—244；隔离区的民间传统，263—266；法国大革命后隔离区被毁，306；第二次世界大战期间波兰的隔离区，507—510

Gibeon，基遍 43—44，78

Gide, André，纪德，安德烈 390

Gideon，基甸 49，87—88

Gideon, Samson，基甸，萨姆森 282—283，313

Gilgamesh，《吉尔伽美什史诗》8—9

Glueck, Nelson，格卢克，纳尔逊 12，62

gnosticism，诺斯替主义 195

Gobineau, Comte Joseph de，戈比诺，约瑟夫·德，伯爵 382

God, Jewish，犹太人的上帝 8，41—42，161—162；人与上帝的关系，10，16—20，26，33—35，40—41，144—145，155

Goebbels, Josef，戈培尔，约瑟夫 484，485，486，488，491，497，503

Goitein, S. D.，戈伊坦，S. D. 184

Golan Heights，戈兰高地 534

Goldwyn, Sam，戈尔德温，萨姆 464，465

golem，魔像 265

Gordon, Lord George，戈登，乔治，勋爵 307

Göring, Hermann，戈林，赫尔曼 495—496

gospels，福音书 145—146

Graetz, Heinrich，格雷茨，海因里希 330—331，380

Granada，格拉纳达 177，178

Grant, Madison，格兰特，麦迪逊 459

Grant, General Ulysses S.，格兰特，尤利西斯·S. 368—369

Greece (ancient)，希腊（古代），28—29，92，101—102；亚历山大征服，97—98；西亚的希腊化，98，另见 Palestine；希腊与犹太人的关系 119—120，134

Greece (modern), Jews in，犹太人在希腊（现代）447，497

Gregory the Great, Pope，大格里高利，教宗 206

Gregory IX, Pope，格里高利九世，教宗 215，217

Grey, Sir Edward，格雷，爱德华，爵士 425—426

Guardians of the City，圣城守护者 549—550

Gudemann, Moritz，古德曼，莫里茨 398

Guide of the Perplexed，《迷途指津》参见 Maimonides

H

Ha'Am, Ahad，哈阿姆，阿哈德 参见 Ahad Ha'Am

Habakkuk，《哈巴谷书》89

Habiru，哈比鲁人 13—15，20

Hadera，哈代拉 432

Hadrian, Emperor，哈德良皇帝 140—141，142—143

Haganah，哈加纳 434，436，445，521，522—524，526—527

Haggai，《哈该书》89

Hagiogrpha (Ketuvim)，圣录 89

Haifa，海法 432

Hakamim，智慧派 126—127

halakhah，哈拉哈 152

Halévy, Jacques，阿莱维，雅克 409

Hammerstein, Oscar, I and II，哈默斯坦，奥斯卡，一世、二世 462

Hammurabi，汉谟拉比 11，14，32，36

Hanukkah, Feast of，光明节 104

Harden, Maximilian，哈登，马克西米利安 471

Harding, G. L., 哈尔丁, G. L. 123

Harnack, Adolf von, 哈纳克, 阿道夫·冯 406

hasidim, Hasidism, 哈西德派, 哈西德主义 103, 104, 297—298

haskalah, Jewish enlightenment, 哈斯卡拉运动, 犹太启蒙运动 298—300, 335—336

Hasmonean family (Maccabees), 哈斯蒙尼家族（马加比家族）104—111

Hazor, 夏琐 44, 60, 70

Hebrew (language), 希伯来语 20, 335—338, 339—340, 442, 540—542

Hebrew Union College, 希伯来协和学院 20, 369, 373

'Hebrews', "西伯来人" 20

Hebron, 希伯伦 3—5

Hecataeus of Abdera, 阿布德拉的赫卡塔埃乌斯 29, 134

Hegel, G. W. F., 黑格尔, G. W. F. 6

He-Halutz bureau, 拓荒先锋机构 442

Heine, Heinrich, 海涅, 海因里希 312, 341—347, 349

Hellman, Lillian, 海尔曼, 莉莲 469—470

Henry, Jacob, 亨利, 雅各布 366

Heraclitus, 赫拉克利特 29

Heraclius, Emperor, 希拉克略皇帝 166

heresies, Christian, 基督徒的异端 210—211, 214

Herod Agrippa, 亚基帕, 希律 118

Herod Antipas, 安提帕斯, 希律 123—124

Herod the Great, 大希律 3, 62, 109—118

Herodium, 希律堡 114, 139, 141

Herschel, Abraham Joshua, 赫舍尔, 亚伯拉罕·约书亚 559—560

Herzl, Theodor，赫茨尔，西奥多 363—364，380，391—392，395—402，434，562

Hess, Moses，赫斯，摩西 346，375

heter iskah，豁免合同 251

Heydrich, Reinhard，海德里希，莱因哈德 494，496，497

Hiddushim，新律 153

Hijaz，汉志 166

Hilberg, Raul，希尔贝格，劳尔 486，496

Hilferding, Rudolf，希法亭，鲁道夫 477

Hillel the Elder (Hillel the Babylonian)，希勒尔长老（巴比伦的希勒尔）127—128，150—151，154，158，263

Hillesum, Ettie，伊勒桑，埃蒂 509

Himmler, Heinrich，希姆莱，海因里希 484，485，485—6，488，490，491，495，501—502

Hiram, King, of Tyre，希兰，推罗王 61—62，62

Hirsch, Baron Maurice de，希尔施，莫里斯·德，男爵 396，398

Hirsch, Rabbi Samson Raphael，希尔施，萨姆松·拉斐尔，拉比 328—329，331，403

Hirsch, Rabbi Samuel，赫希，塞缪尔，拉比 369

Hirschel, Hans，希舍尔，汉斯 498—499

Hisdai ibn Shaprut，希斯代·伊本·沙普鲁特 177

Histadrut，犹太工人总工会 442

Hitler, Adolf，希特勒，阿道夫，471—472；下令捣毁海涅墓，345；李普曼对希特勒的评论，469；他的反犹主义，472—474，482—497 各处，503，541；当选总理，482；他的反犹主义的产物战争，488—489，492；他和墨索里尼，501；另见 Holocaust, Nazis

Hittites，赫人 32，36，91

Hiya Rabbah, Rabbi，贺雅·拉巴拉比 151

Hobson, J. A.，霍布森，J. A. 573—574

Hochberg, Karl，霍克伯格，卡尔 354

Hoddis, Jacob von，霍迪斯，雅可布·冯 421

Holdheim, Rabbi Samuel，霍尔德海姆，萨穆埃尔，拉比 334

Holocaust，大屠杀：最终解决方案，490—517；希特勒的计划，484；德国人对大屠杀的知情和默许，488，490，491—492，497，498—499；犹太人劳累至死，490—492；德国实业家和大屠杀，491—492，515—516；犹太人全面遭屠杀，492—498；第一个毒气室，493；机动杀戮部队，493—495；死亡集中营，493，495—498；基督教会和大屠杀，493，516—517；遇害人数，493，494，497—498，499—500，502，512；奥地利人和大屠杀，497，499，516；罗马尼亚人和大屠杀，499—500；法国人和大屠杀，500；意大利人抵抗大屠杀，501—502；在欧洲的部分被占区遭遇失败，502；同盟国政府和大屠杀，502—506；犹太人没有抵抗，506—510；犹太人不分年龄和身体状况均遭屠杀，510—511；大屠杀的最后阶段，512；反犹主义者对大屠杀的反应，512—513；惩罚和赔偿，513—517，557—559；以色列国和大屠杀，519—520，559—560；

Homberg, Napthali Herz，霍姆伯格，拿弗他利·赫兹 325

Hong Kong，香港 562

Horowitz, Isaiah ben Abraham ha-Levi，霍罗威茨，以赛亚·本·亚伯拉罕·哈勒维 253

Hosea，《何西阿书》71—72，89

Höss, Rudolf，鲁道夫·霍斯 491，498

Hungary, Jews in，犹太人在匈牙利，339，447，451—452，502，560；犹太人在布

达佩斯 356；从匈牙利移民至以色列，539

Hurrians (Horites)，胡利安人（胡里特人）12，32

Husaini, Haji Amin al- (Grand Mufti of Jerusalem)，侯赛尼，哈吉·阿明（耶路撒冷大穆夫提）436，437—438，512

Hyrcanus, John，西卡努斯，约翰 107，108

Hyrcanus II，西卡努斯二世 109，110

I

Ibn Ezra, Abraham，伊本·埃兹拉，亚伯拉罕 289

Ibn Shaprut, Hisdai，伊本·沙普鲁特，希斯代 参见 Hisdai ibn Shaprut

Ibn Verga, Solomon，伊本·弗迦，所罗门 233—234

Ibn Yahya, Rabbi Joseph，伊本·叶海亚，约瑟，拉比 236

Idumaea，以土买 107

imprisonment，囚禁 158

India，印度：immigration to Israel from，从印度移民至以色列，539，562；犹太人在印度，561—562

Innocent III, Pope，英诺森三世，教宗 210—211，214

Inquisition, Spanish，西班牙宗教裁判所 226—229

Iran/Persia (ancient state)，伊朗/波斯（古代国家）参见 Persia

Iran/Persia (modern state)，伊朗/波斯（现代国家），577；从伊朗移民至以色列，539；犹太人在伊朗，561

Iraq，伊拉克，176，435，527，528，537；从伊拉克移民至以色列 529

Irgun，伊尔贡 445，522，523，524，528，542

Isaac (son of Abraham)，以撒（亚伯拉罕之子）3，15，17—18

Isaac ben Samuel，艾萨克·本·塞缪尔 183

Isaac the Blind，盲人以撒 198

Isaacs, Sir Rufus，艾萨克，鲁弗斯，爵士 456

Isabella, Queen, of Castile，卡斯蒂尔的伊莎贝拉女王 226，227

Isaiah，以赛亚 16，51，74—76，89，124

Ishmael，以实玛利 15

Islam, Moslems，伊斯兰教，穆斯林 52，166—168，175—176，177—179，188，204—205

Isocrates，伊索克拉底 101

Israel, Israelites (ancient people)，以色列，以色列人（古代民族），6，20—22；宗教，参见 Judaism；十二支派，21；以色列人没有全部去埃及，22—23；从埃及出走，22，23，25—26，29—30，42，134；摩西律法的内容，35—38；精神上既领先又原始，38；新型社会：神权政体，40—41，57；完成对迦南的征服，44—45；以色列和王权国家，49，51，52—54，57，66，68，72，107，156；南方王国和北方王国，54，56，64—65，70—72；失落的支派，70，250，266；另见 Jews

Israel (modern state)，以色列（现代国家）：以色列建国（另见 Zionism），519—527；第一次中东战争，527—528，534；以色列与阿拉伯难民，528—530；边界问题，528，530—533，534，536，537—538；犹太人移民至以色列，529，538—540；以色列的宗教和世俗纷争，533，550—554；以色列国的由来，546—550；纳赛尔和第二次中东战争，533—534；第三次中东战争，534；萨达特和第四次中东战争，534—535；美国对以色列的支持，535，536，566，568，581；政治分歧，535—536，538，542—546；与埃及实现和平，535—537；以色列与希伯来语，540—542；以色列的教育，551—552；以色列的婚姻，552—553；追捕战争罪犯，557—560；20 世纪 80 年代的人口，560；法国犹太人和以色列，565；作为武装避难所，581—582，586

Israel, Jonathan，伊斯雷尔，乔纳森 255

Italy，意大利：犹太人在意大利，216，230—231，239—240，243—244，252，304，306；第二次世界大战，501—502；战后意大利的犹太人口，561，563；另见 Venice

Ivan IV, Tsar, 'the Terrible'，沙皇伊凡四世，"伊凡雷帝"，250

J

Jabneh (Jamnia)，贾布奈 149，150，160

Jabotinsky, Vladimir，亚博京斯基，弗拉基米尔 433—434，436，440，443，443—444，445，446—467，545

Jacob (patriarch)，雅各（族长）3，13，20—22

Jacob ben Asher，雅各布·本·亚设 153

Jael，雅亿 46

Jaffa，雅法 432

Jamaica, Jews in，犹太人在牙买加 249—550

James (brother of Jesus)，雅各（耶稣的兄弟）126

James I, King, of Aragon，詹姆斯一世，阿拉贡国王 218，219

Janua, Peter de，雅努，彼得·德 218

Jason (high-priest)，耶孙（大祭司）102

Jaspers, Karl，雅斯培，卡尔 348

Jebusites，耶布斯人 56

Jefferson, Thomas，杰斐逊，托马斯 303

Jehiel, Rabbi，耶歇拉比 218

Jehoiada，耶和耶大 72

Jehoiakim，约雅敬 78，83

Jehu, son of Nimshi，耶户，宁士的儿子 68

Jephthah，耶弗他 46—47

Jeremiah，耶利米 76—77，78—79，84，89

Jericho，耶利哥城 13，43

Jeroboam，耶罗波安 65

Jerome, St，圣哲罗姆 142，143，165

Jerusalem，耶路撒冷：大卫从耶布斯人手中夺取耶路撒冷，56—57；圣殿，参见 Temple；所罗门大兴土木，60，62；亚述人征服后北方人重新定居耶路撒冷，71；希西家加固耶路撒冷，72—73；被巴比伦人攻陷，78；结束巴比伦流亡后重建耶路撒冷，86—87；公元前第三世纪的人口，97；希腊化，102—104；宗教暴民，105；希律和耶路撒冷，114；公元 66 年起事，136—139；公元 132 年起事，141；哈德良重建耶路撒冷，142—143；巴比伦犹太人和耶路撒冷，163；相继被波斯人和穆斯林攻陷，163，166；19 世纪的人口增长，321，432；1918 年被艾伦比占领，431；1947 年的联合国分治方案，531；1948 年被阿拉伯军团占领，527，555；1967 年以色列夺取老城，534，554，555；戴维营提议，536；人口（20 世纪后期），566

Jerusalem, Grand Mufti of，耶路撒冷大穆夫提 参见 Husaini

Jesus Christ，耶稣基督 124—132，144—145

Jethro，叶忒罗 28

Jewish Agency，犹太事务局 548—549

Jewish Brigade，犹太旅 521

Jewish Colonization Association，犹太殖民协会 432

Jewish Historical Documentation Centre，犹太人历史文献中心 557

Jewish Resistance Movement，犹太抵抗运动 523—524

Jewish Theological Seminary，犹太神学院 373

Jews，犹太人，582—583，585—587；Ashkenazi，阿什克纳齐犹太人，230，231，275，278，305，355—356；犹太商人，参见 money 和 trade；城市居民，566；教育、学问，参见 education 和 scholarship；被拣选的民族，18—19；犹太人撰写的历史，7，87，91—92，96，233，288，327—331，554；用文字保留下来的身份，82；文学，91—93，120；作为移民、定居者，246；犹太人先祖的称呼，20；犹太人的起源，3，4—5；对犹太人的迫害，参见 anti-Semitism；人口：希律时代，112，10 世纪，171，19 世纪，355—356，20 世纪 80 年代，560—561；犹太人与激进政治，354—358；塞法迪犹太人，230，238—239，278，305，355—356，562，563；顽强意志，3，4；三个中心，280；犹太复国主义者的犹太人定义，538；另见 Israel，Judaism

Jezebel，耶洗别 65，66—67，68

Jihad，圣战 175

Job，《约伯记》89，94—95

Joel，《约珥书》89

Johanan ben Torta, Rabbi，约哈南·本·托塔拉比 141—142

Johanan ben Zakkai, Rabbi，约哈南·本·撒该拉比 149，152，263

John，《约翰福音》145—146

John the Baptist，施洗者约翰 123—124

John of Capistrano,卡皮斯特拉诺的约翰 216

John Paul II, Pope,约翰·保罗二世,教宗 563

Jonah,《约拿书》89,99

Jonathan (high-priest),约拿单(大祭司)105

Jordan,约旦 530,533,534;另见 Transjordan

Joseph (son of Jacob),约瑟(雅各之子)3,23—24

Joseph (tax-farmer),约瑟(包税商)99—100

Joseph II, Emperor,约瑟夫二世,皇帝 305

Joseph ben Issac Sambari,约瑟夫·本·艾萨克·萨姆巴里 参见 Sambari

Joseph ibn Awkal,约瑟夫·本·奥卡尔 185

Josephus,约瑟夫斯 22,137—140,152;约瑟夫斯对希律圣殿的描述,115,117;据称手稿中有的内容被删除,206—207;其他提及之处:25,29,40,88,99—100,108,108—109,111,111—112,113,122—123,124,134,147,156,162,180,585

Joshua,《约书亚记》16,23,42—44,45,89,583

Josiah, King, of Judah,犹大国王约西亚 73

Jost, Issac Marcus,约斯特,伊萨克·马库斯 325—326

Judah (southern kingdom),犹大(南方王国)54,56,65,72

Judah, the Galilean,加利利的犹大 122

Judah ha-Kohen ben Joseph,犹大·哈科亨·本·约瑟夫 183

Judah Halevi,犹大·哈列维 197,200,580—581

Judah Ha-Nasi, Rabbi,犹大·哈拿西拉比 150,151,152

Judah of Regensburg,雷根斯堡的犹大 190

Judaism,犹太教,犹太人的宗教(为方便起见,此处犹太人的宗教和古代以色列人的宗教被视为一个)，9—10，582；亚伯拉罕为犹太教的创始人，16—20；一神教，16，22，30，38—39，76，101，167，585，另见 God；犹太教的两个重要特征，17；人的生命的神圣性，10，33—34；犹太教中的理性主义，38；犹太教的保守性和革命性，39；拒绝拜偶像，39—40，151；犹太教和国家，53，57—58，83—84，107，156，546—553；殉道，殉道文学，75，104，120；个体当责，82；节日，83；由以斯拉正式创立，87；圣书，87—91，95—96，152—154；正典确立后变得统一和严格，96；犹太教的教派，98，123，160—161；犹太教的改革派被马加比家族击败，100—101，102—104，105，132；死亡，审判，来世，121—122，161；犹太教和基督教，128—129，130—132，132—133，143—146，154—155，206，406；不再是民族宗教，成为内向型的权威政体，147，148—150，162；犹太教伦理体系的基本准则，154；反对苦行，154—155；反对意见，多数人裁决，156—157；人身自由和道德自由，158；共同义务，158—159；悔改和赎罪，159—160；和平，非暴力，160；回避信理神学，161—162；信条，162；强调工作的重要性，172；非理性的传统，193—194，294；另见 kabbalah，magic 和 mysticism；中世纪的犹太教，199；天使和魔鬼，263，264；犹太教和非犹太文化，300—303，325，327—332，340；改革派犹太教，332—335，342，369—370，373，547；犹太教的仪式，432，553—556；完美主义者的宗教，553，另见 Bible，Law，Mishnah，rabbis，Talmud，Torah，synagogue

Judas of Gamala，加玛拉的犹大 119

Judas the Maccabee，"铁锤"犹大 104

Judensau，犹太猪 231—232

Judges，《士师记》6，15，45—49，50，87，89

Judith，《犹底特书》90—91

Julian, Emperor，朱利安皇帝 143，164

Julius III, Pope，尤里乌斯三世，教宗 243

Jung, C. G.，荣格，C. G. 416—17，417，474

Justin, St (Justin Martyr)，圣游斯丁（殉道者游斯丁）146—147

Justinian, Emperor，查士丁尼皇帝 166

K

Kabbalah，喀巴拉 194—195，197，198—199，260—267 各处，272—273，274，292

Kadesh，加低斯 42

Kafka, Franz，卡夫卡，弗兰兹 421

Kairouan，凯鲁万 176—177

Kalischer, Rabbi Zevi Hirsch，卡利舍，泽维·希尔施，拉比 374

Kalm, Peter，卡姆，彼得 279

Kaltenbrunner, Ernst，卡尔滕布伦纳，恩斯特 499

Kappler, Herbert，卡普勒，赫伯特 501—502

Karaites，《圣经》派信徒 91，169，197，201

Katz, Sam，卡茨，萨姆 465

Kaufmann, Yechezkel，考夫曼，以西结 302

Kefar Tavor，塔沃尔村 432

Kenyon, Kathleen，凯尼恩，凯瑟琳 7，11—12，43，56

Kerchemish, battle of，迦基米施战役 77

Kerensky, A. F.，克伦斯基，A. F. 428

Kern, Jerome，科恩，杰罗姆 462

索　引

Ketuvim (Hagiographa)，圣录 89

Khazars，可萨王国 250

Khomeini, Ayatollah，霍梅尼，阿亚图拉 577

Khrushchev, Nikita，赫鲁晓夫，尼基塔 570—571

kibbutzim，基布兹 432

Kierkegaard, Sören，克尔凯郭尔，索伦 17

Kiev，基辅 359，566

King David Hotel，大卫王酒店 523—524

Kings，《列王纪》50，60，62，70，72，73，89

Kinneret，基尼烈 432

Kish，基什 9

Kisling, Moise，基斯林，莫依斯 412

Kitchener, Lord，基奇纳勋爵 427

Knights of St John，圣约翰骑士团 240

Knights Templar，圣殿骑士团 213

Koestler, Arthur，库斯勒，亚瑟 418

Kohler, Rabbi Kaufmann，科勒，考夫曼，拉比 369

Kook, Rabbi Abraham Isaac，库克，亚伯拉罕·艾萨克，拉比 404，547—548

Koran，《古兰经》167

Kovno，科夫诺 507

Kraus, Karl，克劳斯，卡尔 476

Kristallnacht，水晶之夜 485

Krochmal, Nachman，科罗赫马尔，纳赫曼 329—330

Krupp, Alfred，克虏伯，艾尔弗雷德 393

Ku-Klux Klan，三 K 党 459

Kun, Bela，库恩，贝拉 450

kuppah，捐款箱 203

L

La Motta, Jacob de，拉·莫塔，雅各布·德 参见 Motta

La Peyrère, Isaac，拉·帕越尔，艾萨克 289

Laban，拉班 13

Labour Party, Zionist/Israeli (Mapai)，犹太复国主义工人党 442，445—446，535—536，542—546

Lachish，拉吉 62，78

Ladino，拉迪诺语 230

Laemmle, Carl，莱姆勒，卡尔 464

Lagarde, Paul de，拉加尔德，保罗·德 393—394

Lamentations，《耶利米哀歌》89，90

Land of Israel movement，以色列地运动 538

Lansdowne, Marquess of，兰斯多恩侯爵 401

Lasker, Eduard，拉斯克，爱德华 405

Lasky, Jesse，拉斯基，杰西 464—465

Lassalle, Ferdinand，拉萨尔，斐迪南 350，357

Latvia，拉脱维亚 447

Lavater, Johan Caspar，拉瓦特，约翰·卡斯帕 300

Law, the，律法 32—37，83，106，127—128，157—158，159—160，162，248—249；

摩西之前的律法制度，32—33；饮食律法，36，202—203；改革运动和律法，101；口传律法，106，127，152，另见 Mishnah；耶稣和律法，128—129，130—131；路加和律法，143—144；迈蒙尼德和律法，190—191；摩西·门德尔松和律法，301—302；另见 Torah

Lawrence, T. E.，劳伦斯，T. E. 429

Lazare, Bernard，拉扎尔，贝尔纳 385—386

Lazarus, Emma，拉扎勒斯，埃玛 371

League of the French Fatherland，法兰西祖国联盟 387，390

Leah (wife of Jacob)，利亚（雅各之妻）3

Lebanon，黎巴嫩 435，527，527—528，529，530，580

Leeser, Rabbi Isaac，莱泽尔，艾萨克，拉比 369

Leghorn (Livorno)，里窝那 239，244，252

Lehmann, John，莱曼，约翰 335

Leibniz, Gottfried Wilhelm von，莱布尼茨，戈特弗里德·威廉·冯 292—293

Lenin，列宁 353，450，451，452，456，574

Leningrad，列宁格勒 566

Lessing, Gotthold，莱辛，戈特霍尔德 294，299—300

Levi ben Gershom，莱维·本·格尔肖姆 174

Leviticus，《利未记》35—36，173

Libya, immigration to Israel from，从利比亚移民至以色列 529

Liebermann, Max，利伯曼，马克思 412，478

Likud，利库德 536，542，545，546

Lilienthal, Max，利连索尔，马克斯 359

Lincoln，林肯 208

Lipchitz, Jacques，利普契兹，雅克 412

Lipman, V. D.，李普曼，V. D 208

Lippmann, Walter，李普曼，沃尔特 468—469

Lithuania, Jews in，犹太人在立陶宛 231，250，251，263，297—298，447，452；另见 Vilna

Lloyd George, David，劳合·乔治，大卫 319—320，401，425，426—428 各处，431，436，440，447，456

Lodz，罗兹 507—508

Loew, Rabbi Judah, Maharal of Prague，罗乌，犹大，拉比，布拉格的马哈拉尔 251，253，288

Loew, Marcus，洛伊，马库斯 464

London, Jews in，犹太人在伦敦 208，282—283，317—318，566

Lopez, Manasseh，洛佩兹，玛拿西 313

Los Angeles，洛杉矶 566

Louis IX, King, of France，路易九世，法国国王 217

Louis XIV, King of France，路易十四，法国国王 256，281

Louis XVI, King of France，路易十六，法国国王 306

Lublin, Sigmund，卢布林，西格蒙德 463—464

Lucena，卢塞纳 177，178

Lueger, Karl，鲁伊格，卡尔 395，396

Luke，《路加福音》143—144，145

Luria, Isaac ben Solomon，卢里亚，艾萨克·本·所罗门 261—262，262，273

Luther, Martin，路德，马丁 241—242

Luxemburg, Rosa，卢森堡，罗莎 448—450

Luzzatto, Moses Hayyim，卢查托，摩西·海隐 336—338

Luzzatto, Simhah，卢扎托，辛哈 235

Lydda，吕大 151

M

Maccabaeus, Simon，马加比，西门 95，105，106—107

Maccabees (apocryphal book)，《马加比书》（次经）91，95，102，104，120，170—171

Maccabees (Jewish family)，马加比（犹太家族）参见 Hasmonean family

Maccoby, Hyam，麦科比，海厄姆 217，219

MacDonald, James Ramsay，麦克唐纳，拉姆齐 444

Machado, Antonio Alvarez，马查多，安东尼奥·阿尔瓦雷茨 282

Machaerus，马卡鲁斯城堡 114，139

Machpelah, Cave of，麦比拉洞 3—4

magic，法术 38，194，264

Mahler, Gustav，马勒，古斯塔夫 405，409

Maimonides (Moses ben Maimon) 迈蒙尼德（摩西·本·迈蒙），179，183—194；他的 13 条教则，162；《密西拿评注》，186，191；《迷途指津》，186，189—190，191，192；其他著作，186，189，198，220—221；其他提及之处：17，153，155，158，196，197，200—201，202，262，287，288，293，299

Maimonides, Abraham，迈蒙尼德，亚伯拉罕 184—185，194

Maimonides, David，迈蒙尼德，大卫 184，185

Majdanek，马伊达内克 495，497

Malachi，《玛拉基书》89

Mallowan, Sir Max，马洛温，马克斯，爵士 9

Malta，马耳他 240，241

mamram，短期本票 251

Manasseh ben Israel，以色列，玛拿西·本 246，275—277

Manetho，曼涅托 11，29，134

Mapai, 犹太复国主义工人党 参见 Labour Party

Marconi case，马可尼案件 456

Margherians，马格里派 123

Mari (Tell Harari)，马里（今泰勒哈拉里）12，13

Maria Theresa, Empress，玛丽亚·特蕾莎女皇 304

Mariamne，米利暗 110，111

Marissa，马里萨 98

Mark,《马可福音》145

Marr, Wilhelm，马尔，威廉 395

marranos (conversos)，马拉诺人（改宗者）177，224—229，241，243，244，249

marriage，婚姻 200—201，552—553

Marx, Karl，马克思，卡尔 29，311—312，346—354，355，413，448—449

Marx Brothers，马克思兄弟 465

Masada，梅察达 114，139—140，160

maskilim，马斯基尔 298，300，325，336

masoretes, Masoretic text，马所拉学士，马所拉本 90，91

Matthew,《马太福音》145，146

Matthias, Emperor，马蒂亚斯皇帝 254

Maurras, Charles，莫拉斯，夏尔 387

Maximilian II, Emperor,马克西米利安二世,皇帝 253

Mayer, Louis B.,梅耶,路易·B. 464

Medina,麦地那 166

Megiddo,米吉多 13,60,70

Megillot (Canticles),节日五书卷(所罗门之歌)90

Meighen, Arthur,米恩,阿瑟 440

Meir, Rabbi,迈尔拉比 150,152,263—264

Meir, Golda,梅厄,果尔达 541,546

Meisel, Marcus,迈泽尔,马库斯 253—254

Melanchthon, Philip,梅兰希通,菲利普 241

Méliès, Georges,梅里爱,乔治 389

Menahemya,梅纳海米亚 432

Mendelssohn, Felix,门德尔松,费利克斯 342,405

Mendelssohn, Moses,门德尔松,摩西 300—303,325,342

Menelaus (high-priest),迈内劳斯(大祭司)102—104,104—105

Meneptah,梅内普塔 25

Merchant of Venice, The (Shakespeare),《威尼斯商人》(莎士比亚著)237

Meshuararim,棕色犹太人 561

Mesopotamia,美索不达米亚 8—9,11—12,31—32;另见 Assyria,Babylon

Messiah, messianism,弥赛亚,弥赛亚信仰:弥赛亚耶稣,124—126;犹太教中的弥赛亚,219,220—221,260,262;喀巴拉教中的弥赛亚,260—263;隔离区民间传说中的弥赛亚,266—267;沙巴泰运动,267—274,296;有别于犹太复国主义理想,547

Metullah,梅图拉 432

Mexico, Jews in，犹太人在墨西哥 560

Meyerbeer, Giacomo，梅耶贝尔，贾科莫 409

Miami，迈阿密 566

Micah,《弥迦书》89

midrash，米德拉西 152

Milhaud, Darius，米约，达律斯 564

Mintz, Abraham，明茨，亚伯拉罕 238—239

Mishnah,《密西拿》152—153，155，157，160，161

Mizpah，米斯巴 78

Moab，摩押 45—46，65

modern movement，现代化运动 408—412

Modigliani, Amedeo，莫蒂里安尼，阿美迪欧 412

Mohammed，穆罕默德 166，167，175

Molcho, Solomon，莫尔肖，所罗门 262

Mommsen, Theodor，蒙森，特奥多尔 312

monasticism，修道 155

money, finance, banking，金钱，金融，银行业，247—249，253，281—283，314，314—317；moneylending, usury，放贷，高利贷，172—174，211—213，242—243，248

monotheism，一神教 参见 Judaism

Montagu, Edwin，蒙塔古，埃德温 425，426，426—427，429

Montaigne, Michel de，蒙田，米歇尔·德 230

Montefiore, Sir Moses，蒙蒂菲奥里，摩西，爵士 322

Montreal，蒙特利尔 566

Morning Post,《晨邮报》456,457

Morocco, Jews of,摩洛哥的犹太人 529,561

Moscow,莫斯科 566

Moses,摩西,23—24,26—30;摩西和出埃及,26,29—30;摩西是犹太历史的关键人物,26—27;希腊人和摩西,28—29;摩西和早期反犹主义,29;摩西的法典,32—37,106,248—249;摩西和上帝所立的约,17,35;摩西和约书亚,42—43;迈蒙尼德对摩西的评论,192

Moses ben Shem Tov,摩西·本·谢姆·托夫 198

moshavot,莫夏夫 432

Moslems,穆斯林 参见 Islam

Motta, Jacob de la,莫塔,雅各布·德·拉 366

'Mountain Jews',"山地犹太人" 360

Moyne, Lord,莫因勋爵 522

Münster, Sebastian,缪斯特,塞巴斯丁 241

music, Jews and,犹太人和音乐 408—410,462,478

Mussolini, Benito,墨索里尼,贝尼托 501

Mysticism,神秘主义 194—196,197—199,260

N

nabhi, meaning of,先知的含义 51;另见 prophets

Nablus,纳布卢斯 22

Nahmanides,纳奇曼奈 17,198,200,218—220

Nahrai ben Nissim,纳拉伊·本·尼西姆 183

Nahum,《那鸿书》89

Naples,那不勒斯 239,313

Napoleon,拿破仑 240,306,307,309—10,313

Nasser, Gamal Abdul,纳赛尔,贾迈勒·阿卜杜勒 533—534,577

Nathan of Gaza,加沙的拿单 267—273

Naumann, Dr Max,瑙曼博士,马克斯 477

Nazarites,拿细耳人 52

Nazis (National Socialist Workers Party),纳粹(国家社会主义工人党),284,345,469,472—477,482—488;纳粹在第二次世界大战,488—498,503,505,506—507;审判纳粹分子,513—514,557—559;阿拉伯人和纳粹,577—578;另见 Hitler, Holocaust

Nebuchadnezzar,尼布甲尼撒 77,78

Negev, archaeology in,内盖夫的考古发掘 12

Nehemiah,《尼希米记》86—87,87,89

Nero, Emperor,尼禄皇帝 136

Netherlands, Jews in,犹太人在荷兰,497,502,561;阿姆斯特丹 562

New Year,新年 83

New York,纽约 279,283,356,366,370—373,566

Nice,尼斯 252,306

Nicholas I, Tsar,尼古拉一世,沙皇 358

Nieto, David,涅托,大卫 292

Nietzsche, F. W.,尼采,F. W. 329

Nippur,尼普尔城 87

Nixon, Richard M.,尼克松,理查德·M. 535

Noah，挪亚 9—10

Noah, Mordecai，诺亚，末底改 367—368，375

Nobel prizes，诺贝尔奖 405

Nordau, Max，诺尔道，马克斯 398，399

Norsa, Immanuel ben Noah Raphael da，诺萨，伊曼努尔·本·诺亚·拉斐尔·达 238—239

North America，北美洲 参见 United States

Norway, Jews in，犹太人在挪威 497

Norwich，诺威奇 208—210，211

Noth, M.，诺特，M. 6

Numbers，《民数记》27，35，122，141，554

Numenius of Apamea，阿帕梅亚的努梅尼乌斯 29

Nuremberg Decrees，纽伦堡法案 484

Nuremberg trials，纽伦堡审判 513

Nuzi，努济 12—13

O

Obadiah，《俄巴底亚书》89

Odessa，敖德萨 356，364，365，433，499

Offenbach, Jacques，奥芬巴赫，雅克 409

oil, Middle Eastern，中东石油 536—537

Old Testament，《旧约》18，87

Olympic Games (ancient)，奥林匹克运动会（古代）113

Olympic Games (modern)，奥林匹克运动会（现代）407—408

Omri, House of，暗利王朝 65—67

Oppenheimer, David，奥本海默，大卫 287—288

Oppenheimer, Joseph，奥本海默，约瑟夫 258

Oppenheimer, Samuel，奥本海默，塞缪尔 256—258，258

Opper de Blowitz, Adolphe，布洛维茨，阿道夫·奥佩尔·德 316

Origen，奥力振 150

Original Sin，原罪 161

Ottoman Empire，奥斯曼帝国　参见 Turkey

Oxford，牛津 208

P

Pale of Settlement，栅栏区 304，339，358—362，365

Palestine，巴勒斯坦：巴勒斯坦考古，7，44，47，139，554；埃及以色列人的家园，23；地理性差异，45；地名起源于非利士定居点，50；希腊化，98—101，102—106，107—108；犹太人对巴勒斯坦的稳定统治的终结，118；犹太人对巴勒斯坦的主权要求，135；巴勒斯坦的犹太经学院，151，153，163；波斯人入侵，163—164；黑暗时期巴勒斯坦陷入贫困，165；犹太人移民至巴勒斯坦，巴勒斯坦的殖民地，321，375，376，378，396，398，424，432—433，435，440—441，442，443—445，503，520，521；作为犹太人的民族家园，375，396，401—402，423，430—431，436，439—447，519—527；《贝尔福宣言》时期在巴勒斯坦的犹太人，430，431—432；英国托管，431，435，436—441，443—445，503，519，520—524，526，527，531；另见 Canaan, Israel,

Jerusalem, Jews, Zionism

Palestine Liberation Organization (PLO), 贝勒斯坦解放组织（巴解组织）537, 579, 580

Paley, William, 佩利，威廉 462

Palmer, Mitchell, 帕尔默，米切尔 459

Palmerston, Lord, 帕默斯顿勋爵 321—322

pantheism, 泛神论 198—199, 292

Paris, 巴黎 566

Parrot, A., 帕罗，A 12

Parthians, 帕提亚人 119

Pascin, Jules, 帕斯金，朱勒 412

Passfield, Lord, 帕斯菲尔德勋爵 444

Passover, 逾越节 83

patriarchs, 族长 3, 6, 10—15

Paul, St, 圣保罗 41, 95, 130—132, 133, 143, 144, 406

Paul III, Pope, 保罗三世，教宗 243

Paul IV, Pope, 保罗四世，教宗 243—244

Peel, Lord, Peel Commission, 皮尔勋爵，皮尔委员会 445, 531

Pellepoix, Darquier de, 佩莱普瓦，达基耶尔·德 500

Pentateuch, 《摩西五经》5—6, 19—20, 88—89, 152

Pentecost, 五旬节 83

Peoples of the Sea, 海上族群 50

Pereira, Jacob, 佩雷拉，雅各布 282

Peres, Shimon, 佩雷斯，希蒙 543

Persia (ancient),波斯（古代）84—86，87，96，97

Persia (Sassanid),波斯（萨珊王朝）163，166

Persia (modern),波斯（现代）参见 Iran

Perushim,评注 153

Petah Tikva,佩塔提克瓦 432

'Peter, Gospel of',"彼得福音" 146

Peter V, King, of Aragon,彼得五世，阿拉贡国王 217

Peter de Janua,雅努，彼得·德 参见 Janua

Pharisees,法利赛人，100，106，108，109，118，122，156，161；耶稣和法利赛人，126—127

Philadelphia (America),费城（美国）279，366，369，566

Philadelphia (Amman),非拉铁非（安曼）98

Philip II, King, of Spain,腓力二世，西班牙国王 252

Philistines,非利士 45，47，49—50，52，53，54，55

Philo Judaeus,尤迪厄斯，斐洛，148，159，188；其他提及之处：17，29，40—41，99，101，130，154，155，156，174，179—180，180，195

Phocas, Emperor,福卡斯皇帝 166

Pico della Mirandola, Count Giovanni,皮克·德拉·米兰多拉 241

Pinsker, Leon,平斯克尔，莱昂 394，433

Pissarro, Camille and Lucien,毕沙罗，卡米耶、吕西安 412

Pittsburg Platform,匹兹堡纲领 369—370，

Pius V, Pope,庇护五世，教宗 244

Pius VI, Pope,庇护六世，教宗 304

Pius IX, Pope,庇护九世，教宗 357

索 引

Pius XII, Pope，庇护十二世，教宗 502，516

Plato，柏拉图 29，51

Plumer, Lord，普卢默勋爵 441

Poland，波兰：犹太人在波兰，瓜分波兰之前，231，250—252，258—260，263，280，294，297；瓜分波兰，304；1880 年犹太人在华沙，356；波兰和《凡尔赛条约》，447；布尔什维克入侵失败，451—452；第二次世界大战，大屠杀，489—92，493，495—498，507—510；战后的反犹主义 513；从波兰移民至以色列，539；20 世纪 80 年代波兰的犹太人口，562

Portugal, Jews in，犹太人在葡萄牙 229，243

Prado, Juan de，普拉多，胡安·德 289

Prague，布拉格 253—254

Pritchard, James，普里查德，詹姆斯 44

Promised Land，应许之地 17，19—20，530—531，538

prophets，先知 38，51—52，66，74，89，95，152

Protestantism，新教 241—243，332—333

Protocols of the Elders of Zion，《锡安长老会纪要》310，363，431，456—457，576—577

Proudhon, Pierre-Joseph，蒲鲁东，皮埃尔 – 约瑟夫 349

Proust, Marcel，普鲁斯特，马塞尔 386，387，420

Proverbs，《箴言》89，93，249

Prussia, Jews in，犹太人在普鲁士 307，313

Psalms，《诗篇》89，93，152，249

pseudepigraphs，伪经 90—91

Ptolemy，托勒密 97

Pulgar, Fernando del，普尔加尔，费尔南多·德尔 226—227

Pumbedita，蓬贝迪塔 151

Purim of Vincent，文森特节 254

Pythagoras，毕达哥拉斯 119

Q

Qumran，库姆兰 74，91，98—99，123，145—146，195

R

rabbis, rabbinate，拉比 106，149—151，153，172，237—239

Rabin, Yitzhak，伊扎克·拉宾 543，546

Radbaz (David ben Solomon ibn abi Zimra)，拉德巴兹（大卫·本·所罗门·伊本·阿比·齐姆拉）261

radio，无线电 462—463

Rameses II，拉美西斯二世 25

Rathenau, Walther，拉特瑙，沃尔特 407，471

Rauter, Hanns，劳特尔，汉内斯 499

Raymund de Penaforte，雷蒙德·德·佩尼亚福特 218，220

Rebecca (wife of Isaac)，利百佳（以撒之妻）3，13，15

Rechabites，利甲族人 52，64

Reformation，宗教改革运动 241—243

Rehoboam，罗波安 64—65

Rehovot，雷霍沃特 432

Reinach, Joseph，赖纳赫，约瑟夫 382—383，386，388，390

Reinach family，赖纳赫家族 382—383

relativity theory，相对论 418，420

Remark (Moses ben Jacob Cordovero)，雷马克（摩西·本·雅各布·科尔多维罗）261

Renan, Ernst，勒南，欧内斯特 382

responsa，答问 153，171

Reubeni, David，流便，大卫 262

Reuchlin, Johannes，罗伊希林，约翰内斯 241

Reuchlin codex，罗伊希林抄本 91

Reuter, Paul Julius，路透，保罗·朱利叶斯 316

Revisionists (Union of Zionist-Revisionists, later Likud, q.v.)，修正主义联盟（即犹太复国修正主义联盟、后来的利库德，参见该条）444，445—446，536

Ricardo, David，里卡多，大卫 313

Richard the Lionheart，狮心王理查 210

Richelieu, Cardinal，红衣主教黎塞留 255

Richmond, Ernest T.，里奇蒙，埃内斯特·T. 438

Riehl, Wilhelm Heinrich，里尔，威廉·海因里希 393

Riesser, Gabriel，里塞尔，加布里尔 405

Rishon-le-Zion，里雄莱锡安 432

Robles, Antonio Rodrigues，罗伯斯，安东尼奥·罗德里戈 277

Rodgers, Richard，罗杰斯，理查德 462

Roger of Wendover，温多弗的罗杰 233

Roman Catholic Church，罗马天主教会 40，332，383—384；另见 Counter-Reformation

Romans, Roman empire，罗马人，罗马帝国 109—114，118—120，135—143，150

Rome (city), Jews in，犹太人在罗马城 132，243，313，563

Roosevelt, Franklin D.，罗斯福，富兰克林·D. 482，504，524

Rosenberg, Alfred，罗森堡，阿尔弗雷德 472

Rosenblatt, Zevi，罗森布拉特，泽维 446

Rosenstock-Huessy, Eugen，罗森斯托克 – 胡絮，尤金 406

Rosenzweig, Franz，罗森茨维格，弗朗茨 406

Rosh Pinha，罗什平纳 432

Rossi, Azariah dei，罗西，阿扎赖亚·代 288

Rossini, G. A.，罗西尼，G. A. 409

Roth, Cecil，罗斯，塞西尔 171

Roth, Leon，罗特，莱昂 582

Rothschild (N. M.)，罗斯柴尔德（N. M.）317

Rothschild, Edmund de，罗斯柴尔德，埃德蒙·德 398，432

Rothschild, Lionel (father of 1st Lord Rothschild)，罗斯柴尔德，莱昂内尔（第一代罗斯柴尔德勋爵的父亲）317，318，319

Rothschild, Baron Louis，罗斯柴尔德，路易，男爵 487

Rothschild, Miriam，罗斯柴尔德，米里安 314，319

Rothschild, Nathan, 1st Lord Rothschild，罗斯柴尔德，内森，第一代罗斯柴尔德勋爵 319—320，398，401，427，429

Rothschild, Nathan Mayer，罗斯柴尔德，内森·梅耶 314，315—316，317，318，319

Rothschild, Walter, 2nd Lord Rothschild，罗斯柴尔德，沃尔特，第二代罗斯柴尔德勋爵 429

Rothschild family，罗斯柴尔德家族 314—321，321，343，355

Rubinstein, Anton and Nikolay，鲁宾斯坦，安东、尼古拉 363

Rudolph II, Emperor,鲁道夫二世,皇帝 253

Rumania,罗马尼亚:罗马尼亚和犹太人,313,365,447,452,561;第二次世界大战中的罗马尼亚,497,499—500,516;从罗马尼亚移民至以色列 539

Ruppin, Arthur,鲁平,阿瑟 432—433,441,466

Russia,俄国:犹太人被赶出俄国,250;瓜分波兰,栅栏区,304;十月革命前俄国的犹太人,313,339,356,357—365,404,423—424,424—425,455—456;十月革命,428,450—455;第二次世界大战,493—494,499,503;俄国和以色列建国,524,525—526,574;从俄国移民至以色列,539,581;19 世界 80 年代俄国的犹太人口,560;大城市,566;苏联统治下的犹太人,568—572;反对犹太复国主义,574—576

Ruth,《路得记》15,89,90

S

Saadiah Gaon (Saadiah ben Joseph),萨迪亚加昂(萨迪亚·本·约瑟夫)162,191

Sabbath,安息日 37—38,83,202,551

sacrifice, human,活人献祭 17—18

Sadat, Anwar,萨达特,安瓦尔 534—535,536

Sadducees,撒都该人 100,106,108,121,122,127,146,156

Safed,采法特 261

St Thomas, Jews in,犹太人在圣托马斯 249

Saladin,萨拉丁 3

Salanter, Israel,撒兰特,伊斯雷尔 403

Salome (widow of Alexander Jannaeus),撒罗米(亚历山大·詹尼亚斯遗孀)109

Salonika，萨洛尼卡 239，424，502，562

Samaria, Samaritans，撒马利亚，撒马利亚人 65—66，70，71，86，90，91，107，113，165—166

Sambari, Joseph ben Isaac，萨姆巴里，约瑟夫·本·艾萨克 182

Samson，参孙 38，47

Samuel，撒母耳 48，50—55 各处，60，84，89，547

Samuel, Herbert，塞缪尔，赫伯特 425—427，427，436—438，440—441

Sanhedrin，犹太公会 106，156

Sarah (wife of Abraham)，撒拉（亚伯拉罕之妻）3，4，12—13，14，15

Sargon I，萨尔贡一世 11

Sargon II，萨尔贡二世 70

Sarnoff, David，萨尔诺夫，戴维 462

Sassanids，萨珊王朝 163

Saukel, Fritz，绍克尔，弗里茨 490

Saul, King，扫罗王 50，52—53，55

Schary, Dore，沙里，多尔 465

Schechter, Solomon，谢克特，所罗门 184

Schenck, Joseph，申克，约瑟夫 464

Schiff, Jacob Henry，希夫，雅各布·亨利 369

Schnitzler, Arthur，施尼茨勒，阿瑟 394

Scholarship，学问：Babylonian academies，巴比伦经学院 151，153，163，181—183；中世纪的学问，177，179—184，187—188，201—202

Scholem, Gershom，舒勒姆，哥舒姆 267

Schönberg, Arnold，勋伯格，阿诺尔德 409—410，421

Scott, C. P., 斯科特，C. P. 425

scribes，文士 82，89，90

Scythopolis，西多波利 107

Sebaste (Samaria, q.v.)，色巴思（即撒马利亚，参见该条）113

Second World War，第二次世界大战 488—489，492，520—521

Seleucus, Seleucids，塞琉古，塞琉古人 97，102，104—105

Seligman, Joseph，赛利格曼，约瑟夫 369

Sennacherib，西拿基立 73

Septuagint，七十士译本 90，99，152

Seyss-Inquart, Arthur，赛斯－英夸特，阿图尔 499

Shabbetai Zevi，沙巴泰·泽维 4，267，268—274

Shaftesbury, Lord，沙夫茨伯里勋爵 321，321—322

Shamir, Yizhak，沙米尔，伊扎克 522

Shammai the Elder，煞买长老 127

Sharett, Moshe，沙雷特，摩西 541，544，557

Sharon, Ariel，沙龙，阿里埃勒 580

Sheba, Queen of，示巴女王 61

Shechem，示剑 22，23，64—65，70，98

shekhinah，舍金那 64

Shenazar，示拿萨 86

Sherira, Rabbi，舍里拉拉比 163

Shibboleth，示播列 48

Shomerin，舒梅林协会 433

Shuruppak，舒鲁帕克 9

Sicarii，匕首党 122—123

Sidon，西顿 98，113

Simeon ben Lakish，西米恩·本·拉基什 179

Simon bar Kokhba，西门·巴尔·科赫巴 参见 Bar Kokhba

Simon Maccabaeus，西门·马加比 95，105，106—107

Sinai，西奈 534，536；西奈修道院 41；西奈山 41

Singapore，新加坡 562

Singer, Isaac Bashevis，辛格，艾萨克·巴什维斯 339

Singer, Paul，辛格，保尔 354

Sippar，西巴尔 9

Six Day War，第三次中东战争 534

Sixtus IV, Pope，西克斯特四世，教宗 227

Skippen, Philip，斯基庞，菲利普 240

Slavery，奴隶制：《圣经》时代的奴隶制，156；马耳他奴隶交易，240

Slouschz, Nahum，斯劳施，纳胡姆 339—340

Sobibor，索比布尔 495，497，498

social Darwinism，社会达尔文主义 393

Society for Jewish Culture and Sciences，犹太文化科学协会 326

Solomon, King，所罗门王 50，55，58，59—64

Solomon, Song of，所罗门之歌 参见 Song of Songs

Solomon, Wisdom of，所罗门的智慧 90—91，135，249

Solomon ben Samson, Rabbi，所罗门·本·桑松拉比 208

Sombart, Werner，桑巴特，维尔纳 284

Song of Songs, Song of Solomon，《雅歌》，所罗门之歌 89，90

索引

Sonnenfeld, Rabbi Joseph Hayyim, 索南菲尔德, 约瑟夫·海隐, 拉比 404

South Africa, 南非 561, 572—573

Soutine, Chaim, 苏蒂纳, 哈伊姆 411, 412

Spain, Jews in, 犹太人在西班牙 177—179, 217, 218—220, 221—230

Spalato (Split), 斯巴拉多（意为"分离"）252

Spinoza, Baruch, 斯宾诺莎, 巴鲁赫 199, 289—294, 308, 325

Stalin, 斯大林 454, 525—526, 533, 569—570

Stanley, Lord, 斯坦利勋爵 376

Stavsky, Abraham, 斯塔夫斯基, 亚伯拉罕 446

Stephen, St, 圣司提反 133

Stern, Fritz, 斯特恩, 弗里茨 470

Stern Gang, 斯特恩帮 522, 523, 528

stock exchanges, 证券交易所 283, 285

Stoeker, Adolf, 施特克尔, 阿道夫 395

Straton's Tower, 斯特拉顿塔 98, 113

Strauss, Johann, 施特劳斯, 约翰 409

Streicher, Julius, 施特赖, 尤利乌斯 475—476, 492

Stürmer, Der,《冲锋报》475—476

Suez Canal, 苏伊士运河 533

suicide, 自杀 155

Sumer, Sumerians, 苏美尔, 苏美尔人 8—9, 32

Sura, 苏拉 151, 163

Surinam, 苏里南 250

Switzerland, Jews in, 犹太人在瑞士 561

· 997 ·

Sykes-Picot agreement，赛克斯—皮科协定 426

synagogue，犹太会堂 96，106，149，184

Syria，叙利亚，11，12，322，426，435；叙以战争，527，527—528，533，534，535；犹太人从叙利亚移民至以色列，529；另见 Damascus

Syrkin, Nachman，瑟尔金，纳赫曼 441—442

T

Tabernacles, feast of，住棚节 83

Tacitus，塔西佗 37，135，136，137，140，148

Talmud，《塔木德》69，153，163，168，196，215，217—218，236，249

tannaim，坦拿 151

Tarragona，塔拉戈纳 177

Tawney, R. H.，托尼，R. H. 245

Tel Aviv，特拉维夫 432，466

television，电视 462—463

Templars，圣殿 参见 Knights Templar

Temple 圣殿：of Solomon，所罗门的圣殿，62—64；在圣殿集中崇拜 64，73—74；巴比伦人毁灭圣殿，78；结束巴比伦流亡，重建圣殿，86；希腊化，102—104；撒都该人和圣殿，106；希律重建圣殿，62，114—118；耶稣和圣殿，127；罗马人毁灭圣殿，140；圣殿山，554—556

Ten Commandments, Decalogue，十诫 34—35

Terrorism 恐怖主义：战后犹太人在巴勒斯坦的恐怖活动 521—524，579；针对犹太人的恐怖活动，537，579—580

theatre，电影院 479

Theodore of Mopsuestia，摩普绥提亚的狄奥多尔 94

Theodosius I, Emperor，狄奥多西一世，皇帝 164

Theodosius II, Emperor，狄奥多西二世，皇帝 165

Therapeuta，特拉普提派 123

Theresienstadt，特莱西恩施塔特集中营 510

Theudas，丢大 119

Thirty Years War，三十年战争 254—255，258

Tiberias，太巴列 151，152

Tiglath-pileser III，提格拉·帕拉萨三世 69—70

Times, The，《泰晤士报》456—457

Tirzah，得撒 70

Titus (son of Emperor Vespasian)，提图斯（皇帝韦斯巴芗之子）137，139

Tobit，《多俾亚传》87，91

Tolstoy, Count Leo，托尔斯泰 364

Torah，托拉 19—20，88，127—128，147，149，159，160—161，162，179—180；以色列正教运动和托拉 403

Toronto，多伦多 566

Torquemada, Tomás de，托尔克马达，托马斯·德 226

Tosefta，《托塞夫塔》153

Toussenel, Alphonse，图斯内尔，阿方斯 349，353

trade, commerce，商业，贸易 83，172，176，184—185，239—240，249，281，283—287

Transjordan，外约旦 435，527，527—528；另见 Jordan

Treblinka, 特雷布林卡 490, 495, 497, 497—498, 511

Treitschke, Heinrich von, 特赖奇克, 海因里希·冯 393

Trilling, Lionel, 特里林, 莱昂内尔 420

Tripoli, 的黎波里 98, 113

Trollope, Anthony, 特罗洛普, 安东尼 377

Trotsky, Leon, 托洛茨基, 列昂 451, 454

Truman, Harry S., 杜鲁门, 哈里·S. 525, 526

Trumpeldor, Joseph, 特伦佩尔多, 约瑟夫 434, 436

Tucholsky, Kurt, 图霍夫斯基, 库尔特 476—477

Tunisia, immigration to Israel from, 从突尼斯移民至以色列 529

Turgenev, Ivan Sergeevich, 屠格涅夫, 伊凡·谢尔盖耶维奇 364

Turin, 都林 252

Turkey (Ottoman Empire), 土耳其（奥斯曼帝国）, 239—341, 256; 土耳其和沙巴泰·泽维, 271—273; 19 世纪的土耳其, 322; 土耳其和德皇威廉二世, 400, 423; 土耳其和凡尔赛条约, 447

Turkey (modern state), 土耳其（现代国家）539, 561

Tyre, 推罗 55, 61, 98, 113

U

Uganda, as Jewish national home, 乌干达, 作为犹太民族家园的设想 401, 403

Ugarit, 乌加里特 13, 32, 36

Ukraine, Jews in, 犹太人在乌克兰 250, 251, 258—260, 263, 364, 452, 497, 570

Ummayid dynasty, 倭马亚王朝 177, 178

Union of American Hebrew Congregations,美国希伯来会众协进会 20,369

Union of Zionist-Revisionists,犹太复国修正主义联盟 参见 Revisionists

United Nations Organization (UN) 联合国:联合国和巴勒斯坦问题,524,525,525—526,531—532;联合国和阿拉伯难民,529,530;联合国和苏伊士运河,533;西奈维和部队,534;联合国和阿拉法特,537;联合国和阿明,578—579

United States of America (North America, to Independence),美国(北美,至独立):1881年之前犹太人在美国,20,278—280,281,303—304,335,365—370;阿什肯纳齐犹太人移民至美国,356,365,370—374;美国和犹太复国主义,374,429,524—526;布尔什维克恐慌和犹太移民,459—460;美国的犹太社团,460—470,566—569;第二次世界大战,530—536;美国和以色列建国,524—526;美国对以色列的支持,535,536,566,568,581

universities, medieval,中世纪的大学 214

Ur,乌尔 9,10

Ur-Nammu,乌尔纳姆 10,11,32

Usha,乌沙城 150

Ussishkin, Menachem,乌色什金,梅纳赫姆 400

Usury,高利贷 参见 money 一条中的 moneylending

V

Vaux, Père Roland de,沃,佩尔·罗兰·德 37,123

Vega, Joseph de la,维加,约瑟夫·德·拉 283

vegetarianism,素食主义 155

Venice, Jews in,犹太人在威尼斯 234—235,236—238,240,244—245,252,313

Versailles peace treaty,《凡尔赛和约》447

Vespasian, Emperor,韦斯巴芗皇帝 137

Victor Emmanuel III, King, of Italy,维托里奥·埃马努埃莱三世,意大利国王 501

Victoria, Queen,维多利亚女王 322

Vienna,维也纳 230,253,255,256,356,562

Vilna,维尔纳 359,507,508—509

Vital, Hayyim,维塔尔,哈亚米 263

Voltaire,伏尔泰 294,308—309,309

W

Wagner, Richard,瓦格纳,理查德 393,394,409

Wailing Wall,哭墙 143

Wallenberg, Raoul,瓦伦贝格,拉乌尔 503

Wandering Jew,永世流浪的犹太人 233

war-crime trials,战争罪行的审判 513—514,557—558

Warner Brothers,华纳兄弟 464

Warren, Sir Charles,沃伦,查尔斯,爵士 377—378

Warsaw,华沙 356,507,508,509

Washington DC,华盛顿特区 566

Wasserman, Jakob,瓦塞尔曼,雅各布 215,394—395

Waugh, Evelyn,沃,伊夫林 521

Webb, Beatrice,韦布,贝亚特丽斯 444

Weber, Max,韦伯,马克斯 245,284

索 引

Weizmann, Chaim,哈伊姆·魏茨曼:魏茨曼和犹太复国主义,399,399—400,424—431各处,435,436,441,443,444,445,522,523;魏茨曼和战后赔偿问题,514;Israel's first president,以色列首任总统,544

Wellhausen, Julius,韦尔豪森,尤利乌斯 6,10,12,27

Wertheimer, Samson,维德摩尔,萨姆森 257,258(2)

Wesley, John,卫斯理,约翰 307

Wessely, Hartwig,维塞利,哈特维希 325

West Bank,西岸 528,531,532,536,537

Wiesenthal, Simon,维森塔尔,西蒙 557—558

Wilhelm II, Kaiser,德皇威廉二世 400

William III, King (William of Orange),国王威廉三世(奥兰治的威廉)281—282

Wilson, President Woodrow,威尔逊,伍德罗,总统 447

wisdom texts,智慧文学 93,152

Wise, Isaac Mayer,怀斯,艾萨克·迈耶尔 369

Wise, Rabbi Stephen,怀斯,斯蒂芬,拉比 503

Wistrich, Robert,威斯特里奇,罗伯特 349,448

Witte, Count Serge,维特伯爵,谢尔盖 364

Wolf, Abraham,沃尔夫,亚伯拉罕 366

Wolf, Immanuel,沃尔夫,伊曼纽尔 326

Wolf, Joseph,沃尔夫,约瑟夫 333

Wolf, Lucien,沃尔夫,吕西安 359,379

Wolffsohn, Daniel,沃尔夫松,丹尼尔 399

Women 女性:《圣经》中的女性,15—16,46;女性和犹太学问,250,201—202

Woolley, Sir Leonard,伍利,伦纳德,爵士 9,10

World Jewish Congress，世界犹太人大会 557

writing, early，早期的著作 32

Y

Yadin, Yigael，亚丁，伊加尔 44，139

Yahweh，耶和华 22

Yare, Obadiah ben Abraham, of Bertinoro，雅尔，贝尔蒂诺罗的俄巴底亚·本·亚伯拉罕 266

Yavne'el，亚夫内埃勒 432

Yellin-Mor, Nathan，耶林-莫尔，内森 522

Yemen，也门 166，182，204，529，540

yeshivot，犹太神学院 181

Yesud ha-Ma'ala，耶苏德马阿拉 432

Yiddish，意第绪语 335，336，338—340，540—541

Yom Kippur War，第四次中东战争 535

Yugoslavia, Jews in，犹太人在南斯拉夫 447，497

Z

zaddik，义人 296

Zadkine, Ossip，扎德金，奥西普 412

Zadok of Lublin，卢布林的撒督 403

Zalman, Elijah ben Solomon，扎尔曼，以利亚·本·所罗门 参见 Elijah ben Solomon

Zanuck, Darryl，扎纳克，达里尔 465

Zealots，奋锐党 122—123

Zechariah,《撒迦利亚书》89，95

Zedekiah (governor of Judaea)，西底家（犹大统治者）78

Zedekiah (prophet)，西底家（先知）38

Zephaniah,《西番雅书》89

Zeurubbabel，所罗巴伯 86

Zevi, Shabbetai，泽维，沙巴泰 参见 Shabbetai Zevi

Zikhron Yacov，雅各布，济赫龙 432

Zionism，犹太复国主义，374—376，380，391，396—404，423，424—447，517，519—527，531，538；巴勒斯坦作为犹太人的民族家园，参见 Palestine；犹太复国主义和希伯来语 338，375，424；沙皇俄国和犹太复国主义，363—364；美国和犹太复国主义，374，429，524—526；犹太复国主义宗教或世俗计划，374—375，402—403，443；英国和犹太复国主义，375—376，377—379，400—402，425—431；犹太人反对犹太复国主义，397—398，400，402—404；阿什克纳齐犹太人支持犹太复国主义，398—399；第一届犹太复国主义大会，399；苏联和犹太复国主义，453，524—526，574—576；犹太复国主义的最后阶段，519—527；犹太复国主义的最终目标，538；遭遇联合国谴责，579；另见 Israel

Ziusudra，朱苏德拉 9

Zohar (Sefer-ha-Zohar)，光辉之书 198—199，260，261，292，415

Zola, Émile，左拉，爱弥尔 386，387

Zukov, Adolphe，朱克，阿道夫 465

Zunz, Leopold，聪茨，利奥波德 326，326—327，328，329